산업보안실무

기 업 보 안 론

BUSINESS SECURITY MANAGEMENT

최선태, CPP

도서출판 진 영 사

기업보안론

최선태, CPP

2014년 11월 05일 초판인쇄
2014년 11월 10일 초판발행
발행인 박 진 영
발행처 도서출판 진영사
인천광역시 부평구 갈산동 16-22번지
전화 : 032)505-4207
팩스 : 032)505-4206
E-mail : 0183734207@hanmail.net
등록 : 122-91-77317

ISBN 978-89-6541-193-2 93320
값 30,000원

개정판 머리말

대한민국 국민은 2014년 4월 16일 아침에 발생한 대형 연안여객선 세월호의 진도 앞바다에서 침몰사고로 300명이 넘는 사망·실종자가 발생하는 초유의 참사를 실시간 중계방송으로 목격했다. 특히 사망·실종자의 대부분이 제주도로 수학여행을 가던 고등학생들로 대한민국 국민 모두에게 엄청난 충격과 더불어 지워지지 않을 트라우마를 안겼다. 대한민국 국민 모두는 그 동안 너무나 당연하게 생각하였던 대한민국 재난관리시스템의 무기력함과 학생들의 절규와 함께 위기에 맥없이 침몰하던 대한민국 위기대응력의 현실은 우리 국민 모두에게 심각한 좌절감을 던졌다. 세월호 침몰은 단순한 해난사고가 아니라 대한민국 부조리가 낳은 합작품이자 우리나라 현재성을 그대로 보여주는 참사로 대한민국 경제성장과 위기관리의 생태적 한계성을 드러내는 상징적 사건이다.

2008년 미국발 글로벌 금융위기 이후 세계경제의 침체가 계속되고 있는 지금도 글로벌 비즈니스 세계의 생존게임은 가속화되고 있다. 비즈니스 세계는 피를 흘리지 않는 전쟁이라는 것을 잊지 말라는 경고를 떠오르게 하는 것이 오늘날 글로벌 비즈니스 현장이다. 기업보안 관리전략의 발간 시기에 시작된 글로벌 경제위기는 지금도 진행 중이며, 한편으론 구조적으로 고착화되어가는 모습이다.

한치 앞을 내다보기 어려운 세계적인 불황속에서 대기업들은 새로운 비즈니스에 투자하기 보다는 불확실성에 대비하기 위한 현금 확보에 혈안이 되어있고, 가계부채는 1000조원을 넘어서 가정의 붕괴로 이어지고 있으며, 금융위기에서 살아남은 기업들의 기업경영에 있어서 화두는 기업연속성을 위한 위기관리이다.

21세기 기업환경의 변화는 특정 국가에 국한되거나, 하나의 경제권에 머물지 않고 실시간으로 전 세계로 전이되고 있지만, 기업경영에 있어 리스크를 사전에 방지할 수 있는 위험관리와 위기관리에 대한 전문서적은 자연재해나 보험 산업, 위기관리에 치중했기 때문에 보안관리 측면에서 불황기의 기업자산에 대한 리스크 관리를 다룬 전문서는 찾아보기 힘들었다.

이런 까닭에 장기불황에서 비즈니스 자산보호를 위해 보안업무를 담당하고 있는 보안 실무자나 경영지원부서의 근무자들의 어려움 중에 하나는 보안의 중요성과 시대와 환경의 변화에 따른 보안전략을 어떻게 경영진과 임직원에게 인식시키고 바람직한 방향을 제시할 것인가는 조직의 생존과 업무전문성과 직결된다.

일반인들이 생각하는 기업보안이란, 유형의 보안, 즉 시설물의 보안을 통제하는 출입통제와 CCTV 영상감시 시스템 등을 활용한 시설보안과 임직원을 대상으로 한 컴퓨터 및 인사보안 등 편협한 부문에 한정되어 있지만, 이번에 개정된 기업보안론은 현장의 보안 실무자들이 현업에서 겪는 애로점을 수렴해서 이를 손쉽게 보안업무의 실무지침서로 활용할 수 있도록 집필한 것으로 누구나 이 책을 숙지하면 1,000여 항목에 걸친 2,000여개의 체크리스트를 활용하여 기업의 보안리스크, 취약성 분석과 같은 자체 진단이 가능하도록 구성하였다.

이번 개정판에서는 기업보안 관리전략의 미흡한 내용을 일부 보완하고 췌언은 배제하였으며, 글로벌 기업환경변화에 맞추어 그간 저자가 발표한 논문을 바탕으로 산업보안 발전연구에 대한 내용을 추가하였다.

본서는 직종과 규모를 불문하고 기업체라면 누구나 당면하고 있는 보안리스크와 비즈니스 영향분석에 효율적으로 대응코자 기업위험평가와 분석, 보안조사와 감사, 보안취약성 분석, 시설보안검사, 재난관리, BIA와 BCP(비지니스 영향분석과 연속성 기획), 교육과정과 발전연구 등 7섹션으로 구성되어 있으며, 부록으로 기업 보안실무 체크리스트인 시설보안진단, 절도와 사기횡령의 징후, 화물보안, 비상계획 프로그램 수립 등으로 구성되어 있다.

21세기 개방경제체제하에서 기업들의 비즈니스 영역에 대한 경계가 없어지고 세계 어디에서나 자사의 제품과 서비스를 제공하는 환경이 조성되면서 글로벌기업들은 기업자산을 효과적으로 보호하기 위하여 각자의 기업에 적합한 보안프로그램을 구축하고 있으나, 우리나라의 경우엔 아직은 앞선 글로벌 기업들에 비하여 미흡한 수준에 머물고 있다. 이러한 원인에는 경영자와 구성원의 보안프로그램에 대한 의식과 보안전문인력 교육과정의 부실함이 자리한다. 근자들어 이러한 교육과정의 필요성에 공감한 소수의 교육기관에서 산업보안과정을 개설하였거나 개설예정이나 프로그램의 충실도는 선진국의 산업보안 교육과정에 미치지 못한다.

저자는 일찍이 대한민국 산업보안연구의 필요성을 절감하고 연구를 계속하여 왔으며, 본서는 이러한 연구의 작은 결과물로 부족하나마 다양한 산업분야에 새롭게 개설되는 보안프로그램의 구축에 활용되거나 산업보안 전문인력의 교육과정에 참고가 되었으면 하는 바람도 있다.

2014. 11月 一山 白石 褐石에서

著者 書

머리말

정보화시대에 살고 있는 우리의 안녕과 평안은 어떻게 성취할 것인가?

최근에 각광받기 시작한 진화심리학에서는 인간이 살인을 하는 주요한 이유 중에 하나가 자신의 주요한 경쟁자를 제거하기 위함이며, 유엔(UN)에서는 지구환경재앙을 몰고 오는 지구온난화를 인재라고 규정하였듯이, 인간의 삶에 가장 큰 리스크는 인간이다. 생각하는 능력을 바탕으로 지구상 생명체의 지배자로 등극하게 된 호모 사피엔스의 후예인 인간의 미래위험과 불확실성에 대한 대비는 인간의 생존과 궤를 같이한다. 그러나 인간은 삶의 거의 대부분을 존재의 불안정성을 극복하는데 투자하지만, 평온이 지속될 경우에 인간의 불안정성에 대한 경계심의 부족은 인간이 가진 선천적 한계인지도 모른다.

21세기 벽두부터 테러리즘의 준동과 다국적기업의 세계화를 기치로 내세우며 시장을 지구촌 전체로 확장하려는 시도와 이에 반대하는 민중세력 간의 대립은 분쟁과 갈등을 확산하고 있으며, 대량소비문화에 길들여진 현대인이 배출하는 끝없는 욕망의 배설물은 인간의 삶의 토대인 지구촌을 재앙의 시기로 몰아가고 있는듯하다.

이렇듯 급변하는 지구촌 환경에서 어떻게 변화에 대응하는 것이 우리의 삶의 평온함과 자산을 효과적으로 보호하고 우리의 미래에 좀 더 지속가능한 안정성을 유지하느냐가 현대사회와 국가의 성패의 갈림길이다.

현대사회의 변화에 둔감한 개인이나 기업은 시간의 뒤안길에서 내일의 생존을 기약하기 어렵다. 이러한 관점에서 기업은 어떻게 비즈니스 안정성의 관점에서 위기관리체제를 구체화하고 시행하느냐하는 것이 기업생존에 성패를 가르게 될 것이다.

21세기 기업경영의 화두는 위기관리이다. 기업환경의 변화가 과거의 수준을 뛰어넘어 일상적인 변화가 구조화된 현대기업에서의 다반사이나, 그 동안의 위험관리 그리고 위기관리에 대한 전문서적의 대부분은 자연재난과 보험 산업, 외환관리에 치중하여 보안측면에서 기업자산에 대한 리스크관리를 다룬 전문서는 찾아보기 힘든 것이 우리의 현실이다.

또한 여러 산업현장에서 조직의 자산보호를 위하여 보안업무를 담당하고 있는 실무자의 어려움 중에 하나가 어떻게 보안활동의 가치를 경영진과 구성원에게 인식시킬 것인가 하는 방법론의 부재에 있었다. 이것은 외국계기업과 국내기업과의 보안업무영역의 명확한 차이와 더불어 실무자의 논리적인 전문성의 부족이 근본적인 원인이다.

이와 같이 우리기업 보안실무자들이 직면한 어려움은 조직에서의 보안업무의 정당성이며, 이것이 보안업무를 수행하는 전문성이며 추진력이다. 우리기업에서 불과 십여년 전만 하더라도 보안업무의 핵심은 출입통제였으나 97년 외환위기를 틈타 우리나라에 진출한 외국계 다국적 기업의 전문화된 보안활동은 우리기업의 보안업무에 많은 변화와 영향을 미쳤다.

그러나 보안의 컨버전스를 저해하는 온오프라인 보안실무자의 업무전문성과 인식의 불균형은 또 하나의 보안업무의 취약성이 되고 있다. 이것은 국가가 전략적으로 IT산업을 육성한 결과가 가져온 부메랑으로 기업전체의 생산성 측면에서 볼 경우에는 보안 분야는 기업경영차원에서 다루어지지 않고 아직도 상당히 생산성이 낮은 기능분야에 머물고 있다. 이러한 구조적인 불균형은 지금도 계속되고 있으며, 기업에서 전사적 보안대책을 수립한다고 하지만 실제적으로는 비즈니스 프로세스에 잠재된 수많은 오프라인의 취약성을 방치하고 대부분의 기업이 아직 온라인 보안대책의 한계에서 벗어나지 못하고 있는 것이 우리기업의 현실이다.

보안업무의 정당성은 위험관리를 통한 비즈니스 과정에서의 안정성 유지에 있으므로, 미래의 손실의 토대가 되는 위험분석이 없는 보안활동은 공허하며, 오늘날 위험분석에 미숙한 보안실무자의 설자리는 없다. 조직의 보안목표를 달성하기 위해서는 취약성분석을 토대로 위험관리 그리고 기업연속성기획에 이르는 연속성유지가 현대기업의 보안업무 사이클이며, 이러한 보안리스크관리 방법론의 토대를 본서에서 제시하고자 하였다.

그 동안 저자의 졸저인 기업손실예방론을 출간한 다음 많은 현장실무자의 목소리를 들을 수 있었고, 어떻게 하면 실무자들이 손쉽게 보안업무의 실무지침서로써 활용하면서 기업의 보안취약성분석과 같은 자체보안진단을 실시하고 보안정책의 수립과 위험평가를 진행할 수 있을까 하는 바람에서 교제 전반에 오백여 항목과 부록에 천여개의 다양한 체크리스트를 첨부하여 직접 현장에 활용되도록 하였으며, 특히 기업보안업무의 전반적인 프로세스를 일관성 있게 정리하여 실무자가 보안진단을 기초로 한 기업보안 리스크관리를 어떻게 효과적으로 수행하느냐에 대하여 전체적인 방법론을 구체화할 수 있도록 하였다.

그러나 아쉽게도 보안리스크관리 업무의 광범위함에 비하여 저자의 지식의 천박함으로 심도 있고 체계적인 정리에는 미흡함을 자인하면서도, 부족하나마 현장 보안관리자의 실무지침서로 활용될 것으로 기대하면서 천학비재의 역량이지만 한국기업 보안발전에 보태고자 용기를 내었다.

본서를 마무리하는 성하의 정점에 아프가니스탄에서 텔레반에 의한 한국자원봉사단이 납치되어 협상과정에서 국가적 취약성을 노출하였으며, 한국의 대표기업이라고 할 수 있는 삼성전자 기흥공장에서 정전사고가 발생하여 근 하루 동안 사업장 가동이 중단되었으나 사고원인도 명확하게 규명하지 못한 반면에, 강력한 테러로 사업장 전부가 붕괴된 경우에도 단 하루 만에 정상적인 업무를 재개한 다국적기업과 비교하면, 우발적인 사고처럼 보이지만 한국인이나 한국기업의 위기관리 현주소를 명확하게 보여주는 사건이 연발하고 있다. 이 사건에서 보듯이 불확실성 시대를 살고 있는 지금도 우리의 안위를 우리 스스로 해결하지 못할 정도로 위기관리에 취약하다면 앞으로 얼마나 더 많은 대가를 치러야 할지 모른다는 우려는 기우에 불과할까?

인간의 현재와 미래의 불안정성에 대비는 가치에 문제이므로 신념의 이름으로 위험을 받아들일 것인지 아니면 생존의 문제이므로 위험을 관리할 것이지, 과연 인간의 신념이 자연의 진리에 앞설 수 있을까하는 생각을 하게하는 다양한 사건들이 눈앞에 펼쳐지고 있다.

2007년 12월 정자 탄천 변에서

저자 씀

차 례

제1장 리스크평가와 분석

제2장 보안취약성 분석

제3장 보안조사와 감사

제4장 시설보안검사

제5장 재난관리

제6장 BIA와 BCP

제7장 교육과정과 발전연구

제 1 장 리스크평가와 분석

제1장 리스크평가와 분석

제1절 리스크관리 개론

리스크(risk)의 어원은 흥미로운 의미를 담고 있다. 고대 그리스 시대로 거슬러 올라가 리스크의 어원인 'ριζα'(riza)의 의미는 산의 경사면, 뿌리, 돌의 의미와 바다에서 피할 수 없는 난관상황에 대하여 은유적인 의미로써 사용되다가 12세기 경에는 라틴어로 언덕이란 의미로 사용되었다. 라틴어 및 라틴어 속어로 언덕은 resicum, risicum, riscus로, 스페인어로 riesgo, 이태리어로 rischio, 프랑스어로 risque로 각각 표기되었다.

이태리어 'rischio'는 예상하지 못한 상황 때문에 발생한 손실이나 부정적인 결과의 의미로 명확하게 부정적인 내용을 함축하고 있다. 이러한 표현은 13세기 무역업자에 의해 일상적으로 사용되기 시작하였는데, 모험의 의미로 결과를 짐작할 수 없는 업무를 떠맡는 것이나 불확실한 상황에서 위험성이 높은 결과를 발생하는 것의 의미로 사용되었고, 16세기 독일어 'Rysigo'는 비즈니스 분야의 기술적인 용어로 "위험을 무릅쓰거나 수용하다, 기업이나 경제적인 성공에 대한 기대의 의미로 사용되다가 영어의 리스크로 차용되었다.

또 다른 리스크의 어원으로 보편적으로 인정하고 있는 아랍어 'rizq'는 이태리어 'rischio'의 어원으로, 신이 인간에게 보내준 일상의 양식이나, 물질적인 의미뿐만이 아니라 정신적인 의미까지 내포한 일상의 생계를 유지하기 위한 고귀한 자(God)로부터 인간에게 주어진 물질이나 재산의 의미로 코란(Quran)에 자주 등장한다. 이것이 8세기경 이베리아 반도에 아랍인에 의해서 전해지면서 스페인어와 포르투갈어로 '위험을 무릅쓰다'의 의미로 사용되었으며, 영어로 차용되어 '해도가 없는 바닷길을 항해하다'라는 의미로 사용하기 시작하였다.

이와 같이 리스크는 초기에는 해양공간이나 물질의 의미에서 기원하여 시간개념으로 확장되었고, 나중에는 금융이나 보험의 의미까지 그리고 오늘날에는 전자적인 영역까지로 의미의 확장을 계속하고 있다.

학문의 영역에서 리스크란 용어가 사용되기 시작한 것은 시카고 학파의 창시자인 프랭크 나이트로서 리스크란 측정 가능한 불확실성이라고 정의하였으며[1], 윌레트는 원치 않는 사건과 관계된 객관화된 불확실성이라고 정의하였다.[2] 그러면 지구촌에 어떤 위험들이 다가오고 있을까?

2014년 다보스포럼은 〈표 1-1〉과 같이 경제, 환경, 지정학, 사회, 기술 등 5개 분야에 걸쳐 31가지 핵심 글로벌 리스크를 제시하고 있다. 지구촌 성장을 저해할 주요 불확실성 요소로 '주요국 재정위기'가 1위로 뽑혔으며, 이외 ② 구조적인 고실업, ③ 물 위기, ④ 심각한 소득 불균형, ⑤ 기후변화에 적응 실패, ⑥ 심각한 기후 변화, ⑦ 글로벌 거버넌스의 실패, ⑧ 식량 위기, ⑨ 주요 금융 메커니즘/기관의 실패, ⑩ 심각한 정치/사회불안 등을 지적했다.[3]

〈표 1-1〉 2014년 31가지 Global Risks

구분	내용
경제 리스크	주요국 재정위기, 주요 금융 메커니즘/기관의 실패, 유동성 위기, 구조적인 고실업, 원유가격 충격, 중요 인프라의 실패/부족, 미달러화의 가치 하락.
환경 리스크	심각한 기후 변화(홍수, 태풍, 화재), 자연 재해(지진, 쓰나미, 화산 등), 대형 인재(원유 누출, 핵 사고), 대형 생태계 손실 및 파괴, 물 위기, 기후변화에의 적응 실패.
지정학적 리스크	글로벌 거버넌스의 실패, 지정학적 중요 국가의 정치붕괴, 부패 증가, 조직범죄 및 불법거래 확산, 대규모 테러 공격, 대량 살상무기의 배치, 국가내 분쟁에 따라 역내 불안, 경제/자원 국유화 확대.
사회적 리스크	식량 위기, 대규모 유행성 질병 발생, 통제불능의 만성질병, 심각한 소득 불균형, 항생제 내성의 박테리아, 도시화 실패, 심각한 정치/사회불안.
기술적 리스크	중요정보 인프라/네트워크의 파괴, 대규모 사이버 공격, 대규모 데이터 사기/절도.

1) Knight, H. Frank., Risk Uncertainty and Profit(Boston: Houghton Mifflin Company, 1921), p. 233.

2) Allen, H. Willett., *The Economic Theory the Risk and Insurance*(Philadelphia: The University of Pennsylvania Press, 1951), pp. 9~10.

3) Global Risks 2014, World Economic Forum.

오늘과 미래의 불확실성은 기업과 사회의 직접적인 위협요소다. 따라서 글로벌 리스크가 우리의 조직과 생활에 어떻게 작용하는지를 이해하고 이에 대비하는 지혜가 요구된다. 오늘날 리스크는 위험에 노출되거나 무언가 원치 않는 상황이 일어날 가능성, 또는 사람이나 사물이 여러 가지 위험이나 손실에 노출된 상황 등 매우 넓은 의미로써 정의할 수 있다. 글로벌 리스크와 같이 현대기업을 경영하는 데에는 예상치 않는 다양한 위협요소를 내포하고 있으므로 비즈니스 영역에서 위험관리프로그램을 개발하는 것은 기업으로써 필수적인 업무가 되었다.

또한 리스크는 재난발생 정도를 추정하는 용어로 실제적으로 인간의 모든 활동과 관련되어 있으나 인간의 모든 생활에서의 불안정성을 위험이라고 정의할 경우에는 한계가 없기 때문에 여기에서는 재정적인 손실을 발생하는 불확실성, 즉 어떤 기대치와 실제적인 결과와의 차이, 혹은 손실이 발생할 개연성이 있거나 발생한 손실을 위험이라고 정의한다. 보험 산업에서 위험은 '보험으로 보장할 수 있는 것'의 의미로 사용되기도 한다. 예를 들어 어떤 회사에 위험이 있다면, 이 위험은 원치 않는 결과를 발생할 수 있는 가능성을 의미한다.

위험은 재난(disaster)과도 구별되어야 하는데, 재난은 위험의 원인이 되기도 하는데 화재, 홍수, 지진과 같은 것을 의미한다. 또한 재난 발생의 요소인 유해(hazard)와도 혼동이 되기도 하는데, 유해는 불안전한 상태나 행동, 사고나 부상, 사망의 원인이 되는 요소나, 인명상해나 직업병 재산손상, 환경손상 또는 이들의 복합적인 형태의 위해를 일으킬 잠재성을 가지고 있는 원천이나 상태를 말한다.[4]

1. 위험관리의 개념

현대사회에서 위험과 위험관리는 학문의 영역뿐만 아니라 21세기 비즈니스 세계에서 핵심 업무로 다루어지고 있으며, 위험이나 리스크란 용어는 우리들의 일상에서 가장 빈번하게 사용하는 용어중의 하나가 되었다. 본서에선 의미전달을 위하여 리스크와 위험을 혼용하였다.

리스크관리란 조직의 잠재적 위험요소나 부정적인 영향을 미치는 것에 대하여 효과적으로 관리하기 위한 직접적인 모든 정신활동, 과정, 조직체제를 의미한다.[5] 리스크

4) OSHA 18001.

5) Standards Australia/Standards New Zealand (2006), HB 167:2006 Handbook Security Risk

관리를 통하여 정책입안자는 위험을 평가하고 재원을 분배하며 불확실성을 통제하기 위한 조치를 취하는 과정에서 전략을 수립하는데 도움을 준다.

실제로 기업을 경영하는데 리스크를 동반하지 않는 경우는 존재하지 않는다. 특히 세계화란 기업의 리스크 통제가 국가나 자신의 손을 벗어남을 의미하기도 한다. 이러한 위험관리와 위기의식의 중요성은 현대인의 삶의 일부이며, 위기감을 체계적으로 유지하는 일은 기업경영에서 매우 중요한 요소가 되었다. 따라서 인간의 위험이 눈앞에 닥쳐야 반응하는 인식의 한계는 위기 시 적절한 위기관리능력과 평상시의 일정수준의 위기의식의 공유가 변화가 상존하는 오늘날 비즈니스에서 경영자의 첫 번째 자질로 평가되기도 한다. 위기관리는 기본적으로 다음의 4가지 원칙에 의하여 수행된다. ① 모든 유형의 위기는 정형화되어 있지 않으며, ② 위기관리 능력에는 위기를 생각하는 방식과 함께 학습능력도 함께 요구하고, ③ 이러한 학습과 훈련은 전사적 차원에서 이루어 져야 하며, ④ 위기판단은 자기통제에 의해 결정되기 때문에 개인의 주도적 학습은 필수적이다.

오늘날 세계경제시스템은 구조화된 변동성으로 특징지어지며, 이러한 새로운 패러다임에 소비자, 기업, 정부가 적절하게 대응하는 것은 어려워지고 있다.[6] 세계화의 역풍, 화석에너지의 고갈, 지구온난화, 과학기술발전의 그림자, 전 세계적인 테러리즘과 전쟁, 전염병의 확산 등은 21세기를 불확실성으로 채색하면서 지구촌에 불안감의 확산을 촉진하고 있다.

오늘날 기업이 직면한 위험은 기술쟁탈전에 따른 보안공작, 자산손실과 수입 감소, 배상책임, 시장 환경의 급변에 따른 시장의 상실, 인종・국가 간 전쟁이나 테러로 인한 다국적기업의 인적・물적 손실 등 여러 가지가 있으며 이러한 위험요소들이 급변하는 현대 기업경영에서 기업의 성패에 엄청난 영향을 미친다.

기업보안 측면에서 미국에서의 2001년 9월 11일의 가공할 테러공격은 공공부문과 민간 모두의 영역에서 위험관리와 기업업무연속성을 긴급한 논점으로 만들었다. 퍼퓰러는 위험을 손실가능성에 노출되어 있는 것을 의미하는 것이라 하였으며[7], 피터는 유해하거나 손실에 노출되었거나, 이러한 노출된 상태를 의미한다고 정의하였다.[8]

Management, Standards Australia, Sydney.

6) IMD World Competitiveness Yearbook 2004, p. 41.

7) Philip P. Purpura, *Security and Loss Prevention*, BH, 1998. p. 313.

8) Peter Pitorri, *Counterespionage for American business*, BH, 1998. p. 123.

구조화된 불확실성시대의 현대기업이나 개인들이 급변하는 변화에 효과적으로 대응하거나 적응하기 위해서는 잠재된 위험에 대한 효과적인 통제력을 발휘하여야 한다. 로우퍼(Carl A. Roper)는 위험관리란 위험을 평가하고 피해자가 수용할 수 있는 수준(acceptable level)까지 위험부담을 줄이기 위한 조치를 강구하며 이러한 위험수준을 유지하는 것이라고 하였다.[9] 또한 브로더(James F. Broder)는 위험관리를 어떤 독립적인 실체(entity)가 가지는 잠재적인 손실에 대하여 규명하고 어떻게 이러한 잠재적인 손실을 처리할 것인가를 판단하는 과정이라고 정의하였으며,[10] 위험관리의 목표는 손실을 발생할 수 있는 수많은 사건들에 대한 종합적인 관리를 통하여 손실이 불가피한 것을 최소한의 비용으로 효과적으로 위험을 관리하는 것이라고 하였다.[11]

헤드(George L. Head)는 위험관리를 '가능한 최소한의 비용으로 조직에 미치는 우연한 손해의 불이익한 영향을 최소화하기 위해 조직의 자산 및 활동을 계획·조직·지휘·제어하는 과정'으로 정의하였다.[12]

위험관리 전문가인 지글리오티는 '위험관리는 일반적으로 인간의 건강과 안전에 대한 위협을 감소시키고, 대중과 기업의 재산손실을 막고, 정상적인 조직 또는 기업의 활동에 미치는 영향을 최소화하기 위해서 현재의 운영환경을 신속하고, 능률적이며, 효과적으로 다룰 수 있는 조직의 능력'이라고 정의하고 있다. 따라서 기업이나 조직의 생존을 위해 위험관리는 필수적임을 알 수 있다.

이러한 위험관리에서 중요한 자연재해 또한 대한민국의 재난에 대한 대비나 시스템을 선진국과 비교하면 2002년 9월 18일 오후(현지시각) 미국 동부지역을 강타한 허리케인 이사벨이 남긴 피해는 비슷한 시기인 9월 12일 한반도 남부를 휩쓴 태풍 매미가 할퀴고 지나간 흔적과 크게 대비 되었다. 매미가 한반도 내륙을 관통하는 데 걸린 시간은 대략 6시간이나 120여명 이상의 사망·실종자가 발생했으며, 5조원에 이르는 재산피해가 발생했다. 이에 비하여 허리케인 이사벨은 시속 257㎞의 속도로 15시간을 강타했으나 사망과 실종은 30여명에 지나지 않아 한반도 남해안에 상륙한 시속 216㎞의 매미가 6시간 강타하여 발생한 인명손실과 명확한 대조를 보였다.

9) Carl A. Roper, *Risk Management for Security Professionals*, BH, 1999, p. 13.
10) James F. Broder, *Risk Analysis and the Security Survey*, BH, 2000, p. 97.
11) 여기에서의 위험관리는 보안과 산업안전보다도 더 넓은 영역을 포함하지만, 이 두 영역이 가장 효과적인 위험관리 프로그램의 토대가 된다.
12) 박은희/정영동 공저, 리스크 관리론, 무역경영사, 1998, 125면.

이와 같이 한국에서도 엄청난 자연재해들이 계속하여 발생하고 있으나, 여기에 대한 대책은 일시적인 처방에 그침으로 또 다른 재앙을 예고하고 있는 듯하다. 이러한 대책의 한계에는 여러 가지 구조적인 문제들이 숨어 있는데, 일차적으로는 이러한 재난을 효과적으로 관리할 전문가집단의 부재와 재난업무를 집행하는 정부조직의 부패와 무능력, 그리고 국민의 안전의식 결여가 어우러져 나타나 관리 가능한 사건들이 엄청난 피해로 직결되는 악순환을 계속하고 있다.

다보스포럼은 지구촌이 직면한 불확실성에 대하여 새로운 생존모델을 기반으로 미래를 선도할 대학원 교육 혁신, 범국가적 협력체제의 확립, 위기관리 기법의 개발, 교통수단의 혁신, 지속가능한 도시 개발, 기술빅뱅에 대한 대비 등을 증가하는 위기에 대응하는 수단으로 제시하고 있다.

불확실성시대의 위험에 대한 회피(risk avoidance)는 과거에 보안전문가들이 적용하던 모델은 위험의 정도에 상관없이 단지 손실이나 손상을 방지하는데 중점을 두던 것에 반하여 오늘날에는 모든 조직에서 적극적인 리스크관리를 수행해야 하며, 보안리스크관리의 목표는 다음과 같다.

① 현실적인 위협의 평가나 위험수준에 따른 비용과 관련되거나 보안전략과 연계된 효과적인 체제를 구축하여 위험관리에 대한 일반적인 접근이나 기준을 모든 관계자들에게 제공한다.

② 위험관리에 관련된 원칙과 기본적인 개념을 이해할 수 있도록 한다.

③ 특정 기업이나 조직에 유연하게 적용할 수 있는 체계화되고 분석적인 틀을 위험평가나 판단에 적용하도록 지원한다.

④ 특정 기업의 자산에 대한 잠재적인 손실의 영향력, 위협, 그리고 취약성에 관한 구성원 개개인의 인식을 확대하고 개발한다.

⑤ 손실의 영향, 위협, 취약성의 통합된 평가에 근거하여 다양한 보안에 관한 권고사항을 개발하게 한다.

⑥ 조직에 잠재된 손실의 영향, 위협 그리고 취약성의 관점에서 보안의식을 향상시키고 개발한다.

⑦ 손실의 영향, 위협, 취약성, 관련 재원들에 대한 통합된 평가에 근거하여 최고경영진들의 의사결정에 도움이 되도록 하고 보안에 관한 권고사항에 대한 판단을 가능케 한다.

이와 같은 목표에 의하여 보안리스크 관리자는 다음의 세부적인 사항을 결정하는 것을 가능하게 한다.

① 조직과 시스템의 약점을 규명한다(원료공급 시스템, 네트워크나 시설물 등).

② 중요자산을 보호하기 위한 비용효과적인 대책선정과 한정된 재원의 투입에 관한 의사결정을 위한 합리적이고 방어가 가능한 방법을 제공한다.

③ 위험에 대한 교류의 강조와 최종 의사결정 기구에의 권고에 의한 조직의 보안활동의 성공확률을 높인다.

④ 보안전문가와 핵심 의사결정자가 다음의 질문에 대한 해답을 얻는데 도움을 준다. '얼마 정도의 비용이 보안에 대한 투자로 적정한가?'[13)]

여기의 내용들은 해당 위협 전반에 걸쳐 이러한 평가를 어떻게 검토할 것인가에 대한 지침을 제공함으로써 위험평가 또는 보안에 관하여 재검토를 고려하는 관리자에게 도움을 줄 것이다. 기업은 잠재적 리스크를 보안조사와 검사를 통하여 위험을 유형화하고 이를 토대로 위험관리 모델을 만들면 위험에 적절하게 대응하는 것을 가능하게 할 것이다.

2. 보안리스크

보안리스크란 조직자산을 위태롭게 하거나 위험에 노출시키는 원인이 되는 모든 경우(any event)를 말한다. 여기에는 조직의 수익용 자산의 허가되지 않는 사용, 손실, 손상, 위험노출, 변경과 자산을 위험에 노출시키는 다양한 독립체, 개인이나 집단의 정치적·개인적인 관심과 사람에게 피해를 주는 위험도 포함한다. 조직자산을 위험에 노출시키는 것은 기업이나 비즈니스 단위, 고객에게 악영향을 미치게 되므로 보안리스크에 대한 이해는 위험관리의 핵심적인 요소이다. [14)]

보안리스크관리란 조직자산에 대한 의도적이거나 정당하지 않는 여러 요소들의 부정적인 영향력을 최소화하고 이익을 최대화하기 위한 모든 정신적인 활동(culture)이나 프로세스 그리고 조직체계를 의미한다.[15)]

보안[16)]업무와 리스크와는 어떠한 관계가 있는가? 우리는 지금까지 보안을 수동적인

13) 모든 보안 업무에는 손실을 방지하기 위하여 투입되는 비용(input)에 따른 얻어지는 성과(output) 사이의 의사결정자가 수용 가능한 균형(trade-offs)이 요구된다.

14) Security Risk Management, Body of Knowledge, Julian Talbot & Miles Jakeman, 2009. p. 326.

15) AS/NZS4360: 2004 Risk Management Standard and Schneier (2006).

16) 한국산업보안학회에서의 보안의 정의는 "사람, 자산, 정보가 어떤 의도되거나 인위적으로 조작된 불

대응(Reactive Security)의 개념으로 접근하였지, 적극적인 위험관리(Proactive Risk Management) 대상으로 접근하지는 못했다. 그러나 오늘날 다양한 위험관리프로그램의 목표는 기업에서 발생할 수 있는 위험의 영향력과 위험을 예방하기 위한 프로그램을 시행하는데 투입된 비용과의 균형을 고려해야하는 것이 핵심이 되었다. 모든 비즈니스는 다른 기업과 구별되는 개별적인 독특함과 운영방법을 가진다. 예를 들어 은행은 현금을 다루고 의류공장에서는 옷을 만들므로, 위험의 영향이나 위협요소는 개개의 업종마다 매우 상이할 수밖에 없으나 일반적인 보안리스크는 다음과 같다.

① 주요인물의 부상이나 질병에 노출, 동시에 다수가 전염병에 감염, 핵심인물의 사직이나 사망
② 공익설비(정보통신, 식수, 전기와 가스, 난방설비 등)의 공급중단이나 지연
③ 주요 협력업체의 파산 등으로 인한 가동중단
④ 사업장이 위치한 지역의 전쟁이나 폭동
⑤ 대량살상무기: 핵물질, 생화학무기의 공격
⑥ 자연재난: 태풍, 지진, 해일, 홍수, 한발, 식수오염
⑦ 산업재해: 폭발, 구조물붕괴, 대형사고, 화재, 방사능물질 누출
⑧ 사보타지와 악의적 파괴행위: 방화, 악성노사분규, 반달리즘, 제품손괴, 폭발물위협, 시민소요, 조직범죄, 살인, 테러리즘
⑨ 자산범죄: 좀도둑, 사기, 근로자 보상사기, 횡령, 차량절도, 컴퓨터 범죄, 지식재산절도, 영업비밀절도, 자산절도, 강도와 납치
⑩ 이익갈등: 종업원의 배임, 경쟁업체에 협력, 뇌물수수, 금품강요
⑪ 개인문제: 도벽, 고리대금업, 조직에 불만족자, 근무태만, 성희롱, 알코올중독, 반사회적 성향, 금지약물사용, 사업장 폭력
⑫ 기타: 교통사고, 판단착오, 조직의 정책과 절차의 위반, 부적절한 장비관리, 국가안보문제

기업이나 조직의 보안부서의 목적과 책임 중에 한 가지는 조직에 적합한 보안대책을 개발하여 적용하고 잠재적인 손실분야를 규명하고 예방대책을 수행함으로써 조직의 연속성을 확보하고 보안관리임무를 계속적으로 수행하는 것이다. 이러한 보안업무

안전성이나 위험으로부터 상대적으로 예상가능한 안전한 상태나 상황을 유지하는 활동"으로 정의하고 있다.

를 수행하기 위한 과정에 대한 연구를 위험분석(Risk Analysis)이라고 부른다. 이러한 접근방법이 함축하고 있는 것은 조직의 포괄적이고 통합적인 기능으로써 보안의 개념이며, 이와 같은 포괄적이고 통합적인 업무의 주요 부분 중 조직의 잠재적인 문제점을 규명하는데 이용되는 방법이 보안조사(Security Survey)이다. 이러한 보안조사에 관한 구체적인 내용은 몇 가지로 나누어서 설명한다. 더불어 손실예방 기능의 포괄적인 관점은 다음에 나열된 더욱 세분화된 보안대응과 대비될 것이다.

① **일차원적인 보안** : 보안요원과 같은 한 가지의 억제책에 의존한다.

② **단편적인 보안** : 포괄적인 계획없이 손실예방 기능의 필요성이 생길 때마다 단편적으로 기능이 부가된다.

③ **대응적인 보안** : 특정한 손실발생의 경우에 대응한다.

④ **통합적인 보안** : 특정한 위협과 관계없이 기본적인 보안시스템(장비 · 인력 등)을 조직하고 모든 상황에 대응할 수 있도록 통합시스템을 구축하여 어떤 문제점이 발생하더라도 신속하게 대응할 수 있도록 한 조직이다. 이것은 만능 항생제가 환자에게 존재하는 모든 바이러스를 치유하는 것과 같이 환자에 대한 진단 없이 치료에 대한 처방을 하는 것과 유사하게 기업에 잠재된 위험요소를 사전에 방지하고 손실을 예방하는 기능을 하게 된다.

그러나 보안에 대하여 통합적이거나 시스템적인 접근이 항상 바람직한 해결책은 아니다. 특히 소규모의 잠재적인 손실이나 상대적으로 대비가 쉬운 소규모의 기업은 규모에 맞게 출입문에 적절한 자물쇠를 설치하거나 경보시스템 또는 용역 보안요원의 순찰과 같이 상황에 맞게 적용되어야 할 것이다. 그러나 오늘날 점차 손실분야가 증가하거나 더욱 상황이 복잡하게 전개될 경우와 급격하게 성장하는 기업을 보호하기 위한 역량으로는 일차원적인 대응을 가지고 이러한 손실문제에 대응하기에는 역부족이므로, 더욱 포괄적인 보안프로그램의 채택 필요성이 증가하게 되었다.

따라서 만약 보안조직이 일차원적이거나 단편적 · 대응적 · 통합적인 조직을 구성하기 어렵다면, 여기에는 반드시 종합적인 잠재위험에 대한 보안분석이 필요하다. 다시 말해서 범죄나 사고, 자연재해로부터의 손실에 대응하기 위한 대책을 세우기 위해서 조직의 잠재된 위험의 평가와 현상에 대한 규명이 반드시 선행되어야 한다.

3. 위험관리자

고대 원시시대에 위험관리자의 모델은 사고로 이어질 수 있는 요인을 찾아내는 초병 역할을 하는 사냥꾼이 최초의 위험관리자의 모델이 될 것이다. 우리 인간의 조상인 사냥꾼은 사냥을 나갈 때 어쩔 수 없이 자신의 동굴에 자신의 동물가죽과 사냥도구 그리고 그에게는 가장 소중한 2개의 돌(하나는 매우 단단하고, 다른 하나는 납작한 모양으로 이것으로 그는 스파크를 만들어서 불을 피웠다)을 남기고 떠날 수밖에 없었다. 이 불을 이용하여 사냥한 고기도 익히고, 추운 계절이나 밤에 거주지를 따뜻하게 하는데 활용했다.

이 소중한 소유물을 두고 사냥꾼이 동굴을 떠날 때에는 몇 가지 선택이 가능하다. 첫 번째는 모든 물건을 동굴에 그대로 둔 채로 사냥을 가는 것이다. 두 번째는 여러 가지 물건들을 동굴의 구석이나 갈라진 틈 속에 숨기고, 가장 중요한 물건은 동굴 밖의 다른 후미진 곳에 숨기고 사냥을 간다. 세 번째는 동굴의 입구를 여러 무거운 바위를 이용하게 폐쇄한 다음에 사냥에 나선다. 네 번째는 사냥꾼이 다른 사람보다도 잘 알고 신뢰하는 사람에게 약간의 보상을 지급하고 사냥꾼의 동굴을 지키게 하고, 사냥 후에 이 사람에게 자신의 사냥감의 일부를 나주어 주는 것이다.

상기의 방법이 모두 완벽한 방법은 아니나 사냥꾼이 살던 시대는 지금과 매우 다른 환경으로 생존자체가 가장 중요한 요소였으며, 여기에 사냥꾼이 발견한 불을 피우는 기술은 당시 최고의 기술이었으므로 다른 사람들은 이 기술을 얻고자 했으나, 그 당시에는 오직 이 사냥꾼만이 불을 피우는 방법을 알고 있었으므로, 다른 사람들은 사냥꾼이 어떻게 돌을 이용하여 불을 피우는지를 알아내려고 염탐하거나, 사냥꾼을 뒤쫓거나 서로 대화하는 과정에서 어떤 돌을 사용하며, 어디에서 그 돌을 구했는지를 집요하게 물었다.

이 사냥꾼은 새로운 기술에서 매우 귀중한 도구인 특정한 돌에 대한 이해를 통하여 여러 가지 돌중에 가장 적절한 돌을 고르는 방법과 이 돌을 어떻게 하면 불이 만들어지는지를 알고 있었으므로 당시에는 불을 피우는 기술이 가장 첨단기술로 인정되었다.

따라서 사냥꾼은 불을 피우는 기술을 어떻게 보호할 것인가에 대한 대책을 간단한 목록으로 작성하여 이것을 위험관리로 활용하였다. 사냥꾼은 그가 가지고 있는 첨단도구인 "부싯돌"에 대한 위협을 잘 알고 있었으므로 누군가 그의 기술을 빼가려고 할 것이라고 생각하고 항상 대비하였다. 그래서 그는 '부싯돌' 보호 상황에 대한 취약성을 분석하고 다양한 종류의 대책들을 강구하였는데, '부싯돌'을 잊어버리는 것을 방지하기 위해서 한 가지 또는 복합적인 대응책을 결합해서 적용할 수 있었다.

따라서 사냥꾼은 신중하게 생각한 다음 위에서 언급한 3가지 대책을 실제로 시행하기로 결정하였다. 왜냐하면 첫째로 '부싯돌'을 다른 사람들이 쉽게 찾을 수 없도록 여러 가지 소장품과 함께 동굴 내부의 가장 찾기 어려운 곳에 숨기면 매우 찾기 어려울 것이라는 점을 고려했으며, 거기다가 동굴 입구를 쉽게 옮길 수 없는 매우 무거운 돌로 막아 놓는 방법과 마지막으로 그의 귀중품을 보호해주는 신뢰할 수 있는 이웃을 고용하기로 했다. 그러나 동굴 입구를 막는 바위가 매우 무겁기 때문에 두 사람을 고용하여야 할 필요가 있었고, 또한 동굴 입구를 보호하기 위하여 경비원에게 가시적인 대책을 세운 다음 사냥을 떠났다.

사냥꾼이 사냥에서 돌아온 후, 그와 경비원은 동굴입구를 막고 있는 바위를 굴려서 치운 다음, 수고한 경비원에게 적정한 몫의 사냥감을 나누어주고 저녁식사에 사냥꾼의 불이 있는 곳으로 경비원을 초대했다.

오늘날의 다양한 조직에서 해당 조직의 위험요소를 관리하고 기업자산을 보호하는 역할을 수행하는 위험관리자도 보호하고자 하는 객체가 변화한 것을 제외하고는 최초의 위험관리자의 기본모델과 동일한 원리를 적용하여 다양한 위험에 대비하고 있다.

4. 위험관리의 목표

위험관리를 보는 관점에 따라서 위험관리는 하나의 공정으로서 또는 이론, 절차, 혹은 각자의 자산을 결정하는 방법론, 취약성, 위협, 그리고 자산을 보호하는 과정으로서 위험관리는 다음과 같은 몇 가지 목표를 가진다.

① 효과적으로 보안전략을 수립함으로써, 실제적인 위험평가에 따른 비용이나 위협수준과 관련된 구조분석을 통해 일반적인 위험관리에 대한 접근과 표준화된 기준, 위기관리와 위기관리원리의 기본적인 개념에 대해 일반인에게 제공한다.

② 기업의 비즈니스와 조직을 지원하기 위한 위험평가와 결정지원과정에 도움이 되도록 아직 체계화되지는 않았지만 분석적인 체계를 유연하게 적용하도록 방법론을 제공하고, 기업자산의 잠재적인 손실충격, 위협과 취약성의 관점에서 구성원들의 위험관리에 대한 인식을 향상시키기 위하여 위기관리기법을 개발한다.

③ 손실충격, 위협, 취약성과 재원의 감소에 관한 통합된 평가를 토대로 다양한 보

안에 관한 권고사항을 도출한다.

④ 잠재적인 손실영향과 위협 그리고 취약성의 관점에서 보안에 대한 인식을 향상시키는 프로그램을 개발한다.

⑤ 손실충격, 위협, 취약성 그리고 고객과 매출의 감소에 관한 통합된 평가를 토대로 최고경영진의 의사결정에 제공되는 보안에 관한 권고사항을 도출하도록 보장한다.

5. 위험관리의 중요성

위험관리는 다양한 자산을 가장 합리적인 비용으로, 가장 효과적으로 보호하는 방법을 결정하게 하므로 모든 조직이나 개인에게 매우 중요하다. 위기관리는 미래에 대한 현재의 투자이며, 이 투자는 모든 사람들에게 도움이 된다. 이러한 투자에서 보안실무자에게는 가장 핵심적인 역할이 부여되며, 이들은 위기관리공정에서 가장 중요한 핵심 업무를 수행하게 된다.

어떤 조직에서의 보안업무는 모든 것을 아우르는 용어로 '보안'이 필요하며, 다양한 분야의 업무에 토대를 두나, 이러한 정의는 어떤 면에서는 너무 광범위하거나 장황하므로, 간단하게 조직의 모든 비즈니스와 관련된 업무를 보호하는 것을 목표로 설정한다.

보안은 업무, 시스템, 프로그램, 시설물 그리고 조직 정보, 상황에 따라 정부 정보나 조직의 시설물, 사람, 재산과 장비를 보호하기 위한 정책을 통합한 시스템이다. 이러한 통합된 시스템은 보안을 필요로 하는 다양한 자산을 보호하기 위하여 체계화되고 효율적으로 보호하게 되며, 이러한 보안영역에는 위험관리 프로그램에 영향을 주는 5가지 분야인 시설, 인력, 정보, 통신, 기술(컴퓨터, 기술적 보안대책 등)분야를 포함하게 된다.

더불어 보안프로그램의 지원을 필요로 하는 다양한 보안 분야들은 조직의 위험관리 프로그램과 밀접하게 연관되어 있으며 적절한 비용이 필요하게 된다. 여기에 필요한 대부분의 비용은 인력, 장비, 제품, 특정 시설물, 그리고 실무자와 구성원에 대한 교육과 훈련에 투입된다.

현대사회에서 대부분의 조직들은 자신의 자산보호를 위한 다양한 보안계획을 수립 및 적용하고 있으나 정형화된 규정은 존재할 수가 없다.

따라서 조직자산을 보호하고자 하는 보안계획의 프로그램에는 보호하고자하는 대상이 우선 결정되어야하고 프로그램의 가장 핵심적인 요소에 대한 규정과 우선순위를 결정한다. 여기서 보호하고자 하는 핵심요소와 다양한 위협요소에 대하여 결정한다. 마지막으로 앞에서 규정된 다양한 위협요소에 따른 취약성 또한 위험관리 프로그램에서 고려될 핵심적인 사항을 확정한다.

다음으로 현재 적용 가능한 대응책을 선정하고, 선정된 대응책의 적절성에 대한 검토를 한 다음 또 다른 가능한 대응책이 필요하지 않는가를 검토한다. 더불어 각각의 대응책을 선정할 경우에 고려해야할 핵심적인 사항 중에 하나가 각각의 대응책에 필요한 비용에 대한 검토이다. 한번 대응책과 비용이 결정되었으면, 가장 비용효과적인 대응책을 선정하고 다양한 위협요소에 어떻게 대응하고 취약성을 줄이거나 제거하기 위한 구체적인 방법을 적용한다. 다음에는 대응책을 어떻게 적용하는 것이 최적의 방법인가, 새로운 위협요소와 대응책이 없는가를 면밀히 검토하고 필요한 경우에 해당 프로그램을 개정하거나 유연하게 조정하여야 한다.

이러한 위험관리 프로그램에 있어서의 문제점이나 관심을 기울려야할 사항이 바로 유연성이다. 소규모 비즈니스나 조직은 이러한 작업에 단지 며칠이나 몇 주 정도면 충분하나, 규모가 있는 조직은 몇 달 혹은 몇 년 이상이 걸릴 수 도 있다. 따라서 계속적인 검토와 프로그램에 대한 갱신이 필요하며, 위험관리 프로그램에 포함된 조직의 크기나 프로그램의 크기에 따라서 조정되어야 한다. 이상의 위기관리 프로그램의 모든 영역은 조직의 자산보호계획의 일부분이며, 서로 다른 각각의 분야가 서로 유기적으로 연계되어 작동하므로 각각의 구성분야 모두가 중요하므로 우선순위를 표면상으론 판단하기는 어렵다.

위험관리공정의 문서화 또한 매우 중요한 부분이다. 문서화 작업은 프로그램의 설계단계에서부터 시작되며 다양한 정책과 절차들이 가감없이 토론되고 가장 적절한 방법들이 채택되도록 최대한 풍부한 정보와 자료를 수집하고 분석하는 과정을 필요로 한다. 이러한 문서화 작업에는 핵심적인 요소, 위협, 취약성에 대한 결정, 조직 내에서 개발된 보고 자료와 다른 정보원으로부터 수집된 자료, 정부 프로젝트에서 필요로 하는 특정한 보안 분류지침, 특정한 계획과 절차가 필요한 프로그램에 대한 문서화 등도 포함된다.

오늘날 위험관리에 활용되는 방법론은 단지 과거에 사용되던 '시설보안조사'가 아니라 위험을 관리하고 책임지는 관리자들에게 매우 중요한 지침이자 도구이며, 보안프로그램의 기획과 재원에 관한 것을 의미한다. 이런 문서화는 책임추적성과 일관성을 유지하기 위한 방법론에 따라 주요한 판단에 결정적인 영향을 미치고 여러 가지 위험관리기법과의 통합을 촉진하며, 현재 사용하고 있는 보안문서를 좀 더 융통성 있게 활용하게 한다. 따라서 위기관리프로그램을 매번 새롭게 제정하는 것이 좋은 것이 아니라, 현재 사용하고 있는 프로그램의 개선책을 찾는 것이 효과적인 경우가 더 많다.

이러한 방법론을 통하여 특수업무에서 적용하는 기밀분류와 비즈니스의 기밀이 아닌 자료도 편리하게 관리하는 기법을 적용하게 될 것이다. 이러한 방법론은 정량적 평가와 정성적 평가 모든 영역에 다양하게 활용될 수 있으며, 다양한 형태의 조직체와 시설물 그리고 고객의 입장에서 이러한 기법을 활용하는 것이 가능하다.

위험관리조사와 다양한 관련 보고서 그리고 주요한 위험관리 결정에 활용되는 정보가 미래에는 보안실무자, 경영진의 매주 귀중한 정보원이 될 것이며, 경우에 따라서는 자신이 속한 조직원을 위험관리조사에 따라 그들의 위험관리를 지원함으로써 그들이 고객의 입장이 되는 경우에도 유용한 정보원이 될 것이다.

이러한 경우 고객들은 위험관리에 활용되는 가장 적합한 기법이나 제품을 개발하는데 지원자로서 역할을 하게 되며, 고객들은 그들의 안전을 보장하는 가장 합리적인 조치, 방법 그리고 절차들이 적용되기를 기대함으로 이러한 위기관리공정은 고객들의 판단에 의해서 확정되는 것과 같은 동일한 결과에 이르게 된다. 따라서 이러한 위험관리공정에서 가장 중요한 것은 어떻게 위험관리공정이 구성되는가에 달려있다.

제2절 리스크평가 모델

위험평가 모델에서 보안리스크평가 순서도는 보안리스크평가를 통하여 구체적인 보안프로세스의 적용에 관한 지침을 보안실무자에게 제공하는 것을 목적으로 한다. 〈그림 1-1〉은 종합적인 보안리스크평가를 순서도로 나타낸 것으로 지리적 상이성에 상관없이 모든 비즈니스 분야와 정보기술 관련 분야에 적용하는 것이 가능하다.

다음의 단계는 미국산업보안협회(ASIS) 국제지침위원회에서 권고한 종합적인 보안리스크평가를 수행하기 위한 접근법과 기본구조를 설명한 것이다.[17)]

① 위험한 상황에 있는 자산과 사람을 규명하고 조직전반의 안정성 상태를 이해한

17) General Security Risk Assessment Guideline, ASIS International, 2003. pp. 6~7.

다. 사람에는 임직원, 임차인, 방문자, 공급업자, 초청자와 더불어 기업과 직·간접적으로 관련 있는 모든 사람을 포함한다. 그리고 자산에는 현금이나 귀중품과 같은 유형의 자산과 지적자산이나 소송원인과 같은 보이지 않는 자산을 포함한다. 핵심적인 비즈니스에는 주요 생산품이나 서비스와 더불어 기업의 평판과 이미지도 포함한다. 네트워크에는 모든 시스템, 하부구조, 데이터와 관련된 장비, 통신시설과 컴퓨터처리 자산이 포함되며, 정보에는 다양한 유형의 재산적 데이터가 포함된다.

② 손실리스크 상황과 취약성을 구체화한다. 지역적인 환경에서 위험이나 위협요소의 상황과 과거에 발생하였던 사건으로 사업장에서 발생할 수 있는 사건을 의미한다. 이러한 위험은 고유한 자산의 가치와 사업장의 현재성을 근거로 하여 평가한다. 여기에서 위험에 의한 손실결과는 취약성분석을 통하여 결정하므로, 취약성분석에서는 위협요소를 제거함으로 얻을 수 있는 모든 장점을 고려한다. 이러한 과정을 통하여 조직에 잠재된 취약한 분야를 강조함으로써 연속적인 분석과 대응책을 선정하기 위한 기본체제를 형성하는데 도움을 준다.

③ 손실리스크와 사건빈도의 개연성을 확립한다. 사건발생의 빈도는 손실발생의 규칙성과 관련되어 있다. 예를 들어, 쇼핑몰에서 고객에 대한 폭행이나 강간의 위협이 존재할 경우에는 매장이 개장된 후 몇 번이나 발생하였는가 하는 것이 해당 사업장에서의 빈도를 의미한다. 손실리스크의 개연성은 과거에 발생한 사건, 경향, 경고나 위협요소 그리고 기업에서 발생한 사고의 문제점을 주요하게 고려한 다음 이것을 토대로 한 개념이다.

④ 사건의 영향력을 결정한다. 여기에서 영향력은 조직자산의 유·무형의 손실을 포함한 재정적, 심리적인 영향을 망라한 모든 제반 비용을 의미한다.

⑤ 위험을 제거하거나 완화시키는 방법을 개발한다. 이 단계에서는 물리적, 절차적, 논리적 방법을 통하여 손실을 예방하거나 완화시키기 위한 보안 프로세스와 관련된 실용성 있는 방법을 규정한다.

⑥ 대응책의 시행가능성을 연구한다. 대응책을 시행하는데 기업의 수익과 운영을 본질적으로 방해하지 않는 실제적인 방안을 선정한다.

⑦ 비용편익분석을 수행한다. 위와 같은 계획을 수행하는 데는 반드시 비용과 자산의 투입에 대한 결정이 필요하다. 이러한 분석은 특정한 비용의 투입으로 인하여 자연스럽게 얻어지는 모든 이익의 가치를 분석하거나 측정하기 위한 체계적인 접근방법이다. 대체적으로 이러한 과정에는 다음의 3가지 단계가 포함된다.

ⓐ 지출에 따른 모든 직·간접적인 결과물을 규명한다. ⓑ 지출에서 발생하는 모든 이익과 비용을 금전가치로 결정한다. ⓒ 이러한 비용과 예산을 현재의 금전가치로 환산하기 위하여 지출에 따라 발생이 기대되는 미래의 비용과 예산을 할인한다.

또 다른 위험평가 모델인 〈그림 1-2〉와 같은 위험관리 5단계 공정을 수행하거나 기업의 위험평가 분석을 하기위해서는 사전준비에 상당한 시간이 요구된다. 외부 컨설팅의 경우에는 위험분석가들은 분석과정에서 조직에 어떠한 불안정성이 잠재되어 있는지를 규명하고 직무의 목표와 핵심을 결정하기 위해서 반드시 고객(자산소유자)과의 간단한 인터뷰나 브리핑을 실시해야 한다. 왜냐하면 자산소유자는 조직에서의 자산의 위험상태나 자산이 어디에 무엇이 분포하는지를 가장 잘 알고 있기 때문이다.

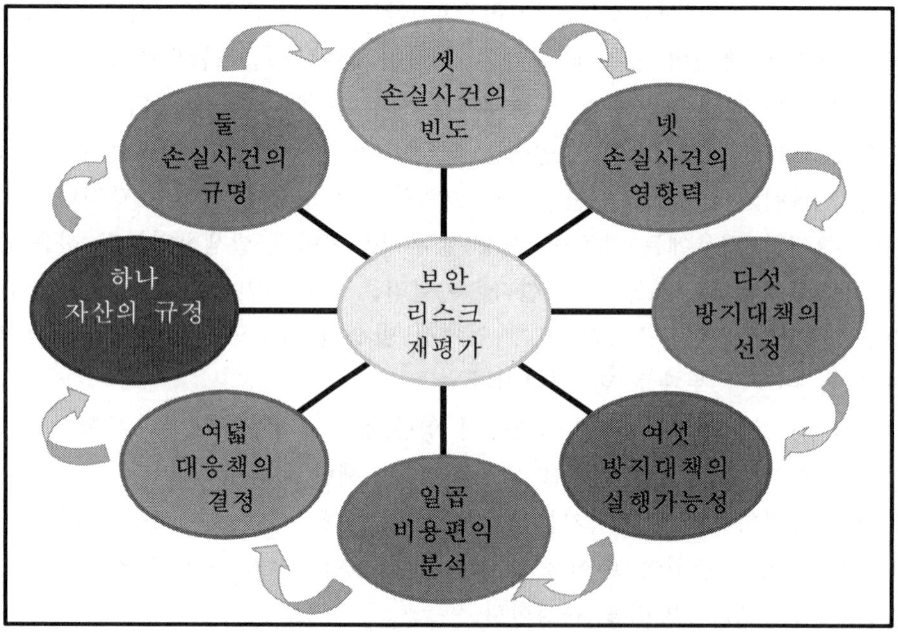

〈그림 1-1〉 보안리스크평가 순서도

또한 위험분석가는 주주들의 주요한 관심들을 인지하고 그들의 목표를 고려하여야 할 것이다. 왜냐하면 주주들은 자산보호를 사람이나 조직에 위탁시켜 관리하기 때문이다.

예를 들어, 비록 기업의 최고정보책임자(CIO)가 기업 네트워크에 대한 전반에 대하여 책임을 지고 있더라도 실질적인 실무자인 네트워크 관리자는 네트워크의 가용성과 무결성에 더욱 관심을 가지게 된다.

이상과 같은 사전지식을 토대로 하여 위험관리자와 분석가는 ① 자산평가, ② 위협평가, ③ 취약성평가, ④ 위험평가, ⑤ 대응책 선정의 순서로 위험관리 모델의 5단계[18]를 시작한다.

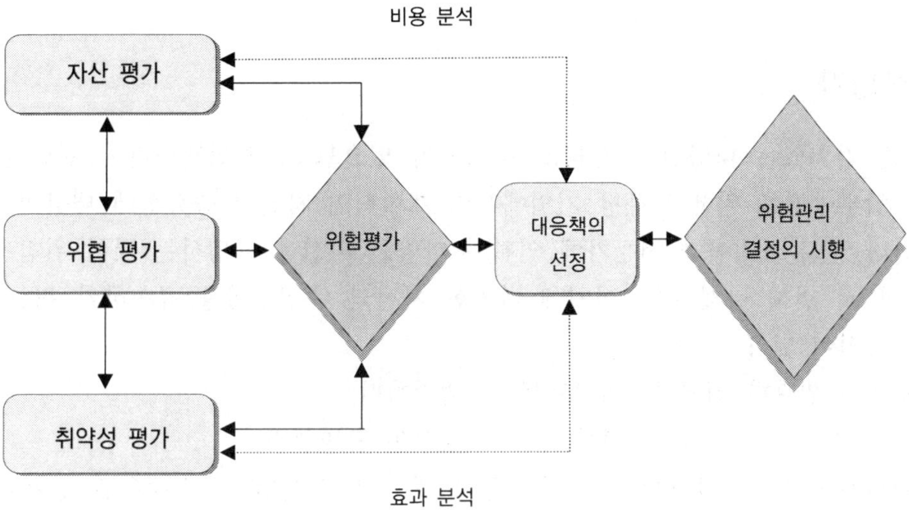

〈그림 1-2〉 위험관리 공정 5단계

이러한 위험관리 5단계 공정은 기업에게 다음과 같은 사항을 가능하게 한다.

① 기업에서 보호가 필요한 주요자산이 무엇인가를 결정하게 한다.
② 중대한 자산에 위협이 되는 다양한 요소들의 유형을 알 수가 있다.
③ 특정한 위협요인과 관련된 구체적인 취약성에 대한 고려가 가능하다.
④ 계속적인 기업운영을 통하여 원치 않는 사고의 결과나 영향에 대하여 알 수가 있다.
⑤ 원치 않는 특정사고와 관련된 상대적인 위험의 수준을 견적할 수 있다.
⑥ 이미 발생하였던 원치 않는 사고와 유사한 사고를 줄일 수 있고 위기를 완화시키는 활동이나 대책들을 세울 수 있다.

18) Carl A. Roper, The Risk Assessment: Five-Step Risk Management Process, BH, 1999, pp. 6~7.

⑦ 다양한 위기완화 전략의 비용효과에 대하여 분석이 가능하다.

⑧ 최고경영진이나 기업의 고객들에게 현재의 위험분석결과나 대책선정과 권고사항에 대하여 전달할 수 있는 전략을 수립할 수 있다.

이와 같은 위험관리공정에서는 사려 깊은 판단이나 위험관리 지식을 개발하여 관리정보로 사용하기 위하여 5단계의 분석적 방법론인 시스템적인 접근이 필요하다.

1. 자산평가

기업은 가치있는 다양한 자산들로 구성되어 있으므로, 보안관리자나 위험관리자는 적절한 업무수행을 위하여 해당 기업에서의 개별적인 자산의 중요성에 대하여 규명하여야 한다. 전문조직이나 전문가에 의하여 다양한 자산을 규명하는 것이 위험분석 프로세스의 첫 번째 단계이다. 여기에 다양한 자산과 손실영향을 규명하기 위한 3가지 요소의 목적이 있다.

① 보호가 필요한 핵심자산이 무엇인지 결정한다.

② 원치 않는 사건과 그에 따른 영향에 대하여 규명한다.

③ 핵심자산의 손실에 따른 파급효과를 토대로 자산가치와 우선순위를 정한다.

자산가치를 결정할 경우에는 '주어진' 몇 가지 요소를 고려한다.

① 모든 자산과 활동에 동일한 보호수준이 제공되는 것은 아니다.

② 조직 자산이라고 실제적인 평가에서 모두 중요한 것은 아니다.

③ 서로 다른 직무를 수행할지라도 조직에서는 모든 자산은 동일한 가치를 가진다.

④ 모든 자산이 조직의 복지와 이윤, 생존에 절대적으로 중요한 것은 아니다.

⑤ 대규모 조직에서 모든 자산가치의 규명이 가능한 것은 아니다.

⑥ 조직의 전체적인 가치와 관련하여 자산의 위험을 감소시키는 비용이 합리적 이여야 한다.

자산 가치를 산정하는데 있어서 절대적으로 금액으로 평가할 필요는 없다. 때때로 자산의 잠재적인 손실영향은 인간의 생활, 조직의 이익과 생존, 정치적 혹은 경제적인 국가이익의 관점에서 평가되기도 한다.

그러나 자산은 어떤 형태로 존재하든 상관없이 가치가 있으므로, 정보가치와 관련하여 몇 가지 조건이 있으므로 위험관리자는 서로 다른 유형의 자산을 판단할 경우에 명심하여야 한다. 가치와 관련된 조건은 다음의 내용을 포함한다.

① **독점:** 해당 자산은 오직 조직내부에만 존재하는가?

② **유틸리티:** 임무, 프로그램 또는 프로젝트를 수행하기 위해서는 해당 자산이 핵심적인 역할을 하므로 해당 자산이 없을 경우에는 동시에 다른 임무 등을 완성하거나 수행할 수 없는가?

③ **창작과 재창작:** 해당 자산을 창작하는데 드는 비용이 과다하거나 재창작하는 것이 불가능하지는 않는가? 여기에 포함되는 비용에는 R&D, 인건비, 장비사용료, 구매비용, 개발과정에서 필요한 컴퓨터 소프트웨어와 하드웨어, CAD 디자인 작업, 전반적인 자산과 관련된 간접 관리비와 보안비용 등이 해당한다.

④ **실행상의 영향:** 해당 자산은 운영, 프로그램, 프로젝트를 수행하는데 절대적으로 필요한가? 필수적이라면 해당 자산은 다른 업무를 수행하는데 계속적으로 필요한가?

자산은 다양한 형태로 존재하나 인사, 활동과 운영, 정보, 시설 그리고 장비와 재료의 5가지 유형으로 대별된다.

〈표 1-2〉 5가지 주요 자산 분류

사람	활동과 운영	정보	시설	장비와 재료
내국인: (공무원, 정부 계약자, 민간 공공업체, 군인, 부양가족, 방문객), 외국인: (자국민과 동일)	개인보호서비스, 중요훈련의 시행, 통신/네트워킹, 중요협상의 이행, 경쟁자 운영정보의 수집/경쟁조직에 대한 방해활동, 정보수집/분석(조직보호목적), 핵심운영/인사/자산의 이동, 연구개발, 시험과 평가, 핵심기술, 중요기술의 생산, 핵/생물학/생화학 재료보호, 무기, 폭발물, 장비 보호	정부의 기밀분류 항목:핵심기밀로 분류된 정보(핵심기밀, 기밀, 대외비), 중요한 방법, 기법과 절차 기밀로 분류되지 않는 항목: 시스템 디자인, 지적자산, 특허와 저작권이 설정된 정보, 시스템의 성능과 취약성, 중요 금융데이터, 기밀로 분류되지 않았지만 중요한 정보	국내: 본사, 사업장과 관리건물, 훈련시설, 협력업체 시설, 저장시설, 생산시설, 연구개발실험실, 발전소, 주차장, 격납고, 거주지, 군사기지, 통신시설 국외: 대사관, 공사관, 영사관, 군사시설, 정부시설, 본사, 지원시설, 제조시설, 거주지	운송장비/차량 유지보수 장비 운영 장비 (사무실/사업장) 통신장비, 보안장비, 무기, 자동정보시스템 장비

〈표 1-2〉와 같이 조직자산에 관한 세부 목록은 다소 일반적인 항목이라도 수 없이 많으므로, 개별 조직, 비즈니스, 활동에 따라서 현재 또는 미래에 포함될 수 있는 더 구체적인 목록을 작성하여야 한다. 예를 들어, 원유정재소의 자산구성은 병원자산과 상이하나, 다양한 자산은 결국 5가지 분류에 포함된다.

1) 자산정보원

조직의 어떤 구성원이나 조직 자산에 관한 목록을 작성할 수 있으나, 조직의 핵심 자산에 관한 목록은 무엇이 조직 운영에 가장 중요하고 손실에 대하여 치명적인지에 대한 분석이 선행되지 않았으므로 전문지식이 없는 경우에는 결과가 제한적이다. 이와 같이 조직에서 해당 부서나 업무에 대한 특정한 지식을 바탕으로 한 자산평가는 해당 업무에 한정된 범위를 벗어나지 못한다. 그럼에도 불구하고 상식적으로 해당 자산소유자가 해당 자산보호의 필요성에 관한 가장 중요한 정보원이다.

여기에서 특정한 부서, 프로젝트, 특정정보나 장비에서 소유자(owners)의 의미는 매일 해당 업무에 종사하는 실무자를 의미한다. 일반적으로 해당 소유자는 무슨 자산이 가장 중요하고 가치가 있는지에 대하여 가장 정확한 정보를 가지고 있다. 따라서 위험관리자는 반드시 소유자와 심층적인 인터뷰를 실시할 계획을 세우고 가장 핵심적인 자산을 규명하기 위한 프로세스에 대한 지침을 제공한다. 이런 개별적인 소유자들은 더 향상된 자산보호 방법을 기획하는 위험관리자는 그들에게 위험관리전문성을 제공하고 지원하여야 하는 고객이다. 그러므로 위험관리자는 해당 당사자와의 인터뷰를 시행하기 전에 간단하게 소유자의 임무와 활동에 대한 정보를 파악하여야 한다. 자산정보원은 다음의 내용을 포함한다.

① 사업장 임직원: 자산 소유자, 고객, 시설물 관리자, 운영담당자, 보안담당자 등
② 현재 운영 중인 보안 프로그램
③ 특정 장소에 보관중인 문서, 장비, 인사목록
④ 개방된 정보원

조직의 모든 핵심적인 사람과 인터뷰를 하기 전에 '서류 확인'을 통해 장비에 대하여 조사하는 것이 필요하다. 이 과정에서 확인하여야 할 사항으로는 해당 아이템의 구매 비용, 해당 아이템의 종착지, 서명자, 서명자의 직무, 특정장소에 근무하는 이유에 대하여 확인하여야 하므로 보급/장비관리자의 업무파일에는 이에 관한 정보가 들어있다. 더불어 시설물관리자가 운영하는 일반적인 기록에도 자산분포에 관한 정보가

포함되어 있다. 사업장 기본계획에는 특정 건물, 지원 구역과 활용에 관하여 규정하고 있으므로, 이러한 자료를 활용하여 중요 자산이 어디에 분포하는가에 대하여 파악이 가능하다.

보안실에서는 어디가 가장 핵심적인 구역인지, 어떤 분야가 시설물적인 보안이 가장 필요한지, 어떤 구역이 임직원에게도 엄격한 출입통제가 요구되는지, 어떤 장소가 계속적인 보안요원이 근무하거나 순찰하는 장소인지, 어디에 보안저장소와 보안금고실이 위치하는지에 대한 정보를 얻을 수 있다.

우편실과 문서관리관으로부터는 중요 문서보관에 관한 정보를 얻는다. 많은 사례에서 문서목록은 관련된 장비가 어디에 위치하고 있는지에 관하여 알려준다. 또 다른 정보원으로는 기업의 홍보실, 전문가 단체, 전문잡지와 신문에서 관련정보를 수집할 수 있을 것이다. 이러한 여러 가지 정보원을 통하여 위험관리자의 현재의 위치와 방향, 해당 조직유형에 필요한 장비가 무엇인가에 대하여 파악할 수 있다.

보안실무자들은 해당 분야의 경쟁업체들도 경쟁자분석을 위하여 공개된 자료를 항상 수집하고 있다는 것을 고려한다. 일반적으로 알고자 하는 정보에 대하여 오랫동안 수집하게 되면 결국은 알고자하는 관련정보를 취득하게 되고, 부수적인 정보까지도 수집가능하게 하는 것이 경쟁사 정보분석의 장점이다.

다음에는 체계화된 조사설문지를 개발하여야 한다. 개발된 정형화된 설문지 기법을 활용하여 인터뷰를 신속하게 진행할 수 있으며, 어떤 자산이 손상되거나 위험한 상태, 혹은 파괴된 경우에 파급영향에 대하여 추정하거나 모든 핵심적인 자산을 파악하는데 더 구체적인 정보를 제공하게 될 것이다. 따라서 설문지는 자유로이 생각나는 대로 대답할 수 있도록 개방형으로 구성되고 인터뷰를 통하여 좀 더 구체적이고 완성된 정보를 이끌어 낼 수 있도록 한다. 객관적인 자산정보를 수집하기 위해서는 다음과 같은 점에 유의한다.

① 체계화된 인터뷰 지침을 마련한다.
② 해당 조직에 대한 임무와 활동에 대하여 익숙해진다.
③ 자산 소유자/사용자와 심층 인터뷰를 실시한다.
④ 특별한 경우가 아니면 언제나 개방형 질문을 한다.
⑤ 신속하게 자산을 파악하기 위하여 인터뷰 대상자의 마음을 설득하고 자산분석 도중에 위험한 상황을 발견한 경우에는 파급될 영향력을 파악한다.

〈표 1-3〉 자산조사 설문지

자산조사 설문지(예1)
① 사업장에서 수행하는 핵심적인 활동은 무엇입니까? ② 사업장의 구성원, 임차인, 고객과 방문자에 대하여 기술한다. ③ 사업장에서 취급하는 핵심적이고 민감한 정보는 무엇입니까? ④ 사업장의 핵심적이고 고가의 장비를 규명한다. ⑤ 자산위치의 구체적인 장소를 규명하고 기술한다. ⑥ 만약 해당 자산이 위험한 상황이 되는 경우의 파급력에 대하여 기술한다.
자산조사 설문지(예2)
① 경쟁업체가 그들의 목표를 달성하기 위하여 어떻게 해당 자산을 획득할것인가? ② 해당 자산을 경쟁업체가 획득한 경우 우리의 손실은 무엇이고, 상대방의 이득은 무엇인가? ③ 경쟁업체가 우리의 자산을 획득한 경우, 아직도 우리에게 해당 자산이 가치가 있는가? ④ 해당 자산을 개발하기 위해서는 얼마의 비용이 소요되는가? ⑤ 자산이 위험한 상태일 경우에 구성원의 업무와 국가안보에 대한 영향은 무엇인가? ⑥ 다른 자산과 비교하여 해당 자산은 어떠한 보호가 필요하며, 얼마의 비용이 필요한가?

2개의 설문지 중에 (예1)는 구체적인 자산을 규정하게 하고, (예2)는 자산의 가치와 잠재적인 장단기 손실에 대한 영향 판단을 가능하게 한다. 이러한 설문에 대한 답은 구체적인 자산과 원치 않는 사건에 대하여 규명할 뿐만 아니라 만약 원치 않는 사건이 발생할 경우에 조직, 프로그램, 프로젝트에 대한 잠재적인 영향에 대한 판단을 가능하게 한다.

인터뷰를 진행하는 동안 명심하여야 할 사항에는 대상자가 정보를 제공하지 않고 숨기려고 하는 태도이다. 왜냐하면 이러한 정보는 매우 민감한 내용이므로 알아야 할 필요성이 있는 특정한 사람 이외에게는 누설되어서는 안 되는 내용이 포함되기 때문이다. 따라서 외부 보안컨설턴트가 위험평가를 실시할 경우에는 기밀유지서약서를 작성하고 더 상위 직급의 관리자에게 관련 답변을 요청하면 된다. 이러한 경우는 해당 보안컨설턴트의 위치가 해당 기업의 업무를 수행하는데 상대적으로 불확실할 경우에 발생한다.

경험있는 보안컨설턴트인 경우, 실제적인 정보가 제공되지 않을 경우에는 필요한 정보를 얻기 위하여 직접적인 질문을 삼가고, 인터뷰 시행기법과 설문개발을 위한 방법론에 의하여 자산정보원과 토론을 진행한다. 모든 인터뷰가 마무리되면 자산손실의 파급효과를 토대로 자산의 우선순위를 정하기 위하여 정보의 가치를 평가하는 과정이 필요하다. 여기에서는 영향평가와 사건이 발생할 경우에 파급효과에 대하여 기술한다.

2) 영향력 수준결정

실제 핵심자산의 가치와 관련하여 정보의 가치를 조직이 받아들이는 것은 핵심자산이 단순히 어떤 개별적인 사람에게만 중요한 것이 아니라 이것이 손실될 경우에는 구성원 전체가 직장을 잃을 수 있기 때문에 전체적으로 중요하다는 인식을 보장하기 위해서 필요하다. 핵심자산은 조직과 조직의 임무, 진행 중인 프로그램과 프로젝트 또는 운영의 성공에 핵심적인 요소이다. 이런 이유로 핵심자산의 가치결정을 할 경우에 다음의 내용을 토대를 활용한다.

① 조직의 임무, 프로젝트, 프로그램, 운영의 성공적인 완수에 핵심자산의 중요성은 어느 정도인가?

② 핵심자산을 개발하는데 필요한 비용과 대체비용은 얼마인가?

③ 핵심자산의 영향에 따른 비용(업무지연, 미래의 성공기회의 상실과 경쟁우위의 상실)

④ 핵심자산의 분실 또는 손상이나 파괴되었을 경우의 복구가능성

⑤ 핵심자산과 관련되어 조직에 부가되는 이익

⑥ 경쟁자가 핵심자산을 보유하지 못한 경우에 경쟁력

⑦ 경제적, 정치적, 여러 가지 국가차원에서 자산의 전략적 가치

⑧ 자산에 의해 제공된 기술적 우월성

⑨ 자산 리드타임(lead time)의 우위의 정도

주어진 자산과 관련된 잠재적이나 개별적으로 원치 않는 자산에 대한 파급력을 고려한 다음, 조직이나 프로젝트와 관련된 자산의 중요성이 확립되고 모든 다른 핵심자산과의 관련성도 구체화되어야 하므로, 손실의 파급력을 토대로 자산의 우선순위를 결정하는 것은 어려운 일이 아니다.

자산의 순위를 정하기 위해서는 〈표 1-4〉와 같은 일관성 있는 평가척도가 필요하

다. 다음은 영향력 수준판단 매트릭스 등급기준이다.

① **치명적(critical)**: 자산을 목표로 한 위협이 사람의 생명을 잃게 하거나 심각한 부상을 입히는 등 치명적인 결과에 이르는 것을 의미한다.

② **높음(high)**: 자산에 대한 위협으로 핵심기밀이 누출되어 조직운영이 중단되며, 제한된 시간동안 국가(기업)의 이익에 영향을 미치는 심각한 결과를 초래한 것을 의미한다.

③ **중간(midium)**: 자산의 위협으로 비밀, 중요 데이터 또는 고가 장비나 자산이 손실되어 제한된 시간동안 국가(기업)의 이익에 상당한 영향을 미치는 결과를 발생한다.

④ **낮음(low)**: 인간의 생활에 거의 영향을 미치지 않거나 조직운영을 계속하거나 국가안보에 거의 영향을 미치지 않는다.

〈표 1-4〉 영향력 수준판단 매트릭스

1	2	3	4	5	6	
사망이나 부상에 의한 손실	핵심기밀이나 기밀의 손실	대외비로 분류된 내부기밀의 손실	비밀로 분류하지 않은 중요 데이터의 손실	기업운영, 프로그램, 프로젝트의 중지나 손상	고가자산의 손실이나 손상	전체적인 영향력 수준
예	예/아니요	예/아니요	예/아니요	예/아니요	예/아니요	치명적임
아니요	예	예/아니요	예/아니요	예/아니요	예/아니요	높음
아니요	예/아니요	예	예/아니요	예	예/아니요	높음
아니요	예/아니요	예/아니요	예	예	예/아니요	높음
아니요	아니요	아니요	아니요	예/아니요	예	중간
아니요	아니요	아니요	아니요	예	예/아니요	중간
아니요	아니요	아니요	아니요	아니요	아니요	낮음

첫째, 영향력 수준판단 매트릭스 윗줄 가로 항목은 원치 않은 사건이 발생할 경우에 다양한 손실요인에 대하여 규명할 필요가 있음을 의미한다. 따라서 각각의 항목에 '예/아니요'를 답하기 전에 등급수준을 정한다. 등급수준은 치명적, 높음, 중간, 낮음

순으로 정하나, 이러한 분류기준이 정해진 것은 아니므로 좀 더 세분화하거나 1~10등급으로 정하는 방법도 있다.

그러나 좀 더 세분화된 등급을 부여할수록, 기준을 검토하는 다른 사람의 객관적인 동의가 필요하므로 해당 항목에 적합한 등급을 부여하는 것은 더 어려워진다. 더불어 이러한 등급부여에 혼란이 존재할 경우에는 실수의 가능성과 영향력의 차이가 급격하게 증가하므로 결과가 무의미해진다. 따라서 각각의 기준은 해당 항목에 부합하도록 단순하게 하는 것이 등급부여의 본질이다.

이와 같이 자산평가 단계에서 위험관리자 또는 보안전문가(자산소유자의 조력자와 더불어)는 조직의 임무와 운영에 중요한 자산이 무엇인가를 규명하고 개별 항목에 대한 명확한 등급을 부여하는데 중점을 둔다. 이러한 자산의 규명과 우선순위의 결정에 따라 조직의 첫 번째 단계를 수행한다.

이러한 대부분의 중요 자산들은 유형(예: 사람, 시설, 장비)과 무형(예: 정보, 공정, 평판)으로 구성된다. 오늘날 기본적인 기업운영에서는 정보나 자동화된 공정들이 많은 유형의 자산보다 더 중요하나 무엇보다도 중요한 핵심자산은 사람이다.

따라서 기업에서는 원재료와 생산된 제품이나 각종 장비와 같은 물리적 자산이나 공정과 더불어 조직의 기능과 구성원에 관한 정보를 포함한 중요한 재산적 정보를 보호하는 것이 필수적이다.

이러한 각각의 개별적인 자산을 보호하기 위해서는 조직에서 보유하고 있는 자산의 파괴나 손상 그리고 손실의 영향과 원치 않는 사건의 유형을 규명해야 하고, 이러한 자산의 모든 가치는 위험성의 영향에 달려 있다.

아래의 〈표 1-5〉는 자산평가의 결과를 기록하는데 사용되며, 자산평가는 다음의 3가지 단계가 여기에 의거하여 진행되므로 위험관리 분석과정에서 가장 중요한 단계이다.[19] 이와 같이 수집된 정보를 근거로 1단계 자산평가가 완료되면, 위험분석가에 의해서 2단계 위협평가, 3단계 취약성 평가의 순으로 도표가 완성된다.

1단계 자산평가의 과정에서 가장 중요한 점은 사람, 정보, 그리고 활동손실을 금액으로 수치화하는 어려움이다. 그러므로 보안전문가는 해당 항목의 손실을 금액으로 수치화하는 과정에 대한 투자보다는 원치 않는 손실에 의하여 연쇄적으로 파급되는 영향력에 대하여 더 구체적이고, 적절하게 기술하는 것이 중요하다.

---

19) National Infrastructure Protection Center, Risk Management: An Essential Guide to Protecting Critical Assets, November 2002.

〈표 1-5〉 자산평가 작업표의 예

자산	원치 않는 사건이나 사고	손실 평가
중요 인물	부상이나 사망에 의한 가용성의 손실	높음
파일 서버	정전으로 인한 가용성의 손실	위험한 상태
고객 데이터	허가되지 않는 내부인의 침입으로 인한 기밀성의 손실	높음
주요한 생산시설	자연재해로 인한 가용성의 손실	위험한 상태
파이프라인	사보타지로 인한 가용성의 손실	중간

2. 위협평가

위협은 자산에 대하여 손실이나 손상을 야기하는 잠재적인 사건이나 상황에 관한 모든 징후를 의미한다. 위험관리공정의 2단계는 분석적 위험관리공정에 의해서 1단계에서 규명된 자산에 대한 구체적인 위협요인에 대하여 규명하기 위한 과정이다. 위협요인을 이해하기 위해서는 경쟁자(상대방)의 관점을 이해하여야 하는데, 그들의 의도나 동기뿐만 아니라 자산에 위협이 되는 그들의 역량에 대해서도 파악하여야 한다.

손자가 말했듯이 지피지기면 백전불패나, 여기에서는 자신을 아는 것보다는 상대방(경쟁국가나 기업)을 파악하는 것이 훨씬 더 중요하다. 그러므로 위험관리 프로세스에서 위협평가를 시행하기가 가장 어려운 단계이다. 이것은 마치 모자이크를 완성하듯이 제한된 지엽적인 정보나 일부분의 힌트를 가지고 전체적인 모습을 완성하기 위하여 개연성 있는 가정과 상상력을 이끌어내야 하기 때문이다.

따라서 우선 위협요소는 무엇이고, 누가 상대방이며, 상대방은 우리의 어떤 자산에 관한 정보를 수집하려 하는가에 관한 정보를 수집하고 파악하는 것이 위험평가공정의 핵심이다. 그리고 미지의 2가지의 위협요소 중에서 하나의 실체에 대해서 파악하면 전체적인 위협요인은 확연히 줄어들기 때문에, 위협요소를 평가할 경우에 상대방의 의도와 역량을 동시에 조사하는 것이 필수적이다.

이 과정은 보안전문가 집단과 함께 검토를 한 다음, 잠재적인 위협요소에 대한 카테고리 목록을 준비한다. 여기에서는 간단하게 8가지의 위협요인으로 분류하였으나,

추가적인 수많은 위협요인이 존재하고 있는 개별적인 조직의 특성에 따라서 추가적으로 고려하여야 한다. 그러나 사람, 시설물, 프로젝트, 보안프로그램에 관련된 이러한 위협요인을 분류할 경우에 명심해야 할 사항은 단지 가능성을 의미하는 것이 아니라, 가장 유용성이 증명된 데이터를 근거로 하여야 한다는 것이다.

〈8가지 주요한 위협요인〉

순서	구 분	내 용
1	외국정보기관	인적정보, 기술정보, 영상정보, 전자정보
2	테러리스트	살인, 폭발, 납치, 생물학/생화학무기 공격
3	내부자	불만자의 악의적 행동, 산업스파이/상대방에게 내부기밀정보를 유출, 기밀자료의 유출, 자산절도, 기밀자료의 부주의한 취급
4	외부인 범죄	구성원에 대한 폭력, 자산의 파괴와 절도
5	환경요인	화재, 폭풍, 호우, 해일, 환경오염, 식수부족
6	외국군대	핵무기, 생화학무기, 재래식 무기, 저수위 갈등
7	정치요인	정치적 불안정과 폭력, 정치적 결정이나 미결정
8	기 타	개인적인 관심이나 의제, 미디어, 경제적인 환경

규명된 위협요인을 근거로 하여 하나 혹은 그 이상의 이유에서 다양한 경쟁자가 당신이나 당신의 시설물 그리고 프로젝트와 프로그램을 목표로 하고 있음을 도출할 수 있어야 한다.

〈경쟁자의 동기와 의도에 따른 구분〉

- 경재자의 유형: 테러리스트, 정치적 행동주의자, 외국정보기관, 범죄, 불만족한 구성원, 정신병자, 지식인 범죄

① 테러리스트: 정당화된 동기, 자신의 테러시도나 공격이 더 많은 대중의 주목을 받을수록 더 좋은 결과를 발생한다.
② 범죄: 탐욕이 동기, 금전이 중요한 범죄의 목적이다.
③ 정신병자: 원인불명, 특정 부류나 직업적인 스트레스가 원인이 되기도 한다.
④ 불만족한 구성원: 자신에게 불이익을 주었다는 조직에 대한 반감이 동기
⑤ 지식인 범죄: 범죄와 동일한 동기이나 조직 내부인이 대부분이다.
⑥ 외국정보기관: 탐욕과 정당화된 동기, 경쟁자는 대부분이 외국이다.
⑦ 정치적 행동주의자: 환경론자, 동물 보호론자 집단을 포함한다. 자신의 동기를 정당화하고 자신의 시시비비의 관점과 주장을 추종한다.

1) 위협요인 데이터의 수집

앞에서 어떤 부류의 경쟁자가 존재하는가에 대해서 알아보았으면, 상대방의 의도나 역량, 개인이나 조직의 이력의 주요내용에 대하여 조사를 진행한다. 이에 대한 논의는 먼저 위험평가팀에 자유스런 의견을 제시한 다음, 제안된 의견을 수렴하는 절차로 진행하는 것이 효과적이다. 다음의 질문에 대한 답을 통하여 경쟁자에 대하여 파악한다.

① 누가 경쟁자인가?
② 경쟁자의 개별적인 목적과 목표는 무엇인가? 어떻게 경쟁자의 의도와 우리의 계획이 연관되어 있는가?
③ 경쟁자들은 어떻게 우리의 의도와 역량을 평가하였는가?
④ 경쟁자들은 우리의 계획에서 무엇을 알고 있는가?
- ◆ 사전에 관찰된 업무와 활동을 토대로 분석
- ◆ 공개된 정보를 토대로 분석
- ◆ 현재 경쟁자의 정보운영을 토대로 분석

⑤ 우리의 운영 단계에 따라 경쟁자의 정보수집방법은 무엇인가?
⑥ 경쟁자의 인적정보력은 어느 정도인가?
- ◆ 인력, 장소
- ◆ 신분(외교관, 직장인, 불법활동자 등)
- ◆ 언제 정보를 수집하는가?
- ◆ 어떤 분야의 정보를 수집하는가?
- ◆ 정보수집에 사용되는 방법(관찰, 공개자료, 유도, 침투, 절도)은 무엇인가?

⑦ 경쟁자의 신호정보 수집력은 어느 정도인가?
- ◆ 인력, 장소
- ◆ 종류(대사관, 위성, 이동식 도청장치 등)
- ◆ 언제 정보를 수집하는가?
- ◆ 구체적인 수집력(주파수, 탐지구역, 변조 등)
- ◆ 어떤 분야의 정보를 수집하는가?

⑧ 경쟁자의 영상정보 수집력은 어느 정도인가?
- ◆ 인력, 장소
- ◆ 종류(적외선, 사진, 레이더 등)
- ◆ 언제 정보를 수집하는가?
- ◆ 어떤 유형의 플랫폼(지상, 항공기, 위성 등)을 사용하는가?

⑨ 경쟁자의 정보수집활동에 다른 국가나 조직이 협력하고 있지는 않는가?
⑩ 경쟁자는 얼마나 신속하게 수집된 정보를 평가하여 의사결정자에게 제공할 역량을 가지고 있는가?
⑪ 경쟁자의 정보의 수집, 분석과 반응, 그리고 수집된 정보의 활용에 영향을 미치는 요인은 무엇인가?
⑫ 경쟁자의 의사결정자가 가장 필요로 하는 정보는 무엇인가?
⑬ 우리의 프로그램, 프로젝트 또는 업무를 방해, 훼손, 노출시키기 위하여 경쟁자가 취할 수 있는 행동이나 공작은 무엇인가?

① 해당 사업장내에서 여러분의 동료, 중간관리자, 경영진과의 토론을 실시한다. 특히 중간관리자와 경영진을 모임에 참석하게 하여 그들이 가지고 있는 정보를 습득하는 기회로 활용한다. 그리고 비공식적인 비즈니스 모임에 참석하여 다양한 사람들과의 만남을 통하여 다양한 정보를 수집한다. 그들은 훌륭한 정보원으로 구체적이고 추가적인 분야를 판단하는데 도움이 된다.

② 사업장 구성원과의 인터뷰를 실시한다. 여기에서 고려할 사항은 해당 조직의 임무와 기능, 프로그램과 프로젝트와 관련된 전문가와의 이야기 주제이다. 해당 전문가들은 그들의 사업장이나 술집에서 여러 동료와 주제에 상관없이 격이 없는 대화를 나누는 동안에 근처에 머물면서 다양한 정보를 들을 수 있다. 이러한 방법으로 다양한 전문가들이 자신의 동료들과의 거침없이 나누는 대화를 종합하여 프로젝트와 프로그램의 위협요인과 취약성에 관한 도움을 얻을 수 있다. 또한 어디에서 어떻게 위협요인을 규명하는가, 등과 같은 구체적인 종류의 질문에 대한 답변이 잠재적인 위협요인에 대한 더욱 상세한 정보를 이끌어내는데 풍부한 자료를 제공할 것이다.

③ 위협문제 전문가들과 대화를 한다. 민간이나 정부기관의 다양한 위협문제 전문가와의 대화와 조직에서 과거와 현재의 생산, 조직, 계속되는 연구와 관련된 위협문제에 관하여 연구한다. 위협문제 전문가와의 대화를 통하여 목표물이 된 제품, R&D, 새로운 기술 등 많은 것을 배울 수 있다. 정부기관에 소속된 위협문제 전문가를 만나기 위해서는 해당 조직을 통하여 협조를 요청하여야 한다. 이 경우에는 서비스를 요청하는 사람이 누구이며, 어디에 활용하기 위해서 관련 자료가 필요한지에 대한 소명이 적절해야 할 것이다.

④ 국가의 산업보안에 관한 정보는 우리나라의 경우 국가정보원 산업기밀보호센터를 통하여 도움을 받을 수 있다. 여기에서는 산업보안에 관한 뉴스, 경향, 분석과 관련된 다양한 자료를 제공한다. 더불어 산업기밀보호협회에서도 산업기술의 해외유출 관련 정보의 전파, 산업기술의 유출방지를 위한 상담 · 홍보 · 교육 · 실태조사와 관련된 자료를 제공할 것이다.

⑤ 문서나 자료를 검토한다. 해당 조직에서 그 동안 보안이나 위험관리에 관한 자료를 수집하고 잘 정리하고 있으면 상당한 도움이 되는 정보를 얻을 수 있을 것이다. 여기에는 보안에 관련된 연구, 조사보고서와 연구, 전문가 집단의 연락처, 장 · 단기 프로젝트와 임무계획 아이템이 포함된다. 더불어 정부비밀문서, 기업비밀문서, R&D, 구매현황, 재무와 마케팅에 관한 핵심적인 문서들도 위협요소를 구체화하는데 좋은 정보원 역할을 할 것이다.

⑥ 정보수집활동을 종료하고 수집된 정보를 검토한다. 정보나 보안사무실에서 수집된 원데이터와 정보보고서를 정리한다. 이러한 자료들은 필요한 경우에 항상 접근이 가능하도록 유형별로 분류하여 보관하는 것이 필요한 자료를 쉽게 찾을 수 있도록 한다.

⑦ 현재의 위협평가와 사고보고서를 검토한다. 위협평가 또는 위협분석이 해당 사업장에서 실시된 경험이 있는가? 해당 사업장에서 산업스파이나 원치 않는 사고를 나타내는 과거의 경험은 없었는가? 있었다면 관련된 보고서는 반드시 검토되어야 한다. 비록 해당 사건이 종결되었고 이미 수년 전에 발생한 경우라 하더라도 항상 해결책에 대한 정보는 근처에 있다는 것을 기억하라. 이미 한 가지 사건이 발생한 경험이 있었다는 것은 또 다른 사고발생 가능성을 예고하는 것이므로, 방심은 최고의 적이다.

2) 경쟁자 분석

경쟁자의 의도를 판단하기 위해서는 반드시 그들의 목표와 목적이 무엇인가를 조사하여야 하며, 어떤 상황이 경쟁자의 행동을 촉발하였는가에 대해서도 고려하여야 할 것이다. 만약 '목표와 목적'을 알아내는 것이 너무 어려운 과정일 경우에는 '목표와 동기'가 무엇인가로 대신한다. 경쟁자 분석에 관해서 다양한 질문들이 주어진다. 첫째로 다음과 같은 평가와 관련된 간단한 질문리스트에 대해서 생각해 본다.

① 경쟁자는 해당 자산에 대해서 어느 정도의 지식을 가지고 있는가?

② 경쟁자는 얼마만큼 우리의 자산에 대해서 필요로 하는가?
③ 경쟁자는 자산에 대한 관심을 외부로 표현하였는가?
④ 경쟁자는 얼마만큼 적극적으로 자산을 획득하려하는가?

이에 대한 위험관리자의 답은 간단하게 제공될 수 있으나 과거의 경험에 의거하여 상세하게 대답하지 않는 대신에, 반드시 다음과 같은 상세한 질문에 대하여 정확하고 체계적인 내용을 파악하고 있어야 한다.

① 누가 상대방인지 확신하는가, 또 다른 실체는 없는가?
② 경쟁자의 구체적인 목표와 목적은 무엇인가?
③ 해당 목표를 달성하는 경우 경쟁자가 얻는 이익은 무엇인가?
④ 경쟁자는 해당 자산을 획득함으로써 어떻게 자신들이 원하는 목표를 달성하는가?
⑤ 경쟁자는 어떤 동기로 해당 목표를 달성하려고 하는가?
⑥ 경쟁자가 우리의 자산을 획득하는 한 가지 이상의 방법이 존재하는가?
⑦ 여러 가지 방법이 존재한다면, 다른 방법 대신에 한 가지 대안을 선택할 개연성은 얼마나 되는가?
⑧ 경쟁자는 자산의 존재에 대하여 구체적으로 인식하고 있는가?
⑨ 경쟁자는 자산이 어디에 위치하고 있는지 알고 있는가?
⑩ 경쟁자의 의도는 자산의 획득, 손상, 파괴 가운데 어떤 것인가?
⑪ 경쟁자들이 그들의 목표를 달성하기 위한 또 다른 수단은 존재하는가? 시간, 자금, 위험 등의 관점에서 해당 수단은 더 용이하지 않는가?
⑫ 어떤 구체적인 사건이 경쟁자의 행동을 자극하였는가?
⑬ 경쟁자가 자산을 탈취하려는 시도를 단념하게 하는 것은 무엇인가?
⑭ 경쟁자의 관점에서 자산을 탈취하려는 것이 합리적인 상충관계를 포기하는 것은 아닌가?
⑮ 경쟁자가 자산을 획득하려는 동기의 정도는 어느 수준인가?
⑯ 경쟁자가 자산을 획득하려고 제3자를 활용하지는 않는가?
⑰ 실제적으로 제3자에게는 가치가 없는 자산이지만, 그들이 자산을 획득하려고 시도하는 것은 주요한 경쟁자와 거래하고자 하는 의도인가?

이와 같이 위험관리자가 의도, 역량, 과거의 경력을 근거로 잠재적인 위협요소와 경쟁자를 파악하고자 할 경우에는 먼저, 경쟁자의 목적과 목표를 반드시 살펴보고 그들의 의도를 판단한다. 이러한 과정은 상기에 질문지를 토대로 해당 질문에 가장 적절한 답을 구하는 과정이 상대방의 의도를 파악하는데 도움이 된다. 그 다음으로는 상대방의 해당 의도를 시행할 수 있는 역량에 대한 판단이다. 이것은 상대방의 정보수집력을 인적정보, 신호정보, 영상정보, 측정정보, 운영정보, 데이터정보로 구분하여 어느 정도의 역량을 보유하고 있는가를 분석한 다음 이것을 등급별로 나누어 전체적인 상대방의 침투력을 평가한다.

마지막으로 과거에 유사한 사건이 발생한 빈도에 대한 이력을 바탕으로 유사한 사건의 발생 가능성을 추정하는 과정이다. 그러나 이러한 과거의 발생 이력은 다양한 환경 변화에 따라서 가변적이므로 과거에 발생하지 않았다고 하더라고 미래에도 발생하지 않을 것이라고 방심하는 것은 잘못된 위협평가방법이다.

결과적으로, 위협평가 단계에서 보안전문가는 이전에 규명된 자산에 부정적인 영향을 미치는 경쟁자나 사건에 초점을 맞춘다. 여기에서 분석가나 보안전문가는 반드시 연구나 인터뷰를 통하여 얻어진 정보나 신뢰할 만한 데이터로 직관적인 지식을 대체하여야 한다.

여기에서 위협은 기업경영에서 적(경쟁자)으로서 고려되어야 할 것이다. 이러한 적들의 일반적인 유형은 범죄, 사업 경쟁자, 해커, 외국정보기관, 테러리스트 등이 포함된다. 이러한 적들의 위협이 어떠한가에 대하여 판단하기 위해서 분석가 혹은 보안전문가들은 이러한 위협요인들이 원하지 않는 사건의 원인이 되는 의도나 가능성 그리고 1단계에서 규명된 자산의 유형에 대항하는 성공적인 공격의 과거의 이력(증명된 현재까지의 실적)에 대하여 반드시 고려하여야 한다. 그리고 앞에서 언급하였듯이 기업의 핵심정보와 자동화된 공정은 반드시 중요하게 고려되어야 한다.

재연재해나 사고는 의도된 것은 아니더라도 위협요인으로 취급되어야 하고, 가상공간에서의 사건들(예 : 바이러스와 서비스부정 공격)도 또한 독립적인 위협요인으로 취급되어야 한다. 인터넷에 연결된 중요한 네트워크를 가진 어떠한 조직이든지 반드시 대규모 환경에서의 전자적인 사건에 대하여 경계하여야 할 것이다.

또한 정치적으로 동기가 된 단기간의 격렬한 소요가 발생하게 될 경우에, 이러한 소요 중에 개별적인 조직의 합류에 관계없이 물리적으로나 사이버상의 수단으로 기반구조에 대한 공격이 가해질 것이라는 것도 예상할 수 있을 것이다. 이러한 소요 집단들은 종종 민간이 운영하고 있는 것과는 관계없이 공익설비(수도, 전기, 가스, 교통기관)를 정부의 한 부분으로 간주한다. 또한 세계화의 상징으로써 다국적기업들이나 은행들도 공격의 대상이 된다. 미국과 같은 경우에는 거대한 지구촌에 걸쳐있는 다민족 국가이므로 미국 기업체들은 수많은 이유의 공격으로부터 어려움을 겪고 있다.

따라서 위협요인의 데이터를 체계화하기 위한 분석가나 보안전문가들을 위한 효과적인 방법은 위협평가표 〈표 1-6〉를 활용하는 것이다.

〈표 1-6〉 위협평가 작업표의 예

자산	원치 않는 사건이나 사고	대항 요인	의 도	가능성	이 력	위협의 수준
중요 인물	부상이나 사망에 의한 가용성의 손실	범죄자나 테러리스트	예	있음	드문	낮음
파일 서버	정전으로 인한 가용성의 손실	건축물의 근처	기록 없음	있음	있음	중간
고객 데이터	허가되지 않는 내부인의 침입으로 인한 기밀성의 손실	네트워크에 접근 권한을 가진 하부 계약업체의 확인되지 않는 서비스	아님	있음	없음	낮음
주요한 생산 시설	자연재해로 인한 가용성의 손실	지진	기록 없음	있음	간헐적	중간
파이프 라인	사보타지로 인한 가용성의 손실	항의자	예	있음	빈발	높음

이러한 평가표는 자산평가 작업표로부터 자산이나 원치 않는 사건이나 사고를 나열한 것이다. 조직의 위협을 주는 각각의 대항요인은 다음에 각각의 원치 않는 사건이나 사고의 이유가 된다. 다음으로 분석가들은 원치 않는 사건·사고를 이끌어 내기 위해서 알려진 대항요인의 의도와 가능성에 대하여 분석하여야 한다. 더불어 분석가는 원치 않는 사건·사고의 원인이 되는 대항요인 과거의 이력에 대하여 상세하게 기록한다. 결과적으로 이 작업표를 효과적으로 체계화하여 기록하며, 차후 완벽한 분석에 통합될 평가정보로 활용된다.

3. 취약성 평가

여기에서의 취약성 평가는 전통적인 보안조사와 유사하다. 이 단계에서 보안전문가는 특정 자산이나 원치 않는 사건사고와 관련된 취약성을 규명하고 특성화한다. 또한 보안전문가는 적절한 보안대책, 개인적인 행동, 상업적인 건축기술의 결함과 불충분한 보안절차에 기인한 취약한 상황에 대하여 조사한다. 전형적인 취약성은 다음의 내용을 포함한다.

① 보안요원의 부재
② 불량한 출입통제
③ 허술한 소프트웨어의 관리와 서비스계약의 검토의 부재
④ 보안구역으로 확인되지 않는 방문객의 접근

경험있는 보안전문가는 보안시스템이 디자인되거나 설치될 경우에 공급업체가 단독으로 적절한 보안수준을 구축할 것이라고는 믿지 않아야 한다.

취약성조사를 전문으로 서비스를 제공하는 컨설팅업체에 의하여 제공된 평가는 조직의 가지고 있는 취약성의 객관적인 상황에 대하여 제공하게 될 것이나, 이러한 모든 과정에서 기업의 보안전문가가 처음부터 끝가지 분석평가과정에 참여하는 것이 필수적이다. 이 단계에서 보안전문가는 외부로부터의 잠재적인 위해요인을 자산에 대한 내부의 요인으로 간주하여야 한다. 따라서 전문가들은 조직자산에 대하여 연구하고 '만약 내가 이 시설에 대하여 물리적인 피해를 가하려 한다면, 나는 어떻게 할 것이다 또는 내가 해커라면, 나는 어떤 방법으로 침입하려 할 것이다'와 같이 침입자의 입장에서 원치 않는 사건사고와 위협요인의 항목들을 나열한 다음 기업자산을 침입할 가능성이 있는 위협요인에 대하여 대응책을 고려할 경우에 각각의 취약성에 대하여 중요한 정보는 상대적으로 안전하게 보호될 것이다.

취약성은 ① 건물의 특성, ② 장비의 특성, ③ 구성원의 행동, ④ 사람, 장비, 건물의 위치, ⑤ 보안 프로그램의 운영과 구성원의 업무관행으로 대별할 수 있으나, 구체적인 취약성의 유형에 대한 인식은 일반적으로 물리적, 기술적, 운영에 관한 취약성으로 구분한다.

〈취약성의 3가지 분야〉

물리적 취약성	기술적 취약성	운영 취약성
◆ 복합 경계구역 보안(게이트, 장벽, 펜스, 조경, 하수도, 터널, 주차장, 경보기) ◆ 복합 구역(CCTV, 동작감지기, 보안조명) ◆ 건물 경계구역(창문, 출입문, 선적장, 차폐구역, 출입통제, 경보기) ◆ 건물 인테리어(금고, 자물쇠, 환기구, 건물 이력)	◆ 음향장비 ◆ 보안전화 ◆ 전자적보안 /TSCM ◆ 무선고주파장비 ◆ 인터넷 보안	◆ 보안요원 ◆ 보안절차 ◆ 운영보안(OPSEC) ◆ 조직문화 ◆ 구성원의 의식 ◆ 경영진의 의지

결과적으로 이 단계에서 위험분석가나 보안전문가는 위협요인에 의해서 가장 쉽게 피해를 입을 가능성이 있는 관련된 취약성 〈표 1-7〉을 규명할 능력을 가져야 한다.

〈표 1-7〉 취약성평가표의 사례

자산	원치 않는 사건사고	취약성	현재의 대책	취약성의 수준
중요 요인	부상이나 사망으로 인한 가용성의 손실	건물에 출입통제장치와 중앙경보시스템이 존재하지 않으며, 불명확한 비상시 대책	문에 간단한 잠금장치와 종합경보시스템	중간
파일 서버	정전으로 인한 가용성의 손실	넓은 구역에 위치한 건물들은 여름에 종종 강풍 피해를 입는다.	축전지	중간
고객 데이터	불법적인 내부인의 침입으로 인한 기밀성의 손실	기본 데이터에 접근권한을 가진 확인되지 않은 하부 계약업체에 의한 네트워크 서비스	없음	높음
주요한 제품시설	자연재해로 인한 가용성의 손실	보호되지 않는 주요 건물, 용수와 전력 라인도 강화되지 않음.	기준에 의한 발전기 시공	중상
파이프라인	사보타지로 인한 가용성의 손실	파이프라인 전체에 걸쳐 접근통제의 미흡, 수많은 양수 장소, 순찰요원이 부재.	양수장에 야간 보안요원의 순찰	높음

4. 위험평가

위험평가 단계는 사전에 평가되었던 사항(자산, 위협, 취약성)이 자산의 집합이나 자산에 대한 위협에 대하여 전체적인 그림을 그리기 위해서 종합·평가되므로 위험관리 모델에서 핵심적인 과정이다.

종합적으로 보안전문가는 1~3단계의 작업표를 활용하여 다음의 질문에 대한 체계적인 분석을 통하여 개별적인 분류등급을 매겨야 한다.

① 확인된 원하지 않는 사건이나 사고 중의 하나의 원인으로 확인된 자산이 손실되거나 피해를 입었을 경우에 발생 가능한 영향은 무엇인가?

② 위해요인들이 확인된 자산에 대하여 공격 시 가장 가능성이 높은 방법은 무엇인가?

③ 위해요인들이 확인된 자산을 목표로 삼아 공격을 할 경우에 발생 가능한 가장 취약한 부분은 무엇인가?

이 단계의 목적은 각각의 자산의 위험수준을 도출하기 위해서 어떻게 이러한 각각의 등급들이 상호간에 영향을 미치는가를 평가하는 것이다. 그러므로 위험분석 평가표는 사전에 수집된 정보를 요약하여 이러한 모든 정보를 읽기 쉽고 이해할 수 있는 도표로 정리하는 것이 도움이 된다.

전문가들은 이러한 지침과 위험분석표를 활용하여 한가지의 자산과 관련된 모든 중요한 요인들을 검토해야 하고, 어떻게 각각의 요인이 전반적인 위험을 증가시키거나 감소시키게 하는지를 이해하기 위해서 필요한 경우에는 관련된 사전 작업표와 보충 데이터를 다시 참조한다. 이러한 등급을 종합적으로 검토한 후에 보안전문가나 분석가는 이에 대응하는 원치 않는 사건·사고에 대하여 '위험에 직면하여' 어떻게 할 것인가에 대하여 올바른 판단을 할 수 있게 될 것이다.

또한 작업표를 교차하여 검토한 다음 분석가들은 어디에 주요한 취약점과 위협이 존재하는가를 알아야 하고, 자산의 전범위에 관련된 위험과 비교할 수 있어야 한다. 이러한 관점에서 분석가는 해당 위험 중에 즉시 관심을 필요로 하는 것이 무엇인가뿐만 아니라 주요한 물리적·사이버 위험에 대한 고려를 할 수 있어야 한다.

〈표 1-8〉 위험분석표의 사례

자산	원치 않는 사건사고	손실의 영향	위협	취약성	대책의 선정	위험
주요 요인	부상이나 죽음으로 인한 가용성의 손실	높음	낮음	보통	중앙접근통제와 경보 시스템, 보안요원, 새로운 비상시 연속계획	낮음
파일서버	정전으로 인한 가용성의 손실	중대함	보통	보통	현장에 발전기 설치, 원격지에서의 사용자 로그기록을 감시	중하
고객 데이터	불법적인 내부인의 침입으로 인한 기밀성의 손실	높음	낮음	높음	엄격하게 통제되는 사용자 권한	낮음
주요 생산시설	자연재해로 인한 가용성의 손실	중대함	보통	중상	주 건물에 내진설계를 다시하고 현장에 용수저장.	낮음
파이프라인	사보타지로 인한 가용성의 손실	보통	높음	높음	배수장에 24시간 보안요원의 상주, 항공순찰, CCTV	보통

위험분석표 등급에서 사용되는 용어는 대체적으로 정확성이 떨어진다. 비록 용어상의 등급(낮음, 중간, 높음, 기타)이 주관적이고 서로 조합되기가 어려우나, 이렇게 간략하게 표현하는 것이 보는 사람에 따라선 더 편리하다.

그러나 더 정확한 상황이 요구될 경우에는 수치화된 등급으로 1~10까지의 등급이 사용될 수 있다. 이러한 수치화된 등급은 분석가의 평가에서 다른 등급과 같이 조합하거나 겹치게 할 경우에 편리할 것이다.

다음에 표현된 간단한 방정식은 '**위험 = 중요성×(위협×취약성)**' 등급이 매겨진 위험의 수치화된 시스템의 토대를 제공한다. 이 공식에서 '위협×취약성' 부분은 원치 않는 사건사고가 발생할 가능성을 나타내고, '손실의 영향'은 조직에서의 자산손실의 중요성을 나타낸다.

위험수용기관(기관, 재정 그리고 조직을 가진 사람이 조직을 대신하여 규정된 위험을 줄이거나 보유하거나 다른 곳으로 전환시키는 것)이 필요로 할 경우에는 단지 자산에 대한 위험평가만이 필요하다. 그러나 대부분의 경우에는 분석가는 위험수용기관에 다른 선택이나 대책을 권고한다. 이러한 경우에 다음의 단계가 위험관리모델에 포함된다.

5. 대책선정과 평가

대책선정을 규정하는 목적은 대책을 가진 위험수용기관이 대책을 종합하여 자산의 전반적인 위험성에 대하여 조직이 수용할 수 있는 수준으로 낮추는 것이다. 이러한 지침과 위험분석표를 활용하여 보안전문가는 어떤 취약성에 중점을 두어 다루어야 하는가를 규명할 수 있다.

특정한 위해요인에 대해 가능한 대책의 효율성평가에 의한 가장 비용효과적인 선택을 결정할 수 있다. 위험수용기관에게 제안된 대책들에서 보안전문가는 최소한 선택사항으로 2가지 대책을 제공한다. 각각의 선택사항에는 기대되는 위험의 비용과 총액을 의사결정자가 검토한 다음 수용하도록 한다.

여기에서 주의하여야 할 것은 A를 선택하는 대신에 B를 잘못 선택하였다면, 예를 들어 비용의 절감 측면에서 B의 선택은 장기적인 측면에서 최상의 선택이 아니게 될 것이다. 이러한 결과는 차후 중요성 관리평가의 수행에 의하여 발견되게 될 것이고, 비록 초기에 A의 선택이 조금 비용이 더 들어간다 하더라도 결과적으로 B의 선택보다 비용을 절감하게 될 것이고 결국 B의 선택은 비용의 낭비와 중요한 데이터를 잃게 될 것이다. 이것이 위험분석 업무목적을 달성하게 하고 의사결정자가 미래에 가장 합리적인 위기관리결정을 하도록 도움을 준다.

위험평가 모델은 조직의 위기유형분석에서 단 한번의 일회성 결과를 의도한 것이 아니라 계속적으로 반복되는 과정이다. 조직에 새로운 변화가 발생할 경우에는 분석가들은 최초 모델로 복귀하여 새로운 변화를 수용함으로써 위험관리를 가능하게 하고 새로운 대책의 선정을 권고한다.

위험평가의 계속적인 특징은 조직체에 일정수준의 위기의식 문화를 조성하고, 이러한 분위기는 위기수용기관의 판단과 대책에 따른 결과와 적용의 정당성을 인정하고 이해하게 한다. 위험의 결과물은 전통적인 하향식(top-down) 방식에서는 매우 신속하게 전달된다. 그러나 오늘날의 상향식(bottom-up) 경영방식에서는 기업이나 조직의 위험인식의 전파가 전통적인 경영방식과 비교하여 상대적으로 느리다. 따라서 계속적인 평가과정을 이용하는 조직은 이러한 새로운 위험에 능동적인 방법으로 관리할 수 있고 더 오랜 기간 동안 관리하는 것이 가능하게 한다.

결론적으로 위험관리는 손실이 발생할 가능성이 있는 자산이나 재원에 대하여 피해를 주는 위협을 결정하는 체계적이고 분석적인 과정으로 위험을 감소시키는 대책을 수립하고 공격이나 사건사고의 치명성을 완화시키는 역할을 한다.

이러한 위험관리 원리는 일반적으로 완전한 제거가 불가능한 위험을 인정하고, 위험을 감소시킬 수 있는 잠재적인 위협이나 알려진 보호방법을 강화하는 것이다.

이상의 내용에서와 같이 위험관리에 대한 접근은 자산평가, 위협평가, 취약성평가와 대책 그리고 평가의 계속과 같이 몇 가지 요소로 구성되어 있다. 미국 국회에 소속된 회계감사원(GAO)에 따르면 성공적인 위험관리조직은 최고경영진의 지원과 과정에의 동참 그리고 '위기수용조직'의 개념을 활용하고 책임감(accountability)을 부여하고 확립하기 위한 절차를 만들어야 한다고 하였다.

이러한 전반적인 접근법은 미국 연방기관, 정부위원회, 다국적기업에 의해 승인되어 보편적으로 활용되고 있다. 한국기업들도 이러한 위험관리 지침을 활용하여 연속적인 단계에서 보안전문가와 자산관리자는 그들 기업에의 물리적·가상적 공간에서 위험을 평가할 수 있어야 하고 적절하게 위험을 관리할 수 있어야 한다. 더불어 조직의 전반적인 위험의 감소는 효율적이고 비용효과적인 방법으로 달성되어야 할 것이다.

상기의 위험관리공정의 내용을 요약하면, 현대사회에서 기업이나 조직들의 중요자산에 대한 보안대책과 취약성의 규명에 대한 필요성의 증대에 따라서 많은 기업들이 물리적·가상적 위협에 대응하고, 재원의 효과적인 투자를 보장하기 위한 메커니즘을 찾기 위해서 노력하고 있다. 이러한 위험관리 모델의 한가지 방법은 자산, 위협과 취약성뿐만 아니라 지속적인 평가 특징을 통합시키는 것이다.

이러한 방법이 현재 상황에서 기업들의 위험관리의 필요성에 부합할 뿐만 아니라 미래위험을 평가하는 것을 가능케 한다. 현대 기업에서의 다양한 위험요소는 모든 기업의 존립기반에 영향을 미치므로 재정적인 조건이나 기업운영상 준비와 역량의 관점에서 그들 기업특성에 적합한 위험평가 기법을 개발하여 현존하거나 미래에 발생 가능한 위험을 통제할 수 있어야 한다.

6. 위험관리방법

리스크에 대한 정의에서 보안 전문가인 로우퍼는 리스크는 자산이 손실되거나 손상을 입을 수 있는 잠재적인 가능성을 의미하며,[20] 퍼퓰러(Philip P. Purpura)는 리스크는 손실가능성 또는 실제 발생 여부에 관계없이 손실가능성을 나타내는 연속된 평가나 손실 개연성 또는 가능성, 손실발생에 관한 불확실성이므로 범죄·화재·사고는 단지 기업에서만 직면하는 위험의 종류만을 의미하는 것은 아니라고 하였다.[21)]

따라서 유능한 기업가는 모든 손실발생 가능한 위험들에 관한 통찰을 가지며, 준비되지 않은 범죄·화재·사고·홍수·태풍의 결과로 기업운영에 엄청난 장해물이 된다는 것을 알아야 한다. 또 다른 위험은 기업책임으로, 예를 들어 고객들이 사업장 내에서 낙하물에 의해 부상을 입거나 회사 제품을 사용하다가 피해를 입는 경우이다. 이것도 모두 기업의 손실부분의 하나이다.

피할 수 없는 위험을 다루는 최고 생산적인 방법은 가능한 방법으로 위험을 관리하는 것이다. 기술과 산업의 발전에 따라 경쟁이 치열해지고, 기업은 새로운 위협요인을 무릅쓰고 신시장을 개척하여야 하기 때문에 위험관리 분야가 발전하였으며 위험관리는 손실위험이 있는 사업을 계속하기 위하여 손실발생 전에 가장 효율적인 관리 상태를 만드는 것을 목표로 한다.

오늘날 보험은 주요한 위험관리 방법이며, 위험관리와 손실예방은 자연적으로 상호의존적이다. 손실예방은 위험관리자에게 그들의 업무를 쉽게 만드는 또 다른 방법이고, 보험은 손실예방 방법들을 더욱 손쉽게 만든다.

역사적으로 손실예방이나 위험관리 모두가 보험 산업에서 기원이 되었다. 미국 남북전쟁 직후에 화재보험 회사들이 예방조치들을 통하여 생명이나 자산의 손실을 줄이기 위하여 화재보험 국가위원회를 만들었다. 이것이 오늘날 손실예방에서 보험회사와 비즈니스 분야를 통하여 전이되었으며 위험관리 또한 모든 산업분야에서 오래된 관례가 되었다.

여기에서 위험관리자의 역할이 중요하다. 전통적으로 미국기업에서는 외부 보험중개인들을 통하여 보험에 가입하였다. 일반적으로 중개인은 판매자와 구매자를 연결

---

20) Carl A. Roper, op. cit., p. 13.
21) Philip P. Purpura, op. cit., p. 313.

시키며 보험 중개인들은 어떤 회사에 위험을 분석하거나 보험보상범위에 관한 계획을 수립할 수 있는 위험관리자가 없는 경우에 특히 많은 도움이 되었다. 그러나 모든 업무에서 중개인의 서비스나 자체 손실관리자가 도움이 되는 것은 아니나 손실관리방법은 모든 기업가들에게 적용이 된다.

오늘날 기업의 손실관리자들의 업무는 회사에 다양하게 도움이 되며, 전문적으로 산업안전이나 보안보험, 화재예방, 안전보험을 책임지고 있다. 위험관리(혹은 손실예방) 프로그램의 중요한 고려사항은 그 프로그램이 재정적인 측면에서 경영자에게 설명되어져야 한다는 것이다. 따라서 해당 프로그램은 비용효과적인가가 중요하며, 재정 측면에서의 이익과 보호가 경영자의 주요한 관심사항이므로 위험관리자는 의사결정시 필히 재정적인 부분을 고려하여야 한다.

위험관리자의 많은 업무 중에는 원하는 보험적용범위의 내역을 개발하고 보험회사를 만나며, 다양한 정책들을 연구하고 최적의 가격으로 가장 적절한 보험적용 범위를 판단하는 것이다.

위험관리자가 보험이 적용될 범위를 완벽하게 이해하는 것은 가장 중요한 일이다. 만일 경영자와 위험관리자가 보험적용에 대하여 잘못된 이해를 하고 있다면, 경영자는 해당 손실이 보험이 적용된다고 믿었으나 적용되지 않을 경우에는 기업경영이 위기에 빠지게 된다. 그리고 특정 보험약관에서 배제되는 분야는 특별 보험이나 추가적인 승인이 필요하다. 보험증권에는 어떤 사고인가와 얼마정도까지 보험적용이 되는가를 명기하고, 여기에는 보험적용이 되지 않는 사고들도 명기한다. 보험가입자의 보안과 손실예방 조치는 보험금을 감소시키는 효과로 평가되므로, 손실예방을 통한 보험료의 추가적인 감소가 손실예방활동의 강력한 동기부여가 될 것이므로, 위험관리자들은 여기에 필요한 사항들을 치밀하게 전략적으로 검토하여야 한다.

또한 공재조항은 보험료를 줄일 수 있는 또 다른 위험관리방법이다. 여기에는 몇 가지의 공제금액(deductible)이 있는데, 일반적으로 보험계약자는 특정된 금액(100만원, 1000만원)까지의 손실에 대해서는 자신이 지급하는 반면에 특정된 금액 이상에 대한 손실에 대해서는 보험회사가 지급을 하는데, 이때 정해지는 내용이 공제조항이다. 위험관리자의 계획과정에서 또 하나의 주요한 고려사항은 보험이나 손실예방 전략들을 벗어난 업무에 기인한 위험의 총계가 얼마 정도인지 추정하여야 한다. 이 경우에 적절한 균형이 유지되어야 하고 보안의 가장 기본적인 투자와 이익의 상충(trade-off)관계에 대한 합리적인 판단이 요구된다.

보안계획의 과정중이나 최종 결정 전후에 위험에 대한 적절한 조치가 있어야 하며, 실무자들은 위험을 다루는 다음의 기본적인 5가지 방법을 고려한다. 여기에는 위험의 회피, 위험의 전가, 위험의 감소, 위험의 분산, 위험의 보유가 있다.

1) 위험의 회피

이 접근방법은 어떻게든 위험을 회피(Risk avoidance)하는 것이다. 예를 들어, 제안된 생산품에 대한 생산이 잠재적인 이익보다 더 많은 위험이 제조과정에서 잠재되어 있을 경우에는 생산공정은 취소되어야 한다. 또는 어떤 은행에서 해마다 홍수의 가능성이 있는 장소에 지점을 여는 것을 피한다. 또한 리스크 회피는 예상되는 리스크에 일체 관계를 갖지 않을 것, 즉 위험이 따르는 활동을 중지하고 단념하는 것이다. 이와 같이 리스크 회피기술의 최대 장점은 손실발생 확률을 제로로 할 수 있다는 것인데, 동시에 이익획득 기회도 제로가 된다는 것을 의미한다.

2) 위험의 전가

리스크는 보험에 전가(Risk transfer) 할 수 있으므로 위험관리자는 보험회사와 같이 위험의 적용범위 프로그램을 만든다. 이러한 접근 방법은 손실예방 조치 대신에 이용되는 것이 아니라 손실예방을 지원하는 방법이다. 그러므로 보험은 손실에 대한 방어수단으로 최후의 방법이어야 한다. 위험을 전가하는 또 다른 방법은 장비들을 소유하기보다는 임대하는 방법이다. 이것은 장비의 노후화의 위험에 대한 전가이다. 이러한 위험을 보험에 이전하는 것은 대부분의 기업에서 오래 전부터 이용되고 있다.

3) 위험의 경감

경감(Risk abatement)은 필수적으로 위험이 손실예방조치를 통하여 감소되는 것을 말한다. 그러면 위험들은 제거되는 것은 아니지만, 손실의 강도는 줄어 들 것이다. 예를 들어 화재로부터의 손실은 화재경보기나 스프링클러의 설치로 감소될 것이다. 손실예방과 손실경감을 합쳐서 로스 컨트롤이라고 한다.

손실예방은 손실빈도의 감소 혹은 배제를 목적으로 하며, 손실경감은 손실강도의 감소를 목적으로 하는 것으로 주로 해저드(hazard)의 감소 혹은 배제를 목적으로 한다.

4) 위험의 분산

잠재적인 손실은 여러 장소들에 위험을 분산(Risk spreading)시킴으로써 감소된다. 대형 소매점에서 운영과 관련된 위험을 최소화하기 위해 현금 등록기를 분산 배치하거나, 중요 기록들은 사본을 만들고 원거리의 안전한 장소에 보관한다. 또한 사람・물자・활동을 보다 작은 독립단위 또는 집단으로 분리시킴으로써 위험 분리(손실규모의 경감)를 도모한다.

예로써 기업은 생산거점을 분산하기도 하고 자산・부품 등을 여러 업체로 분산하는 등 위험으로부터 치명적인 타격을 회피하도록 노력한다. 영업 면에서는 고객 의존도를 하나의 기업 당 15%이하로 하기도 하고 신용공여를 하는 경우에도 특정 소수자에게 거액을 공여하는 것을 피한다. 또한 최고경영진이나 특정 프로젝트팀이 이동할 때는 몇 개 그룹으로 나누어 비행기에 탑승시키는 등 리스크 분산을 도모한다는 것은 누구나 명심하여야 할 상식이다.

5) 위험의 보유

어떤 기업이든 위험의 보유(Risk assumption) 측면에서 기업 자체에 손실에 대한 책임이 있다. 이 경우 기업의 방침은 손실에 대한 아무런 조치가 취해지지 않는 것이며, 보험도 가입하지 않는다. 이것은 기업에 손실위험성이 적기 때문이다.

또 다른 방침은 손실의 경우를 대비하여 주기적으로 돈을 적립하여 자체 보험을 만드는 것이다. 위험감수는 회사에서 보험을 들지 않았을 경우의 유일한 선택이나, 위험감수의 경우에도 예방 전략들이 필수적이다. 또한 손실이 발생한 경우 자기자금 혹은 금융기관으로부터의 차입으로 보충하는 것을 리스크 보유라고 한다.

여기에는 적극적 보유와 소극적 보유로 구분할 수 있다. 적극적 보유는 리스크를 분석하여 다른 리스크 처리의 방법을 취했을 경우의 장단점을 비교・검토한 다음 리스크의 일부 또는 전부를 보유하는 것이 적절하다는 의사결정이 이루어져 실행되는 것이다. 따라서 기업의 재무능력, 손실 데이터의 축적과 분석, 보험료 비용과 손실 예산액과의 균형 등 이익계획에 입각한 기업의사가 작용한다.

이에 반하여 소극적 보유는 기업이 리스크 존재를 인식하고 있지 못한 경우로 무의식중에 혹은 인식하고 있으면서도 무지와 태만으로 적절한 처리를 하지 않고 무계획적으로 리스크의 일부 또는 전부를 보유하고 있는 것을 의미한다. 따라서 위험의 보유는 위험관리 관점에서는 결코 바람직한 것이라고는 할 수 없고 회피해야 하며, 리스크를 보유하는 데는 손실을 보전하는 자금조달이 필수적인 요소가 될 것이다.

7. 위험관리의 최적화

1) 보안의 비용효과성

어떤 평가방법이라도 미래에 성취될 보안 활동의 비용효과성에 대해서 완벽하게 평가하는 것은 불가능하다. 그러나 과거의 경험이나 인근 주변의 업종에 비추어 낮은 범죄발생률을 보이는 것은 해당 보안부서가 업무를 효율적으로 수행하고 있다는 지침이 될 것이다.

그러나 얼마만큼이 손상이나 파괴 그리고 도난으로부터 보호되었는지를 수치화하기는 어려운 일이다. 그러나 부분적으로나 전반적인 범죄사건에 기초하여 더욱 상세하게 측정된 전체적인 조직의 모든 위험이나 전반적인 산업이 경험한 평균적인 손실, 주어진 특정한 기간 동안에 보안조직 활동에 의한 손실의 감소와 같은 다양한 결과물은 한계가 있으나 매우 유용하다.

그러므로 이러한 수치에 근거한 판단은 보안기능의 유용성에 대한 실제적인 지침으로 많은 기여를 하게 된다. 다시 말해서 만약 이전에 언급되었듯이 데이터를 활용한 공식에 의해서 보안운영 비용이 연간 10억 원으로 판단되고, 보안 활동으로 8억 원의 잠재적인 절도나 파괴행위가 예방한다면, 보안부서의 운영비용을 2억 원을 삭감해야 하는 것이 타당한가에 대한 의문이다.

그러나 이것은 명백하게 잘못된 판단이다. 왜냐하면 손상이나 손실 그리고 특정한 기간 동안에 줄어드는 보험료율의 감소로 인하여 비용과 유사한 보험 부담이 줄어들기 때문이다. 그러므로 보안 활동의 가치는 조직에서 수용할 수 없는 위험에 대한 보험으로써 간주되어야 할 것이다.

2) 주기적인 검토

보안계획이 공식화된 이후에도 조사공정이 계속되어야 한다. 어떤 보안계획이 효과적이기 위해서 반드시 내용을 정기적으로 갱신할 필요가 있으며, 주어진 시설에서 변화하는 환경에 적응하기 위해서 다양한 세부사항에 대하여 정기적으로 변화가 필요하다. 이러한 정기적인 검사만이 기업의 계속적인 보안상황에 대한 평가의 토대를 제공하게 될 것이다.

이러한 일상적인 업무에서 사소한 변경사항이라도 가시적으로 보여주는 것이 전체적인 조직이나 보안효과에서는 의미심장한 영향을 끼치게 된다.

3) 보안 파일

보안조사와 결과보고서는 보안관련 파일을 구축하는데 매우 중요한 부분이다. 이러한 평가로부터 기업의 일반적인 업무에 대한 상세한 현재의 현황을 알 수 있다. 이러한 파일을 활용하여 보안부서는 효율성을 향상시키는 운영을 할 수 있으므로, 보안검사와 추가적인 조사는 계속되어야 한다. 이러한 데이터베이스는 보안문제와 관련된 뉴스에서 기사와 공보·간행물·교제에 의해서 확대될 것이다. 특히 부분적으로 중요성을 가진 주제에 특별한 관심을 기울여야 한다. 비록 국가범죄통계가 중요하고 다양한 주제에 대하여 도움은 주나 사업장이 위치한 지역의 상황은 해당기업의 보안에 더 즉각적인 영향을 미친다.

이러한 파일들의 내용이 축적됨에 따라서 다양한 파일의 활용이 보안운영에 더 유용하게 활용될 것이다. 예를 들어, 다음과 같이 일정한 유형화가 나타나고, 특정 계절들이 중요하게 되며, 경제적인 상황에 따라 어떤 상황을 예측하게 될 것이다.

① 특정한 날이나 계절에는 어떤 문제들이 많이 발생한다.
② 범죄의 목표물은 더 많은 데이터를 수집함으로써 증거가 된다. 이것은 보안책임자에게 업무수행의 주도권을 쥐게 하는 근거가 된다.
③ 범죄 사고나 형태의 유형분석은 형사사건에도 나타나게 된다.
④ 급여 지급일이나 주말의 범죄유형과 작업방식이 명확하게 된다.
⑤ 기업자산에 대한 범행은 특정한 유형이나 특징의 열거가 예상되거나 한정시킴으로써, 보안책임자에게 더 향상된 대책을 가능하게 한다.

특정 시설에서 범행에 관한 데이터의 치밀한 수집과 사용은 보안부서 근무자에게 귀중한 사용도구가 될 것이다. 또한 이것은 기업의 범죄현황에 대한 정기적인 재조사에 중요한 요소를 더하게 되는 것이다.

시설물의 고장이나 파손에 따른 현재의 재정적인 어려움에서 적절한 보안 활동의 제공에 의한 손실예방의 근거자료는 효과적인 보안운영이 더없이 중요하다는 것을 보여준다. 다시 말해서 잘못 디자인된 보안계획이나 잘못 운영된 보안조직에서 관리된 파일은 잘 관리된 파일과 비교하여 조직에 엄청난 손실과 부담을 가져온다.

제3절 비용편익분석

비용편익분석(cost benefit analysis)이란 투입되는 비용과 산출량의 상관관계를 고려하여 편익이 큰 것을 기준으로 대안 선택 여부 혹은 우선순위를 명백히 하는 것을 의미하며 금액으로 표현하거나 환산될 수 있는 것을 편익으로 측정하게 된다. 또 다른 의미로는 어떠한 목적을 달성하기 위해 각종 대안에 관해서 각각의 필요한 비용과 그것에 의해서 얻어진 편익을 비교평가해서 채택여부 또는 우선순위 등을 검토하기 위한 방법을 말하며, 주관적 판단이 개입할 여지를 어떻게 처리하느냐가 관건이다.[22)]

보안에 대한 비용편익분석은 보안업무의 운용에 투입되는 비용과 모든 보안대책으로 인하여 기업자산이 보호되거나 복구되는 것 뿐만 아니라 생산시간과 부상에 의한 손실의 감소를 포함한 비용과 편익의 직접적인 비교를 의미한다. 보안투자 대비 이익률(ROSI)은 다음과 같은 공식으로 표현된다.

$$\frac{(\text{보안취약성} \times \text{관리된 위험\%}) - \text{보안투자}}{\text{보안투자}}$$

그러나 대부분의 기업보안관리 활동에서의 어려움 중에 하나는 기업 손실과 위험관리를 위한 보안대책에 대한 편익이 어느 정도인가에 대한 객관적인 수치화는 어느 정도까지 가능하며, 과연 이러한 수치는 증명될 수 있는가에 대하여 명확하지 않다. 실제적으로 현재의 투자에 대한 미래의 예방효과의 구체적인 수치는 너무 다양한 변수에 의하여 실무자의 주관이 개입될 가능성을 배제하기 어렵다. 더불어 기업에 존재하는 잠재적 위험요소는 어느 정도이고 보안활동을 통하여 관리된 위험(managed risk)은 어느 정도인가에 대한 객관적 수치화에 대한 평가는 전문가의 영역에 귀결될 수밖에 없다. 따라서 위험분석에서는 자산, 위협, 취약성을 종합하여 위험을 평가한 다음 분석된 정보를 근거로 하여 분석자는 다양한 대응책을 규명하여야 한다. 〈그림 1-2〉의 위험관리 공정 5단계의 후속단계가 진행되고 여기에서 선정된 대응책은 취약

22) Carl A. Roper, op. cit., pp. 79~93.

성을 감소시키고 위협요소를 조직에서 수용할 수 있는 수준까지 낮추는 조치가 동시에 이루어져야 한다.

위험관리 공정 5단계에서 대응책, 비용 그리고 상충관계와 보호전략을 규명하기 위해서는 다음의 5단계 과정을 수행한다. ① 취약성을 줄이기 위한 잠재적인 대응책을 규명한다. ② 위험감소의 관점에서 대응책의 편익을 규명한다. ③ 대응책을 시행하는데 필요한 비용을 규명한다. ④ 대응책의 비용편익과 상충관계 분석을 규명한다. ⑤ 의사결정자를 위한 권고사항의 선정과 준비의 우선순위를 정하는 과정이 필요하다.

〈표 1-9〉 대표적인 대응책

절 차	장 비(물리적/기술적)	인 력
◆ 보안정책과 절차 ◆ 보안교육과 훈련 ◆ 보안의식 프로그램 ◆ 법적인 소송절차 ◆ 보안 조사방법 ◆ 거짓말탐지기 ◆ 비밀유지약정 ◆ 인사관리 ◆ 연속성기획/비상대응기획 ◆ 운영보안(OPSEC)절차 ◆ 비밀보호 절차	◆ 라킹 메커니즘 ◆ 창문 보호창살 ◆ 보호 장벽 ◆ 경보기/감지기 ◆ 하드웨어/소프트웨어 ◆ 배지와 보안조명 ◆ 영상정보 보호 장비 ◆ 종이 파쇄기 ◆ 휴대용 무기 ◆ CCTV ◆ 보안구역과 금고실	◆ 보안요원 서비스 ◆ 사업장 보안요원 ◆ 특수보안요원 ◆ 시스템 프로그램 담당자

1. 대응책의 선정

가장 비용편익적인 대응책을 선정하는 것이 구체적인 위험 시나리오에 대한 가능한 보호대책이다. 위험분석단계에서는 전 단계에서 규명된 핵심적인 위험에 대응하기 위한 통합적인 보안시스템으로써 작동하는 가장 적절한 보안대응책을 집단화하는 것이 가능하다. 이러한 대응책을 3개의 주요한 유형으로 대별하면 〈표 1-9〉과 같이 나타낼 수 있다.

이러한 결정과정을 통하여 가장 적절한 대응책을 결정하는 과정에서는 선정된 대응책이 위험을 어느 정도 경감시키는가, 경감의 정도가 '치명적'에서 '높음', '높음'에서 '중간', '중간'에서 '낮음'으로 판단할 수 있는가, 대응책을 적용함으로써 위협요인은 감지, 지연, 제지 혹은 제거되는가, 대응책에 따른 위험완화의 정도는 구체적으로 무엇으로 평가되는가, 등을 고려한다.

① 구체적인 시나리오를 위하여 가능한 보호대책은 무엇인가?

② 재정적인 압박감을 고려하여 최상의 해결책은 무엇인가?

③ 최상의 해결책이나 비용이 과다할 경우에 보완하기 위한 대책은?

④ 대응책을 선정하는 경우에는 〈표 1-10〉과 같은 도표를 위험관리자는 활용한다.

〈표 1-10〉 최우선 고려사항

원치 않는 사건	위험수준	관련 취약성	대응책 선정	새로운 위험수준
VIP의 납치				
핵심기술 유출				
유해가스 유출				
집중호우				

보안관리자는 〈표 1-11〉와 같이 원치 않는 위험을 완화시키기 위한 대응책을 중요성에 따라서 나열하고 가장 현실성 있고 적합한 것부터 시행한다. 개별적으로 취약성에 대하여 적절한 보호수준을 제공하지 못하는 경우에는 2가지 이상의 대응책을 상호 보완하여 함께 적용한다. 이런 경우에 특정한 대응책은 매트릭스에 여러 번 등장한다. 만약 여러 가지 대응책 중에서 한 가지 대응책이 선정되었다면, 선정된 대응책은 몇 가지 원치 않는 사건의 위험성을 완화시키는 역할을 해야 한다.

현존하는 위험수준에서 대응책을 선정할 경우에는 개별적인 영향력을 고려할 필요가 있다. 〈그림 1-1〉와 같이 잠재적인 대응책을 선정하는 것에 의해서 규정된 취약성을 감소시키고 〈표 1-11〉의 매트릭스를 활용하여 새로운 위험수준을 결정할 수 있다.

〈표 1-11〉 위험관리 방법의 사례

대응책	부정출입	납치	문서유출	테러리즘
잠금장치	o			o
경보기/감지기	o			o
보안요원	o	o		o
시스템 프로그램 담당자	o	o		o
특수보안요원				o
이동경로의 변경		o		
근무 재배치		o		
거주지 자물쇠 설치		o		
거주지 경보기 설치		o		
방탄 차량		o		
거주지 CCTV		o		
보안의식제고			o	
엄격한 미디어 통제			o	
시스템 감사실시			o	
비밀번호 변경			o	
방어운전 훈련				o
차량 확인				o
비상시 절차확립				o
금속탐지기 사용				o
펜스/보호 장벽				o

2. 대응책의 비용결정

위험감소수준에 따라 결정된 대응책의 장점이 여기에서 도출되므로 다음과 같은 질문에 대한 고려가 중요하다.

① 선정된 대응책은 어떻게 위험수준을 완화시키는가?

② 선정된 대응책은 위협요소를 감지, 방지 또는 제거하는가?

③ 선정된 대응책은 얼마나 위험을 완화시키는가?

〈표 1-12〉의 위험관리 방법의 사례는 위험감소에 대한 상대적인 수준과 개별 대응책에서 기인한 이익과 관련된 판단을 도출하는데 도움을 준다.

따라서 위험관리자는 상중하와 같이 정성적 혹은 정량적으로 등급을 결정하는데 이러한 선택법을 활용한다. 이러한 단계를 통하여 실제적인 자료의 비용뿐만 아니라 대응책을 시행하는데 필요한 계속적인 운영비용도 고려한다.

대응책의 선정과 관련된 비용은 금전, 대응책 적용으로 인한 불편함 그리고 사람과 연관되어 측정이 가능하다. 이와 같이 모든 대응책은 비용이 수반되는데 이것은 금전, 불편함, 시간 그리고 사람이 여기에서 고려될 핵심적인 요소이다. 따라서 가장 최적의 대응책을 선정하기 위해서는 개별적인 대응책에 따르는 비용에 대한 결정이 선행되어야 할 것이다. 현실적인 비용과 더불어 계속적인 운영에 따른 추가적인 비용에 대한 고려가 더 중요하며, 일반적으로 문서화된 절차가 가장 적은 비용이 드는 유형이고, 각종 보안시스템의 설치나 운영에 드는 하드웨어적인 비용이 상당한 비중을 차지할 것이며, 인건비가 가장 많은 비용이 많이 드는 대응책이 될 것이다.

1) 대응책의 가격결정요소

대응책의 주요 가격결정 요소로는 다음의 내용이 포함된다.

① 구매 가격

② 유지보수 비용(설치, 예방정비, 수리, 보증, 대체)

③ 시스템의 기대 수명

④ 여러 가지 대응책을 운영하는 직원과 외부 서비스요원의 급여

대응책의 비용에 관하여 고려할 경우에는 구매가격에 제품 수명기간 동안의 유지보수 비용이 추가되는데 여기에는 설치, 예방정비, 수리, 보증과 대체비용이 포함된다. 보안제품의 기대수명에 대한 고려할 점으로는 궁극적으로 대체하는데 필요한 비용도 고려한다. 가장 비용이 들어가는 인건비에는 보안요원과 외부 서비스 요원에 대한 유지와 감시활동 그리고 훈련에 투입되는 비용이 여기에 포함된다.

〈표 1-12〉 개별적인 비용 산정 내역

사 건	절 차	장 비	인 력
부정출입/기술적용	◆ 근무시간 이후에 시설물을 보호하기 위한 절차 (비용: 대체적으로 이용자들이 불편함)	◆ 출입문 잠금장치와 쇠창살(5십만 원) ◆ 경보기/감지기 (2백만 원)	◆ 전문 보안서비스 (3천만 원) ◆ 특수보안요원 (2천5백만 원) ◆ 시스템 프로그램 담당자 (2천만 원)
납치	◆ 직장에 출근하는 루트를 다양화함 (비용: 약간 불편) ◆ 재배치 (천만 원)	◆ 출입문 잠금장치와 쇠창살(5십만 원) ◆ 경보기/감지기 (3백만 원) ◆ 방탄차량 (8천만 원) ◆ CCTV (천만 원)	◆ 전문 보안서비스 (3천만 원) ◆ 시스템 프로그램 담당자 (2천 5백만 원)
문서유출	◆ 보안의식제고 브리핑(비용: 약간) ◆ 엄격한 자기매체 통제절차 (비용: 상당히 불편함)	◆ 감사시스템 (천5백만 원) ◆ 비밀번호설정 (백만 원)	◆ 없음
테러리즘	◆ 방어운전 훈련 (8백만 원) ◆ 차량체크 (3백만 원) ◆ 비상탈출 절차수립 (5백만 원)	◆ 출입문 잠금장치와 쇠창살(5십만 원) ◆ 경보기/감지기 (3백만 원) ◆ 금속감지기 (2백만 원) ◆ 펜스/보안장벽 (9백만 원)	◆ 전문 보안서비스 (3천만 원) ◆ 특수보안요원 (2천5백만 원) ◆ 시스템 프로그램 담당자 (2천만 원)

2) 불편함에 대한 비용측정

① 불편함은 위험감소의 이득에 의해서 얼마나 상쇄되는가?

② 보안절차의 재설정을 통한 위험감소의 수준이 불편함보다 더 크거나 적어도 동일한 성과를 얻을 수 있는가?

첫째, 시간에 대한 비용은 얼마인가? 시간에는 대응책을 시행하는데 필요한 시간과 감독하는데 필요한 시간, 시행을 위한 준비시간과 사후점검, 평가와 관련된 모든 시간도 여기에 포함한다.

둘째, 인력에 대한 비용은 얼마인가? 대응책을 활용하는데 필요한 구성원은 몇 명 정도인가, 구성원의 지식, 기술, 구성원이 필요한 능력을 결정한다. 더불어 구성원의 훈련 필요성과 비용에 대해서도 고려한다.

가장 적절한 대응책을 선정하기 위해서는 개별적으로 선정된 대응책과 관련된 비용에 대한 결정이 필요하다. 〈표 1-12〉에서와 같이 구체적이고 개별적인 비용 산정 내역을 활용한다. 이 과정에는 대응책을 규명하는 것뿐만 아니라 구체적으로 원치 않는 사건에 적용되는 대응책의 비용을 산정하는 방법으로 개별적인 사례에서 대응책을 선정하는데 필요한 재료나 운영비용은 얼마나 되는가라는 질문을 하는 것이다.

이와 같이 가장 적절한 대응책을 선정하기 위해서는 개별적인 대응책을 고려할 경우에 반드시 이에 상응하는 비용이 얼마인가를 고려해야한다. 〈표 1-12〉와 같이 개별적인 대응책을 비용으로 표시하면 전체적인 대응책을 선정하는 판단에 도움이 된다. 대응책을 분석하는 과정에서 적용되는 가장 일반적인 원리는 고객들도 만족하고 위험수준도 수용할 수 있는 정도로 낮출 수 있는 가장 비용이 적게 드는 대응책을 선정하는 것이다.

개별적인 대응책의 비용편익분석을 위해서는 보호할 자산의 가치와 제안된 보호비용을 비교하여, 어떤 선택이 가장 낮은 비용의 선택인가를 결정하는 기준은 위험평가 결과를 토대로 하여 위험을 완화시키는 다양한 대응책 중에서 수용가능하거나 계속적으로 일정 수준을 유지할 수 있는 방법을 선정하는 것이다.

3) 대응책의 우선순위

① 원치 않는 사건을 방지하기 위한 하나 이상의 대응책을 규정한다.

② 모든 규명된 사건의 수준을 낮추기 위하여 집합적으로 3~4개의 대응책을 선정하고, 개별적인 대응책이 전체적인 위험수준에 어느 정도의 영향을 주는가에 대하여 결정한다.

③ 개별적인 선택의 비용과 편익을 비교하기 위하여 개별적으로 비용을 계산한다.

④ 다양한 선택권의 권고에 초점을 맞추어 원치 않는 사건을 완화시키는 대응책을 최대한 제시한다.

대응책의 비용에 대한 정보는 어떤 대응책이 고객에게 가장 적절할지를 선택하는데 도움이 된다. 대응책 중에서 위험을 회피하거나 제거하는 측면에서 최소의 비용이 소요되는 하나의 방법을 선택하는 것과, 최상의 보호를 제공하게 대응책을 선택하는 것이 있으며, 다른 하나는 이 2가지를 적절하게 만족시키는 대응책을 선정하는 방법이 있다.

보안실무자는 개별적인 사건을 분리하여 최상의 보안대책을 결정할 수 있으며, 그런 다음 개별적인 대응책을 조합하여 적용한다. 또 다른 방안으로는, 동시에 발생하는 여러 가지 사건의 위험을 낮추기 위한 특정한 대응책을 염두에 둔 다음, 이러한 대응책을 선정할 시기에 하나 또는 그 이상의 대책을 선정하는 방법을 활용한다. 여기에서 실무자들이 명심해야 할 사항은 모든 원치 않는 사건은 대응책에 의해서 반드시 적절하게 통제되어야 한다는 것이다.

〈표 1-13〉 최고비용의 대응책 일람표

원치 않는 사건	대응책	위험수준 변화	비 용
불법적인 출입	출입문, 자물쇠, 창살 경보/감지시스템	높음에서 가장 낮음	500만원 1,200만원
수석연구원의 부상	출퇴근 경로의 다양화 방탄차량과 운전자	낮음에서 가장 낮음	100만원 12,000만원
문서도난과 관리부실	시스템감사 실시 비밀번호 부여 보안교육	중간에서 가장 낮음	2,000만원 500만원 100만원
테러리스트의 폭탄 테러 공격	특수보안요원배치 방어운전훈련 차량확인 비상시 대응절차 수립 금속탐지기 적용 펜스/보안장벽	중간에서 낮음	2,500만원 800만원 200만원 150만원 2,000만원 9,000만원
전체 위험/종합 비용		중간에서 가장 낮음	31,050만원

위험평가의 결과를 토대로, 위험관리자는 위험을 경감시킬 수 있는 다양한 대응책을 결정하고, 위험수준을 수용할 수 있는 수준으로 낮추거나 계속적으로 수용 가능한 수준

을 유지하는 방법을 선정한다. 여기에서도 제안된 대응책을 시행하는데 투입되는 비용과 자산가치를 어떻게 비교할 것인가, 어떤 선택이 최소의 비용으로 최상의 보호대책을 제공하는가, 이와 같은 질문에 가장 적절한 해답이 대응책을 선정하는 기준이 된다.

〈표 1-13〉의 일람표는 최고경영진에게 최종적인 의사결정을 위하여 제안하는데 사용된다. 여기에 1번째 대책(가장 높은 비용)으로 5가지 위험요소의 전체적인 평균위험을 중간 수준에서 가장 낮은 수준으로 변화시키는데 31,050만원의 비용이 소요된다.

〈표 1-14〉 최소비용의 대응책 일람표

원치 않는 사건	대응책	위험수준 변화	비 용
불법적인 출입	출입문, 자물쇠, 창살	높음에서 중간	500만원
선임연구원의 부상	출퇴근 경로의 다양화	낮음에서 약간 변화	100만원
문서 도난과 관리부실	보안의식 강조	중간에서 낮음	100만원
테러리스트의 폭탄테러 공격	비상시 대응절차 수립 금속탐지기 적용	높음에서 약간 변화	300만원 500만원
전체 위험/종합 비용		중간에서 변화 없음	1,200만원

〈표 1-14〉의 일람표는 2번째 대책(가장 낮은 비용)으로 5가지 위험요소의 위험수준을 거의 변화시키지 못하나 비용은 1,200만원에 불과하다.

〈표 1-15〉 권장비용의 대응책 일람표

원치 않는 사건	대응책	위험수준 변화	비 용
불법적인 출입	출입문, 자물쇠, 창살	높음에서 중간	500만원
수석연구원의 부상	출퇴근 경로의 다양화, 수행요원의 배치	낮음에서 가장 낮음	100만원 3,000만원
문서도난과 관리부실	보안교육	중간에서 낮음	500만원
테러리스트의 폭탄 테러 공격	비상시 대응절차 수립 시스템관리 프로그램	높음/중간에서 중간	300만원 2,000만원
전체 위험/종합 비용		중간에서 낮음	6,400만원

〈표 1-15〉의 일람표는 3번째 대책(권장 사항)은 전체적인 위험수준을 중간정도에서 낮은 수준으로 변화시키는데 드는 비용이 6,400만원이다.

몇 가지 대응책이 규정된 다음에는 개별적인 대응책의 장단점을 분석하여 의사결정자에게 제시하고 이 중에 하나를 선정하는데 선정이유에 대하여 명확하게 설명되어야 한다.

3. 의사결정 프로세스

1) 체계화된 의사결정

핵심자산의 가치와 선정된 보호대책을 시행하는데 드는 비용을 어떻게 비교하고, 일람표의 선택에서 최고의 보호조치를 최소의 비용으로 시행하는 것을 어떻게 선택할 것인가? 이러한 질문에 대한 명확하고 구체적인 답을 구하는 것은 쉽지 않는 과정이다.

왜냐하면, 보호대책에 따라서 핵심자산의 위험정도가 상당히 개선되었다 하더라고 사건이 발생하여 커다란 손실로 연결될 경우에는 해당 보호조치의 가치는 얼마나 되는지에 대한 결정도 개량화하기는 어렵기 때문이다. 즉 미래의 존속가치에 대한 것은 개연성과 가능성에 의해서 예측하고 대비하는 것이지 현실적으로 지금 측정되는 것은 아니다.

일반적으로 보호조치에 대한 비용은 보호가 필요한 자산의 총가치의 합리적인 비율을 초과하지는 않아야 한다. 그러나 여기에서의 한계는 모든 자산에 전면적으로 적용되는 '합리적인' 비율이라는 것은 존재하지 않으며, 심지어는 주어진 제한된 집단에서의 모든 자산을 위한 합리적인 비율이라는 것은 없다.

따라서 자산을 책임지고 있는 관리자에게는 반드시 위험을 감소시키는데 사용되는 비용과 비교하여 위험감소의 편익과의 균형을 맞추는 감각이 요구된다. 어떤 개별적인 자산관리자가 대응책을 시행하기 위해서 더 높은 관리자의 승인을 받아야 하는 경우와 자금관리와 세부적인 관리가 실시되는 조직에서는 가장 중요한 고려사항이다. 또한 경영진은 대응책을 수행하기 위하여 필요한 인력, 재료, 자금을 확대 투입하기 전에 반드시 다양한 영향을 미치는 요소들에 대하여 평가한다. 여기에서 평가하여야 할 영향을 미치는 요소에는 ① 자산의 가치, ② 위험이나 손실의 노출정도, ③ 확정된 보호대책의 가용성, ④ 자금의 가용성, ⑤ 보호계획에 반드시 포함되어야 할 강제적인 보안 요구사항이 여기에 포함한다.

그래서 자산가치와 비교되는 시행될 보호대책의 비용을 어떻게 산출할 것인가에 대한 의문이 제기될 경우나 어떤 선택이 최소의 비용으로 최대의 효과를 얻게될것인가에 대한 대답은 체계적인 분석과 합리적 의사결정과정을 통하여 근사치에 가까운 답을 얻게 될 것이다.

2) 한계편익의 분석

위험관리에 활용되는 일반적인 원칙이 있는데, 최소비용이 드는 대응책을 선정하여 고객을 만족시키고 적절한 수준으로 위험을 감소시키는 것이다.

그러나 선정된 보호대책은 하나 이상의 취약성에 대응하여야 하므로, 보호대책을 상쇄하는 것은 최소비용으로 보안시스템을 구성하는 능숙한 방법을 활용하고 다양한 대응책 중에서 특정한 방법을 선택하는 경우에 비용을 우선적으로 고려하는 것은 중요한 사항이다. 따라서 어떤 특정한 보호대책의 집합이 개별적인 사건에 가장 적합하고 최소비용으로 선택이 가능한 대응비용의 합보다 작으나 아직은 적절한 보호대책이 제공되지 않는 경우에는 전체적인 비용이 최소인 경우가 우선시된다.

결국에는 모든 의문에 대한 대답은 대응책이 다음의 질문에 부합하는 것이다. ① 현존하는 위험을 수용 가능한 수준으로 감소시키는가? ② 한 가지 이상의 취약성을 보호하는가? ③ 동일한 수준의 보호정도를 제공하는 다른 대책보다 비용 면에서 저렴한가? ④ 자산보호를 필요로 하는 고객의 요구사항을 만족시키는가?

이와 같이 개별적인 대응책에 대한 전체의 비용을 고려한 다음에 비용의 차이와 개별적인 선택의 한계편익(marginal benefit)[23]을 비교할 수 있을 것이다.

3) 위험평가의 실시

위험관리자에게 어떤 프로젝트나 프로그램에 대한 위험평가를 수행하도록 업무지시가 내려진 경우에 위험평가가 실시되고 고객의 요구수준에 대하여 만족한 경우에 평가가 마무리된다. 그러므로 위험평가의 필요성은 주어진 업무를 다시 착수하게 되는데, 고객이 원하는 것이 무엇인가를 고려하고 고객의 수용여부에 따라 위험관리업무

23) 어떤 행위를 한 가지 더 할 경우에 추가적으로 얻은 편익의 증가분을 말한다. 여기에서는 추가적인 보안관리비용에 대한 고객만족의 증가와 위험요소의 감소가 편익의 증가분을 의미한다.

를 다시 정의하거나 처음상태로 돌아가야 한다.

다음은 조직의 위험평가를 위한 일반적인 수행보고서를 나타낸 것이다.

〈표 1-16〉 위험평가 업무계획서 사례

어떤 기업의 위험관리자는 사전에 위험평가를 수행할 사업장의 핵심자산, 위협, 취약성과 관련된 균형 잡힌 정보를 얻기 위하여 다양한 구성원과의 인터뷰를 실시할 예정이다. 사업장의 다양한 업무분야와 직급에서 구성원의 관심사항과 의견을 포함한 관련 정보를 얻는 과정이므로 해당 인터뷰 대상자의 선정부터 신중하게 진행될 것이다. 이러한 인터뷰를 통하여 핵심자산, 위협, 그리고 취약성에 관한 사업장의 구체적인 정보를 결정하고 인터뷰 대상자가 개인적으로 생각하고 있는 주제와 질문의 일관된 연속성을 파악하게 된다. 구체적인 인터뷰 대상자에는 최고경영자, 최고운영관리자, 최고 프로젝트운영자, 최고보안관리자, 프로젝트를 시행하는 사업장에 근무하는 보안요원의 책임자, 특별프로젝트의 책임자, 사업장 프로젝트 책임자가 포함되고, 더불어 이번 위험평가를 실시하는 사업장의 프로젝트와 관련된 다양한 분야의 전문가와의 인터뷰를 통하여 더 구체적인 실태에 관한 정보를 얻게 된다. 사업장의 현재 보안상태와 구체적인 대응책과 관련된 정보는 사업장 보안실무자와 최근 사업장의 원점(Zero-Base)검토를 토대로 주요한 내용을 도출한다. 사업장 직원과 더불어 외부의 다양한 위협과 관련된 데이터를 수집한다. 해당 프로젝트가 국방부와 밀접하게 관련되어 있으므로, 정보출처는 국가정보원, 경찰청의 정보담당관, 기무사령부, 그리고 여러 국가정보기관을 포함한다. 또한 지역 경찰서의 정보과에서 해당 지역에 관한 구체적인 실태에 관한 데이터를 수집할 수 있으며, 이러한 평가는 지리적으로 해당 사업장과 인접한 지역의 최근에 실시한 위협평가에 관한 정보를 토대로 실시되기도 한다. 개방된 정보출처에 대한 조사는 다양한 데이터베이스와 인터넷을 활용하여 공개된 자료를 수집하기도 한다. 더불어 위험평가와 관련된 다양한 전문가집단은 프로젝트의 내용과 관련있는 일반적인 주제에 대한 자료를 가지고 있으므로 직접 접촉하여 해당 분야의 데이터를 수집한다. 위험관리자는 거시적인 관점에서 사실 확인의 개요, 결론, 더 향상된 조사를 보장하기 위한 주요한 보안이슈에 관한 일반적인 권고사항을 위험평가보고서에 포함하여 경영진에게 업무가 개시된 후 30일 이내에 보고한다.

무엇보다도 먼저 흥미로운 것은 이 보고서가 위험관리자에 의해서 실제적으로 수행될 업무에 관해 기록한 것이라는 점이다. 문서와 구두로 지시된 업무는 실제적으로 위험평가표에 의해서 진행될 것이며, 경영진이 최종보고에서 무엇을 알고자 하는지 정확하게 전달된다.

위험평가보고서의 핵심은 경영진이 무엇을 원하는지, 경영진이 무엇을 원한다고 말했는지, 위험관리자는 경영진이 원하는 것이 무엇이라고 생각하는지에 대한 판단이 최종보고서의 모든 방향을 변화시킬 것이다.

공식적인 업무보고서(Tasking Statement)는 위험평가과정에서 무엇이 밝혀졌는가에 대한 구체적인 보고서 시리즈의 하나이다. 더 나아가 이 보고서에서는 최종적으로 경영진에게 제시할 내용을 포함하고 있다.

업무보고서에선 실제적으로 위험평가가 실행된 목적을 분명하게 밝히고 있으며, 업무보고서가 마무리되면 즉시 업무감독관에게 제출하여 그의 동의를 구한다. 본질적으로 업무보고서에 대한 동의는 위험관리자에게 최종보고서에 정확하게 무엇을 원하는지를 알려주는 의미이다. 동시에 위험관리자는 최고경영진의 아래와 같은 의도를 잘 파악해야 한다.

① 위험평가분석을 토대로 하여 어떤 결정을 할 것인가?
② 결정을 하게 될 의도는 무엇인가?
③ 궁극적인 목표나 결정으로 성취될 결과는 무엇인가?
④ 정확하게 누가 해당 질문을 하였는가? 질문자는 실제적으로 최종의사결정을 할 수 있는 직위에 있는가?
⑤ 최고경영진, CEO 또는 다른 관리자가 프로그램이나 프로젝트와 관련되어 있으며 주고객인가?
⑥ 누가 의사결정권자인가? 의사결정권자는 무엇을 알고자 하는가? 왜 의사결정권자는 위험관리자의 지원을 필요로 하는가?

대부분의 주요한 경영진의 결정은 위험평가보고서에서 제공된 정보를 토대로 이루어지므로 잘못된 결정은 인체 혈액의 흐름을 막는 것과 같이 기업경영을 위기로 몰아간다.

다음으로 고려해야 할 사항은 위험관리자에게 제안된 업무의 범위 또는 문제의 범위이다. 위험분석을 수행하는데 그 동안에 수집한 데이터로 충분한 분석이 가능한가,

그러나 가장 핵심적인 것이 무엇인가를 구체적으로 규명하기 위해서는 수집한 정보는 모든 주요한 자산에 관한 내용을 포함하여야 한다. 또한 현재의 분석과정에 포함되지 않는 것은 무엇이며, 왜 이것은 포함하지 않았는가, 때때로 업무를 수행하는데 구체적인 규정이 아무것도 없기 때문에 해당 분야는 누락되기도 한다. 따라서 위험관리자는 업무계획에 누락된 특정한 분야가 포함되어야 하는 것은 아닌지 제고해 보아야 한다.

위험관리자의 사실확인 과정을 지원하는데 필요한 사람은 구체적으로 누구인가 하는것도 중요한데, 동일한 조직에서도 서로 다른 구성원의 지원에 의하여 구체적인 결과에서 많은 차이를 보이므로, 심지어 다른 조직에서의 결론은 매우 상이하므로 위험관리에서 완벽성과 구체성은 매우 중요한 요소이다.

또한 경영진에게 제시된 정보에는 반드시 자료의 현재성과 근거가 확실하여야 한다. 분석 자료에 활용한 정보는 구체적으로 언제 생성된 것인가, 자산분석에 토대가 된 자료는 1년 후 혹은 1년 6개월 후에 다시 분석을 할 경우에는 적어도 30%의 자료는 다시 갱신되어야 한다는 것을 사전에 고려하고, 만약 미래의 계획과 비용이 현재 최고경영진에 의해서 정해진다면 전반적인 분석에 어떤 긍정적인 영향을 미치겠는가를 고려한다. 최종결과에서 새로운 위협요인에 대한 검토가 없을 경우에는 자산보호를 위하여 얼마 지나지 않아 새로운 보호대책을 세우려면 엄청난 대체비용이 발생하게 될것이다.

마지막으로, 위험관리자는 최고경영진이 의사결정을 하는데 제공되는 다양한 정보출처가 있다는 것을 인지하고 있는가 이다. 만약 알고 있다면, 위험관리자는 해당 정보가 분석결과에 부정적인 내용이거나 영향력 여부에 상관없이 이러한 정보의 유형에 대하여 인식하고 있어야 한다.

위험관리자는 보고서와 권고사항과 같은 공식적인 제안 자료에 의거하여 의사결정자나 직속담당자를 설득하기 위하여 반드시 최고경영진에게 분석 자료를 제안해야 한다.

제안된 정보에는 위험평가 과정에서 경험한 압박감을 고려한다. 다음의 질문에 대한 답이 평가의 한계에 관해서 경영진에게 보고서를 정당화하는데 중요한 요소가 될 것이다.

① 위험관리팀은 가장 핵심적인 정보에 접근할 수가 있었는가?
② 필요한 정보를 얻는데 가장 문제가 되는 분야는 어디였는가? 이러한 상황에 대하여 예상하였는가? 정보에 접근하는 시간을 지연시키는 것이 핵심적인 요소인가? 해당 정보를 얻지 못한 또 다른 이유는 없었는가?

③ 위험분석을 요청한 고객의 영향력은 어느 정도인가? 실제적으로 의사결정자는 강력하고 신속한 결정을 할 수 있는 영향력을 가지고 있으며, 업무수행을 보장하는가? 그렇지 않다면 이유는 무엇이고, 누가 영향력을 행사하는가?
④ 이익갈등이 존재하는가? 때때로 위험평가가 수행되는 과정에서 여러 가지 이유를 가진 사람에게서 명령계통을 통하여 자신의 업무분야에서 더 좋은 결과를 얻기 위하여, 경쟁 프로그램의 가격, 자료가 너무 비싸다는 내용을 부풀리거나 내용을 삭제하려고 한다.
⑤ 정략적으로 옳거나 잘못된 답변이 있었는가? 주어진 질문에 대하여 실질적으로 원하는 답변 대신에 미리 정해진 답변으로 응하지는 않는가? 이러한 상황은 위험관리자의 업무수행에 치명적인 것이다. 조직에 대한 충성심과 진실을 숨기고 가공된 사실을 답하는 것은 다른 의미이다. 따라서 위험관리자는 이러한 상황에 대하여 염두해 두고, 평가에 대한 답이 어떻게 나오든 상관없이 확고하게 사실만을 근거로 업무를 수행하여야 한다.
⑥ 정보제공을 꺼리거나 방해하는 사람은 누구인가?
⑦ 위험분석을 요청한 고객의 영향력은 재원의 변경을 가능하게 하고, 권고사항을 시행하기 위한 재원을 집행할 수 있는가?
⑧ 지금 시행하고 있는 위험분석이 가치 있는 것인가? 위험평가가 실시된 다음에 어떠한 변화(예를 들어, 시설물의 이동, 프로그램과 프로젝트의 변경, 새로운 프로젝트의 수행 등)에 대한 영향을 수반하는가?
⑨ 이익갈등을 내포한 중복된 업무를 요청한 고객은 존재하는가?
⑩ 위험평가팀의 업무수행에 영향을 미치는 정치적, 경제적, 법적인 한계는 무엇인가?

이러한 관점에서 위험분석을 시행하는 과정에서 직면하는 모든 제약요인의 목록을 만들고 실체를 규명한다. 마지막 2가지 항목의 질문도 이와 관련성이 있다.

어떤 관리자는 사전에 보고서의 수치를 알고자 하거나 결과에 대한 구체적인 정보를 보고자 한다. 그러나 대부분의 경우에 필요하다면 배경이 된 데이터에 대하여 알고자 하는 모든 관리자는 데이터에 대한 접근이 허용된다. 그러므로 어떤 구체적인 자료가 평가에 영향을 미쳤는가와 미래를 예측하기 위하여 어떤 자료들이 유지되어야 하는가에 대해서도 보고서에 포함되어야 한다. 따라서 보고서에는 자산평가, 영향력평가, 위협요소평가, 취약성평가, 위험평가와 분석, 비용편익분석과 최종적인 위험관리에 대한 내용보고가 포함된다.

위험관리자가 평가를 수행하는데 있어서의 핵심은 경영자가 무엇을 원하는 가를 명확하게 판단하는 것이 보고서가 설득력을 유지하는 근거가 된다. 따라서 위험평가 업무보고서에서는 아래와 같이 평가에 대한 접근방법과 최종보고서의 목적을 명확하게 규정한다.

① 실제로 고객이 원하는 것은 어떤 유형의 평가와 결과물인가?
② 평가를 수행하기 위하여 필요한 구체적인 정보는 무엇인가?
③ 위험관리자는 업무수행에서 어떤 정보출처를 활용할 것인가?

위험평가의 결과는 상기와 같은 질문을 포함하여 위험관리공정의 참고문서로 활용된다. 업무수행에 관하여 문서를 통하여 고객의 요구사항에 대한 평가 요청을 위험관리자가 명확한 근거를 제시함으로써 정당함을 인정받는 것이다. 이러한 확인은 업무수행자에게 적절한 유형의 결과물 산출과 보고서의 내용을 정확하고 원하는 유형으로 구성하도록 보장한다. 따라서 의사결정자가 결과물을 어떻게 활용할 것인가를 아는 것도 매우 중요하다. 위험관리자는 고객이 원하는 모든 데이터를 제공할 수는 있지만, 고객이 제공된 데이터를 어떻게 활용할지에 대하여 알지 못한다면 적절한 업무수행의 방향이 흔들리게 될 것이다.

더욱이 위험관리자가 고객이 원하는 필요성을 고려하지 않고 자신만의 관점을 바탕으로 산출된 결과물은 다른 사람에 의해서 시간과 인력이 투입되어 다시 수행되거나 또한 자신이 수행하는 업무의 중요성과 비교하여 상대적으로 신뢰할 수 없는 처지에 놓이게 된다. 따라서 위험평가업무의 완전함을 보장받기 위해서는 자신에게 다음과 같은 질문을 한다.

① 최종 결과물은 고객에게 어떠한 기여를 할 것인가?
② 최종 결과물에는 어떤 내용이 포함되는가?
③ 최종 결과물은 어떤 용도로 활용되는가?
④ 최종 결과를 얻기 위해서는 어떤 일정이 필요한가?

4) 대응책의 선정 시 고려사항

위험관리자가 최고경영진에게 권고내용을 제안할 경우에는 다음의 개요를 활용하여 보고서나 요약 보고를 작성한다.

> 다음의 개요는 위험관리자에게 최고경영진을 위한 제안서를 명확하게 구성하도록 위험분석절차에 부합하는 적절한 방법을 제시한다.
> - 고객과 함께 위험관리업무의 목적과 범위를 검토한다.
> - 위험분석을 통한 조사결과를 제안한다.
>
> ① 자산
> ② 위협요소
> ③ 취약성
> - 전체적인 위험과 우선순위에 관한 위험분석결과를 제안한다.
> - 분석결과를 토대로 권고사항을 제안한다.
>
> ① 대응책
> ② 고객의 책임요소

상기와 같은 보고서는 아래와 같이 개별적인 분야별로 세분화된다.

① **자산의 검토:** 어떤 자산이 중요하고 이유는 무엇인가? 가용성이 상실되거나 손실될 경우에 조직에 어떠한 영향이 발생하는가?

② **구체적인 위협요소를 검토:** 구체적인 위협요소는 무엇이고 누가 대상인가? 위협요인의 특성과 의도, 원치 않는 사건과 관련된 과거의 경력.

③ **취약성의 검토:** 취약성은 무엇이고, 위협요소와 취약성은 어떻게 연관되어 있는가?

④ **전체적인 위험과 우선순위에 대한 검토:** 어떤 위험이 존재하는가? 가장 관심을 기울려야 할 위험은 무엇인가? 만약 위험이 통제되지 않을 경우에 어떤 상황의 발생가능성이 있는가?

⑤ **대응책을 결정:** 대응책은 위험과 취약성을 어느 정도 감소시키는가? 대응책의 직·간접비용은 얼마인가? 대응책은 실수요자에게 어떤 영향을 주는가? 다양한 대응책이 적용된 다음에 잔존위험은 무엇인가?

⑥ 대응책을 선정하고 시행하기 위하여 고려해야할 고객의 책임은 무엇인가? 왜 고객은 제안된 권고사항을 시행해야 하는가? 왜 고객은 현재의 대응책의 적용을 중단해야 하는가?

위험평가분석이 끝난 후에도 위험관리팀은 위험분석조사과정을 수행하기 위하여 수집한 모든 배경자료와 여러 가지 정보를 가지고 있어야 한다. 문서들은 구체적인 파일이거나 위험평가 단계나 자산의 분류에 의한 세분화된 내용과 개별적으로 관련정보에 대한 요약을 포함한다. 특히 상대적인 영향력과 분석과정의 개별적인 단계의 다른 수준에서의 모든 결정은 이러한 정당성과 결합되어야 한다.

대규모 조직이나 중요 프로젝트 혹은 프로그램에서의 핵심 근거가 되는 자료는 서류보관소나 수많은 바인더에 보관기간의 제한없이 유지·보관되어야 하고, 이러한 백업자료는 나중에 재평가를 할 경우에 반드시 유용하게 사용할 수 있어야하고 또한 과거의 결정에 대한 근거자료로 필요하다. 미래에 이러한 자료의 또 하나의 가치는 또 다른 분석으로 인한 현재 분석결과에 흠결이 발생하여 권고사항을 제대로 시행하지 못한 경우에, 즉시 제시할 수 있는 근거자료로 활용될 것이다.

4. 위험분석모델

위험분석모델은 위험분석에 관한 전반적인 흐름을 보여준다. 어떤 위험분석모델은 구체적인 방법론과 연결된 것도 있고, 어떠한 방법론이든 선택하여 사용할 수 있도록 일반적인 위험분석의 단계만을 보여주는 것도 있다. 위험분석모델의 시초는 1979년 초 미국의 NIST(National Institute for Science and Technology)[24]에서 발행한 자동화된 데이터 처리에 관련된 위험분석에서 찾아 볼 수 있다. ISO에서도 보안관리 표준화 작업의 일환으로 위험관리모델을 개발하고 있다. 또한 상용의 위험분석 도구들 역시 각자의 모델과 방법론에 따라 위험분석을 수행하고 있다.[25]

NIST의 위험분석모델은 〈그림 1-1〉위험관리공정과 유사하다. 일반적인 위험분석과정은 조직의 자산을 식별하고 가치를 파악하는 것으로 시작된다. 그 다음 조직의 정보환경에 따라 가능한 위협요소를 식별한 후 이들의 발생가능성을 조사한다. 또한 위협요인이 영향을 끼칠 수 있는 자산의 취약성이 존재하는지를 파악하고 문제 발생 시 나타날 손실을 측정한다.

다음으로 보호대책이 존재하는지 조사하고, 이들 보호대책이 어느 정도로 위협 및

24) 1901년 미의회에 의해 NBS(National Bureau of Standards)로 설립되어, 1988년 NIST로 개명되었으며 현재 미 상무성(Department of Commerce) 소속의 정부기관이다.

25) 정보보호 표준, 한국정보통신 기술사협회, 1998. pp. 209~214.

손실을 막을 수 있는지 분석한다. 이에 따라 현재 조직이 처한 위험을 계산하여 각 위험의 정도와 우선순위를 결정하는 것까지를 일반적으로 위험분석에 포함한다.

다음으로 우선순위가 높은 위험부터 이를 제거하거나 감소시킬 수 있는 보호대책을 조사하고, 보호대책을 구현하였을 때 나타나는 영향을 분석하여 제거되는 위험의 크기를 보호대책의 구현에 드는 비용과 비교함으로써 대안을 마련한다. 어떠한 대안을 선택하고 어느 정도의 위험을 감수할 것인지는 정책적인 결정이므로 이러한 분석결과가 책임이 있는 관리자에게 정확하게 전달되어야 한다. 대안으로 선정된 보호대책을 구현, 시험적으로 설치하여 운영한 후 사후평가에 따라 추가적인 조치를 취할 것인지를 결정하는 것이 위험관리의 한 주기를 이루게 된다.

위험관리가 효과적으로 작용하기 위해서는 계속적인 위험분석이 필요하다. 현재와 같이 급변하는 기업환경에서는 위협의 종류와 대응책이 수시로 변하기 때문이다.

〈표 1-17〉 위험분석 방법론의 분류

	정량적 분석방법	정성적 분석방법
개 념	위험발생확률은 손실크기=기대위험가치로 분석한다.	손실크기를 화폐가치로 표현하기 어려우므로, 위험크기를 기술변수로 표현한다.
유 형	수학공식 접근법, 확률분포 추정법, 확률지배, 몬테카를로 시뮬레이션, 과거자료 분석법	델파이법, 사나리오법, 순위결정법, 퍼지행렬법, 질문지법
활 용	미 국	유 럽
척 도	연간 기대손실	점수(5점 척도, 10점 척도)
장 점	비용가치분석, 예산기획, 자료분석이 쉽다.	금액화하기 어려운 정보의 평가가 가능하고, 분석시간이 짧고 이해가 쉽다.
단 점	분석의 시간, 노력, 비용이 크다.	평가 결과가 주관적이어서 사용자에 따라 달라질 수 있다.

위와 같이 위험분석방법론은 위험분석결과의 성격에 따라 크게 정량적 분석과 정성적 분석으로 구분된다. 정량적 방법은 손실 및 위험의 크기를 금액으로 나타내는 정

밀한 분석이 요구되는 방법이며, 정성적 방법은 손실이나 위험을 개략적인 크기로 비교하는 방식이다. 또한 정량적 방법과 정성적 방법을 모두 이용하는 혼합 접근방법도 존재하는데, 혼합 접근방법은 일차적으로 정성적 방법을 이용하되 특정한 관심사에는 면밀한 결정을 내리는 방식이다.

1) 정량적 위험분석

정량적 위험분석에는 과거자료 분석법, 수학공식 접근법, 확률분포법, 점수법 등이 있다.

(1) 과거자료 분석법

과거자료 분석법은 미래 사건의 발생가능성을 예측하는 방법으로 과거의 자료를 통해 위험발생가능성을 예측한다. 이 방법은 위협에 대한 과거 자료가 많을수록 분석의 정확도가 높아진다. 그러나 과거에 일어났던 사건이 미래에도 일어난다는 가정이 필요하며, 과거의 사건 중 발생 빈도가 낮은 자료에 대해서는 적용이 어렵다는 단점이 있다. 일반적인 분석절차는 다음과 같다.

① 과거의 위협요소에 대한 자료를 수집한다.
② 빈도 분포표를 작성한다.
③ 1단계에서 수집한 위협발생빈도의 평균(가치손실)을 계산한다.
④ 보호조치를 한다.
⑤ 기대손실을 절감한다.
⑥ 계량적으로 계산할 수 없는 수익을 고려한다.
⑦ 이익을 계산한다.
⑧ 비용효과에 따른 보호조치 결과를 조정한다.

(2) 수학공식 접근법

수학공식 접근법은 위협의 발생빈도를 계산하는 식을 이용하여 위험을 산출하는 방법이다. 이 방법은 과거 자료의 획득이 어려울 경우 위협발생빈도를 추정하여 분석하는데 유용하다. 또한 위험을 정량화하여 매우 간결하게 나타낼 수 있다. 그러나 기대손실을 추정하는 자료의 양이 적다는 단점이 있다. 일반적인 수학공식 접근법 분석절차는 다음과 같다.

① 위협변수들을 규정한다.
② 발생빈도를 추정한다.
③ 연간기대손실(Annual Loss Expectancy)을 추정하여 계산한다.

(3) 확률분포법

확률분포법은 미지의 사건을 추정하는데 사용되는 방법이다. 이 방법은 미지의 사건을 확률적 편차를 이용하여 최저, 보통, 최고 등급으로 나누어 위험평가를 예측할 수 있다. 그러나 확률적으로 추정하는 방법이기 때문에 정확성이 낮다. 일반적인 확률분포법 분석절차는 다음과 같다.
① 최고와 최저를 제외한 추정치의 산술 평균값을 구한다.
② 추정 산술평균치에 표준화된 인자값을 곱한다.
③ 기대위험 확률값을 구한다.

(4) 점수법

점수법은 위험발생요인에 가중치를 두어 위험을 추정하는 방법이다. 이 방법은 위험분석에 소요되는 시간이 적고 분석하여야 하는 자원의 양이 적다는 장점이 있으나, 추정의 정확도가 떨어지는 단점이 있다. 일반적인 점수법 분석절차는 다음과 같다.
① 위험발생을 야기하는 요인을 기술한다.
② 위협발생을 야기하는 요인이 형성될 수 있는 가능성을 측정한다.
③ 각 요인에 가중치를 두어 강도지수(Aggregate Severity Index)를 구한다.
④ 이론적 최대값을 이용하여 모든 요인의 최대강도지수를 구한다.
⑤ 발생빈도에 대한 구간 측정을 한다.
⑥ 계산된 강도지수에 대해서 발생빈도를 구한다.
⑦ 여러 추정값을 이용하여 필요한 기댓값을 구한다.

2) 정성적 위험분석

정성적 위험분석에는 델파이법, 시나리오법, 순위결정법 등이 있다.

(1) 델파이법

델파이법은 시스템에 관한 전문적인 지식을 가진 전문가 집단을 구성하고 위험을 분석 및 평가하여 정보시스템이 직면한 다양한 위협과 취약성에 대해 토론을 통해 분석하는 방법이다.

이 방법은 위험분석을 짧은 시간에 도출할 수 있어 시간과 비용을 절약할 수 있다. 그러나 전문가의 지식과 토론만으로 위협요소 등을 추정하기 때문에 추정의 정확도가 낮다. 일반적인 델파이 분석절차는 다음과 같다.

① 전문가 팀은 위험의 순위를 나열해서 위협을 규정한다.
② 팀 구성원 각자의 견해를 종합하여 일치된 결론을 찾는다.
③ 일치된 결론을 토대로 위험순위를 나열하여 위협과 취약성의 수준을 결정한다.

(2) 시나리오법

시나리오법은 어떤 사건도 기대대로 발생하지 않는다는 사실에 근거하여 일정 조건 하에서 위협에 대한 발생 가능한 결과들을 추정하는 방법이다.

이 방법은 적은 정보를 가지고 전반적인 가능성을 추론할 수 있고, 위험분석팀과 경영진 간의 의사소통을 가능케 한다. 그러나 발생 가능한 사건의 이론적인 추측에 불과하고 정확성, 완성도, 이용 기술의 수준 등이 낮다. 일반적인 시나리오법의 분석절차는 다음과 같다.

① 위협이 발생할 수 있는 분야의 전문가로 팀을 구성한다.
② 위험가능성이 있는 상황, 확률 요인, 비용추정 중에서 바람직한 결과 하나만을 산출한다.
③ 가능성있는 위협으로 인해서 발생될 수 있는 상황을 시나리오식으로 기술한다.

(3) 순위결정법

순위결정법은 비교 우위 순위결정표에 위험 항목들의 서술적 순위를 결정하는 방법이다. 즉, 각각의 위협을 상호 비교하여 최종 위협요인의 우선순위를 도출하는 방법이다. 이 방법은 위험분석에 소요되는 시간과 분석하여야 하는 자원의 양이 적다는 장점이 있으나, 위험추정의 정확도가 낮은 단점이 있다. 일반적인 순위결정법의 분석절차는 다음과 같다.

① 위협요인에 대한 상호비교를 통해 우선순위를 결정한다.
② 2가지 위협만을 비교하면서 의견 차이를 서로 토론하여 조정한다.
③ 2가지 위협에 대해서 팀원들이 제시한 값을 합산한다.
④ 3단계에서 제시된 값들을 각 위협별로 합산한다.
⑤ 4단계에서 합산한 값을 근거로 위협의 우선순위를 결정한다.

제 2 장 보안취약성 분석

제1절 리스크 메트릭스

제2절 위협분석

제3절 보안의 경제적 타당성

제4절 취약성평가 팀기법

제2장 보안취약성 분석

제1절 리스크 매트릭스

취약성(vulnerability)은 라틴어 상처받을 수 있는(vulnerare), 상처나 부상(vulnus)의 의미에서 기원하여 17세기 초에 후기 라틴어 vulnerabilis로 변화하였다.

vulnerable의 사전적인 의미[1)]는 ① 적절한 보호대책이 없거나 정서적 또는 물리적인 위험이나 위해에 노출되어 있는, ② 군사적인 의미로 공격에 노출되거나 보호대책이 없어 손실의 가능성이 있는, ③ 극도로 영향을 받기 쉽거나 쉽게 설득할 수 있어 유혹에 넘어가기 쉬운, ④ 육체적 혹은 심리적으로 약하여 질병에 저항력이 약하거나 심신이 허약한 ⑤ 브리지 게임에서 판돈이 올라가기 쉽다는 의미로 쓰인다.

보안에서 취약성이란 조직이나 개인의 자산보호업무에서의 약점을 의미하고, 물리적 혹은 감정적 상처나 공격에 취약함을 의미한다. 또한 취약성은 내·외부의 압력이나 유혹에 굴복하거나 넘어가기 쉬운 약점이 많은 상태를 의미하기도 한다. 이러한 약점은 자연적 혹은 의도적인 상황에 의해서 약점이 이용되거나 원치 않는 손실이나 결과의 원인이 되어 자산보호업무에 악영향을 미친다. 다음의 사례에서 한 가지라도 확실하다면 해당 조직의 자산보호 프로세스는 항상 취약성에 노출되어 있으며, 여기에는 어떠한 예외도 없다.[2)]

① 물리적 자산을 보관하는 장소 주변에 펜스가 없는 경우, (No fencing)

② 기업 시설물이나 사무실에 들어오는데 신분판독기, 보안요원, 생체인식시스템과 같은 출입통제시스템이 없는 경우, (No access control)

③ 사업장에서 기업자산이 이동할 경우에 어떤 자산이 어디로, 왜, 누구의 허가로,

---

1) The Random House Dictionary, Revised Edition, 1980, p. 1477.

2) Gerald L. Kovacich/Edward P. Halibozek, op. cit., pp. 36~37.

관련 내용을 나타내는 문서와 같은 보안 프로세스가 없는 경우. (No security process)

④ 기업자산보호에 관한 구성원의 책임에 관한 보안의식훈련에 관한 프로그램이 없는 경우, 문서로 자신의 책임에 관하여 전달받지 못하므로 구성원은 그들의 책임이 무엇인지 알지 못한다. (No security awareness training)

⑤ 현재 사업장에 운영 중인 보안정책과 절차, 공정이 없는 경우, 문서로 임직원에게 전달된 지침이 없는 경우 기업자산의 보호에 대한 책임이 누구에게 있는지 알기 어렵다. (No security policy)

⑥ 고가자산 저장소에 CCTV, 경보기, 동작감지기가 없는 경우에는 침입이 발생할 경우에도 경보나 기록물을 확인할 수가 없다. (No CCTV)

⑦ 기업 내외에서 기업 전산시스템에 불법적인 접속을 방지하는 역할을 하는 방화벽이나 침입감지시스템이 없는 경우에는 누구나 기업 네트워크에 접속이 가능하게 한다. (No firewall)

⑧ 중요 업무를 수행할 직원을 선발하는 경우에 사전에 배경조사를 실시하지 않는 경우에는 약물남용자, 강간이나 상습 절도자를 고용하는 결과가 된다. (No background check)

위험분석과정은 특정한 위협요인으로부터 예상되는 손실을 예측하는 과정으로 3가지 단계로 구성되는데, 첫째로 보안조사를 실시하고 다음 취약성을 규명하며 마지막으로 손실발생의 개연성과 빈도 그리고 손실액을 추정하는 것으로 구성되고, 이러한 과정을 거쳐서 손실유형분석이 실시된다.

우리가 실제적인 위험에 직면하여 해당 구성원이나 보안실무자들이 위험관리에 대하여 명확하게 이해하지 못하였다면 보안계획이나 프로그램은 결코 효과를 발휘하지 못한다. 따라서 체계적으로 구성된 위험관리계획의 수립도 중요한 과정이지만 실무자의 전문성과 구성원이 위기 시에 어떻게 대응하여야 하는지 명확하게 인지하고 일상의 업무에서 어떻게 대응하고 수행하는가가 실제적인 프로그램의 효과를 좌우하게 한다. 여기에서는 모든 보안활동의 토대가 되는 취약성분석에 관한 구체적인 설명을 하고자 한다.[3)]

3) Protection of Assets Manual, ASIS, May 1997, Volume Ⅰ, pp. 2-1~2-26f.

일반적으로 인간은 자신이 가지고 있는 매우 가치 있는 기술이나 신뢰성 그리고 높은 평판을 가진 자산에 대한 실제적인 위협이 존재하더라도 이러한 위협요인이 정확하게 분석되어 스스로가 이해하기 전에는 예방대책을 행동으로 옮기거나 대응책을 수립하는데 소극적이다. 따라서 보안프로그램의 가치는 보호하고자 하는 자산 가치에 비례하여 중요성이 연계되어야 하므로 조직이 가지고 있는 자산 가치에 대한 평가와 더불어 취약성을 분석하는 것이 문제해결의 첫걸음이 될 것이다.

1. 문제의 정의

위험분석 후에 특정한 위협과 위험을 규정한 다음, 상세한 사항은 각각의 사고의 개연성 여부를 기록한다. 이러한 방법에서는 개연성과 관련된 모든 실제적인 요소를 확정하여 아래의 〈표 2-1〉과 같이 하나의 격자 또는 매트릭스로 자산 또는 위험의 형식으로 배열한다. 만약 과거 데이터의 부족이나 기록이 없을 경우에는 순수한 양적인 기준에 의해서 개연성을 산정하기가 불가능하므로 부가적으로 질적평가를 실시하기도 한다.

〈표 2-1〉 자산규정과 정의

장소	가치	출입통제	잠금장치	기록보관여부	경보설비	기 타
보관소						
사무실						
실험실						
선적장						
제조실						
기 타						

보안문제를 명확하게 정의하기 위해서는 다음의 3가지 요소를 먼저 이해하여야 한다.

첫째, 손실의 유형(Loss Event Profile)은 무엇인가? 즉, 보호대책이 필요로 하는 특정 자산에 영향을 주는 위협이나 위험요소는 어떤 것이 있는가?

둘째, 사고가 발생할 개연성(Loss Event Probability)은 얼마나 되는가? 즉, 실제적인 손실상황이 발생할 경우에 위협요소가 발생할 개연성은 얼마나 되는가?

셋째, 사고 발생 시 치명성(Loss Event Criticality)은 어느 정도인가? 즉, 손실이 발생할 경우에 기업이나 기업자산에 미치는 영향은 얼마나 되는가?

여러 가지 손실발생에서 위의 3가지 측면의 관계에 대한 이해가 어떤 위험관리 대응책에서도 가장 기본적인 토대로 활용되게 된다. 각각의 사항들은 어떤 면에서 중요성이 증가하는 경우에 한편 다른 면에서는 중요성이 감소되기도 한다. 예를 들어, 손실발생 개연성이나 빈도가 높을 경우에 상대적으로 위험상태가 낮다고 하여도 반복적으로 손실이 발생할 가능성이 높기 때문에 조직에서는 이러한 손실에 대하여 매우 중요하게 고려하여야 한다. 이것은 독립적으로 분리하여 고려할 경우에 치명적인 손상에 있어서는 단일 손실요인으로 크게 고려할 사항은 아니나, 1년 동안 수백 번의 손실이 발생하는 요인으로 고려할 경우에는 또 다른 측면에서 평가가 이루어져야 할 것이다.

1) 손실의 유형

개별적인 손실발생요인에 대한 명확한 인식이 보안취약성을 적절하게 다루기 위한 첫걸음이다. 그러므로 보안취약성분석에서는 손실발생과 위험의 종류, 상황, 환경요인, 대상, 영향범위와 사건의 발생에 따라 파생되는 연관성에 관한 정확한 지식을 요한다.

손실요인이 사건의 발생으로 인하여 실제적인 손실을 발생하며, 이러한 손실을 객관적으로 수치화하는 것이 가능하고, 사건이 발생하지 않는 것을 기대하는 것이 현실적으로 요행을 바라는 것과 같다고 판단될 경우와 같은 특성을 가지고 있다면 보안대책은 반드시 수립되어야한다.

그러나 일반적인 비즈니스 혹은 전통적인 위험의 관점에서 보면 보안대책의 수립이 사건의 종류에 따라 손실이 발생하기도 하는 반면에 이익이 발생하기도 한다. 만약 어떤 제품이 이익을 남기고 팔린다면, 이것은 판매자에게 순수입을 발생한다. 이러한 순수입의 발생여부는 여러 가지 요인에 따라 좌우되는데, 예를 들어 제조비용의 절감, 적절한 시장 점유율의 유지, 가격경쟁력과 품질의 유지 등 다양한 요인들이 존재한다.

이러한 다양한 요인들이 우발적인 사건없이 적절하게 관리된다면, 상품의 판매는 수익을 계속 유지하게 될 것이다. 손실은 원재료의 이용이나 가격에 관한 판단착오, 최종 제품의 생산까지 소요되는 시간확보의 실패, 실제적인 시장수요의 예측실패 등 다양한 우발적인 사건을 적절하게 관리하지 못함으로써 발생한다. 그러나 이러한 손실은 여기에서 다루어질 손실의 종류에는 포함되지 않는다. 제품의 생산과 분배 그리고 판매에 따른 개별적인 사고는 손실과 이익 모두의 가능성을 내포하고 있으므로, 잠재적인 손실과 이익에 관하여 적절하게 측정하는 업무가 전통적인 비즈니스 관리업무였다.

그러나 기업이 예상하였던 수익이 예상하지 않았던 손실요인으로 인하여 실현되지 못했을 경우에는 기업경영차원에서 적절한 보안과 손실예방대책을 수립하여 적용하는 것이 기업의 수익을 유지하는데 결정적으로 중요하다.

이러한 기업에 순수하게 손실을 발생시키는 요소로는 범죄, 자연재해, 산업재해, 시민소요, 전쟁이나 폭동, 사건, 이익갈등, 악의적인 행동 등 예상하지 못한 요인들이 계속해서 증가하고 있다.

어떤 특정한 상황에서 기업에서 발생할 수 있는 특정한 손실요인들을 인식하는 것은 단순한 상식적인 문제로써 치부되어서는 안 된다. 특히 현대기업경영에서 발생할 수 있는 미래의 개연성 있는 손실요인에 대한 분석과 판단은 경험이 풍부한 보안전문가들의 특별한 능력을 요하는 경우가 대부분이다.

예를 들어, 일반적인 제조업체의 사업장에서 일상적으로 사용하는 공구들이나 판매가 가능한 부품들에 대한 부적절한 통제로 인하여 다양한 경로를 통한 반출 등 수많은 취약성이 상존하고 있다. 그러나 이러한 취약성은 적절한 출입구 통제, 담장의 설치, 자물쇠의 관리와 경보시스템의 운영을 통하여 의심스러운 출입이나 절도자의 침입으로부터의 손실에 대한 위험을 상당부분 제어할 수 있을 것이다. 그러나 통상적인 취약성에 대한 평가는 단순히 물리적인 보호대책에만 한정되어 실시되므로 사업장 전반에 걸친 위험분석을 하기에는 미흡하다. 따라서 전문적인 취약성평가에는 각종 입·반출 시스템에 대한 절차의 문제점과 통제의 미흡함으로 인한 취약점에 대한 분석과 같은 사업장 전반에 대한 위험분석과정을 포함하여야 한다. 그러므로 이러한 전문적인 취약성평가에는 사업장에서 보호할 가치가 있는 어떠한 대상이라도 대응책의 수립에 필요한 자료로써 관련된 모든 사항을 수집하여야 한다.

그러나 명백한 가시적인 위험요인이라고 인식하더라도 이러한 위험요소가 자체적으로 숨겨져 있거나, 과거의 사례가 없는 경우가 있으므로 실제적으로 손실을 발생할 개연성에 대한 추정은 미래의 다양한 변수를 고려해야 하므로 결코 용이하지 않다.

2) 손실의 개연성과 빈도

우리는 각종 사건이나 사고에 관해서 발표되는 기초적인 통계를 통하여 특정한 손실발생의 개연성에 관해서 추정할 수 있다. 이러한 통계를 바탕으로 특정한 상황에서 발생할 수 있는 가능성을 측정하는 것도 가능하다.

그러나 보안손실발생에 대한 개연성을 예상하기 위해서는 고전적인 방식의 정확성에 의지하기보다는 개별사업장에서 고려하여야 할 개별 사업장마다의 고유한 특징이나 환경적인 요소에 대하여 객관화한다. 이것은 과거의 손실발생에 대한 통계나 흐름이 현재의 기업환경에 적합하지 않는 경우가 많고 구조적인 변화를 겪고 있는 기업들에게 과거의 통계를 억지로 적용하는 것은 실제적인 위험관리기법이라고 할 수 없다.

그러나 다음의 기본적인 개념의 활용은 가능하다. 주어진 특정한 상황에서 특정 손실이 더 많이 발생하면 할수록, 앞으로 손실발생의 개연성은 커지게 될 것이다. 예를 들어, 손실의 위험이 상존하는 가치 있는 자산에 대하여 재고조사를 마쳤다고 가정하면, 특정한 상황에서의 손실원인이 좀도둑에 의해서 발생하였다고 추정하는 것은 가능하게 될 것이다. 이 경우에 해당 사업장에는 관리기록이 없거나 정확한 재고에 대한 파악이 없었을 경우 모두가 손실원인에 포함된다. 또 다른 이유는 재고품 보관 장소가 물리적으로 분리되어 있지 않는 경우에도 손실가능성이 있다. 3번째로는 재고품 보관 장소에 대한 출입통제가 되지 않았을 경우이고, 4번째로는 재고 조사된 물품이 일상적으로 어느 장소에서나 사용되는 많은 수요가 있고 매우 고가인 경우이다. 마지막으로 재고 조사된 상품과 유사한 상품을 구분할 수 있도록 하는 명확한 인식표를 하지 않는 경우에도 손실발생의 개연성이 높아질 것이다.

비록 이러한 추정이 각각의 실제적인 상황에서 전체적으로 좀도둑질의 증가에 대한 명확한 개연성의 도출에는 한계가 있겠지만, 각각이 좀도둑의 원인에 대한 상대적인 개연성은 어느 정도 추정은 가능하게 된다.

다시 말해, 재고조사가 끝난 상품은 위에서 언급한 손실가능성에 대한 경우가 2가지 이상 해당된다면, 단지 하나의 손실개연성에 대한 항목만이 해당되는 경우보다는 훨씬 많은 좀도둑의 접근에 노출되어 있다고 보아야 한다. 이와 같이 손실에 노출된 경우가 많을수록 손실개연성은 이에 비례하여 증가하게 되며, 반복된 손실로 인한 개연성의 증가는 빈도의 증가를 의미한다.

효과적인 개연성평가를 위해서는 가능하면 손실발생의 원인이 되는 다양한 원인에 대하여 조사하고 일반적으로 인식하여야 한다. 우리가 일반적으로 인식하고 있는 손실원인이 위험을 규명하는데 지침이 된다는 것은 상식이나 이러한 제한된 상식으로는 위험을 효과적으로 관리하기는 어렵다. 오늘날 기업환경의 복잡성의 증가는 손실환경도 매우 다양한 원인이 중첩되어 나타나므로, 이러한 환경요인의 복잡성이 증가할수록 보안실무자의 전문성에 대한 요구도 비례하여 증가할 것이다.

3) 개연성의 요인들

손실발생과 손실발생 환경요인들이 악화되거나 복합적으로 작용할 경우에 자산 손실위험의 노출이 커지게 되므로, 주요한 손실발생요인을 분류하여 관리하는 것이 손실관리에 도움이 된다.

이러한 주요한 손실요인의 분류에는 ① 물리적 환경, ② 사회적 환경, ③ 정치적 환경, ④ 역사적(과거) 경험, ⑤ 최신의 범죄동향으로 구분할 수 있다.

〈표 2-2〉 물리적 환경 요소

구 분	내 용
구 성	재료, 중량, 크기, 밀도, 부피
기 온	온도 범위와 평균, 상대적인 습도, 강우 평균과 범위, 강설, 결빙기의 시작과 끝, 태풍의 주기와 계절
지 리	위도, 경도, 고도
장 소	주변 환경, 안전구역과 불안전한 환경, 통제된 구역과 방치된 지역
사용 환경	시간, 과정과 절차

〈표 2-3〉 사회적 환경 요소

구 분	내 용
민족정체성	인구의 분포와 구성
연령집단	유소년, 청소년, 중년, 노년, 노약자
수입수준	빈곤층, 실업자, 공장근로자, 사무직근로자, 중산층, 부유층
주변 환경	인근지역의 구성 비즈니스, 산업시설, 공공기관이나 단체, 위락시설, 미개발지역, 낙후지역, 인구밀집지역, 산간지역, 학원가 등
사회적 배경	평온한 환경, 인근지역의 사고, 주요 혼란요인, 주요사건의 연대기
계획	재건축, 재활, 확장
범죄	심각한 범죄, 일반적 범죄, 경미한 범죄의 유형, 조직범죄 혹은 유형화되지 않는 범죄, 치안환경, 순찰빈도와 치안력

〈표 2-4〉 정치적 환경 요소

구 분	내 용
통치단위	거대도시, 대도시, 중소도시, 촌락, 작은 마을
일반 환경	보수적, 진보적, 주요정당, 소수정당, 정치에 무관심한 집단
태도	결속력이 강한 조직, 결속력이 느슨한 조직, 조직화된 집단이 없음, 경쟁력이 있는 조직, 지배력이 있는 집단
정치적 영역	단일 선거 혹은 동일 입법구역, 다층적 구역, 정부와의 관계, 자치의회

4) 역사적 경험

어느 지역이나 집단이든 역사적 경험과 관련하여 특별한 문제점이 존재하기도 한다. 그리고 이러한 역사적 경험에 대하여 언급할 경우에 고려해야 하는 요소가 과거의 데이터만을 근거로 하여 해당 지역에서 운영되는 기업의 미래에 대한 정확한 예측을 하기에는 충분하지 않다는 것이다.

실제적으로 이러한 문제점을 2가지 측면에서 고려해볼 수 있다. 이 2가지는 과거 손실이나 손실로 의심되는 상황에 관한 정보의 유용성과 조직에서 통계처리과정을 통하여 정형화된 정보를 얻어낼 수 있는가 하는 문제이다. 일반적으로 대부분의 조직에서는 충분하지는 않지만 주로 보험과 관련된 손실에 대한 상당한 조직 손실 관련 자료를 보관하고 있다.

이러한 손실 관련 자료들은 보험업체에서 발급한 다양한 클레임에 언급된 공지사항과 손실보고서의 내용이 주요한 목록이다. 이러한 내용들은 보험관리부서에서 체계적으로 정리하면 절도, 기물파손, 자연재해 등 과거에 발생한 일정한 형태의 손실 분포와 빈도에 관해서 살펴볼 수 있다. 그러나 보험과 관련되지 않는 다양한 손실에 대한 자료를 포함하지 않고서는 현재의 위험관리에 사용할 수 있는 유용한 자료로는 한계가 있다. 따라서 과거의 손실 관련 자료는 컴퓨터에 유관 자료로 유형별로 정리되어 활용될 경우에 더 광범위한 활용기회가 존재하게 된다.

기업마다 손실에 대응하는 방법은 다양한데, 어떤 기업은 어떠한 위험관련 보험에도 가입하지 않거나 보험 이외의 다른 위험관리 대책을 세우며, 자가보험형태로 기업 스스로 위험을 떠맡거나 보험약관에 매우 큰 공제조항을 삽입하는 기업은 과거의 손실과 관련된 기록이 부실할 수밖에 없을 것이다.

이것은 많은 기업에서 만약 손실과 관련된 보험에 가입하지 않았거나 보험약관에 명시된 한도금액을 초과할 경우에 관련 기록을 보관하지 않고 일시적인 사고로 처리함으로 시간이 지나면서 기록 활용에 대한 근거가 없어지기 마련이다.

그러나 손실과 관련된 정확한 과거의 기록은 기업에서 잘 활용될 경우에 가장 신뢰할만한 위험관리 대응책 선정의 근거가 될 것이다. 무엇보다도 이러한 정보는 미래의 손실발생에 관한 예측자료로써 활용이 가능하고, 과학적인 통계치를 활용할 경우에 미래에 얼마만큼의 손실이 발생할 것인가의 빈도 추정이 가능하다.

또한 여러 유사한 사례의 다양한 종류의 수치를 근거로 하여 미래의 손실이 발생할 개연성이 높은 손실원인을 추정하는데 활용되기도 한다. 그리고 이러한 개연성 요인들의 평가를 통하여, 조직 전반의 여러 가지 손실요인들의 발생가능성을 예측하는데도 활용이 가능하다.

이러한 과거 데이터의 중요성은 자료의 축적이 많아지면 많아질수록 정확성은 높아지고, 이에 근거한 대응책이나 손실발생에 관한 예상치도 실제적인 숫자에 근접하게 될 것이다. 이것이 미래를 예상한 사례를 포함한 실제적인 사례 혹은 사건의 숫자가 많아질수록, 예상하였던 형태와 실제로 발생하는 형태의 차이는 적어진다는 것이 확률이론(probability theory)의 원리이다. 즉 어떤 일이 일어날 가능성은 그 일이 과거에 일어난 빈도를 보면 어느 정도 추정할 수 있으며, 이러한 수치의 정확성은 관련 데이터가 많아지면 많아질수록 정확해진다는 것이다.

따라서 위험대책을 수립함에 있어서 다양한 지역에 분포하는 수많은 제조업체나 공공조직 또는 소매체인점과 같은 업종의 내부 자료를 가능한 많이 수집하여 분석하면 상당히 정확한 예상수치를 얻을 수 있을 것이다.

두번째 측면에서 조직에서의 과거손실정보의 문제점으로는 관련된 정보를 어떻게 다루고 처리하느냐이다. 일반적으로 많은 기업에서는 수 년 동안 축적된 의심스런 사고와 관련된 보고서나 사건기록이 통합되어 관리되지 않기 때문에 보안부서에서 이러한 자료를 쉽게 접하기 어렵다는 한계를 가지고 있다. 그러므로 위험관리에 관한 대응책을 수립하고자 할 경우에는 개별적으로 발생한 수많은 데이터를 일일이 수집하고, 관련 항목별로 분리하여 하나의 도표로 정리하여야 하는 유형분석 과정이 요구된다.

이러한 일련의 과정에서 관련된 모든 보고서는 통계적인 유형분석 자료에 통합되고 컴퓨터 프로세싱을 통하여 정형화되고, 계속해서 관련 데이터의 축적에 따라 예상치의 근삿값에 도달하게 될 것이다.

이러한 표준화된 데이터 형식을 활용하여 각 부서별로 산제된 모든 중요한 정보에 대한 기록물들을 손쉽게 정리할 수 있으며, 프로그램을 활용하여 원하는 정보를 원하는 방식으로 정렬하여 볼 수 있다. 예를 들어, 손실사건에 관한 통계보고에는 초기 사건보고나 조사를 통하여 다음의 정보를 포함하고 있다.

① 사건일자, ② 사건시간, ③ 사건장소(어느 건물의 몇 층 몇 호와 같이 가능하면 상세하게 기록한다), ④ 범죄 혹은 사건과 같이 전체적인 항목에서의 사건의 본질, ⑤ 화재, 절도, 강제적인 침입, 의심스러운 실종, 보관창고의 개방과 같이 사건에 대한 구체적인 설명, ⑥ 가능한 경우에는 사건의 형태나 진행방법(예를 들어 자물쇠 고리가 물리적으로 파손된 상태, 창문을 통하여 침입한 흔적, 자신의 이름을 허위로 기록함과 같이 구체적으로 기록한다), ⑦ 모든 파일, 보고서, 기록된 데이터를 통합하고 사건의 일반적인 발생장소와 같이 독특한 상황이나 사건의 발생빈도를 기록한다.

이와 같이 분석된 사건기록들은 손실관련 데이터베이스에 정리한 다음 나중에 새롭게 알려지거나 추가된 변경된 정보는 초기자료파일에서 수정되어야 한다. 그리고 언제나 유용한 자료로 사용이 가능하도록 손실유형, 날짜, 장소, 규모와 같은 유형으로 사건기록을 분류해둔다. 이렇게 유형화된 기록들은 조직의 취약성평가에서 실제적인 가치를 나타낸다. 따라서 기업의 취약성평가를 상시적으로 실시해야하는 모든 전문적인 역량을 지닌 보안실무자는 개별기업의 규모와 복잡성을 고려하여 해당기업에 가장 적절한 사건데이터 수집을 위한 시스템을 개발하여 운영하여야 한다.

2. 개연성 요소분석

취약성평가의 실제적인 가치는 기업에서 규명된 기본적인 위험관련 자료를 토대로 이루어진다. 따라서 잘 수집되고 분석된 손실관련 데이터가 취약성평가의 전과정을 통하여 가장 핵심적인 역할을 하므로 기업이나 시설물의 손실발생과 관련성, 상태, 활동범위를 서로 분리하여 모든 측면에서 검토하여야 한다. 이러한 과정을 적절하게 수행하면, 실무자는 감각적으로 기업 변화의 흐름 혹은 역동성에 대한 고려를 하게 된다. 왜냐하면 손실은 환경이나 시간에 따라 매우 다양하게 발생하게 되므로 이러한 일상적인 업무를 잘 이해하여야 한다.

예를 들어, 강도로 인한 범죄손실의 개연성은 영내에 현금을 보관하지 않는 것과 현금지급장소에 보안유리를 설치하거나 또는 현금을 취급하는 부서의 개수에 따라 달라진다. 이것은 현금을 취급하는 방법, 시간 간격, 경리부서에서 현금을 받거나 지급하는 절차에 따라 무장 강도의 출현 개연성을 평가하는 중요한 요인이다. 따라서 현금을 취급하는 사람은 관리하는 현금의 최대량과 장소뿐만 아니라 어떻게 하면 지급절차를 통한 현금손실을 줄일 수 있을 것인가에 대해서 구체적으로 숙지하고 있어야 한다.

일반적으로 무장 강도는 하루 중에서 이른 시간대에 취급하는 현금이 적더라도 현금을 운영하는 특정한 장소나 부서에서 실질적으로 현금을 가지고 있고 보호대책이 느슨하거나 방심하고 있을 시간대에 더 많이 행동에 옮기게 된다. 이러한 경우에 손실발생개연성의 변화는 금고 또는 이른 아침에 강도의 침입에 근거하여 결정된다.

또한 동일한 업종일지라도 각각의 기업은 서로 다른 비즈니스와 상품을 취급하므로 손실위험관리를 위해서 일반적으로 제공하는 권고사항은 개별 조직의 실무자들에 의해서 해당 기업에 맞도록 주기적으로 개정되어 시행되어야 한다. 따라서 이러한 해당 사업장에 적합한 체크리스트를 작성하고 손실발생과 관련된 데이터를 수집하는 업무가 보안실무자들의 일상의 업무가 될 것이다.

1) 매트릭스 기법

첫 번째 단계의 분석과정이 끝나면 해당 사업장의 특정한 위협요소나 위험에 대하여 규명하고, 이러한 위협요소를 개별적으로 상세하게 기록하는 과정이 필요하다. 이 방법은 격자 혹은 매트릭스 기법〈표 2-5 참조〉으로 표시되며, 위험의 유형과 자산의 형태에 따라서 정렬되고 추가적으로 손실발생가능성과 연관된 실제적인 내용들이 계속적으로 추가된다.

〈표 2-5〉 기초 매트릭스(예)

자산(이름과 유형)		1	2	3	4	5	6	7	비 고
1	자산의 성질이나 수량								
2	물리적인 보호조치는 되어있는가?								
3	출입통제장치는 작동하였는가?								
4	근무시간 이후에 자물쇠를 잠그는가?								
5	통상적인 열쇠관리는 어떻게 하는가?								
6	경보시스템은 운영되는가?								

7	경비원 혹은 다른 보호대책은 무엇인가?								
8	자산 책임자에 대한 기록은 유지되는가?								
9	재고조사와 감사의 빈도는 언제인가?								
10	마지막 감사는 언제 실시되었는가?								
11	수량 변화는 모두 기록되었는가?								
12	수량 변화는 최소한 2명이 실시하는가?								
13	과거 손실에 대한 경력은 무엇인가?								
14	가장 최근의 손실이 발생한 날짜는 언제인가?								
15	화재위험은 얼마나 되는가?								
16	구역 내에 고정된 소화 장비는 존재하는가?								
17	구역 내에 이동식 소화 장비는 존재하는가?								
18	어떤 유형의 화재감지기와 경보시스템인가?								
19	과거 화재손실에 대한 경력은 있는가?								
20	가장 최근의 화재손실이 발생한 날짜는?								

사실상, 도표와 같은 매트릭스는 특정한 상황에서 규정된 위험과 관련된 모든 사실 관계 정보를 수집하는데 매우 유용하게 활용된다. 예를 들어, 1번째 단계의 조사에서는 조사자에게 화재가 기업전반에 거쳐 관심을 가질 가장 중요한 위험이거나 어떤 특정한 자산은 항시 화재의 위험을 내포하고 있는 것으로 나타나기도 한다.

이러한 매트릭스 분석은 화재가 실제적으로 발생할 가능성이 있는 매우 위험한 자산에 관한 실태를 보여준다. 더불어 점화원, 특정 자산의 가연성, 화재감지와 사용이 가능한 소화 장비, 실제상황에서 소화업무를 수행할 실무자의 숙련도 등도 추정할 수 있게 한다. 따라서 이러한 분석에서 더 많은 인화성 물질이나 점화원에 대한 분석과 더 작은 화재감지장치와 소화 장비가 포함되면 될수록, 화재발생과 손실발생가능성은 더 많은 가변성을 내포하게 된다.

2) 개연성 등급의 설정

사업장에서 각각의 위험과 실제적인 상황에 관련된 입수가능한 모든 데이터를 수집할 경우에, 가장 적절한 손실발생가능성을 설정할 수 있다. 그러나 가능성의 등급 산정에선 나중에 위험을 제거하거나 줄이기 위해서 취해진 대책이나 예방조치에 대한 고려는 하지 않는다. 이러한 사전 대응책이 없는 상태에서의 개연성 등급산정의 주요한 목적이 차후에 대응책을 선정하기 위한 우선순위를 정하기 위함이기 때문이다. 따라서 이미 앞에서 언급한바와 같이 고전적인 방식에 의해서는 명확한 개연성을 도출하는 것이 불가능할 경우가 많으나 몇 가지 객관적인 기준을 토대로 하여 의외로 쉽게 개연성 등급을 산출할 수 있다.

예를 들어, 보안과 보호계획의 목적은 A라는 사건보다 B라는 사건이 더 발생할 개연성이 높다는 결과를 도출할 수 있으면 보안우선순위에 따라 대응책을 수립할 수 있으므로 충분히 가치 있는 활동이다. 따라서 전체적인 일련의 과정이나 부류를 통하여 이러한 결과를 도출할 수 있도록 기업 전체에서 발생가능성이 있는 전체적인 손실항목을 비교하여 어떤 것이 더 발생할 개연성이 높은가를 도출하는 것이 개연성 측정의 핵심이다.

여기에서는 개연성을 크게 아래와 같이 5가지 부류로 구분한다.

① **개연성이 확실함**: 주어진 상황이 변하지 않는 한 해당 사고가 발생할 경우에 손실은 반드시 발생한다. 예를 들어, 막힌 스프링클러 흡입밸브로 인하여 화재 시에 물이 분사되지 않는 경우, 전원공급의 차단으로 컴퓨터의 기능마비와 오작동의 원인이 되는 경우 등이 있다.

② **개연성이 높음**: 사고가 발생할 개연성이 발생하지 않을 개연성보다 상당히 높은 경우로, 은행과 같이 현금을 취급하는 경우에 현금이 카운터의 누구나 잘 보이는 곳에 아무런 보호조치 없이 방치되어 있는 경우에는 누군가가 가져갈 개연성이 높다.

③ **개연성이 보통**: 이 경우에는 사고가 발생할 가능성이 발생하지 않을 가능성보다 약간 높은 경우로, 수학적으로 이러한 경우의 부류는 사건이 발생할 개연성이 0.333~0.749사이를 의미한다.

④ **가능성이 낮음**: 이 경우에는 사고가 발생할 가능성이 발생하지 않을 가능성보다 상당히 낮다는 의미로, 가능성이 없다(impossibility)는 의미가 아니라, 일어날 것 같지 않다(improbability)는 의미이다.

⑤ **개연성을 알 수 없음**: 어떤 사고발생 가능성을 평가할만한 충분한 데이터가 없는 경우가 여기에 해당된다.

그러나 개연성 분류에도 불구하고 여기에서 사용하는 등급을 추정하는 일련의 공정은 미래의 다양한 변수를 고려하여야하기 때문에 시스템의 추정치가 명백하게 상당히 넓은 범위의 편차를 내포하고 있음을 인식하여야 한다.

만약 2명의 조사요원이 동일한 환경에서 동일한 위험에 관해서 서로 다른 결과물을 제시할 경우에, 이것은 서로 다른 평가기준을 적용하였기 때문이다. 그러나 이러한 수치의 정확성은 개연성 등급측정기법의 장점이 아니며, 정확한 결과로 5가지 부류중의 하나에 해당한다고 결정되었을 경우에는 위험이 발생할 개연성이 고도로 높다고 표시된 수치가 0.751이든 0.853이든 크게 중요한 것은 아니다. 실제로 이러한 과정에서 가장 중요하게 여기는 것은 해당 위험이 다른 부류와 명확하게 구별되는 상황에 대한 논리적인 데이터를 수집하여 가장 적절한 등급으로 분류하여 관리하는 것이다.

그러나 또 다른 논쟁으로 경험이 풍부한 전문가들은 어떻게 개연성이 높은 부류와 개연성이 보통인 부류의 경우를 구분하느냐에 대한 기준에 대한 문제를 제기할 수도 있다. 따라서 이에 대한 결과는 모든 각각의 위험에 대한 가능한 최대한의 수집 가능한 정보를 수집하면 할수록, 이러한 등급분류에 대한 논쟁의 불일치는 줄어들 것이다.

이러한 등급설정의 부정확성을 보정하기위하여 모든 관련된 정보를 수집하고 평가한 다음에도, 등급설정에 의구심이 생길 경우에는 2가지의 가능한 등급에서 더 개연성이 높은 등급을 부여함으로써, 실제로 등급설정과정에 약간의 실수가 있었더라도 순수하게 주관적인 경우나 체계적이지 못한 다른 방법보다는 보안취약성분석은 상대적으로 체계적인 절차를 기초로 하였기 때문에 훨씬 더 가치 있는 결과를 얻을 수 있다.

3) 등급별 표시

개연성 등급에 대한 자료를 수집할 경우에 시간과 재원을 절약하기 위해서, 5가지 개연성에 대한 등급표시를 A, B, C, D, E와 같은 표시로써 나타낸다. 이러한 등급표시는 나중에 우선순위목록을 결정하는 과정에서 위험의 영향력을 나타내는 표식과 결합하여 나타낸다. 이러한 표식에서는 개연성 등급 E 혹은 개연성을 알 수 없음과 같이 모든 관련된 데이터를 수집하는 과정이므로 최종적인 등급표식이 아닌 단순히 임시등급을 부여하는 것이다. 더불어 위협에 관한 논리패턴의 구성에서도 E 등급은 나중에 다른 정확한 등급으로 대체되게 된다.

취약성분석의 2번째 단계는 매트릭스 기법의 적용을 통하여 처리된 데이터를 토대로 하여 개연성 등급을 부여하고, 정형화된 형식이나 체크리스트를 활용하여 1번째 조사등급에서 규정된 특정한 위험이 규명될 경우에 완료된다. 그러나 여기에서 사용되는 표준화된 기록시스템은 없다. 따라서 사업장마다 보편적으로 사용되거나 개별적인 보호조직에서 특성에 맞게 조사를 시행하고 여기에 자신들만의 조직에 적합한 기록시스템을 확립하는 방법이 조사데이터가 계속적으로 증가할 경우에도 어떤 위험인가에 관하여 쉽게 규정할 수가 있다.

이러한 방법을 적용하는 쉬운 방법은 각각의 위험을 분류하여 명확한 숫자를 부여하는 것이다. 이 경우에 각각의 위험에 나중에 추가되는 위험성 등급에 따라 등급을 재조정하거나 등급이 부여된 위험에 목록표의 우선순위를 조정하고 상대적 우선순위를 토대로 하여 위협로직트리를 구성한다. 로직 트리(logic tree)란 논리적인 사고의 흐름을 말하는 것으로, 가장 중요한 것에서 시작해서 차츰 비중이 낮은 것으로 옮겨가면서 문제의 모든 구성 요소들을 계층적으로 분류하는 것을 말한다. 로직트리는 원하지 않는 결과, 즉 손실을 발생하는 원인을 추적하여 해결책을 도출하는데 유용한 방법이다.

4) 손실발생의 치명성

만약 순손실이 어떤 기업의 생산을 크게 위협하지 않는다면, 발생 개연성이 높은 위험이라도 대응책의 수립은 필수적이지 않으나 보통의 개연성을 가진 위험일지라도 손실의 규모가 클 경우에는 기업의 입장에서는 필수적인 대응책을 수립하여야 한다. 따라서 사건의 발생개연성과 사건에 동반하는 치명성 혹은 영향력은 명백하게 상관관계에 있다. 여기에서 설명하는 위험한 상태 또는 치명성은 취약성평가의 3번째 단계이나, 치명성은 단일 사건이나 사고에 있어서 고려해야할 1번째 사항이며, 사고의 빈도나 높은 재발가능성 또한 점증적으로 고려해야할 주요한 요건이다.

손실의 영향력은 다양한 방법에 의해 측정이 가능하다. 그 중에 하나가 근로자의 사기에 대한 영향이고, 다른 하나는 공동체와의 관계이다. 그러나 무엇보다도 중요한 측정방법은 손실을 금전적인 가치로 수치화하는 방법이다. 왜냐하면 금전적인 평가방법은 모든 조직의 공통적인 평가방법이고 심지어는 비영리단체와 국가기관까지도 금전적인 수치에는 민감하므로, 보안취약성의 심각성을 가장 쉽게 보여주는 방법은 해당 조직에 얼마만큼의 손실이 발생하였는가를 수치로 보여주는 것이다.

위험관리 프로세스의 한 부분으로써 의사결정을 할 경우에 가장 유용한 보안대책에 대한 평가방법은 보호대책을 시행하는데 들어가는 비용과 추정된 손실금액을 서로 비교하여 나타내는 것이다. 이때 제시되는 금전적인 수치가 보안활동의 정당성의 매개체로의 필요한 역할이다.

보안전문가들이 실무에서 겪는 어려움 중에 하나가 기업경영자들이 수용할 수 있는 가장 적절한 프로그램의 개발에서 필수적인 요소인 신뢰도 또는 수용정도를 쉽게 달성하기가 어렵다는 점이다. 경영진이 보안프로그램에 대한 신뢰도나 인식의 어려움이 발생하는 가장 큰 이유 중의 하나가 보안활동의 정량적 평가기법의 부재에 있다.

비록 상식적인 관점에서 기업의 사회적 책임은 기업경영의 한 부분으로 인정하고 있으나, 수익을 창출하거나 비용을 줄이는 것과 같이 보안활동의 결과가 재정적인 용어(금전)로 측정되거나 목표로 정해지기 어려움으로 대부분의 경영진은 더 명확한 설득력 있는 자료를 요구하게 된다.

이러한 관리자들의 요구를 쉽게 만족하기 위해서는 보안이나 자산보호 프로그램은 반드시 비용에 대한 정당한 근거를 제시하여야 한다. 따라서 보안의 필요성을 강조하면서도 비용에 대한 타당한 근거가 무시되거나 부적절할 경우에는 해당 보안 프로그램은 낮은 수준에 머무르게 될 것이다. 그러나 아쉽게도 이러한 비용에 대한 정당화는 기업보안실무자의 전문성에 좌우되기도 하므로 실무자의 전문성은 보안대책의 성패를 좌우한다.

3. 다양한 비용요소

보안손실에 따른 비용은 직접적인 비용과 간접적으로 발생하는 비용을 합한 금액이다. 여기에는 자산손실과 수입손실의 관점에서 측정할 수 있다. 일반적으로 단일손실은 2가지 모두의 비용을 포함하며, 실제적인 손실비용은 손실된 자산을 영구적으로 대체하는데 사용되는 비용, 일시적으로 대체하는데 사용되는 비용, 손실과 관련된 비용, 수입의 감소 등을 포함한다.

구체적으로 직접손실은 자금, 자산, 정보, 유통 가능한 증권 등이 대표적이며, 간접적인 손실은 조직의 평판과 안녕, 임직원의 사기와 이직을 들 수 있다.

1) 영구적인 대체비용

영구적인 대체비용 항목에 속하는 가장 대표적인 비용은 자산손실이다. 만약 어떤 건물이 화재에 의해서 전소되었을 경우나 악의적인 사보타지에 의해서 기계가 파손된 경우, 실무자의 의도에 따라 원재료가 없어진 경우, 저장소에서 완성품이 분실된 경우 등은 손실된 자산을 반드시 복구되어야 한다. 만약 손실된 자산이 제품이라면, 생산자는 제품을 다른 것으로 대체하지 않겠지만 손실된 제품생산에 투입된 비용을 부담하고, 제품을 판매하여 얻을 수익을 포기하여야 한다. 또한 명백하게 손실을 대체할 다양한 방법이 존재하더라도 이러한 일련의 손실과정은 기업의 건전한 비즈니스 활동에 상당한 영향을 미치게 되거나, 적시에 제품을 시장에 공급하지 못함으로 인하여 시장점유율에 영향을 가져올 수도 있다.

손실자산의 영구적인 대체비용은 손실된 자산에 들어간 비용만큼이 필요하고, 이러한 비용에는 다음의 항목들도 포함된다.

① 제품을 구매하거나 생산에 필요한 구매비용 또는 생산비용
② 제품을 보급하는데 소요되는 운임과 선적비용
③ 제품의 설치나 기능을 유지하기 위한 준비비용

2) 일시적인 대체비용

기업의 계속적인 운영을 보장하는 생산도구나 여러 가지 항목들은 손실이 발생한 다음 영구적인 대체비용이 투입되기 전까지 일시적인 대체항목이 필요하게 된다. 이러한 일시적 대체항목은 판매 손실을 최소화하고 기업의 이익을 보장하며, 계약업체에 보급의 어려움에 처한 경우에 과징금이나 클레임을 회피하기 위해서 필요하다. 이러한 대체비용은 자산손실의 원인인 보안사고에 적절하게 배분되어야 하며, 일시적 대체비용은 다음의 항목을 포함한다.

① 일시적 또는 장기적 임대비용, ② 손실된 생산성을 보충하기 위한 추가된 교대근무수당과 추가 근무수당

3) 추가적인 후속비용

보안사고로 인하여 발생한 자산손실 때문에 가동되지 못한 장비나 업무를 원활하게 수행하지 못한 인력이 발생한다면, 해당 시간이나 인력의 낭비로 인한 비용도 보안사고로 인한 후속비용에 해당한다. 이러한 손실의 대부분은 사고로 인한 또 다른 추가적인 업무에 근로자가 투입되어야 하므로 해당 근로자가 수행하여야 할 본래의 업무에 대한 생산성의 차질이 불가피하게 된다. 예를 들어 전산시스템의 장애로 인하여 기업의 급여지급의 중지로 인한 업무장애나 협력업체에 지급해야하는 자금을 집행하지 못함으로 인한 손실 등이 추가적으로 부담해야할 비용이 될 것이다.

4) 수입의 감소

대부분의 기업에서 현금보유는 단기간의 기업운영에 필요한 최소한의 금액으로 보유·운영함으로써 현금손실에 대한 위험을 최소화한다. 그러므로 기업에서 발생한 초과적인 자금이나 잉여자산은 추가적인 수입이 발생하는 증권과 같은 다양한 분야에 투자한다. 따라서 기업의 규모가 크면 클수록 이러한 잉여자산에 대한 투자의 중요성은 증대되기 마련이다.

기업이 중대한 보안손실이 발생하여 이러한 손실을 보전하기 위하여 영속적인 대체비용을 투입하게 된다면, 기업은 잉여자산을 투입하여 얻을 수 있는 추가적인 수입을 포기하여야 한다. 이러한 경우 기업 손실은 직접적인 투입비용과 더불어 손실을 보전하기 위하여 사용된 자금을 투자하여 발생하는 추가 이익만큼의 수입도 포기하는 결과가 된다.

이러한 손실에 대한 정확한 산정액은 다음의 공식과 같다.

$$I=\frac{A}{365}\times P\times t$$

여기에서 I=수입액, A=매일의 수익, P=투자에 필요한 기본적인 재원, t=P가 투자가 가능할 경우에 시간(일)을 의미한다.

예를 들어, 연간 10%의 이윤을 올리는 100만원을 투자하여 1(365일)년 동안 얻을 수 있는 수입은 얼마나 되는가?

$I=\frac{0.10}{365}\times 1,000,000\times 365$, 수입액(I)=365,000 따라서 기업은 영구적인 손실보전에 투입되는 100만원과 추가적인 수입손실 365,000을 합쳐서 총 1,365,000원을 보안사고로 인하여 기업 손실을 입게 된 것이다.

5) 비용의 감소

기업을 경영하면 예기치 않은 수많은 손실이 발생하는데, 이러한 손실 대부분을 기업에서는 보험으로 대비하고 일부분은 손실예방활동을 통하여 손실이 발생하는 것을 방지한다. 그러나 손실발생에 대한 대비책으로 보험에 의존하는 것은 손실을 방지하는 가장 최후의 수단에 의존하는 것과 같다. 다행히도 현대기업에서의 위기관리기법을 활용한 손실예방활동에 대한 좀 더 발전된 모델이 제시되고 기업에서 적용되고 있다. 위험관리는 손실예방, 손실통제, 손실보상기능을 종합하여 공학을 활용한 정형화된 과거의 비즈니스 조직, 화재와 보안, 그리고 보험담당부서 등 모든 담당자가 참여하는 방법이다.

일반적으로 보험에서 보장하는 손실 범위는 기업에서 발생하는 다양한 손실에 대한 보전과는 거리가 있다. 발생한 손실 모두를 보전하는 것을 가능하게하기 위해서는 기업에서 발생한 모든 손실에 대한 목록을 기록하고 여기에 대한 보험 상품을 찾아야하나 이러한 방법은 현실적으로 타당하지도 않고, 이윤을 목적으로 하는 기업이나 보험회사에서 결코 수용하기 어려운 실현불가능한 방법이다.

6) 보안손실액의 산정방식

어떤 특정한 상황에서 발생할 수 있는 단일 위험으로 인한 최대손실액을 개연성의 관점에서 각각의 보안취약성을 분석하고 최악의 상황을 가정하면 다음과 같은 방정식으로 나타낼 수 있다.

$$T=(C_p+C_t+C_r+C_i)-(I-A)$$

여기에서 T=손실의 총비용이나 치명성, C_p=영구적인 대체비용, C_t=일시적인 대체비용, C_r=추가적인 후속비용, C_i=수입의 감소, I=보험에 의해서 보상되거나 면책되는 비용, A=손실발생에 따라 할증되는 보험료를 의미한다.

그러나 일반적으로 보안실무자들은 사고가 발생할 경우에 즉시 필요한 정보를 확보하지 못한 경우가 많으므로 재무나 보험담당자와 함께 이러한 산정방식을 개발하여 손실이 발생할 경우에 조직에 어느 정도의 영향과 손실을 보전하기 위해서 어떠한 대책을 수립할 것인가에 참고하여야 한다.

이 과정에서 보험계약 범위 내의 위험에 관한 기업 내의 관련 정보를 모두 수집·분석하는 업무는 많은 노력과 보안부서 업무의 상당부분을 차지하게 되는 주요한 업무가 될 것이다. 더불어 보험관리부서에서 광범위한 손실영향과 관련된 데이터를 찾아내는 것이나 여러 분야의 손실예방부서나 보안부서에서 손실과 관련된 위험개연성 데이터를 찾는 것도 많은 수고로움이 요구된다.

따라서 대부분의 기업에서 이러한 손실관련 데이터를 체계적인 분석 자료로 산출하거나 활용하는 경우는 많지 않다. 그럼에도 불구하고 현대기업에서는 기업의 위기관리차원에서 기업의 모든 손실과 관련된 정보를 어떻게 수집·분석하여 기업경영의 지표를 활용하느냐에 따라 기업의 생존과 직결된다는 것은 명심한다.

7) 치명성 등급설정

모든 비용과 관련된 데이터는 수집된 다음 기업경영의 관점에서 적절하게 치명성 등급설정을 결정하는데 중요한 자료로 활용된다. 여기에서도 개연성 등급설정에서 활용된 기법을 적용하여 대략적인 등급이나 부류로 구분한 다음 세부적인 절차를 진행하면 효과적이다. 다음은 치명성 등급평가에 활용된 내용을 구체적으로 설명한 것이다.

① **치명적인**(fatal): 이러한 부류의 손실은 기업의 장기적인 기업경영의 중단과 총제적인 기업자본의 재구성이나 기업생존과 직결되는 사고를 의미한다.

② **매우 심각한**(very serious): 여기에 해당하는 손실이 발생할 경우에 기업에서는 투자정책에 대한 근본적인 변화가 요구되거나 기업 재무제표에 상당한 변화를 야기한다.

③ **일반적인 영향**(moderately serious): 손실 영향이 치명적이지는 않으나 경영진의 관심 하에 기업경영에 반영할 정도로 기업 수익에 영향을 미치는 손실을 말한다.

④ **상대적으로 경미한**(relatively unimportant): 여기에 해당하는 손실은 통상적인 기업 활동을 통하여 보전이 가능한 경미한 손실이 속한다.

⑤ **심각성을 알 수 없음**(seriousness unknown): 손실에 대한 등급설정을 하기 전에 여기에 해당하는 손실은 우선 잠재적인 등급을 설정한 다음 실질적인 정보를 취합하여 정확한 등급을 설정하는 손실이 해당한다.

일반적으로 기업의 규모나 상황에 따라 상기의 등급을 설정하는 기준은 달라진다. 예를 들어 중소기업은 경우에는 1억 원의 손실이 발생하는 경우가 치명적인 손실 등급에 속할 것이나, 대기업의 경우에는 이 정도의 손실은 상대적으로 경미한 손실로 분류할 것이다. 따라서 이러한 등급설정 시스템의 기준은 기업 규모의 상황에 맞추어 설정되어야한다. 더불어 여기에서 사용된 용어는 모든 기업에서 절대적인 기준으로 활용되는 것이 아니라 참고나 지침정도로 활용되는 것이 적절하다.

8) 손실영향력 산정방법

위험에 대한 개연성의 중요도를 측정하는 방법에는 여러 가지가 있다. 그 중에 하나가 과거에 발생하였던 손실의 빈도를 측정하여 손실예방대책으로 활용하는 것이다. 예를 들어, 홍수나 지진이 과거에 발생한 빈도를 근거로 하여 여기에 대한 대책을 수립하는 것이 일반적인 치명성에 대한 대응책이다.

이와 같이 손실발생빈도를 구체적으로 알게 되면, 단일 손실이 발생할 경우에 파급되는 치명성은 기업의 재무회계연도로 산정하면 연간 얼마만큼의 손실이 발생하는지를 산정할 수 있다. 태풍에 의한 심각한 피해가 3년에 2회 발생하였고 이에 따른 피해액이 해당 사업장을 종합하여 30억 원이 발생하였다면, 해당 기업은 연간 태풍에 의한 손실이 10억 원에 달하는 것을 알 수 있다. 그러므로 기업에서는 이러한 단일사건에 의한 피해를 어떻게 최소화할 것인가에 대한 대책에 대해 구체적으로 예상설정을 가능하게 한다.

다양한 손실영향력에 대한 산정기법은 여러 가지 데이터를 가지고 산정된 개연성 등급을 수치화하여 계산하는 방법이다.

① 실제적으로 발생할 개연성이 확실한 경우에는 발생가능성을 85%로 한다.

② 개연성이 높은 경우에는 발생가능성을 65%로 한다.

③ 개연성이 보통인 경우는 발생가능성을 50%로 한다.

④ 개연성이 낮은 경우는 발생가능성을 20%로 한다.

그런 다음, 단일 사건이 발생할 경우에 해당 손실발생에 대하여 개연성 등급을 곱하면 구체적인 수치로 계산이 가능하다. 그러면 치명성 등급에서 개연성이 보통인 단일 사건의 손실액이 1억이라고 할 경우에 회기연도의 피해액은 1억의 50%인 5천만 원이 예상되는 피해액이 될 것이다. 그러나 전격적으로 예상치 못한 손실이 발생한다면, 해당손실은 5천만 원이 아니라 1억 원이 된다. 그러므로 손실이 발생하기 전에 산정된 등급에 대한 대응책을 신속하게 수립하기 위해서는 다양한 기법으로 치명성을 보정하여야 한다.

또 다른 전체적인 위험을 구현하는 방법은 〈그림 2-1〉과 같이 산점도(scatter plot)를 활용하는 것이다. 산점도는 두 변수간의 관계를 탐구하는 탐색적 기법의 하나로 x, y좌표에 변수 쌍을 타점하여 작성하는 도표이다. 이렇게 작성되는 산점도는 두 변수간의 관계에 관한 전반적인 상황을 그림을 통해 보여주기 때문에 두 변수간의 관계의 일반적인 정도를 알 수 있다. 따라서 두 변수간의 관계를 수량화하는 과정을 활용하면 구체적인 수치를 도출할 수 있다.

결과적으로 이러한 산점도를 활용하면 대략적인 분포를 통하여 어떤 시기에 어느 정도의 손실이 발생할 것인가를 예상할 수 있다. 그러므로 손실대응 프로그램은 가능하다면 산점도에서의 선이 낮게 분포하도록, 즉 치명성이 낮아지도록 디자인하는 과정이 요구된다.

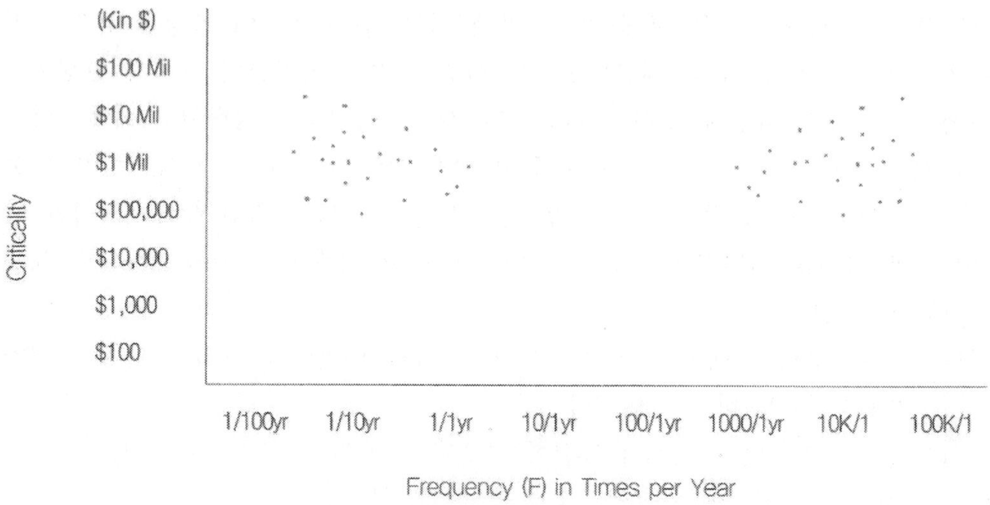

〈그림 2-1〉 Criticality vs. Frequency

9) 우선순위의 결정

손실영향력을 산정한 다음 단계는 평가된 위험의 전체 리스트를 가지고 대응책 수립의 우선순위를 정하는 과정이다. 이러한 우선순위에서 당연히 더 심각한 위험요소들이 상위에 위치하여야 하며, 그 아래로 중요도에 따라서 배열한다. 이러한 목록의 정렬은 개별적인 위험을 규명하고 개연성-치명성이 결합한 상태를 일목요연하게 보여주는 것이 목적이다.

이러한 배열법으로 각각의 다양한 부류의 위험요소들을 A1, A2, A3, A4: B1, B2, B3, B4: C1, C2, C3, C4: D1, D2, D3, D4와 같은 형식으로 정렬한다. 이중에서 중간에 위치한 B3와 C2의 정확한 위치는 개연성/빈도 혹은 치명성에 따라 위치가 달라질 수 있다. 일반적으로 위험요소의 성질 중에서도 치명성에 더 많은 비중을 두어야 한다.

우선순위의 결정에 따라 순위가 정해지면, 취약성평가의 공식적인 업무는 마무리된다. 이제 기업에서는 가장 개연성이 높은 순서에 따라 보안과 보호대책에 관한 문서화된 일정을 중점적으로 진행하여야 한다. 그 다음은 대응책을 기획하는데, 비록 여기에서는 여러 가지 문제점이 개별적으로 언급되지만 한 가지 대책으로 여러 가지 문제점을 해결하는 방법을 모색한다. 이러한 방법은 모든 위험과 관련성이 있는 대응책에서 실제적인 대책이 수립될 경우에 도출될 수 있으며, 대부분의 위험은 어떤 공통적인 원인이나 선행되는 상황에 좌우된다는 사실을 발견할 수 있다.

위험에 관한 배열업무 과정에서 이러한 공통적인 연결고리를 찾는 것이 가장 중요한 과정으로 위협논리패턴에서는 서로 관련성이 있는 위험뿐만 아니라 대응책을 적용하기에 가장 적절한 부분까지도 제시하게 된다. 따라서 이러한 논리패턴(logic pattern)을 기획하는 업무가 위협분석으로 여겨지기도 한다.

제2절 위협분석

1. 위협분석 모델

위협분석 모델〈그림 2-2〉[4]에 보이듯이 개별적인 보안리스크는 특정 사고나 상황에 대한 주요 취약성으로 해당 요소들이 다른 상황으로 전개되기 전에 규명되어야 한다. 특정 사건이나 상황은 동시에 존재하거나, 서로 연속되거나, 개별적이거나, 몇 가지 상황은 개별적이나 다른 요소들과 동시에 존재하지 않으나, 또 다른 상황은 개별적이나 다른 요소들과 일련의 연속선상에 위치하기도 한다. 논리적으로 이러한 조합들은 다음과 같은 4가지 조건으로 표시가 가능하다.

① AND-여러 가지가 동시에 존재하는 경우
② AND, 그러나 Y 다음에 X-여러 가지가 반드시 같이 존재하여야 하나 구성요소들은 서로 연속되거나 하나가 다른 하나에 우선한다.
③ OR-반드시 한 가지는 단독으로 존재하는 경우
④ OR, 만약 X가 존재한다면 Y는 존재하지 않는 경우-어떤 한 가지만 존재하지, 동시에는 같이 존재하지 않거나 연속하지도 않는 경우

4) AFSC Manual 207-1, Chapters 4, 5, 6(U. S. Air Force Systems Command). also POA, op cit., p. 2-21.

이러한 분류의 의미는 구성요소들은 상호간에 서로 독립적이지만, 논리적으로는 서로 대체가 가능(alternatives)하다는 의미이다. 따라서 어떤 사건이든지 사건이 발생하기 전에, 일련의 상황이나 사건은 위의 4가지 대안세트(alternative sets) 중의 하나로 분류하는 것이 선행되어야 한다. 화재의 경우를 보면, 화재가 발생하기 전에 반드시 연료나 산소 그리고 점화원이 동시에 존재하여야 한다. 위와 같이 3가지가 모두 동시에 존재할 경우에만 화재가 발생하므로, 이 중에 하나라도 없을 경우에는 화재가 발생하는 것을 방지할 수 있으므로, 이 경우는 ①에 해당한다.

〈표 2-6〉 위협의 유형

① 외국 정보기관(스파이, 기술적, 전자적, 영상정보)
② 테러리스트(암살, 폭탄테러, 납치, 생물학/생화학 공격)
③ 내부자(불만을 가진 직원에 의한 악의적 행동, 핵심정보를 경쟁사에 유출함, 핵심정보를 불법적으로 공개함, 절도, 부주의로 핵심정보를 유출함)
④ 외부자 범죄(직원에 대한 범죄, 자산 파괴나 절도)
⑤ 환경적 요인(화재, 폭풍과 폭우, 환경오염)
⑥ 외국군대(핵무기, 생물학 무기, 재래식 무기, 저수위 갈등)
⑦ 정치적 요인(폭력, 정치적 결정 또는 유보)
⑧ 기 타(개인적 이익이나 문제, 방송매체, 경제적 환경-긴급현황, 종교적, 국가적, 국제적)

또 다른 예로, 완성품의 절도에 관하여 살펴보자. 상품의 절도는 생산과정이나 품질관리 또는 창고보관이나 분배 과정 그리고 이동 과정 중에 발생한다. 위와 같은 여러 과정 중에 하나의 과정에서라도 허술함이 존재하면 절도가 발생하므로 각각의 장소나 과정에서의 적절한 보호대책의 수립과 상호 교차된 검증과정이 필수적이다.

그러나 대부분의 위협모델에서는 논리적인 대안에 대한 조합이 존재한다. 이것의 의미는 〈그림 2-2〉의 그림에서 보이듯이 대부분의 위협모델은 복합적인 요소가 결합하여 하나의 결과에 이르게 된다.

〈그림 2-2〉는 기업의 공정관리비밀이 누설되는 과정의 여러 가지 문제점을 위협모델로 표현한 것이다. 공정관리비밀이 누설되기 위해서는 내부인으로 공정관리기밀에 대한 접근이 용이하거나 외부에서 기밀에 접근을 방해하는 침입방지 프로세스를 제거하여야 해당비밀을 획득할 수 있다.

따라서 비밀을 유지하여야 하는 해당 조직은 각 위협요소에 따라 과정마다의 취약성에 따른 대책을 수립하고 해당 취약성이 얼마나 되는지, 그리고 해당 비밀이 누설될 경우에 조직에 얼마나 많은 영향을 미치는지를 객관적인 수치로 나타낼 경우에 해당 대응책에 대한 좀 더 구체적이고 능동적인 접근이 가능하게 될 것이다.

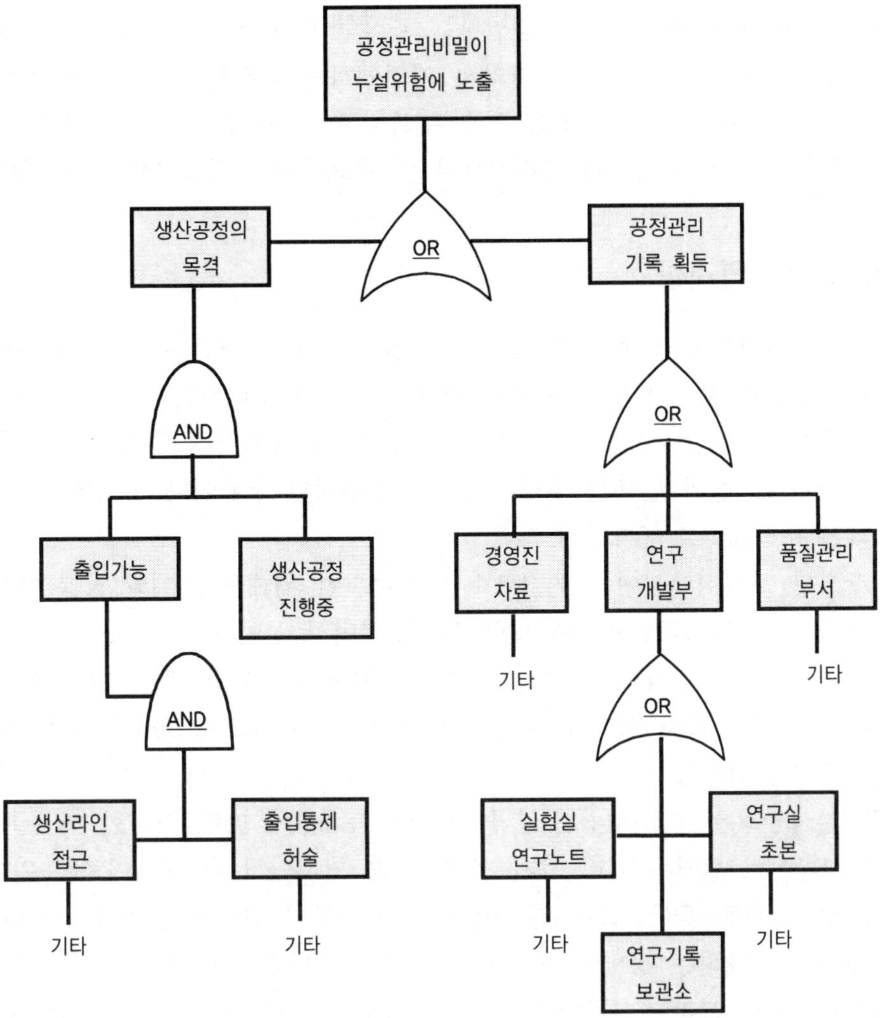

〈그림 2-2〉 공정관리 비밀에 대한 위협모델

〈그림 2-2〉위협모델의 복합적인 상황에서도 취약성에 노출되는 공통적 경로를 발견할 수 있다. 예를 들어, 가장 일반적인 취약성은 건물이나 사무실, 문서보관실에 별다른 통제가 없거나 출입통제의 취약성이 쉽게 노출되면서 접근이 가능한 경우이다. 한번 출입통제의 취약성이 노출되면 해당 조직에서 체계적으로 유연성 있는 출입통제 프로세스를 변경하지 않는 한 동일한 상황 하에서는 계속적으로 출입통제의 허술함이 노출되어 이러한 취약성을 간판한 침입자는 조직의 또 다른 주요 자산에 쉽게 접근하게 되어 더 큰 위험요인이 된다. 따라서 기업에서는 엄격한 출입통제절차의 활용과 동시에 보안실무자에 의한 취약성을 역으로 분석하여 이러한 약점을 이용하는 자유통행자를 적발하는 것이 형식적인 엄격성보다 더 중요하다는 것을 명심해야 한다.

2. 위협분석의 연계성

대응책을 직접적으로 적용할 수 있는 등급별 취약성에 대한 마지막 단계에서는 공통적이거나 손실의 발단이 되는 위험의 관계를 명확히 정리하는 과정이 필요하다. 이러한 정렬과정은 〈그림 2-2〉에서와 같이 수직적인 단계에서의 연결 형태로부터 각각의 수평적 단계는 상위 단계를 발생시키는데 필수적인 상황이나 상태를 나타내며 각각은 분리된 구성요소로 존재한다.

가장 주요한 보안취약성이나 위협요소를 발견하기 위해서는 취약성 분석단계를 거치는 동안에 나타나는 위협요소에 대한 목록구성이 무엇인가에 의해서 결정되어진다. 각각의 위협요소들은 취약성-치명성 등급을 조합하여 코드가 부여되며, 개별적인 하위단계에서의 실제상황이 사건의 논리적 연속성을 나타내므로 하위단계에 대한 분석이 위협모델의 핵심이다.

이러한 분석공정은 조직이나 구성의 규모와 복잡성에 따라 다양한 단계로 수행되고, 초기 상황이나 실태는 여러 가지 전개과정을 거치면서 손실에 이르는 위협요소로 발전하게 된다. 예를 들어, 많은 경우에 어떤 시설물의 경계를 침입하고자 하는 잠재적인 침입자가 존재하는 상황이 생기고, 이 경우에 다음에 어떤 상황이 전개될 것인가에 이르게 된다. 그리고 최종적인 결과로 절도나 시설물의 파괴와 같은 손실 발생에 이르게 된다. 실제적으로 위협모델분석을 통하여 각각의 위협요소의 연결고리는 이미 대응책이 명백하게 수립될 수 있도록 연구되었으므로 해당 시점에서 멈추게 하는 것이 가능하다.

이러한 연결고리가 원하는 방향으로 전개될 경우에도 모든 연결고리와 전체적인 네트워크의 문제점에 대하여 시각적인 도표를 활용하여 면밀하게 점검하는 방법으로 손실요인을 손쉽게 발견할 수 있을 것이다.

3. 기초 보안진단

어떤 조직에서건 보안 프로그램이나 시스템의 운영기법을 향상시키거나 실태를 평가하거나 문제점을 발견하고자 할 경우에는 해당 프로그램이나 시스템이 가지는 잠재적인 위험성과 손실에 대하여 규명하는 위험평가가 선행되어야 하고, 이러한 위험평가의 토대가 되는 데이터를 수집하는 과정이 보안진단이다.[5)]

보안진단의 목적은 정확하게 조직의 현재의 잠재된 취약점을 발견하여 더 향상된 보호대책을 적용하기 위한 보호기법을 개발하는 것이다. 이에 따라 보안진단은 해당 영역이나 분야의 고유한 필요성에 따라서 그 문제점과 해결책이 제시되어져야 한다. 본질적으로 이러한 진단은 보안 프로그램을 필요로 하는 장소의 환경과 같은 물리적인 보안조사를 토대로 이루어진다.

인간의 삶의 토대는 지구이고 인간의 삶은 과학문명이 아무리 발전한다고 하여도 아직은 가상공간에서 생활하는 것은 상상의 영역에서만 존재하므로, 기본적으로 인간 생활의 대부분은 물리적인 환경요인에 좌우되므로 이러한 물리적인 환경요인의 현재와 미래변화의 가변성에 대한 인식과 이에 대한 적절한 대비는 개별적인 사업장의 보안프로그램의 구축하는 경우에도 반드시 선행하여 조사·분석되고 이를 기초로 추가적인 장비의 배치나 프로그램이 구축되어야 한다.

1) 환경과 구성

(1) 지리적 환경과 기온

① 시설물의 이름
② 시설물의 주소
③ 전화번호나 연락수단
④ 위도, 경도, 표고

---

5) 최선태, 기업보안핸드북, 2008, p. 151.

⑤ 가장 근접한 수원지
⑥ 수원지의 표고와 시설물까지의 거리
⑦ 인근의 하천은 존재하는가?
⑧ 하천의 개요 ⓐ 시설물까지 거리, ⓑ 평균 수심, ⓒ 최고 수심, ⓓ 최근의 범람일자 등
⑨ 강우량 ⓐ 연간 평균 강우량, ⓑ 최대강우량, ⓒ 강수 일자
⑩ 강설의 시작일과 종료일
⑪ 평균 연간 강설량
⑫ 최대 강설량의 기록과 일자

(2) 규모와 구성

① 사업장 전체의 면적
② 구조물의 개수 ⓐ 콘크리트 또는 대리석, ⓑ 철골, ⓒ 목재, ⓓ 혼합재료
③ 구조물 전체의 면적
④ 구조물의 구성 ⓐ 단층, ⓑ 2층, ⓒ 3층, ⓓ 4층, ⓔ 5층 이상
⑤ 구조물의 용도 ⓐ 생산시설, ⓑ 연구시설, ⓒ 사무용시설, ⓓ 저장시설,ⓔ 판매시설, ⓕ 학습시설, ⓖ 주거시설
⑥ 건축물의 연결수단 ⓐ 지상과 상층부의 연결통로, ⓑ 지하통로
⑦ 근무자의 전체 인원 ⓐ 오전 교대자, ⓑ 오후 교대자, ⓒ 야간 교대자
⑧ 평균적인 사업장 방문자수
⑨ 하루 동안의 자동차 주차 대수

(3) 사회적 & 정치적 환경

① 사업장은 어디에 위치하는가? ⓐ 대도시, ⓑ 소도시, ⓒ 집단 거주지, ⓓ 시외 거주지, ⓔ 촌락
② 인근지역의 분포 ⓐ 주거지역, ⓑ 상업지역, ⓒ 공업지역, ⓓ 농업지역, ⓔ 미개발지역
③ 주거지역의 분포 ⓐ 1인 가정, ⓑ 2인 가정, ⓒ 3인 이상, ⓓ 고층건물의 다가족
④ 1인 가정의 주거시설의 가격대는 얼마인가?

⑤ 임대주거시설의 평균임대비용은 얼마인가?
⑥ 거주자의 인종적인 구성은 어떻게 되나?
⑦ 구속력을 가진 경찰서의 유무
⑧ 경찰서에 근무하는 총 구성원
⑨ 사업장에서 경찰력을 도움요청 시 도착하는데 걸리는 시간은?
⑩ 경찰서에 도움을 요청할 경우에 항상 도움을 주는가?
⑪ 해당 지역에서 발생하는 주요 범죄에 대한 통계를 가지고 있는가?
⑫ 가장 최근의 범죄통계에서 다음 사항을 알 수 있는가? ⓐ 총 범죄 발생건수, ⓑ 폭력범죄 발생건수, ⓒ 재산범죄 발생건수, ⓓ 살인사건 발생건수, ⓔ 강간사건 발생건수, ⓕ 절도사건 발생건수, ⓖ 폭행사건 발생건수, ⓗ 강도사건 발생건수, ⓘ 5만 원 이상의 절도건수, ⓙ 차량 절도건수
⑬ 가장 근접한 소방서의 위치는 어디인가?
⑭ 소방서에서 사업장까지의 응급시 대응시간은?
⑮ 화재가 발생할 경우에 초기대응 수단은?
⑯ 초기경보 발생 후 후속적인 경보가 가능한 장비가 있는가?
⑰ 인근의 소방서와 상호협력에 관한 약정은 맺었는가?

(4) 사업장 내부 활동

① 사업장은 제품을 생산하는가 아니면 서비스를 제공하는가?
② 사업장의 평균적인 연간 매출은?
③ 사업장의 근무는 주간 혹은 며칠 단위로 구성되는가?
④ 사업장의 교대조건은 어떠한가?
⑤ 사업장의 성수기는 언제인가?
⑥ 사업장의 비수기는 언제인가?
⑦ 사업장에는 몇 개의 금고와 금고실이 있는가?
⑧ 평균적으로 금고와 금고실에 보관되는 현금은 얼마인가?
⑨ 사업장에서 가장 현금을 많이 가지고 있는 부서와 언제인가?
⑩ 사업장에는 귀금속이나 고가의 물품 또는 양도성예금증서를 취급하는가?
⑪ 사업장에는 금지약물이나 위험약품을 취급하는가?
⑫ 평균적으로 취급하는 금지약물과 위험약품의 수량은 얼마나 되는가?

⑬ 사업장에 관한 기밀정보는 영업비밀을 취급하는가?
⑭ 국가기관이 기밀로 분류한 정보를 취급하는가?

2) 보호시스템

(1) 물리적 보호조치

① 사업장 주변을 보호하는 펜스는 설치되어있는가?
② 펜스의 재질과 높이는 얼마나 되는가?
③ 사업장의 출입통제장치의 형태는? ⓐ 보행자, ⓑ 차량
④ 사용 중인 침입감지장치나 다른 보안경보장치는 무엇인가?
⑤ 경보시스템의 형식은? ⓐ 중앙 통제식, ⓑ 역내 작동식, ⓒ 자체 대응식, ⓓ 직접 경찰서에 경보를 전달하는 방식
⑥ 자물쇠의 보안을 위한 문서화된 프로그램은 존재하는가?
⑦ 사업장 전체적으로 혹은 주요한 자물쇠에 대한 최종적인 운영방식을 변경한 시기는 언제인가?
⑧ 자체 보안요원이나 순찰조직은 운영하는가?
⑨ 전체적인 보안요원과 순찰대의 규모는? ⓐ 오전 시간대, ⓑ 오후 시간대, ⓒ 저녁 시간대
⑩ 순찰대의 평균적인 유형은? ⓐ 나이, ⓑ 교육수준, ⓒ 해당 사업장에서 근속한 기간
⑪ 순찰요원 중에 신체적인 장애나 업무의 제한을 받는 비율은 얼마인가?
⑫ 보안요원에게 지출되는 임금은 얼마인가? ⓐ 총임금, ⓑ 일인당 임금
⑬ 사업장은 보안요원은 자체조직인가 외주 보안서비스인가?
⑭ 보안요원은 무장을 하고 있는가?

(2) 화재와 재난

① 사업장 구조물에는 다음의 설비가 설치되어 있는가? ⓐ 구조물 전체에 스프링클러 시스템의 설치, ⓑ 부분적으로 스프링클러 시스템의 설치, ⓒ 스프링클러 시스템이 설치되어 있지 않음
② 고정된 화재진압시스템은 어떤 것이 있는가? ⓐ 설치된 건물, ⓑ 설치된 장소, ⓒ 설치된 시스템의 유형

③ 자동화재감지와 경보시스템은 몇 개의 건물에 설치되어있는가?
④ 사업장에는 자체소방대가 조직되어 운영되는가?
⑤ 자체소방대가 사업장에서 활동 중인 인력은 몇 명인가? ⓐ 오전, ⓑ 오후, ⓒ 저녁
⑥ 자체소방대의 훈련의 빈도와 시간은 어느 정도인가?
⑦ 지난 1년 동안 화재손실액과 상태 그리고 발생일자는 언제인가?

(3) 통제시스템

① 사업장 자산 입·반출시스템은 운영되는가?
② 사업장 내·외부로 이동하는 소포나 소지품은 확인하는가?
③ 가장 최근에 실시한 재고조사에 나타난 수량은? ⓐ 최종 생산품, ⓑ 중간 생산품, ⓒ 원료, ⓓ 외부 반입품
④ 사업장에는 공식화된 정보보안 프로그램을 운영하는가?
⑤ 사업장에 출입 시에는 신분을 확인하는 사원증이나 신분증을 착용하는가?
⑥ 신입직원은 채용 전에 그들의 배경에 대하여 확인하는가?
⑦ 사업장에는 보안의식 또는 훈련 프로그램을 운영하는가?

(4) 보상시스템

① 사업장은 화재보험에 가입하였는가?
② 가입한 화재보험의 총보상금액과 공제금액은 얼마인가?
③ 사업장의 업무중단으로 인한 보험은 어떤 것이 있는가?
④ 업무중단으로 인한 보험의 총보상금액과 공제금액은 얼마인가?
⑤ 종업원의 신뢰위반으로 인한 손실이나 범죄로 인한 손실을 포괄적으로 보상하는 보험은 가입하였는가?
⑥ 범죄보험의 총보상금액과 공제금액은 얼마인가?
⑦ 지난 1년 동안 보험으로 지불된 총금액은 얼마인가?
⑧ 사업장 전체의 보험료와 손실예방대책으로 사용된 비용은 연계하여 운영되는가?

4. 대응책의 수립

위협분석을 바탕으로 조직에서는 가장 현실성있는 대응책을 수립하는 것이 조직에서 취할 수 있는 최선의 방법이다. 이 과정에서 조직의 다양한 분야의 실무자들이 참석하여 대안을 제시한다.

각각의 단계에서 개별적인 손실예방을 위한 수단은 비록 활용 가능한 대응책을 즉시 제시하기에는 한계가 있지만 대응책 수립을 위한 지침으로의 역할을 하게 된다. 위협모델에서 보듯이 공정 비밀은 공정과정에 대한 관찰과 공정과정에 관한 서류를 손에 넣음으로써 누설되게 된다. 따라서 〈그림 2-2〉와 같이 2가지 원인요소를 모두 제거할 경우에만 기업비밀이 유지된다.

기업비밀을 취득하고자 하는 자가 공정과정을 지켜보려면 반드시 제품이 생산되는 과정에서 생산부서에 출입이 가능하여야 하며, 해당 공정을 다른 사람의 방해 없이 볼 수 있는 상황이 허용되어야 한다. 그러므로 이러한 불법적인 관찰의 위험을 방지하기 위해서 출입통제절차가 효과적으로 유지될 수 있도록 보장하고, 생산라인에의 접근을 금지하여야 한다. 이에 대한 구체적인 대응책은 ① 시설물의 출입통제지점에 대한 형식상의 운영에 대한 대응책의 수립, ② 시설물에 대한 24시간 감시체제의 확립과 검토확인, ③ 생산라인이 가동할 동안에는 한정적인 출입통제의 실시 등을 들 수 있다.

위협모델이나 위협요소의 연결고리는 세부적인 기록에 의거한 보안활동과는 거리가 있으므로 〈그림 2-2〉에서와 같이 논리적인 결론에 도달하기에는 한계가 있다. 따라서 기업비밀을 보호하기 위해서는 각각의 문서가 위치한 장소에 대한 개별적이고 세부적인 대응책의 수립이 요구된다.

1) 대응책 수립과 평가

최상의 대응책을 수립하기 위해서는 모든 위협모델요소에 대한 개별적인 수단을 강구할 수 있어야 한다. 실무자들은 각각의 포인트에 대한 적절한 대응책을 선정하고 이에 대한 리스트와 분류표를 작성한다. 예를 들어, 개별적인 대응책은 다음의 3가지 핵심적인 요소로 구성된다.

① **대응책의 타당성:** 개별적인 대응책이 어떤 의도를 가지고 시행되던 간에 대응책에 대한 타당성은 우선하여 고려되어야 한다. 예를 들어, 유량흐름경보기는 해

당 스프링클러의 유량흐름을 기록하는가? 만약 화재감지기가 필요하다면, 어떤 감지기가 더 적합한가?

② **대응책의 신뢰도:** 신뢰도는 실제적인 대응책이 유사한 수많은 사례를 통하여 객관적으로 주어진 기능을 성취한 일관성을 의미한다. 예를 들어, 만 번의 사례에서 주변의 온도의 측정에서 실제적으로 동일한 온도를 가리켰다면, 몇 번의 측정을 통하여 온도계의 성능을 측정하는 것을 신뢰할 수 있다고 하는가? 실제적으로 제조업체에서 만 번의 테스트를 걸쳐서 동일한 온도를 얻었다면, 이것은 100% 신뢰할 수 있으며, 그 보다 훨씬 작은 경우의 실험을 통하여 얻어진 수치라면 그만큼 신뢰도는 떨어질 것이다.

③ **대략적인 비용:** 대응책에 적용하여 원하는 효과를 얻는데 필요한 비용

④ **효과가 나타나기까지의 시간:** 대응책이 효과를 나타내는데 필요한 시간을 의미하며, 만약 다른 대응책을 적용하는데 필요한 시간보다 훨씬 긴 시간이 필요하게 되면, 그 만큼 해당 대응책의 효과는 부적절하다는 것을 의미한다.

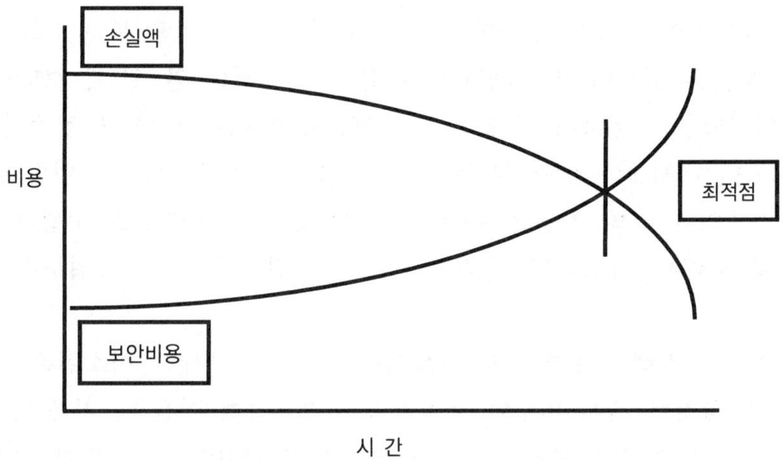

〈그림 2-3〉 최적의 보안대책

위에서 언급한 고려사항 중에 비용은 3번째로 고려할 항목이다. 만약 대응책이 타당성과 신뢰도가 대략 비슷한 정도라면 마지막으로 고려할 요소가 가장 비용이 적게 드는 대응책을 선정하는 것이다. 결과적으로 이러한 대응책의 선정원칙은 최적의 비

용으로 가장 적절한 시스템을 선정하는 것이다.

이러한 비용요소를 고려할 경우에 가장 주요한 사항은 〈그림 2-3〉과 같이 손실비용과 대응비용의 적절한 균형점을 찾는 것이다.

오늘날 과학기술의 발전은 자산보호분야에 새로운 기준을 제시하고 있다. 이것은 기술발전에 따라 적절한 대응책을 선정하는데 수많은 요소들을 균형 있게 고려해야하는 상황을 만들었다. 이러한 대응책의 평가와 선정에서 고려하여할 주요한 선정사항의 강점과 약점, 유용성, 여러 장소에의 적용성 등을 고려해야 한다. 언제나 보안분야에서의 각각의 전문성은 해당 분야의 가장 최신 정보를 종합하여 평가하여야 한다. 따라서 어떤 특정한 제품이나 서비스 제공업체의 설명에 의존하거나 구성원 소수의 평가는 자칫 더 많은 유지보수 비용이나 또 다른 취약성을 발생할 수 있으므로 신중을 요하는 과정이다.

시스템평가에서 시스템이란 필요한 기능을 실현하기 위하여 관련 요소를 어떤 법칙에 따라 조합한 집합체를 의미한다. 따라서 시스템은 어떤 의도에 따라 통합된 단순한 집합체나 집단과는 구별되는 의미이다. 시스템의 모든 부분은 다른 부분과의 관계에 따라 유기적인 기능을 수행한다. 따라서 시스템은 어떤 부분이라도 의도되지 않는 여분의 부분은 없으며 또한 필요한 부분이 없어서도 안 된다. 보안대책기획에 이러한 시스템기법을 적용하기 위해서는 각각의 개별적인 대책들을 선정하는 과정이 필요하고, 이러한 대책들이 보안업무를 서로 지원하는 역할을 한다. 이렇게 적절하게 디자인된 시스템의 각각의 자원은 독특하고 필수불가결한 역할을 수행하게 된다. 이러한 디자인의 형태는 전체적인 대응책의 수립을 간결하게 하고 업무수행의 최적화를 이루게 한다.

마지막으로 시스템은 통합되고 시험되어야 한다. 각각의 시스템은 컴퓨터분석 또는 여러 가지 다양한 매개 변수와 모델기법을 활용하여 이론적, 기계적, 전기적, 전자적 요소의 운영을 통하여 물리적으로 통합되고 시험되어 진다. 또한 시스템은 지휘조훈련이나 모의 위기훈련에 따라 절차의 적용과 인간행동과 반응을 테스트한다.

2) 구성요소의 선정

앞에서 언급했듯이 대응책에 대한 신뢰도는 개별적으로 평가되어야 한다. 위협요소를 가지고 있는 네트워크의 각각의 위험요소에 대한 대응책을 고려할 경우에, 중요한 핵심이 대응책의 신뢰도이다. 어떤 시설물의 출입구 출입통제를 예로 들면, 100번의 출입통제를 실시할 경우에 1번의 부적절한 대응은 신뢰도가 있는 경우이며, 20번 중에 1번의 에러가 발생할 경우까지는 해당기기의 신뢰도를 수용할 수 있을 것이다. 앞의 경우는 거의 에러가 발생하지 않는 경우로 이러한 출입통제시스템은 매우 효과가 뛰어나다. 반면 후자는 전자보다는 약간 느슨한 통제시스템이라고 볼 수 있다. 확률적으로는 전자는 99%의 신뢰도를 나타내고 ,후자의 경우는 95%의 신뢰도를 보이는 것이다. 두 출입통제시스템의 신뢰도 4%차이는 상당히 큰 비용을 절약할 수 있는 경우로, 만약 해당 사업장에서 95%의 신뢰도가 수용이 가능하다면, 후자를 선택하는 것이 비용을 절약하는데 적합하다.

또 다른 사례로는 주컴퓨터설비에 적용되는 화재감지시스템은 어떠한 에러도 허용하지 않는다. 따라서 단일 감지장치가 매우 높은 신뢰도를 보인다 할지라도, 사용자는 중첩적인 안전성을 위하여 2~3개의 추가적인 감지기를 설치한다. 이것은 신뢰할만한 장치라 할지라도 개별적으로 에러가 발생할 가능성은 있으므로, 여러 개를 동시에 설치할 경우에 동일 장소에 설치된 감지기가 동시에 에러가 발생할 개연성은 거의 없으므로 중복적인 설치를 하게 된다. 이것은 만약 2개의 온도조절장치에서 개별적으로 에러가 발생할 개연성은 1%(99% 신뢰도)이면, 2개가 동시에 에러가 발생할 개연성은 0.1×0.1= 0.01%(99.99% 신뢰도)에 이른다.

이와 같이 하나의 장치를 추가함으로써 신뢰도는 배가됨으로 보안시스템에서 매우 높은 수준의 신뢰도를 성취하기 위해서는 가격이 저렴한 장치들을 겹쳐서 활용한다. 화재 시나리오의 경우에는 일반적으로 고정식과 레이트형(rate of rise) 온도조절장치 그리고 연소감지기를 사용한다. 이 장치들은 화재의 진행단계에 따라 각각 다른 감지기능을 발휘하므로 감지기능을 배가하는 역할을 한다. 또한 이렇게 여러 가지 다양한 감지기를 복합적으로 활용하는 것이 단일 감지기로 높은 신뢰도를 가진 모델보다 비용측면에서 절감되는 효과가 있다.

3) 시스템의 운영방법

보안시스템이나 프로그램의 구성은 물리적, 기술적, 관리적 시스템으로 대별되나 전체적인 통합을 어떻게 구현하는가에 따라서 성패가 좌우된다. 보안시스템의 구성요소들은 개별적인 신뢰도를 유지하고 전체적인 업무를 원활하게 수행할 수 있도록 연결고리 역할을 적절하게 수행하여야 한다. 또한 어떤 구성요소에 문제점이 발생할 경우에는 관리자가 신속하게 이러한 문제점이 발생할 개소를 발견하여 조치할 수 있도록 설계한다.

모든 핵심적인 시스템구성요소는 2중 3중의 추가적인 대응책으로 업무연속성을 유지하도록 설계하는 것이 보안시스템 구성에서 핵심이다.

보안손실이 발생하는 3가지 요소에는 ① 취약점 발견의 실패, ② 최적의 보안대책의 수립 실패, ③ 변화의 감지 실패로 대별할 수 있다.

변화는 보안대책의 적합성의 문제와 취약성을 발생하는 원인이 된다. 이러한 취약성의 변화는 개연성이나 치명성의 어떤 1가지 요인의 변화를 의미하거나 2가지 모두의 변화를 의미하기도 한다. 따라서 기업자산을 보호하는 실무자들은 반드시 보안상황이 변화되는 추세에 따라 취약성평가기법을 활용하여 현재 상황에 부합하는 대응책을 유지하여야 한다. 이것은 기업의 필요에 따라 위협모델이나 우선순위를 개정하고 기업에서 현재 진행되는 공정이나 활동과 매우 긴밀한 관계를 유지하는 것을 의미한다. 이러한 보안프로그램과 비즈니스와의 연계성의 유지가 최상의 보안시스템 운영방법이고 위험관리방법의 핵심이다.

제3절 보안의 경제적 타당성

어떤 조직에서든지 보안업무를 수행하는 과정에서 보안관리자의 고민 중의 하나는 보안활동의 복잡성의 증대로 인하여 기업에서의 차지하는 예산의 비중이 커진 보안조직의 업무에 대한 정당성을 어떻게 경영진이나 동료들에게 전달하는가 하는 것이다.

21세기 지구촌의 보안관을 자임하고 있는 미국은 일찍이 보안조직에도 기업경영의 측면에서 업무수행의 비용에 대한 정당성을 명확하게 요구하는 것은 보편적이었으며, 오늘날에는 군사조직의 경우에도 기업경영의 효율성을 접목하는 과정을 계속하고 있으므로, 현대보안업무는 보호대상이나 주체가 누구인가에 상관없이 현재 주어진 업무를 문제없이 수행한다고 해서 보안업무의 정당성이 부여되는 것이 아니며, 보안업무의 특성이자 과제인 미래의 손실요인을 방지하는 것이 얼마만큼 조직에 기여하는가를 객관화하고 수치화하는 것은 현대보안업무를 수행하는 보안관리자의 전문성을 결정하게 된다.

예를 들어, 새로운 보안 프로그램을 도입·설정하는 과정에 매년 25억 원의 예산이 5년에 거쳐 투자한다고 하자. 그러면 기업경영의 측면에서는 투자된 예산만큼 기업에 기여하는 부분을 객관적인 수치로 보여주어야 한다. 더불어 기업이 매출의 10%를 이윤을 낸다고 한다면, 보안투자비용에 대해서도 연 2억5천만 원의 추가적인 수입이 발생하여야 하는 것이 기업경영의 원칙이다.

이와 같이 매년 25억 원을 5년간 투자한다는 가정 하에 5년 후 보안에 투자된 총비용은 125억에 이르게 된다. 여기에 연 10%이윤을 합하면 보안에 투자된 총금액은 137억 5천만원에 이른다. 이것이 해당기업이 5년간 새로운 보안 프로그램의 설정에 들어간 순수비용이다. 따라서 보안조직은 여기에 해당하는 금액만큼의 가치를 기업에 기여하였다는 것을 명백하게 보여주어야 한다.

이와 같이 대부분의 보안조직의 운영결과물은 직접적으로 수치로 나타나는 과정이 아님에도 불구하고 비용에 대한 정당화과정은 필요하다. 일례로, 사업장에서의 질서유지나 폭력예방활동의 필요성에 대해서는 논쟁의 여지가 없으나, 해당 업무에 얼마만큼의 인력이나 재원이 투입되는 것이 최상인가에 대한 최적점 찾기에 대한 논의는 부족하다. 그러나 기업의 보안 프로그램은 순수하게 법집행요건을 수행하면 업무의 정당성이 인정되는 법집행기관인 검찰이나 경찰 그리고 교정조직과는 근본적인 여건이 다르다는 것을 보안전문가들은 항상 명심해야 한다. 기업간 경쟁의 심화는 생산성이 떨어지는 부서의 존폐에 영향을 미치게 되므로, 언제나 기업보안활동의 명분은 최대한 기업수익에 기여하는 부분이 많아야 비용정당성의 논란에서 자유스러울 수 있다.

1. 비용절감

경제적인 정당성을 확보하는 한 가지 방법은 보안 프로그램이 운영되지 않았을 경우에 손실이 발생하였을 개연성을 수치화하고 보안 프로그램을 운영함으로써 들어간 비용과 개연성이 있는 사건이 발생하였을 경우의 손실액을 비교함으로써, 손실방지를 위해 투입된 비용이 손실발생으로 인한 피해비용보다 적다는 것을 보여준다.

이러한 접근법은 비록 상당히 이론적으로 보이고 미래의 변수를 고려하여야 하지만, 대부분의 위험관리전문가들이 어떤 기업의 잠재적인 위험요소가 어느 정도이고 얼마만큼 해당 위험요소를 관리할 수 있는지를 평가할 경우에 활용한다. 이러한 적용방법을 통하여 보험료와 클레임관리 비용을 기대손실의 비용과 서로 비교한다. 이러한 비교에서는 기업에 잠재된 위험 총량이 보험에 의해서 보호할 필요가 있는 추가적인 비용보다 큰 손실을 발생할 가능성이 있으나, 예상되는 손실비용(기대손실)보다 상대적으로 낮은 접점을 찾아야 한다.

이 경우에 손실비용과 보험료의 상대적인 비교 등 여러 가지 고려할 요소들이 등장한다. 따라서 여기에서는 초기에 보험료로 지불되는 비용 혹은 잠재적인 위험손실을 보유하다가 나중에 지불되는 손실복구액을 비교하기 위하여 미래의 수익이나 비용에 대하여 현재의 가치로 수치화되는 과정이 요구된다. 그리고 현금에 대한 연 이자율이 15% 이상일 경우나 기업의 투자대비 수익률이 15% 이상일 경우에는 수치화된 액수가 커지면 커질수록 기간의 중요성도 증가한다.

보안비용을 정당화하기 위한 이러한 접근방법의 활용은 제안된 손실예방 프로그램의 비용을 미래에 기대되는 손실의 관점에서 고려하게 할 것이다. 따라서 어떤 기업에서건 위험관리에 대한 완벽한 분석을 위한 자세는 자산보호 프로그램의 비용에는 프로그램의 단계에 따라서 각 단계에 해당하는 가장 적절한 보험비용을 포함하여야 한다. 여기에는 위험관리와 관련된 전체적인 비용을 말하는 것으로 ① 보안 프로그램을 적용하는데도 발생한 손실과 보험에 가입하지 않는 손실, 보상받지 못한 손실, ② 손실예방 또는 통제프로그램의 비용과 보험료 이외의 추가비용, ③ 보험료와 클레임처리비용을 포함한 손실을 의미하며, 상기와 같은 모든 비용이 합산된다. 따라서 해당 기업에서 특정 기간 동안에 위험관리활동이 성공적으로 수행되었을 경우의 예상비용은 손실예방활동이나 보안프로그램이 없을 경우 발생할 개연성이 있는 예상손실비용보다 적어야 보안프로그램의 비용절감에 대한 정당성이 확보된다.

2. 손실관리

위험보유 목적(예를 들어, 손실비용 대비 보험료)으로의 위험관리효율성을 측정하는 과정은 많은 경험을 요구하는 긴 과정이지만 손실관리를 적용할 경우에는 이러한 자료측정과정의 경험은 일천하다. 손실을 예방하거나 줄이기 위한 손실관리는 보안업무나 자산보호 프로그램의 특정한 기능을 의미한다. 따라서 필요할 경우에는 보안비용의 정당성이 이러한 기법을 보안 프로그램에 직접적으로 적용함으로써 설명될 수 있다. 만약 규명된 보안손실에 대한 영향력이 확립되어 있다면, 모든 해당 손실위험에 해당되는 총합을 정량화하는 과정이 필요하다.

어떤 단일 손실상황이 발생할 경우에 손실액이 1억 원에 달하고 해당 상황이 연간 발생할 빈도가 33%라고 하면, 해당 손실상황이 다음해에 발생할 개연성이나 기대손실액은 3천3백만 원이 될 것이라는 추정이 가능하다. 그러나 동일한 상황이 발생할 개연성이 기업의 손실관리를 통하여 20%로 낮아질 경우에는 해당 기업에서 다음해에 동일한 손실상황으로 인한 기대손실액은 2천만으로 낮아진다. 이것을 관리된 위험(managed risk)이라고 부르며, 기업은 특정 손실원인에 대한 손실관리를 통하여 연간 천3백만의 비용을 절감하게 된다. 이와 같은 방법으로 기업에 잠재적 다양한 손실요인들을 찾아서 관리할 경우에 기업이 미래에 지불해야할 손실비용은 크게 줄어들게 될 것이다.

이러한 손실관리에서 주요한 선행요건은 모든 중요한 손실요인들은 취약성분석을 통하여 규명되고 가능한 다양한 데이터를 수집하여 최대한 평가된 영향력 수치의 객관성을 확보하게 되면, 이러한 평가수치 들은 특정연도의 종합적인 기대손실의 자료로 활용되게 될 것이다.

여기에서는 먼저 제안된 보안대책을 검토하기 전에 전체적인 손실에 관심을 기울려야한다. 이것은 어떤 보안대책이나 자산보호 프로그램이 적용되지 않은 상태에서의 기업 상황에서 전체적인 손실액은 어느 정도인지를 파악하는 것을 의미하며, 어떤 경우에는 특정한 상황에 대한 해명을 의미하기도 한다.

만약 이미 스프링클러 시스템이 설치되어있는 특정한 건물에서의 화재손실위험을 고려할 경우에는 해당 건물에 스프링클러 시스템이 없는 상황에서의 위험정도를 산정하기 어렵기 때문에 어느 정도의 관리된 위험이 있는지를 평가하기가 어렵다. 이런 경우의 화재손실은 스프링클러가 설치된 건물에서 화재손실을 추정하는 것이 된다.

그러나 추가적으로 스프링클러에 경보장치, 보안요원이나 화재감시원, 자체소방대, 조기경보장치와 같은 선택적 요소들의 비용 또한 고려되어야 한다. 따라서 스프링클러가 설치된 건물에서의 화재손실발생 가능성은 동일한 장소에서 앞에서 언급한 모든 선택적인 요소들의 가용성 유무를 먼저 고려한 화재손실발생 가능성과 비교하여야 한다. 더불어 여기에서 명확한 점은 선택 요소들의 추가적인 비용으로 화재손실비용을 획기적으로 감소시키더라도 추가적인 비용은 화재손실비용의 감소폭보다는 작아야 한다.

여러 가지 자산보호대책들이 제안되고 시행될 경우, 2번째로 고려할 사항은 보안대책의 시행에도 불구하고 손실이 발생하는 경우이다. 예를 들어, 어떤 완성품이 보관창고에서 절도로 인한 추정된 손실이 1억 원이나 해당 보관창고에는 어떠한 보안대책도 시행되고 있지 않았을 경우이다. 따라서 이러한 절도를 방지하고자 보안 프로그램으로 CCTV 감시시스템, 경보시스템, 순찰요원의 배치가 제안되었다. 제안된 프로그램을 시행할 경우에 절도로 인한 손실액은 천만 원으로 줄어들 것으로 예상되었고, 해당 보안 프로그램을 설치하고 시행하는데 5천만 원이 들것으로 예상되었다. 따라서 보안프로그램을 적용하지 않았을 경우의 손실액 1억 원과 보안프로그램의 설치와 설치 후의 손실액을 합한 금액 6천만의 차이인 4천만 원이 보안프로그램을 운영함으로써 보전될 것으로 예상되는 금액이다.

어떤 기업이나 조직에서 손실관리 프로그램을 시행함으로 줄어든 주요한 손실액이나 차이는 종합하여 조직 전체의 손실관리 프로그램의 효과와 더불어 보안활동의 정당성을 나타내는 결과물이다. 이러한 줄어든 손실액을 보안프로그램을 시행하는데 투입된 비용과 비교하면 보안활동의 효과를 나타내기도 한다. 따라서 보안시스템이 더 체계적으로 디자인되면 될 수록 이러한 보안비용의 정당성을 입증하는데 효과가 있다.

보안관리자가 보안 프로그램의 운영여부에 상관없이 예상되는 손실에 관심을 기울려야 하는 이유 중에 하나가 이러한 예상손실이 조직에 보안예산을 요청할 경우에 경영진의 의사를 결정하는 주요한 지침이 되기 때문이다. 만약 어떤 제안된 보안프로그램이 납득할만한 좋은 결과를 예상하지 못할 경우에는 결코 기업으로써는 이러한 보안프로그램에 대한 제한을 승인하지 않을 것이다.

그러나 앞에서 살펴본 손실관리에 관한 공식의 가장 실질적인 적용은 실제상황이 발생한 다음 구체적으로 구현된다. 특정 회기연도 말에 실제적으로 보안프로그램으로 인하여 발생한 손실감소와 측정가능한 성과는 얼마나 되는가에 대하여 다음의 사례를 통하여 살펴보자.

사례 1) 어떤 기업의 운전사가 근무 중에 자동차끼리 부딪치는 사고로 상대방 운전자가 중상을 입었다. 해당 피해자는 즉시 회사를 상대로 운전사에 대한 관리태만과 회사의 대위책임으로 50억 원의 손해배상 클레임을 제기했다. 이에 따라, 즉시 보안부서의 가장 경험이 많은 조사요원이 기업법무책임자의 지침에 따라 조사한 결과 실제적으로 클레임 제기자가 사고가 발생하기 바로 직전에 인근 주점에서 더 이상 술을 제공하는 것을 거부할 정도로 폭음을 하였고, 바텐더로부터 운전을 하지 말하는 경고까지 받았다는 사실을 확인하였다. 따라서 기업 법무팀에서는 고소인에게 이같은 사실확인 서면을 전달하면서 천만 원의 합의금으로 합의를 요청하기로 하였다. 그러나 만약 상대방이 합의 제안을 거절하고 소송을 제기한다면, 기업에서 부담하는 소송비용은 최대 2천만 원 정도까지 예상된다.

사례 2) 어떤 회사의 생산관리자로 근무하였던 사람이 최근에 불만족스러운 업무수행과 부정직한 행위로 적발되어 해고되었다. 이 회사는 임직원의 부정행위로 인하여 연평균 5명이 해고되며 부정직한 행위로 인한 손실액은 최소 10억원에서 최대 100억원에 이르며, 지난 5년 동안 평균적으로 60억원의 가시적인 손실이 구성원의 부정행위(fraud)로 인하여 발생하는 것으로 나타났다. 올 해에도 신입사원에 대한 배경조사를 통하여 12명의 지원자가 허위로 작성된 이력서를 제출한 것을 발견하고 입사를 취소하였다. 이에 대한 모든 증거조사와 절차수행은 보안부서의 보안조사팀에서 이루어진다.

이와 같은 2가지의 사례에서 보듯이 보안업무의 수행을 적절하게 할 경우의 성과는 곧바로 재정적인 결과로 연결된다. 1번째 사례에서는 50억 원의 클레임을 천만 원의 합의금으로 조정하였고, 2번째 사례의 경우에는 12명의 부정직한 지원자를 채용하지 않음으로써 회사는 최소한 1년에 60억원의 손실을 예방하는 결과를 얻을 수 있을 것이다.

3. 손실회복

보안업무의 경제적 정당성을 나타내는 2번째 요소는 기업에서 발생한 손실비용을 회복시키는 것이다. 따라서 보안프로그램을 운영함으로써 실제로 회복된 자산을 평가하고 규명하는 과정이 여기에 포함된다.

다음은 이와 같은 손실회복의 예를 보여주는 것이다.

① 귀중품을 수송중인 회사화물용 트럭이 강탈되어 오지에 버려진 경우에 기업보안부서의 신속하고 효과적인 조사활동을 통하여 강탈된 트럭을 찾아내고 귀중품도 모두 회수하였다.

② 직원이 적절한 통과절차를 거치지 않고 커다란 상자를 가지고 사업장 밖으로 나가는 도중에 보안요원의 순찰과정에서 적발되었다. 생산라인의 책임자를 불러 가지고 나가려는 직원의 상자를 개봉한 결과 생산 공정에서 사용되는 기업의 주

요한 부품이 가득 들어 있었으나 해당 직원은 어떠한 타당한 소명도 하지 못하였다.

③ 사업장에서 원재료에 대한 재고조사를 실시한 결과 2억 원에 상당하는 원재료가 장부기록과 차이가 발생하였다. 차이가 발생한 원재료는 지방의 공급업체로부터 포장된 상태로 구매한 것이다. 이러한 결과를 보고받은 보안부서은 6개월간의 조사과정을 통하여 실제적으로 선적하지 않은 상태로 포장된 원재료에 대한 영수증을 검수직원에게 전달하는 방식으로 검수직원과 공급업체 간의 공모를 적발하였다. 이러한 대가로 검수직원은 공급업체로부터 3백만 원을 받았다. 그러나 회사는 5백만의 공제조항과 최고보상액이 100억에 달하는 신원보증보험(fidelity bond)에 가입되어 있었으므로 보안부서의 치밀한 조사결과 직원의 부정직성을 증명함으로써, 기업은 보증보험회사로부터 1억9천만의 보험금을 받을 수 있었다.

이상은 기업에서 수없이 발생하는 보안활동을 통한 손실복구의 일례이다. 이러한 구체적인 손실복구액이 보안업무의 비용에 대한 실제적인 결과물이다. 위에서 언급한 강탈당한 트럭의 회수, 직원의 제품절도의 방지, 제고조사 결과에 따른 직원의 공모적발과 같은 결과는 명백하게 실제적인 수치로 나타나는 보안활동의 결과물이다.

이러한 보안활동의 결과물에 대한 가치평가를 처음 구입가격으로 할 것인가 아니면 손실된 자산에 대한 현재의 대체비용을 손실비용의 회복가치로 할 것인지는 기업의 정책에 따라 달라질 것이다. 따라서 회복된 자산 가치에 대한 평가는 기업의 자산관리정책에 의거하여 지속적으로 적용해나가야 한다.

4. 보안비용의 측정

앞에서 설명한 손실비용의 회복에 근거하여 보안비용에 대한 결과를 특정한 연도를 적용하여 평가하면 다음과 같은 방정식으로 나타낼 수 있다.

$$\frac{AL+R}{CSP}=\mathrm{ROE}$$

여기에서 AL=손실보존, R=손실복구, CSP=보안프로그램의 비용, ROE=보안비용에 대한 수익을 의미한다.

대표적인 보안프로그램비용(CSP)의 구성은 다음의 항목을 포함한다.

① 인건비(구성원의 급여와 외주업체의 인건비 그리고 성과급)
② 전화, 우편, 출장비, 회원권, 외부 보안서비스 비용 등 모든 운영비용
③ 투입된 자본에 대한 할당분: 일례로 만약 보안경보시스템을 설치하는데 1억5천만 원의 비용이 들어갔다면, 투입된 비용에 대한 회수기간이나 경보시스템의 수명이 5년이라고 할 경우에 시간이 흐름에 따른 설비의 가치하락(감가상각)이나 비용회수 기간으로서의 경비를 포함할 경우에 연 3천만 원이 해당 설비에 대한 할당분이다.

결과적으로 기업은 수익을 창출하는 것이 목표이므로 보안업무의 목표도 가능하다면 보안비용에 대한 수익(ROE)을 극대화하는 것이다. 따라서 보안프로그램에 투입되는 비용과 기업의 순수익을 합한 금액보다 더 좋은 결과를 만들어내는 것이 보안활동의 정당성을 나타내는 것이다.

더불어 보안프로그램에 대한 성과를 측정할 경우에 보안프로그램이 작동함으로써 기업의 다양한 공정단계에서 클레임을 회복하거나 손실을 회피함으로써 발생하는 성과도 평가하는 것이 중요하다.

만약 기업의 보안기준과 정책에 따라 주로 조사업무의 수행과 소규모 사업장의 감사를 실시하나 사업장의 시설보안프로그램과 시설물의 구성원을 직접적으로 관리하거나 통제하지 않는 1명의 조사요원에 대한 ROE를 평가할 경우에는 해당 조사요원에 의해서 직접적으로 발생한 비용만을 고려하여야 하므로 여기에는 사업장의 시설보안프로그램에 대한 비용은 제외되어야한다. 유사하게, 조사나 감사업무에서 직접적으로 발생한 복구성과는 조사요원의 업무로 간주하나, 사업장 손실예방기법이나 물리적 보안대책을 운영함으로써 발생하는 성과는 조사요원의 결과물이 아니다.

또한 ROE를 평가할 때 고려하여할 사항으로는 단체나 부서별로 효율성을 평가하는 것은 결코 좋은 방법이 아니다. 만약 어떤 보안요원이 특정 사업장에 경보시스템을 설치하는 것을 제안하였고, 이 제안이 채택되어 경보시스템이 설치됨으로써 효과적으로 절도가 예방되었을 경우에 이러한 손실방지효과가 사업장 보안프로그램의 성과인지 아니면 기업프로그램의 성과인지는 불명확하다. 따라서 모든 보안활동의 성과와 결과물을 통합하고 전체적인 성과의 측면에서 접근하는 것이 더 향상된 평가방법이 될 것이다. 이렇게 전체적으로 성과를 통합하여 해당 연도에 투입된 보안비용의 총합으로 기업에 얼마나 기여하였는가를 산출한다.

이와 같이 보안비용이나 성과를 가능한 정도까지 최대한 수치화하는 과정은 보안업

무의 정당성을 확보하기 위해서 매우 중요하다. 따라서 많은 기업에서 이러한 보안성과에 대한 정량적 평가 없이 보안비용을 줄이는 것은 기업이 보안투자를 통하여 얻는 이익이 기업에서 발생하는 손실보다 더 크다는 것을 알지 못하는 것을 의미한다.

5. 보안비용의 구성

일반적으로 모든 조직에서 예산책정 단계에서부터 보안비용항목을 따로 분리하여 책정하지는 않는다. 그러나 실제적인 보안활동의 성과(ROSI)를 분석하기 위해서는 당연히 보안비용의 전체적인 분포에 대하여 명확한 기준이 확립되어야 하는 것은 조직 구성의 효율성 측면에서 중요하다.

특히, 우리나라의 보안산업이나 보안전문가의 양성이 부진한 가장 근본적인 이유는 보안관련 예산을 확보하기 위한 보안정당성의 결여에서 기인한다.

보안비용의 일반적인 구성을 분석하는 이유는 국·내외 보안조직의 부서/기관/조직에서 최적의 재원을 산정하는 기준을 확립하고자 하는 의도이다. 보안과 보호대책 비용의 산정에는 경쟁사 정보활동 비용은 포함하지 않으나, 만약 예산이 다양한 용도에 분포되어 있더라도 보안과 보호대책의 용도에 50% 이상이 사용된다면 보안비용에 포함하여야 한다.

보안업무에 사용되는 주요 항목의 구성은 ① 인사보안, ② 시설보안, ③ 정보보안(등급별 관리, 전자보안/정보기술시스템, 기밀로 분류되지 않는 핵심적인 정보관리), ④ 전문적인 교육, 훈련과 예방 프로그램, ⑤ 보안관리, 감독, 기획, ⑥ 보안부서/기관의 특별 항목으로 구성된다.[6)]

1) 인사보안

이 항목은 초기에 정부나 정부업무를 수행하는 계약업체 고용인의 적격성을 판단하기 위하여 확립되었으므로 프로그램 구성이 조직 간에 긴밀하게 연계되거나 상호간의 협조가 필요하고, 국가기밀, 기밀은 아니지만 핵심내용이나 재산적 중요정보에 계속적으로 접근이 가능한지에 대한 적합성을 보장하려는 의도에서 시작되었다.

① **신원확인 프로그램**: 정부 프로그램의 기밀정보 또는 기밀로 분류되지 않았으나

---

6) 여기의 언급하는 내용은 주로 미국의 보안프로그램을 참조하였으므로 현재 우리나라의 상황에 적절하지 않는 내용도 포함되어 있다.

중요한 정보에 사람이나 활동이 접근이 가능한지에 대하여 초기 또는 계속적인 적합성과 적격성에 대하여 판단하려는 것이다. 오늘날 이러한 프로그램의 운영은 기업에서도 널리 활용되고 있다.

② **초기수사**: 개인에 대한 보안에 대한 의문점에 대하여 검토하고 의문점을 해소하려는 것으로, 초기 신원확인, 중앙인사기록에 확인된 데이터의 입력, 문제점을 발견할 경우에 관계당국에 추가적인 수사를 의뢰하거나 자체적인 심층조사를 실시한다.

③ **국가기관확인(NAC)**: 개인의 정보보안을 취급하는 관련기관에 대한 충성도와 신뢰도를 유지하고 있는가에 대한 관련 사실을 다양한 정부기관에 보관된 파일을 확인함으로써 검증한다.

④ **사실 확인과 확정**: 보안문제가 있는 개인에 대하여 관계당국이나 소송을 진행할 것인가를 적합성을 결정하기 위하여 개인의 보안사례를 분석하고 조사한다.

⑤ **재수사**: 정부나 정부와 관련된 업무를 시행하는 업체에서 주기적으로 시행하는 구성원의 신원확인에 관한 조사를 의미한다.

⑥ **거짓말탐지기**: 보안확인 프로그램에서 실제적으로 시행되는 절차 중에 하나이다.

2) 시설보안

국내·외 인명보호, 시설물과 정보의 보안대책을 고안하기 위한 물리적 조치와 관련된 보안업무를 수행하는데 필요한 모든 재원과 인력을 의미하고 보안비용 중에서 가장 큰 비중을 차지한다.

① **시설보안장비**: 조직의 자산과 재원, 인명, 설치물과 시설, 기밀 분류된 정보와 미분류된 중요정보를 보호하기 위하여 주요 부분에 기여하는 모든 장비와 시스템이 여기에 포함된다.

② **보안요원**: 임금, 추가근무수당, 상여금, 보급품, 장비와 시설물, 차량, 헬기, 훈련, 통신장비와 관리 등 보안부서와 관련된 모든 운영비용과 개인비용이 여기에 해당한다.

③ **인명보호(반테러리즘/ 저수위 갈등)를 위한 시설보안**: 시설보안장비와 이동식 보안시스템으로 정치·군사적인 갈등이 발생할 가능성이 있는 지형적인 위치에 있는 사업장이나 인명과 자산을 보호하기 위하여 사용되는 방호장비를 의미한다. 더불어 무장차량, 방탄제품, 의복과 시설보안의 상향조정, 개인용 통신장비와 차

량도 필요에 따라 추가된다.

④ **시설보안조직:** 군대, 민간보안서비스, 자체보안조직으로서 주요한 업무가 국내·외에서 시설보안기능을 수행하는 조직을 의미한다. 따라서 여기에는 주요한 조직의 업무가 시설보안업무가 아닌 것은 배제한다.

⑤ **침입감지와 평가:** 경보기, 감지기, 보호조명과 통제시스템의 신뢰성, 정확성, 적시성, 시스템의 효율성을 평가한다.

⑥ **장벽과 통제:** 담장, 펜스, 바리케이드 또는 지정된 구역으로 진입하는 것을 제한, 통제, 지연, 거부하기 위한 모든 자연 방해물이 여기에 해당한다.

⑦ **핵심 구성요소와 안전한 모니터링:** 컨테이너, 문, 펜스 등을 위한 안전장치의 모니터링과 관련된 운영활동과 인력을 의미하고, 해당 시설물의 안전성이 파괴될 경우에는 경보와 신호를 통제실로 송신하는 역할을 한다.

⑧ **출입통제/배지 시스템:** 카드리더, 회전식 십자문, 배지시스템, 금속탐지기, 암호잠금장치, CCTV, 여러 가지 출입통제 메커니즘과 같은 사람과 하드웨어는 시설물에 단지 허가된 사람만이 출입하도록 하는 목적으로 운영되며, 반입이 금지된 물품의 통제와 시설물 외부로 이동하는 자산을 통제하는 역할을 한다.

⑨ **출입통제:** 중요 방문자와 일반 방문자의 입·출입과 관련된 사람이나 활동과 해당국가에서 추가적으로 지정한 업무를 수행한다.

3) 정보보안

여기에는 기밀자료의 등급별 관리, 전자적 보안/정보기술시스템, 기밀 분류되지 않은 중요정보의 관리가 주요한 항목이다.

① **등급별 관리:** 경영자의 지시나 회사규정에 의한 보호, 기밀 분류된 정보와 불법적인 내부기밀의 누설을 통제하고 규명하기 위한 관리정책과 규정에 관한 시스템을 의미한다. 또한 등급별 관리는 규정, 통제, 이동, 전환, 저장하기 위한 재원을 포괄하며, 또한 재고관리와 문서를 검색하거나, 등급 분류된 정보를 파기하거나 재분류하는 업무를 수행한다.

② **전자적 보안/정보기술시스템:** 컴퓨터나 정보기술시스템에 의해 처리되거나 저장된 정보의 기밀성, 무결성, 유용성을 보장하기 위한 통제와 조정업무를 시행한다. 여기에는 컴퓨터 하드웨어와 소프트웨어, 그리고 기밀문서, 기밀로 분류되지 않은 핵심기술, 또는 핵심정보와 자료 또는 자동화된 시스템공정을 보호하기 위

하여 보안시스템에 제공되는 모든 보안관련 보급품이 포함된다.

③ **의심스런 전자방출방지(TEMPEST)**: 원거리 통신, 자동정보시스템으로부터 방출되는 전자파를 통제, 연구, 조사하는 업무를 수행한다.

④ **기술적 감시대책(TSCM)**: 비파괴적 그리고 파괴적 조사, 전자기파 조사, 전화시스템 조사와 같은 기술적 보안대책의 적용과 훈련, 개발과 관련된 개인이나 운영비용이 여기에 해당한다.

⑤ **통신보안(COMSEC)**: 통신보안은 원거리 통신으로부터 정보를 불법적으로 유출하는 행위를 방지하는데 적용되는 조치와 통제, 현존하는 시설물승인의 타당성과 수용성의 확인에 관한 일정의 조정 또는 통신기획의 인증, 시설물승인의 지위부여, 시설물승인의 종료, 시설물 유지보수 날짜와 승인기록, 신원확인, 추적과 폐쇄, 검사, 사전검사, 조사와 평가를 통하여 발견된 결함의 기록, 보안프로그램의 결함, 상태와 교정활동을 규명하기 위한 보고서의 작성을 보장하기 위함이다.

⑥ **기밀로 분류되지 않는 중요정보의 관리**: 불법적인 정보의 유출, 기밀로 분류되지 않는 중요정보를 규명하고 통제하기 위한 관리정책과 절차에 관한 시스템이다. 기밀로 분류되지 않은 중요정보의 관리는 해당 정보를 규명, 통제, 전송, 이전, 저장, 검색, 재고조사, 기록과 파기 모든 과정에 사용되는 모든 재원들을 포괄한다.

⑦ **운영보안(OPSEC)**: 운영보안은 조직의 중요한 활동의 시행과 기획에 관한 증거를 보호, 통제, 규명하기 위한 의도나 역량에 관한 잠재적인 역정보를 부정하기 위한 공정을 의미한다. 운영보안에는 ⓐ 상대방에 의해서 관찰될 가능성이 있는 행동을 규명, ⓑ 상대방이 적시에 활용이 가능하도록 해석되거나 조합될 수 있는 지침을 결정, ⓒ 조직의 정보프로그램의 취약성을 제거하기 위한 조치의 선정과 시행하기 위한 적절한 행동과 활동을 분석하는 공정이 포함되나, 이것에 한정되는 것은 아니다.

4) 전문적인 교육, 훈련과 예방 프로그램

상기에 언급한 인사보안, 시설보안, 정보보안의 업무를 통합적으로 수행하기 위해서는 구성원의 보안에 대한 인식의 제고와 실무자의 전문성이 보안프로그램의 성패를 좌우한다. 따라서 좋은 교육훈련 프로그램은 어떤 보안 분야에 대한 투자보다도 효과적이며, 결코 소홀히 해서는 안 되는 핵심 분야이다. 여기에서는 보안훈련과 예방 프로그램, 훈련 프로그램의 승인과 인증, 교육 프로그램의 개발과 관리, 훈련기록의 유지, 해당 업무와 관련된 임무를 수행하기 위한 개인훈련, 보안책임을 부여하기 전에 개인의 자격과 자질의 평가와 지원, 확립, 유지보수, 지침을 개발한다. 특히 우리나라와 같이 보안실무자에 대한 전문교육프로그램이 제한적인 경우에는 이러한 교육프로그램의 개발에 관한 투자가 선행되지 않으면, 조직전반의 보안업무의 조정과 관리기능이 없는 것과 마찬가지 이므로 선행된 보안 분야에 대한 투자의 효과에는 한계가 명확하다.

5) 보안관리, 감독과 기획

개별적인 조직에 필요한 보안정책의 요구사항, 개발예산과 재원, 요구사항, 조직행동의 감독, 경영진의 요구사항을 달성하기 위한 행동, 절차와 계획의 이행과 개발이 여기에 포함된다.

① **연구, 시험 그리고 평가:** 보호대책과 보안요소에 대하여 역점을 두고 다루기 위하여 이에 관련된 문서, 교정활동보고서, 평가프로그램과 인준시험, 수용관리, 개발과 관리를 수행한다. 그리고 수용 가능한 지시에의 순응과 운용성, 효과를 보장하기 위하여 시설보안시스템(건물, 시설, 장비)의 시험과 조사를 행한다.

② **조사와 검토, 인가와 평가:** 보안프로그램의 상태를 결정하기 위한 평가, 효율성, 개발, 그리고 시설물조사와 승인프로그램의 관리, 시설물의 사전조사, 그리고 정보기술시스템의 인가를 평가하기 위한 조사나 검토와 관련된 활동과 인력을 포함한다.

③ **특별 접근 프로그램:** SAP는 동일한 등급별 수준의 정보에 접근하는데 일반적으로 필요한 것보다 더 향상된 보호대책과 접근의 필요성이 부과되는 등급별 정보의 구체적인 등급을 확립하기 위한 프로그램이다. 예를 들어, 미국의 경우 만약 미국대통령의 구체적인 승인이 없다면, 비서실장, 국방부장관, 에너지부장관과 중앙정보국장 만이 SAP 권한이 부여된다. 그러나 핵심기밀정보(SCI)프로그램은 이러한 SAP 평가의 목적에 포함되지 않으며, 모든 SCI보안비용은 가장 적절한 분류에 통합되거나 산정된다.

④ **보안과 조사문제:** 보안에 관한 정책과 절차의 위반, 범죄문제의 조사가 여기에 속하나 방첩활동, 법집행, 또는 방어적 보안프로그램은 포함되지 않는다.

⑤ **산업보안:** 기밀을 취급하는 정부조직의 하청업체나 재하청업체, 공급업체가 접근

이 가능하거나 소유할 수 있는 기밀 분류된 정보나 기밀로 분류되지 않는 정보 보호를 위하여 직접적으로 정부가 수행한 조치로 실무자 신분의 동일함을 증명할 수 있는 조치나 재원을 의미한다. 이러한 조치들의 예로는 산업보안에 대한 재검토, 조사와 시설물 출입에 대한 신원확인의 부여가 해당한다.

⑥ **외국계기업, 통제 또는 영향**: FOCI 프로그램의 관리와 개발, FOCI의 준수에 관한 평가, FOCI정보의 관리와 모니터링, FOCI공고문의 개발이 해당된다.

〈표 2-7〉 세부적인 보안비용 항목

인사보안		시설보안		정보보안		보안교육훈련	
항 목	비용	항 목	비용	항 목	비용	항 목	비용
① 보안절차 이행확인 ② 배경조사 프로그램 ③ 사건조사 ④ 사법절차 ⑤ 재수사 ⑥ 거짓말 탐지기 ⑦ 핵심임원의 재정안정성 확인	20%	① 시설보안장비 ② 보안요원 ③ 개인 시설보안 ④ 조직 시설보안 ⑤ 침입감지와 평가 ⑥ 보호장벽과 통제 ⑦ 핵심보안장비 ⑧ 모니터링 시스템 ⑨ 출입통제와 배지 ⑩ 방문자 통제 ⑪ 보안디자인	40%	① 기밀 분류된 핵심기밀의 관리 ② 전자보안/정보기술 시스템 ③ 전자방출의 보호대책/TEMPEST ④ 기술적 감시대책 ⑤ 통신보안(COMSEC) ⑥ 기밀 분류되지 않은 중요자료의 관리 ⑦ 운영보안(OPSEC)	20%	① 지역 사업장의 보안교육 ② 국외 출장 시 보안교육 ③ 임직원 지원 프로그램 ④ 개인보호 훈련 ⑤ 보안정책과 절차의 교육 ⑥ 실무자 전문교육과 훈련	20%
총 계		총 계		총 계		총 계	

제4절 취약성평가 팀기법

1. 협력의 중요성

일반적인 현대기업에서의 업무처리 프로세스의 구성은 하나의 조직이나 부서가 독립적 혹은 독자적으로 업무를 처리하는 상황은 거의 없으며, 대부분의 기업에서는 다른 부서나 조직과 협력하여 업무를 진행하거나, 동시에 혹은 연속선상에 따라 순차적으로 업무를 수행한다. 대부분의 비즈니스에서 특정 조직이나 부서가 개별적인 견해를 가지고 있다는 것을 이해한다면 이러한 팀접근법은 특정한 위험요소를 가진 기업의 취약성을 평가할 경우에 다양한 기능을 수행하는 관리자의 협력을 유도할 수 있다.

예를 들어, 보안관리자가 경리(지불계정)부서의 도움이 없다면 운송장과 같은 서류조작으로 인한 사기행위의 위험성을 발견하는 것은 어려울 것이다. 부정행위자는 하나의 운송장으로 2번의 지불계정으로 조작하거나 복수의 지급명세서를 만들어낸다. 따라서 보안실무자가 경리부서에서 어떻게 업무가 진행되는지 구체적인 지식이 없으면, 중복적인 업무처리나 부적절한 업무관행에 대하여 놓치게 된다.

그러나 대부분의 대기업에서는 지불계정은 단순히 청구한 금액을 지불하기 위한 송장을 처리하는 과정으로, 일반적으로 최종 수요자나 청구자의 지급명세서나 사이클로 시작되는 청구나 서비스에 대한 요구를 의미한다. 대체적으로 이러한 청구는 구매부서에서 구매승인서 또는 주문서로 변경된다. 이런 과정을 통하여 주문된 상품은 검수와 수입검사부서에서 수령 후 검사가 실시된 다음 사업장으로 배달되거나 내부 운송수단을 활용하여 사용자에게 배달된다. 그런 다음 수입수량검사서와 상품수령보고서는 공급업체에 대금을 지불 할 권한이 부여되어 지불계정부서로 전달된다. 비용지불은 일반적으로 지불계정부서 보다는 금융부서에 의해서 수표의 형식으로 발행된다. 마지막으로 지불계정의 업무는 납품업체의 수표가 은행계정의 또 다른 금융부서에서 다른 항목과 일치하고 지급은행에서 처리 결과가 되돌아올 때, 총괄회계팀의 총계정원장과 보조원장 그리고 분개장에 통합된다.

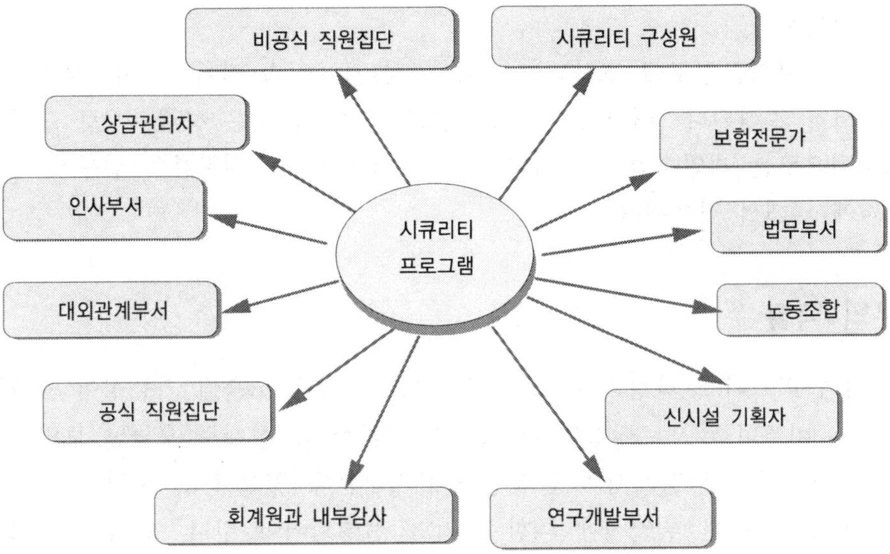

〈그림 2-4〉 시큐리티 내부관계[7)]

이와 같이 기업에서 물품을 구매한 다음 공급업체에 비용을 지불하는 과정은 명확하고 간단하지만 8개 이상의 부서가 이 과정에 관련되므로, 각각의 개별적인 과정에서 자금의 유용이나 부정행위가 일어날 가능성이 잠재되어 있다. 따라서 보안부서는 주문에서 비용의 지불에 이르는 일련의 연결고리의 취약성에 대하여 명확한 지식을 가져야하고 이 과정에 포함된 개별 부서와 단계마다의 취약성에 대해서도 전문적인 지식이 있어야 한다. 보안업무는 이렇게 단일 거래에 다양한 부서가 관련되어 공급업체에 비용이 지불되는 과정에서 취약한 부분을 확인하게 된다. 아무리 작은 조직이라도 대부분의 조직에서는 매일 반복되는 거래에 2개 이상의 부서가 관련되어 업무를 진행한다.

현대조직에서의 대부분의 업무는 어떤 특정 부서 단독으로 처리하는 경우는 거의 없으며, 몇 개의 부서가 서로 협력하여 업무를 진행하는 것이 조직의 특성이다. 일례로 급여지급은 기본적으로 근무일시의 기록과 감독이 포함되는데, 근로자가 소속된 부서의 근무확인과 인사부서에서 최근에 적용되는 다양한 원천징수와 급여목록, 급여지급부서나 회계부서의 급여명세서의 발행과 주기적인 계산이 근로자의 급여를 지급

7) 최선태, 전게서, p. 214.

하는데 관련된 업무이다.

부상자가 포함된 보상금청구에 포함되는 서류 구성에는 직속 감독관, 인사부서, 의료부서, 보험부서가 관련된다. 대기업은 중소기업보다 좀 더 많은 하급부서로 구성되어 있으나 실제적으로는 개인사업자를 제외한 모든 비즈니스는 대부분의 업무가 다양한 부서의 협력에 의해서 진행된다.

2. 보안업무의 역할

보안업무는 기업 비즈니스 과정의 어느 단계에서든 손실에 노출될 가능성이 있다는 것을 전재로 모든 비즈니스 프로세스에 관심을 가져야 한다. 실제로 오늘날 보안업무의 핵심은 기업 비즈니스 과정에서의 안정성을 유지하는데 있으므로, 보안 프로그램을 개발할 경우에는 이러한 취약성에 대한 고려가 선행되어야 한다. 만약 잠재적인 손실요인이 있는 부서는 집중적인 분석을 통하여 개별적으로 보안업무가 기능적 관리업무로 참여하기 위해서는 해당 업무에 대한 특정한 지식이 필요하다. 전통적으로 회계감사부서 또는 내부금융관리에 대한 책임업무를 수행하는 부서에서 기업내부 비즈니스에서 발생하는 전반적인 위험을 평가하였다.

그러나 회계감사업무의 주요한 기능은 기업전반의 재정상태에 대한 자금의 흐름과 부서별 운영업무에 대한 검토를 수행하는 것이었다. 이와 같이 회계감사업무는 주기적인 감사를 통하여 개별부서의 취약점을 발견하는 것이므로, 여러 부서가 관련되어 생기는 아주 미묘한 취약점을 발견하는 것은 제한된 회계감사의 역량으로는 완전하게 수행할 수가 없으며, 일반적으로 다른 부서의 도움이 없이 오직 재정적인 분야에만 치중한 조직의 통제를 통해서는 장부조작과 같은 회계서류에 나타나지 않는 위험요소를 발견할 수 없는 것이 회계감사의 한계이다. 예를 들어, 기업에서 정한 절차에 따라 정확한 금액이 지출되었으나 오직 서류상에만 존재하는 조직에 자금이 흘러 들어간 경우에는 회계감사를 통해서 적발하기 어려우므로 현장보안조사가 필요하다.

이와 같이 보안업무는 조직의 모든 취약점 개소에서 발생하는 위협요소를 확인하고 위험성을 감소시키는 역할을 하여야 한다. 실제로 회계감사와 조사업무는 여러 가지 면에서 차이를 보이나 우리나라 기업에서 보안업무로 회계조사 업무를 시행하는 기업은 거의 없다. 이에 대한 자세한 내용은 7장 2절 2. 기업보안의 뉴패러다임에서 자세히 설명하였다.

그러나 보안조직이 실제적으로 기업에 여러 가지 기여하는 업무중에 조사를 통한 손실복구나 증거수집이나 사실확인을 통한 클래임의 감소, 구성원에 의한 부정행위의 통제와 같은 매우 주요한 활동이 보안조사업무를 통하여 이루어지므로 보안프로그램에서 조사업무가 없는 것은 보안업무가 절름발이로 운영되는것과 같은 매우 비효율적이고 비정상적인 운영방식이다.

3. 태스크 포스팀

여러 부서와 기능에 복잡하게 얽혀있는 위험을 규명하기 위해서는 다양한 전문지식을 가진 구성원이 모여서 업무를 진행하지 않으면 위험을 규명하기가 어렵다. 태스크 포스팀의 참가자 중에서 어떤 특정한 위험에 관하여 연구를 진행 중인 경우에, 구체적인 설명을 통해서도 일반적으로 참가자가 명확하게 타부서의 업무를 이해하는 것은 어렵지만 제한 없이 잠재적인 위험요인에 대해서는 자연스럽게 토론한다. 그러면 아마도 토론 후에 팀 구성원 중의 몇 명은 해당 위험에 대하여 명확하게 이해하게 될 것이다.

또한 이러한 팀 접근법을 통하여 여러 팀 구성원과 관련된 위험에 대한 구체적인 분석이 가능하다. 여기에서는 오늘날 주로 활용되는 관리위험분석의 2가지 유형을 제시한다. 하나는 문제점이나 문제해결책의 반복, 개별요소의 반복에서 하나의 요소가 변화하면 궁극적인 위험의 결과에 영향을 미치는 것으로, 이러한 기법은 복합구조물의 분석과 다면적 공정에 노출된 정제소와 같은 분야에서 폭넓게 적용된다.

다음은 델파이 기법(Delphi technique)[8]으로 미래를 예측하는 질적 예측 방법의 하나로, 여러 전문가의 의견을 되풀이하여 모으고, 교환하고, 발전시켜 미래를 예측하는 방법이다. 이 방법은 여러 전문가들을 대면회합을 위해 한 장소에 모이게 할 필요 없이 그들의 평가를 이끌어 낼 수 있고, 의사결정과정에서 타인의 영향력을 배제할 수 있다는 장점이 있으나 모든 사람들이 응답을 한 것을 요약 · 정리하여 다시 전송하는 과정이 합의에 도달하게 될 때까지 계속되므로 소요되는 시간이 길고 응답자에 대한 통제가 힘들다는 단점도 있다.

팀평가의 3번째 장점은 팀원들이 도출된 제안에 대한 후속행동을 관한 구체적인 임

8) 1948년 미국 랜드연구소에서 개발되어 군사·교육·연구개발·정보처리 등 여러 분야에서 사용된 이 기법은 다양한 분야의 미래예측에 이용되고 있다.

무를 제시할 수 있다는 점이다. 참가자가 자신의 부서나 업무의 절차에서 하나 혹은 그 이상의 변화를 수용할 경우에 다수의 부서와 조직에 영향을 미치게 되어 여러 부서와 관련되어 있는 위험요소를 개선하는 것도 어렵지 않게 된다. 이에 따라 모든 관리자들이 다함께 변화의 요구와 개발을 보장할 경우에 전체적인 변화는 쉽게 달성되고, 모든 부서가 처음부터 변화를 이해하는데 영향을 미치게 된다.

팀기법은 기업의 내부통제시스템을 진단하기 위한 도구로 사용되므로 다음의 내용을 적절하게 보장하여야 한다.

① 기록물이 기업자산의 거래와 처분에 대하여 공정하게 반영하여야 한다.
② 거래는 경영진이나 구체적인 허가권자의 승인에 의하여 진행된다.
③ 자산에 대한 책임추적이 가능한 기록이 제공된다.
④ 자산에 대한 접근은 경영진이나 구체적인 지침에 의해서만 가능하다.
⑤ 물리적인 자산의 수량과 서류상의 기록의 합리적인 비교결과가 제공되고 차이점에 대하여 소명된다.

상기와 같은 내용이 모든 기업에 강제적으로 적용되지는 않지만, 적절한 내부통제를 보장하기 위해서는 기업이 개별적으로 보유하고 있는 모든 자료들에 대한 신중한 관리가 필요하다. 이러한 팀에 의한 취약성평가는 법에서 규정한 부패방지를 준수한다는 기업의 노력에 대한 증거로서의 의미뿐만 아니라 실제적인 결과를 도출하는데 가장 효과적인 도구로 활용된다.

1) 팀구성과 리더

기능부서 관리자의 핵심적인 집합은 그룹의 평가를 좌우하는 모든 영역에 계속적인 관심을 가져야 한다. 태스크 포스팀 구성원들은 핵심적인 개별 업무분야에서 적어도 한번 이상 모든 조직의 부서에 대한 통제활동과 검토를 수행할 책임을 지고, 팀에 참가한 본인이나 참가자가 지명한 대리인은 팀에서 수행한 모든 평가에 대한 검토에 계속적으로 참가하여야 한다. 여기에 참여해야 할 핵심적인 정규구성원은 ① 보안관리자, ② 총괄 감사, ③ 회계관리자, ④ 정보처리시스템 관리자, ⑤ 경리관리자, ⑥ 자금관리자가 포함된다.

계속적으로 팀을 운영할 팀장의 임명은 기업의 특징이나 철학을 반영하여야 한다. 논리적으로는 팀의 정규구성원 가운데 한 사람이 임명되는 것이 합리적이나 타당한 사유가 있을 경우에는 보안담당책임자가 해당 업무를 수행하는 것이 팀이 존재하는 주요한 이유이므로 고려되어야 한다. 초기에는 팀평가 프로그램은 기업차원에서 구성되나 점차적으로 해당업무를 수행하는 실무부서가 대신하게 된다. 일반적으로 재무관리는 기업차원에서 관리되거나 수취계정과 지불계정을 통합하여 운영되나, 이러한 개념이 확립된 다음에는 기업의 실무부서의 수준에서 처리하는 것이 기술적으로 동일하거나 오히려 더 효과적이라는 생각이 명확해지면 해당 업무가 점차적으로 해당 실무부서로 옮겨가서 정착하게 된다. 그럼에도 불구하고 프로그램의 통제는 처음의 기업의 철학이 계속적으로 유지되고, 최소한 하부 실무부서의 업무결과는 기업차원의 태스크 포스팀장에게 보고되어야 한다.

더불어, 팀의 모임에서 토의된 내용에 대한 적절한 회의록을 작성하고, 회의에서 제안되었던 내용에 대한 후속적인 대응조치에 대한 기록을 위하여 기록원을 임명한다.

2) 프로그램의 운용

팀평가 프로그램은 고위 관리자의 실제적인 참가와 다른 부서의 업무를 교차로 검토하는 과정이 포함되기 때문에 반드시 최고경영진의 지시에 의해서 ① 신중하게 적용되고, ② 표준화된 해결방법을 결정하며, ③ 실무부서의 관리자의 참여가 필요하며, ④ 경영진에 의해서 프로그램 운영에 대한 효과에 대하여 검토된다는 취지를 확정한다.

프로그램을 시작하는 적절한 방법은 손실취약성에 대한 팀평가방법에 대한 공식적인 정책을 개발하여 제안하는 것이다. 만약 해당 기업에서 공식적인 정책선언서를 원하거나, 정책설명서 또는 유사한 문서가 존재한다면, 프로그램 정책은 해당 정책기준에 준용하는 방향으로 개발하면 된다. 그러나 좀 더 비공식적인 방법으로 기업이 최고경영진의 메모나 서한에 의해서 전반적인 정책이 수립되는 경우에는 이러한 메모를 초기에 핵심 경영진에게 배포하고 정규적인 팀구성원이나 임시 구성원에게 개별적으로 개론적인 자료의 일부로 제공된다. CEO나 COO의 지시에 의해서 발송된 메모에는 ① 프로그램의 의도에 대한 간략한 언급과 함께 프로그램이 개시되는 날짜의 확정, ② 정규팀 구성원 또는 핵심 참가자의 확정, ③ 태스크 포스 운영팀장의 지명, ④ 정규 구성원 중에서 기록원의 임명, ⑤ 다양한 운용기능을 선정하기 위하여 정규팀에 권한을 위임하거나, 분석분야, 해당 분야의 팀장의 공지, 평가모임의 일정을 포함한다. 더불어 정책서한에는 정규팀에 의해서 개발된 운영절차에 대한 지침을 포함하고 이러한 내용을 해당 업무와 관련된 구성원에게 통지한다. 마지막으로, 정책서한에는 신속하게 개선되어야 할 현재 노출된 취약점에 대한 기본적인 토대를 보장하기 위하여 최고경영진에 의해서 검토된 팀평가에 대한 지침이 포함된다.

4. TF팀의 운용

경영진의 지시나 모임을 개최하여야 할 필요한 상황이 발생하면 의장이 특정한 사람을 지정하여 사전에 해당 사안에 대한 준비를 지시하고 모임에서 논의되어야 할 주제에 대한 간단한 내용을 준비한다. 의장이 회의 개최 선언을 한 다음 팀원들은 의제가 된 거래나 사건, 검토대상이 된 아이템의 적절성 여부에 대한 정책조항이나 절차문서가 존재하는지 대하여 전체적인 일련의 토론과정을 통하여 검토된 내용을 제시한다. 이러한 제안의 목적은 업무절차에 대하여 모든 참가자들의 사고를 새롭게 하고 공통의 준거기준을 보장하기 위함이다. 사전에 참가자에게 이미 절차에 대한 설명과 관련내용을 읽어보라고 요청한 경우라도 회의에서의 많아야 한 시간을 초과하지 않는 간단한 구두 설명은 도움이 된다. 여기서 주의하여야 할 사항은 이러한 절차가 핵심적인 분석을 하기위한 목적이 아니라는 점이다. 핵심적인 과정은 나중에 진행되는데, 이러한 의도는 참가자들이 이 모임의 의도가 무엇인지를 이해하도록 보장하는데 있다.

1) 위협의 정의

절차에 대한 간단한 설명을 한 다음에 참가자들은 안건에 대한 위협요인을 정의한다. 처음 모임에서는 몇 가지 위협에 대한 시나리오를 준비하는 것이 효과적이며, 준비한 시나리오를 개회 제안서의 일부분으로 검토한다. 이러한 1~2가지의 시나리오를 포함한 제안서의 검토를 통하여 어떠한 대응을 하여야 하는지에 대하여 팀의 방향을 구체화하게 된다. 만약 과거의 손실들이 관련되어 있는 한 가지 이상이 알려진 경우에는 몇 가지는 제시된 위협요소의 시나리오에 적용이 가능할 것이다. 가장 중요한 사실은 검토된 다음에 구체적인 통제실패에 대하여 토론을 통하여 구체화한다.

실제적인 손실이 밝혀지지 않는 경우에는 먼저, 의장이나 보호업무를 수행하는 구성원이 손실에 대한 어떤 상황이 발생하였을 경우를 가정한 가설을 세운다. 예를 들어, 만약 급여지급명부의 검토 과정에 가상의 임직원이 회사에 근무하는 것으로 기록되었고 이에 따라 급여가 지급되었다. 이러한 상황이 현실화되기 위해서는 시나리오를 구성한 사람이 현재의 절차에 대하여 익숙하기 위해서 충분한 검토를 하여야 한다. 아마도 참가자 중에 한 명은 이미 이러한 절차에 대하여 잘 알고 있을것이다. 상기에 언급한 위협요인은 직원명부를 작성할 수 하는데 필요한 기록부에 접근할 수 있는 사람에 의해서 시작되어 필요한 관련 서류를 만들어 내고 인사와 임금지급부서를 통하여 서류를 처리되고 임금이 지급되기 전에 중간에서 자신의 계좌로 입금되도록 하는 과정이다.

또 하나의 가상의 시나리오는 지불계정에 대한 검토를 진행하는 동안 가상의 거래처가 발견되고, 새로운 공급업체가 추가와 승인의 절차를 거쳐서 새로 추가된 공급업체에 비용이 지급되고 일시적으로 수신자의 주소나 공급업체를 변경함으로써 가상의 공급업체를 만들어낸 사람이 해당 비용을 유용하는 경우이다. 이와 같이 더 많은 가상의 시나리오는 불필요하고 참가자들은 동시에 이러한 시나리오에 따라 새로운 위협요인에 대한 정의를 내리는데, 이것이 팀개념에서 도출되는 전체적인 아이디어이다.

2) 브레인스토밍

주요한 위협요인을 찾아내는데 가장 생산적인 방법은 구성원의 발언에 자유를 최대한 허용함으로써 제시된 아이디어에서 발상을 찾아내는 방법이다. 이러한 방법은 실질적으로 손실 원인이 무엇이 되었든 간에 상관없이 오직 한 가지 위협요소에만 치중함으로써 다른 위협요인을 놓치는 것보다는 여러 가지 이유에서 위협요인은 실제로 하나가 아니라 잠재적인 위협요인을 더 적절하게 묘사하고 적절한 통제방법을 찾아내게 하는데 가장 적절한 방법이다.

다시 말하면, 상황에 대하여 제안하기 전에 개별적인 참석자의 결론보다는 실제상황은 실제적인 위협요인이 하나가 아니라는 결론에 도달하는 것이 팀에 더 좋다.

이러한 접근법이 브레인스토밍 기법과 매우 유사하다. 브레인스토밍에서는 기본적인 아이디어의 개념만을 제시하고, 주제 분석이나 핵심에 대한 언급이 없이 잠재적인 위협요인에 대한 대강의 개요만을 제시한다. 이러한 아이디어는 더 이상의 다른 아이디어가 제시되지 않거나 이미 문제에 대한 가장 적절한 결론에 도달하기 전까지 계속 제안된다. 그런 다음 팀전체가 개별적인 아이디어로 돌아와서 제안된 순서대로 모든 위협요소에 대하여 분석될 때까지 핵심적인 분석과정을 진행한다,

이러한 브레인스토밍에서는 다음의 원칙들이 유지되도록 한다. ① 제시된 의견에 대한 비판을 배제한다. ② 자유분방한 발언을 환영한다. ③ 가능한 한 많은 아이디어를 낸다. ④ 아이디어끼리 결합하고, 더 좋은 아이디어를 만들어 낸다. ⑤ 문제를 정확하게 정의한다.

3) 위협분석

분석과정이 결론에 도달하면, 개별적으로 변경음모를 적발할 단계를 수행하기 위하

여 다음과 같은 목표를 고려한다.

① 누가 필요한 행동에 대하여 가장 논리적으로 언급하였는가?
② 해당 업무를 수행하기 위해서는 한 사람 이상이 필요한가?
③ 위조나 허위로 작성된 문서가 필요한가?
④ 이러한 허위문서는 쉽게 생성이 가능한가?
⑤ 만약 해당 거래가 엄격한 감시 하에서 시행되었다면 변경으로 인하여 당사자의 신분이 노출되지는 않는가?
⑥ 만약 음모가 적발될 경우에, 감사의 시행이나 범죄수사를 위한 재시도 기회는 얼마나 걸리는가?
⑦ 비록 기록물이 존재하여야 하는 필요성은 없으나 음모에 의해서 어떤 형태의 기록물이 만들어 지고 이것이 진단도구로 활용되지는 않는가? 예를 들어, 허위거래를 통한 수급자를 변경하는 것을 포함한 음모의 경우에 송금주소의 일시적인 변경에 의하여 승인된 공급업체가 아니라면, 주소지 변경은 거래서에 기록되고 이러한 기록은 예외적인 보고로 유용하지 않는가?
⑧ 컴퓨터를 이용한 지불 프로그램에서 공급업체의 송금주소의 일시적인 변경에 대한 내용은 시스템의 어디엔가 기록으로 보관되거나 예외 보고나 구체적인 조사를 위하여 검색하도록 프로그램 된다. 이러한 상황에서 대응책은 해당 거래에 관한 통상적인 예외보고를 포함하고 전문가에 의해서 검토되어야 한다.

4) 대응책

모든 위험이 규명되는 경우, 개별적인 위험에 대한 대응책을 일일이 구체적으로 열거하면서 대응책의 우선순위를 정한다. 만약 대응책이 이전에 발생했을 것 같지 않는 구체적인 손실에 대비하여 이미 확립된 절차가 존재한다면 더 이상의 추가적인 대응책을 수립할 필요는 없다.

그러나 대응책이 없거나 손실을 예방하기에는 부적절한 대응책인 경우에는 신속하게 여기에 포함된 사람이나 문제점을 보고하고 대응책을 개정한다.

이러한 대응책은 어떤 경우는 절차의 수립이나 변경, 장비나 공간의 활용이나 점유를 포함한다. 이러한 대응책은 신입사원 채용 전 배경조사, 보안의식 프로그램과 같이 '인간지향'의 보안대책이 강조되고, 일반적으로 팀접근방법의 결과로 개발된 대응책의 분류는 아니다.

구체적이고 긍정적인 대응책을 수립하려는 팀접근방법은 구체적으로 위험을 제거하거나 줄이는 역할을 한다. 분석과정에서 만약 어떤 구체적인 부서나 실무자가 손실원인으로 규명된다면, 규명된 손실을 직접적으로 대응할 수 있는 구체적인 대응책을 수립하는데 도움이 될 것이다.

지불계정에서의 손실을 방지하는 사례로 지불업무의 담당자와 감독자에 대한 세심한 배경조사의 실시가 일반적인 대책이고, 모든 공급업체의 주소가 변경될 경우에는 전산화된 예외보고체계를 확립하고 여기에 능숙한 관리자에 의해서 예외보고가 검토되도록 하는 것이 구체적인 대응책이다.

5) 추가 감사

만약 손실위험 상황이 팀에 의해서 발견된다면, 이러한 손실은 과거에 계속되었다는 것을 의미한다. 그렇다면 철저한 감사를 통하여 이러한 잘못된 거래를 규명하는 것이 팀분석의 가장 좋은 효과이다. 팀에서 감사를 실시할 구성원은 사전에 일반적인 소규모 감사를 포함하여 팀에 의해서 개발된 주요한 손실취약점에 대한 구체적인 연구를 하여야 한다. 이러한 사전 연구는 더욱 집중적으로 다시 표본감사를 실시하고, 이 과정에서는 위험정도가 높은 상황에 대하여 중점적으로 검토하게 된다.

만약 새로운 감사에서 과거의 부정행위를 발견하였다면, 경영진은 추가적으로 새로운 대응책을 적용하여야 한다. 이에 따른 추가적인 대응책에는 다음의 내용을 포함하여야 한다.

① 복구와 배상의 기회가 아직도 유효한 모든 경우의 거래에 대하여 광범위한 감사를 실시한다.

② 보험에 의해서 보호되는 손실을 증명하기 위하여 보험회사에 손실증거와 클레임 청구 취지와 근거를 제출한다.

③ 사전에 보고되지 않음으로써 보상받지 못한 손실을 모두 확인하여 세금을 환급받기 이전에 내용의 적절한 개정이나 변경을 실시한다.

④ 의심이 가는 직원이나 전직 직원의 부정행위가 포함되었는가를 확인하기 위한 조사활동을 시행한다.

⑤ 거래에 범죄행위가 관련된 경우에 관련기관의 적절한 도움을 요청한다.

더불어 팀 구성원은 최대한 진행 중인 소송이나 수사에 관해서 기밀이 유지되어야 하므로, 이러한 기밀 유지가 팀의 행동결과에 대하여 정확한 정보를 알 고 있는 구성원 모두에 대한 중요한 위협요소이다.

이러한 정보에는 새로운 날짜와 관계 또는 개정된 정책과 절차, 지침서의 개정이나 새로운 지침의 제정과 통상적인 보고라인, 내부조직의 변화는 팀워크의 효과에 영향을 미치는 요인이므로, 의장은 이러한 결과를 신속하게 구성원에게 통지하고 구성원이 최대한 관련 사항에 대하여 보안을 유지하도록 한다. 이러한 일련의 노력이 계속적인 팀의 노력을 배가시키고 팀활동의 장점에 대하여 구성원이 확신을 갖도록 한다.

6) 프로그램의 연속성

한번 취약성 평가프로그램이 시행되면 프로그램의 가치를 기업전체에 전달하고 지속적으로 진행되어야 한다. 따라서 초기 모임이 몇 번 이행되었는지에 상관없이 개별적인 조직에 따라 실용적인 개념으로 팀이 정립되는 과정이 필요하므로, 분기별 일정으로 3번 정도의 모임 이후에는 프로그램의 장점이 명확해져야 한다.

프로그램은 최신의 기록을 토대로 정기팀 구성원이 유지되고, 모임의 일정이 정기적으로 개최되며, 정해진 일정에 따라 임시 참가자에게 개별적으로 통지하고 필요한 자료를 제공한다. 더불어 공식적으로 팀의 결과와 프로그램의 활동은 태스크 포스팀의 의장과 최고경영진에 의해서 결과가 적정하게 평가되었는지, 현재의 프로그램의 유용성이 명확한지를 보장하기 위하여 주기적으로 검토되어야 한다.

그러나 프로그램의 유용성과 결과에 관한 실제적인 팀의 심의과정이 기업에 추가적인 비용을 발생하게 해서는 안된다. 프로그램팀 구성원은 총비용으로써 급여가 지급되므로 팀원으로서 활동하는 업무가 추가적인 비용을 발생하는 과정은 아니다. 그러므로 팀 모임의 결과로 권고사항이 제안될 경우에도 새로운 비용이 요구되는 경우에는 이에 상응하는 효과가 발생하여야 한다. 마지막으로 유용된 자산을 되찾거나 보험금을 지급받고, 세금공제를 통한 손실복구가 이루어질 경우에 기업의 현금흐름의 영향에 긍정적인 이익(positive benefit)으로써 기여하게 된다. 이에 반하여 부정적인 이익은 손실을 방지하거나 줄이는 방법을 의미한다.

그러나 무엇보다도 거시적인 관점에서 태스크 포스 팀기법의 가장 직접적이고 큰 이익은 조직의 강화된 보안에 대한 의식의 변화이다. 이것은 팀에 의한 구체적인 손실의 복구나 보정이 구성원의 보안에 대한 태도와 업무관행을 향상시키는 원인이 되며 미래의 손실예방활동에 전반적으로 긍정적인 영향을 미치게 될 것이다.

제 3 장 보안조사와 감사

제3장 보안조사와 감사

제1절 보안조사

위험관리의 목표는 자산보호에 관한 종합적인 관리기법을 활용하여 최소한의 비용으로 효과적으로 위험을 관리함으로써 조직에서 발생할 수 있는 손실을 방지하거나 축소시켜서 조직의 목표를 달성하는 것이다. 그러므로 어떤 위험요소라도 제거되거나 축소하기 전에 위협요소가 무엇인가를 명확하게 규명하는 체계적인 분석과정이 선행되어야 하며, 이러한 위협요소를 규명하는 가장 효과적인 방법이 보안조사이다.[1]

보안컨설턴트인 세네왈드(Charles A. Sennewald)는 보안조사를 '보안평가에서 사용되는 주요한 도구로 이 보안조사는 특정한 상황에서 존재하는 데이터를 육하원칙에 의거하여 수집하는 과정으로 사실확인 과정'이라고 정의하였다.[2] 또한 몸보이스(R. M. Momboisse)는 보안조사를 '종합적인 보안수준을 향상시키기 위한 권고사항을 도출하거나 보호대책이 필요한 부분을 발견하고, 보안시스템이 허술하거나 과도한 부분을 규명하고 현 상태의 보안사정(status)을 알기 위하여 산업체, 기업, 가정, 공공기관이나 민간시설을 현장에서 시험하고 분석하는 핵심적인 과정'이라고 정의하였다.[3]

이와 같이 위험분석과정은 특정 위험을 포함한, 모든 위험발생을 방지하기 위하여 디자인된 보안대책의 선정을 위하여 사전 위협요소의 평가(threat assessment : 위협원인의 규명)에서부터 사후 위협요소의 평가(threat evaluation : 위험한 상태와 그러한 위험에 드는 비용에 대한 고려)까지 진행되는 것으로 보안조사는 경영진의 가장 핵심적인 자산관리 방법의 하나이다.[4]

---

1) James F. Broder, CPP, *Risk Analysis and The Security Survey*, 2nd ed. BH. 2000. p. 41.
2) Charles A. Sennewald, CPP, *Security Consulting*, 3rd ed. BH, 2003, p. 57.
3) Momboisse, R. M., *Industrial Security for Strikes, Riots and Disasters*. (Springfield,Ⅲ. : Chas. C. Thomas, 1968), p. 13.

이러한 보안조사는 해당 구역의 철저한 물리적인 조사(examination)와 모든 운영시스템과 절차에 대한 철저한 검사(inspection)가 필수적이다.

따라서 이러한 검사와 조사는 현존하는 보안 상태에 대해 고려하는 것, 대응책에 대한 취약점을 찾아내는 것, 보호필요성 정도를 고려하는 것과 같은 전반적인 목표시설물의 분석을 통하여 궁극적으로는 종합적인 보안프로그램을 적용시키기 위한 권고사항을 이끌어내는데 목적이 있다.

그러므로 기업의 기본적인 경영활동에 보안조사를 정착하기 위한 원동력은 최고경영진으로부터 임무를 적절히 수행할 수 있는 충분한 자금을 보장받고 기업 내의 모든 구성원들의 협력이 보장되어야 한다. 그리고 철저한 조사는 통상적인 절차의 조사와 정기적인 운영과정에서의 일상적인 업무나 물리적인 사업장과 주변 환경의 검사를 필요로 하고 무엇보다도 보안조사 프로젝트에 대한 경영진의 관심이 최고로 필요한 우선순위이다. 이러한 업무의 중요성과 전문성에 따라 보안조사는 보안부서 요원이나 이 업무를 위해서 고용된 자격 있는 보안전문가에 의해서 수행되어야 한다.

여기에 대해서는 어떤 분야나 관행에 익숙하여 합리적이지 못한 운영을 당연한 것으로 여기는 무관심의 경향이 내부인보다 덜할 것이므로 외부 보안전문가가 더 객관적으로 업무를 수행할 것이라는 생각 때문에 내부인보다 현재 상태에 대하여 더 객관적인 평가를 내릴 것이라는게 일반적이다.

그러나 누가 이 조사를 수행하던 간에 이 분야에 대한 훈련이 필요하고 또한 높은 수준의 업무수행력이 요구된다. 더불어 조사팀의 최소한의 몇 사람은 해당 시설물과 운영에 대하여 완벽하게 능숙하여야 할 것이다. 이러한 시설물 전반에 대한 전문성이 없으면, 조사계획에 대한 구체적인 체계를 세우는 것이 어려울 것이므로 조사 자체는 반드시 사전에 인력의 활용방안과 모든 단계에서의 인력운영에 대한 연구가 선행되어야 할 것이다.

보안조사에서 계획부분은 사전연구와 다양한 관계자의 의견 제시로부터 시작되므로 조사요원은 그들에게서 제공된 어떠한 정보라도 면밀하게 검토하여야 한다. 조사계획의 또 다른 부분은 실제적인 조사를 위해서 조사팀에 의해서 준비된 체크리스트가 사용되는 것이 효과적이다. 이 리스트는 조사지침서로 도움이 되고 반드시 조사해야 할 분야와 연관성 있는 자료로 활용되므로, 한번 체크리스트가 작성이 되면 보안조사는

4) Robert J. Fisher, *Introduction to Security*, Eighth Ed, BH, 2008, p. 189.

체계적으로 진행되게 된다.

그러나 조사도중 처음 체크리스트 준비과정에서 누락된 부분이나 절차의 경우는, 차후 검사에는 반드시 보완되어야 하고 이러한 사항은 평가와 보고서의 권고란에 기록한다.

여러 곳의 시설물에 대한 보안조사를 동시에 실시하는 경우에는 유사한 2개의 시설이나 심지어는 같은 업무에서도 조사목적에 공통적으로 적용되는 동일한 체크리스트는 존재하지 않는다는 것을 명심한다.

조직체에서 전반적인 부서별 평가에서 각 부서는 잠재적인 손실의 관점에서 개별적으로 평가되기도 하나 이러한 부서별 평가는 결국은 최종 권고나 결정시에 종합조사 보고서에 통합 정리된다.

아래의 내용은 기본적인 평가에 대한 질문이다.

① 부서의 기능 중에 자금 횡령과 같은 취약성은 없는가?

② 부서에 직접적으로 현금을 보유하고 있거나 양도할 수 있는 방법은 없는가?

③ 부서 안에 비밀스런 기록을 가지고 있는가?

④ 부서가 과도한 내 · 외부의 거래가 있는가?

⑤ 부서의 취급 항목이 마약, 보석, 모피와 같은 고가의 위험물질을 취급하는가?

⑥ 부서나 인근지역의 특별한 화재위험은 무엇인가?

⑦ 부서로부터 훔쳐갈 수 있는 장비, 도구, 보급품 또는 상품은 무엇인가?

이러한 몇가지 질문들은 각각의 부서를 조사하는데 사전에 특별 위험분야에 초점을 맞추어 조사를 행하는데 도움이 될 것이다. 그러므로 특별 위험이 상존하는 곳에선 해당 위험을 제거하거나 통제하는데 해당부서의 반발을 방지하기 위한 상당한 사전 고려가 있어야 한다.

1. 시설물의 보안

보안위험을 분석할 경우 보안관리자는 기업의 수많은 사항을 조사해야 하나, 다음의 사항들을 가장 기본적인 주요한 보안문제로 고려해야 한다.

① 시설물의 외곽경계구역으로 펜스, 게이트, 배수관, 도랑, 조명(예비조명과 전원을 포함), 돌출물과 은폐장소를 확인하며, 외부에서 차량이 펜스로 장애물 없이 돌진할 가능성은 없는가?

② 주차장에서 직원차량은 적절하게 절도나 파괴행위로부터 보호되는가? 보호된다면 어떻게 보호되는가? 그리고 통제되지 않은 차량들로부터 시설물을 보호하기 위하여 공장이나 사무실은 충분히 주차장과 떨어져 있는가? 필요할 경우에 차량을 조사하기 위하여 게이트나 십자형 회전식 문은 설치되어 있는가? 조사장소의 조명은 적절한가? 시설물에서 물건들이 주차장이나 주차장 밖으로 담장을 통하여 이동될 수 있는가?

③ 모든 주변건물의 창문이나 지붕 근처에 접근할 수 있는 공간이 존재하지는 않는가? 이러한 공간은 어떻게 보호되는가?

④ 지면으로부터 5.4M 이내에 있는 모든 문이나 창문들은 어떻게 보호되는가?

⑤ 옥상이나 지붕으로 접근하는 것을 방지하기 위한 대책은 무엇인가?

⑥ 건물에 입주해 있는 모든 임차인들의 주출입구 열쇠에 대한 관리대책으로 얼마나 자주 출입구 자물쇠를 변경하는가? 열쇠가 분실되거나 반환되지 않을 경우에 해당 건물의 조치절차는 무엇이며, 얼마나 많은 인원의 임차인들이 건물에 거주하고 있으며 그들의 업무는 무엇인가?

⑦ 업무용 시설물의 공용공간에 대한 관리대책으로 건물개방시간이나 근무시간 이외에 출입자에 대하여 출입기록을 남기도록 적절히 감독되고 있는가? 엘리베이터 운행은 수동으로 변경이 가능하고, 근무시간에 외부로부터의 접근에 대비하여 1층에서 멈출 수 있는가? 언제 엘리베이터가 작동되고, 누가 엘리베이터 작동을 시작하는가? 누가 쓰레기를 수거하며 언제 어떻게 쓰레기가 건물 밖에서 옮겨지는가?

⑧ 시설물 로비와 복도의 조명은 적절한가? 건물은 어떠한 보안설비를 운영하고 있으며 어떻게 보안설비에 접근할 수 있는가? 화장실은 일반인들도 출입이 가능한가? 장비실은 잠겨 있는가? 마스터키 시스템은 활용중인가? 어떻게 열쇠들은 통제되고 보관되는가? 로비에는 안내원이나 보안요원이 상주하는가? 지하 주차시설로부터 계단이나 엘리베이터를 이용하여 건물로 접근할 수 있는가?

⑨ 귀중품을 보관하고 있는 모든 구역에 대한 보호대책으로 금고나 금고실, 그리고 귀중품을 보관하는 구역에는 적절한 경보장치가 설치되어 있는가? 도둑이나 강도, 화재, 부정한 침입에 대하여 보호하기 위한 장소의 경보장치는 무엇인가?

⑩ 시설물이 운영되지 않는 시간과 모든 야간시간, 하루의 시간대 별로 몇 명의 보안요원이 근무하는가? 보안요원의 근무태도는 효율적이고 항상 적당한 긴장상태

를 유지하는가? 보안요원은 어떤 장비로 무장되어 있는가? 주변을 몇 번 정도 순찰을 하며 몇 명이 순찰하는가? 순찰 중에 무슨 업무를 하며, 보안요원의 통신시스템은 무엇인가?

⑪ 시설물 출입 시의 통제와 감독은 어떤 방법으로 직원임을 확인하는가? 직원을 채용하기 전에 어떻게 지원자의 배경조사를 실시하는가? 어떻게 방문객(판매원·공급업자·고객들을 포함)을 통제하는가? 어떻게 자가용을 통제하는가? 하루 중 언제 우편물을 배달하고 누가 배달하는가? 어떻게 빈 우편물 포장용기를 처리하는가?

⑫ 시설물에 자선활동가나 판매원의 출입을 허용하는가? 어떻게 그들을 통제하고 신분을 확인하는가? 누가 청소업무를 수행하며 그들은 열쇠를 가지고 있으며, 누가 열쇠에 대한 책임자인가? 그들은 보증인이 있는가? 누가 유지보수나 서비스 업무를 수행하는가? 그들의 공구상자는 시설물을 나갈 때 검사되는가? 누구에 의해서 그들의 신분이 확인되는가?

⑬ 경보장치나 통신회사 관계자에게 제한 없이 출입을 허용하는가? 그들의 서비스 요청은 누가 확인하는가? 어떻게 가구나 장비들은 시설물로 출입되는가? 업무가 밤이나 주말에 실시될 경우에 어떻게 보안조치가 실시되는가? 문서전달자는 직접적으로 수신자에게 문서를 전달하는 것이 허용되며 어떻게 통제하는가? 어느 구역이 최고로 교통체증이 발생하는가? 시설물이나 소방점검과 같은 공무원들의 방문이 자유스럽게 허용되는 경우 누가 그들의 신분을 확인하는가?

⑭ 열쇠는 사용되지 않을 경우에 안전하게 보관되는가? 열쇠가 분실될 경우에 기록유지나 복구는 되는가? 열쇠나 잠금장치는 해당 목적에 적합한가? 모든 열쇠들은 책임소재가 분명하고 기록되는가? 마스터키 시스템과 보조 마스터키에는 무슨 시스템이 사용되는가?

⑮ 소방에 관한 고려사항으로 시설물 전역에 거쳐서 소화전은 충분하게 설치되어 있으며 장소는 적합한가? 소화기의 수량과 유형은 적합한가? 소방시설물은 종종 점검되는가? 가장 가까운 소방서는 거리가 얼마나 되는가? 시설물을 점검하기 위해서 소방서의 도움을 요청한 경험이 있는가? 시설물에는 자동 스프링클러와 자동 경보장치가 설치되어 있는가? 건물내부에는 적절한 방화벽이 설치되었는가? 종업원으로 구성된 자율소방대는 조직되었는가? 방화문은 적절한가? '금연' 표지판에 대한 규정은 준수되는가? 인화성물질은 적절하게 보관되는가? 화재에

방 교육프로그램은 있는가? 정기적으로 소방훈련은 실시되는가?

⑯ 컴퓨터 접속장애나 잠재적인 장비의 손실은 무엇인가? 만약 컴퓨터가 작동하지 않을 경우에 어떤 서비스가 중단되는가? 만약 컴퓨터에 저장된 데이터가 손상된다면 조직체 손실의 원인이 되는 저장된 정보는 무엇인가?

이렇게 장황하게 보이는 항목은 단지 어떤 시설을 점검을 할 때 반드시 확인되어야 할 일례에 불과하나, 상기 항목은 조사 시에 기본적으로 확인하여야 하는 기초적인 점검사항이다.

2. 기업 부서별 평가

1) 인사부서

인사부서와 관련되어 특별히 고려하여야 할 보안에 관한 문제가 존재한다. 여기에서 고려될 사항들은 다음과 같다.

① 근무시간 이외에 건물이나 동일 층의 다른 지역으로부터 인사부서에 접근이 차단되는가?

② 출입문이나 파일 키는 어떻게 보관되는가?

③ 사용하지 않는 파일은 캐비닛에 잠겨서 보관되는가?

④ 직원을 고용하거나 고용관계가 종료 시에 임금대장을 관리하는 부서에서 뒤따르는 추가 절차는 무엇인가?

⑤ 인사부서와 임금대장 관리직원간의 관계는 어떠한가?

⑥ 직원 채용절차는 문서로 규정되어 있으며, 지원자의 신원은 사전에 어떻게 확인되는가?

⑦ 직원 채용절차에서 보안업무와 관련된 인사부의 업무는 긴밀하게 수행되는가?

⑧ 누구에 의해서 신규채용자에 대한 보안교육이 실시되는가?

⑨ 기업은 사고보고시스템을 갖추고 있는가? 직원들은 프로그램에 대하여 인식하고 있는가? 기업에서는 보안의식의 제고를 위한 훈련 프로그램을 갖추고 있는가?

인사부서에서 인사파일의 보안은 극히 중요하다. 일반적으로 이러한 파일은 사장에서 말단직원까지의 모든 직원들의 과거와 현재의 중요한 정보를 포함하고 있으므로 인사파일은 극비로 취급되어야 하며, 이러한 원칙에 예외가 되는 기업은 없다.

2) 회계부서

회계부서는 기업 자금에 대해 모든 관리감독을 하기 때문에 전반적으로 범죄에 대하여 가장 취약한 분야이다. 그러므로 반드시 회계분야의 보호시스템들을 기업이 별도로 설치하여 운영하며, 또한 이러한 시스템의 효율과 보안을 향상시키기 위한 방법을 찾기 위하여 계속적으로 정기적 재평가를 실시하여야 한다.

(1) 회계원

회계원(cashier)과 관련하여 고려할 사항은 다음의 내용을 포함한다.

① 복도, 계단, 승강기에서 현금을 취급하는 장소로 접근하는 방법은 어떻게 차단하는가?
② 회계원이 근무하는 시간과 장소에 확실한 출입금지 표지를 하였는가?
③ 일반적으로 현금 취급 장소에는 종업원들의 관심을 끌만한 충분한 현금이 있으며, 또한 무장 강도가 흥미를 가질 만한가?
④ 현재 감사와 통제시스템은 존재하며 어떠한 형식이 적용되는가?
⑤ 회계원의 횡령을 방지하기 위한 보안대책은 무엇인가?
⑥ 현금 운영시 공모가능성으로는 어떤 것이 있는가?
⑦ 내부인의 위험에 대한 적절한 보안대책은 있는가?
⑧ 회계원 사무실에는 강도에 대비한 경보기와 방탄유리는 설치되어 있는가? 그리고 추가적인 물리적 대책은 무엇이며 강도침입시의 지침은 마련되었는가?

(2) 수취계정

수취계정의 사기행위를 사정(査定)하기는 쉽지 않으므로 누구가의 부정행위를 밝혀내기 위해서는 현재 운영 중인 모든 거래상의 계산서에서 신용계정에 이르기까지 모든 절차 단계에 대하여 조사 측면에서 부정행위 가능성에 대한 고려가 필요하다. 모든 정보의 흐름과 활동기록은 범죄 목적으로 이용될 수 있으므로 어떤 결점이나 흠결을 발견하기 위해서는 반드시 세밀하게 조사하여야 할 것이다.

① 계산서의 처리절차에 대하여 특별한 관심을 가지며 사용된 형태와 금융기관이 요구하는 것에 대하여 확인한다.
② 기업에서 지급받은 수표를 현금화하는 것이 얼마나 힘든가에 대한 고려가 필요

하다.

③ 계산서나 보관목록과 현금화된 수표 기록을 훼손시킬 수 있는 기회는 얼마나 되는가?

④ 지급 금액을 축소하기 위해서 운송장을 변경시킬 가능성은 얼마나 되는가?

(3) 지불계정

지불계정은 모든 종류의 거래계정과 공급업체의 청구서를 승인하고 처리하는 업무를 수행한다. 이 업무에서 발생하기 쉬운 손실 유형은 ① 허위로 공급업체를 만들어 비용을 지급하는 행위, ② 승인된 공급업체 명의로 허위 청구서를 근거로 비용을 지불하거나 유용하는 행위가 대표적이다. 이러한 경우에는 승인된 거래와 공급업체에 비용지급이 이루어진 다음 실무자에 의해서 중간에서 가로채거나 유용된다. 나중에 이러한 기록은 조작되거나 여기에 이용된 공급업체의 적절한 청구서(실제적으로 서비스가 제공되거나 상품이 판매된 경우에 공급업체에 의해서 정당하게 보내진 경우)에 따라 정확한 시간에 비용이 지급되는 것을 분석하지 않는 한 결코 조작 내용을 알아내지 못할 것이다.

지불계정의 다음과 같은 업무에서 취약성이 발생한다. ① 영수증과 청구서, 수령보고서와 구매주문의 일치시키기, ② 데이터처리를 통한 승인된 청구서의 일괄처리와 공정, ③ 승인된 청구서에 따라 수표준비와 수표발행, ④ 허가된 공급업체 목록에 신규 공급업체를 등록, 등록된 공급업체의 데이터를 조작(주로 송금주소를 변경), ⑤ 수표발행액만큼 지급은행에서 지급된 수표액을 임의적으로 조작하는 것을 포함한다.

(4) 임금대장

임금대장(payroll) 시스템에서는 다음과 관련된 질문들에 대하여 취약성이 존재하므로 이에 대한 대응책이 고려되어야 한다.

① 신입직원이 임금대장에 기록될 경우에 어떠한 시스템이 사용되는가?

② 개인 신상에 대한 기록과 임금대장은 일치하는가? 이러한 기록은 어떻게, 누구에 의해서 상호 확인되었는가?

③ 직원이 임금대장을 관리하는 직원과 공모하여 허위의 가상직원 기록을 만들어내지는 않는가? 이럴 경우 어떻게 이것을 방지하는가?

(5) 기업 은행계정

기업의 은행계정과 관련하여서는 다음과 같은 사항에 대하여 고려해야 한다.

① 한사람이 자금을 제한 없이 보낼 수가 있는가?
② 기업자금을 인출하는데 제한이 있는가?
③ 은행계정과 관련된 어떤 지침이 누구에 의해서 주어졌으며, 이러한 지침의 책임자는 누구인가?
④ 기업 은행계정의 감사는 누가 실시하며, 얼마나 자주 실시하는가?
⑤ 회계담당자나 통제자가 기업 은행계정을 가지고 도주할 수 있는가?

여기에서 특히 고려되어야 할 내용은 회사원의 정직성에 대한 고려이다. 보안조사 수행은 범죄행위가 일어날 가능성이 있는가를 판단하는 것이 아니라 범죄행위가 실제로 일어났는가를 조사하는 것이다. 이러한 조사의 특징은 회계담당자가 기업자금을 가지고 도망갈 가능성에 대하여 단정할 수 없으므로 여기에서는 간단하게 그들에게 절차를 준수하였는가에 대해서 질문하는 수밖에 없다. 만약 조사에서 이러한 가능성에 대해서 발견하게 된다면, 확실하게 연서(連署)와 같은 보안대책이 수립되어서 현재나 미래에 회계담당자들이 어떠한 부정한 행위를 할 수 없도록 방지하도록 권고되어야 한다.

3) 데이터 처리

오늘날 컴퓨터와 관련된 보안문제들은 기업들에서 전자적인 데이터처리의 증가로 인하여 중요성이 증가하고 있다. 실제적으로 오늘날 경쟁적인 기업 환경에서 대부분의 기업들은 주요한 업무를 컴퓨터를 활용하여 처리하므로 보안관리자는 다음의 사항에 대하여 고려하여야 한다.

① 모든 프로그램에 효과가 있는 적절한 감사절차가 있는가?
② 내부정보가 포함된 출력된 인쇄물은 어떻게 관리되는가?
③ 특정 장소에서 떨어져 있는 데이터 저장절차는 무엇인가? 그리고 어떻게 이러한 파일은 업데이트되는가?
④ 시스템관리 프로그램에 대한 접근은 어떻게 하는가?
⑤ 어떻게 컴퓨터 사용기록을 남기는가? 이러한 기록의 정확성은 어떻게 확인하는가?

⑥ 컴퓨터를 사용하는 장소의 열쇠는 누가 가지고 있는가? 얼마나 자주 열쇠관리자에 대하여 평가하는가?

⑦ 접근 통제에는 어떤 방법이 시행되는가? 얼마나 자주 이러한 권한의 내용에 대하여 업데이트되는가?

⑧ 효과적인 화재예방과 소방절차는 무엇인가? 종업원에게 화재예방과 소방절차에 대하여 어떤 훈련이 실시되는가? 소화기의 상태나 기본적인 소화시스템의 장소나 숫자는 얼마나 되는가?

⑨ 원격지에 예비보관(backup)을 위한 하드웨어는 있는가? 원격지 보안은 어떻게 유지되는가?

4) 구매부서

구매부서는 매우 다양한 유혹이 상존하는 부서이다. 구매부서의 부정행위에는 구매부서 직원들에 대한 다양한 종류의 호의들로, 무료로 제공되는 현금, 값비싼 선물, 호화로운 향응, 고급 여행과 같은 것들이 종종 발견된다. 그러나 일반적으로 이것은 직원들이 결코 이러한 뇌물을 수뢰하거나 하나의 운송장에 2번씩 구매대금을 지급하는 것과 같이 유혹에 굴복하지 않는다면 심각한 보안문제는 아니다. 만약 구매요원들이 공급업체로부터의 불공정한 구매의 문제들에 정직성을 유지하고 원칙과 규정을 준수한다면, 보안활동에 대한 경영진의 관심은 큰 의미가 없을 것이다.

그러나 다음의 분야에서는 구매기능에 보안부서의 역할이 포함되어야 한다.

① 하나의 운송장에 대하여 중복해서 자금이 지급되는 것과 부정한 운송장, 존재하지 않는 운송장을 방지하는 절차는 무엇인가? 그리고 구매부서에 대한 감사주기는 얼마나 되는가?

② 구매절차는 모두 경쟁입찰을 실시하는가? 그리고 반드시 가장 낮게 응찰한 업체와 계약되는가?

③ 주문 시에 사용되는 양식은 무엇인가? 대금지급은 공인되어 있으며 어떠한 경로를 통하게 되는가?

④ 부분 판매, 폐지, 그리고 다른 재활용 목록 등과 같이 판매 실수량이 기록된 폐지 등을 외부로 반출될 경우에 실제적인 수량을 싣고 나가는 것을 누가 확인하는가? 누가 이러한 폐지들이나 부분 제품의 판매에 대해서 협상하는가? 여기에는 복수의 성실한 구매자들이 입찰하는가? 어떤 방식으로 오래된 장비나 가구들

은 판매되는가? 누가 이러한 판매기록들을 유지하는가? 해당 시스템에 대해서 감사가 실시되는가? 해당 판매자들의 권한에 대해서는 어떻게 통제하는가?

5) 선적 및 검수

화물과 제품을 관리하는 분야는 특히 절도가 발생할 가능성이 높다. 이러한 문제점을 개선하기 위해서는 반드시 면밀한 관심과 노력이 현재의 운영시스템에 대해서 지속적으로 집중되어야 한다.

① 직원들이 선적 및 검수부서를 출입할 경우에 어떠한 검사가 실시되는가?
② 이 장소에 차량은 어떻게 출입하며 통제되는가? 이러한 장소들은 다른 시설물들과 펜스나 장벽으로 구분되어 있는가?
③ 상품의 선적전이나 수령 후에 어디에 보관되는가? 이 영역에 대한 보안장치는 무엇이며 감독의 특성은 무엇인가?
④ 선적과 수령에 대한 책임추적성(accountability)으로 누가, 언제, 어떠한 행동을 하였는지 기록하는 시스템을 유지하는가?
⑤ 선적과 검수부서의 보안요원은 모든 상품을 확인하는가?
⑥ 이 장소에서 가장 빈번하게 발생하는 손실은 무엇이며, 손실의 유형(형태, 평균수량, 시간)은 무엇인가?
⑦ 이 장소에서 확인되지 않고 방치된 상품은 무엇인가?
⑧ 트럭운전자들에게는 선적장소와 구별된 장소에 휴게시설이 제공되는가? 그들은 항상 공모를 방지하기 위하여 격리되는가?
⑨ 안전하게 관리된 상품의 보관장소에서 활동이 허가된 사람은 몇 명이고 누구인가?

6) 조사보고서

조사가 실시된 다음에는 모든 조사영역에 대하여 기록하여야 하며, 이 보고서에는 보안에 취약한 분야에 대한 개선지침과 시설물의 보안을 향상시키기 위한 수용될 수 있는 합리적인 수준의 대책들이 제안되어야 한다. 이 조사보고서는 조사상황과 결과에 기초하여 제안되고 개선된 보안계획이 입안된다.

그러나 실제적인 경우에는 절충안이 만들어지기도 한다. 예를 들어, 해당 구역이나 시설물을 포함하는 장소의 모든 우발상황을 완벽하게 보호할 수 있는 이상적인 보안프로그램을 수립하기 위해서는 실제적인 비용이 과다하므로 이런 경우에는 실제 계획은 합리적인 한계 내에서 수용할 수 있는 보안기준에 최대한 만족할 수 있는 방법을 찾기 위해서 재검토되어야 한다.

보안책임자는 좀처럼 알기 어려운 구성원이 원하는 다양한 것을 이해하려고 노력해야 한다. 조직이란 서로 다른 개별부서로 그들은 가능한 하나의 테두리 안에서 업무를 수행해야 하는데, 만약 어떤 장소에 추가적인 인원을 충원할 수 없다면 반드시 인력을 대체할 수 있는 하드웨어를 찾아야 할 것이다. 또한 CCTV에 의하여 보완이 필요한 많은 부분에 대한 보완요청이 거절될 경우에는 반드시 보안절차나 담장 같은 것을 개발하여 유사한 용도로 보완하여야 할 것이다. 만약 어느 부분에 보안비용이 삭감되어 초기목적을 달성할 수가 없을 때에는 경영진과 상의하여 원래의 목적을 축소하거나 추가적인 자금보장을 받아야 할 것이다. 그러나 보안책임자는 해당 결정을 요구하는 의견을 경영진과 상의하기 전에 모든 적용 가능한 대안을 강구하는 것이 중요하다.

7) 손실개연성

만약 하나의 취약성이 보안조사 과정이나 운영감사를 통하여 규명되었다면 손실개연성(probability)에 대하여 고려하여야 한다. 예를 들어, 한 가지 취약성으로 영업비밀의 절도(누설)를 포함하고 있다고 가정하자. 그러면 영업비밀 분야에서 종업원의 이직과 업무태만으로 인한 연구개발정보의 손실을 포함한 취약성의 하위범주가 규명되어야 한다. 그러면 이러한 잠재적인 손실이 존재하는데 보안비용을 줄여야 하는가 하는 의문이 생긴다. 여기에 대한 해답은 손실개연성이 정확히 평가될 때까지는 불가하다. 그러면 현상황이 변화지 않으면 확실히 손실이 발생할 것인가 아니면 발생하지 않을 것인가? 보안관리자들이 연속적인 문제에 직면할 경우에 반드시 어떤 문제점이 즉각적인 조치를 필요로 하는지 고려해야 한다. 개연성이란 절대적으로 확실하지 않으나 아마 그러할 것이라고 생각되는 성질이나 어떤 일이 일어날 수 있는 가능성을 의미한다. 그러면 이러한 개연성을 이용하여 산술적인 방정식에 의한 보안위험을 줄이는 것이 가능한가? 그러나 이러한 산술적인 정확성은 반드시 다양한 주관적인 보안대책들이 수치화될 때까지 산출하기 어려우며, 아직 이러한 다양한 변수들은 수치화되지 않았다.

오늘날 할 수 있는 최선의 방법은 개연성에 대하여 주관적이지만 합리적인 판단을 내리는 것이다. 그러므로 이러한 판단은 반드시 조사된 취약성의 물리적인 면과 같은 데이터를 근거로 하여야 한다. 예를 들어 공간적인 관련성, 위치, 구조물의 구성이 고려되고 절차적인 고려사항들이 연구되어야 한다. 더불어 어떤 정책들이 존재하는가도 고려사항이다. 그리고 해당산업과 관련된 과거의 이력은 매우 중요하다. 특히 취약성에 대한 연구가 필요하다. 이전에 생산품이 외부의 목표물이 된 적은 없는가? 현재의 일반적인 절도 기술은 무엇인가? 여기에 대비한 다양한 물리적인 보안장치들이 논의되어야 하고, 각각의 보안장치에 대하여 침입자들은 보안장치를 무력화시키는 연구를 하게 될 것이다. 그러면 현재의 보안장치를 무력화시키려는 잠재적인 침입자의 기술을 어떻게 알 것인가에 대한 것도 중요한 고려사항이 되어야 한다.

8) 손실위험성

보안관리자가 개연성 한 가지만 가지고는 보안문제를 접근하여 분석할 수가 없다. 예를 들어 어떤 기업의 구내식당에서 누군가가 돈을 훔칠 것이라는 확실성과 비교하여 누군가가 기업의 재고나 구매 그리고 주문정보를 유지하는데 사용되는 소프트웨어를 훼손시킬 개연성이 상대적으로 적다고 하더라도 전자는 즉시 관심을 기울일 만큼 중요하지가 않다. 이러한 취약성을 세분화하기 위하여 보안관리자들은 위험성의 원리를 이용한다.

위험성(criticality)의 의미는 돈으로 환산된 손실의 영향력을 의미한다. 또한 이러한 개념은 조직체의 존재가 무엇이던 간에 해당 분야의 업무가 얼마나 중요한가도 포함한다. 이러한 손실금액은 단순하게 손실된 항목의 가격뿐만이 아니라 대체비용, 임시적 대체, 고장으로 인한 가동 정지시간, 할인된 현금, 보험요율의 변화, 시장이익의 상실과 같은 내용들을 포함한다. 위험성은 보안관리자가 실무에서 이해해야할 매우 중요한 개념이다. 일반적으로 대부분 비용효과분석의 견지에서 의사결정을 하는 기업경영자는 만약 잠재적인 손실금액보다 보안을 위해서 투자되는 비용이 더 클 경우에는 보안을 위해서 돈을 투자하는 것을 꺼리게 된다. 그러면 보안책임자는 어떻게 경영자에게 보안위험에 대하여 투자하도록 설득할 것인가.

오늘날 대부분의 보안책임자들이 가시적인 직접적인 손실보다 잠재적인 위험성이 더 중요하다는 것을 경영자에게 설명하지 못한다. 이러한 잠재적인 손실위험에 대한 분석에 대한 전문적인 지식이나 경험이 부족한 보안책임자의 기업에서의 위상과 보상의 한계는 명확하다. 그러나 어떤 제품을 구입하게 될 경우에 새로운 구입가격에 포함될 대체비용에는 운송비용, 설치비용, 그리고 새로운 장비나 설비를 설치하는 동안에 필요한 추가적인 재료들과 같은 많은 간접비용들이 필요하다는 것을 인식하여야 할 것이다.

2번째의 주요한 비용은 일시적인 대체로 인한 비용이다. 이러한 예로, 전자적인 데이터처리장치(EDPS)에 대한 공격이 있다. 만약 주 컴퓨터가 파괴나 화재에 의하여 손상을 입게 되었다면 해당기업은 임차된 전자적 데이터 처리장치에 의하여 데이터를 처리해야 하거나 데이터처리 서비스나 다른 기업과 함께 시간을 공유하는 조정을 통하여 해결하여야 한다. 이러한 일시적인 대책들의 비용이 부가비용에 포함되어야 한다.

3번째로 일어날 수 있는 간접비용은 고장으로 컴퓨터가 작동하지 않는 동안에 기업업무가 중단되는 것과 관련되는 비용이다. 이러한 항목에서 한 가지 발생 가능한 비용은 기업의 해당직무를 수행하는 근로자가 일을 할 수 없는 경우의 비용에 관한 것으로 개별기업의 다양한 임금정책이나 노동계약에 따라 개별적으로 적용될 것이다.

4번째 비용요인으로는 예금이나 다른 곳에 투자된 자금이 조기에 회수될 경우에 자금손실이 발생한다. 예를 들어 만약에 예금이 조기에 운송비나 설치비용을 지급하기 위해서 현금화한다면 여기에 상당하는 예금수입에 해당하는 이자손실을 고려하여야 한다.

5번째의 비용은 손실문제와 관련이 있는 보험료율의 증가에 대한 문제로 보험료율은 손실이 증가하면 손실증가분 만큼 높아지게 될 것이다.

6번째의 비용은 시설물 파괴나 작업지연과 같은 요인으로 인한 제품시장의 손실에 의한 시장에서의 잠재적인 우위를 상실하는 것이다. 예를 들어, 소비자가 원하는 제품을 사고자 하는데 해당 제품을 구입할 수가 없으면 소비자는 대안으로 경쟁사의 제품을 구입하게 되고 한번 타사 상품을 구매한 소비자는 계속해서 경쟁사의 제품을 구입하게 될 가능성이 크다.

이러한 6가지 모두의 요인들이 합쳐져서 위험성에 대한 종합비용이 된다.

그러나 대부분의 기업 보안관리자들은 이러한 위험성 비용이 해당 분야에서 산정된 직접비용의 최소한 2배에 이른다는 사실을 알아야 한다. 이와 마찬가지로 기업경영자들의 대부분은 이러한 간접비용에 대한 고려에 무관심하므로 더 큰 손실을 자초하기도 한다.

9) 취약성 매트릭스

개연성과 마찬가지로 위험성도 주관적으로 평가되나 개연성과 위험성은 서로 밀접하게 관련되어 있다. 〈표 3-1〉은 위험성과 개연성의 변수에 대하여 보여준다. 개연성과 위험성에 의해 산출된 순위와 다양한 취약성은 매트릭스 시스템을 적용하여 보안위험들을 대략적으로 수치화하는 것이 가능하고 어떤 취약성에 즉시 주의를 기울여야 하는가를 결정하는 것을 가능하게 한다.

이러한 매트릭스 분석을 하게 되면 개인적인 경험이나 주관에 의거 특정 분야의 중요성이 명백하다는 것을 알고 있었던 보안책임자들도 그들이 처음에 가장 중요시했던 분야보다도 더 큰 위험 분야를 발견하기도 한다.

예를 들어, 〈표 3-2〉의 현금절도 취약성 매트릭스를 살펴보자. 현금절도는 위험성 비용을 계산하기 위해서 간단하게 계산할 수 있으며, 기업의 총매출과 현재의 자산을 고려하여 각 분야에서의 현금손실에 의한 영향력의 목록을 결정할 수가 있다. 더불어 손실 이력과 횟수, 그리고 보안장치들의 수준을 고려하면 현금절도 개연성을 추정하는 것이 가능하다.

〈표 3-1〉 개연성/위험성의 매트릭스[5)]

개연성		위험성	
1	실제적으로 발생가능성이 확실함	A	치명적으로 위험함
2	발생가능성이 높음	B	매우 심각함
3	보통의 발생가능성	C	전반적으로 심각함
4	발생가능성이 있음	D	심각함
5	발생가능성이 없음	E	상대적으로 중요하지 않음
6	가능성을 알 수 없음	F	위험성을 알 수 없음

이러한 시스템을 이용하면 〈표 3-2〉에 나타난 것과 같이 각 취약분야를 수치적인 가치로 나타낼 수 있다. 예를 들어 관리자사무실은 A4로 분류되는데, 이것은 기업이

5) Richard J. Healy and Timothy J. Walsh, Industrial Security Management(New York: American Management Association, 1971), p. 17.

현재 보유하고 있는 현금자산 3억 원에서 2억 원의 손실이 여기에서 발생하므로 '치명적인 위험'에 속하고 손실발생 개연성은 현재의 보안수준과 절도자가 노리는 돈의 액수를 고려할 경우에 '발생 가능성이 있음'에 해당한다.

〈표 3-2〉 현금절도 취약성 매트릭스 (단위: 백만원)

	현재 현금의 양		책임자 기록		물리적 구역 설정		자물쇠 설치		입장시 적극적 인통제		경보기 설치		감시 장치 설치		보관소 현금보유		미끼 돈 보관		현금손 실경험	
	근	비	근	비	근	비	근	비	근	비	근	비	근	비	근	비	근	비	근	비
관리자 사무실	200	40	Y	Y	Y	Y	N	Y	N	Y	Y	Y	N	Y	Y	Y	Y	Y	N	Y
관리자 비서실	3	3	Y	Y	N	N	N	Y	Y	N	N	N	N	N	Y	Y	N	N	Y	Y
구내식당	2	0	Y	N	Y	Y	N	N	N	N	N	N	N	N	Y	Y	N	N	Y	N
화물적재 도크	2	1	Y	Y	Y	Y	N	N	N	N	N	N	N	N	Y	Y	N	N	Y	N
방문자 접견 장소	1	1	N	N	N	N	N	N	N	N	N	N	N	N	N	N	N	Y	N	Y

이 기업의 1년간 총매출은 1조원이고 총 현재자산은 9천억원이다.
(근: 근무시간, 비: 근무시간 외 시간, Y=예, N=아니오)

이렇게 각각의 분야는 같은 형식으로 분류된다. 그런 다음 가장 중요한 변수로 위험성을 이용하여 각각의 영역에 대한 침입의 중요성을 순서를 매기는 것이 가능하게 된다. 예를 들어, 〈표 3-3〉에서처럼 A1, A5, B3, B4, C1, D4, E2와 같이 나타내질 것이다.

〈표 3-3〉 개연성/위험성 평가와 순위

	위험성		개연성	
	근무시간	근무 외 시간	근무시간	근무 외 시간
관리자 사무실	A	B	2	4
관리자 비서실	D	D	2	2
구내식당	C	–	1	–
화물적재 도크	C	D	1	2
방문자 접견장소	C	D	2	1

〈표 3-1〉순서에서 주의할 점은 위험성과 개연성을 알 수 없는 경우이다. 만약 보안책임자가 특정 영역에 관한 개연성과 위험성에 대하여 규정할 수가 없다면, 위험성은 치명적이라고 가정하고 개연성은 실제적으로 발생할 가능성이 있음이라고 가정한다. 만약 그렇게 하지 않으면 기업에게 치명적인 손실이 발생할 개연성이 커진다. 그런 다음 결정이 내려졌으면 위험성은 개연성보다 우선하여 고려하여야 한다. 이러한 분석을 토대로 보안책임자는 위협의 발생가능성을 최소화하기 위한 대책들을 비용효과적인 방법으로 실시한다.

3. 현장 보안조사 절차

보안조사 업무의 가장 큰 부분의 50% 이상은 현장에서 수행되며, 나머지 50%는 이러한 현장조사에 대한 기획과 최종 보고서의 작성에 균등하게 배분된다. 그러나 경우에 따라선 보안 컨설턴트가 이러한 현장에서의 조사업무를 수행하는 것보다 보고서를 작성하는데 특히 복잡한 사항을 검토하고 분석하는데 더 많은 시간을 투자하기도 한다.

여기에서 고려되는 현장업무는 어디에서 실시되었던 관계없이 절차와 데이터를 분석, 기록, 정리, 수집하는 것으로 구성되며, 이 과정은 보안조사을 통한 결과물로 조직 운영에 결정적인 영향을 미치게 된다. 이것을 요약하면 현장조사업무는 현재 보안실태를 다양한 체크리스트와 보안조사기법을 통하여 데이터를 취합한 다음 논리적으로 보안프로그램의 효율성 평가와 측정을 실시한다.

현장 보안조사가 의미 있는 결과가 되려면 측정은 반드시 구체적인 목적과 기준을 토대로 하여야 한다. 여기에서 제시된 기준(standard)이란 측정된 결과물과 비교할 수 있고 수용될 수 있는 수준을 의미한다. 따라서 각각의 조사는 상식적으로 수용할 수 있는 사례나 기준에 의거하여 객관적으로 비교될 수 있는 특성을 고려한 효율성을 우선시하는 사고로 접근하여야 한다.

또한 만족할 만한 결과를 얻기 위해서는 이러한 표준(criteria)을 활용하여 분별 있고 객관적으로 측정할 수 있는 것이어야 한다. 따라서 만약 실사자가 인정된 기준이나 허용된 사례의 토대 하에서 측정이 불가능한 경우에는 보고서가 객관적이지 못하고 실사자의 주관적인 관점에 좌우되게 된다. 또한 기준이나 수용가능한 관행이 존재하지 않을 경우에는 실사자가 먼저 명확한 기준을 정립한 다음 조사를 실시하여야 한다. 마찬가지로 만약 기술적인 기준만이 존재한다면 기술 자격을 갖춘 전문가의 판단에 의해서 평가가 검토되어야 할 것이다.

조사자가 허용된 기준이나 사례를 적용하는 경우에는 비록 오래된 방식이더라도 평가하는데 주저하지 말아야 한다. 이처럼 현장에서의 기준이나 납득할만한 사례 없이는 의미있는 측정이 이루어지지 않으며, 정확한 측정 없이는 현장업무는 조사자의 추측에 불과하지 잠재된 사실을 발견하지 못한다. 조사자는 조사에 임하여 '만약 어떤 상황에 대해서 측정이 가능하면 이것은 사실이나 그렇지 않으면 그것은 의견에 불과하다'는 조사과정의 금언을 기억해야 한다.

현장업무를 수행하는 과정에는 여러 가지 방법과 접근법이 존재하는데, 이것은 조사를 수행하는 사람의 개인적인 접근법에 따라 달라진다. 그럼에도 불구하고 일반적인 현장업무에 순서가 꼭 필요하지는 않지만 관찰, 질문, 분석, 사실확인, 조사, 평가의 과정으로 구성된다.

이러한 측정은 대체적으로 특성, 신뢰성, 비용의 3가지 보안운영의 측면을 고려한다. 그러나 명확한 결과를 원하는 경우의 조사에서는 3가지 이상이 프로그램 되기도 한다. 여기에는 얼마나 많은 운영측면이 고찰되는가에 상관없이 주요한 질문은 절차, 기술, 하드웨어, 전자장비가 효과적으로 사용되었는가 하는 것이다. 또한 이미 알려진 신뢰성 정도에 의거하여 적절한 문제에 대한 논의와 해결책이 존재하는가, 전반적인 목적과 원하는 결과가 직면한 문제를 해결하기 위해서 가장 효과적으로 적용되었던 방법보다 더 적은 비용으로 업무수행이 가능한 방법은 존재하지 않는지도 고려한다.

모든 현장 측정평가의 목적은 현존하거나 제안된 시스템의 적합성과 효율성, 유용성을 추구하는 것이므로 이러한 목적은 현장에서 다음과 같은 6가지 기본적인 형태나 방법의 적용에 의해 성취된다.

1) 관 찰

관찰(observing)이란 사물이나 현상을 능동적으로 목적의식을 가지고 주의깊게 살펴보는 것으로 단지 피상적으로 겉모습만을 살펴보는 것이 아니라, 주의 깊게 전반적인 내용을 검사하여 숨겨진 사실을 발견하는 것이다.

이러한 관찰은 사람이나 사물에 대하여 주의 깊은 식견을 가지고 검사하는 것으로, 해당 사물이 다른 것들과 어떻게 상호 관련되었는가를 알아내는 것이다. 또한 관찰은 목적을 가진 시각적·정신적인 조사이고 사례와 기준에 근거한 심도 깊은 비교방식으로 관찰·평가하는 능력이다. 따라서 해당분야의 경험이 풍부할수록 표준이나 기준과의 차이점을 쉽게 알아낼 수 있다.

2) 질 문

현장실사에선 모든 단계의 진행과정에서 모르거나 의심나는 점에 대하여 대답을 구하는 것으로 도중에 적절하게 질문하는 것은 중요하다. 질문은 직접 말로 하거나 문서의 형태로 하는 것 2가지로 구분된다. 물론 직접 말로써 질문하는 것이 가장 보편적인 방법이나 실사과정에서 관계자들을 당황하지 않게 하면서 사실을 알아내는 것은 용이하지 않고 때로는 가장 어려운 것에 해당하기도 한다. 특히 여기에서 다루어지는 주제가 교차신문이거나 엄중히 신문하는 분위기가 조성되면, 당사자는 즉시 방어적인 태도로 돌변하게 되며 이것은 의사소통의 장벽으로 발전한다. 그 결과는 현장진행이 잘못되거나 불충분한 답변 또는 상황을 악화시키거나 전혀 답변을 얻지 못하기도 한다. 그러므로 노련한 실무자들은 많은 경험을 통하여 새로운 면접기법을 개발하고 이러한 기법을 현장에서 적절하게 활용하는 것이 가장 효율성이 높은 보편적인 방법이다.

3) 분 석

분석(analyzing)은 복잡한 현상을 다양한 각도로 풀어서 논리적으로 해명하는 것으로, 각각의 개별적인 부분의 실체를 확인하기 위하여 복잡한 실체를 상세하게 조사하는 것에 지나지 않을 수도 있으나, 이러한 분석과정은 숨겨진 특성이나 원인, 영향, 동기 그리고 또 다른 가능성들을 발견하려는 의도를 미루어 추정하는 과정이다.

반면에, 만약에 전반적인 운영상태를 모두 조사하는 경우에는 상이한 전반적인 활동이나 복잡한 기능을 구성하는 다양한 요소들과 여러 가지 복잡한 관계를 명확하게 파악하거나 인식하기는 어렵다. 따라서 어떠한 복합한 사물도 규모와 복잡성에 상관없이 관찰과 세분화된 요소로 분리되면 부분적으로 분석이 가능하며, 이것을 상호 비교하게 되면 규정이나 상식을 벗어난 업무처리나 상황을 알 수 있다. 일반적으로 이러한 분석과정은 경험과 상식에 의거하여 진행된다.

4) 사실 확인

보안업무와 조사과정에서 문제의 정당성과 진실성, 정확성, 진실을 증명하려고 사실 확인(verifying)을 한다. 사실 확인은 다양한 관계자의 주장에 대해서 진실이나 정확성을 확립하고 구체화하기 위한 진중한 노력과정이다. 이러한 예로, 여러가지 확인할 수 있는 객관화된 사실이나 원형(原型) 그리고 또 다른 납득할 수 있는 관행이나 기준과의 비교를 시행하는 것이다.

이러한 사실 확인은 대체적으로 어느 곳이든지 발견할 수 있는 객관적인 관행이나 기준에 의하여 확인되거나 또 여러 사람의 진술을 토대로 한 확증을 포함하게 된다.

5) 조 사

조사는 사실을 확인하기 위한 증거를 수집하거나 사실을 밝히려는 목적에서 행한다. 따라서 조사는 단순히 잘못된 것에 한정하는 것이 아니므로 어떤 조사가 단순히 부분으로, 결과에 대한 조사로, 사실에 대한 실사로 실행되는 경우와 같이 만약 조사가 잘못된 것에만 한정되는 것이라면, 이러한 조사는 즉각적으로 실사(survey)로부터 분리되어야 하고, 실사를 적절하게 관리할 수 있는 부서에서 적절한 권한을 가지고 수행하도록 다시 업무를 조정하여야 할 것이다.

보안실사의 과정에서는 의심이 되는 부정행위(fraud)를 발견하려고 조사하는 것은 일상적인 업무과정이다. 일례로, 보안전문가는 대형 병원이나 의료기관 등 여러 산업시설의 보안실사과정에서 이러한 조사를 행하게 된다. 해당 의료기관의 검수부서에는 환자들의 귀중품을 훔치는 절도자가 존재한다면, 이러한 절도자를 색출하려면 조사와 실사를 분리하여 실시할 필요가 있으며, 이것이 성공적으로 진행되면 조사증거를 바탕으로 절도자를 고소하는 것이 가능할 것이다. 조사결과로 사기행위자를 적발하게 되면 반드시 법집행기관과 같이 사실을 확인해야 한다.

6) 평 가

평가(evaluating)는 사물의 가치나 수준을 일정한 기준에 의해 따져 해당과정에 대하여 최종적인 판단을 정하는 것이다. 이러한 평가는 분석되었던 모든 데이터의 적합성, 효율성, 정확성을 종합적으로 고려하여 비교·평가하는 것으로 그 동안 확보한 사실에서 이끌어 낸 결론이 단순한 의견을 넘어서 공식적으로 그 동안의 결과를 정리하는 것이다.

결과적으로 평가는 전문가의 판단을 제시하는 과정이다. 해당 보안전문가의 판단은 보안실사의 전반의 과정을 통하여 전체의 옷감을 하나하나의 실로써 완성하는 것과 같은 완성의 의미를 가진다. 따라서 이러한 평가는 프로젝트 전반의 과정을 통하여 상시적으로 행해진다.

평가에서는 실사과정의 초기에 전문가들이 어떤 프로그램과 절차를 검토하였는지 반드시 고려하고 해당 과정과 운영은 평가자에 의하여 재점검되어져야 하고, 표본신뢰도를 제고하고 해당 시험결과의 정확성을 위해서 필요한 충분한 사례를 토대로 하여야 한다. 선입관을 배제하기 위하여 실사자와 평가자는 반드시 다른 사람이어야 한다.

끝으로, 평가가 없는 단순한 사실의 발견은 전문가의 업무가 아닌 사무원의 기능에 불과하게 될 것이므로 축적된 실사결과를 근거로 전문가는 반드시 이러한 결과가 무엇을 의미하는지를 평가하여야 한다.

이 과정에선 분명한 평가와 정확한 판단이 요구되고 이러한 판단의 정확성이 전문가 여부를 결정한다. 만약 기업이 이러한 현장보안조사 과정에서 아무것도 발견하지 못했다면 해당 기업은 이 업무를 수행할 능력이 없으므로 이 업무를 수행하지 않는 것이 현명하다.

평가에서의 실제적인 기술은 어디에 거짓이나 잘못이 존재하는지 알아내는 것으로 한번 이러한 의문점을 가지게 되면 해결책은 의외로 쉽게 찾을 수 있을 것이다. 이것은 마치 환자의 병을 정확하게 진단하는 노련한 의사와 같이 조직 보안에 관한 전반적인 문제에 대한 적절한 판단과 사실규명을 할 수 있는 전문가만이 적절한 해결책을 제시할 수 있을 것이다. 따라서 노련한 전문가들은 거의 직감적으로 결과를 평가하기도 하며 이러한 정확성은 상당히 높을 수도 있다. 그러므로 항상 현장실사경험이 부족한 실무자는 평가에 대하여 더 체계적이고, 공식적이며, 구체적으로 접근함으로써 더 향상된 결과를 얻을 수 있을 것이다.

예를 들어 특정한 기준이나 수용할 수 있는 사례에 부합하기 위하여 실패에 대한 평가에서 다음과 같은 의문점을 가져야 한다.

① 결과와 규정과의 차이는 얼마나 중요한 의미를 가지는가?
② 해당 과정의 업무수행에서 목표나 임무를 달성할 수 있는가?
③ 누구 또는 무엇이 피해를 입게 되는가?
④ 이러한 피해가 해당 기업에 치명적인가?
⑤ 첫 단계에서 가시적인 문제점은 무엇인가?
⑥ 문제점의 원인은 무엇이고 실패의 원인이 된 사건이나 사건의 내용은 무엇인가?
⑦ 사건이나 사건의 전개는 매번 발견된 결과와 실패의 원인이 되었는가?
⑧ 만약 대응책이 실시되지 않았다면, 이러한 일탈과정은 다시 발생할 개연성은 어느 정도인가?

여기에 대한 명확한 대응책을 제시하기 위해서 기업에서는 반드시 가장 기본적인 의문에 대한 해결책을 제시하여야 할 것이다.

다음의 절차들은 실사요원 자신이 평가를 진행할 경우 계속적으로 유지해야 할 자세이다. 실사에 대한 검토과정에서 실사요원은 계속적으로 모든 것에 대하여 다음과 같은 사항에 대한 의문점을 제시하여야 한다.

① 문제의 실체와 본질은 무엇인가? (여기에서 경영진이 생각하는 문제점은 중요하지 않으며 문제의 본질이 무엇인가가 핵심이다).
② 여기에 관련된 진실은 무엇인가? 공정, 시스템, 절차, 정책, 조직구조, 구성원은 어떤 연관성이 있는가? 이러한 개별요소들은 과거와 미래에 어떻게 연계되어 있으며 전개 될 것인가?
③ 동일기업의 다른 장소에서 이 문제에 대해서 어떻게 진행되었으며, 다른 기업의 상황은 어떠한가?
④ 원인은 무엇인가? 다양한 원인은 몇 가지로 구성되어 있는가? 표면적인 원인뿐만 아니라 잠재된 근본적인 원인은 무엇인가? 언제 어떻게 이러한 원인들이 기업의 전반적인 문제로 영향을 미쳤는가?
⑤ 가능한 해결책, 대안, 비용, 문제에 대한 답은 무엇인가? 그리고 제시된 해결책에서 발생가능한 부작용이나 장단점은 무엇인가?

결과적으로 계속적인 탐구, 문제점의 조사, 분석, 평가의 과정이 보안에 관한 전문적인 지식을 가진 실사자에 의해서 행해질 때 조직 전반의 시스템과 운영상의 문제점이 발견되고 신뢰성이 확보되며, 이러한 주의깊고 치밀한 과정을 통하여 잠재된 문제점을 발견하고 기업에 대한 비용효과적인 해결책을 제시할 수 있을 것이다.

제2절 회계감사

회계는 비즈니스 언어라고 부를 정도로 기업운영에 중요한 업무이다. 오늘날 기업 도산의 원인에서 중요한 요소 중에 하나가 회계부정이거나 부정한 회계기록을 감사해야할 회계감사들의 결탁이나 묵인 그리고 이러한 행위에 대한 책임추적성의 한계이다. 따라서 여기에서는 어떻게 회계와 감사, 책임추적성이 기업 보안의 주요한 전략이며, 기업이나 조직 생존의 열쇠인가에 대하여 알아본다.

1. 회계관리

회계(Accounting)[6]는 일반적으로 비즈니스 언어라고 칭하며, 비즈니스 거래와 관련된 기록 · 분류 · 요약 · 보고 · 해석된 결과에 관한 총체적인 내역이다.

회계정보는 의사결정과정에서 기업의 경영진에게 도움을 준다. 실제적으로 경영진은 모든 업무관련 사항에서 회계기록을 요구한다. 대부분의 회계는 매일 업무결과의 기록으로 장부계원에 의해 수행된다. 회계원은 회계기록 내용을 디자인하고 보고서를 준비하며 내역을 논리적으로 기록한다. 예를 들어 업무에서 장부계원은 현금을 계수한 다음 현금판매 영수증을 확인하고, 현금 영수증 일지에 총량을 기록한다. 혹은 회계기록에 근거하여 종류에 따라 재고보고서 담당회계원은 특정한 업무에서 손실분이 너무 높다고 판단하면 보안부서에 보고한다.

또한 기업의 경리부서는 업무운영에서 중요한 재정문제들을 관리한다. 경리부서의 공통적인 요소는 현금 운영, 수입계정, 지출계정, 임금대장, 회사 은행계좌의 관리업무를 수행하며 경리부서의 각 요소는 기업의 재정적인 상황을 관리자가 살펴보고 이해할 수 있는 회계기록들을 유지할 책임이 있다.

이 중요한 영역에서의 적절한 보안전략이나 통제가 없다면 어떤 기업이나 조직들도

6) 회계(accounting)는 특정의 경제적 실체에 관하여 이해관계를 가진 사람들에게 합리적인 경제적 의사결정을 하는데 유용한 재무적 정보를 제공하기 위한 일련의 과정 또는 체계로 오늘날 사회에서의 경제활동은 기업 · 국가 · 학교 등 일정한 사회적 조직을 통하여 이루어지는데, 이들 사회적 조직에 대하여는 이해관계를 가지는 개인이나 조직이 존재한다. 회계가 회계실체에 있어서 실제로 존재하거나 발생한 현상을 화폐액으로 나타내 주는 과정에서 수행되는 기능에는 식별 · 측정 및 전달 등이 있다.

살아남지 못할 것이다.

회계관리에 대한 통제의 중요성에서 경리부서 자체적인 잠재적인 손실도 빈발하므로 현금 운용은 외부인에 의한 절도나 강도뿐만 아니라 담당직원의 부정행위에서 보호되어야 하고 수취계정에 대한 조사를 통하여 직원들이 계산서를 훼손하거나 자신의 계좌나 차명계좌에 공금이 입금되도록 하는 부정행위를 방지해야 한다.

지급 계정에 대한 조사나 보호가 필요한 이유는 경리직원들이 공급업체 직원과 결탁하여 회사자금을 착복하기 위해 운송장 내용을 바꾸는 것을 방지해야 하기 때문이다. 또한 종종 급여 관리 담당자의 음모로 실제로 존재하지 않는 허위 직원을 급여목록에 관리하면서 가상직원의 급여를 자신의 급여계좌에 입금되도록 조작하기도 하며 회사 은행계좌도 감시되거나 불시에 조사하지 않으면, 담당자의 탐욕으로 조작되거나 착복의 위험이 많다. 따라서 회계는 사원이나 장부계원에게 회계 결과를 논리적인 방법으로 정확하게 기록하게 만드는 원칙이나 절차를 정한 시스템으로 유지되어야 하며 이를 담당자 혼자 또는 상급자의 협력이나 묵인 하에 임의적으로 조작하거나 변경하는 것을 방지하는 보안확인조치가 업무절차로 정착되어야 한다.

개개인의 거래기록은 업무보고서나 회계명세서의 거래들의 합과 비교하여 영향력이 적으나 요약된 회계명세서들은 관리자들의 의사 결정에 도움을 준다. 보안 실무자들은 이러한 명세서에서 의심스런 내용이나 손실발생을 의미할 경우에는 담당자에게 확인하여야 한다. 회계명세서는 경영진과 관리자에게 다음과 같은 재정 상태에 대한 다양한 정보를 제공한다.

① 주요한 관심 사항에 대한 재정 상태는 어떠한가?
② 해당분야의 재정적인 가치는 어떠한가?
③ 해당분야는 수익이 있는가 아니면 손실이 있는가?
④ 회사의 어떤 부서가 재정 상태에서 문제가 있는가?
⑤ 범죄 · 화재 · 불안전은 얼마나 심각하게 손실을 초래하는가?

비록 기업에서 손실들이 주어진 모든 질문에 영향을 받을지라도, 보안업무에서 중요하게 고려되는 것은 마지막 질문이다. 따라서 보안 분야에서 자신의 경력 관리를 하는 실무자들이나 회계기록과 관련된 범죄수사에 관심이 있는 사람은 경리절차와 회계기록의 해석을 포함한 조사임무를 수행하기 위하여 대학수준의 회계과정의 학습이 필요하다. 반면에 회계감사(Auditing)[7]는 회계부서와 관련성이 없는 독립된 타인이 회계원이 작성한 회계 기록을 검토하여 회계기준에 부합하는지, 내역은 정확한지에 대하여 검사하는 일로 모든 회계장부를 확인하거나 실사하는 일련의 모든 감사과정을 의미하므로 이런 회계감사의 주요한 목적은 사전에 주어진 조직의 회계기준과의 차이점을 발견하는 것이다. 이러한 감사는 의외로 단순할 수 있으나 대부분은 복잡하다.

예를 들면 보안 근무자가 CCTV 장치가 잘 작동하는지 조사하거나, 감사요원이 회사의 회계기록과 보고서가 공정하고 신뢰성 있고, 회사의 원칙이나 절차를 따르는지를 감사한다.

회계감사의 중요성은 최근 들어 급증하는 기업의 분식회계에 의한 기업 도산과 외부회계감사 기관과의 유착으로 인한 부정행위 적발의 어려움으로 인하여 2중 3중의 감시와 교차확인의 중요성이 부각하고 있다.

회계감사에서 일상화되고 편리한 방법은 감사 질문서를 통해서다. 전형적인 감사 질문서는 그 사람이 관계하는 특정한 분야에 주의를 집중하여, 감사를 실시하는 내용을 다시 기억해내도록 질문 항목이 구성되어 있다. 이러한 질문서의 결과는 기준과 결과와의 미세한 차이와 손실정도를 바로 잡는 것에 도움이 되는 피드백을 제공한다. 다음은 회계 관련 간행물에서 인용한 감사 질문서의 예이다.[8)]

이 내부통제 질문서는 중소기업을 위해 고안되었으나, 질문의 대부분은 여러 기업과도 관련이 있다.

1) 내부통제 질문서

(1) 공통사항

① 회계기록은 매일 최근 기록을 유지하며 매달 대차대조표상에 균형이 유지되는가?
② 계정 과목표(Chart of Account)는 사용되는가?
③ 수입과 비용을 확인하기 위해서 사업주는 예산시스템을 사용하는가?
④ 현금 운용설계는 만들어졌는가?
⑤ 월별 혹은 분기별 재정보고서들은 사업주에게 유용하게 이용되는가?

---

7) 회계감사(auditing)는 독립의 제3자가 타인이 작성한 회계기록을 검토하고 회계기록의 적부(適否) 또는 정부(正否)에 대하여 비판적인 의견을 제시하는 일로써 감사의 일종으로 넓은 뜻의 경영감사 또는 업무감사에 포함되나 일반적으로 감사라고 할 때는 회계감사를 가리키는 경우가 많다.

8) "A Small Business Internal Control Questionnaire," The Journal of Accountancy (July 1978), p. 54. Copyright ⓒ 1978 by the American Institute of Certified Public Accountants. Philip P. Purpura, CPP, Security and Loss Prevention, BH, 1998, pp. 256~258. 재인용.

⑥ 사업주는 직접적이고 활동적으로 재정적인 문제에 대해서 관심을 가지며 보고서들은 여기에 부합하는가?
⑦ 사업주의 개인적인 자금과 그의 개인적인 수입이나 지출은 기업계정에서 완전하게 분리되었는가?
⑧ 사업주는 모든 직원들의 정직성에 대해 만족하는가?
⑨ 장부계원은 연차 휴가를 요구하는가?

(2) 현금영수증

① 사업주는 모든 우편물을 공개하는가?
② 사업주의 자금사용내역의 영수증들은 사업주에게 넘겨지기 전에 장부계원이 먼저 확인하는가?
③ 현금영수증 목록들은 그 후에 현금영수증 일지에 의해 확인되는가?
④ 현금등록 테이프, 계산대 영수증, 기타 여러 가지 장외 거래영수증은 관리되는가?
⑤ 매일 영수증은 원래대로 보관되는가?
⑥ 자금을 다루는 직원들은 재정보증이 되어 있는가?
⑦ 서로 다른 두 사람이 은행기록과 일치시키고 예입전표를 확인하는가?

(3) 현금지출

① 모든 현금지출은 관리자에 의해 확인되는가?
② 사전 번호가 부여된 수표를 사용하는가?
③ 수표에 소유자의 서명이 요구되었는가?
④ 현금지출을 보장하는 모든 서류는 사업주가 승인 또는 취소하였는가?
⑤ 무효가 된 모든 수표들은 보관되고 이유가 설명되는가?
⑥ 기계식 위조수표 방지기는 사용되고 관리되는가?
⑦ 사업주는 은행과의 거래내역의 일치여부를 재검토하는가?
⑧ 선급 소액 지급자금이 사용되는가?
⑨ 사업주는 사용자가 공란인 수표에는 절대 서명하지 않는가?
⑩ 서로 다른 사람이 은행기록과 수표의 서명 일치를 확인하는가?

(4) 수취계정과 판매

① 작업지시와 판매 운송장은 사전에 번호가 부여되며 관리되는가?
② 고객의 장부는 규칙적으로 대조하는가?
③ 월간명세서는 모든 고객들에게 보내는가?
④ 사업주는 명세서가 발송되기 전에 검토하는가?
⑤ 단지 사업주만이 계정 삭제와 할인권한이 있는가?
⑥ 사업주에 의해서만 신용부여가 보장되는가?

(5) 재고재산

① 장부계원보다 재고에 책임이 있는 사람은 누구인가?
② 주기적인 재고조사가 실시되는가?
③ 재고 수량에 대한 물리적인 통제가 있는가?
④ 연속적인 재고기록들이 유지되는가?
⑤ 재산과 감가의 허용에 관한 상세한 기록은 있는가?
⑥ 사업주는 회사가 소유한 재산에 대하여 잘 알고 있는가?
⑦ 퇴직여부는 사업주에 의해서 승인되는가?

(6) 지급계좌와 구매

① 구매주문절차는 잘 지켜지는가?
② 장부계원이 아닌 다른 사람이 항상 주문을 하는가?
③ 공급업체의 월간명세서와 기록된 채무가 규칙적으로 비교되는가?
④ 만약 지출이 단지 운송장에 의해서만 이루어진다면, 공급업체의 월간명세서가 사업주에 의해 주기적으로 확인되는가?

(7) 임금대장

① 사업주에 의해 직원들이 채용되는가?
② 어떤 직원의 결근에 대해서도 사업주는 관심을 가지는가?
③ 월급명세서가 개개인에게 배부되도록 사업주가 승인 및 서명을 하는가?

2) 보안 감사

보안 감사는 모든 기업운영 측면에 대한 고려보다는 보안 서비스들이나 장치, 정책과 절차에만 중점을 두고 실시됨과 더불어 이것에는 모든 정책이나 절차들과 운영 활동들(예를 들면, 현금관리, 선적과 수령, 창고관리, 생산과 구매업무)을 포함한다.

관리자는 보안 근무자들에게 감사의 구체적인 내용을 명확하게 전달하고 규정대로 실시되는가를 상기시키기 위해 감사 양식을 준비한다. 이러한 질문들에서 시설검사에선 자물쇠의 상태, 경보기, 문과 창문, 소화기와 같은 시설물에 중점을 두고 유사한 내용이나 이상한 사건의 보고서에 대해서도 질문을 한다.

감사양식이 제출되면 감독자들은 서류를 재검토 한 후에 직원들에게 피드백을 제공하므로 이것은 직원들의 훈련기법으로도 도움이 될 것이다. 보안 근무자들의 근무유형은 일반적으로 고정근무와 유동근무로 구성되므로 보안부서에 대한 감사에서 많은 근무자들이 근무 중에 '정신적으로 잠들어 있다'는 것에 대한 감사가 실시된다. 이러한 감사 실시에 의한 결과들은 업무에서 유용한 자료로 활용됨으로 그들의 직무에서 향상된 만족감을 얻게 될 것이다.

3) 회계의 전산화

오늘날 대부분의 회계 관리도 비용 절감과 업무수행의 효율성, 처리속도 때문에 컴퓨터에 의존하는 경향이 증가하고 있다. 이러한 컴퓨터의 기능으로는 재고를 확인하며, 구매지시서를 발행하고, 고객에게 계산서를 발행하는 것과 같은 업무들을 정리하는 것을 수행한다.

전산자료의 조작이나 삭제에 대한 기록을 확인하는 과정은 특별한 기술이 요구되고 수작업과 같이 증거를 남기지 않는 것이 가능하므로 수동 회계시스템과 마찬가지로 전산화된 회계시스템도 관리와 감사는 필수적이다.

또한 전산화된 회계 시스템들이 모든 면에서 수동적인 활동이 배제되는 것은 아니고 전산화된 회계시스템도 처음의 데이터(예, 현금 영수증과 수령보고서)는 필히 손수 컴퓨터에 입력되어야 한다. 이어서 인간의 역할이 컴퓨터 회계시스템에 개입되면 실수, 조작 그리고 손실 가능성이 발생한다.

예를 들면, 운송장보다 높은 가격을 지급하거나 높은 가격의 공급업체를 선호하도록 컴퓨터에 프로그램하기도 한다.

따라서 통제와 감사가 전산화된 회계시스템에 필요하며, 특히 많은 시스템들이 보안이나 시스템의 안정성을 우선하기 보다는 업무의 효율성만을 고려하여 디자인됨에 따라서 엄격한 통제를 통하여 권한을 가진 사람 이외에는 시스템을 임의적으로 변경하지 못하게 하며, 한 사람이 모든 거래진행의 완성을 책임지는 것이 아니라는 것을 명심하고, 주기적으로 근무자를 이동 근무하게 함으로써 시스템조작을 통한 손실을 미연에 방지한다. 수동 회계시스템에 사용되는 대부분의 통제가 마찬가지로 전산화된 회계시스템에도 동일하게 적용된다.

전산화된 회계시스템에 대한 감사는 다양한 방법으로 실시되는데 이러한 전산화된 재고 시스템에서의 한 가지 감사기술의 예를 들면, 직원들이 물리적으로 재고를 파악한 수량과 컴퓨터의 수량을 비교해 보는 것이다. 또한 소프트웨어 프로그램의 다양화는 전산 회계 시스템의 통제와 감사를 실시하는데 유용하다.

이와 같이 현대문명에서 인간이 고려하여야 할 것은 과학기술의 발전에 따라 사용되는 많은 기기의 사용으로 인한 편리성의 향상에 따라 인간은 점차적으로 기기에 의존하게 되므로 생각하는 기능은 무뎌지고 인간감각의 취약성은 일반적으로 비례하여 증가한다.

2. 책임추적성

책임추적성(Accountability)이 유지되려면 개인이나 부서가 특정한 업무를 수행하는데 특정 업무에 대한 책임과 행위에 대한 기록이 필수적이다. 예를 들면 어떤 관리자가 공장에서 모든 완성품의 책임(예를 들면, 책임자)을 지고 있으며 재고가 얼마나 있는가에 대한 정확한 기록들을 유지하여야 한다. 다른 예로는 보안 근무자는 제한구역에 사람들의 출입기록부를 보관하여야 한다. 아니면 트럭이 물건을 선적하는 동안 보안요원들은 선적된 총 수량을 기록한다. 위의 2가지 예에서 직원들은 자신의 이름을 서류에 서명하고 자신이 책임을 지며 계속적으로 책임감을 유지하여야 한다.

공식적인 책임추적성에 대한 정의는 해당 업무와 관련한 행위들이 책임 있는 자들에 의해 추적이 가능하여야 하고 관련 기록이 유지, 보호되어야 한다는 의미로 책임추적성이 없다는 것은 일반적으로 말이나 기록문서가 없는 결과물을 의미한다. 예를 들어 보안 관리자는 직원들에게 소화기는 확인(감사)이 실시되었냐고 물을 경우에, 그 직원은 확인되었다고 하면 보안 장비에 대한 기본적인 감사는 수행된 것으로 간주한다.

그러나 만약 몇 주일이 지난 다음에 특정 소화기가 있는 근처에서 불이 났을 때 소화기가 작동되지 않는 것이 발견되었다면 작동되지 않는 소화기로 불을 끄려고 했던 직원은 관리자에게 이러한 사실을 보고할 것이며 보안 관리자에게 상급 감독자는 확인이 실시되었냐고 물을 경우에 보안 관리자는 실시되었다고 대답할 것이나, 그 다음 감독자는 말로 한 책임은 존재하지 않기 때문에 진술을 확인할 서류를 요구할 것이다.

그때부터 보안 관리자는 기록이나 문서화된 공식적인 책임에 대한 가치를 알게 되며 기록과 서류유지에 대한 적절한 체제를 개발할 것이다. 그러나 모든 활동에 대한 기록을 남기는 것을 비현실적이다. 또한 때때로 언제 말에 대한 책임보다 공식적인 기록이 실용적인지 판단하는 것은 쉽지 않다. 따라서 의심이 갈 경우에는 보안 실무자는 공식적인 책임에 무게를 두고 서류화 작업을 하며, 기록물이 다른 곳으로 보내질 경우에는 복사본을 보내고 원본은 보관한다.

이와 같이 책임감의 중요성은 절대 간과하여서는 안 되며 이러한 자세가 보안업무에 관한 생존전략의 핵심이고 문서화된 서류는 많은 종류의 보안 활동의 결과물이다. 따라서 보안활동에 관한 기록물들은 보안 근무자들이 업무에 관한 정당성에 대한 주장의 뒷받침이 될 뿐만이 아니라, 서류는 계획과 예산, 주요한 보고서의 준비, 일반적인 업무에 많은 참고가 된다.

1) 증거 수집

물리적인 증거에 관한 책임은 특히 수집된 증거가 소송으로 법정에까지 가기 전에도 경우에 따라서 중대한 영향을 가진다. 따라서 증거 관리가 다른 사람으로 이관될 때에는 '관리의 연속성(Chain of Custody)[9]'을 유지하기 위하여 특히 잘 보관되어야 하며, 손실현장의 증거는 누군가가 손대기 전에 신속하게 보존되고, 사진을 찍거나 비디오로 기록되며 스케치되어야 한다.

그리고 증거 보관은 적절한 이름과 포장도 동일하게 중요하다. 증거에 의한 책임공방은 가끔 법정에서 발생하므로 변호사들은 확실하게 증거와 관련된 절차나 서류를 꼼꼼하게 살펴보아야 한다.

법정에서 자주 물어보는 내용으로는 ① 누가 이 증거를 최초로 보았는가, ② 누가

9) 현재의 증거가 최초로 수집된 상태에서 지금까지 어떠한 변경도 되지 않았다는 무결성을 보증하기위한 절차적인 방법을 의미하며, 미국은 CoC가 지켜지지 않으면 해당 증거물은 법적 증거능력을 상실한다.

이것을 최초로 만졌는가, ③ 어디서 이것을 가져 왔는가, ④ 누가 가져 왔는가, ⑤ 어떻게 보관되었는가, ⑥ 저장장소는 잠겨 있었는가, ⑦ 누가 열쇠를 가지고 있는가, ⑧ 현장에는 몇 개의 열쇠가 있었는가 등이 있다.

2) 주요한 보안 기록들

다음의 기록들은 보안관리부서의 활동결과이므로 보관·유지하여 보안부서 업무수행에 필수적으로 활용되어야 할 기록들이다.

〈표 3-4〉 보안업무 관련 주요 기록물

① 사고보고서, ② 보안 서비스, ③ 경보(장소·사고), ④ 직원들의 모임과 기록, ⑤ 지원자 조사기록, ⑥ 감독자와의 모임과 기록, ⑦ 감사와 감소량(shrinkage)보고서, ⑧ 운송장(내·외), ⑨ 불량수표(사본), ⑩ 예산, ⑪ 산업안전공단(고용노동부)보고서, ⑫ 건축·건설계획, ⑬ 정기 간행물, ⑭ 절도보고서, ⑮ 신상기록부, ⑯ 컴퓨터 보안 전략, ⑰ 보안계획과 위험관리, ⑱ 업무서신(내·외), ⑲ 정책과 절차, ⑳ 거짓말탐지기 시험보고서, ㉑ 비상과 재난시 계획, ㉒ 경찰보고서, ㉓ 외부보안 계획, ㉔ 대외 관계와 기록, ㉕ 소방 계획, ㉖ 구매 보고서, ㉗ 사건 보고서, ㉘ 연구기록, ㉙ 보험 계약, ㉚ 내부 보안계획, ㉛ 금고, ㉜ 조사 보고서, ㉝ 안전 전략, ㉞ 소송 보고서, ㉟ 선적과 수령 시 손실보고서, ㊱ 자물쇠와 열쇠, ㊲ 조사, ㊳ 보안장치, ㊴ 교통량기록, ㊵ 보안조직과 기록, ㊶ 훈련과 교육보고서, ㊷ 보안 프로그램(범죄·화재·보안 전략), ㊸ 제복과 장비, ㊹ 방문자 목록과 업무일지, ㊺ 강도사건 보고서 등

3) 구매 관리

구매물품이 다양한 만큼 구매절차도 다양하고 오늘날 여러 가지 유형의 컴퓨터 프로그램이 구매체계를 향상시키기 때문에, 여기에서는 가장 일반적인 구매 방법으로 (구매청구→구매주문→운송장→수령보고서) 4가지 형태가 연속되는 구매체계에 대하여 알아본다.

기업에서 상품이나 장비, 보급품을 주문할 경우 주문은 어떠한 오해도 피하기 위하여 모든 과정을 기록으로 보존되어야 한다. 일례로 정비부서의 관리자가 공장에서 무엇인가를 주문한다고 가정하고 일련의 과정을 살펴보자.

① 일반적으로 서류화 과정은 주문이 구매 청구서라고 알려진 기본적인 서식에 기록될 때 시작된다. 구매 청구서에는 다른 것을 포함하여 주문자, 날짜, 항목, 기술, 필요성, 단가 등을 기록한다.

② 한번 주문자가 구매 청구서를 작성하면 1부를 서류철에 보관하기 위해 복사를 하며 감독자가 주문을 승인 혹은 취소한 다음 원 주문서에 서명한다.

③ 만일 승인되면 구매부서에서는 구매 청구서를 재검토하고 적절한 공급업체를 선정한 다음 구매부서 직원들에 의해 구매주문서에 번호가 부여되며 주문은 완성된다.

④ 구매주문서의 사본은 주문자와 수령부서, 지급계좌 담당부서에 보내지고 원 구매주문서는 구매부서에 보관된다. 해당 구매주문서에는 다른 것과 마찬가지로, 주문자, 항목, 수량, 항목 코드번호와 가격이 포함되고 구매주문서는 우편이나 메일로 공급업체에 발송한다.

⑤ 주문이 완료되면 공급업체는 운송장을 지급계좌부서로 보낸다. 운송장에는 구매자와 공급자의 이름, 주소와 가격 · 항목 · 수량 · 날짜 · 선적방법이 포함된다.

⑥ 지급계좌부서에서 운송장을 받으면 구매주문서와 가격과 항목의 형태, 적정한 수량, 구매자의 주소를 비교 · 확인한다.

⑦ 구매자 측의 구매부서와 수령부서는 구매내역의 정확성을 확인하기 위해 운송장의 복사본을 받는데 실수(공모) 가능성을 방지하기 위하여 구매주문서와 운송장은 수령(검수)부서로 보내지고, 이때 항목의 수량(숫자)이 지워지게 된다.

⑧ 주문한 상품이 도착하면 수령부서 직원은 항목의 수량과 형태를 기록하고 또한 불량을 확인한다. 이 때 보안부서에서 수령물품을 확인하는 과정에 참여하여 실사한다. 이 문서가 수령보고서가 된다.

⑨ 그런 다음 수령보고서 복사본을 만들어서 구매부서와 지급계좌부서에 보낸다. 구매부서는 수령보고서와 운송장을 비교하고 지급계좌부서에서는 구매주문서, 운송장, 수령보고서를 비교 · 확인한 후에 이상이 없으면 공급업체에 돈을 송금한다.

이와 같은 일련의 체계는 복잡하게 보임에도 불구하고 이러한 책임추적성이 없으면 각종 눈속임이나 업무부서간 공모에 따라 손실위험이 증가할 것이다.

이와는 반대로 다음의 좋지 않은 책임체계에서의 손실의 예를 생각해 보자.

회사의 구매자와 수령부서의 직원이 외부 공급업체 직원과 공모를 한다. 그들의 계획은 고가 상품에 대한 구매주문을 하고 돈은 지급되나 상품은 실제로 배달되지 않는다는 공모를 하고 공모자 3명이 배달되지 않은 상품가격을 나누어 가진다. 이 때 공모자들은 부적절한 책임 체계를 이용하여, 구매자가 구매주문서를 작성하여 공급업자에 우편(메일)으로 보낸다. 그리고 공급업체는 운송장을 구매자에게 보낸다.

구매자는 운송장에 추가적인 수량이나 가격을 부풀려 고친 다음, 지급계좌부서는 구매자로부터 변경된 운송장의 사본을 받는다. 그리고 수령부서의 직원이 구두로 공급업체에서 상품이 수령되었다고 확인하면 지급계좌부서는 공급업체에 상품대금을 보낸다. 이러한 책임추적성이 결여된 과정의 결과로 기업이나 조직은 실제 수령한 물품보다 더 많은 항목의 비용이 지급된다. 상기의 예는 손실이 발생하는 계획된 여러 가지의 유형 중에 단지 하나의 변형된 사례에 불과하며, 이러한 사례의 경우의 수는 부정행위자 상상력의 한계에 달려있다. 또 다른 구매 시에 광범위하게 손실을 유발하는 것은 리베이트(kickback)[10]의 결과이다.

구매자가 판매자로부터 자신의 상품이나 서비스를 이용한 대가로 현금이나 여러 가지 호의를 받는다. 특히 제품이나 서비스가 비교되는 경쟁사보다 비싸거나 저질일 경우 손실이 더 많이 발생하게 될 것이다.

이러한 손실을 예방하기 위한 구매 시에 보안 전략은 다음과 같다.

① 특별한 관리가 필요한 분야에서는 익숙하고 효과적인 책임체계를 만든다.
② 구매 관리체계와 관련되는 적절한 훈련을 확립한다.
③ 구매 부서를 통하여 모든 구매를 집중화한다.
④ 문서(기본 양식)나 서명 등이 정교하게 디자인된 컴퓨터 프로그램을 통하여 책임추적성을 유지한다.
⑤ 개개인이나 부서가 다른 사람의 업무를 교차 확인할 수 있도록 직무와 책임을 분리한다.
⑥ 고의적인 실수에 의한 보안취약성 시험을 한다.
⑦ 기록물의 교체나 삭제를 방지하기 위해 교체가 불가능한 종이를 사용한다.
⑧ 사전에 주어진 번호에 의한 구매주문 양식들(필요시 다른 양식)을 사용한다.
⑨ 수령 시에 구매예금계좌를 만든다.

---

10) 리베이트(rebate)는 지급대금이나 이자의 일부 상당액을 지급인에게 되돌려주는 일 또는 그 돈으로 대금・요금 자체를 감액하는 것은 에누리 할인이며, 리베이트는 대금의 지급 수령 후 별도로 이루어진다.

⑩ 예고 없이 보안 확인을 실시한다.
⑪ 구매부서에 대하여 주기적인 감사를 실시한다.
⑫ 경쟁력 있는 입찰을 요구하여 품질을 향상시킨다.
⑬ 정실(Favoritism)이나 리베이트를 막기 위하여 구매 부서를 조사한다.
⑭ 공급업체로부터 선물이나 호의의 제공을 방지한다.
⑮ 보안부서에 불법행위를 보고한다.
⑯ 역량 있는 비밀조사원들을 이용한다.
⑰ 채용할 지원자들의 신원확인을 한다.
⑱ 필요할 경우에는 감시 장치(예, CCTV)들을 이용한다.
⑲ 명확한 기업정책이나 절차를 개발한다.

4) 재고관리

도소매업에서 상품은 계속적으로 구매되고 판매된다. 제조업에서 상품판매는 기업의 주요 소득원이므로 기업재원의 실질적인 대부분 역량은 판매할 수 있는 상품에 투자되며, 이러한 상품은 기업의 가장 큰 자산이므로 상품자산은 보호되어야 한다. 재고에는 판매 중인 상품, 원재료와 생산중인 상품을 포함하며 이러한 재고는 기업자산으로 대차대조표상의 차변[11]에 기록된다.

손실예방업무에서 사용되는 감소량(Shrinkage)은 절도에 의해 없어지거나, 파손이나 손상에 의해 쓸모없어지며, 잘못된 기록으로 파악되지 않은 것에 대한 상품손실의 총량으로 감소량은 매출액 대비 퍼센트(%)로 표시된다.

대부분의 기업에서 3%보다 높은 감소량은 심각한 기업생존의 문제이므로 보안 관리자들의 대부분은 그들 업무의 주요한 목적이 감소량을 줄이는 것이라고 생각한다. 감소량의 정확한 측정은 재고관리시스템의 특성에 좌우되며 이 결과는 모든 보안 프로그램과 관리자에게 구체적인 영향을 미치게 된다.

재고관리시스템에는 주기적인 것과 영속적인 체계, 2가지로 대별되며 주기적인 재고체계는 일정한 기간 동안, 대체적으로 1년 동안 상품의 물리적인 양의 변동결과를 보여준다. 이런 시스템이 이용될 경우 판매된 하루 매출은 회계기록부에 기록되나 판

11) 자산·부채·자본 및 수익비용의 발생·증가와 감소·소멸을 기록하는 계정상 표시의 양별 구분이다. 대차대조표의 차변에는 자산이, 대변에는 부채와 자본이 표시되며, 손익계산서의 차변에는 비용이, 대변에는 수익이 표시된다.

매된 사실을 반영하기 위한 재고계정을 조정하기 위하여 기록되는 처리과정은 없으므로 주기적인 시스템으로 감소량을 정확하게 측정하기에는 어렵다. 그러나 특별 사업을 위하여 월간이나 분기간 동안의 재정명세서가 필요할 때 주기적인 재고시스템을 이용하고, 때때로 경험있는 관리자들은 실질적인 수량 파악 없이 재고를 추정하기도 한다. 반면에 영속적 재고시스템은 최근의 재고 수량을 유지하는 회계기록을 이용하는데 이러한 시스템은 일반적으로 모두 전산화되어 있다.

여기에서 손에 쥘만한 마이크로컴퓨터 기술과 판매서점(POS) 정보관리 시스템이 바코드 스캐닝을 통하여 데이터를 받아들인다. 그리고 매일 판매된 수량 기록과 더불어, 개별 재고기록이 각 종류별 상품판매에 따라 유지되고, 이것은 계속해서 실시간 수량파악을 가능하게 한다. 여기서 회계기록은 판매된 상품가격과 재고량을 반영한다. 이러한 정보는 주기적인 재고시스템보다 감소량을 측정하기에 더 좋은 결과를 제공한다. 다음은 재고의 정확성과 감소량의 통계를 향상시키기 위하여 제안된 전략이다.

① 체계화된 재고시스템을 유지한다.
② 각 단계별 책임추적성을 확립한다.
③ 수량 파악을 위한 표준화된 양식과 절차를 확립한다.
④ 직원들이 수량을 정확하게 파악하는지 확인한다.
⑤ 가능하다면 직원들이 한꺼번에 너무 많은 재고를 파악하게 하지 않는다.
⑥ 손에 쥘 수 있는 마이크로컴퓨터 기술을 이용하여 상품의 바코드를 통하여 데이터가 자동으로 파악되게 한다.
⑦ 일정하지 않는 시간에 특정한 상품에 대해 갑자기 수량을 파악한 다음, 컴퓨터 기록과 비교해본다.
⑧ 가능하다면 상품이 오래된 재고로부터 순서대로 판매되도록 사전에 번호가 부여되도록 청구한다.
⑨ 불필요한 사람(트럭 운전자, 서비스 요원, 상품판매와 관계없는 직원)이 상품 저장소에 들어가는 것을 통제한다.
⑩ 재고수량을 파악할 경우에 비밀 조사원을 참가시킨다.
⑪ 보안 관리자는 공식화된 감소량 통계에 사용된 방법을 조사하여야 하므로 특별히 감소량 관리는 보안업무나 보안 프로그램에 반영되어야 한다.

또 다른 형태의 재고는 장비 · 도구 · 공급품 등에 초점을 두고 회사나 단체 소유인 재산이 어디에 매 시간동안 위치하고 있는가를 아는 것이 보호 프로그램에서 중요하다. 오늘날 물품의 위치파악 업무는 RFID와 같은 혁신적인 기술적용에 의하여 편리해졌으며 이러한 방법을 가지고 각각의 재산의 지정된 수량이 추적된다. 소프트웨어는 각 항목의 재산인식 번호를 갖고 입력이 된 RFID[12] 택(각 제품에 부착됨)을 만들어낸다.

그 번호는 어떤 사람에게 지정된 항목, 장소, 이동의 제한, 가격, 공급업체, 정보를 보유한 전자 파일에 각각의 항목이 연결되어 있는데, 이러한 시스템은 재산에 대한 보고서를 자동으로 생성하므로 조사업무에 도움을 준다.

3. 소액현금제도

현금은 지불수단으로 즉시 사용할 수 있기 때문에 다른 자산에 비하여 도난과 분실 오류 및 부정행위 등 많은 위험이 따르는 자산이다. 이러한 위험을 방지하기 위하여 입금된 예금은 즉시 은행에 당좌예금하고 모든 지급비용은 수표로 발행하여 지급하도록 함으로써 횡령 등의 위험성을 사전에 방지할 수 있으며, 나아가서는 출납사무를 간소화하는데도 기여할 수 있다. 소액현금제도를 처음 실시할 경우 회계담당자는 과거의 경험 등으로부터 일상적인 지출용도, 지출빈도, 지출금액 등을 예상하여 소액현금의 규모와 소액현금의 보충시점과 소액현금의 관리자를 선정하여 소액지출의 관리 및 기록을 담당하게 한다.

이와 같이 소액현금제도(petty cash system)는 효율적인 현금관리제도를 위해 가급적 모든 지출이 수표발행으로 이루어진다. 그러나 사무용품의 구입, 교통비의 지급, 문방구류, 점심접대비 등의 소액의 지급까지 수표를 발행한 후 지급하여 회계 처리한다는 것은 운영상의 불편함으로 일정한 현금을 보관하는 부서를 지정하여 필요한 금액을 보관하고 여기에서 소액지급을 충당하게 하면 편리하고 능률적일 것이다. 이와 같이 소액현금이 필요한 거래를 위하여 일반적으로 이용하고 있는 제도가 소액현금제도이다. 이때 일정 용도에 선급하는 금액을 소액현금 또는 소액자금이라고 하고 소액현금계정에서 처리한다.

소액현금제도를 최초로 실시할 때, 회계담당자는 과거의 경험과 기타 정보에 근거

---

12) RFID(Radio Frequency Identification)는 생산에서 판매에 이르는 전과정의 정보를 초소형칩(IC칩)에 내장시켜 이를 무선주파수로 추적할 수 있도록 한 기술로서, IC칩과 무선을 통해 식품, 동물, 사물 등 다양한 개체의 정보를 관리할 수 있는 차세대 인식 기술이다.

하여 일정한 주기(1주, 1월)동안 소액의 현금지출을 요하는 비용을 예측하여, 해당 금액만큼의 당좌수표를 발행하여 소액현금담당자에게 인계한다. 이때 회계담당자는 대차대조표의 소액현금계정을 차변에 당좌예금(현금)계정은 대변으로 분개하고, 소액현금담당자는 은행계좌를 개설하여 그 수표를 즉시 입금시킨다. 이렇게 상정된 자금을 소액현금기금이라고 하며, 소액현금의 일부를 통화의 형태로 소액현금보관함에 보관하여 사용할 수도 있다.

소액현금의 사용은 소액현금담당자가 자금이 필요할 경우에 소액현금기금(은행계좌)으로부터 수시로 인출하여 사용한다. 그러나 소액현금담당자는 현금을 지출할 때마다 분개할 필요는 없고 우선 소액현금출납장에 거래내역을 기록했다가 정해진 기간이 되면 지출내역을 작성하여 관련된 증빙서류와 함께 기업의 회계담당자에게 제출한다. 기업의 회계담당자는 각 부서별 소액현금담당로부터 제출받은 현금지출내역과 관련 증빙 등을 비교·검토해서 지출내역에 따라 분개를 실시한다.

다음은 소액현금시스템을 사용할 경우에 확인하여야 할 주요한 내용이다.

① 기업은 주기적으로 소액현금에 대한 보관방법에 대한 분석을 하는가?
② 소액현금으로 필요한 자금은 사무실 금고에 보관되는가?
③ 포장된 상태의 자금을 활용하여 지급하는 것은 금지되는가?
④ 현금이 책상서랍에 보관되는 것을 금지하는가?
⑤ 사무실금고를 사용할 수 없을 경우에는 현금은 자물쇠가 부착되어 바닥에 고정이 된 금고에 보관되어 이 금고가 통째로 옮겨지는 것을 방지하는가?
⑥ 소액현금에 접근이 가능한 사람은 책임 있는 당사자로 제한하는가?
⑦ 점심시간과 같이 감시가 소홀한 시간에 잔돈의 모두나 일부분은 절도에 취약하다는 것을 염두에 두고 있는가?
⑧ 소액현금의 보관에 대한 정책을 채택하고 있는가?
⑨ 이러한 엄격한 정책의 유지에 대한 고려로써 주기적으로 확인되는가?
⑩ 만약 수중에 있는 소액현금이 허용량을 넘어서 부족할 경우에 주기적으로 분석되는가?
⑪ 이러한 노력이 소액현금의 사용을 감소시키는 역할을 하는가?
⑫ 기업은 사전에 소액현금기금을 기초로 자금액의 정확한 기록을 유지하는가?
⑬ 사전에 인쇄된 소액현금 영수증의 사용을 권장하는가?

⑭ 소액현금수량의 유형이 영수증에 수기되고 수치가 기록되는가?
⑮ 소액현금사용자에 의해 영수증에 서명하는가?
⑯ 소액현금의 사용에 대하여 항상 확인하는가?
⑰ 소액현금사용 사유에 관한 파일은 영수증과 같이 첨부되는가?
⑱ 상환수표가 발행될 경우에, 최고경영진은 소액현금영수증을 무효화하는가?
⑲ 소액현금이 상환될 경우에 상환수표는 기금을 담당하는 실무자가 인출을 확인하는가?
⑳ 회사는 소액현금기금을 개인적으로 현금과 일치시키는 것을 방지하는 정책을 가지고 있는가?
㉑ 만약 수표가 반드시 현금화되어야 한다면 적절하게 승인되었는가?
㉒ 만약 수표가 반드시 현금화되어야 한다면, 최대한 빨리 그에 상응하는 자금이 소액현금으로 되돌아오는가?
㉓ 사전에 개인적으로 쓰인 약식차용증서(IOU)를 수락하지 않는 회사정책이 수립되어 있는가?
㉔ 상기 정책이 수립되어있다면 회사는 적절한 영수증이나 증빙서류를 요구하는가?
㉕ 소액현금기금은 매일 확인되고 균형이 유지되는가?
㉖ 확인과 균형을 맞추는 과정에는 지급에 참여한 사람은 배제되는가?
㉗ 이러한 구매에 사용되는 수표의 편리성을 결정하였는가?
㉘ 소액현금과 인지를 사는데 사용되는 기금은 따로 분리되었는가?
㉙ 인지기금은 소액현금을 담당하는 관리자와는 다른 직원에 의해 관리되는가?
㉚ 만약 현금이 인지를 사는데 사용되었다면, 인지를 사는데 쓰인 금액만큼의 영수증을 발급받아 첨부하도록 요구하는가?
㉛ 소액현금기금은 종종 감사가 실시되는가?
㉜ 이러한 감사는 예고 없이 실시되는가?

제 4 장 시설보안검사

제4장 시설보안검사

제1절 외주검사 프로그램

어떤 조직이나 시설물에는 시설보안 프로그램공정과 실제적인 검사프로그램 사이에 명확한 인과관계가 존재한다. 따라서 개별적인 조직에서의 보안전문가 혹은 다른 전문가이건 상관없이 잘 체계화된 시설보안의 장점을 모두가 인식하고 최상의 상태를 유지하도록 하여야 한다.[1)]

일반적으로 시설보안이 조직의 전체적인 보안프로그램에서 차지하는 부분은 상당히 광범위하다. 다양한 시설보안프로그램의 구성을 세부적으로 살펴보면, ① 보안요원, ② 보안장비, 시설이나 설비, 감사 자료와 정보에 허가되지 않는 접근의 통제, ③ 산업스파이(국내 · 국외), 사보타지, 손상, 절도를 방지하기 위한 보안대책의 수립이 포함된다. 더불어 시설보안활동에는 다양한 능동적 그리고 방어적 대응책들이 포함되어 운영된다.

지금까지 보안점검이나 조사에 활용되는 프로그램은 시설물의 취약성을 평가하고 조사된 시설물이나 프로그램의 전반적인 보안상황을 향상시키기 위한 지침을 제공한다. 비록 이러한 프로그램들이 조직의 기본적인 사항은 파악하는 것으로 보이지만, 사실상 수동적이고 방어적인 상태를 유지하면서 기업의 모든 것이 보호되어야 한다고 가정하였으나 불행히도 이러한 태도는 보호하고자 하는 자산의 가치보다 보호대책에 더 많은 비용이 소비되기도 한다.

그러나 오늘날 경제적인 관점에서는 이러한 소모적인 보안프로그램과 보호조치는 의미가 없으며, 이러한 경향은 더욱 확고해질 것이다.

보안에 대한 투자수익율(ROSI)을 산정하는 것은 매우 어려운 일이다. 예를 들어,

---

1) C. A. Roper, *Physical Security and The Inspection Process*, BH, 1997, p. 1.

테러가 빈발하는 지역에 위치한 해외사업장에서 인근 다른 기업의 사업장은 테러로 인하여 많은 손실이 발생하였는데, 해당 사업장에는 테러로 인한 손실이나 폭발물이 떨어지지 않은 경우에, 이러한 이유가 해당사업장의 보안리스크관리체제가 완벽함에 기인한 것인지, 아니면 다른 사업장보다 테러리스트들의 목표물 우선순위에서 하위에 위치하여 아직 피해가 발생하지 않는 것인지에 대해서는 판단하기 어렵다.

그러나 경쟁이 더욱 치열하여 기업의 수익률이 점차적으로 감소하는 기업으로서는 보안에 대한 어떠한 투자라도 기업손실보전에 얼마나 기여하는지에 대하여 항상 의구심을 가지고 있다.

전사적 보안프로그램이 그러하듯 시설보안도 항상 조직을 전체적인 관점에서 조망해야한다. 체계화된 시설보안조사프로그램(PSIP)[2]은 각종 보호 장비와 대책이 시설보안의 틈새를 보호하기 위하여 필요하며, 보안유해요소 혹은 결함요인을 결정하고, 사람이나 시설물에 예상되는 위협요소나 이미 알려진 위협요소로부터 보호하기 위한 대응책을 디자인하고 시행하며, 시설물, 자료와 정보에 허가 없이 접근하는 것을 방지하기 위한 종합대책을 수립하는 것을 목적으로 한다. 그러므로 PSIP는 보안프로그램의 생명을 유지하는 것으로써 시설보안프로세스가 생동감 있게 잘 작동하도록 새로운 피를 공급하는 혈관과 같은 역할을 수행한다. 따라서 아래와 같이 시설보안이 정확하게 무엇을 어떻게 수행하는가를 이해하는 것이 기본적인 검사프로그램의 목적이다.

① 전자적인 보안시스템을 활용하여 규명할 수 있는 모든 위협요인의 취약성을 보완하고 고정된 장소에서 보안업무를 수행하는 보안요원들에 대한 의존을 줄인다.

② 다양한 조직의 우발상황에 대한 대책과 임무를 기획하는 과정을 시설보안공정에 통합하고 시설보안절차와 대응책을 테스트한다.

③ 각 조직의 보안요소들을 조정하고 사업장에서 보안과 개인보호에 포함된 개념과 절차를 시설보안에 응용하여 적용하고 또한 여기에 자산보호대책도 포함한다. 이러한 일련의 연속과정은 시설보안프로그램에 통합되고 일관성 있게 수행되어야 한다.

④ 사업장에 불법적으로 진입하려는 시도에 효과적으로 대응하기 위하여 모든 보안요원들을 교육하고 사업장에서 사고와 지시에 대응한다.

⑤ 보안교육과 훈련 그리고 동기부여 프로그램을 통하여 조직전체의 모든 구성원들이

2) Physical Security Inspection Program

시설보안에 대한 이해도를 증진시키는 과정을 개발하고 지속적으로 적용한다.

⑥ 현재 사업장에 적용하고 있는 시설보안의 수준을 향상시키고 한 단계 업그레이드시키기 위하여 적용되는 재원을 구체화한다.

위에서 언급한 6가지 고려사항은 시설보안검사팀원들이 반드시 적절하게 훈련되고 최적의 시설보안에 대한 경험을 갖추어야 확실성을 보장할 수 있으며, 다양한 보안대책의 조합(능동과 수동시스템, 장비와 인력 등)이 해당 시스템을 제대로 작동하게 할 것이다. 이러한 대책들에는 여러 가지 요소들이 포함되나 주요한 몇 가지는 ① 보안요원, ② 능동적 방호장벽, 접근거부시스템과 같은 시설장벽, ③ 잠금장치, 금고실, 보관소, ④ 보호조명(외부, 내부 그리고 비상시), ⑤ 출입통제장치, 재료 또는 자산에 부착한 태깅(tagging) 시스템과 밀매감지시스템, ⑥ 장비에 사용되는 배지(badge) 시스템, ⑦ 침입감지시스템, ⑧ CCTV와 같은 감시시스템을 포함한다.

1. 보안시스템의 목표

사업장이나 특정한 장소에 설치되어 있는 시설보안시스템의 전반적인 목표는 적절하게 보안자원을 활용하여 잠재적인 시설파괴, 절도, 사유지 침입, 산업스파이, 테러리즘, 기타 형사사건과 같은 여러 가지 손실발생요인을 감소시키거나 방지하는데 있다. 이러한 목표를 성취하기 위해서는 보안시스템은 감지, 평가, 통신, 침입지연과 같은 기능을 가지고 있어야 하고, 조직체나 사업장으로 불법적인 침입에 대하여 효과적으로 대응할 수 있어야 한다.

이러한 다양한 보안요소들은 다음의 통합된 업무수행을 가능하도록 해당 기능과 관련한 대응책이 준비되어야 한다.

① **감지**: 인간, 동물, 전자적인 방법을 통하여 불법적인 침입의 시도나 위협요인을 감지하면 즉시 보안요원에게 알리게 된다.

② **평가**: 비디오 시스템, 보안순찰 혹은 고정된 보안초소를 통하여 불법적인 침입이나 침입자의 행동의 의도나 규모를 고려하여 근처의 조력자를 요청한다.

③ **통신**: 지휘와 통제를 통하여 잠재적인 위협요소에 대하여 여러 가지 개별적인 대응책을 수립할 수 있도록 위협요소를 제한, 감소, 방지하거나 침입이나 활동을 봉쇄한다.

④ **지연**: 고정된 방책이나 이동식 장벽을 포함한 역동적 또는 수동적인 보안대책을

활용함으로써 침입자의 의도를 지연시키거나 무력화한다.

⑤ **대응**: 침입자가 목표물에 접근하는 것을 제지하거나 퇴각시키고, 잘 훈련되고 적절하게 무장한 보안요원에 의해서 침입자를 체포한다.

위에서 언급한 감지와 지연시간 사이에는 보안요원들이 침입자나 위협요소를 제압하기 위해서 도착하기까지 반드시 사업장과 시설물에 대한 경보신호와 보호조치가 충분히 이루어져야 한다. 이러한 대책을 수립하기 위해서는 보안전문가들은 해당 사업장의 개별적인 특수성에 대한 이해와 더불어 포괄적으로 이해할 수 있는 정도가 되어야하며, 단순하게 해당 사업장의 보안지침서를 일반적인 다른 사업장의 지침서로 대신할 수 없다는 것을 명심해야 한다. 따라서 해당 사업장의 가장 주요한 이슈에 관한 적절한 배경지식이 없는 경우에는 시설보안검사를 적절하게 수행하는 것은 불가능하다. 그러므로 시설보안전문가들은 해당 분야에서 수년간의 경험을 가지고 있거나, 전문교육과정이나 직장 내 훈련(OJT)을 통한 교육과 해당 사업장의 시설보안에 대한 경험이 있어야 한다.

이러한 시설보안업무에 대한 경험이 이론적인 배경과 더불어 점검업무를 수행하는 전문가를 선발할 경우에 기본적인 결정 기준이 된다. 그러나 기업에서 내부승진프로그램을 운영하는 경우에도 가장 말단사원으로 채용된 신입직원에게는 직장 내 훈련이나 경험보다는 가장 기본적인 교육과정에 대한 전문지식의 경력에 주목할 필요가 있다.

이것은 해당분야에 대한 기본적인 이론적 이해를 바탕으로 가지고 있어야만 기업에서 개인의 성장과정에 경험이 많은 동료들과 업무를 수행하면서 서서히 새로운 지식을 습득해나가며, 이 과정에서 어떻게 특정한 상황에서 주어진 방법으로 업무를 수행하는가를 배우게 된다. 이러한 업무과정에서의 '이유'에 대하여 이해하는 것이 과정 그 자체보다도 중요하므로 기초적인 이론적 배경이 중요하다.

그러나 기본적인 전공분야에 대한 배경이 있는 경우에는 시설보안점검(PSI)공정에 대한 경험이 없는 신입직원의 경우에도 개개인이 이해와 인내를 가지고 꾸준하게 경험이 있는 전문가와 함께 업무를 수행해나가는 과정에서 경험을 바탕으로 실력 있는 전문가로 성장하게 될 것이다.

이와 같이 앞에서 언급한 모든 요소들과 이러한 업무들이 순차적으로 진행되어 가는 논리적인 패턴에 대한 상관관계를 이해하는 것이 보안분야에서의 업무수행, 배경, 훈련에 대한 이해를 촉진시키는 중요한 요소이다.

실무자가 이러한 전반적인 보안프로세스에 대해 주요한 핵심에 대하여 한번 이해하게 되면, 어떤 새로운 특정사업장의 검사프로그램을 개발하는 것과 해당 조직에서 원하는 방향이 무엇인가를 적절하게 분석하여 해당 사업장에서 적용이 가능한 최상의 자산보호기법을 수립하게 된다.

2. 프로그램의 수립

PSIP의 수립은 몇 가지 단계를 거쳐서 진행된다. 다국적기업의 일반적인 PSIP과정은 기업의 특성에 따라 약간의 차이점은 존재하지만 추구하고자 하는 목표나 전체적인 구성은 유사하다. 그러므로 다른 조직에서 PSIP를 적용하고 익숙하다 하더라도 새로운 조직에 동일한 프로그램을 적용하는 것은 적절하지 못하므로 새로운 조직의 내부적인 특성과 흐름에 익숙하여야 적절한 PSIP를 시행할 수 있을 것이다.

위와 같은 상황을 가정하고 여기에서는 해당조직에 최고의 생산성을 발휘할 수 있는 프로그램을 설계해보도록 한다. 여기서 어떤 보안실무자가 다년간의 경력을 바탕으로 새로운 조직에 채용되었다고 가정해보자. 이 보안실무자는 유용한 여러 가지 보안실무지침서를 활용하여 최상의 보안트렌드에 관심을 가지고 있으므로, 새로운 조직의 보안책임자가 실무자에게 다음과 같은 문제점에 대하여 제시하였고, 이러한 지시에 대하여 실무자는 '자신이 보안평가프로그램을 수립할 수 있는가, 그리고 어떻게 프로그램의 적절성을 평가할 것인가?'에 대하여 의구심이 생겼다. 그러면 구체적인 프로그램 수립으로 들어가 보자.

무엇보다도 처음 프로그램의 수립과 업무에 대한 방법론이 〈그림 4-1〉과 같은 프로세스를 토대로 진행된다. 이러한 작업공정도는 시설보안검사 프로세스를 수행하는데 필요한 구체적이고 기능적인 활동에 대한 지침을 제공하고, 누군가에 의해 지시되거나 자유재량에 의한 직·간접적인 활동에 대한 지침, 팀이 전에 수행하였던 기능적인 활동에 바탕을 둔 미래기획을 위한 지침으로 활용된다. 그러나 이러한 프로그램을 개발하는 과정에서 가장 주요한 도구는 과거의 지침에 의존하기보다는 상식과 독창성을 활용해야 한다는 것을 명심해야 한다.

그림에서 실선은 직접적인 영향을 점선은 간접적인 영향을 미친다는 의미이고, 기업의 보안부서의 조직이나 업무활동에 따라 공정도는 가변적이고 몇 가지 단계는 추가되거나 생략할 수 도 있다.

〈어떤 CEO의 고민과 우려〉

> 보안책임자의 언급으로 "우리 기업의 자산보호에 관한 보안대책에 문제가 있습니다".
> 방금 CEO와 면담에서 CEO는 우리기업에서 생산하는 생산품, 원재료, 기업정보를 어떻게 보호되고 있는지에 대한 다양한 보안대책의 효과에 대하여 우려하고 있습니다. 그는 우리와 유사한 생산품과 서비스를 제공하는 기업에서의 보안대책의 허술함과 빈발하는 산업보안사고가 우리기업에도 잠재되어 있거나 실제적으로 발생하고 있으나 허술한 보안대책이 이러한 손실을 발견하지 못하고 있는 것이 아닌가에 대해서 심각한 우려 끝에, 보안부서에서 이러한 의구심에 대한 구체적인 대응책을 수립하여 이사회와 경영진의 우려를 불실시킬 수 있는 방안을 제시하도록 지시하였습니다.
> 피상적으로는 지금까지 우리기업은 상당히 엄격한 정보보호시스템을 운영하고 있지만, 이원화된 조직으로 시설보안프로그램과의 연계성의 미흡과 기업 전반의 보안프로그램이 적절하게 운영되는지, 상호간의 취약점은 없는지에 대한 구체적인 검사프로그램의 운영에 대한 검토는 허술한 것이 현실입니다. 따라서 CEO가 동의할 수 있는 최상의 보안검사프로그램을 통하여 현재 우리기업의 시설보안 상태를 평가하여야 할 것으로 생각됩니다. 그러므로 우리기업자산에 대한 총괄적인 자산보호대책을 수립하기 위한 실용적인 보안평가프로그램을 수립하여 제시하여 주시길 바랍니다. 이상이 어떤 대기업 CEO가 보안책임자(CSO)와 논의한 내용을 보안실무자에게 지시한 내용이다.

3. 검사팀의 조직과 업무

보안팀장(Chief of Security)은 조직 내의 시설보안검사프로그램(PSIP)를 전체적으로 통솔하고 감독하는 총괄책임을 지며, 시설보안팀장/점검팀은 검사 인력을 구성하고 관리하며 매일 프로그램의 운영에 관한 책임을 진다.

PSIP팀의 구성원은 PSIP의 수행과 관련된 안내서와 최신 정보를 담은 파일을 항상 준비하고, 프로그램에 따라 지원된 사업장에 관한 가장 정확한 정보를 제공하며, 절차에 따라 시설보안검사를 수행하고, 보고서와 회의를 통하여 해당 프로그램에 영향을 미치는 모든 활동에 관해서 보안팀장에게 보고한다.

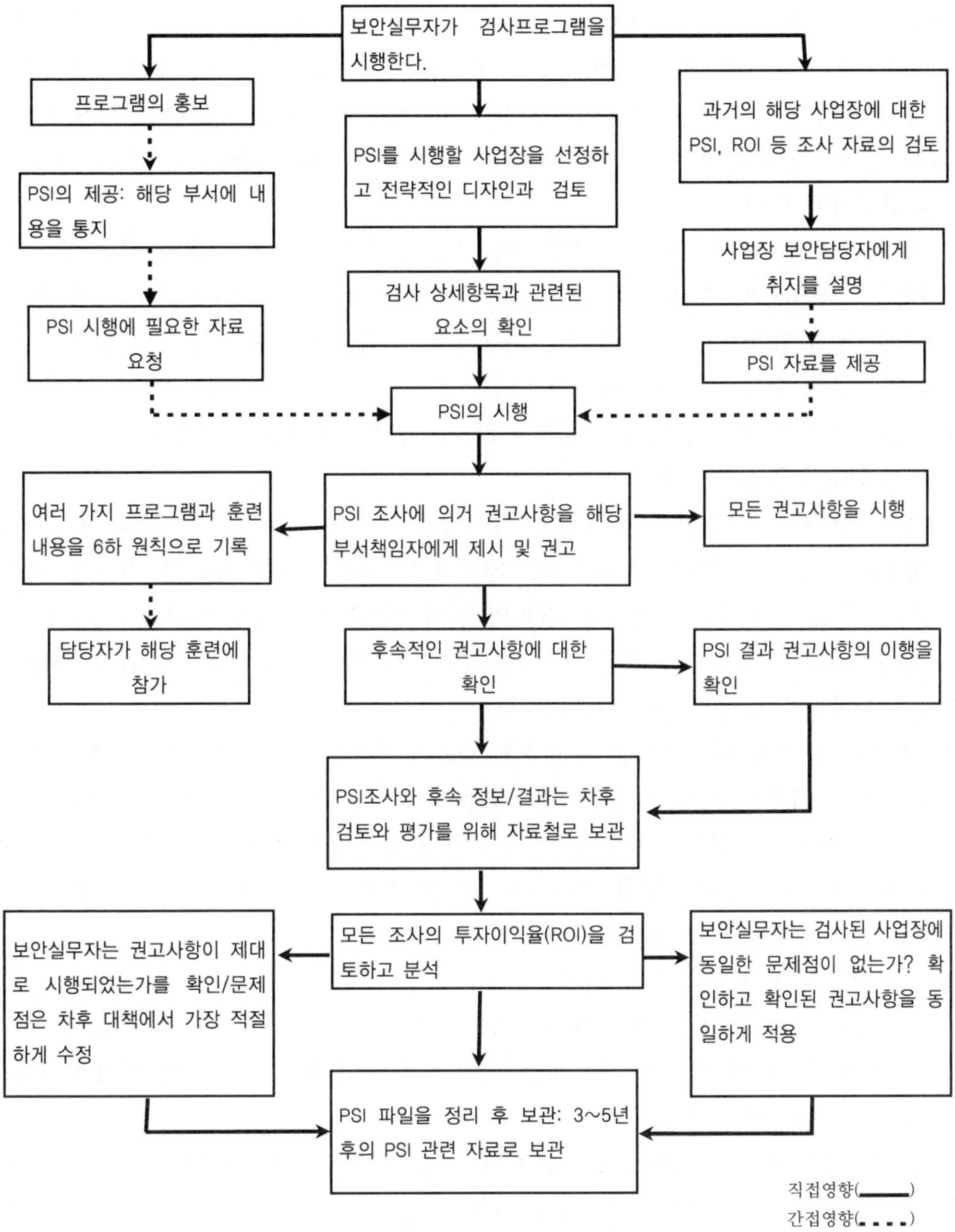

〈그림 4-1〉 시설보안검사(PSI)구조 공정도

시설보안에 관한 검사를 수행하여야 하는 주요한 부분에 대한 각각의 전문적인 지식이 필요하므로 이러한 지식 없이는 적절한 검사를 수행하는 것은 불가능하다. 따라서 검사에 개별적으로 참가하는 실무진은 시설보안프로그램을 구성하는 주요한 지식에 대한 공식적인 훈련과정을 수료하거나 기본적인 기능을 정확하게 파악한 다음 업무에 투입되어야 한다.

필수적으로 알아야하는 부분은 보안장벽, 보호조명과 전기나 수도와 같은 필수적인 설비서비스, 보안구역, 구조물의 안전기준, 자물쇠, 출입구와 창문, 시설물의 출입통제, 보안용기, 침입감지시스템, CCTV, 자동정보시스템, 보안요원의 운영 등으로 세부적으로 구분하여 검사를 실시한다. 좋은 결과를 성취하기 위해서는 리더십을 가진 팀장과 개별적으로 다양한 분야에 경험과 지식을 가진 PSI팀을 구성하는 것이 좋은 결과물을 산출하는 출발점이 된다.

팀장은 해당 프로그램을 매일 그리고 장기적인 관점에서 운영하고 해당 실무자에게 팀의 목적과 목표에 대하여 반복적으로 제시하고, 팀원들에게 필요한 자료를 제공하며, 해당 업무를 수행하는데 필요한 장비와 인력지원을 원활하게 하며, 일정별로 보고되는 검사결과를 검토한다. 또한 팀장은 전체적인 사업장 검사프로그램을 개발하고 개별적인 시설물에 대한 검사를 지휘한다.

기본적으로 팀구성원은 조직의 정규직원으로 구성하는 것을 원칙으로 하나, 특수한 기능을 요하는 경우에는 외부 전문가를 제한적으로 참가시켜 업무의 전문성을 높이도록 한다. 회계연도에 검사하여야 할 사업장이나 검사요원수가 커질수록, 정규직원의 비율을 높이는 것이 업무수행에 유리하다. 이런 경우에도 특별한 전문지식을 요하는 업무에는 전문가의 조력이 필수적이다.

해당 사업장의 핵심적이고 생존에 필수적인 정보를 토대로 팀장은 검사할 구역을 명확히 지정하고 검사요원에게 필요한 특별한 전문성에 관하여 사전에 파악하여야 한다. 따라서 팀구성원의 기량과 전문성은 항상 시설물의 핵심적인 사항에 대한 정보를 습득하는데 적합하여야 한다.

PSI팀 구성원들은 민간 또는 공공분야의 시설보안분야에서 최소한 5~10년 정도의 경력이 있어야 한다. 이러한 구성원의 경험은 해당 사업장의 전반적인 모든 분야의 업무를 수행하는데 취약한 부분이 없어야 하므로, 시설보안전문성에 대한 교육적인 배경 또한 구성원 선발의 주요한 조건이 된다.

구성원들의 이러한 교육적인 배경이 정규교육과정이든 아니면 전문적인 단기 보안

전문가 과정을 통하여 이루어지든 상관없이, 뛰어난 전문성을 통하여 좋은 결과물이 나오는 것은 당연한 결과이다.

구성원의 편향성보단 오히려 다양한 교육적인 배경이 광범위한 경험을 업무에 활용할 수 있으므로 결과물의 편향성을 배제하는데 도움을 줄 것이다. 이와 같이 팀구성원의 보안분야의 경험과 교육배경이 다양할수록, 팀은 서로의 경험과 기능을 상호 교류하게 될 것이므로, 보안팀장은 팀구성에서 시설보안팀장에게 초기단계부터 구성원의 다양성을 요청한다.

일반적으로 시설보안검사는 특정 시설물이 자연재해, 산업스파이나 해당 시설물에 어떠한 위협요인이 되는 부정적인 상황에 노출된 전반적인 취약성을 평가하는 과정이다. 따라서 이러한 검사과정을 통하여 해당 시설물의 발견된 취약성을 제거하거나 축소시키기 위한 가장 적절한 대응책을 수립할 수 있도록 경영진에 제안하는 역할을 하고, 해당 PSIP의 구체적인 목적을 통하여 조직의 생산성손실을 방지하고 다양한 방해요소를 신속하게 제거하거나 위험상황에서 복구되도록 대응책을 제공한다.

4. 프로그램의 진행

1) 학습 단계

학습단계(1단계)에서는 해당 프로그램에 대하여 학습하고 검사를 통하여 무엇을 성취할 것인가, 어떤 결과물을 얻을 것인가를 구체화한다. 즉, 프로그램의 첫 번째 단계에서는 다양한 측면에서 PSIP를 이해할 수 있도록 구체적인 지식을 배양한다. 이 과정은 팀구성원 중에 유사한 업무를 수행한 경험을 가지고 있다고 하더라도 전체적인 업무를 조감하는 과정의 중요성은 강조되어야 한다. 따라서 이 과정에 대한 교육은 충분한 시간적인 여유를 가지고 모든 팀원들이 해당 프로그램에 대하여 숙지하도록 한다.

첫 번째 단계는 검사와 관련된 모든 기초적인 자료를 수집하는 과정이다. 여기에는 검사와 관련된 모든 출판물이나 특정한 내용을 포함한 팸플릿, 사업장의 개략도, 주요분야의 상세도 등 검사과정에 필요한 전반적인 내용을 모두 포함한다. 이러한 참고자료에는 각종 정부간행물이나 정부의 산업재해나 범죄통계 등 모든 산업분야에 걸친 전문적인 통계와 데이터는 수많은 인력과 재원을 투입해서 연구·개발하는데 이것을 시설보안프로그램에 적절하게 활용하는 것이다. 여기서 주목해야 할 것은 이러한 통계에서 놓치기 쉬운 숨겨진 내용을 간과하는 것으로 이러한 오류는 다른 자료들의 활용과 팀원들의 경험과 해당 사업장의 특수성을 감안하여 보정하여야 할 것이다. 그리고 보안분야의 전문가의 모임이나 동료들은 해당분야의 지식의 보고이므로 이들과의 긴밀한 관계유지는 업무수행에 많은 조력자를 확보하는 것과 같다. 다음은 검사프로그램에 필요한 모든 자료들을 간단한 핸드북 형태로 축소한 다음 팀구성원 모두가 주어진 내용을 숙지하는 과정이 필요하다.

2) 상세목록표 작성

2단계에서는 〈표 4-1〉의 PSI 상세목록표를 활용하여 사업장에 대한 이해나 평판을 분석한다. 검사를 진행할 사업장에 대한 시설보안과 관련된 전반적인 내용에 관하여 알지 못한다면 사업장에 대한 정확한 상황에 대하여 판단하기는 어렵다. 따라서 PSIP에 관련된 선정된 사업장 운영의 모든 측면에서의 이해가 선행되어야 한다. 다음의 상세목록표는 사업장과 관련된 파일을 수집한 것이다.

여기에서 주의해야 할 점은 주어진 정보들이 계속적으로 변화한다는 것이다. 또한 검사팀이 하나 이상의 사업장을 검사하는 경우에는 이에 따라 관련 데이터들도 증가할 것이다. 따라서 과거에 PSI팀, 해당 사업장의 보안관리자나 다른 자격 있는 검사과정에 따라 해당 사업장의 검사를 실시하였다면, 현재 시행하고자 하는 검사에 활용이 가능한 검사보고서의 사본을 참고할 수 있을 것이므로, 업무수행에 도움이 되는 이러한 정보를 얻기 위해서 해당 사업장 관계자의 의견을 구한다.

해당 사업장이 같은 지역에 있으면, 직접적으로 사업장을 방문하여 해당 정보에 대하여 상세히 질문하는 것도 가능하다. 그러면 해당 사업장의 보안관리자의 의견을 참고하여 새로운 검사진행에 참고하면 동일한 문제점에 대하여 상당히 개선된 대안수립이 가능하다. 더불어 사업장 외부에서의 정보수집은 관련기관에 공식적인 관련정보수집에 관한 요청서를 발송하여 협조를 요청하면 공개가능한 정보는 충분히 수집할 수 있다. 이때에 수집된 모든 정보는 업무 부류별로 정리하여 보관하고 추가적인 정보를 수정하는 과정을 계속한다.

〈표 4-1〉 PSI 상세목록표

<table>
<tr><th colspan="2">〈상세목록표〉</th></tr>
<tr><td colspan="2">개별적인 사업장 검사파일은 각 사업장이나 위치별로 준비되고 검토되어져야 할 것이며, 아래의 목록은 사업장과 위치의 기초적인 기록물의 정보로 사업장의 전반적인 배경에 관한 특징을 제공한다.</td></tr>
<tr><td>(초기 PSI)</td><td>(후속 PSI)</td></tr>
<tr><td>① 사업장 위치(지역 및 세부지도, 사업장 지도와 도면)
② 사업장의 주요 업무나 활동
③ 사업장의 규모와 시설물의 경계(상세 사업장 지도)
④ 구성원의 규모, 건물의 구성과 대략적인 규모
⑤ 건축물의 건축유형
⑥ 사업장 구성요소 중의 가연성 물질
⑦ 사업장 주변의 환경
⑧ 사업장의 조명
⑨ 사업장의 보호구역
⑩ 보호구역의 보안등급
⑪ 사업장의 규모의 유형
⑫ 사용 중인 공공설비
⑬ 사업장 보안의 운영지침, 기준, 정책과 지시사항 등
⑭ 사업장과 프로젝트의 중요성에 근거한 위협요소 데이터
⑮ 사업장의 비상재난과 복구기획 문서</td><td>① 초기 PSI, ROI의 복사본
② 과거 검사, 조사 결과물
③ 과거 PSI 이후의 새로운 건축물이나 주요한 변경사항
④ 사업장에서의 새로운 프로젝트의 활동과 중요도
⑤ 의심되거나 공개된 위협요소의 데이터의 가용성
⑥ 사업장에 영향을 주는 사고 내역</td></tr>
</table>

지역 사업장의 관리자나 관계자의 의견은 해당 사업장의 적절한 지시계통을 통하여 업무를 수행하도록 하여 원활한 진행을 가능하게 할 것이다. 그리고 해당 사업자의 모든 구성원에게는 앞으로 진행될 검사에 대한 적절한 진행시간과 내용에 대하여 간략하게 공지함으로써 업무협조를 받도록 한다. 이런 경우에도 담당자가 업무협조를 요청할 경우에는 업무조직라인을 통하여 협조를 구하는 것이 차후 문제발생의 소지를 없애는 방법이다. 이것으로서 PSI 프로그램에 전반적인 이해를 마치고 사업장을 검사할 계획절차를 확정한다.

3) 검사계획 프로세스

3단계인 검사계획 프로세스 단계에서는 2단계에서 간단하게 언급하였던 내용으로 돌아가서 현상황을 평가하기 위하여 과거 자료에 근거하여 더 좋은 미래의 보호조치를 강구하는 과정이다.

기획과정에서의 해당 공정에 대한 이해는 모든 시설보안측면을 보호하기 위한 성공적인 검사를 보장하는데 필요하다. 3단계를 진행하는데 첫 번째는 다음의 내용을 포함한다.

① 사업장의 시설보안검사의 필요성에 대하여 인식한다.
② 사업장검사의 목표와 목적을 구체화한다.
③ 사업장의 배경정보를 수집한다.
④ 가장 적절한 실행계획을 수립한다.
⑤ 검사팀의 기량을 분석한다.
⑥ 검사계획을 실행에 옮긴다.

상기와 같은 수행절차를 구체화하는 것은 실제적인 검사에 앞서 매우 중요한 과정으로 전반적인 검사를 위하여 작업 모델을 개발하고, 논리적 순서에 따라 필요한 단계를 진행할 수 있도록 한다. 이러한 논리적 순서는 검사과정에서 발생하기 쉬운 다양한 실수를 방지하는 지침이 된다.

그러나 이러한 과정을 통하여 검사를 실시하면 처음 제시된 목표를 적절하게 달성하게 한다. 이 과정이 실질적인 검사를 수행하는 과정에서 어떠한 추가적인 특별한 지원계획을 수립하는 것은 아니나 이러한 프로세스는 검사가 실시되기 전에 이미 무엇을 할 것인가를 확실하게 알 수 있고 정확한 검사목적을 수립할 수 있으므로 검사팀이 검사를 실시한 후 보고서를 작성하는데 충실도를 높이게 한다.

5. 검사필요성의 판단

일반적으로 검사실시에 따른 효과에 대하여 올바르게 판단하지 않고서는 검사의 필요성에 대해 쉽게 인식하기 어렵다. 따라서 특정 사업장에 대한 시설보안검사를 실시할 경우에는 처음부터 검사에 대한 '필요성'에 대한 결정이 우선시되어야한다. 검사필요성은 다음의 질문과 생각들을 고려하여 판단할 수 있을 것이다.

① 사업장 시설물의 유지상태는 어떠한가? 만약 노후한 시설이라면 시설물의 소유주가 다른 사람인가 아니면 자기소유의 시설인가? 여기에는 시설물의 중요한 변화에 따라 구체적으로 시설물의 안전성을 평가하기 어려운 부분, 새로운 위험요소, 과거에 알려지지 않았거나 발생하지 않았던 위협요소를 가진 지리적인 요인이 포함되어야 한다.

② 최근에 시설물이 크게 확장되거나 축소되지 않았는가? 여기에는 구성원에게 많은 영향을 미치는 변화나 시설물을 통한 주요한 내부적인 변화를 포함한다.

③ 현재 운영 중인 보안프로그램의 알려진 취약점이 있다면, 부적절한 정책이나 절차에 기인하지 않았는가? 모든 보안프로그램과 관련된 영역에 훈련되지 않는 구성원이 출입하지는 않는가? 이전 검사에서 지적한 주요한 취약점은 어떠한 이유로 시정되지 않았는가?

④ 5년 전까지의 검사기록을 검토한 다음 구체적으로 어떤 부분이 왜 검사에서 누락되었는가?

⑤ 현재의 보안프로그램의 취약점은 무엇인가? 취약점으로 인하여 절도, 여러 가지 장비와 재료, 정보누출이 증가하고 이에 따라 사업장의 손실이 반복되는 원인을 제공하지는 않는가? 시설보안검사는 사업장에서의 손실이 갑자기 줄어들거나 범법자를 체포하는 것과는 별개로 시설검사에 중점을 두어야 한다. 그러나 발견된 모든 문제점을 한꺼번에 해결하려면, 이것은 그 동안 사업장의 보호대책의 적절성에 많은 문제점이 있었고 높은 위험성을 가진 시설물이라는 것을 인정하는 것이 되므로 한 가지씩 순차적으로 해결책을 강구하여야 한다.

⑥ 사업장이 위치한 지역이 새로운 대규모 건물이 들어서거나 재개발예정지구와 같은 환경적으로 급격한 변화가 있었거나 예정은 없는가? 이러한 변화에 따라 급격한 인구의 유입이나 범죄의 증가와 같은 변화에 따른 결과는 무엇인가? 이러한 변화가 직접적으로 해당 사업장과의 관련여부와 상관없이 인근지역의 상품, 장비, 구성원에 미치는 영향은 무엇인가?

⑦ 검사를 시행하는 주기는 1년에 한번, 혹은 2년에 한번과 같이 기업정책에 의하여 정기적으로 실시되는가? 아니면 사업장의 주요한 변화나 특별한 문제점이 생기는 경우에만 실시되는가? 후자의 경우에는 사업장에 대한 검사가 전반적으로 실시되는가 아니면 제한된 분야에 한정되는가?

위에서 언급한 모든 고려사항을 활용하여 검사 실시여부를 결정한다. 검토 결과 검사의 필요성에 따라 검사팀에서는 구체적인 시설검사에 필요한 전체적인 공정을 구체화하고 상세한 배경자료에 대하여 평가를 진행하게 된다.

6. 준비목적과 목표

검사의 필요성에 대한 평가가 결정되었다면 다음은 구체적인 검사목표를 결정하여야 한다. 기본적인 검사목표와 목적은 취약성, 위험, 사업자의 위협요소로써 고려된 항목들을 제거하거나 축소하기 위하여 현재의 보안상황, 취약성을 명기하고 결정하여 권고사항을 결정한다. 여기에서 언급한 권고사항의 일부분은 이미 결정되었던 사항도 있을 수 있다.

다음 단계는 검사의 필요성에 부합하는 검사기준이나 계획을 개발하는 과정이다. 이러한 기준은 정형화된 시설보안검사를 시행하는 사업장에서 검사 후 기대되는 행동, 검사를 수행하는데 할당된 시간, 검사를 시행한 다음 기대되는 결과 등 기업전반의 목표와 부합하도록 한다.

예를 들어 검사기준이나 척도는 반드시 구체화되어야 한다. 이에 따라서 검사 체크리스트의 각각의 항목은 구체적인 기준에 의거하여 평가되어야 한다. 만약 이러한 기준에 미흡하거나 초과하는 경우에는 어떻게 할 것인가? 기준에 미흡한 항목에서 미흡함의 정도는 어느 정도의 심각함을 의미하는가? 이것을 개선하기 위해서는 어느 정도의 비용이 소모되며, 추가적인 비용 없이 절차의 변경에 의해서 개선이 가능한지 아니면 추가적인 조치가 취해져야 하는가? 일반적으로 발견된 문제에 대한 해결책은 간단한 대응책으로도 개선이 가능한 경우가 많다.

결과를 검토할 경우에는 단지 검사공정 자체에 근거한 공식적인 문서화된 검사보고서만을 의지하지 말고, 사업장에서의 시설보안에 대한 구성원의 태도와 같은 모든 상황을 근거로 한 실제적인 결과에 초점을 맞춘다.

해당 검사기준과 계획이 검사의 필요성에 부합하기 위해서는 사업장에 관한 데이터를 기초로 하여야 한다. 그리고 어떤 관리자들도 그들 자신이 개선하지 못하는 부분에 대한 문제점 검사는 원치 않는다는 심리에 주목하여야 한다. 따라서 검사를 시행할 사업장에 명시적으로 규명된 문제점의 존재여부에 상관없이 모든 사업장에 대한 검사일정을 수립한다.

1) 사업장 데이터의 수집

해당 검사를 성공적으로 수행하기 위해 사업장과 관련된 구체적인 데이터와 관련정보의 수집은 검사의 성패를 좌우하는 매우 중요한 업무이다. 따라서 검사에 사용될 관련 자료 중에서 공공기관에서 발행하는 체계적으로 개발된 자료들은 더 신뢰할 수 있으나 그 외에 모든 정보원에 대해서도 고려해야 한다. 그러나 많은 관련 데이터를 수집하는 업무도 중요하지만 수집된 데이터를 항목별로 분류하여 문서화하는 과정 또한 필요하다. 해당 사업장과 관련된 정보의 유형은 사업장의 위치, 시설물의 연도, 사업장의 구성인력, 사업장의 중요성, 주변의 검사환경에 따라 다양하다. 〈표 4-1〉은 사업장 자료수집공정에 따라 수집된 일반적인 정보에 대하여 보여준다.

한번 수집된 데이터는 일반 주제별, 구체적인 항목별, 하부 항목별, 기타 세분화된 분류기준에 따라 정렬한 다음 실제적인 검사과정에서의 평가를 통하여 구체화하여 항목별로 재분류한다.

이러한 데이터 수집과정에서 조직 내·외부적인 제한점을 감안하는 것도 검사과정에서 고려할 사항이며, 필요한 정보의 다음 사항에 대한 정확성도 확인되어야 한다.

① 해당 정보는 언제 생성된 것이며, 정보생성 후 한 번도 갱신되지 않았는가?

② 수집된 정보는 완전한 상태인가 아니면 발췌된 내용인가?

시설보안검사와 관련된 정보를 취득하였을 경우에는 해당 정보가 실무자가 원하는 내용인지에 대하여 주의 깊게 살펴보아야 한다. 여기에는 사업장 도형, 층별 출입구 및 출입절차, 사람들이 모이는 장소, 신분증명서의 관련된 정보, 시설보안계획의 사본, 구성원과 관련된 통계 등을 포함한다. 아울러 〈표 4-1〉 PSI 상세목록표와 비교하고 필요한 추가적인 항목을 결정한다.

수집된 데이터는 구성항목들에 대한 상세한 검토를 거쳐 시행할 사업장 검사에 관한 구체적인 행동계획을 수립하는 기초자료로 활용한다. 이 과정에서 주의할 사항은 검사에 필요한 기본적인 자료를 확보한 다음 구체적인 행동계획을 수립하여야 한다. 이러한 자료수집과정에 대하여 생략하고 단순히 과거에 사용된 체크리스트에 의지하여 시설보안검사를 수행할 경우에는 변화된 환경에 대한 취약점을 발견하기는 불가능하다.

취합된 데이터를 검토하는 과정에서 실무자들은 해당 사업장에서 발생 가능한 손실(화재, 절도, 자연재해 등)과 인재나 환경적인 문제점 혹은 개연성 있는 위험요소에 대해 대략적인 윤곽을 그리게 된다.

사업장에서 발생 가능한 취약성은 사업장의 근로자수, 보안요원의 역량, 과거에 발생하였던 절도나 손실, 화재대책의 적합성, 사업장 재난계획, 그리고 과거에 발생하였던 사고로써 해결되지 않았거나 대비책이 미흡한 부분 등이 다양한 자료를 기초로 도출된다. 그러므로 데이터를 검토하는 과정에서 실무자는 다음의 내용을 항상 염두에 두어야 한다.

① 사업장이나 특정 시설물이 존재하는 목적은 무엇인가?
② 사업장 경영진과 관리자의 책임은 무엇인가?
③ 사업장내부의 다양한 업무에 수반되는 의무는 무엇인가?
④ 사업장에서 적용되는 정책과 절차는 무엇인가?

2) 보안책임과 의무

실무자는 왜 해당 사업장이 설립되고 운영되는지에 대한 정확한 설립·운영목적에 대하여 이해해야 한다. 아울러 보안요원의 업무수행능력과 보안팀의 권한과 능력은 어느 정도인지, 보안검사가 실시될 사업장의 보안프로그램은 운영한지 얼마나 되었는지, 지난 보안검사실시 후 사업장의 보안에 대한 태도는 얼마나 개선되었는가, 현재 운영되는 보안절차를 보완하는 기록물과 자료의 유형은 무엇인가, 긍정적이든 부정적이든 간에 보안대책이 외부로부터 어떻게 보여지는가 등에 주의를 기울여야 한다.

(1) 보안책임

- 누가 보안기획과 적용에 대한 책임을 지는가?
- 이러한 책임은 최고경영진으로부터 위임된 것인가?
- 실무자가 보안업무에 투입되는 시간은 전체근무시간에서 얼마의 비중을 차지하는가?
- 책임소재가 분산될 경우에 지휘계통은 어떻게 되는가?
- 책임부서나 담당자는 누구인가?
- 사업장이 대규모 조직에 소속되어있는 경우에 지역 사업장의 지휘계통이 소속된 대규모 조직의 지휘계통에 의해서 무시되지는 않는가?
- 이런 경우에 지휘계통의 일원화는 어떻게 정리되는가?

- 사업장에서 다양한 보안요소들에 적용되는 보안정책이 무시되지는 않는가?
- 사업장에서의 보안장비에 관한 유지보수, 새로운 장비의 도입과 현재 장비에 대하여 업그레이드를 실시할 경우, 일정의 수립이나 예산배정에 고려되는 사항은 무엇인가?
- 보안장비의 유지보수에 관한 일정은 기업일정으로 적용되는가?
- 연구개발 활동을 포함한 현재 운영되는 보안프로그램의 책임은 반드시 당사자가 이해하고 있는가?
- 왜 해당 사업장에는 타 사업장과 다른 고유의 프로그램이 운영되고 있는가?
- 보안관련 정보나 제품의 최종사용자는 누구인가?
- 특정 프로그램은 계약에 따라 자체 보안정책과 절차가 수립되어 있는가?
- 보안 프로그램의 정보, 자료, 디자인과 관련된 가장 핵심적인 내용은 무엇인가?
- 이러한 핵심적인 내용은 직접적으로 제품의 기능이나 가용성과 관련되어 있는가?
- 해당 프로그램이 사업장 외부에 알려져 있지는 않는가?
- 경쟁기업에서 해당 프로그램에 대하여 어느 정도 알고 있는가?

(2) 보안의무

- 조직 내의 어느 분야나 부서에서 보안업무가 강조되는가?
- 이러한 중요성은 개별적, 사업장별, 혹은 정직원에게만 적용되는가?
- 방문자의 출입허용은 매번 확인하는가 아니면 한번 확인 후 일정기간 출입이 가능하도록 통행증이 발급되는가?
- 협력업체 직원들은 해당 사업장에서의 업무가 허용되는가?
- 보안절차는 주차장과 시설물 외부에서부터 출입을 통제하고 건물의 출입도 엄격하게 통제되는가?
- 사업장의 운영에 따라 알려진 위협요소나 의심스런 위험에 대한 대책은?
- 사업장 내·외부의 다양한 위협요소는 무엇인가?
- 화재나 사업장의 안전, 구성원, 장비와 문서 등 재난에 대하여 항상 강조하는가?

3) 보안정책과 절차

- 사업장 보안프로그램과 관련된 모든 정책과 절차의 근거는 무엇인가?

- 사업장 보안정책과 절차는 주기적으로 갱신되는가?
- 보안정책과 절차가 사업장 프로젝트, 현재의 기능과 임무, 책임을 반영하고 있는지의 여부와 상관없이 가장 최근에 수정된 시기는 언제였는가?
- 새로운 중요 프로그램에 맞추어 최근에 보안정책이 변경되었다면 변경된 정책에 대하여 면밀하게 검토하였는가?
- 보안정책이 정확하게 사업장의 임무와 중요성을 반영하고 있는지에 대하여 주기적으로 검토하는가?
- 보안교육과 훈련 그리고 보안운영요원은 어떻게 구성되었는가?
- 어떠한 방법으로 보안업무를 수행하는 실무자에게 전반적이면서 구체적인 지침서, 관련자료, 운영도구, 정책에 대하여 명확하게 설명되었는가?
- 실무자들의 업무수행에 대하여 어떠한 방법으로 지도하며, 그들의 업무수행을 격려하는가?
- 보안요원은 회사직원인가 아니면 전문 보안회사와의 계약으로 운영되는가?
- 특정 시간대에 사업장에 상주하는 보안요원의 인력구성은 얼마나 되는가?
- 지정된 시간대에 보안요원은 자신의 주요한 업무와 책임에 대하여 명확하게 인식하고 있는가?
- 방문자의 안내, 건물의 잠금, 화재예방, 사무실관리, 중요장비나 주요사업장에 관련된 정보를 이동할 경우에 보안대책의 수립과 집행 등 보안요원에게 추가적으로 주어지는 업무에는 어떤 것이 있는가?
- 상기업무를 원활하게 수행할 수 있도록 적절한 교육훈련은 실시되었는가?

상기와 같은 사항을 고려하여 검사실무자는 보안검사계획의 구체적인 전개의 중요성을 인식하게 된다. 따라서 대규모 조직에서는 이러한 공정에 시간을 절약하기위해서 실무자들이 직접 참가하여 진행하는 것이 효과적이다. 그리고 최대한 전문성을 보장하기위하여 모든 관련 지식이 검사계획을 개발하는 과정에서 활용되도록 한다.

마지막으로 검사요원에게 필요한 정보와 다른 검사팀장 수준에서 필요한 정보의 수집은 기업에 극히 중요한 정보로써 제한된 사람밖에 알 수 없거나 불필요하게 과잉된 데이터가 아닌 경우를 제외하곤 보안검사를 실시하는데 유익한 정보는 검사업무진행과 상관없이 언제나 수집되어 활용되어야 한다.

7. 보안검사팀의 태도

사업장의 경영진과 직원들의 보안검사팀에 대한 태도와 인식은 보안검사를 실시하는 검사팀의 태도에 심리적으로 매우 중요한 영향을 미친다. 따라서 사업장 구성원의 검사팀에 대한 호의적인 태도는 인터뷰를 진행하면서 원하는 정보를 쉽게 얻을 수 있으며, 보안검사의 긍정적인 측면을 부각시키면서 부정적인 감정없이 시설보안검사의 성공적인 마무리를 보장하는 역할을 한다.

더불어 보안검사를 실시하는 실무자들의 친절한 태도와 사려 깊은 설득력은 숨겨진 위협요인을 쉽게 발견할 수 있도록 함으로 최대한 권위적인 태도를 지양하고 보안검사를 진행하는 것이 성공적인 보안검사진행에 도움을 줄 것이다. 그리고 시설보안검사가 실시된 다음의 검사결과와 권고사항에 대해서 사업장의 수용태도와 문제점이나 결함부분으로 지적된 요소에 대하여 신속한 대응책의 수립여부도 보안검사의 중요한 요소가 될 것이다.

따라서 검사팀의 원만한 성격과 설득력 있는 근거자료에 대한 확신은 검사공정에서 상당히 중요한 요소 중에 하나이다. 이 과정에서 보안검사는 일반적으로 직원들이 생각하듯이 구성원들의 잘못을 지적하거나 흠결 있는 부분을 찾아내는 것이 아니라, 현재 사업장의 운영 실태에 대하여 있는 그대로를 객관적인 관점과 증명된 체크리스트를 가지고 사업장의 보안실태를 확인하는 과정이라는 것을 검사요원들은 명심하여야 한다.

보안검사를 실시하다보면 구성원들이 어떤 특정한 부분에 대하여 노출되거나 보안검사를 통하여 알려지는 것에 대하여 상당히 꺼리는 분야를 발견하기도 한다. 따라서 이러한 의문점이 발견되더라도 보안검사팀에 의해서 해당 사항에 대한 구체적인 자료요청이 없을 경우에는 의문점에 대한 해결은 어렵다. 다양한 부분에서 발생하는 이러한 저항은 구성원들의 전문적인 협력을 이끌어내면서 극복할 수 있다. 이러한 협력의 의미는 보안검사의 목적과 의도를 구성원들이 잘못 이해하거나 보안에 대한 선입감으로 발생하므로 이러한 오해를 극복하는 것이 검사의 효과를 배가하게 할 것이다. 따라서 보안검사팀에서 이러한 협력방안에 대하여 간과하게 되면, 검사를 진행하면서 혹은 사전에 수집된 정보의 부정확성 혹은 흠결을 토대로 검사를 진행할 가능성이 있다.

1) 보안관리기획

일반적으로 사업장의 보안에 대한 인식의 핵심적인 요소는 사업장의 전반적인 프로그래밍, 경영관리 그리고 장기적인 전략을 수립하는 역할을 하는 최고경영진의 보안에 관한 일반적인 사고방식에 의해 좌우된다. 일반적으로 기업에서는 경영진의 보안에 관한 관심과 책임이 보안관리자에게 위임되어 운영된다. 따라서 보안부서에서 보안관리자의 역할은 보안조직의 운영계획, 보안에 관한 정책과 절차의 개발 등 보안에 관한 모든 책임을 진다.

일반적으로 조직의 규모가 커질수록 해당 사업장 보안조직의 구축, 구체적인 보안계획과 절차의 검토, 형사사건, 경제스파이, 폭발위협, 사보타지 등 주요한 사건이 발생하거나 의심되는 경우에는 경영진에게 보고라인의 확립, 보안관련 공조직과의 협력체제 구축, 사업장 보안교육과정에 모든 임직원의 참여의 보장 등이 보안부서의 업무이다. 따라서 보안부서는 상기와 같은 다양한 업무를 수행하고 사업장의 안정성을 도모하기 위하여 보안과 관련된 모든 책임을 경영진으로부터 위임받아 업무를 수행하게 된다. 이때 보안에 관한 다양한 측면에서 보안관리자나 실무자의 구체적인 책임범위와 업무수행능력은 반드시 포함되어야 한다.

기업에서 보안사고가 발생할 경우에 법집행기관의 조력을 필요로 하는 경우가 많으므로 경찰이나 소방조직과 같은 공공조직과의 원만한 관계유지도 중요하다. 또한 사업장내의 개별적인 건물 내에서의 연락체계의 구축도 언제나 확인하여야 할 보안업무로 여기에 사용되는 비상연락망이나 장비에 관한 보안규정의 확립은 직무상의 책임요소이다.

생명과 자산 그리고 정보보호에 관한 다양한 절차는 개별 조직에 가장 적합하도록 개발·시행되어야 한다. 시설보안과 관련하여 열쇠관리시스템, 사업장 전체에 대한 제품과 자료통제프로그램, 통제구역과 같은 주요 보호구역의 확정, 사업장에 입·반출되는 통제물품의 관리, 보안과 안전에 대한 정책과 절차, 가연성 물질의 저장소 관리와 연료 입·반출절차 등이 포함되나 개별 사업장의 필요성에 따라 가변적이다.

핵심자료, 현장에 보유하고 있는 현금, 고가 장비에 대한 보호절차는 사업장에서 직접 관심을 기울여야하는 고려사항으로 사업장의 재산보험이나 책임보험 프로그램과 관련되어 있다. 그러므로 사업장의 본질적인 기능은 해당 사업장에서 보유하고 있는 핵심적인 자료의 양과 형태에 대한 고려가 우선되어야 하므로 보안검사를 진행하는 도중에 검사요원은 반드시 이러한 보호프로그램의 부류기준에 대하여 검토한 다음 검사를 진행한다.

만약 사업장에 있는 건물의 일정 부분을 다른 조직이 임대하여 사용하고 있는 경우에는 핵심기밀보호를 위하여 사업장의 보안프로그램을 해당 기업에도 동일하게 적용한다. 사업장에서 발생하는 모든 자료는 파기되는 과정까지 어떻게 처리되고 누가 관리되는지에 대한 확인도 필요하며, 매일 기업의 기밀자료로 분류되지 않는 자료나 기밀자료로 분류된 자료가 폐기되나 당장은 기업에 피해가 없을 것으로 보이더라도 이러한 자료를 원하는 경쟁자의 수중에 들어갈 경우에는 사업장의 현재 활동이나 계획 그리고 미래에 대한 정보까지도 알 수 있다.

보안검사를 진행하는 해당 사업장에 의료지원센터가 설치되어있는 경우에는 의료용품의 보호에도 관심을 기울인다. 특히 통증을 감소시키는데 사용되는 마약과 같은 금지약물은 엄격하게 관리되어야 한다. 의약품관리에 대한 조사는 의약품 담당자가 현재 의료센터에서 사용되는 의료장비와 약물을 적절하게 통제하는가의 여부를 확인한다.

대부분의 사업장에는 현금이 필요하므로 금고에는 상당량의 현금이 보관된다. 이러한 현금은 사업장의 자동판매기, 임대 식당의 운영에서 매일 발생하므로 절도나 강도의 대상이 되기도 하고 부정한 뇌물로 사용되기도 한다.

이와 같이 기업에서 보안기능과 책임은 매우 다양하며, 몇 가지 업무는 사업장의 임무와 직접적으로 연관성이 없는 분야도 있으나 보안업무는 궁극적으로 기업본연의 목적을 달성하는데 도움을 주는 역할을 하므로 보안조직과 기업경영진의 관심사항은 동일하다.

2) 보안프로그램

시설보안관리자는 조직에서 운영되고 있는 모든 보안프로그램에 대하여 주기적으로 검토하여야 한다. 단일 사업장이든 여러 장소에 분산되어 운영되든, 개별 사업장을 대표하는 관리자가 보안부서를 대별한다.

시설보안부서장은 사업장에서 운영되는 시설보안프로그램의 모든 면을 관리·감독하여야 하는 책임을 지므로, 모든 시설보안대책의 시행을 보장하기 위해서 디자인 단계에서부터 보안프로그램을 검토한 다음, 시설보안의 결점을 보완하거나 최소화하고 관련 법령이나 자치규정, 보안정책에 순응하기 위해서 필요한 경우에는 대응책을 개정하거나 새로운 프로그램을 적용한다.

또한 보안구역을 지정·운영하며 다양한 보안의 필요성에 따른 위협요소를 방지하기 위하여 필요한 통제와 제한 수준의 정도를 결정한다. 이러한 모든 보안프로그램은 사업장의 운영목적을 근거로 하여 보안업무와 관련된 책임을 지며, 보안업무수행을 지시, 임무의 부여, 시행자로의 역할을 수행한다. 마지막으로 보안관리자는 시설보안과 관련된 현재의 실태와 정보를 경영진에게 제공한다.

보안관리자의 관리 하에 있는 보안실무자들은 인사보안, 시설보안, 정보보안과 더불어 자동정보시스템(AIS)에 대한 보호대책까지도 수행한다. 시설보안검사에서는 시설보안관리자의 기능과 책임을 고려하여야 한다. 다음은 시설보안관리팀장의 책임에 해당하는 내용이다.

① 시설보안정책과 절차의 시행과 개발 그리고 디자인과 평가의 이행
② 시설보안장비와 보호대책의 유지와 적용 그리고 구매
③ 보안업무를 수행하는 실무자의 지휘와 보안프로그램의 전체적인 운영상황에 대한 검토
④ 시설보안과 관련된 경보시스템, 잠금장치와 보안용기, CCTV, 보안요원서비스를 포함한 외부 업체와의 조정업무
⑤ 모든 사업장과 주변 환경, 새로운 시설보안의 적용, 기존 보안시스템의 개조와 변경, 특별보호구역의 통제를 포함한 시설보안프로그램의 적용과 개발. 해당 사업장의 규정에 따라 선정된 사업장의 보안인증의 갱신과 유지

이와 같은 업무를 적절하게 수행하기 위해서는 시설보안검사를 진행하는 과정에 검사팀은 반드시 보안책임의 범위와 같은 보안관리자의 기능적인 책임에 대하여 주목하여야 한다.

8. 현장 프로그램관리

현장 프로그램관리는 주요 사업장 외부의 시설물과 구성요소들에도 적용되는데, 시설보안관리의 대부분은 현장 보안관리자의 업무에 속하는 보안프로그램에 일상의 업무지시와 보안관리자의 개별적인 책임 혹은 기업에서 부여된 업무를 수행하는 담당자의 전반적인 업무를 의미한다. 따라서 현장 보안관리자가 적극적으로 업무를 수행하고자 할 경우에 보안지침이나 권한에 대한 구분이 너무 애매할 경우 발생하는 문제점은 개별적으로 사업장 경영진의 의사를 참조한다. 그러나 실제적으로 보안실

무자의 업무수행에 수반하여 권한이 부여되는 경우에는 책임문제가 발생할 경우에 현장수준에서 해결하기가 어렵다.

검사팀 구성원은 반드시 기업이나 사업장에 적용되는 광범위한 보안정책과 절차에 대한 인식을 가져야 하며, 서로 다른 지침이나 현장에서 적용되는 정책의 차이로 인한 갈등이 생길 경우에는 가장 설득력 있는 방침에 따라야 한다. 보안검사를 실시할 사업장의 주변 환경을 고려한 위협수준에 대하여 사전에 평가되거나 위협요소가 규명되어야 하고 이에 따라 반드시 해당 지역에 가장 적합한 보안대책이 적용되도록 조정하여야 한다. 그리고 해당 사업장에 적용되는 보안지침은 시설물의 운영과 기획과정에서 보안과 위협수준에 대한 고려에서 우선시 되어야 한다.

현장 보안관리자는 모든 업부에서 구성원의 안전이 가장 우선한다는 것을 명심하고 최고수준의 보안과 보호수준을 보장하기 위하여 가장 적절한 수단을 강구해야한다. 비록 어떤 보안대책과 절차는 비즈니스 활동에 방해가 되는 것처럼 보이나, 구성원의 안전성은 조직의 보안대책과 절차이행의 토대위에서 얻어진다는 것을 구성원에게 인식시킨다. 따라서 검사팀원은 이러한 관점에서 위협수준과 보안업무에 대한 검토를 실시한다.

또한 검사팀은 각각의 현장을 검사할 경우에 다음과 같은 현장 보안관리자의 개별적인 책임에 대하여 검토한다.

① 조직과 시설물의 개선을 위한 보안프로그램의 적절한 관리능력
② 해당지역의 보안절차의 개발과 적용능력
③ 보안시설의 개선과 새로운 설치계획의 검토
④ 보안통제구역을 확립하기 위한 적절한 지침에 따른 통제수준의 이행
⑤ 사업장에 주어진 보호수준을 유지하기 위하여 사업장의 보안요소와 보안대책을 계속적으로 검토하는 것을 보장

모든 시설보안과 관련된 정보는 개별적인 시설물에 대한 보안의 적절성의 관점에서 수집되고 운영된다. 만약 어느 사업장의 보안관리자의 업무태도가 나태해지거나 주어진 책임을 이행하지 않는다면 해당 사업장의 보안수준은 하락하게 될 것이다. 그러므로 잘못된 보안업무의 상당부분은 해당 사업장의 시설물의 문제가 아니라 보안관리자의 잘못에서 기인한다.

결과적으로 보안검사에서 해당 보안관리자의 업무수행의 적절성에 대한 관찰은 매우 중요하다. 결과적으로 만약 시설보안시스템은 잘 설치되었으나 보안시설관리자가

적절한 업무수행을 하지 못한다면, 보안업무수준도 적절하지 못할 것이므로 신속하게 이러한 업무수행의 문제점은 반드시 바로 잡아져야 할 것이다.

제2절 시설보안검사 프로세스

시설보안검사는 어떤 분야의 검사든 간에 조직 전반의 시설상태에 관한 시설보안상태와 실무자의 업무수행능력, 구성원의 보안에 대한 인식 등 종합적인 보안 프로그램의 운영 상태를 평가하는 것이다. 따라서 보안시설검사를 수행하는 시설물은 전체적으로 분석된 다음 시설보안수준을 향상시키기 위한 권고사항을 이끌어낸다. 이런 측면에서 검사진행공정은 체계적인 조직과 운영절차를 토대로 진행되어야 한다. 지역사업장 보안관리자나 실무자에게 도움을 주기 위한 기본적인 방향은 전체적인 시설보안프로그램에 영향을 주는 대응책, 보안절차의 시행과 향상 그리고 디자인에 관한 것이다. 따라서 시설보안검사의 목표는 사업장이 원하는 정도의 보안수준을 유지하기 위하여 모든 분야에서 취약점이나 침입이 용이한 부분을 제거하기 위하여 통일된 운영대책을 수립하는 것이다.

시설검사과정에서 세밀한 부분에 까지 관심을 기울이고 전반적인 객관성을 유지하는 것은 매우 중요한 검사프로세스이다. 이러한 전반적인 객관성을 유지하는 것은 균형감 있는 통합보안시스템을 운영하는 것으로 귀결된다. 이러한 이유에서 검사에 대한 접근방식은 전략적이어야 한다. 그리고 검사결과에 따른 권고사항도 잠재적인 손실사고의 발생을 방지하기 위한 전략이 우선시되어야 할 것이다.

시설보안검사를 시행하는 과정에서는 다음에 언급한 보안에 관한 주요한 요소들이 사전에 고려되어야 한다. ① 물리적 보안-예를 들어 침입자의 침입경로에 있는 방벽은 침입자들이 손쉽게 무력화시키는 것을 방지하기 위한 이중적인 대응책의 수립, ② 전자적 보안-침입자들이 목표물에 도달하기 전에 침입을 감지할 수 있는 장치, ③ 절차적 보안-정책, 규정이나 규칙은 사업장의 구성원을 보호하는 것이 우선적인 고려사항이다.

상기의 요소들이 적절한 조화를 통하여 침입자나 침입의 의도를 가진 자들의 의지를 직접적으로 무력화하여야 한다. 여기에 인사보안절차와 보조적인 시설보호대책을 적절하게 통합함으로써 사업장의 자산을 효과적으로 보호할 수 있다.

이러한 요소들의 효과는 인력에 의존하는 방식에서 탈피하여 물리적 보안장비를 적절하게 활용함으로써 달성된다. 이러한 보안장비의 활용으로 핵심적인 장소에 대한 보호수준을 향상시키고 많은 인력을 보안장비로 대체함으로써 비용을 절감하지만, 최소한의 보안요원의 운영은 비용절감과 상관없이 유지되어야 한다. 오늘날 다양한 보안장비의 도움으로 환경적인 감시의 어려움이 있는 장소에서도 적절한 보호가 가능하게 되었으나, 조직의 상황에 따라서는 이러한 장비는 보조적인 수단으로 기능을 수행하므로 결코 인간의 역할을 대체하지 못한다.

시설물 보안계획에는 다음 4가지 항목이 반드시 포함되어야 한다.

① 사업장으로 진입하려는 잠재적인 침입자를 감지한다.
② 만약 누군가 사업장으로 진입하려고 시도하면 침입자를 발견할 수 있는 기회를 증가시키고 가장 빠른 시간에 적절한 보안대책으로 저지한다.
③ 침입자가 목표물에 도달하기 전에 보안대책으로써 진입시간을 연장하고 신속하게 체포한다.
④ 사업장에 있는 특정한 목표물에 접근하려는 침입자를 무력화한다.

〈표 4-2〉 주요 시설보안 관리 분야

출입통제시스템, 폭탄과 폭발물관리, CCTV, 컴퓨터시설물보안, 기업연속성기획, 테러리즘, 대량살상무기, 보안요원관리, 침입감지시스템, 잠금장치, 운영보안기획, 경계구역보안, 보안조명, 위험평가, 보안디자인, 보안정보관리, 보안 관련법, 보안조사공정, 특수보안장비, 특수보안기획, 실시간조사, 환경적 보안관리, 사업장폭력, 무기와 폭발물 감지

사업장에서는 시설보안 프로그램에 대하여 지속적으로 평가검토하고, 시설보안과 관련된 하부요소의 유기적인 활용, 개별적인 훈련, 시설보안계획이 최신의 기법을 활용하여 사업장 전반에 가장 적절한 보안관리기법을 적용함으로써 주어진 상황과 자료, 장비, 인력, 정보를 가장 적절하게 활용하고 각각의 역할을 부여하여 사업장의 안정성을 유지한다.

1. 사전 검사계획

보안검사를 성공적으로 완수하기 위해서는 기획과정에서의 면밀한 준비가 중요한다. 이러한 준비과정에서는 해당 사업장과 관련된 자료나 문서를 활용하여 잠재된 문제점을 발견하고 해당 사업장의 고유의 특성에 익숙해져야한다. 따라서 최소한 다음의 내용은 사전 검사계획에서 검토한 다음 업무를 진행한다.

① 보안검사를 실시할 구체적인 영역을 확정한다. 이 단계에서는 사업장의 보안프로그램 중에서 중점적으로 검사를 하여야 할 부분과 새로이 설치하였거나 과거의 검사결과에 따라 거의 결함이 없었거나 또는 모든 결함요소가 수정된 부분에 대해서는 구분하여 검사대상을 분류하고, 지난 검사를 통하여 문제점이 발견되지 않은 시설에 지금까지 주요한 변화사항이 없을 경우에는 개별적으로 판단하여 중점검사분야를 분류한다. 이러한 검사 분야에 대한 분류는 검사가 전반적인 시설물에 대하여 마무리되었을 경우에 운영 실태에 대한 전체적인 상황에 대한 판단을 가능하게하고, 더불어 중점적으로 검사할 핵심적인 부분에 대하여 집중하여 보안검사가 실시되도록 보장하는 역할을 한다.

② 과거에 실시된 검사보고서, 감사보고서, 모든 관련 데이터를 검토한다.

③ 보안검사에 필요한 기술적인 지원 정도에 관하여 결정한다. 여기에는 통신시스템에 대한 전자적인 보안상태의 확인, 여러 가지 사진자료의 지원 등 보안검사팀에서 지원되지 않는 특정한 지원에 대하여 확정한다.

④ 다양한 검사단계에서 주요한 개요를 결정하되 진행과정에서의 유연성 있는 적용을 고려한다.

일반적인 시설보안지침은 상식적인 기준을 적용한다. 사업장의 상황을 고려한 이러한 기법의 활용은 보안업무처리 관행에 도움을 줄 것이다. 시설보안검사의 목적은 단순히 문제점이나 결함 목록을 만들고자함이 아니라 사업장 구성원들이 기업에 손실을 발생시킬 수 있는 허가되지 않는 침입, 절도, 손상, 재물손괴 등에 대하여 구체적으로 인식하도록하고 이에 대한 대응책 시행에 구성원의 협력을 구하고자 함이 주요한 목적이다. 또한 보안검사를 실시함으로서 실질적으로 사업장 전반에 대한 시설보안실태를 조명하는데 도움이 된다.

2. 재조사 준비

전반적인 시설보안검사가 실시된 결과, 심각한 문제점이 발견된 경우에는 반드시 재조사를 추가적으로 실시하는 것이 문제점에 대한 평가와 대응책의 선정에 도움이 될 것이다. 따라서 발견된 문제점을 교정하는데 합리적인 시간이 주어진다면, 다른 검사가 실시되기 전에 재조사가 실시되는 것이 발견된 문제점이 악화되거나 변화되는 것을 막을 수 있을 것이다. 재조사에 따른 공식적인 일정을 정하는 것을 바람직하지 않고 단지 필요할 경우에 다른 진행 중인 검사, 인력의 가용성과 자금에 따라서 융통성 있게 진행하는 것이 좋다.

1) 관리적 준비과정

한번 시설보안검사를 위한 조직, 활동, 프로그램과 기술이 선정되었으면, 이러한 과정을 원활하게 진행하기 위한 다음과 같은 관리적 준비가 시작되어야 하고, 다음에 핵심적인 조직정보를 보호하기 위하여 보호대상에 관한 리스트를 선정한다. 따라서 만약 보호해야할 핵심적인 정보에 관해서 아직 구체적인 대상이 선정되지 않았다면 임시적인 리스트를 준비하고, 이것을 토대로 시설보안검사를 통한 해당 사업장의 시설보안에 대한 태도를 평가하는데 필요한 구체적인 운영이나 기능의 판단기준으로 활용한다.

핵심정보의 구성은 사업장에서 시행하고 있는 전반적인 업무 분야, 정보의 생성과 유지, 입수와 배포 등을 토대로 하여 작성한다. 이러한 정보에는 전자적인 정보와 컴퓨터 처리 인쇄물, 고가 장비에 대한 목록, 현재 시행되거나 미래 진행할 프로젝트, 사업장에 보관하는 있는 환금성이 풍부한 장비, 중요문서, 금지약물과 같은 의학정보, 폭발물이나 무기, 보안요원의 근무일정, 보안장비의 유형 등을 포함한다.

핵심정보는 기업의 개별적인 부서 활동의 결과물, 연구개발, 프로젝트 상황의 임무와 기능에 관하여 육하원칙에 의거하여 작성되어야 하며, 현재 조직에 가장 중요한 분야와 조화를 이루고 핵심정보 선정결과에 관해서 모든 참가자들이 명확하게 동의할 수 있어야 한다.

아래의 내용은 핵심정보의 리스트의 사례이다. 아래의 〈표 4-3〉과 같이 리스트는 구체적이어야 보호대책을 수립하기가 용이하다. 주어진 리스트를 토대로 하여 해당 분야를 검사하고, 보다 심도 있는 검사를 위해서는 시설보안 검사팀원의 자격요건이 필요하다.

〈표 4-3〉 핵심 중요정보의 목록

제품과 서비스의 광고업무, 기업에서 제작한 공식적인 보고서, 조직상황, 기업의 광범위한 업무능력과 전반적인 현황에 관한 모든 정보, 기업구성원의 모임, 모든 예산, 건물도면이나 사진, 컴퓨터 프로그램, 구성원의 인력구성과 이동상황, 공학적 기술과 방법, 환경보고서, 각종 제조법, 구성원의 기고문/연설과 인터뷰/제안서와 훈련, 법적인 고려사항/판례/구성원의 전공, 모든 사업장과 시설물의 위치, 조직의 장기과제와 목표, 특허, 공정, 생산품, 공공기록물, 허가증, 임차지, 채용활동, 연구개발, 연구목표/연구방법, 재원, 안전관리, 보안정책과 절차, 보안요원, 감지기 설치장소와 유형, 특별 보고서, 자회사, 기술시스템, 국가기관의 정보 등

첫째, 시설보안검사의 범위와 목적을 구체적으로 확정한다. 검사에 포함될 범위가 사업장 전체를 대상으로 하는가 아니면 일부분만을 대상으로 하는가, 검사에서 중점을 두는 부분이 알려진 위험요소에 대한 평가인가 아니면 새로운 위험요소의 발견인가, 이번 검사는 새로운 사업장이나 건물에 대하여 처음으로 실시되는 것인가, 지난번 보안검사를 실시한 이후에 새로운 위협요소나 새롭게 요구되는 요건으로 인하여 새로운 검사기법을 적용하는가?

둘째, 시설보안검사에 사용되는 질문지는 사업장의 목적과 기능, 구체적인 프로젝트, 새로운 프로젝트의 상황, 발명, 연구개발 등에 관해서 누구나 쉽게 질문의 의도를 파악할 수 있도록 구성되어 있는가, 이러한 정보는 사업장의 주요 시설물을 보호하려는 용도로 구성되는가?

셋째, 사업장의 업무진행에 관한 조정역할이 필요하다. 여러 장소에서 다양한 분야의 시설물에 대한 검사를 한꺼번에 실시할 경우에는 모든 계획수립과 필요한 사항에 관한 정확한 정보를 보안사무실에 보고하도록 정하고 팀장이 확인함에 따라서 사전에 이러한 필요한 준비과정에 대하여 확정된다면 검사 전에 필요사항을 준비하는 것이 용이할 것이다.

사전준비과정에 대한 일정의 수립은 보안검사팀장이 수행한다. 해당 일정은 사전에 충분히 조정된 다음에 진행하고 최악의 사례분석을 참고하여 유연성 있게 진행한다.

일반적으로 보안검사요원은 검사를 진행하는 동안에 자신의 일정에 따라 다른 직무를 수행하기도 하므로 검사시간표〈표 4-4〉는 검사팀의 계속적인 요구사항이나 구체적인 고려에 따라 변경될 수 있다.

〈표 4-4〉 외주검사 시간표의 예

일 정	내 용
시설보안검사 90일전	시설보안검사가 실시된다는 안내문을 공지한다. 이에 따라 보안검사에 필요한 구체적인 정보를 수집하고 필요한 정보를 수집하기 위해 사전에 사업장 방문에 대한 일정을 조정한다.
시설보안검사 60일전	필요한 사전조사를 위한 모임 일정을 조정한다. 현장 조정자는 핵심요원을 포함한 필요한 인력과의 일정을 조정하고 모든 사전검사 정보를 수집하며 검사계획안의 분석과 검토를 위한 파일을 구축한다.
시설보안검사 50일전	사업장 보안관리자에게 검사팀의 신분확인서를 제출하고, 특히 국가가 지정한 정보를 취급할 경우에는 엄격한 신분확인과정이 필요하다.
시설보안검사 45일전	사전검사팀이 검사요원과 함께 사업장 경영진과 해당 보안팀과의 검사목적에 관하여 모임을 갖는다. 이 모임을 토대로 공식적인 시설보안검사계획이 수립되고, 필요한 재원을 요청하는 근거가 된다. 또한 이 시점에 구체적인 외주검사팀의 구성원을 선발한다.
시설보안검사 40일전	조정자와 사업장 시설요원은 위협요소와 시설보안검사와 관련된 모든 정보에 관한 데이터를 체계적으로 검토하기 시작한다.
시설보안검사 30일전	팀장은 모든 항공일정과 숙박일정, 차량대여를 조정하고 여기에 소요되는 비용을 사전에 확보한다.
시설보안검사 14일전	사업장을 검사하게 될 외주검사팀에 대한 신분확인과 출입허가를 마무리한다.
시설보안검사 하루 전	외주검사팀이 보안검사를 시행할 사업장에 도착하고 검사준비를 시작한다.

2) 주요 고려사항

일반적으로 시설보안검사팀은 사전에 허가된 시설물이나 활동에 관해서만 검사를 수행하는데, 시설검사의 범위는 장소, 인식된 위협의 수준, 사업장의 기능과 임무, 사업장이 보유하고 있는 자료와 정보의 중요성을 토대로 하여 정해진다. 보안검사의 실시는 ① 초기단계, ② 사후점검, ③ 매 3~5년의 반복검사, ④ 새로운 상황, 위기상황, 사업장의 급격한 변화를 초래한 직·간접적인 여러 가지 단계 중의 하나의 원인으로 귀결된다. 검사실시에 관한 최소한의 기준으로 〈표 4-4〉검사시간표를 활용하여 검사공정을 설계한 다음, 실제적인 보안검사가 실시되기 전에 보안검사에 관한 일정조정에 관하여 협의를 실시한다.

첫째, 사업장의 최고책임자에겐 보안검사와 관련된 데이터, 검사 이유, 지원의 필요성, 검사실시 전에 필요한 데이터, 검사요원의 신원에 관한 자료를 알려주어야 한다. 이러한 정보는 실제적인 검사가 실시되기 90일 전에, 공식적인 형식을 갖추어 제공된다. 신원확인에 관한 자료는 해당 사업장이 정부와 관련된 업무를 수행하는 경우에 해당한다. 검사결과에 대하여 분석이 용이하도록 보안검사의 내용들은 검사단계별로 구체적으로 세분화되어 진행한다.

둘째, 군사시설물을 포함하여 정부시설물에 위치하여 정부와의 계약에 의해서 업무를 수행하는 사업장은 관련기관의 해당업무에 대한 규정에 대하여 사전에 확인한다. 우리나라의 정부 관련기관은 국방부, 국가정보원, 경찰청, 국군기무사령부 등 관련 분야에 따라 다양하다.

이전에 실시되었던 보안검사보고서가 내부전문가 혹은 외부 기관에 의해 시행되었던 간에 관계없이 관련자료는 면밀하게 검토하여 검사에 활용되어야 한다. 이전 검사보고서는 과거에 사업장에서 관심을 기울였던 실제적인 분야에 대한 정보를 얻을 수 있다. 더불어 해당 사업장에 영향을 주는 표준운영절차와 지침, 정책에 관한 서류, 보안활동 결과물, 여러 가지 관련 지침에 대한 자료들의 적절한 복사본을 입수하여 자료로 정리하고, 모든 검사요원들이 참고할 수 있도록 한다.

시설보안검사팀은 도서관에서 가장 최근의 보안과 관련된 자료를 참고한다. 참고할 최소한의 자료는 보안관리, 침입감지시스템, 보안요원의 훈련과 직무상 필요사항, 보안조명과 장벽, 자물쇠와 키시스템, 보안용기, 위기 시 자료의 파기, 사업장의 자체방호체제, 재난관리, 기타 보안 관련 복사물이 있다. 더불어 보안 관련 장비 혹은 시스템의 사용에 관한 지침서는 검토한 다음 실제적인 절차에 따라서 참고한다. 마지막으로 참고할 보안 관련 자료에는 사업장과 관련된 제품손괴, 산업스파이와 테러리즘을 포함한 모든 위협요소에 대한 데이터(국내사업장, 해외사업장)가 반드시 필요하다.

범죄통계, 지역 경찰서의 지역범죄보고서와 경향도 유용한 자료로 활용된다. 비록 비용이 추가적으로 투입되더라도 범죄에 관한 정보를 상업적으로 거래할 수 있는 국가에서는 좀 더 광범위한 정보를 관련 조직을 통하여 구체적인 자료까지도 입수할 수 있을 것이다. 또한 인근의 제조업체나 비즈니스 조직은 해당 사업장의 위협요소나 범죄수준을 추정할 수 있는 데이터를 보유하고 있을 수 있으나 정부에 관련된 업무를 수행할 경우에는 이러한 데이터는 일반적으로 기밀로써 분류되므로 입수하기가 어렵다. 수집된 모든 데이터는 시설보안검사 도중에 활용되도록 재분류되어야 한다. 만약 어떤 특정한 항목에 대한 자료가 누락되었다면, 누락된 부분에 대한 검사는 불안전한 결론으로 귀결되기도 한다.

3) 자료수집

구체적인 조직의 자료수집은 보안검사 전 그리고 보안검사가 진행하는 과정에 계속된다. 사전검사 단계에서의 자료수집은 보조적인 기능이나 실제적인 보안검사가 실시되기 전부터 시작할수록 더 좋은 보안검사를 수행하는데 도움이 될 것이다. 따라서 구체적인 데이터를 수집하는 업무는 통상적으로 보안검사를 실시하기 90일전에 시작하는 것이 좋다.

수집된 자료에 대한 검토는 사업장과 관련된 어떠한 정보라도 실제 보안검사과정에 활용될 수 있으므로 최근 몇 년간의 자료에 대해서는 엄격한 검토과정이 필요하다. 이러한 검토과정을 통하여 정리된 적절한 자료들은 구체적인 사업장 관련 정보로 계속적으로 데이터베이스에 추가하는 방법으로 관련 정보의 정확성을 높여간다.

사전 자료검토 과정은 설비의 중요성이나 보안검사에서 요구하는 목적을 근거로 하여 사업장에 부정적인 영향을 미치는 의심스런 정보까지도 수집과정에 포함되어야 하고, 사업장에 잠재적인 위협이 될 수 있는 모든 가능한 변수에 대한 실제적인 평가가 이루어져야한다. 이러한 사전 자료검토 과정은 검사팀에게 경쟁사나 경쟁사의 정보수집활동에 대하여 어떻게 대응할 것인가에 대한 접근을 가능하게 할 것이다. 또한 사업장이 필요로 하는 보안수준과 구체적인 검사의 필요성에 부합하도록 할 것이다.

공개된 데이터를 통해서도 구체적인 보안체제에 대한 사진과 취약점 그리고 사업장 업무의 중요성에 관한 자료도 얻을 수 있다. 이러한 이유에서 정보공개법을 활용하여 필요한 자료를 최대한 요청하는 것도 좋은 방법으로 지난 몇 년 동안의 자료를 유용하게 얻을 수 있을 것이다.

만약 해당 사업장이나 프로그램이 일반인에게 상당히 공개된 경우라면, 사업장과 관련된 주요뉴스 관련 자료, 구체적인 프로젝트와 프로그램에 대한 광고, 해당 사업장에 대한 특집기사, 사업장의 사진이나 활동내용에 대한 취재자료도 참고할 만하다. 더불어 종종 기업의 중요 프로젝트와 관련된 상당한 정보가 구체적으로 기업 구인광고를 통하여 쉽게 추론할 수 있다.

전문사진작가가 촬영한 사업장의 상세한 사진은 대체적인 보안시설에 대하여 추정할 수 있으므로, 보안실무자들은 기업홍보를 위해서 외부기관에 촬영을 허용할 경우에도 기업체의 내부를 상세하게 촬영하는 경우에는 보안체제의 취약성이 노출될 수 있으므로 엄격한 통제가 필요하다. 또한 사진을 통하여 문서에서는 알 수 없었던 정보를 획득할 수 있으므로 다양한 사진자료의 수집도 보안검사의 자료수집업무에서 주요한 부분이다.

또한 검사팀은 사업장의 업무수행절차, 계약서, 조직도, 생산 공정표도 검토한다. 이러한 자료를 검토하면서 검사요원은 사업장의 운영과 흐름에 익숙해지고 전체적인 활동업무를 파악할 수 있을 것이다. 더불어 전반적인 조직구조에 대한 기본적인 파악과 내·외부 경영조직의 관계와 기본적인 활동영역에 대한 자료도 검토한다.

검사팀의 모든 자료는 구성원끼리 사업장의 시설보안검사의 개요와 관련된 생각들은 서로 교환한다. 그런 다음 내부적으로 누가 어느 분야를 검사하고 교차검사와 문제점의 도출, 개별 분야 간의 연계와 전체적인 시설물에 대한 확인 등 순차적인 계획을 수립한다. 이러한 정보가 결국은 전체적인 개요를 형성함은 물론 최종검사보고서의 윤곽을 그리는 토대가 될 것이다.

3. 검사진행

보안검사의 준비과정은 상당히 긴 과정이므로 순차적으로 사실 확인과 데이터수집의 관점에서 검사진행에 관한 간단한 토론을 진행한다.

시설보안검사팀의 시간과 인력에 한계가 있으므로 개별 시설물의 검사를 통하여, 검사팀은 구체적인 실제정보를 확보하기 위하여 해당 사업장 구성원과 자원의 도움을 받아 그들의 지식을 활용하기 위해서는 해당 사업장의 구성원과의 긴밀한 협력이 보안검사의 핵심요소이다. 최종결과보고서에 포함되는 특정한 부서에 대한 호의적이지 못한 정보는 이러한 협력분위기와 공정한 사업장 검사를 어렵게 하므로 그들의 업무에 대해서는 최대한 간섭하지 않아야한다. 그러므로 해당 보안검사가 현상황에 대한 객관적인 사실확인를 위한 것이지 결점발견을 위한 것이 아니라는 점이 강조되어야 한다.

만약 시간과 자원이 허용된다면 팀원은 경쟁자의 관점에서 사업장의 시설보안시스템을 관찰해 보아야 한다. 이러한 관점은 경쟁자가 무엇을 노리고 있는가를 찾아내는데 도움을 주며, 이러한 분석은 사업장의 관점에서는 잘 발견하기 어려운 취약점을 찾아내는데 상당히 효과적이다.

사업장의 운영에 대하여 경험이 많은 구성원과 면담을 할 경우에는 먼저 검사요원이 일상적인 이야기로 어색한 분위기를 일신한 다음에 구체적인 프로젝트나 사업장의 일반적인 숨겨진 정보에 대하여 자연스럽게 대화를 이끌어 간다. 이런 대화를 진행하는 가운데 상대방에 대한 질문은 '만약 당신이 경쟁업체라면, 현재 진행하고 있는 프로젝트의 목적을 알아내려고 하겠습니까?' 또는 '당신은 어떻게 기업에서 비밀로 관리하는 핵심기밀이나 기밀로 분류되지는 않았으나 현재 진행 중인 프로젝트나 기술에 관한 비밀정보를 얻을 수 있을까요?' 그런 다음 '당신이라면 어떻게 보안시스템의 감시를 피할 수 있을까요?' 이러한 자연스러운 대화를 통하여 구성원이 알고 있는 정보를 알아낸다. 이와 같은 방법으로 인터뷰를 진행하는 동안에 사업장의 다양한 분야에 대한 새로운 통찰력을 얻기도 한다.

구성원과의 인터뷰 일정은 경영진과의 일정에 맞추어 현장 관리자와의 일정을 조정하고, 비공식적인 일정이라도 직급을 분리하여 진행하는 것이 계층별로 서로 다른 의견이나 관점을 경청하는 기회를 제공하게 된다. 이런 과정에서 반드시 해당 사업장의 정책을 준수하면서 사업장의 규모가 특히 대규모일 경우에는 사진이나 사실 확인을 위한 대략적인 스케치를 인터뷰 기록과 함께 기록하는 과정이 필요하다.

사업장과 계속적인 업무를 수행하는 업체의 대표자를 통한 어떻게 협력업체를 선정하는지에 대한 협력업체나 공급업체에 대한 정보의 수집도 중요하다. 이러한 정보는 잠재적인 위협요소에 대하여 규명하고 협력업체를 통한 사업장의 위협과 민감도를 증가시킬 수 있는 요소에 대하여 검토함으로서 전반적인 시설보안수준을 향상시키는 기회를 제공한다.

보안검사를 시행하는 과정에 검사팀은 사업장의 다양한 분야의 직원들을 사전에 약속을 하든 아니면 자연스러운 식사모임을 통하여 일상의 대화를 통하거나 또는 공식적인 인터뷰를 통하여 공개적으로 말하기 어려운 개인적인 중요한 정보를 얻기도 한다.

이러한 모임을 통하여 구체적인 사실에 대해서 팀구성원끼리 정보를 교환하면서 추가적으로 알려지지 않은 관련 정보를 확보한다. 이러한 조사과정에서 팀장은 처음에 적절하게 조사되지 않는 분야에 대한 자료는 재조사를 할 수 있는 기회가 쉽게 주어지지 않는다는 것을 팀원들에게 주기적으로 주지시킨다.

만약 매우 긴급하고 중요한 구체적인 사실을 발견하게 되면 즉시 적절한 사업장 책임자에게 즉시 임시적으로나마 대응책을 수립할 수 있도록 통보한다. 이러한 내용을 최종보고서에 명기하고 조치를 취한 해당 사업장 담당자의 확인과 조치내용에 대해서도 기록한다.

조사과정에서 발견된 사실은 정확성이 생명이다. 따라서 이러한 정확성을 보장하기 위해서 모든 관련자료, 발췌된 문서목록, 도표, 사업자 표준운영절차, 문서화되지는 않았지만 명확하게 규명된 지시나 명령, 날짜, 발기인 등을 최종검사보고서에 구체적으로 기록한다.

1) 사업장 취약성 시험

시설보안검사를 실시하는 과정에서 해당 사업장의 취약성 시험을 실시하어야 할 경우도 발생한다. 취약성 시험은 보안실무자와 보안요원의 보안업무의 운영상의 자세에 대하여 평가하기 위하여 실시된다. 이러한 시험은 침입테스트, 경계구역 테스트와 저항세력 테스트 대책이라고 부른다. 이런 시험의 구체적인 목표는 실제적으로 사업장 시설보안계획과 대응에 대한 보안시스템의 허점과 침해에 관한 부분을 찾아내기 위한 것이므로 이러한 시험은 반드시 구체적인 목표와 한계점을 사전에 설정한 다음 시행에 옮겨야한다. 그러나 모든 시험에서 가장 중요한 것은 참가한 구성원들이 시험 의도의 인지여부에 상관없이 참가자의 안전을 도모하는 것이다.

테스트는 누군가가 적절한 신원확인이나 허가 없이 사업장의 제한구역에 들어가려고 시도하는 방법으로 시행하고, 이때 침입자 역할을 수행하는 사람이 별어려움없이 제한구역으로 진입하는가의 여부에 상관없이 진행된다. 이러한 진입과정에서 누군가 침입자를 발견하고 어떻게 제지하는가, 아니면 즉시 보안요원을 요청하는가, 보안요원은 어떻게 대응하는가, 그리고 가장 중요한 고려는 이러한 과정에서 취약성이 존재하지 않는가의 여부를 테스트한다.

이러한 테스트는 한사람 혹은 여러 사람이 투입되거나 시간에 상관없이 가장 단순한 방법에서부터 상당히 복잡한 계획을 세워서 일차적인 진입제지가 있을 경우에 다시 진입하는 방법을 활용하는 등 다양한 침투계획을 세워서 사업자의 취약점을 계속적으로 공략한다.

보안요원은 반드시 허가하지 않은 사람이 ID카드를 소지하고 있을 경우에 신분확인을 실시하고, 사전에 의심이 가는 사람에 대해서 예비조사와 보안절차에 따라 처리하고 어떠한 보안규정을 위반한 사례가 발생할 경우에는 적절한 방법으로 보안실에 통보한다. 구성원이나 보안요원에 의해서 불법적인 정보유출을 발견할 경우에는 즉시 보안실에 보고한다. 이런 경우에도 테스트를 통하여 어떻게 보고되고 보안실에서는 어떻게 처리하는가에 대하여 시간의 흐름에 따라 확인하고, 이러한 취약성 테스트가 중단된다 하더라도 보고의 중요성은 강조되어야 한다.

보안의 관점에서 보호대책의 무력화 수단에 대하여 고려하여야하나 이러한 수단은 실제적으로 현실에서 적용되는 것이 아니라 가상으로 테스트하는 것이다. 그러므로 취약성테스트를 시행하기에 앞서 세부적인 계획들이 수립되고 목표물의 우선순위에 따라 결정된 다음 반드시 이러한 계획에 따라 시행한다. 실제적으로 취약성테스트를 시행하는 실무자는 사전에 모든 필요사항과 적절한 관리자의 지원 그리고 필요한 장비에 대하여 준비하여야 하므로 실무자는 육체적 정신적으로 뛰어난 성품의 소유자가 적절하다. 취약성테스트에 이용되는 장비와 도구에 위험한 무기가 있을 경우엔 취급에 주의하며, 범행이나 테러리스트 집단이 사용하는 유형의 장비는 개인이 소지하거나 사업장에서 보유하는 것은 결코 허용되지 않아야 한다.

테스트에 참가하는 모든 개인에게는 테스트가 실시되기 전에 실제로 사용되는 장비에 대한 개략적인 설명을 함으로써 실제 테스트에서의 실수나 사고를 미연에 방지한다. 테스트가 시행되기 이전에 사업장의 경영진과 현장 보안관리자에게는 테스트 실시에 대해 통지하여 협조를 구한다. 만약 테스트를 실시하는 사업자의 보안요원이 총기를 휴대하고 있는 경우에는 사전에 테스트가 실시되는 시간대에 근무하는 보안책임자에 이러한 사항을 경고하여 불상사가 발생하지 않도록 각별히 주의한다. 테스트 절차는 시설물 파괴에 주로 사용되는 장비에 실제적인 취약성테스트 장비를 조합하여 활용한다.

마지막으로 보고서의 작성은 개별적인 취약성테스트를 실시한 다음 작성하며, 여기에는 실제 테스트를 실시하는 과정에서 발생한 사업장의 취약성에 대한 구체적인 내용과 이러한 상황이 실제적으로 발생하였을 경우에 대비한 대책을 권고사항으로 언급한다. 그러나 이러한 취약성테스트에 관한 보고서는 대외비로 극히 제한된 사람에게만 제공되고, 사업장 경영진과 현장 보안팀에게 제출되는 공식적인 최종보고서에는 언급하지 않는다.

2) 사업장 검사공정

사업장 시설보안점검은 기업체 보안업무의 성과분석과 업무수행의 적절성 그리고 기업자산보호에 대한 전체적인 보안디자인의 토대가 되는 매우 중요한 과정이다. 검사공정은 사업장의 규모와 업종에 따라 다소의 차이가 있지만 일반적으로 시설보안검사는 준비과정에만 2~3개월 정도가 소요되므로 정확한 시간의 분배와 성실한 진행이 요구된다. 검사과정에서 가장 핵심적인 부분은 아래와 표와 같은 분야이다.

〈표 4-5〉 사업장 검사시작 개요

① 시설보안점검에 참가하는 모든 구성원의 소개 ② 경영진에게 보안검사의 목표와 목적에 대해 설명 ③ 경영진의 의견청취 ④ 시설보안점검 동안에 필요한 경영진의 지원요청과 확정 ⑤ 제안서의 요약 ▪ 사업장과 관련된 검사프로그램의 점검과 토론 ▪ 사업장의 보안검사를 통하여 기대되는 이익 ▪ 잠재적인 위협요소 ▪ 시설보안검사의 실시와 운영에 관한 개요 ▪ 검사업무를 수행하는데 현장업무실무자의 도움과 경영진의 조력에 감사

4. 사전검사의 개요

검사팀은 사업장 시설보안검사를 본격적으로 시작하기 앞서 사업장에 대한 기본적인 자료와 현재 진행하고 있는 다양한 프로젝트의 실태와 앞으로 진행할 주요한 업무에 대한 지침의 개요에 관한 자료를 고객사에 요청한다. 이러한 기본적인 자료의 검토를 통하여 검사팀은 현재 사업장의 잠재적인 위협과 앞으로의 위험 증가가능성에 대한 추정이 가능하므로, 이러한 정보는 사업장의 보안수준을 향상시키는데 상당한 가치가 있다.

외부에서 검사팀이 구성되었을 경우에는 처음 보안검사를 시행할 사업장에 도착한 다음 현장 보안검사를 같이 진행할 실무담당자(일반적으로 사업장 보안관리자)의 안내를 받는다. 사업자의 보안관리자는 검사팀이 도착하기 전에 사업장 경영진과의 회의를 준비하고 여기에서 사업장에서 보안검사를 통하여 얻고자 하는 것, 시설보안검사의 방향과 질의응답시간을 가질 수 있도록 회의일정을 준비한다.

간단한 사업장의 개요와 보안검사에 대한 서로의 정보를 교환하는 기회를 통하여 사업장의 주요 책임자와의 인사, 검사팀과 사업장 경영진과의 인사, 보안정책과 절차에 대한 사업장의 인식, 일반적인 시설보안관행에 대하여 소개한다. 이런 기회를 통하여 사전에 알지 못했던 사업장에 관한 다양한 정보를 들을 수 있는 기회이므로 검사팀은 사전에 사업장 경영진과 보안관리자에게 문의할 내용들을 정리할 필요성이 있다.

검사팀은 어떻게 보안검사가 구체적으로 현장업무와 관련이 있는가와 사업장 업무의 장점, 현재와 미래의 잠재적인 위협요소, 어떻게 검사팀을 운영하고 인터뷰는 어떻게 진행하며, 현장의 문서를 어떻게 검토하고 사전에 수집된 자료는 어떻게 활용하며, 검사과정에서 필요한 지원은 어떻게 조달하며, 현장에서 검사를 수행하는 동안의 데이터 수집활동은 누가 어떻게 관리할 것인가의 내용을 시설보안검사 프로그램의 전반적인 추진에 대한 토론을 통하여 미리 결정한다.

보안검사의 개요설명에는 검사를 통하여 사업장에 구체적으로 어떠한 분야에 도움이 될 것인가에 대하여 초반부 개요설명을 통하여 진행될 내용을 아래의 사업장 경영진과 보안실무자에게 소개한다.

① 시설보안검사는 사업장에 도움을 주기 위해서 실시된다.
② 보안검사를 진행하는데 사업장 경영진과 보안실무자의 도움과 협력은 보안검사의 구체적인 목표와 목적을 달성하는데 매우 중요하므로 검사진행에 계속적인 협조와 도움을 요청한다.
③ 사업장과 관련된 법적인 구속력있는 모든 기준과 절차에 대하여 검토한다. 이러한 제한사항은 실제적인 검사가 이루어지기 전에 확인되어야 한다. 이러한 제한사항이 해당 사업장에 한정된 일시적인 조치라 할지라도 사업장보안에 영향을 미치므로, 최종결과보고서에 이러한 제한사항에 대한 구체적인 내용에 대하여 언급하여야 할 것이다.
④ 제안개요를 설명하는데 기술적인 용어의 사용은 가급적 자제한다.
⑤ 사업장의 주요업무나 기능 그리고 운영절차, 현재상황의 변화와 중요한 프로젝트의 시행과 보안업무와의 관계, 위협수준 또는 사업장의 중요도의 변화에 대하여 예상하고, 더불어 사업장의 모든 주요한 내·외부 시설물의 물리적인 변화에 대해서도 검토한다.

1) 사업장 검사의 시행

사전에 수립된 검사계획에 따라 사업장의 내부나 외부부터 체크리스트를 가지고 시작한다. 검사는 주어진 시간의 제한에 따라 검사팀을 2개 혹은 3개로 나누어서 서로 다른 분야의 업무를 나누어 진행하면 검사 속도를 빠르게 할 수 있다. 그러나 가능하면 항상 2개의 팀이 서로 분리하여 잠재적인 문제점에 대해서 검사한 다음 검사결과를 비교하면 서로의 미비점을 보강하는데 효과적이다.

사업장보안에 대한 고려사항으로는 다음의 검사기준을 적용한다.

① 사업장의 보안실태는 업무시간동안 서로 다른 장소와 관점에서 관찰한다.

② 관리자, 현장감독자, 보안요원, 보안실무자와의 인터뷰는 가능하면 검사 초기에 시행한다.

③ 보안요원에 대한 검사는 사업장의 일상의 보안업무를 방해하지 않는 방법으로 진행한다.

④ 보안요원의 훈련과 업무수행에 대한 지식교육이 가장 적절하게 시행되었는가를 평가한다.

⑤ 사업장의 출입과 이동에 관한 통제업무의 운영에 관하여 하루 일과동안 전 과정을 검사한다.

⑥ 보안요원의 모든 통신수단을 철저하게 검사하고 시험해본다.

⑦ 각각의 검사팀은 특정한 분야를 점검하고 상세한 메모와 적절한 체크리스트를 활용한다. 그리고 필요하다면 다른 검사요원에게 다른 관점에서 검사된 자료를 상호 교환한다.

2) 데이터 분석

시설보안검사팀장은 업무와 관련된 적절한 데이터의 수집과 수집된 데이터에 근거한 사실발견을 보장하는 책임을 지는데, 이것이 데이터분석의 객관성을 보장하는 토대가 되기 때문이다. 데이터분석은 최종보고서를 작성하는데 마지막 단계로 검사팀이 발견한 모든 결함요소의 목록을 만드는 것이 분석과정의 시작이다. 검사팀은 모든 결함요소(구체적인 취약성과 사업장 고유의 특징)를 검토한 다음 어떤 취약성이 다른 요소들과 관련이 있는가를 결정하고, 다른 요소들과 관련성이 없는 결함요소들도 표시한다.

그러나 여기에서 주의하여야 할 점은 검사공정을 통하여 실제적으로 관찰되어 수집된 데이터가 아닌 유사한 항목이나 추정된 결과를 도출하려는 시도는 잘못된 것으로, 이러한 시도는 자료의 부정확성과 전체적인 검사결과에 대한 객관성을 해치는 결과로 귀결된다.

데이터분석의 결과는 최종검사보고서와 연관되게 라인형식으로 배치한다. 이러한 기능별 분류방법은 검사체크리스트를 토대로 하여 구체적인 주제별 혹은 사업장 시설보안배치와 관련되고, 정보를 구체적인 업무영역별로 분류하여 편리한 활용이 가능하도록 한다.

이와 같이 체계적인 방법으로 데이터를 관리함으로써 관련 자료를 더욱 편리하게 활용할 수 있으며, 또한 검사팀의 기록정보를 서로 교차확인이 가능하도록 한다. 현재로서는 나중에 시설보안에 관하여 검토하는데 필요한 상세한 자료가 없는 상황에서 이러한 사실 확인 방법이 사업장의 위협요소 발생가능성에 대한 측정을 가능하게 한다. 구체적인 사실 확인에 근거하지 않은 위협요소에 대한 검토는 실제적인 취약성이라 단정하기 어려우나, 현장 위해요소나 관리적인 문제는 쉽게 교정이 가능하므로 가능하면 구체적인 자료나 정보에 근거한 실제적인 사실 확인과정이 반드시 요구된다.

시설보안검사의 궁극적인 목표는 침입자들이 사업장의 취약성과 위협요소에 접근하지 못하도록 시설보안 프로그램의 안정성을 보장하는 것이다. 그러나 이러한 정보는 최종보고서에는 포함되지 않으며, 단지 검사공정이 진행되는 과정에서 시설물에 관한 구체적인 사항은 일반적인 후속정보로 활용이 가능하다. 반면에 운영보안(OPSEC)의 측면에서 구체적인 정보는 시설물관리에 매우 중요하고 나중에 구성원과의 관계와 지원의 측면에서도 추가적인 도움이 될 것이다.

3) 최종 요약보고

보안검사의 최종적인 요약보고는 검사와 데이터 분석이 끝나자마자 바로 시작한다. 만약 시설물이 위치한 장소가 서로 떨어져있는 경우에는 모든 사업장의 검사내용을 종합한 다음 실시한다. 일반적으로 모든 사업장의 경영진은 시설보안검사에 대한 결과에 대하여 상당히 민감하다. 따라서 해당 사업장의 관리자에게 어떠한 오해나 나쁜 감정이 생기지 않도록 주의하면서 보안검사결과에 대한 주요한 내용에 대하여 간략하게 소개한다. 이러한 보고태도가 경영진이 검사결과에 대하여 '의외의 반응'을 보이지 않게 하는데 도움을 줄 것이다.

〈표 4-6〉 사업장 최종검사 요약

① 경영진에게 보안검사의 목적과 목표에 대해서 다시 설명한다. ② 검사결과에 따른 가장 관심분야, 인터뷰 시행, 관련자료 검토에 관한 종합적인 정보를 제공한다. ③ 긍정적인 관점에서 시설물 보안 상태에 대한 종합적인 논평과 경영진이 즉시 시정할 수 있는 분야에 대해서 설명한다. ④ 구체적인 문제점에 대한 언급과 권고사항에 대한 설명으로 구체적인 질의에 대비한 세부적인 관련 자료를 준비한다. ⑤ 검사보고서에 관한 모든 자료가 수집되고 정리되었을 경우에는 구체적인 자료를 제공한다. ⑥ 보안검사가 예정대로 진행될 수 있도록 협조와 도움을 준 모든 경영진과 보안실무자에게 감사를 표한다.

최종검사 브리핑은 기본적으로 검사보고서가 아직 공식적인 문서로 작성되기 전에 실시된 보안검사에 대한 전체적인 내용을 전달하려는데 목적이 있다. 따라서 최종 브리핑이 진행되면서 검사결과물이 참석자에게 제공되고 자유스러운 분위기 속에서 구체적인 내용에 대하여 토론할 기회를 가진다. 검사결과 발견된 사실의 정당성과 경영진의 바람에 따라 구체적인 내용에 대한 언급이 보류된 취약성에 관한 내용도 논의된다. 이 과정을 통하여 경영진과의 어떠한 오해나 부정확성에 대한 부분도 명확하게 해소되어야 한다.

최종결과보고서는 경영진에게 2주 이내에 제출하도록 하며, 사본은 현장 보안관리자에게 동시에 제공되고, 보고서에 포함되는 모든 참고자료도 최종보고서에 첨부된다. 최종 브리핑에는 위협요소 데이터, 검사결과의 개요에 대한 내용을 포함하고, 경미한 관리적인 결함요소에 대해 이미 대응조치가 취해진 부분에 대한 언급도 간과하지 않아야할 내용이다.

그러나 이러한 브리핑은 최종보고서에서 언급할 내용을 발췌하여 전달한다는 것을 강조하며 아직 최종결과물이 완성되지 않았음을 주지시킨다. 부분적으로는 시간의 제약과 모든 관련자에게 이러한 내용을 전달하기에는 한계가 있으며, 해당 사업장의 구성원들이 보안검사팀원보다 더 사업장 운영에 대하여 구체적으로 알고 있으므로 상세하게 설명하는 것은 의미가 반감된다.

간단한 브리핑이 끝난 다음에는 경영진은 보안검사결과에 의해서 지적된 사업장의 취약성에 대하여 해당 사업장의 보안팀은 어떻게 지적된 취약성을 줄이거나 제거할 것인가에 대한 대응책을 묻게 된다.

이러한 최종 브리핑과정에서 주목해야 할 점은 최종보고서와 같이 브리핑 내용에 대한 구체적인 자료와 시설보안관리를 향상시키거나 적절하게 시행하기 위한 대응책을 구체적인 사업장 실사자료를 토대로 제시하여야 한다. 여기에서는 초기 브리핑 과정에서 경영진에 의해서 제기된 구체적인 분야에 대한 어떤 의문점에 대해서도 명확하게 답변하고, 경영진이 관심을 가진 주요한 이슈에 대한 구체적인 답변과 더불어 명확하게 요약된 자료들이 제시된다. 브리핑에서는 사업장의 강점에 대한 내용도 언급하는 것이 항상 보안검사가 흠집을 잡아내고 부정적인 결과물만을 산출하는 과정이라는 인식이 불식하게 될 것이며, 검사과정을 통한 경영진과의 좋은 관계설정이 이러한 부정적인 자세를 바꾸는 좋은 역할을 한다.

더불어 최종 브리핑에서는 시설보안과 관련된 시설과 운영에 대한 분석과 연구, 사전 예비점검에 대한 부분도 강조되어야 하고, 사업장의 보안재원의 중요목록을 작성한다. 최종보고서는 사업장 경영진과 보안관리자에게 보고되고, 차후의 보안점검을 위한 자료로 활용된다.

다음의 조건은 반드시 최종 브리핑을 할 경우에 알고 있어야 할 내용이다.

① 최종 인터뷰는 가능한 검사가 끝나자마자 시행하고, 여기에서 검사의 목적과 목표에 대해서 당사자에게 설명한다.

② 경영진에게는 사업장의 모든 결점과 장점에 대한 정확한 정보를 제공하고, 이러한 균형 잡힌 자료를 통하여 해당 사업장과의 관계도 계속적으로 유지된다.

③ 종합결과에 대한 평가에서 사업장의 보안상태에 대해서 특정한 '등급'을 매기는 것은 어떤 치명성에 대하여 비보를 전하는 메신저와 같은 접근방법이므로 지양한다.

④ 보안검사에 대한 권고사항은 항상 실제적이고 긍정적인 내용일수록 좋다.

⑤ 권고사항을 결정할 경우에는 우선순위를 정하고, 시작은 가장 뛰어난 상태를 보인 부분을 강조한다.

⑥ 검사결과에 대한 보고서는 검사가 끝난 후 2주 이내에 사업장에 전달되는 것이 좋다. 이 기간 동안에 최종결과보고서에 보강할 내용이 없는지 살펴보고 전체적인 보고서의 흐름을 정리한다.

5. 검사보고서의 작성

검사보고서는 사업장에 대한 시설보안검사팀의 최종적인 결과물로서 검사공정에서 무엇이 관찰되고 조사되었으며 주요한 고려 대상이었느냐에 대한 전체적인 모습에 대한 구체화된 과정을 보여주고 또한 경영진에게 해당 사업장에서 주로 관심을 기울려야할 분야에 대하여 알게 한다.

검사과정에서 검사팀은 반드시 최종보고서에서 언급할 사업장 시설의 상태와 문제점 그리고 결함부분을 면밀하게 살핀다. 사업장 시설보안의 관점에서 이러한 관찰의 결과에 상관없이 최종보고서에는 반드시 균형 잡힌 시각과 검사과정에서 확인된 구성원과 사업장의 활동에 대한 요약된 내용이 모든 단계에 거쳐서 객관성을 유지하면서 기술되는 것이 필수적이다. 보고서작성 단계에서는 발견된 결함요소의 확정과 권고사항의 제시가 최종보고서에 통합되어 제안되어야 한다.

검사과정을 통하여 기억해야할 요점은 팀원 개개인의 각자 분야에서의 책임감이 최종보고서의 가치를 결정한다는 것이다. 이러한 책임감에는 객관성의 유지와 긍정적이든 부정적이든 상관없이 모든 발견된 상황에 대한 보고, 발견된 결함요인에 대한 현실적인 대안제시가 포함된다. 따라서 이러한 객관성을 유지하기 위해서는 체크리스트의 활용과 상황에 대한 구체적인 기록, 구성원의 인터뷰, 도표의 작성, 사진 첨부, 모든 해당 사업장의 보안 관련 기록물의 검토가 이루어져야 한다. 이러한 상세한 발견된 결함과 대안제시 그리고 결론에 이르는 최종보고서의 주요한 부분을 구성한다.

최종보고서의 사례는 다양한 검사분야에 대한 초록으로써 시설보안진단보고서와 같은 형식으로 구성된다. 따라서 보안검사가 마무리되면 검사가 실시된 분야에 대한 모든 정보를 취합하고 구체적인 문제점이 무엇인가에 대해서 논리적인 방법으로 정리한 다음, 이에 대한 가장 현실적인 대안을 제시한다. 이때 최종결과물을 완성하기 전에 최종보고서 초본의 변경이나 개인적 의사로 객관적인 보안검사에 대한 견해를 밝힌다.

최종보고서의 형식은 정형화된 것이 아니므로 다양한 형식을 활용하지만 보고서에 언급하여야할 필수적인 항목이 누락되어서는 안 된다. 즉 구체적인 분야가 포함되지 않는다면, 작성자는 최종보고서 형식을 토대로 하여 논리적으로 결론을 도출한다.

검사보고서는 목적, 범위의 구체적인 열거부터 시작하여 이러한 논리로 최종보고서를 작성한다. 여기에는 검사 방법론(필수 사항), 핵심적인 정보원(선택 사항), 위협요소 데이터(선택 사항), 사업자의 협조에 대한 감사(필수 사항), 최종보고서에 포함되지 않는 분야(필수 사항), 사업장 전반에 대한 요약(필수 사항)을 포함한다.

경영진에게는 사업장의 평가에 따른 권고사항에 대한 구체적인 이유와 사실에 대하여 명확하게 이해할 수 있도록 상세한 설명이 이루어져야 하므로 위협요소에 대한 데이터가 첨부될 경우에 조사보고서에 이와 관련된 구체적인 핵심정보와 사실에 관한 내용이 부가된다.

검사보고서에는 해당 사업장에 관한 정보를 포함하고 있기 때문에 반드시 이 보고서는 모든 측면에서 기업비밀로 다루어져야 한다. 이것을 다른 측면에서 살펴보면, 만약 기업보안진단보고서를 경쟁기업 혹은 외국의 동일한 제품이나 서비스를 제공하는 업체에서 입수할 경우에는 어떤 상황이 벌어질 것인가는 명확하다. 대부분의 기업은 최신의 연구개발기술을 습득하기 위해서 경쟁사에 대한 정보수집에 열을 올리고 있으며, 또한 보안검사보고서의 비즈니스에 영향을 미치는 취약성을 이용하여 범죄에 연결되기도 한다. 따라서 해당 사업장이 정부의 보안관리규정을 준수하여야 할 업무를 수행하고 있는 경우에는 적절한 정부보안기준과 보호조치를 적용하여야 하고, 최종보고서는 필수적인 인원 이외에는 누구도 이 보고서의 존재여부에 관해서도 알아서는 안 된다. 따라서 배포되는 보고서의 부수도 최소한으로 제한하고 반드시 보고서의 위치와 최종책임자를 명시하여 보고서가 관계자 이외에는 노출되지 않도록 주의한다.

검사보고서를 작성하는데 있어서 검사팀은 업무의 일관성을 유지하기 위해서 정해진 형식에 따라서 작성한다. 〈표 4-7〉은 검사보고서를 작성하는데 필요한 최소한의 준수사항에 관하여 언급한 내용으로 다음은 다양한 검사보고서의 부분을 요약한 것이다.

① 처음 문장은 검사의 목적을 구체적으로 밝히고 검사를 실시한 사업장, 사업장의 위치 그리고 시설보안검사를 실시한 검사팀원의 이름을 기록한다.

② 다음은 사업장의 주요한 업종 또는 비즈니스에 관해서 간단하게 언급하며 여기에는 관련 시설물의 건축연도와 연혁, 검사기간, 사업장의 보안의 중요성도 포함한다. 여기에 필요할 경우에는 중요한 필수적인 정보와 위협에 관한 데이터를 추가할 수도 있다.

③ 다음 단락에서는 검사에 사용된 방법론과 기법에 대해서 언급하고 여기에 인터뷰, 취약성 시험, 특별 관심분야, 간단한 검사만을 실시한 분야와 검사에 필요한 관련 자료에 관한 토론과 관련된 내용도 기록한다.

④ 이번 단락이 보고서의 가장 핵심적인 부분으로써 공부에 상관없이 검사결과를 기술한다.

A. 먼저 해당 분야에 대한 가장 적절한 수준의 보안기준이나 그 이상의 보안기준을 제시한다. 사업장의 최상의 상태와 구체적으로 가장 바람직한 보안 상태에 대해 제시한다.

B. 다음으로는 제시된 보안기준과 비교하여 미흡하거나 결함이 있는 분야에 대하여 지적하고 이에 대한 구체적인 대안을 제시한다. 사전에 현장에서 발견된 문제점을 즉시 시정한 경우도 여기에서 구체적으로 명기한다.

⑤ 검사보고서의 마지막 부분은 검사과정에서의 사업장 경영진과 보안실무자 그리고 모든 구성원의 협조에 감사하고 추후 미흡한 부분에 대한 불시점검과 재확인을 통한 계속적인 개선이 이루어지기를 당부하면서 마무리한다.

〈표 4-7〉 검사보고서의 개요

① 검사의 목적에는 사업자의 명칭과 장소 그리고 검사팀의 인력
② 사업장의 배경에는 사업장과 주건물의 연역, 사업장의 업무, 검사기간, 사업장 보안의 정도
③ 검사의 변수에는 검사의 제한요소, 검사방법론과 기법, 취약성시험의 결과, 특별구역, 참고 될 주요 사항
④ 검사가 진행하는 과정에서의 긍정적인 부분과 요소
⑤ 결함분야와 대안의 제시에는 구체적으로 미흡한 부분과 요인, 핵심정보요소와 위협요인, 적용 가능한 현실적인 대안과 적용방법, 결함부분을 구체적으로 설명하기 위한 적절한 사진, 세부적인 기록을 밀봉하여 동봉하나, 여기에서는 간략하게 언급한다.
⑥ 요약에는 전체적인 검사의 요약, 감사 표시, 추후 지적사항에 대한 검사와 협력
가능하면 관계자 이외의 사람에게 노출되지 않도록 밀봉하여 전달할 것

검사보고서의 모든 부분은 최대한 객관적인 관점에서 긍정적인 자세로 작성되어져야 한다. 최종보고서에서 사실근거에 입각한 권고사항을 제시할 경우에는 사업장에서 당장 시행하기에는 어려운 제안과 간단하게 시행할 수 있는 2가지 안을 제시하여 간단한 방법을 먼저 시행한 다음 나중에 예산이 확보되었을 경우에 좀 더 체계적인 대

안을 적용하도록 한다.

사업장의 경영진은 권고사항이 시행될 경우에 먼저 책임소제에 대하여 결정하는 것을 고려한다. 따라서 검사보고서에는 사업장 경영진의 의사결정이 보안실태에 영향을 미치도록 선택권을 제시한다. 다시 말하면 검사보고서의 권고사항은 최고경영진이 기업경영상 고려하여할 권고사항이지 강제사항은 아니라는 의미이다.

완성된 검사보고서는 보안검사업무의 전문성을 보여주는 결과물이다. 따라서 보고서에 어떠한 서술상의 오류나 보고서의 흐름에서 일관성이 결여되어 있을 경우에는 그만큼의 전문성에 흠결이 있음을 나타내는 것이다. 또한 보고서가 어떤 특정한 관점에 치우치거나 사업장에 보여주기 위한 느낌을 주는 경우는 절대로 지양하여야 하고, 반드시 검사를 실시한 사업장의 현재 그대로의 시설보안실태에 대해 구체적이고 정확한 정보를 제공하여야 한다.

검사보고서를 작성할 경우 고려할 사항으로 해당 사업장에 영향을 미치는 정치적 환경과 규제요소가 있다. 즉 어떤 사업장에 보안시설에 영향을 미치는 규제가 실시될 예정이라면 보고서에 이러한 규제가 실시되었을 경우를 가정한 대비나 변화에 대하여 언급하여야 할 것이다. 즉 어떤 지방자치단체에서 직장에서의 구성원의 프라이버시 보호에 관한 조례를 제정하여 사업장 안팎에 설치된 CCTV와 같은 전자감시장치에 대한 총괄적인 규제를 실시할 예정이라면 해당 사업장은 이에 대한 대응책을 모색하여야 한다.

보안검사는 보안시설물에 대해 있는 그대로에 대한 사실확인 과정이다. 따라서 검사팀의 기능은 구체적인 보안지침의 준수여부를 조사하는 것이 아니라, 보안지침의 적절성과 통상적인 활동에서 발생하는 상식적인 요소의 관점에서 실제적인 시설보안을 평가하는 것이다. 그러므로 일방적으로 사업장의 결점을 찾아내려는 수사관과 같은 자세는 지양되어야 한다.

검사보고서의 결론부분은 사업장보안수준에 대하여 종합적으로 요약하는 부분이다. 따라서 여기에서는 긍정적이고 객관적인 관점에서 결점과 권고사항에 대해서 간단하게 다시 언급한다. 더불어 검사과정에서의 협조에 감사하고 임직원과 물품보관과 휴대에 관한 배려가 있었다면 여기에서 언급하는 것이 적절하며, 검사과정에서 가장 많은 노고와 협력을 한 사람의 이름을 거명하는 것도 좋은 방법이 될 것이다. 결론부분은 장황한 서술보다는 간결하게 감사의 표시를 하는 것이 효과적이며 검사보고서의 끝부분에 반드시 검사팀장이 서명한다.

1) 결점과 권고사항

시설보안검사를 통한 결점에 대한 기록은 애매모호하고 장황한 표현보다는 명확하고 간결한 방법으로 기술한다. 이러한 정확한 기록의 중요성은 모든 결함과 관련된 권고사항은 최대한 객관성을 유지해야 하므로 강조되어야 한다. 잠재적인 위협요소나 혹은 알려진 위협요소에 대한 개인적인 관찰기록은 검사팀의 통찰력을 통하여 보정되고 권고사항에 대한 결정도 고객들이 수용할 수 있는 정도로 구체화하여야 한다.

검사보고서의 권고사항은 사업장에서 수용하거나 유용성이 있다는 판단이 설 수 있도록 명확하고 구체적인 방법으로 제시되어야 한다. 따라서 이러한 권고사항은 보안검사를 통하여 발견된 구체적인 문제를 바탕으로 하여야 하며, 개인적인 상상이나 추측은 절대로 금지된다. 더불어 권고사항은 반드시 현실적이고 실행가능한 방법이여야 하고, 여기에 대한 설명도 '명약관화'하여야 한다.

권고사항은 다음과 같은 구성으로 제안한다.

① 검사보고서 수령자가 제안사항에 관하여 동기부여가 되도록 긍정적인 내용이어야 한다.

② 제안사항은 실행가능하고 현실적이어야 하며 제시된 문제와 관련된 사항은 명확하게 설명한다.

③ 권고사항을 시행함으로써 얻을 수 있는 기대치를 구체적으로 제시한다.

④ 사업장의 잠재적인 위험이나 위협요소의 수준에 관한 선입관을 변경하거나 강화시킨다.

⑤ 실제적이고 수용 가능한 대안을 제시함으로써 느슨한 보안관행과 기준을 향상시키도록 유도한다.

⑥ 사업장 구성원이 수용 가능한 보안수준으로 향상시킨다.

결함요소에 대한 명시와 권고사항에 대한 제안은 가장 실제적이고 구체적이지만 간략하게 제시하는 것이 중요하므로, 중요한 부분에 대한 의문점을 해소하기 위해 사진이나 스케치를 검사보고서에 첨부한다.

종종 결함사항에 대한 리스트가 장황하게 나열되는 경우에는 검사보고서의 첫 단락에 요약하여 첨부하는 것도 일반적인 방법이다. 그런 다음 동일한 결함이 반복적으로 여러 부분에서 발견될 경우에는 전체 사항에 대해 언급으로써 갈음한다.

2) 보안검사 체크리스트

동일한 업종이라 하더라도 해당 사업장이 위치한 지역과 운영상황 등 일원화할 수 없는 다양한 변수가 있기 때문에 구체적으로 어떤 사업장에는 어떤 체크리스트가 활용되어야 하는지에 대하여 사전에 명문화된 규정은 있을 수 없다. 예를 들어, 구미에 위치한 동일한 삼성전자 공장이라고 하더라도 1공장과 2공장은 구체적인 업무수행에서는 상당한 차이가 있으므로 이러한 차이점을 고려하여 체크리스트를 활용하는 것이 적절하다. 따라서 어떤 업종에 어떤 체크리스트가 적합한지에 대해서는 부록에서와 같이 전체적인 예시는 있을 수 있지만 이것을 활용하는 검사실무자의 경험과 지혜가 요구되는 것은 이러한 사업장마다의 특성에 부합하는 적용이 필요하기 때문이다.

사업종류, 장소, 현재 보안에 영향을 미치는 요소, 위협수준, 업무수행이나 지침과 관련된 민감도에 따라 사업장 전반의 보안의식수준의 차이와 시설보안에 대한 태도가 달라진다. 또한 동일 사업장에서도 연구소와 같은 통제구역은 민감도가 높은 구역으로 대체적으로 진입이 자유로운 고객주차장과는 서로 다른 수준의 보안관리가 적용된다.

체크리스트의 활용은 동일한 사업장에서 업종이나 기능을 변경할 경우에 변경된 사항에 따라 기존에 사용하던 체크리스트도 개정하여 사용하는 것이 새롭게 시설보안에 관한 체크리스트를 만드는 것보다 더 효과적이다.

해당사업장에 적용되는 최종적인 체크리스트는 갱신되더라도 복사본을 보안 관련 파일에 보관하고, 외부 보안검사팀이 해당 사업장에 대한 보안검사를 실시한 경우에는 검사업체의 핵심적인 노하우인 경우를 제외하고는 해당 사업장의 보안관리자에게 제공하여 차후에 자체적으로 보안검사를 실시할 경우에 활용할 수 있도록 한다. 검사가 마무리된 다음에 검사팀은 검사를 실시하는 과정에서 발견된 체크리스트의 미비점을 반영하여 구체적인 부분에 대한 항목을 개정하는데 반영한다.

모든 업종이나 업체에 보편적으로 적용할 수 있는 체크리스트를 구성하는 것은 불가능하지는 않지만 매우 어려운 업무이다. 따라서 동일한 사업장이나 업종의 경우에는 사전에 검사를 통한 정보를 활용하여 필요에 따라 기존의 체크리스트를 개정하는 방법을 활용한다.

보안검사에 사용되는 체크리스트의 내용은 사업장의 위치, 사업장 내부의 다양한 구성요소, 해당 사업장의 보안수준에 따라 달라진다. 이것은 어떤 사업장은 내부나 인근에 임직원의 숙소가 동일한 사업장 안에 있는 경우나 사업장이 24시간 가동될 경우에는 사업장의 모든 장소가 24시간 보호대상으로써 관리되어야 하는 반면에, 통상적인 근무시간 이후에 시설물 내부에 아무도 남아있지 않는 건물과는 보안수준과 보안운영의 측면에서 매우 다른 방법이 적용될 것이다. 이런 경우에는 해당 사업장의 보안팀에서 연간, 월간, 주간, 일일 체크리스트를 가장 적절하게 구성하여 운영하는 것이 가장 효과적인 방법이다. 여기에 대한 결정은 보안관리자의 전문성에 좌우된다.

3) 시설보안 대책

시설보안대책은 시설물의 보안 상태를 강화하기위하여 다양한 대책이 고려될 수 있다. 이러한 대책들은 적용영역에서의 절차상 고려, 증가된 인력, 구체적인 장비 항목의 추가가 포함된다. 다음은 일반적인 대응책으로 개별적인 조직이나 사업장에 따라 보안관리자의 결정에 의해 적용된다.

(1) 테러리즘 대책

가. 자살 차량테러

① 차량 진입로로 무장차량이 시설물로 돌진이 불가능하도록 굴곡지게 설계, 저지 방벽/펜스와 차량 저지대의 설치.
② 보호기둥, 인력으로 이동하기 어려운 큰 암석, 건물 주변의 적절한 장벽
③ 건물 일층에는 창문이 없도록 하고, 특별한 보호조치와 조경과 함께 주 출입구를 높이를 높게 설계.
④ 특수유리, 마일러 필름, 유리창에 무거운 휘장을 부착.

나. 주차장

① 차량을 통한 합성물(폭발물) 반입의 엄격한 통제
② 건물 외곽의 검사와 순찰
③ 모든 진입차량의 등록
④ 폭발 대비 장벽을 설치한 특수하게 디자인된 방문차량 주차장
⑤ 로딩 도크(loading dock) 구역의 엄격한 통제
⑥ 특수유리, 마일러 필름, 유리창에 무거운 휘장설치

다. 소형 폭발물

① 합성물(compound)의 통제

② 건물 외곽의 검사와 순찰
③ 소지품 검사 프로그램의 운영

라. 총기공격

① 합성물의 통제
② 불투명 유리창
③ 안전한 로비의 배치
④ 폭발에 견딜 수 있는 건축물

(2) 기술적 보안대책

가. 가시도(의심스런 진입통제)

① 건물조명
② 건물출입구와 창문의 선명한 시계확보
③ 이동감지기를 부착한 CCTV

나. 합성물의 통제

① 통제 게이트를 설치하고 경계구역 펜스와 담장
② 경계구역 감지시스템
③ 불규칙적인 순찰의 실시

다. 건물의 통제

① 24시간 구성원의 상주
② 경계구역 출입구는 내부에 자물쇠와 침입감지시스템이 부착된 강화문 설치.
③ 튼튼한 경계구역 장벽의 설치와 창문의 보호
④ 보안구역을 구획화하고 실제 금고실을 설치.
⑤ 숫자 맞추기 자물쇠를 설치.
⑥ 공인기관에서 인증한 보안금고를 사용.
⑦ 보안구역에서 즉시 대응이 가능한 내부 침입감지시스템을 운영.
⑧ 불규칙적인 순찰 실시.

라. 전자적인 위험

① TEMPEST[3] 장비를 사용
② 합성물의 통제
③ 건물의 통제
④ 건물과 창문에 전자적 보안대책을 적용
⑤ 차폐시설 설치

마. 원거리 공격방법

① 합성물의 통제
② 창문의 블라인드와 커튼을 항상 닫음
③ 건물주변의 순찰활동

바. 기술대책의 시행

① 모든 반입되는 아이템을 기록
② 허가하지 않는 사람에 대한 에스코트 서비스
③ TSCM(Technical surveillance counter-measures) 검사 프로그램
④ 보안프로그램을 적용한 건축

(3) 범죄 대응책(외부)

가. 사람에 대한 범죄

① 합성물/통제된 주차장
② 무장한 보안요원의 순찰
③ 시설물 외곽의 조명의 조정
④ 주차장의 통신시설과 비상버튼 설치
⑤ 동작감지기능을 가진 CCTV 설치

---

3) 템페스트(TEMPEST :Transient ElectroMagnetic PulsE STandard)는 미국 국방부에서 컴퓨터나 통신장비에서 방사되는 라디오 주파수에 관한 특정 분야에 부여한 코드명으로, 컴퓨터나 주변기기에서 나오는 전자파를 증폭하여 정보를 훔쳐내는 것을 방지하기 위한 것이다.

나. 자산범죄

① 의심스러운 반입물품 아이템의 목록작성
② 24시간 동안 시설물에 상주
③ 출입통제 장비의 운영
④ 적절한 로비와 건물에 대한 디자인
⑤ 보안 에스코트 프로그램
⑥ 숫자 맞추기 자물쇠의 설치

다. 기밀자료의 불법적인 이동

① 개인보안 프로그램의 운영
② 기밀보안 프로그램의 적용
③ 보안요원의 운영

(4) 범죄 대응책(내부)

가. 사람에 대한 범죄(사업장 폭력, 스토킹, 폭행)

① 금속감지기 설치
② 금지항목 반입금지 정책
③ 임직원 지원 프로그램
④ 비상버튼의 설치
⑤ 범죄인식에 대한 훈련

나. 자산범죄(절도, 사보타지)

① 자산 반출입 절차
② 출입구에 CCTV 설치
③ 절도보고 절차의 확립
④ 수화물 확인 절차

대외비(CONFIDENTIAL)

PSIP REPORT

(시설보안 진단보고서)

서울한국의료원

작성일자 : 2014년 7월 30일

진단기간 : 2014.5.20~2014.6.30

인터뷰 대상자 : 보안관리자 외 50

보고서 번호 : 2014-바50

주요 생산품 : 의료서비스 외

현장부지 면적 : 30,000M^2

상시근무자 : 2,000명

매출대비 보안비용 : 0.88%

조사자 : 한국기업보안연구소

6. 시설보안 진단보고서

1) 요약문

요약문에서는 시설보안 진단기간 동안 사업장에서 인터뷰한 인원, 방문한 사업장, 검토한 보고서 등 구체적인 데이터에 대한 근거를 제시한다.

이 보고서는 서울한국의료원의 요청에 의해 수행된 시설보안진단 결과로서, 특별히 병원의 보안정책과 절차를 포함한 시설보안 프로그램의 취약성에 대해 파악하고 평가하는 것을 목적으로 한다. 다음의 사항은 병원에 대한 진단결과의 요약내용이다.

> 이 보안진단은 2014년 5월 20일부터 6월 30일 까지 시행되었다. 이 진단의 주요한 목적은 서울한국의료원의 내·외부의 범죄위협으로부터 병원근무자와 고객 그리고 병원자산을 보호하고 시설보안 프로그램과 관련된 잠재된 위험을 평가하고 규명하기 위해서 실시되었다. 더불어 모든 병원의 부서와 관련된 보안부서의 업무수행에 관하여 검토하기 위함이다.
>
> 보안진단과정에서 경영진, 관리자, 부서장, 보안요원 그리고 여러 병원관계자와 면담이 이루어졌다. 진단과정에서 중점적으로 병원 주건물을 중심으로 진료실과 여러 부속건물도 조사항목에 포함되었다. 여기에서는 중점적으로 인명에 대한 보안과 자산보호와 관련된 정책과 절차가 검토되고 분석되었다.
>
> 전체적인 보안진단결과는 보통수준이며, 특이한 상황은 기관 설립 이후에 한 번도 전반적인 시설보안취약성 분석을 위한 보안진단이 실시된 경우가 없었으므로, 수많은 취약성이 잠재되어 있으나 다행스럽게도 최근 1년 동안 병원에서 심각한 범죄가 발생하지 않았고, 이에 따라 경영진이나 구성원의 보안과 위험관리에 대한 인식이 잠들어 있다는 점이다. 이에 따른 경영진이 관심을 가져야할 보안진단과정에서 발견된 주요한 분야의 감사결과는 다음과 같다.

① 병원경영진은 보안활동의 효과를 향상시키기 위해서 종합적인 보안 정책과 절차에 대한 지침을 수립하고 문서로 공표하여야할 필요성이 있다.

② 현재 시행중인 구성원에 대한 배경조사는 좀 더 신속하고 구체적이나 비용을 절약할 수 있는 방법으로 시행되어야 한다.

③ 보안부서의 인원이 적정한 보안상태를 유지하기 위해서는 부족한 상태이므로, 보안관리자의 현재보다 더 공식적인 감독과 훈련이 필요하다.

④ 현재 적용되고 있는 출입통제나 절차는 직원의 절도기회를 방지하기 위해서 더 엄격하게 적용해야할 필요성이 있다. 직원과 방문자의 배지시스템이 통행자의 흐름을 통제하는 최선의 방안인지도 검토하여야 한다.

⑤ 대체적으로 주차장은 적절한 조명과 보안요원의 주기적인 순찰활동을 통하여 잘

보호되고 있고, 주차장관리업무는 병원근처나 주차장에서 발생하는 단순한 보안 관련 사고에 대하여 책임을 진다.

⑥ 자물쇠와 열쇠관리는 너무 복잡한 관리절차가 일관성 없이 수행되고 수많은 마스터키가 존재하듯이 예외가 인정되므로, 새롭게 문서화된 정책과 절차지침에 따라 공식화될 필요성이 제기되며, 이것은 건물 내·외부 모두에 적용되어야 한다.

⑦ 모든 보안장치, 특정목적의 경보기, CCTV카메라, 감시 장치는 중앙통제센터로 통합되어 운영되어야 한다. 더불어 설치된 보안장치는 다른 보안 프로그램과 상호연동과 보완이 되도록 설치하여야 한다.

⑧ 자산통제절차(기술부서는 제외)가 허술하게 운영되고 있으며, 절도 기회가 상존하므로 자산의 입·반출절차에는 책임추적성이 부여되고 강화되어야 한다.

⑨ 의료기관의 핵심적인 위험관리대책인 비상시 대응에 관한 종합적인 시나리오가 없으므로 실제적인 재난상황이 환자의 거동이 불가능한 중환자실에서 발생할 경우에는 재앙으로 연결될 가능성이 잠재되어 있다.

⑩ 결론적으로 서울한국의료원의 보안업무와 부서의 전반적인 운영은 수동적이고 위기대응프로그램이 거의 무의미하므로, 경영진이 강력한 의지를 가지고 사전예방적인 활동에 중점을 두는 방향으로 변화가 요구된다.

2) 개요와 범위

(1) 개요: 조사 의뢰자가 보안진단을 통해서 무엇을 얻고자 하는지가 조사의 목적이 된다. 이 진단과 보고서는 서울한국의료원 대표인 나의사의 권한을 받아 수행되었다.

(2) 범위: 최종보고서의 내용에는 진단에 포함된 보안시설의 장소, 인터뷰한 직원의 범위, 검토한 자료의 출처 등이 포함된다. 예를 들면, 인터뷰한 직원의 범주에는 최상위 경영진, 임원, 부서장, 보안 관리자와 여러 부서의 병원직원 들이 포함된다.

더불어 검토한 서류에는 다음의 내용들이 포함되었다.

① 보안 관련 사고보고서

② 조직의 경영정책규범

③ 보안 직무내용설명서

④ 임직원 핸드북

⑤ 신원확인 배지에 관한 정책과 절차

이러한 자료들은 보안진단의 연구와 관찰 그리고 인터뷰를 통하여 수집된 자료로 구체적으로 검토된다.

3) 사실 확인

보안보고서의 사실 확인 부분은 진단을 통하여 드러난 현재 상황을 객관적으로 나타내는 것이다. 이러한 현재상황은 만족할 수도 그렇지 않을 수 도 있다. 현상황은 사실 확인을 통하여 부각되게 되며 따라서 여기에서는 다양한 측면에서 현재 상황 실태에 대해서 언급하게 된다.

다음은 보고서에서 언급한 내용으로 예를 들면, 병원 보안부서의 절차에 대한 사실 확인과정에서 명확한 문제점이 발견되었다.

> **절차:** 현재 운영되는 보안절차는 여러분야로 분산되어 있으며, 문서화가 허술하고, 과거의 보안절차를 현재까지 적용하고 있다. 더불어 포괄적인 보안정책이나 절차는 존재하지도 않았다. 지금까지 보안관리자는 비상시나 보안에 관한 의문이 있을 경우에 문서화된 지침을 내리지도 않았다. 따라서 보안과 안전담당이사의 최우선 대책으로 문서화된 절차와 공개된 지시서의 필요성에 대해서 언급하였다.
>
> 이러한 심각한 절차상의 문제 상황에 대한 사례를 보면 차후에는 보안관리자가 범죄자를 체포하기 전에 반드시 피해야할 내용이다. 보안관리자는 병원규정에 벗어나 범죄혐의자를 체포하여 경찰에 연락하기 전에 병원에서 상당한 기간 동안 구금한 상태에서 보고서를 작성하였다. 이러한 체포에 대한 절차에는 문제점이 있다. 범죄자를 체포하려면 현장에서 범행을 저지르는 것에 한정하며, 단지 혐의가 있는 사람을 체포하는 것은 법과 내부보안정책에 어긋나는 행위이다.
>
> 보안절차에 관한 지침과 체포에 관한 훈련과 유사한 상황을 다루는 적절한 절차의 부재는 앞에서 언급한 것과 같은 판단착오의 발생을 반복하게 할 것이다. 이러한 심각한 실수는 병원당국의 신뢰성을 추락하게 하고 심지어는 소송을 당하는 빌미를 제공하게 될 것이다.

이 보고서에서 현제 상황을 어떻게 기술하는가를 주목하여야 한다. 이 사실 확인과정에서는 명확한 해결책을 제시하지는 않았으나 보고서의 권고사항부분에서 여기에서 지적하였던 문제점에 대한 해결책을 제시할 것이다. 이러한 컨설턴트의 보고서의 예는 사실 확인분야에 따라 몇 개의 분야로 대별되든가 아니면 수십 개의 세부항목으로 분류될 수 있다. 이러한 세부절차부분은 보안조직의 주제나 프로젝트에 따라 다르게 세분화될 수 있을 것이다.

따라서 컨설턴트는 반드시 진단분야에 따라 논리적으로 업무를 분류하고 최종보고서를 고객에게 설명하기 전에 검토하여야 한다. 최종보고서의 항목을 다시 한 번 검토하고, 업무의 논리성과 주요한 고려사항 등이 쉽게 알 수 있도록 분류되었는지도 검토한다.

다음은 주차장의 보안업무에 대한 진단결과의 예를 든 것이다.

> 이 병원에는 모두 6개의 주차구역이 존재한다. 모든 주차장은 월장하는 것을 방지하기 위하여 높이 2.4미터의 담장으로 보호되고 있다. 1번 주차장과 3번 주차장은 하루 24시간 개방되며, 1번 주차장은 주건물 지하에 위치하고 있다. 이 지하 주차장은 제복경비원에 의해 매일 반복적으로 24시간 순찰된다. 주로 직원들 주차장으로 이용되는 3번 주차장은 입구초소에 보안요원이 상주한다. 또한 직원주차장과 5번 주차장은 주중의 야간시간에는 폐쇄되며, 종종 야간시간에 보안요원이 순찰한다.
>
> 직원들이 야간에 퇴근할 경우에는 보안요원이 시설보안을 위하여 병원에서 주차장까지 안전하게 이동하도록 보호하는 업무를 수행한다. 그러나 한 간호사의 말에 따르면 인근 다른 병원과 비교하여, 이 병원의 주차장의 하나의 출구를 통하여 다른 주차장으로 진입이 가능하도록 서로 연결되어 있으므로 안전성은 상당히 취약하다고 불평한다.

아쉽게도 보안진단에서 사업장의 모든 결점과 부적절한 상태를 발견하기는 어렵다. 오히려 더 많은 보안활동과 상황이 적절하게 수행되기 때문에 단지 사실 확인은 모든 보안 관련 상태나 장단점을 객관적으로 반영할 뿐이다. 따라서 컨설턴트는 사실 확인을 통하여 현재 운영 중인 프로그램을 지원하고 경영진의 지원을 이끌어내기 위하여 원하는 기준에 미흡한 부분에 대하여 개선을 촉구하는 역할을 하여야 한다.

4) 결 론

이 부분은 진단을 시행하는 컨설턴트에 따라 가감되며, 추가적인 내용이 포함된다면 여기에서는 진단과정에서 발견된 사실을 전체적으로 요약하는 내용이 될 것이다. 병원에 대한 진단보고서의 예를 들면 다음과 같다.

이 병원에서의 보안 프로그램은 상당한 어려움에 직면해있다. 현재 시행되고 있는 보안프로그램은 수년 동안 병원의 의료수준과는 동떨어진 미숙한 단계에 머무르고 있는 것으로 보인다. 현재의 보안절차, 보안시설, 인력구성은 최소한의 필요에 맞추어 운영됨으로써 잠재적인 위협요인이 상존하고 있으므로, 항상 새로운 문제를 야기하게 될 것이다. 더불어 효과적인 보안조직을 구성하려는 토대를 확립하기 위한 장기적인 발전계획은 거의 존재하지 않는다. 그럼에도 불구하고 현재의 보안 프로그램은 다행스럽게도 병원과 관련된 치명적인 범죄 사고를 임기응변식으로 방지하고 있는 것으로 보인다.

결론적으로 서울한국의료원의 잠재된 다양한 위협요소가 대형 재난사고로 연결될 개연성이 상당이 높은 불안전한 상황을 지속하고 있으므로, 잠재된 위험요소에 대하여 취약성분석을 통한 위험관리대책을 구체적으로 수립하여야 할 필요성이 제기되었다.

여기에서는 경영진은 현재 보안의 업무수행이 수동적인 대응에서 적극적인 예방대책으로 극적으로 전환되기를 바란다는 구체적인 증거를 제시하여야 한다. 이를 위해서는 잠재된 불안요소인 취약성분석을 바탕으로 한 보안진단을 통하여 현재 병원의 잠재된 위험요소의 손실발생개연성에 대하여 구체적인 도표나 수치로 제시하거나 경영에 악영향을 미치는 과거, 현재, 미래의 문제점을 규명하여 경영진의 관심을 유도하는 사례로서 제시된다.

5) 권고사항

권고사항은 이 보고서의 핵심이다. 분명히 경영진은 자신의 조직이 어떤 것이 잘되고 있고 어떤 것이 미흡하여 변화의 필요성이 있으며, 특히 컨설턴트가 권고하는 내용이 무엇인가를 알고자 할 것이다. 시설보안검사에 따른 변화에 대한 권고는 조직전반을 통하여 상당한 파급효과를 미치게 될 것이다. 높은 재고손실을 경험한 소매업종에서 컨설턴트가 전반적인 분기간의 재고조사를 권고하였을 경우를 상상하게 되면 이해가 가능할 것이다. 재고조사는 비용적인 문제점보다는 소매업 전반에 통상적인 물류의 흐름과 운영에 문제를 발생하게 한다. 또한 컨설턴트가 기업에서 부정행위나 절도를 적발하였을 경우에 형사 처벌되어야 한다고 권고한다면 여기에 대한 파급효과는 상당하다. 이와 같은 컨설턴트의 권고가 있기 전까지는 이 조직에서는 부정행위자에 대해서는 퇴직처리하고 사법당국에 고소하는 경우는 없었다. 이에 따른 기업정책과 절차의 변화에 따른 영향은 모든 직급의 직원들에게 미칠 것이다. 따라서 컨설턴트의 권고사항은 반드시 신중하게 검토한 다음, 충분한 근거를 바탕으로 의견을 제시한다.

명확하게 보안진단을 통한 권고사항의 제시가 보안상황을 더 악화시켜서는 안 되므로, 제시된 해결책은 비용 효과적이고 실행 가능한 것 이어야 한다. 각각의 권고사항에서 관련사항을 첨부하여 번호를 부여한다. 이것은 모든 권고사항이 즉시 시행가능한 것이 아니므로, 어떤 항목은 차후에 예산이 확보되어야 실행이 가능한 것도 있을 수 있기 때문이다. 다음은 의료기관의 보안진단결과에 따라 일반적으로 제시되는 권고사항이다.

① 보안과 손실예방 정책에 관한 의료기관의 선언문을 개발하고 공표한다. 이 선언문에서는 해당 기관의 기본적인 생명존중에 관한 경영진의 책임을 명기하고 병원자산보호에 관하여 정의한다.

② 직원핸드북에 포함된 '안전과 보안'조항에 관한 내용을 개정하여, '보안업무와 관리자들의 임무는 구성원과 환자 그리고 방문자를 위하여 상당한 정도의 안전한 보호수준을 유지하고, 병원 공급품과 장비 그리고 자산 절도나 손상을 방지한다는 내용을 삽입한다.'

③ 해당 기관에서 취급하는 마약 등 금지약물에 대한 취급관리에 대한 구체적인 책임 소재와 보안업무의 확인이 가능하도록 모든 문서의 보안프로세스와 확인절차를 수립한다.

④ 병원장을 포함한 모든 구성원은 구성원과 고객의 생명을 보호하는 업무의 수행에 있어서 어떠한 예외나 타협도 인정하지 않는다는 것을 보안업무의 제일의 목표로 명시한다.

⑤ 중환자나 비상시 거동이 불가능한 환자를 위해서 중환자병동 근처에 임시로 피신이 가능한 안전지대를 설치하여 비상상황이 발생할 경우에 이들을 안전구역으로 대피시킨다.

⑥ 응급실과 주차장의 CCTV카메라는 좌우회전과 줌이 가능한 것으로 교체하고 중앙통제실에는 항상 이상시 출동이 가능한 보안요원이 상주하며, 모니터링 요원은 모니터의 개수에 비례하여 최상의 업무능률을 유지하도록 배정하고, 후미진 공간에는 비상호출버튼을 설치한다.

⑦ 최고보안책임자와 경영진은 가능하면 보안과 관련된 모든 훈련프로그램에 참가하여 훈련의 진행상황과 성과에 대하여 확인한다.

⑧ 현재 활용하고 있는 보안부서의 사고보고서 양식을 단순화하고 모든 조직자산의 입·반출은 보안요원의 확인을 받도록 의무화하고, 일간 보안업무에 대한보고는 직접 운영담당 부사장이나 최고경영자에게 보고라인을 확보하도록한다.

⑨ 해당 기관의 위기관리프로그램을 개발하여 모든 구성원과 방문자 그리고 환자들이 위기시의 대응절차에 대하여 숙지할 수 있도록 교육과 주기적인 훈련을 실시한다.

⑩ JCAHO[4] 기준은 경영자의 의무에서부터 어떻게 의료기관이 환자나 직원 그리고 방문객들에게 안전한 환경을 제공할 것인가를 규정하고 특히 보안에 관한 특별계획은 직원들의 훈련과 어떻게 비상시에 대응하는가에 대하여 구체적으로 규정하고 있으므로 기준으로 참조한다.

인터뷰, 평가, 관찰, 분석, 조사를 통해 결과를 얻게 되는 권고사항은 조사 결과의 핵심이 되는 부분이다. 단, 여기에서는 조사 목적에 부합되는 내용만 작성하고, 보안환경에 직접적인 영향을 미치지 않는 부분은 포함하지 않는 것이 좋다. 조사 결과는 긍정적인 것도 있고 부정적인 것도 있다. 긍정적인 부분은 이미 잘 되어 있는 것이므로 언급할 필요가 없고, 의뢰자의 기대에 맞는 부정적인 내용만 부각하려는 검사요원도 있지만, 양쪽의 균형을 맞추는 것이 더 바람직하다. 그래야 경영자가 보안 업무에 대한 전체적인 균형감각을 갖게 된다. 부정적인 내용은 쓰기 전에 다음과 같은 항목에 대하여 한 번 더 검토할 필요가 있다.

근본적인 문제점은 무엇인가, 직원들은 이 문제에 대해 어떤 절차에 따라 행동하여야 하나? 실제로는 어떻게 행동했는가, 이러한 상황이 왜 묵인되고 있는가, 앞으로 어떻게 해야 하나, 적절한 조치를 취할 책임은 누구에게 있는가, 문제를 해결하기 위해 어떤 조치가 필요한가?

조사 결과에 대한 주요 항목은 다음과 같다.

① **일반**: 시설, 환경, 업무, 상품 또는 서비스, 일정 등을 기술한다.

② **조직**: 간단히 조직 구성과 직원 수를 언급하고, 보안을 담당하는 인력과 직책은 상세히 언급한다.

③ **시설보안 환경**: 열쇠 및 자물쇠, 출입문, 울타리, 기타 보안 구조물, 자연적인

---

4) 미국의 대표적인 의료기관 신임평가기관으로 The Joint Commission on Accreditation of Healthcare Organization의 약자이다.

울타리, 신분확인 및 출입통제, 보안과 관련된 조명, 침입감지 시스템의 종류, 위치, 모니터링. 경비원 업무 등

④ **내부 통제:** 재고 통제, 수량 파악, 자산 실사, 수하물 관리, 구매절차, 인력 채용, 급여, 현금 이동 및 보호 대책, 내부 감사의 종류 및 횟수 등

⑤ **정보시스템 보안:** 전산실, 데이터 센터 등을 보호하는 물리적 시설 및 절차에 대해 기술한다. 여기에는 데이터 보관 매체, 백업 매체, 컴퓨터 용량, ID 인증 및 기록, 데이터 보안 등을 포함한다.

⑥ **비상 계획:** 자연 재해, 폭발물 사고나 위협, 납치, 인질, 혼란, 폭동과 같은 각종 위기 상황을 대비한 계획, 대응조직 및 훈련을 포함한다. 비상 계획은 사전 준비, 비상 상황이 발생할 경우의 행동, 사후 복구의 3단계로 구분된다.

⑦ **정보 및 영업 비밀 보안:** 보호해야 할 정보를 파악한 후, 기밀 해제, 폐기, 보존, 비밀관리 대상 등 적절한 보호 대책으로 구분한다.

⑧ **결론:** 조사 결과에 언급한 보호 수단에 대해 평가하는 부분으로, 특히 여기에서는 특정 위협 요소를 심각성에 따라 '경미', '보통', '심각'과 같은 용어로 구분하고 등급을 부여한다.

⑨ **전문가 의견:** 마지막으로 보안컨설턴트는 시설보안 부분, 인력보안 부분, 보안통제절차에 대해 개괄적 혹은 구체적 내용에 관하여 적절한 조언을 한다. 더불어 제시되는 개별적인 보호 수단에 대한 비용편익분석이 적용되면 더 효과적이다. 그러나 전문가의 조언은 고객에 의하여 항상 수용되는 것이 아니라 전문가의 판단일 뿐이며, 최종적인 선택은 경영자의 몫이다. 따라서 필요에 따라 경영자만 볼 수 있도록 전문가 의견을 첨부하기도 한다. 이 의견 또한 사실에 입각해야 하고 보안진단의 목적과도 부합해야 한다. 실제적으로 보안조사 결과 중대한 문제점이 없이 대체적으로 양호하다는 의견이면 이러한 긍정적인 내용에 대해서도 명확하게 기록하는 것이 좋다.

제 5 장 재난관리

제5장 재난관리

제1절 재난의 전개

1. 재난관리와 BCP

1) 기업업무의 연속성

재난은 비즈니스 조직에 다양한 형태로 영향을 미친다. 대부분의 조직의 재난관리에는 보안업무가 포함되며, 특히 재난 시 생명과 자산보호에 관한 업무의 기여 정도는 매우 높으므로 보안조직과 활동이 재난관리업무에 핵심적인 역할을 수행한다. 이러한 재난의 종류에는 화재, 부상과 질병, 자연재해, 범죄와 테러리스트의 공격, 사보타지와 시민소요 등이 포함되나[1], 이러한 재난상황에서 보안팀과 관리자의 참여정도는 차이가 있다.

보안관리자는 보안업무와 직·간접적으로 관련되거나 재난관리업무와 협력이 필요한 재난상황에 대하여 신중한 판단, 사전준비의 진행, 예방과 대응에 관한 시나리오를 준비한다.

재난에 대한 준비목적에는 평상시 기업운영으로 신속하게 복귀하는 것이 핵심이다. 따라서 BCP는 재난이나 치명적인 사고 이후에 신속하게 핵심적인 업무가 정상적인 운영으로 복구할 수 있도록 촉진하고 조정이 가능하도록 디자인한다. BCP의 완수는 화재와 폭발, 지진과 홍수, 태풍과 같은 재난을 다루기 위한 계속적인 연속성계획의 수행에 달려있다.

BCP는 조직이 직면한 연속성과 조직의 고유한 취약성을 참작하여야 하므로 계획단계에서 어떤 특정한 재난이 다른 재난보다 발생 가능성이 높다는 가정이 필요하다.

---

1) John J. Fay, *Security Dictionary*(Arlington, VA: ASIS, 2000), p. 94.

가령 어떤 기업이 환태평양 지진대의 지각구조 플레이트의 끝부분에 위치한 경우에 다른 기업보다 지진 피해를 입을 가능성이 높다고 추정할 수 있으며, 해안가에 위치하고 있으면 내륙에 위치한 기업보다 해일이나 태풍의 피해를 입을 가능성이 높고, 개발도상국이나 후진국에 위치한 사업장은 시민봉기, 테러리스트, 전쟁에 노출된 가능성이 치안이 안정된 국가보다는 높다고 가정하는 것이 상식이다. 그러나 연속성계획에서도 치명적인 재해에 해당하는 핵폭발과 같은 원칙적으로 기업단위에서 대응이 불가능한 경우는 BCP영역에서 다루기에는 한계가 있다.

연속성계획은 재난이 발생한 다음에 인력, 작업 공간, 장비와 보급품, 데이터가 즉시 사용가능하도록 하는데 초점을 맞추고, 복구시간에 대한 예상은 기업의 운영이 부분적 또는 전부가 정상적인 상황으로 복구하는데 걸리는 대략적인 시간을 의미한다.

일반적으로 BCP의 목적은 가장 핵심적인 분야 몇 가지에 초점을 둔다. 여기에는 임직원과 그의 가족들이 업무에 복구할 수 있도록 생활 안정을 찾도록 도와주고, 사고로 인한 시설물 무질서의 정리와 청소, 사업장의 복구, 일시적 혹은 영구적으로 새로운 장소로 이동, 조직의 가장 핵심적인 업무를 우선적으로 재가동하기 위하여 일정을 조정하는 것이 포함된다.

2001년 미국 뉴욕에서 발생한 9·11테러는 기업업무 연속성에 대하여 중요한 계기가 되었다. 붕괴된 세계무역센터 내부에 본사를 두었던 금융기관의 재난에 대비한 준비성 여부에 따라서 기업을 생존의 갈림길에 서게 하였다.[2] 기업의 우발상황에 대한 대책(business continuity)이란 여러 가지 우발상황에 의하여 기업 업무가 중단되거나 방해되는 것을 최소화하고, 기업업무의 계속성을 유지하는 것을 의미한다.

이에 반하여 기업업무연속성 계획(contingency planning)은 기업이 우발상황 발생시 어떻게 관리와 복구를 준비하여 궁극적으로 우발상황 이후에 기업업무를 신속하게 다시 정상적인 업무로 복귀하는 것과 관련된 모든 행동을 포함한다.[3] 또한 BCP는 우발상황시의 대응과 복구 그리고 기간시설과 중요 공정들의 회복활동과 여러 가지 우발상황시를 가정하여 기업의 기본적인 요인들을 위한 계획과정을 의미한다.

페이(John J. Fay)는 기업연속성계획에서 첫 번째 단계에서는 원치 않는 사건의 발

---

2) 붕괴된 건물 내에 본사를 둔 미국 재무부 채권을 대부분 거래하는 세계적인 채권중개업체인 칸토 피츠제럴드(Cantor Fitzerald)는 본사인력 천 명 중 320명이 실종되어 인적손실이 엄청난 반면에 자료백업시스템을 인근에 갖춰놓아 업무의 연속성을 유지할 수 있었고, 모건 스탠리 딘위터(Morgan Stanley Dean Witter), 뱅크 오브 아메리카(Bank of America)도 빌딩 붕괴 속에서도 백업시스템을 다른 지역에 두고 있었기 때문에 다음날부터 정상영업을 지속하였다.

3) Gerald L. Kovacich, *op. cit.*, p. 289

생을 예방하는데 총력을 기울이고, 예방조치가 실패할 경우에 사건의 파급효과를 최소화하는데 전력해야 한다고 하였다.[4)]

모든 기업이나 조직은 정상적인 기업업무의 연속성을 방해하는 심각한 사고를 경험할 가능성을 가지고 있으며, 기업이 경험할 수 있는 심각한 사고에는 홍수나 화재에서 정전으로 인한 전산망의 중지나 정보보안사고까지 매우 다양하다.

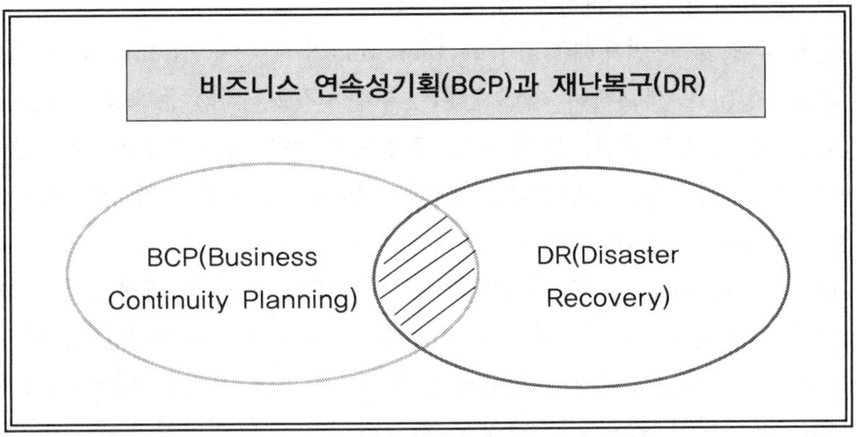

〈그림 5-1〉 BCP(Business Continuity Planning)

기업의 경영진은 만약에 사고가 발생할 경우에 최소한의 혼란, 시간, 비용으로 정상적인 상황으로 복구하여야 할 책임을 진다.

여기에는 철저한 준비와 계획이 요구되므로 기업의 경영진들은 반드시 기업의 주요한 재난이나 기업의 주 업무에 방해가 되는 큰 혼란 시에 효과적으로 원상태로 복구할 수 있는 계획과정을 개발·유지하여야 한다.

조직의 재난관리계획의 운영에 대한 적절성을 가장 손쉽게 측정하는 방법은 해당 시설물에 일시적인 방문자나 가장 최근에 조직에 합류한 구성원에게 비상사태의 발생 시에 행동요령에 대하여 질문하면 알 수 있다. 이들이 비상시 탈출경로 등 가장 기초적인 행동요령에 대해서 숙지하고 있는 경우에 조직의 비상시에 파국적인 상황을 막을 수 있으나, 그렇지 못한 경우에는 아무리 좋은 시나리오도 예고 없는 재난에는 무용지물이다. 일반적으로 BCP 과정에서 보안업무의 역할은 비상탈출계획의 수립과 인명·자산의 보호, 긴급상황과 위기상황에 대응하는 일이다.[5)]

4) John J. Fay, *Encyclopedia of Security Management-Techniques & Technology*, BH, 1993. p. 244.

2) 재난관리

재난관리의 사전적 의미는 재난을 예방하고 재난에 대비하며, 재난 발생 후 그로 인한 인적·물적 피해를 최소화하고 본래 상태로 시설과 운영을 복구하기 위한 모든 측면을 포함하는 총체적 용어로, 재난의 잠재적 원인(위협)과 재난의 진행, 그리고 재난으로 인한 결과(피해)를 관리하는 것을 말한다.

재난의 종류는 크게 자연재해(Natural Disaster)와 인위재난(Man-made Disaster)으로 구분하고, 이것을 세분하여 자연재해는 홍수, 폭풍, 지진 등으로 구분되며, 인위재난은 위험물 사고, 폭발사고, 붕괴사고, 교통사고, 해난사고 등으로 구분된다.

존스(David K. Jones)는 재난분류를 재난의 발생원인과 발생현상에 따라 크게 자연재해, 준 자연재해, 그리고 인위재난으로 삼분하였다.[6]

그러나 Br. J. Anesth는 자연재해를 기후성 재해와 지진성 재해로 분류하고 인위재난을 고의성 유무에 따라 사고성 재난과 계획성 재난으로 구분하였다. 이 분류체계는 현재 각국의 지역재난계획에서 적용하고 있다. 오늘날 기업은 세계 각국에 생산기지와 영업망을 운영하고 있으므로 다양한 자연재해와 인위재난에 노출되어 있고 여기에 대한 대비는 기업의 경영관리에 필수적인 요소가 되었다.

〈표 5-1〉 Anesth의 재해분류[7]

대분류	세분류	재해의 종류
자연재해	기후성 재해	태풍
	지진성 재해	지진, 화산폭발, 해일
인위재난	사고성 재난	교통사고(자동차, 철도, 항공, 선박사고) 산업사고(건축물 붕괴) 폭발사고(갱도, 가스, 화학, 폭발물) 화재사고 생물학적 재해(박테리아, 바이러스) 화학적 재해(부식성 물질, 유독물질) 방사능 재해
	계획성 재난	테러, 폭동, 전쟁

5) *Ibid.*, p. 287.
6) David K. Johns, "*Environment Hazards*", 1993.
7) 비상기획보 제60호, 국무총리 비상기획위원회, 2002.

미국에 있어서 긴급상황(emergency)의 관리는 평시의 피해경감과 재해시의 복구를 임무로 하는 연방정부기관인 연방재난관리국(FEMA)의 경우에는 Emergency Management를 위험관리(Risk Management)와 위기관리(Crisis Management)를 아우르는 것으로 본다. 즉, 재난관리(Emergency Management)는 위험관리(Risk Management)와 위기관리(Crisis Management)의 두 측면을 포함하고 있다고 생각할 수 있다.[8)]

재난관리의 실제 사례로 일본의 경우를 예를 들면, 지금까지 일본에서 방재는 피해경감을 위한 노력으로 공학적인 측면에서 주로 이루어졌으며, 오랜 기간 동안 지속적인 노력으로 세계 제일의 수준이 되었다.

이 때문에 일본에서는 지진에 의한 극심한 피해가 발생하지 않을 것이란 환상도 생길 정도였지만, 실제로는 엄청난 피해가 발생하였다. 즉 우리에게 위기관리가 사전에 완벽하게 준비되어 있어야 한다는 교훈을 남겼다.

Crisis Management는 재해발생 후의 효율적인 대응 및 복구에 대한 것이지만, 그에 대한 준비는 재해발생 이전에 되어져 있어야만 한다. 사전에 준비할 필요가 있기 때문이라 하여 Crisis Management를 Risk Management와 같은 것으로 취급할 수는 없다.

현대기업에서의 위기와 재난은 상존하는 독립변수가 되었다. 따라서 어떠한 조직이나 전문가의 대비로도 불가피하게 막을 수 없는 자연재해에서부터 각종 이익갈등에서 촉발된 인위적인 재난은 어떻게 대응하느냐에 따라 기업의 생존과 직결되기도 한다. 이러한 재난에 대한 최선의 방비는 기업이 투자하는 재난에 대한 비용과 미래에 얻어지는 효과와의 정확한 산정이나, 미래에 발생할 이익을 추정하여 미리 비용편익을 분석하는 것은 매우 어려운 업무이다.

결국은 재난 시에 기업의 피해를 최소화하여 파국을 피할 수 있는 최대한의 방비는 미래에 변화되는 기업환경을 내다보는 경영자의 의식과 합리적인 투자에 좌우될 것이다.

---

8) 여기에서 사용되는 리스크의 의미와 비교되는 대단히 포괄적이고 모호한 개념의 위기(crisis)라는 말은 결정적 변화가 목전에 닥쳐 회피가 불가능한 불안정한 시간 또는 일의 상태를 의미한다. 위기의 어원인 그리스어의 '크리나인'(krinein)이라는 말도 분기점의 의미로 피할 수 없는 갈림길에서 단호한 선택을 해야 하는 고통스럽고, 불확실한 환경이라는 의미이다. 즉 Risk Management란 위험관리의 의미로 평상시에 행하여지는 피해경감(mitigation)에 초점을 둔 부분이고, Crisis Management란 피할 수 없는 재해시의 복구과정에 초점을 둔 부분이라 할 수 있다. Risk Management의 경우에는 피해의 극심한 정도와 그 발생 확률을 고려하여 가장 합리적인 대책을 결정하는 것이 중요하다. 반면 Crisis Management는 전쟁과 같은 피할 수 없는 재해시 상황에 따라 대응을 어떻게 할 것인가가 문제이고, Risk Management는 재해 전에 과거에 발생했던 재해를 통계적으로 분석하여 미래의 위험에 대하여 최적의 사전예방과 준비를 하는 개념이다.

2. 재난의 예상

주요한 재난의 파악, 발생가능성의 판단, 개연성 있는 영향평가는 위험관리센터의 주요한 업무에 귀속되고, 조직의 모든 핵심적인 관리자의 전문성을 모두 동원하여 종합적으로 진행한다. 여기에서 보안관리자는 보안과 관련된 업무를 규정하는데 핵심적인 역할을 한다.

그러나 아무리 과학적인 분석기법과 전문가의 지식을 총동원한다 하여도 모든 재난에 대비한 구체적인 시나리오에 의한 정확한 예측은 불가능하다. 보안관리자는 폭발사건에 대한 예상은 쉽게 할 수 있으나, 정확한 시간과 장소 그리고 어떤 폭발물이 사용될 것인가에 대해서 정확한 예측은 불가능하다. 따라서 일반적인 시나리오에 의한 재난에 대한 예측은 상황에 대한 유연한 대책의 가능성을 놓치는 결과가 되기도 한다.

재난에 대한 예측과정은 계속 진행되는 상황이고 상당부분 전문가나 실무자의 감각에 의존한다. 정치적인 상황에 대한 해결책으로 등장하는 폭탄테러의 경우에도 전 세계적으로 테러의 위험성을 증가시키고 있으나, 거의 매일 폭탄테러가 발생하는 지역이 있는 반면에, 어떤 특정한 나라나 지역은 테러발생 개연성이 매우 낮아 구성원이 테러나 폭발물에 대한 인식이 매우 낮은 경우가 지구촌에 공존하고 있다.

그러나 특히 다국적기업의 경우에는 임직원이 테러위험성이 높은 지역에 근무하거나 해당 지역으로 업무 차 출장을 가는 경우가 많으므로 이러한 기본적인 테러에 대한 교육 프로그램을 수립하고 해당 지역으로 출장을 가는 임직원에게는 사전에 신변안전에 관한 주의사항 교육을 실시하여야 한다.

우리나라 보안업무에서 구성원의 생명에 대한 중요성은 상대적으로 기술보호업무와 비교하여 경시되는 경향이 있었으나, 이제는 이러한 잘못된 보안업무의 우선순위에 관한 관행은 변화되어야 한다. 어떤 조직에서나 보안업무의 일 순위는 구성원의 생명에 대한 보호가 되어야 하며, 이것은 재난상황에서도 동일한 원칙에 의거하여 재난관리대책의 수립과 복구업무가 진행되어야 할 것이다. 따라서 보안관리자는 기업의 재난상황이 발생하거나 예상될 경우에 신속하게 구성원을 안전한 지역으로 대피시키기 위한 절차를 진행하여야 하며, 이러한 대피절차는 사전에 주기적으로 훈련되어 재난상황에서 당황하지 않고 신속하게 사전에 준비되고 훈련된 절차에 따라 진행하는 것이 구성원의 생명을 지키는 방법이다.

모든 재난 발생에 대한 판단이 전문가에 의해서만 진행되는 것이 아니므로, 구성원의 재난에 대한 인식을 향상시키는 교육이 중요하다. 예를 들어 어떤 기업에 우편물로 배달된 폭탄에 대한 우편물 관리자의 보안의식이 없다면, 해당 기업은 폭발로 인하여 수많은 인명피해와 기업 비즈니스의 중단과 같은 유·무형의 손실을 경험하게 될 것이다. 따라서 우편물 관리자는 관련 당사자에게 주기적으로 폭발물에 대한 구별과 발견 시 대응방법에 대하여 교육과 훈련을 실시한다.

3. 재난의 대비

재난준비과정에서 첫 번째 단계인 연속성기획은 원치 않는 사건을 예방하고 손실에 이르지 못하게 하거나 파국으로 치닫는 것을 완화시키는데 중점을 둔다. 그러나 보안관리자 혼자의 노력으로 여러 가지 목적을 달성하는 것은 불가능하다. 그러므로 언제나 재난관리의 핵심은 재난상황이 발생하기 전 또는 발생하는 경우에 모든 조직이 재난관리에 대한 업무를 분장하여 체계적으로 해당 업무를 수행해 나가는 조직체계의 수립과 사전훈련이 재난에 강한 기업을 만들어가는 핵심이다.

우리가 일반적으로 생각하는 재난발생의 개연성은 상대적으로 낮으나 21세기 재난의 대표적인 형태인 기상이변은 사전경고나 기존의 데이터의 일관성이 적용되지 않으므로, 아무리 큰 규모의 조직이라도 사전준비 없는 상황에서 재난의 소용돌이 속으로 빨려 들어가면 빠져나올 방법이 없이 속수무책으로 파국의 상황으로 치닫게 될 것이다.

BCP는 재난상황에 대한 경영자의 관심을 표명하는 것으로, 경영자가 기업자산을 잘 보호하고 지키는 것은 주주에 대한 책임을 다하는 것이다. 따라서 BCP는 경영자가 운영위원회에 보고하고 주주들의 동의를 얻는 절차가 필요하다. 경영진의 재원지원의 승인은 연속성기획의 추진력이 되고, 여기에서 필요한 재원은 자금과 인력, 생필품과 같은 물자, 해당업무에서의 책임, 사전에 준비할 보급품과 장비에 대하여 확정하는 과정이 포함된다.

더불어 BCP계획의 일반적인 구성요소로 고려해야 하는 것이 재난대응팀의 호칭이다. 어떤 계획에서는 대응팀이 동일한 반면에, 다른 계획에서는 또 다른 대응팀이 구성된다. 여기에서 고려해야할 핵심적인 내용은 상이한 연속성계획에서는 서로 다른 대응이 필요하다는 것이다. 대응팀의 구성에 차이가 있음에도 불구하고, 이상적으로 모든 재난상황에 대한 업무를 처리하도록 하는 것은 실제적인 성과에서는 많은 착오를 발생하게 하는 원인이 된다.

보안관리자는 기업에서 발생하는 납치, 시민소요, 직장폭력, 폭발위협 등 특정한 계획에서 핵심리더로서의 업무를 수행하고, 화재와 폭발, 혹한과 혹서, 위험물질의 유출, 긴급의료사고 등과 같은 재난에서는 협력자로서 공동으로 재난관리업무를 수행한다. 일반적인 BCP는 개별적이나 구체적인 대응절차들이 모여서 전체적인 업무를 수행하는 시나리오로 구성한다. 따라서 개별적인 대응절차의 미흡은 전체적인 대응을 어렵게 하는 중요한 요소이다.

모든 BCP계획에는 보안팀의 활동이 필요하고 구체적인 절차에 의해서 이러한 업무가 수행된다. 따라서 보안관리자는 재난상황에서 투입되는 다른 대응팀과의 조정이 필요하고 해당 임무가 원활하게 진행되도록 구체적인 절차를 개발할 책임이 있다. 이러한 절차는 관행적으로 재난계획을 보안부서절차에 부가시키거나 다른 대응팀의 절차에 따라서 만들어진다. 그러나 화재 시 대응계획은 보안부서의 절차, 시설물 보안요원, 건물보수요원과는 구분되어 시행될 가능성이 높다.

재난과 관련된 구성요소에는 보고서 양식, 업무기록부, 진행보고서, 의사결정과정, 조직도, 사업장 도면, 사진과 도표, 장비운영지침서, 연락처가 포함된다. 일반적으로 재난에 관한 전반적인 계획은 보안관리자, 자산관리자, 안전관리자 등 지정된 담당 관리자가 관리한다. 반면에 소수의 조직에서는 관행상 BCP를 본사기획팀에서 관리하는 경우도 있다. 이러한 방법은 기업이 매우 중요한 업무중단상황에 처할 경우에 전담 연속성 관리자가 재난대응센터를 지휘하는 것이 효과적이기 때문이다.

4. 예방과 대응

연속성기획 프로그램에서 가능하면 최대한 예방조치 부분을 강조하여 구체적으로 수립한다. 예를 들어, 감독자가 어떻게 현장을 발견하고 대처하는가에 대한 훈련 프로그램을 운영하거나 동료가 폭력을 행사하는 것에 대한 보고를 신속하게 시행하도록 격려하는 교육 프로그램, 자기조회(self-referral) 프로그램은 문제를 일으키는 근로자에게 상담과 비밀이 보장된 진단기회를 제공함으로써, 사업장폭력에 대한 BCP계획은 대부분 예방조치로 대처가 가능하다.

재난관리에서 대응팀에 대한 반복된 훈련은 매우 중요하다. 이러한 훈련에 대한 내용이 직접적으로 계획에 언급되지 않았다하더라도 대응팀의 실제상황에 대비한 훈련은 절대 필요하다. 그러므로 서류상으로만 존재하는 BCP계획은 실제상황에서는 아무런 의미도 없다. 그러나 상당수의 조직에서는 아직도 서류상의 계획에 머무르는 경우가 있으나, 이러한 잘못된 관행은 조직의 미래에 어두운 그림자를 드리우는 징조이다.

BCP에서는 모든 핵심업무에 대한 대응과 예방법을 포함하고 있으므로, 이것을 토대로 하여 훈련내용을 구성한다. 훈련에 필요한 교육내용과 교육과정은 장황해서는 안 되고 가능하면 간단하고 핵심적인 요소를 강조하는 형식으로 진행하여야 효과적이다. 일반적으로 대응팀은 자신의 분야에서 모두가 전문가이므로 이러한 교육을 주기적으로 수행하는 것은 필요 없다고 생각한다. 그러나 일상상황에서의 태도와 재난상황에서 당황하게 된 상태에서의 행동은 실제적으로 훈련되지 않으면 완전히 다르게 된다.

인간은 정신적으로 당황하게 되면 평상시에 교육되거나 훈련된 지식은 재난상황에서는 거의 활용되지 않으며, 오직 생존을 위하여 가장 본능적인 행동에 따라 움직인다. 따라서 재난상황을 가상한 훈련을 주기적으로 반복하는 것은 어떠한 장황한 서류상의 미사여구보다도 중요하다.

만약 인간이 평상시의 정신자세를 비상시에도 그대로 유지한다면 이러한 훈련은 필요 없을지도 모른다. 그러나 사업장 폭력에 대한 교육, 납치될 경우에 행동요령과 협상태도, 보안실무자의 관련 법률상식은 비상상황에서 누가 어느 상황에 닥칠지 모르므로 모두가 다양한 상황에서 어떻게 대응할 것인가에 대해서 상식적으로 알고 있어야 한다.

연속성계획에 대한 대응은 모든 상황이 연속해서 발생하기도 하고 특정한 상황이 단계별로 발생하기도 한다. 예를 들어, 태풍에 대한 대응은 사전에 진행방향과 위치 그리고 강도를 시간대별로 나누어 대응이 가능한 반면에, 화재에 대한 대응은 모든 과정이 연속적으로 발생하므로 사전에 다음 단계에 대한 경고를 발동하거나 단계별로 구분해서 대응하기가 어렵다.

통상 비상시 상황에 대한 대응은 경영진과 CEO의 상황에 대한 판단에 의거하여 진행한다. 위험에 직면하여 대응비용은 자산가치를 초과할 경우나 정치, 전쟁, 종교적 신념, 대응결과에 대한 인식에 의해서 영향을 받아 대응하는 것을 포기하기도 한다. 이러한 경우에는 재난에 대비한 보험이 대응책의 역할을 하게 된다. 그러나 위기에 직면한 자산이 사람이라면 모든 조직에서는 모든 노력과 방법을 강구하여 생명을 구출하려고 할 것이다.

재난을 많이 경험하는 기업도 재난에 대해선 면역이 있을 수 없으며, 어떤 경영진도 재난관리에 대한 책임에서 자유스럽지 못하다. 따라서 재난대비는 생명과 자산보호 그리고 손실이나 손상을 모두 포함한다.9)

5. 응급 의료체제

보안요원의 주요한 업무 중의 하나는 구성원이나 방문자가 심각한 부상이나 응급처치가 필요할 경우에 가장 신속하게 대응하기 위한 역량을 유지하는데 있으나 단지 그 자리에 위치하고 있는 것만으로는 부족하다.

보안요원은 천식, 심장발작, 심각한 출혈, 의식불명, 약물과다복용, 화상, 전기충격, 탈진, 골절 등이 발생할 경우에 신속한 도움을 제공하기 위해서 기본적인 응급처치에 대하여 숙지하고 있어야 한다. 이러한 응급처지과정은 의료 전문가들이 도착하기 전까지 환자들을 돌보는 역할인데 심각한 부상자의 상태의 유지와 회복에 결정적인 영향을 미치므로, 응급처지과정에서는 생명을 보호하고 맥박, 체온, 호흡을 포함한 생명징후를 개선하는데 초점을 둔다.

상대적으로 심각성이 덜한 위험상황에서는 환자 상태가 악화되는 것을 방지하기 위하여 환자의 고통을 덜어주는데 중점은 둔다.

이러한 응급처치는 개별적인 필요성에 대하여 적절하게 대응하는 것이므로, 응급처치자의 지식과 기능에 따라 효과의 정도가 좌우된다. 따라서 응급처지를 하는 사람은 해야 할 것과 하지 말아야 할 것을 정확하게 아는 것이 중요하다. 예를 들어 목을 다친 환자를 잘못 이송하는 경우에는 영구적인 척추손상과 전신마비로 악화될 수 있다.

응급의료 상황에서는 몇 가지 기본적인 상황이 적용된다. 보안관리자는 이러한 기본적인 상황에 대하여 보안요원을 위한 생명안전계획과 표준운영절차의 수립, 필요한 보안요원이 응급처치를 수행할 수 있도록 보장하는 등 전체적인 그림을 그리는 역할을 수행하여야 한다. 여기에 필요한 기본적인 요건은 다음의 업무를 수행하기 위함이다.

① 신속하게 전문적인 의료서비스를 요청한다.

9) Randy Uzzell, "*Emergency Management Planning*," Encyclopedia of Security Management (Boston: BH, 1993), p. 280.

② 응급처지를 시도하기 전에 안전한 상황인가를 판단하고, 필요하다면 환자의 더 이상의 부상을 방지하기 위하여 안전한 구역으로 이동한다.

③ 환자가 의식이 있는 경우에는 환자에게 전문 의료서비스를 요청하였음을 알리고 응급처치의 실시여부를 확인한다.

④ 환자가 기존에 당뇨병이나 심장이상은 없었는지, 이미 어떤 응급처지를 받았는지의 여부에 대하여 동료나 주변 사람에게 물어본 다음 상황을 판단한다. 더불어 환자의 특정한 의학적 상황을 나타내는 의료 팔찌나 기록을 살펴본다.

⑤ 만약 생명이 위협받는 상황이 존재하는지의 여부를 판단하기 위해서는 다음의 사항을 살펴본다.

- 기도에 이물질이 없는가에 대하여 확인한다.
- 숨을 쉬고 있는지 보고 듣고 느껴본다.
- 부상자의 맥박을 확인한다.
- 외부출혈을 살펴본다.
- 순환기 문제를 확인하기 위해서는 피부색과 체온을 확인한다.

⑥ 환자의 머리는 몸과 나란히 둔다. 만약 잠재적인 두개골이나 척추손상의 증거가 없는 경우에는 환자를 편안한 자세로 쉬도록 한다.

⑦ 메스꺼움을 느끼는 환자가 있는 경우에는 토하는데 기도가 방해되지 않도록 한쪽으로 누워있게 한다.

⑧ 창백함, 추위, 끈적끈적한 피부, 약하고 빠르게 뛰는 맥박, 낮은 호흡, 푸른 입술, 구토는 불안과 불안정성의 증상이므로 환자가 쇼크를 받지 않도록 보호한다. 담요나 따뜻한 옷으로 환자를 감싸거나 환자의 발을 높이 들어 올리는 것이 쇼크를 방지하는 방법이다.

1) 제세동기

심실세동이란 심실의 수축이 안되고 미세한 파상으로 움직이는 상태로 효과적으로 심장이 수축을 하지 못해 치료 하지 않을 경우 수분이내에 사망하는데, 이때의 치료에 사용되는 기계를 제심세동기라고 한다. 주로 심방세동, 심실세동을 정상 조율로 되돌릴 때 사용한다. 심실세동은 심실근이 전기적으로 제각기 따로따로 활동하기 때문에 일어나는 것으로, 제세동기는 심장에 직류의 고전압류를 흐르게 하여 심장 전체를 동시에 수축시키는 상태로 하여 전체의 보조를 맞춘다.

현재 사용되고 있는 기계의 자극시간은 1.5~4.0ms 정도이므로 순간적으로는 상당히 높은 고전압이 흐른다. 체외에서 자극하는 방법과 체내에서 직접 심장을 자극하는 2가지 방법이 있다. 심실세동은 심정지(心停止)와 같은 상태로서 제세동기에 의한 제세동이 유일한 구명방법이라고 할 수 있다.

체외형 자동심실제세동기(Automated External Defibrillator)는 심장에 문제가 있는 환자들에게 도움을 주는 장비로서 1979년 Diack 등에 의해 연구가 진행되면서 임상적으로 사용되기 시작했다. 이 장치에 의해서 생사를 달리하게 되는 경우의 빈도가 증가하고 있다. 이전의 모델은 주로 의료기관이나 항공기 내에서와 같이 특별한 업무환경에서만 사용되었으며, 사용하기가 불편하고 일반적으로 응급의료기술자(EMT) 또는 전문적인 훈련을 받은 자격증있는 사람만이 사용할 수 있었다. 그러나 기술적인 발전에 따라 오늘날 사용되는 새로운 AED는 신뢰도가 증가하였고 사용하기가 간단한다.

오늘날에는 손으로 작동할 수 있는 이동식 제세동기는 EMT와 여러 응급상황 실무자들의 표준기구가 되었다. 보안서비스 회사에서도 보안요원의 훈련에 제세동기에 대한 내용을 포함하고 현장에 상시 비치하고 있으며, 더불어 화재감시인, 안전요원, 경찰관, 소방대원, 승무원과 같은 실무자들도 제세동기의 작동법에 대한 훈련을 실시하고 근무지에 비치하고 항상 가용상태를 유지하여야 한다.

경영자가 AED에 관심을 가지도록 하기 위해서는 현대기업의 업무 중의 스트레스와 심장마비의 촉발요인에 대한 이해가 선행되어야 하고, 고령화의 진전에 따른 근로자의 기업에서의 근무연령의 증가는 심장질환의 발생가능성을 높이는 원인이 되고 있다.

심장발작에 관한 연구에 의하면 원외 심장정지의 80%는 집에서 일어나고 15% 정도가 길거리나 공공장소에서 발생되는 것으로 알려져 있다. 공공장소 중에서는 국제공항, 쇼핑 장소, 운동시설 등에서 발생 빈도가 높으므로 우리나라의 경우도 공항, 고층빌딩, 오락시설, 쇼핑 장소, 운동시설 등에 자동체외제세동기를 설치함으로써 돌연 심장정지 환자의 생존율을 많이 높이고 있다.

생명안전 분야의 전문가들은 현대인의 고령화와 심장질환의 증가에 따라서 제세동기의 사용은 화재감지기, 소화기, 산소발생기, 구급낭과 같이 일상화될 것이라고 전망했다.

2) 응급처리 지침

① **질식**: 호흡이 정지하는 경우 4~6분 이내에 처치가 이루어지지 않을 경우에는 뇌

사상태의 원인이 된다. 가장 일반적으로 질식을 방지하는 방법은 인공호흡을 실시하는 것이다. 물에 빠진 경우에는 희생자가 숨을 쉬지 않는 경우에도 인공호흡을 실시한다. 사람이 차가운 물에 빠진 경우에도 30분 이상 인공호흡을 실시하면 회복될 수 있다. 특히 심장마비나 호흡곤란 환자가 발생했을 때 응급처치가 얼마나 신속하게 이뤄지느냐에 따라 생존율에 엄청난 차이가 생긴다. 심장은 일반적으로 30분 정도는 피가 흐르지 않아도 회생 가능하지만, 뇌는 5분 이상 산소 공급이 안 되면 손상되기 때문이다.

② **심장마비**: 심장마비의 발생은 장소를 가리지 않으나 딱딱한 바닥이나 항공기 안에서 심장발작을 일으킬 수 있다. 환자에게 입에 숨을 불어넣는 방법은 다음과 같다.

㈀ 고개를 뒤로 젖혀 공기가 잘 소통되도록 하고 수건으로 입 안의 이물질을 깨끗이 닦아 낸다.

㈁ 환자의 코를 꼭 막은 뒤 공기가 새지 않도록 숨을 입 안으로 불어넣는다.

㈂ 어린아이에게 실시할 때는 한꺼번에 너무 많은 양을 불어넣지 말고 시행자의 양볼에 불룩하게 채운 정도만 불어넣도록 한다.

㈃ 처음에는 2~3초에 1번씩, 10여 차례 뒤에는 5초에 1번씩 실시하면서, 입을 뗀 뒤에는 환자의 가슴이 오르내리는 상태를 살핀다.

㈄ 환자 스스로 숨을 쉴 때까지 계속한 뒤 보온을 잘하여 즉시 의료기관으로 데려가 필요한 치료를 받게 한다.

다음은 코에 숨을 불어 넣는 방법으로, 입 주위에 상처가 심할 경우, 입 안에 이물질이 있을 경우 등 입으로 숨을 불어넣는 것이 부적당할 때의 방법으로 요령은 다음과 같다.

㈀ 입으로 숨을 불어넣어도 꽉 막힌 것처럼 공기가 들어가지 않을 때 고개를 앞뒤로 움직이면서 숨을 불어넣어 기도를 열어준다.

㈁ 그래도 안 되면 옆으로 눕히고 등을 강하게 쳐서 목에 걸린 이물질이 튀어나오도록 한다.

유독가스 중독, 약물 중독 등에 의해 숨이 멎은 환자는 숨을 불어넣는 방법으로 처치자도 중독의 위험이 있기 때문에 인공호흡을 실시할 수 없으므로 손으로 하는 방법이다.

㈀ 환자의 복부에 걸터앉되 압박을 가하지 않도록 한다.

(ㄴ) 가슴 양쪽을 감싸듯이 손을 얹어 안으로 모으는 기분으로 서서히 눌러 준다. 회수는 입으로 하는 방법과 같이 한다.

(ㄷ) 환자의 양팔을 위로 당겼다가 아래로 내리는 방법도 있다.

(ㄹ) 입으로 인공호흡을 할 때 다른 사람이 손으로 하는 방법으로 인공호흡을 도와주는 것도 효과가 있다.

③ **심한 출혈**: 환자의 몸에서 피가 샘처럼 솟아 나오는 경우에 해당하는데, 주요 동맥이 파열된 경우에는 출혈로 인하여 수분 안에 죽음에 이른다. 일반적으로 심한 출혈이 계속되면 쇼크가 발생하므로 직접 환부에 압박을 가하여 피가 흐르는 것을 막거나 가능하면 환자의 출혈부위를 심장의 위치보다 높게 들어 올린 다음, 환부에 살균 처리한 드레싱이나 깨끗한 옷감으로 단단하게 압박한다. 만약 출혈이 팔과 다리에서 발생할 경우에는 출혈부위와 심장 쪽으로 인접한 부위를 압박할 경우에 출혈량이 줄게 된다. 피부와 접한 동맥이 파열되어 출혈이 있는 경우에는 외부에서 압박을 가할 경우 뼈와 피부사이에서 압박이 가해져 출혈을 줄일 수 있다.

④ **의식상실**: 뇌가 충분한 혈액을 공급받지 못할 경우에는 의식을 잃게 된다. 의식을 잃은 환자의 발을 들어 올리거나 머리를 심장의 높이보다 낮게 하고, 쇼크를 방지하기 위해서 환자를 따뜻하게 한다. 머리에 부상을 입거나 간질 등 의식상실의 원인은 매우 다양하다. 만약 환자가 호흡이 있는 경우에는 의료진이 도착할 때까지 편안한 상태를 유지하고, 숨을 쉬지 않을 경우에는 인공호흡을 실시한다.

⑤ **중독(Poisoning)**: 독성물질은 신체에 매스꺼움, 경련, 구토의 원인이 된다. 일반적으로 동일한 물질이라도 투여량에 따라 독이 될 수도 있고 약이 될 수도 있으므로 독을 엄밀하게 규정짓기는 어려우나 소량이라도 우리 몸에 내적으로나 외적으로 작용하여 생체 기능을 억제함으로 건강에 해를 주거나 생명을 위태롭게 하는 물질을 독성물질이라고 한다. 중독을 방지하기 위해서는 독성환경에서 희생자를 이동시키고, 전문기관에 전화를 걸어 중독물질을 규명하고 지시에 따라 적절한 처치를 하나 그래도 증상이 호전되지 않을 경우에는 가까운 의료센터로 이송한다.

⑥ **약물 과다복용**: 약물 과다복용에 따른 증상은 매우 다양하기 때문에 가끔 병이나 부상의 증상과 혼돈되기도 한다. 이에 따른 증상은 동공의 팽창과 수축, 구

토, 호흡곤란, 환각상태를 보이며, 심각한 경우에는 의식불명과 느린 심호흡 증상을 보인다.

⑦ **화상**: 가능하면 신속하게 화상표면을 제거하고, 화상부위를 시원한 물로 식힌 다음, 화상이 상대적으로 심하지 않는 환부를 소독된 거즈로 깨끗하게 하여 감염을 방지한다. 화학물질에 의하여 화상을 입은 경우에는 흐르는 물에 최소한 20분 정도 씻으며, 젖은 드레싱이나 연고를 사용하지 않아야 한다. 환부는 소독된 드레싱으로 건조하게 한 다음 밴드를 붙이고 신속하게 전문적인 치료를 받는다.

⑧ **전기쇼크**: 전기가 흐르는 전선에 접촉하는 것은 대부분 치명적인 결과로 이어진다. 전기쇼크를 받은 사람이 전원에서 떨어지거나 전원이 꺼지기 전에는 당사자의 몸에 접촉해서는 안 된다. 전기쇼크를 받은 사람이 숨을 쉬지 않거나 맥박이 뛰지 않을 경우에는 즉시 심폐소생술을 실시한다.

⑨ **소모성 열사병**: 열에 과도하게 노출될 경우에는 체액과 몸에 염분이 고갈된다. 소모성 열사병의 증상은 창백하고 냉한 피부, 약한 맥박, 두통, 구토, 과도한 발한, 얕은 호흡을 동반한다. 환자는 시원한 곳에서 발을 높이 유지한 상태로 휴식하고, 냉방장치나 선풍기를 이용하여 더 시원하게 한다. 환자는 처음에는 메스꺼움을 느끼나 일정기간 휴식을 취하고 나면 증상이 호전되며, 염분을 보충하기 위한 전해질 용액이나 약한 소금물을 한 모금 마시는 것이 좋다.

⑩ **골절**: 신체의 일부가 골절상을 입을 경우에는 엄청난 통증과 골절된 부위를 움직이지 못하고, 변형된 외형과 골절부위를 만지면 고통이 엄습하는 증상을 보인다. 골절이 발생할 경우에는 의료적인 도움을 받기 전까지는 골절부위를 강제적으로 쭉 펴거나 움직이지 않는 것이 좋다. 만약 골절환자의 머리나 신체가 부자연스러운 상태에 있다면, 척추뼈의 손상가능성이 있으므로, 환자를 바로 세우거나 이동시키는 것은 영구적인 장애나 죽음에 이르게 할 수 있으므로 시도하지 않는 것이 좋다.

3) 에이즈와 B형 간염

AIDS와 B형 간염은 CPR과 응급치료와 같은 도움을 제공할 경우에 혈액에 의한 접촉, 수액, 주사바늘을 통한 감염의 우려가 있기 때문에 심각한 상황이 초래된다. 따라서 높은 위험이 있는 상황에 대해서 보안관리자가 최초대응자에 대하여 책임을 진다.

업무와 관련된 AIDS와 HBV 감염은 지금까지 널리 보고되고 있다. 이러한 문제의 심각성은 보건당국에 의해서 근로자의 감염을 방지하기 위한 권고사항으로 홍보와 정보가 제공되어야 한다. 이러한 권고사항의 실천에는 입에서 입으로 접촉방식과 혈액이나 체액접촉의 예방에 관한 내용을 포함한다.

AIDS는 혈액을 통한 질병이며 성행위를 통하여 신체에 바이러스가 침투하여 전염되는 질병으로 신체면역시스템을 파괴하고 다른 감염인자의 침투를 용이하게 함으로써 질병을 일으키는 원인이 되며, 주요한 감염경로는 혈액과 정액을 통하여 확산된다.

일반적인 급성 HBV감염의 주요한 증상은 피로감, 미열, 근육과 관절의 통증, 메스꺼움, 구토, 복통과 설사, 황달을 포함한 감기와 유사한 증상을 보이거나, 급성 HBV감염은 치명적인 결과에 이르기도 한다. HBV감염은 백신주사에 의해서 예방할 수 있으므로 보안요원이나 다른 최초대응자와 같이 감염의 우려가 높은 경우에는 백신투여를 하여야 한다.

다음의 보호장비와 장치는 반드시 즉시 사용이 가능하도록 준비한다.

① 혈액, 혈액 부산물 또는 체액에 접촉할 경우에는 반드시 장갑을 착용한다.
② 혈액이나 체액이 튀어나올 가능성이 있는 장소에서는 가운, 마스크, 눈 보호대를 착용한다.
③ CPR를 시행할 경우에는 포켓마스크, 소생술용 가방과 여러 가지 환기장치를 준비한다.

신중한 응급처치의 시행을 위해서는 다음의 사항을 포함한다.

① 혈액이나 체액과 접촉한 후에는 신속하게 장갑을 벗은 후 손을 깨끗하게 씻는다.
② 항상 일회용 주사바늘과 주사기를 사용하고, 절대로 재생하여 사용하지 않는다.
③ 구급용품은 항상 실제적으로 필요한 장소에서 가장 가까운 곳에 특별히 디자인된 단단한 용기에 보관한다.
④ 응급처치에 사용된 장비는 소독과 살균을 실시하고, 잠재적으로 전염성이 있는 폐기물은 밀폐된 용기에 보관하고 관계 규정에 따라 처리한다.
⑤ 오염된 환경에서 업무를 수행하는 경우에는 사전에 환경에 대한 평가를 실시한 다음 적절한 보호 장비를 사용한다.
⑥ 흩어진 혈흔은 즉시 세제, 물, 가정용 표백제를 물에 희석시켜서 청소한다.
⑦ 실제적인 위험이 존재할 경우에는 백신접종을 실시하고, 모든 혈액과 체액은 잠재적인 감염성이 있으며, 사고에 노출된 다음에는 의학적인 진단을 받아야 한다는 내용의 감염 전달과 예방의 형태에 관하여 모든 구성원을 교육한다.

보안관리자나 다른 관리책임자는 사고현장에 노출된 다음에 어떻게 사고가 발생하였으며, 누가 사고에 노출되었고, 개별적인 정보 출처는 어디인지 등에 관한 상세한 사고 상황에 관하여 보안요원이 부상자에게 최초대응자로서의 업무수행의 결과에 대한 내용보고서를 준비한다. 여기에서 노출은 감염성 인자(혈액, 체액, 주사)가 눈, 입, 여러 점막, 피부에 접촉되었음을 의미한다.

병원성 감염균에 노출된 사람은 신속하게 개인의 동의하에 개별적으로 혈액을 채취하여 감염여부에 대한 테스트를 시행한 다음 그 결과를 기록하여야 한다. 검사결과는 감염균에 노출된 구성원이 확인이 가능하도록 허용하고 해당 법률과 규정을 당사자에게 알려주고 관계기관에 통지한다.

6. 표준운영절차

기업에서의 모든 재난상황에서 보안요원의 대응과 행동요령에 관한 표준운영절차(Standard Operating Procedure)에 대하여 명확하게 규정되어야 한다. 이러한 표준운영절차는 다음에 언급한 몇 가지 전반적인 영역에서 구체적이고 명확한 지침을 제공하게 될 것이다.

① 보안요원과 다른 대응요원과의 교신 절차.
② 누가, 언제, 어떻게 재난상황에 대하여 공지하는가?
③ 고가장비는 보호구역으로 이동하고 폭풍이 도달하기 전 창문에 보완장치의 설치, 모래주머니 채우기, 비상펌프의 가동, 차량의 통제, 밸브와 댐퍼의 폐쇄, 전원차단 등 특정한 업무를 지정.
④ 비상탈출절차, 탈출로, 집합장소.
⑤ 중요 파일과 문서, 사진, 장비 등의 보호업무의 지정과 관심.
⑥ 부상자에 대한 의료지원.
⑦ 경찰서, 소방서, 앰뷸런스, 의료지원, 민간자원봉사, 재난관리기관과의 조정업무.
⑧ 이동식 전등, 확성기, 안전모, 바리케이드, 경보신호, 응급용품, 들것과 같은 재난장비와 보급품의 배치.

〈폭풍에 대비한 준비사항〉

아래의 내용을 보장하기 위하여 폭풍대비계획을 검토하고 항상 가장 적절한 상태로 업데이트한다. ① 재난계획에 의해서 보호되는 핵심자산 ② 업데이트되고 이해하기 쉬운 사업장 폐쇄절차 ③ 사업장의 백업장비 ④ 임직원을 수용하기 위한 안전한 피난장소의 준비 ⑤ 고가자산과 핵심적인 업무기록물을 보관하기 위한 보호된 저장구역 ⑥ 데이터처리를 위한 핫 사이트와 같은 대체운영구역 ⑦ 앰뷸런스 서비스, 창문보강 업체 등 재난 중이나 재난 후에 즉시 외부 재난대응 서비스 업체의 서비스가 제공하기 위한 계약 ⑧ 즉시 사용가능한 재난 보급품, 물품, 도구 재난계획을 대응하는 모든 실무자들은 자신의 역할에 대한 이해와 준비를 보장하고, 지정된 기후상황 감시자는 항상 경계태세의 유지와 경보 발령을 확인한다. 더불어 사전에 결정된 체크포인트에 따라 최고경영진은 구성원의 귀가와 창문의 보강과 같은 의사결정에 대하여 기억하고, 운영관리자는 재난계획의 책임을 명심한다.

폭풍 또는 다른 재난이든 상관없이 재난에 대비한 계획을 세우는 것은 일찍 시작하는 것이 좋다. 그러므로 새로운 건축물을 세울 경우에는 사전 재난대비 계획으로 강풍에 대비한 지붕의 디자인, 홍수에 대비한 지하층의 설계, 지진의 흔들림에 대비한 지지 기둥과 바닥에 대한 고려가 필요하다.

모든 자연재해는 해당 지역에 위치한 기업에 광범위하고 심각한 피해의 원인이 되므로, 신중하게 대비한 신속한 대응 업무의 수행은 피해의 규모를 크게 줄이는데 기여하게 된다.

7. 미디어의 역할

미디어에서 주요 재난에 대한 보도는 대단한 뉴스가치가 있다. 재난이 발생할 경우에 TV, 라디오, 신문, 인터넷방송 등 모든 매체들이 현장에 몰려들어서 질문을 하고, 사진을 찍고, 촬영을 하는 것이 일반적인 재난현장에서의 모습이다. 따라서 재난복구에 중점을 두고 있는 대응팀들이 취재진의 관심을 다른 데로 돌리는 것은 어렵다. 그러므로 사전에 정보를 외부에 제공하는 역할을 하는 공보관(public information officer)을 지정하거나, 재난현장의 상태를 유지하는 업무를 수행하는 보안관리자에게 해당 업무를 맡긴다. 일반적으로 담당 공보관은 보안관리자가 엄격하게 재난상황을 관리하는 동안에 취재팀에 진행상황에 대하여 정보를 제공한다.

재난을 겪은 사업장의 가장 우선순위는 재난을 효과적으로 극복하는 것이고, 두 번째가 사실을 정확하게 전달하는 것으로 2가지 모두가 중요하다. 재난 현장에서의 모든 미디어는 무슨 일이 발생하였는지 어떻게 진행되고 있는지에 대하여 알고자 한다. 재난에 대한 미디어의 정보수요는 재난현장에 국한되지 않고 내일의 이슈 또는 오늘의 폭발사고와 같은 뉴스가치가 있는 눈에 띄는 기사주제를 찾는다. 따라서 기업에서는 미디어에 정보를 제공하기 전에 이러한 미디어의 관심에 항상 주의를 기울인다.

공보관은 외부에 정보를 제공할 경우에 기업의 이익에 관한 내용보다는 공동체의 이익과 관련된 특히 공공의 안전이나 건강과 관련된 문제에 관심을 기울려야 한다. 일례로 사업장에서 근로자가 사망할 경우에는 사망의 책임이 기업체에 귀속될 가능성이 크므로 경영진은 이러한 상황에 대하여 민감하게 반응한다. 이로 인하여 기업은 민·형사 소송에 휘말리고 사업장이 여론의 집중적인 관심의 대상이 되면서 부정적인 여론이 형성되게 되면 이러한 사회적인 분위기에 따라 법적인 중징계를 받게 되기도 한다.

보안에 관한 특정한 문제에는 재난현장의 출입통제, 정보를 얻기 위한 미디어의 경쟁으로 인한 업무진행의 방해, 기업에서 허용되지 않는 정보 유출이 미디어와 관련되어 발생할 수 있다.

보안관리자는 재난사태를 관리하는 중심인물로서 미디어의 질문에 대답해야 하거나 종종 인터뷰에 응해야 한다. 그러나 일반적인 기업정책과 업무절차에 따라 공보관이 기업을 대표하여 미디어의 창구역할을 수행하는 것이 기업의 정확한 상황을 있는 그대로 전달하고 혼란을 방지하는데 도움을 줄 것이다. 따라서 공보관은 미디어가 필요로 하는 것에 민감하도록 훈련되고 특히 뉴스 마감시간을 존중하여야 한다. 그러나 일반적으로 기자들이 뉴스를 얻기 위해서 노력하는 반면에 공보관은 제공된 자료가 정확하고 조직의 관점을 고려하고 있는가에 대해 더 관심을 기울인다.

재난현장에서 사망사고, 심각한 부상, 많은 재산피해, 환경 파괴, 공공의 위험과 관련된 뉴스는 매우 중요하게 다루어진다. 따라서 공보관은 이러한 보도가 왜곡된 시각이나 조직이나 개인에게 피해가 발생할 수 있을 경우에는 이러한 피해를 방지하기 위한 통제밸브의 역할을 수행한다.

기업에서 미디어의 선호여부에 상관없이 언제나 미디어는 여론의 관심을 끄는 소재를 찾아다니므로 뉴스 자체보다도 뉴스거리를 제공하는 과정을 어떻게 관리하느냐가 더 중요하다.

어떤 규모의 사건이 발생하던 상관없이 미디어는 사실(fact)이 무엇인가를 알고자 하므로 가끔은 경영진에서 미처 관심을 기울이지 않는 상세한 부분의 정보까지도 요청한다. 대부분 재난이 발생할 경우에는 경찰이나 소방기관이 먼저 도착하고 곧 바로 초기대응자와 같이 TV, 라디오, 신문기자가 도착하여 실시간으로 현장상황을 보도하게 된다.

만약 사업체의 본사가 멀리 떨어져 위치하는 경우에는 대부분 최고경영진은 현장관리자에게 초기 기업의 대변인이나 공보관의 역할의 수행을 대신하게 한다. 이들의 목적은 가능한 신속하고 분별있는 상황정보를 제공하는 것으로, 미디어는 육하원칙에 근거한 정보와 재난에 노출된 인원과 이름, 사망자와 부상자의 상태, 자산피해현황, 특히 환경피해에 관한 정보를 요구한다.

미디어의 관점에서는 진실성과 신뢰도가 대변인보다 직접 현장상황을 전달하기 때문에 현장관리자를 선호하나, 재난이 보안업무와 관련될 경우에는 보안관리자가 대변인으로 지명되기도 한다. 대변인의 핵심업무는 관련 사실에 대한 정보를 상세하게 제공하는 것으로, 주제에서 벗어난 질문에는 간단한 답변으로 처리하고 핵심내용을 반복하여 관점이 정확하게 전달되도록 한다. 이러한 기법은 특히 기자가 1시간 이상의 인터뷰 내용에서 가장 두드러지고 짧은 내용만을 편집하여 방송하는 TV인터뷰에 유용하다.

재난상황에서의 루머와 과장된 보도는 기업에게는 재앙이므로, 비록 재난초기에는 어렵겠지만 상황에 대한 정확성이 가장 중요하다. 따라서 재난현장에서 정보의 흐름을 주의 깊게 평가하며, 특히 사상자의 규모와 원인에 대해서는 신중하게 접근하고, 사상자의 이름은 가족들이 확인하기 전까지는 알리지 않는 것과 사고 원인을 추측보도하지 않는 것을 철칙으로 한다.

기업과 미디어 모두는 상대방의 속임수에 주의해야 한다. 기업은 미디어가 기업의 자료를 무시하거나 법적인 이유를 들어 보도하지 않는 것에 대하여 알고 있으며, 미디어는 기업이 개연성 있는 정황에 대하여 부정하거나 종종 중요한 부분이 빠져 있는 정보만을 제공한다는 것을 이전의 경험을 통하여 알고 있으므로 대부분의 유능한 기자는 상대방의 거짓말을 통하여 사실을 간파하거나 정확한 정보가 제공되지 않으면 사건이 확대될 수 있다는 것처럼 은근하게 미디어의 위력을 상대에게 보이면서 정보를 제공받는다.

특종에 매달린 몇몇 기자는 긍정적인 내용의 헤드라인보다는 반기업정서를 자극하거나 어떤 비즈니스 필요성을 무시하는 것과 같은 부정적인 내용이 특정 독자의 관심을 자극한다는 것을 잘 알고 있다. 그러나 다행히도 대부분의 기자들은 책임 있는 관점에서의 사실보도와 기업이 명확하게 통제가 가능한 사실정보만을 취급한다.

누군가는 기업에 부정적인 영향을 미치는 보도를 한다면 왜 노 코멘트 정책을 유지하지 않는가에 대한 의문을 제기할 수도 있다. 그러나 재난상황에 있는 기업에서 아무런 관련 정보를 제공하지 않는다면, 사실보다는 온갖 추측과 루머가 기업 상황을 더 악화시키며, 인간의 속성상 허구와 공상은 매우 신속하게 공식적인 보도의 진공상태를 채우게 될 것이다. 따라서 기업에서 아무런 보도 자료를 제공하지 않는 것 자체가 확인되지 않는 인식에 대한 취약성을 만들어내는 역할을 한다. 오늘날 실시간 제공되는 정보홍수속의 현대사회에서의 매스미디어의 엄청난 영향력에 무방비로 노출된 사람들의 인식이나 이미지가 진실자체를 대신하게 만든다.

이와 같은 기업과 미디어 사이의 긴장감의 주요한 원인은 서로 다른 시각에 있다. 기업은 개별적으로 추구하는 목적을 달성하기 위한 정책을 근거로 운영되는 조직으로 해당 조직이 비난에 직면할 경우에 기업목적 추구를 위한 정책을 방어하는 것이 적절한 해결책이라고 생각한다. 따라서 경영자는 기자가 해당 기업정책과 이유를 이해하지 못하는 행위를 할 경우에 미디어에 반감을 갖게 된다. 반면에 기자는 일반적으로 기자의 기능은 그들이 발견한 사실이 오랜 비즈니스 관행에 반한다 할지라도 그들이 발견한 사실을 있는 그대로 보도하는 것이 그들의 역할이라고 생각한다.

한편, 공보관의 역할은 보안관리자와 같이 관행적으로 주요 재난상황에서 요구하는 계획과 절차대로 진행하는 것이다. 만약 기업소유의 유조선에서 기름이 유출되거나 사업장에서 독성물질이 누출된 경우와 같이 심각한 재난이 발생한 경우에는 공보관은 경영자나 최고경영진과 같이 동행하는 것이 좋다. 공보관의 미디어와 관련된 업무는 다음과 같이 내용에 대하여 신속한 주의를 필요로 한다.

① 사상자와 손실규모와 같은 핵심적인 내용을 상세하게 확인한다.

② 기자를 만나고 현장취재에 동행한다.

③ 기자회견에서 관련 사항에 대하여 알리기 위한 준비를 한다.
④ 상황의 진행에 따라 보도 자료를 업데이트하여 제공한다.
⑤ 경영진의 발언과 성명서를 정확하게 전달한다.

가능한 상황이라면 공보관은 재난현장 인근에 보도센터를 마련하여 정확한 내용을 전달한다. 해당 보도센터는 사업장 내부, 인근 호텔, 통신시설이 설치되어 있는 안전하고 편리한 장소라면 어디라도 가능하다. 보도센터의 취재기자들에게 음식이나 음료를 제공해야할 필요는 없지만 기자들은 늦더라도 성의 있는 답변을 기대하므로, 모두에게 동일한 방법으로 동일한 시간에 재난상황에 대한 자료를 제공하는 것이 중요하다.

구두발언에 대한 보충자료로 정확한 내용을 전달하기 위하여 유인물을 제공하는 것도 좋은 방법이다. 유인물에는 알려진 사실에 초점을 두고, 위험한 추측에 대한 질문과 확인되지 않는 사실에 대해서는 언급하지 않아야 한다. 또한 사망자와 부상자가 발생할 경우에는 구두발언에 의한 실수를 줄이기 위해서 유인물에 사상자의 명단을 첨부하는 것도 고려한다.

재난상황이 진정된 다음에 공보관은 기자들과 추가적인 모임을 갖고 알려진 사고의 원인과 손실규모에 논의한다. 여기에 논의될 긍정적인 소식에는 재난에 의해서 불안정하게 된 직장의 신속한 복귀와 지역의 안전문제에 대한 기업의 고려, 파괴된 재산과 환경의 복구와 이재민에 대한 지원, 기업의 예방과 대응조치의 효과, 지역 재난대비기관의 신뢰 등이 재난관리업무에 포함된다.

재난상황에 따라 차이가 있지만 보안관리자는 재난상황에서 초기의료지원, 재난현장의 출입통제, 계속적으로 위험에 노출된 사람과 자산의 보호에 관한 업무를 수행하므로, 이러한 업무를 원활하게 수행하기 위해서는 기업 내·외부의 많은 조직의 실무자의 업무협조가 요구된다.

제2절 재난복구 프로세스

재난 발생 시 손실을 줄이기 위한 2가지 주요한 방법은 사전계획과 모의훈련으로 직원들은 이를 통해 생명과 재산을 어떻게 보호하는지를 알아야 한다.

여러 가지 재난들에는 사고, 폭탄위협, 폭발, 파업, 시민혼란, 사보타주, 공공시설의 마비, 건물 붕괴, 폭풍(태풍), 홍수, 눈보라, 지진, 해일 등이 있다. 이러한 재난은 인위적이거나 자연적으로 발생하는데, 화재는 자연발화하기도 하지만 대부분 인간의 실수나 의도에 의해서 발생한다.

1. 인위재난

1) 폭탄위협과 폭발

1993년 뉴욕시 세계무역센터[10) 건물(세계무역센터는 국제무역의 중추 역할을 하는 뉴욕의 중심부에 있으며, 동시에 미국경제를 상징하는 대표적인 건물로써, 1990년대 이후 국제 테러단체들의 주요 공격목표가 되어왔다. 1993년 2월 23일 이슬람교 테러리스트들이 이 센터 지하 주차장에 폭탄을 던지는 사건이 발생했는데, 이 사건에 연루된 6명의 범인은 체포되어 종신형을 선고받았지만, 이 테러 사건은 시작에 불과하였다)에서의 폭탄폭발로 6명이 숨지고 1,000명 이상이 부상하였으며, 피해액은 5억 달러가 넘었다. 그리고 2년 후에 오클라호마(Oklahoma)시의 머라(Alfred P. Murrah)[11) 연방건물에서 폭발로 168명이 사망하고 많은 사람이 부상하였다.

실제적으로 연방건물은 폭발의 위력으로 건물정면이 완전히 파괴되었다. 이러한 사고들에서 보이듯이 폭탄위협과 폭발의 가능성은 오늘날 더욱 심각해지고 있으면 이는 결코 타국 이야기가 아니다. 일반적으로 계산된 통계에 의하면 폭탄위협의 98%는 날조(hoax)된 것이나, 나머지 2%의 판단 시 더욱 신중한 대처가 요구되고 있다. 지난

10) September 11은 2001년 9월 11일 발생한 미국 뉴욕의 110층 세계무역센터(WTC) 쌍둥이 빌딩과 워싱턴의 국방부 건물에 대한 항공기 동시 다발 자살테러 사건으로, 이날 오전 9시부터 오후 5시 20분 사이에 일어난 항공기 납치 동시 다발 자살테러로 인해 세계무역센터(WTC) 쌍둥이 빌딩이 무너지고, 국방부 청사(펜타곤)가 공격을 받은 대참사를 말한다. 이 사건으로 인한 피해는 4대의 항공기에 탑승한 승객 전원 사망과 워싱턴 국방부 청사, 세계무역센터 사망 또는 실종자를 포함하여 인명 피해만도 3,021 명에 달한다. 경제적인 피해는 세계무역센터 건물 가치 11억 달러(1조 4300억 원)를 포함한 실질적 피해액만도 210억 달러(27조 3,000억 원), 테러 응징을 위한 긴급 지출안 400억 달러(약 52조 원), 재난극복 연방 원조액 111억 달러(약 14조원) 외에 각종 경제활동이나 재산상 피해를 더하면 화폐가치로 환산하기 어려울 정도이다.

11) 미국 오클라호마 폭탄테러 : 1995년 4월 19일 미국 오클라호마 시티에서 일어난 폭탄테러사건으로 1995년 4월 19일 오전 9시 5분 미국 중부 오클라호마 주의 주도 오클라호마시티 중심가에 있는 알프레드 머라 빌딩에서 폭탄 테러 사건이 일어났다. 9층짜리인 이 건물에는 마약단속국 등 미국 연방정부의 각 기관 사무실과 탁아소 등이 들어 있었다. 이 사건으로 168명이 사망하고 600여명이 부상당했다.

10년 동안에 미국에서 실제로 폭발이 시도된 횟수는 4배나 증가하였고 해 년마다 3,000건이 넘는다.[12] 그러나 폭탄위협이나 시도, 그리고 실제적인 폭발의 실질적 통계를 수집하기는 해당 조직체에서 위협에 대한 보고를 잘하지 않으므로 쉽지가 않다. 그리고 경찰 기관들은 '사고를 선전하지 않는 것'이 모방범죄에 의한 위협이나 폭발을 방지하는데 도움이 된다고 생각한다.[13] 다음사항은 기본적인 폭탄위협이나 폭발위협에 대비하기 위한 전략이다.

① 경영진의 도움을 요청하고 폭발위협에 대비하기위한 계획과 절차를 준비한다.
② 만약 폭탄위협이 전화를 이용할 경우에 상대방이 무엇을 요구하는지를 직원들이 알아야 한다.
③ 대피를 위한 기준이나 절차를 확립하고, 대피로 도면을 건물의 잘 보이는 곳에 부착해둔다. 그러나 비상시에 경영진에게 대피 결정은 안전에 대한 고려와 엄청난 인원의 대피로 인한 거액의 생산성 손실에 대한 어려움 때문에 특히 힘든 판단이 될 것이다.
④ 테러로 의심이 가는 행동이나 물품과 차량은 관찰하여 보고하도록 모든 직원들을 교육하고 자료를 수집한다. 그리고 무언가 의심이 가는 물건에 가까이 가거나 만지지 못하게 한다.
⑤ 각 시설물에서는 해당 사업장에 어울리는 특징과 요구사항에 따라 주차관리와 출입관리를 실시한다.
⑥ 주요 시설물에 들어오기 전에 외부인(예, 서비스 직원)을 확인하고 통제한다.
⑦ 우편물을 선별하고 직원들에게 바로 우편물이 전달되기보다는 선별을 위해서 보낸(발신지) 정확한 주소를 확인한다.
⑧ 보안요원의 순찰활동은 침입자에게 쉽게 노출될 수 있으므로 예상하지 않는 형식으로 순찰을 실시한다.
⑨ 건물의 내부와 외부를 체크리스트에 의거하여 철저하게 점검한다.
⑩ 비상계획과 대응 조직(예, 자율소방대)의 조치를 위한 공공 안전기관과의 연락을 확인하는 것으로 예를 들면, 현장과 가장 근처에 있는 폭발물 처리반은 자격과 경험, 대응시간은 얼마나 되는가를 확인한다.

---

12) Mark M. Warrington, "*Bomb Threat Exploding*," Security, (February 1997), p. 56.
13) David H. Estenson, "*Should Bomb Blasts Be Kept Quiet?*" Security Management, November 1995, p. 120.

2) 파 업

파업으로 인한 조직의 직·간접적인 손실은 엄청나게 크다. 이러한 파업으로 인한 주요한 손실은 생산 차질, 기업이익 감소, 기업이미지 훼손, 직원이나 고객들의 이탈, 반달이즘, 추가적인 손실예방 서비스 비용, 법적인 비용이 포함된다. 따라서 파업에 대한 최선의 방어는 사전에 준비하는 것으로 가능하다면 사전에 파업을 예상하고 재고를 확보한 후 파업시 고객들에게 중단 없는 서비스와 제품을 공급한다. 그리고 노사간의 합의가 거의 결렬될 경우에 대비하여 관리진에서는 지역 경찰기관과 연락하여 과격한 노동분규를 방지하고 자산을 보호한다. 반면 보안부서에서는 시설물 주변 보호에 중점을 두고, 중요 경영진과 그 가족을 보호하며 관련 증거를 수집하고 실제로 파업이 발생한 경우에는 경찰과 민간 보안요원이 대부분의 경우에 같이 일하게 될 것이다.

파업을 하는 근로자나 회사 모두는 자신들의 법적인 권리를 가지고 있으나, 파업시 불공정한 노동관행에 의한 소송을 피하기 위하여 관리진과 보안 실무자는 필수적으로 노동법에 대한 해박한 지식을 가지고 있어야 한다. 그리고 노조활동에 대한 경계와 조사는 노동관계법에 의하여 불법행위이며 이러한 불법행위는 사측의 간섭에 의해서 불공정한 노동관행을 만들며, 자체조직의 권리를 행사하는 직원들을 억압하거나 제재하고, 노조대표를 통하여 노조를 집단적으로 매수하는 것을 포함한다. 감시의 한 가지 유형으로 파업근로자의 활동을 사진으로 찍는 것은 불법이나 범죄행위(예, 재산에 대한 파괴나 공격)를 고소하기 위한 증거를 수집하는 것과 같은 행동은 합법적인 방법이다. 이러한 미국의 사례로, 어떤 보안서비스회사가 6만장의 사진과 수천시간 분량의 비디오테이프를 모아서 불법적인 파업에 대한 증거로 법원에 제출하였는데, 역으로 사측에 6,400만 달러의 벌금이 부과되었다.[14)]

회사 재산을 보호하기 위한 사전대비(예, 추가적인 안전요원, CCTV)는 노조활동에 대한 간섭으로 추론될 수도 있는 것이므로 노사간의 긴장기간 동안에는 보안 전략의 시행에 신중을 기해야 한다. 예를 들어 미국법원에서는 안전요원에 의해서 노조의 모임에 대한 출입을 감시하는 것은 불법이라고 결정하였으며, 심지어 감시(예, 관리진이 감시가 실시되도록 넌지시 암시하는 것)의 '인상을 주는 것'조차도 미국에서는 불법이다.

---

14) Brenda P. Sunoo, "*Managing Strikes, Minimizing Loss,*" Personal Journal, January 1995, p. 58.

3) 시민 소요

시민들의 데모와 집회의 참가 중에 파괴적인 폭동으로 발전하는데, 데모는 집단으로 그들의 의사를 표출하는 가장 일반적인 방법이다. 이러한 일반적인 집회에 참가하는 것에 대한 경찰의 사소한 잘못으로 인한 소수집단 구성원에 대한 체포는 때때로 모든 군중들에게 격앙된 분위기가 전파되어 군중들을 흥분시킨다. 이렇듯 시민 소요의 원인이 무엇이든지 간에, 결과적으로 사망과 부상 그리고 엄청난 재산의 손실을 발생한다.

이러한 소요가 발생할 경우에 경찰만으로는 폭도를 통제하기가 어렵기 때문에 민간부문은 최악의 사태에 대비해야 한다. 한편, 여름에 높아진 온도로 사람들이 집밖에 모여 있을 경우에 시민 소요의 빌미가 형성되기도 한다. 루머 또한 위험하며, 사회적·정치적 분위기는 소요가 예상하는 징후로 분석되어야 한다.

4) 사보타주와 정전

일반인들이 공장에서 핵심적인 전력선을 절단하여 기업전체의 업무를 중지시키는 것과 같이 파괴적인 행동에 의해서 고의적으로 조직체 업무를 방해하는 행위를 저지른다. 이러한 사보타주[15]의 위협은 조직 내·외부 모두에서 위협의 원인이 된다.

정전은 생산 장애뿐만이 아니라 보안 대책에 심각한 위협을 발생하게 한다. 전기가 공급되지 않으면 경보기·CCTV·출입통제·전기적으로 작동하는 소방시스템, 전기 소방펌프 그리고 다른 시스템들도 모두 쓸모없게 된다. 따라서 정전이 발생하더라도 핵심시설의 가동을 계속 유지하도록 2차적인 비상전원(예, 비상 발전기)이 준비되어야 한다.

5) 구조물 붕괴

체계적인 건물의 유지보수와 주기적인 점검이 건물 안전을 보장할 것이므로 다층건물에서 무거운 기계, 무거운 저장물, 그리고 어떤 다른 무거운 물체가 건물 내에 배치

15) 고의적인 사유재산 파괴나 태업 등을 통한 노동자의 쟁의행위를 말한다. 프랑스어의 사보(sabot:나막신)에서 나온 말로, 중세 유럽 농민들이 영주의 부당한 처사에 항의하여 수확물을 사보로 짓밟은 데서 연유한다. 사보타주는 태업에 그치지 않고 쟁의 중에 기계나 원료를 고의적으로 파손하는 행위도 포함한다.

할 경우에는, 각 층의 하중의 배분에 대해서 철저하게 연구되어야 한다. 1994년 32명의 생명을 앗아간 성수대교 참사, 1995년 6월 29일 서울 서초구 서초동 소재의 삼풍백화점[16)]의 한 동이 건물의 설계 시공·유지관리의 잘못에 기인하여 붕괴되는 사고가 발생하였는데 이것이 유지보수와 점검의 중요성을 말해준다.

2. 자연재해

경제학에서 불확실성은 분석을 통해 그 결과와 확률을 파악하기 어려운 위험을 의미하며, 기업 이윤은 불확실성과의 성공적인 교전을 통하여 창출되나 불확실성은 기업과 사회의 위협요소다. 금세기 지구촌 성장을 저해할 주요한 불확실성 중에서 최대의 위협요소는 기후변화이다.

자연재해를 우리는 때때로 인간의 간섭이나 부주의에 기인하지 않으므로 불가항력(act of god)이라고 칭하기도 하나 지구온난화가 인간이 소비하는 화석연료에 의해 초래됐을 가능성은 90% 이상이라는 것이 유엔 정부간 기후변화위원회(IPCC)의 분석이다. 지난 100년간 지구 전체의 평균기온은 0.74℃ 상승하였고, 한반도는 이보다 2.5배인 1.5℃나 상승한 것으로 나타났다. 이처럼 지구온난화로 인해 전 세계적으로 집중호우, 슈퍼태풍, 폭염 등 이상기상 현상이 빈발하고 있으나, 산업화의 동력인 화석연료의 사용을 누가 어떻게 통제하는 가의 바탕에는 인간의 욕망이 자리하고 있다. 어쨌든 여기에서 언급하는 자연재해는 인간의 사망과 부상 그리고 심각한 재산상의 손실의 원인이 되는 재난에 관한 내용이다. 기업을 운영하는데 가장 두려운 자연재해는 일반적으로 홍수, 태풍, 가뭄, 지진, 폭풍, 폭설과 같이 것이 있다.

자연재해에 대비한 준비와 경영진의 계획에 의해서 책임이 부과된 여러 관리자 중의 한사람이 보안관리자이다. 기업의 재난관리팀은 재난의 대비와 재난상황에서 보안관리자에게 핵심적인 역할을 기대하며 대부분의 자연재해에서는 기업내부의 역량보다는 외부 재난관리기관의 네트워크가 중요하다. 재난관리기관에서는 국민의 생명과 재산을 보호할 의무를 지므로 재난의 예상, 대비, 대응에 관한 주요한 재원을 확보하고 재난관리에 관한 종합적인 업무를 수행하여야 한다.

16) 삼풍백화점붕괴사고는 사망 501명, 실종 6명, 부상 937명이라는 인명피해를 발생한 8·15광복 이후 가장 큰 인적 재해로 기록되었으며, 이 사고를 계기로 긴급구조구난체계의 문제점이 노출되어 119중앙구조대가 서울·부산·광주에 설치되었다.

〈재난대비의 핵심요소〉

① 재난발생 초기의 대응은 조직자체의 신속한 대응이 피해의 경중을 좌우하나, 재난규모가 자체대응의 한계를 넘어설 경우에는 국가 재난관리기관과 지역 재난관리기관과의 네트워크가 재난에 대비한 기업의 재난관리계획의 핵심이 될 것이다.
② 재난관련 보험약관에서 보장하는 범위에 대하여 확인하고, 보험에 들어있는 자산에 대한 현재의 사진을 파일로 보관하며, 보험약관에서 명기한 구체적인 요구사항을 충족하도록 서류상으로 확인을 받는다.
③ 재난에 관련된 보급품과 재료 들은 필요할 경우에 즉시 사용이 가능하도록 확인한다.
④ 구성원, 공급업체, 고객과 관련된 모든 기관과 대응절차에 관하여 연락한다.
⑤ 재난대비 훈련을 실시하고 시나리오를 연습한다.
⑥ 발생가능성이 높은 재난에 준비를 집중한다.
⑦ 만약 사업장에 다양한 업체가 입주한 경우에는, 입주업체와 재난대비계획에 대한 절차를 서로 상의하고 확인한다.
⑧ 유틸리티 장비, 전원차단지점, 보조전원, 잠재적 위험구역, 재난장비와 보급품, 통신장비, 응급처치센터, 탈출경로와 같은 핵심 요소에 대하여 정확하게 기록한 지도를 준비하고, 재난처리 공정도와 의사결정절차를 확인한다.
⑨ 사업장에 지휘부를 지정하고 필요장비를 준비하며, 대체장소를 지정한다.
⑩ 기업운영에 핵심적인 컴퓨터운영은 대체장소를 구축하고 백업데이터의 저장과 전송절차를 확립한다.
⑪ 모든 재난대처요원이 운영절차, 시설구획과 장비 작동을 이해하도록 교육한다.
⑫ 사업장의 특정 구역이나 운영에서의 개별적인 책임을 지정하고, 팀을 지정하고 책임자를 선정한다.
⑬ 보험업체를 참가시켜 주기적으로 재난장비의 검사의 실시와 결과의 기록, 문제점이 발견될 경우에 즉시 시정한다.
⑭ 재난대비 장비와 장치인 무전기, 라디오, 축전지, 구급용품, 손전등, 호각, 들것, 이동식 발전기, 특별 의류, 산소탱크, 제세동기, 수공구와 수리 도구 등을 준비·유지한다.
⑮ 직원들에게 재난관련 정보를 신속하게 전파하는 방법을 구축한다.

1) 태 풍

우리나라에서 태풍은 기업의 모든 중요시설에 피해를 입힐 수 있는 가장 주요한 위협요소이다. 일반적으로 태풍은 심한 바람과 많은 비를 동반하므로 인명피해, 구조물 손상, 홍수 피해와 정전 등을 동반한다. 태풍 발생은 미리 기상예보를 통하여 대비할 시간적인 여유가 있다. 기업의 재난 담당자와 보안관리자는 기업의 피해가 예상되는 모든 중요자산을 안전하게 예방조치를 취하고 우발상황에 대비한 준비를 한다.

태풍의 크기는 초속 15m 이상의 풍속이 미치는 영역에 따라 분류하며, 태풍의 강도는 중심기압보다는 중심최대 풍속을 기준으로 분류한다.

1996년 태풍의 강도를 지칭하는 용어가 종전 태풍의 강도를 분류하던 기준을 중심기압에서 중심 최대풍속으로 변경했다. 이에 따라 종전 초A급, A급, B급, C급으로 분류되던 태풍의 강도는 매우 강, 강 ,중, 약으로 바뀌었다. 종전에는 중심기압 9백20헥토파스칼(hPa)이하는 초A급, 9백20~9백50hPa는 A급, 9백50~9백80은 B급, 9백80hPa이상이면 C급으로 지칭되었다.

태풍 크기는 초속 15m이상의 풍속이 미치는 영역에 따라 분류한다.

① 소형 : (풍속 15m/s이상의 반경) 3백㎞ 미만

② 중형 : 3백~5백㎞

③ 대형 : 5백~8백㎞

④ 초대형 : 8백㎞ 이상

태풍의 강도는 중심 최대풍속을 기준으로 분류한다.

① 약 : 초속 17~25m미만으로 건물에 붙은 간판이 떨어져 날아가고(15) 지붕이나 기왓장이 뜯겨 날아간다(25).

② 중 : 초속 25~33m미만으로 허술한 집이 붕괴(33)되고 기차가 넘어진다(35).

③ 강 : 초속 33~44m미만으로 사람이 날아간다(40).

④ 매우강 : 초속 44m이상으로 철탑이 휘어진다(60).

⑤ 수퍼 : 초속 67m이상으로 지름이 1m가 넘는 나무 전체가 뽑힌다.[17)]

태풍에 대한 대비는 구체적인 계획과 구성원에게 개별적인 책임과 임무를 부여하는

---

17) 미국 합동태풍경보센터(Joint Typhoon Warning Center)의 분류로, 분당 평균 풍속이 초속 67m 이상이고, 하루 1000mm 이상의 폭우를 동반할 경우 슈퍼태풍으로 정의하고 있다.

것에서부터 시작한다. 재난대비계획의 핵심은 구성원의 안전을 보장하고 기업의 물리적 자산손실을 최소화하는 것에 있다.

재난대비계획은 구성원 모두가 참여하는 과정으로, 대체적으로 대외협력부서, 인사관리, 정보기술, 법무팀, 안전관리, 통신, 자산관리와 보안부서가 핵심적인 역할을 담당하게 된다. 태풍에 대비한 주요한 활동사항에 대한 개요는 다음의 내용을 목표로 한다.

① 재난에 필요한 장비와 보급품 그리고 준비할 재료를 규정, 획득, 유지한다. 상하기 쉬운 보급품은 태풍의 접근이 임박할 시기에 준비할 수 있도록 공급처를 확보한다.

② 컴퓨터의 중지, 창문보호대의 설치, 고가장비를 건물내부로 이동, 임직원의 귀가와 같이 최초 대응조치를 어느 분야에서 시작할 것에 대한 개시 시점을 확립한다.

③ 재난대응업무를 수행하는 구성원에게 전화 등 의사전달수단을 구축한다.

④ 구성원의 대응절차와 개별적인 책임에 대하여 전달한다.

⑤ 재난대응팀을 구성하고 훈련시킨다.

미국에서는 토네이도의 예외로 강풍은 감지와 위치추적의 시간에 따라 영향이 좌우된다. 허리케인의 경우 크게 예상할 수 있는 발달단계에 따라 경고수준이 4단계로 구분된다.

① 1단계는 허리케인이 발달하기 시작하여 잠재적으로 해당 사업장에 영향을 미칠 가능성이 있는 경우가 해당한다. 이 단계에서는 재난대응팀은 폭풍에 관한 날씨 정보를 통하여 계속적으로 허리케인의 잠재적인 영향과 크기와 방향에 관해서 모니터링을 실시한다.

② 2단계는 허리케인이 사업장 반경 200마일 내에 접근할 경우에 해당한다. 재난대응팀은 매 2시간 마다 허리케인의 예상 진로와 상황에 대하여 경영진에 보고한다.

③ 3단계는 허리케인이 사업장에 48시간 이내에 도달할 수 있는 반경에까지 접근한 경우에 해당한다. 이때에는 경영진에 보고는 매 1시간 마다 실시하고, 이에 따라서 경영진은 기업운영의 부분적 또는 전면적인 가동중단을 시작하기 위한 선정절차에 들어간다.

④ 4단계는 허리케인이 사업장에 24시간 이내에 도달할 수 있는 반경위치까지 접근한 경우이다. 경영진은 재난대응계획에 따라 가동중단명령을 준비하도록 지

시한다.

재난기획팀의 구성원은 재난계획을 개발하는 업무와 재난대응팀에 참여하는 2가지 임무를 수행하기도 한다. 일반적으로 재난대응팀에서의 보안관리자는 경찰, 소방, 구급차, 의료단과 같은 외부 재난대응조직과의 연락관 역할의 수행과 재난대응 업무를 수행하는 보안요원의 업무지시와 모니터링을 동시에 진행한다. 해당 기업에 재난대응센터가 없는 경우에는 대신에 보안통제센터를 활용하여 업무를 수행하는데, 이런 경우에는 보안요원이 폭풍에 대한 보고를 받고 전달하는 업무를 수행하고 핵심대응요원에게 공지사항을 전달하고 임직원에게 일반적인 재난에 관한 사항을 알리고 업무일지에 기록한다. 더불어 보안요원은 최소한 건물외부가 폭풍에 견딜 수 있도록 하고 지정된 금고로 귀중품을 옮기고 필요한 경우에는 재난의료팀의 지원하는 업무도 수행한다.

보안통제센터는 폭풍에 대비하기 위한 명령지휘센터로의 기능과 또한 지역 일기상태를 1년 내내 24시간 모니터링 하는 역할을 수행한다. 기상청에서 입수한 날씨 관련 정보는 재난대응팀장과 현장에 상주하는 경영진 등 지정된 임직원에게 실시간으로 전달된다.

재난대응팀장은 폭풍의 발전단계별로 수행하여야 할 적합한 대응계획을 수립하는데 다음의 내용을 포함한다.

① 책상, 테이블, 캐비닛, 선반, 창문선반에 놓여 있는 고정되지 않는 모든 물건을 정리한다.

② 움직이는 모든 물체는 고정하고 블라인드는 내린 다음 고정시킨다.

③ 기업 기록물은 안전하게 보관하고 파일 캐비닛은 잠근다.

④ 개방된 선반은 단단한 보호막으로 커버를 덮는다.

⑤ 예술품과 개인 용품은 내부공간으로 이동한다.

⑥ 전기로 사용하는 사무용 장비는 전원을 차단한다.

⑦ 컴퓨터 하드웨어는 창문에서 멀리 떨어진 내부공간으로 이동한다.

보안통제센터로부터 경보가 최고경영진에게 전달되면 의사결정자는 신속하게 사업장 폐쇄결정을 한 다음 가능하다면 구성원을 귀가하도록 조치한다. 만약 폭풍이 매우 빠르게 접근하면 신속하게 구성원에게 사업장이 위험상황에 직면하였음을 알리고, 실내·외 확성장치를 통하여 다음의 직무를 수행하도록 알린다.

① 건물과 사무실 외부의 모든 문을 닫는다.

② 미리 지정된 구역이나 건물의 중심부로 이동한다.

③ 안전을 유지하기 위해서 바닥에 앉아서 두 무릎 사이에 머리를 숙인다.

④ 다른 지시가 있기 전까지는 안전한 구역에 계속 머무른다.

폭풍이 밤중에 도달하여 업무시간 이외에 사업장 폐쇄조치가 내려졌다면, 이러한 내용의 전달은 지역 공중파나 회사전화를 통하여 전달되고 통화내용을 기록한다.

우리나라에는 매년 6월과 10월 사이에 연평균 3개정도의 태풍[18)]이 엄청난 피해를 끼치고 있다. 이러한 태풍은 한 해에 3개 정도가 우리나라에 영향을 미치며, 태풍 내습이 가장 많은 달은 8월, 7월, 9월의 순이고, 7월, 8월, 9월 3달 동안에 내습한 태풍 수가 전체의 91%를 차지하며, 아주 드물게 6월, 10월에도 내습하는 경우가 있다.

2002년 8월 31일 태풍 루사로 인하여 영동지역에 내린 폭우로 영동지역의 강릉시를 비롯한 속초, 동해, 삼척 등 각 시·군은 사상 최악의 수해를 입었다. 강릉에서는 기상관측 이후 최대인 하루 897.5㎜의 강우량을 기록하면서 도시 전체가 물바다로 변했다. 피해규모도 사망·실종자만도 180명이 넘으며, 피해액은 5조원이 넘는 것으로 집계되었다.

다음의 사항들이 이런 재난 시에 필요한 대책이다.

① 최대 풍속을 예상하고 건물을 설계한다.

② 일기예보를 청취하고 철저하게 따른다.

③ 필요한 경우에는 제품생산을 중단한다.

④ 지대가 낮은 지역에 직원들을 위한 안전한 대피처를 준비한다.

⑤ 직원들을 유리창으로부터 멀리 떨어지도록 지도한다.

⑥ 폭풍이 불어오는 반대쪽의 문이나 창문들을 열어 놓으며, 내 · 외부 압력을 같게 하여 건물의 붕괴를 방지한다.

⑦ 비상전원을 준비한다.

⑧ 교신장치를 확립한다.

⑨ 사전에 물건을 단단히 묶어 두고 손상이나 바람에 의한 피해로부터 회사재산을 보호한다.

---

18) 중심 최대풍속이 17m/s 이상의 폭풍우를 동반하는 열대저기압으로 북태평양 남서부에서 발생하여 아시아 동부로 불어온다. 세계기상기구(WMO)는 최대풍속에 따라 4계급으로 분류하며, 열대성폭풍부터 태풍의 이름을 붙이는데, 한국과 일본은 열대성폭풍 이상을 태풍이라고 한다. 영어의 'typhoon'이란 용어는 1588년에 영국에서 사용한 예가 있으며, 프랑스에서는 1504년 'typhon'이라 하였다.

⑩ 지역 재난관리 공무원과 협력한다.

⑪ 약탈을 방지하는 조치를 취한다.

2) 홍 수

물길을 따라 있는 저지대는 홍수 때 침수가 되기 쉬우며, 댐과 제방은 이러한 문제들을 줄여주나, 아직 많은 지역에서 위험이 남아 있다. 특히 오늘날 지구온난화(global warming)[19]로 인한 기상이변의 주된 원인으로 생각되는 엘니뇨[20] 현상은 예상치 못한 게릴라성 폭우라 불리는 엄청난 폭우를 한 지역에 집중하는 사례가 빈번히 나타나고 있어, 사전에 이러한 폭우가 한꺼번에 모이는 저지대에 대한 철저한 사전 방제대책이 필요하다.

침수로 인하여 인명피해는 물론이거니와 주요자산의 피해와 습기에 취약한 컴퓨터 시스템의 피해는 기기의 손상, 데이터의 훼손 등과 같은 심각한 손실을 가져올 수 있다. 따라서 정보처리시설이 지하실과 같은 낮은 지역에 설치되었다면 홍수에 의한 피해는 불가피하다. 이러한 피해를 미연에 방지하기 위해서는 새로운 정보처리시설을 설치할 경우에 수해피해가 예상되는 지역에 설치하지 않도록 하는 사전대책이 요구된다. 일반적으로 범람지대, 계곡입구나 선상지 등과 같이 홍수가 예상되는 위험한 지역에는 정보처리시설을 설치하지 않는 것이 바람직하다.

수해지역에 대한 노출여부를 평가하기 위해서 보안책임자는 수해위험평가가 자사의 건물이나 인근 건물에 적용 가능한 지 검토한다. 또한 수해의 전반적인 조사 뿐만 아니라 그로부터 야기되는 잠재적인 손실을 살펴본다. 이러한 영향들을 위험분석에 포함시킴으로써 홍수방지조치에 드는 비용을 정당화시킬 수 있는 기초자료를 수집할 수 있다. 정보시스템이나 관련 핵심시설이 피해를 입을 가능성이 있으면 다음과 같은 조치를 취한다.

---

19) 지구온난화는 1972년 로마클럽의 보고서에서 공식적으로 지적된 이후 1985년 세계기상기구(WMO)와 국제연합환경계획(UNEP)이 이산화탄소가 온난화의 주범임을 공식 선언하였다. 특히 염화불화탄소는 오존층을 파괴하는 물질로 잘 알려져 있다. 지구의 기온이 상승하면 바닷물이 따뜻해져 팽창하고 남극 및 북극의 빙하와 고산지대의 만년설이 녹아 해수면이 높아지게 된다.

20) 남아메리카 서해안을 따라 흐르는 차가운 페루해류 속에 갑자기 이상난수가 침입하는 해류의 이변현상으로 페루해류는 남동무역풍이 2~4월을 중심으로 페루 연안을 지나가기 때문에 일어난다. 엘니뇨는 에스파냐어로 '어린애'라는 뜻이며, 어원은 페루와 에콰도르 국경의 과야킬 만에 해면 수온이 증가하여 난류가 유입되면서 물고기가 많이 잡혀 페루 어민들이 하늘의 은혜에 감사한다는 뜻으로 크리스마스와 연관시켜 아기예수의 의미를 가진 '엘니뇨'라 하였다

① 가솔린 엔진으로 작동하는 1개 이상의 배수펌프를 설치한다.
② 차단 밸브가 달린 배수장치를 설치한다.
③ 건물 외부로부터의 홍수가 문제라면 모래주머니를 이용하여 신속하게 배수구를 만든다. 외부 입구가 낮을 경우에는 강력한 접착식 테이프로 입구를 밀봉한다.
④ 정보시스템이 설치된 지역에 방어벽을 만들어 유사시 물의 방향을 바꿀 수도 있으나 이것은 큰 홍수에는 효과가 없다.

홍수가 발생할 경우에 취할 몇 가지 실질적인 조치는 다음과 같다.

① 외부 방제기관과 같이 협조하면, 상습 침수지역에서는 많은 도움을 줄 것이다.
② 직원들의 안전과 약탈을 방지하기 위해서 지역 공무원과 협조한다.
③ 고립되는 것을 피하기 위해 늦기 전에 홍수지역에서 빠져나간다. 그리고 차량 연료를 적절하게 준비해둔다.
④ 만약 공장지역에 어떤 팀이 남아 있다면, 음식물과 담요, 보트, 밧줄, 통신 장비, 응급처치 상자, 모래주머니, 펌프, 기타 물품의 적절한 공급을 보장한다.
⑤ 귀중품은 사전에 안전한 장소에 보관한다.
⑥ 공장에서 홍수가 나기 전에 사전 조치를 취한다. 중요한 기록, 장비, 도구, 화학약품은 홍수가 예상되는 수위보다 높은 곳에 보관하고 공공설비를 정지시킨다. 그러나 홍수에 의해서 심하게 더럽혀진 기계나 장비들의 손상은 불가피하다.

3) 눈보라

눈보라는 폭풍설(暴風雪)이라고도 하며 날리고 있는 눈이 공중에서 내리는 눈만 있는 경우와 일단 지면에 쌓였다가 날리는 눈이 섞여 있는 경우가 있는데, 바람에 날리고 있는 눈이 명백히 내리는 눈이 아니고 땅에 쌓인 눈이 날리고 있는 것으로 판명될 때는 날린 눈(blowing snow)이라고 구별해서 부른다. 눈보라가 강할 때는 수 미터 앞도 보이지 않으며, 강한 바람에 의해서 눈 조각이 날아와 몸에 달라붙고, 바람에 의해서 체온을 빼앗기므로 안개 속보다도 훨씬 보행이 곤란하다. 겨울철에 등산가들이 조난을 당하는 것도 대부분은 눈보라 때문이다.

눈이 내리면 시정이 나빠지는 것은 당연하지만, 아주 약한 눈일 경우는 보통 10km 정도까지는 보이고, 약한 눈일 경우는 5km 정도, 보통 눈일 경우는 700~800m 시야가 보이는 것이 보통이다. 그러나 바람이 강해짐에 따라 시정은 나빠지고, 풍력계급 5(8.0~10.7m) 정도가 되면 약한 눈일 경우에도 겨우 1km 정도밖에 보이지 않는다.

또 강설이 강해짐에 따라 시정은 점점 나빠져서 10m 앞도 보이지 않게 되는 경우가 많다.

또한 눈보라는 강한 바람과 매우 낮은 온도를 동반하고, 대체적으로 일기예보에서 충분한 경고를 미리 하나 미처 사람들이 적절한 피신처를 찾지 못하여 부상과 사망이 발생한다. 따라서 눈보라가 예보되면, 직원들은 미리 집으로 돌아가야 한다. 그러나 만약 직원들이 업무 도중에 궁지에 빠지면 사전 준비가 중요하다. 음식물과 잠자리, 온풍기, 라디오, 통신장비, 텔레비전은 이러한 어려움에서 도움을 줄 것이다.

4) 지 진

지진은 구조적 손상 또는 각종 중요시설의 붕괴를 초래하고 정전과 통신 두절 그리고 시설물 손실 등과 같은 부수적인 피해를 초래한다. 또한 사업장이 소속한 지역 사회에도 보다 넓은 피해를 유발시킨다. 즉, 운송중단, 식품공급 및 대부분의 서비스 중단이 발생한다. 그 결과 정보시스템을 포함한 모든 기업 업무의 진행이 중단되고 필요한 업무지원도 받을 수 없게 된다.

지진에 대한 대책으로는 2가지 형태의 대응 조치를 취할 수 있다.

첫째, 지진의 충격을 견딜 수 있는 건물을 선택하거나 주변 건물의 피해로부터 벗어날 수 있는 건물을 선택한다. 따라서 언덕, 매립지, 주변에 물이 있는 지역, 연료보관 지역, 정보처리시설에 피해를 줄 수 있는 높은 구조물이 있는 지역, 지하에 송유관이나 도시가스 파이프가 지나가는 지역 등은 지진의 피해가 큰 지역이므로 이와 같은 지역은 피하는 것이 좋다.

둘째, 설비를 설치할 경우에 지진으로 인한 영향을 항상 고려한다. 그러므로 스프링클러 시스템이 지진에 의해 파괴되지 않고 계속해서 물을 공급할 수 있도록 요동방지 버팀목이나 유동성 있는 재료로 연결부위를 시공한다.

이와 같은 방지 조치 외에 보안관리자가 고려해야 할 일은 정보처리시설의 기능을 안전하게 수행할 수 있도록 하는 것이다. 이때 동일한 지진으로부터 영향을 받지 않는 충분히 멀리 떨어진 지역을 선택하도록 주의를 기울인다. 또한 예비파일이나 문서 등을 저장할 지역의 구조 및 위치를 선정하는 것도 지진 후 복구와 손상방지를 위해 중요한 일이다.

이러한 지진의 피해로는 건물의 붕괴, 다리 파손, 해안지역의 해일 그리고 파편들의 낙하와 설비에 의한 화재가 사망과 부상의 주요한 원인이다. 따라서 구성원들이 지진

발생시에 만약 실내에 있다면, 지하실이나 단단한 바닥과 문간 밑으로 피신하고, 반면 실외에 있다면 떨어지는 물체나 전기선을 조심해야 한다.

3. 비상계획과 재난복구

비상계획은 사람과 조직이 재난에서 살아남는 기회를 증가시키는 것에 초점을 맞추며, 재난복구의 목표는 조직을 재난 이전으로 회복시키는 데에 있다.

그러나 어떤 사람도 모든 조직에 적용되는 재난에서 회복되고 준비하는 계획을 세울 수는 없다. 따라서 각 상황에 따른 특별한 필요성만이 해당 상황을 만족시킬 것이다. 예를 들어, 고층건물의 각층에서 비상시와 대피 시에 돕기 위한 사람과 팀을 선발하고 훈련시킨다. 이와 유사한 계획이 병원에서도 필요하며, 더불어 직원들은 음식물의 적절한 보급으로 환자들의 보호에 대비하는 것이 필요하다. 태풍이 진행하는 길목에 매장을 가지고 있는 소매 체인점은 지휘소를 설치하고, 태풍의 진로를 매 시간마다 추적하며, 피해가 발생한 매장을 가능한 최대한 빨리 복구하도록 지원하여야 한다.

다음의 리스트는 비상기획과 재난의 복구를 위한 기본적인 사항을 제공한다.

① 지구촌 기상이변에 따라 여러 재난의 위협에 관심이 요구됨에 따라서, 최고경영진과 전문성을 갖춘 관리진의 관심과 지원이 요구된다.
② 재난에 대비한 정책과 절차를 준비하고 지휘체계를 구축한다.
③ 계획과 복구 시에는 체크리스트를 활용한다.
④ 부상과 사망의 예방, 재산보호, 업무연속성에 중점을 둔다.
⑤ 중요한 기록들은 2개의 장소에 분산하여 저장한다.
⑥ 재난계획은 발생가능성이 높은 것만이 아니라 예상하지 않는 것도 고려되어야 한다. 비슷한 기업, 기후, 지리, 보험, 위험관리 보고서나 여러 가지 원인에 대해서도 연구하여 위험가능성을 평가한다.
⑦ 회사의 재정상태, 매출, 법과 규정의 요구에 따른 개별적이고 잠재적인 재난의 영향을 고려한다.
⑧ 재난에 관계가 되는 경찰, 소방서, 비상 의료서비스, 공공설비, 기타 관련 기관들과 같은 모든 유관부서들을 확인한다.
⑨ 일반적인 통신채널을 이용한 지휘소 설치를 계획한다.
⑩ 필수적인 서비스인 전기, 전화, 컴퓨터, 식수, 위생물품의 보급중단에 대비한다.

⑪ 불안전한 상태 때문에 정부기관에서 건물접근을 통제될 경우를 고려한다.
⑫ 연례 훈련과 예고되지 않은 훈련을 실시하며 취약점을 기록하고 향상시킨다.
⑬ 모든 직원들이 소화기와 같은 장비를 어떻게 사용하는지를 알도록 훈련시킨다.
⑭ 유용하게 사용될 수 있는 직원의 비상상황에 필요한 기능(예, 구급법)의 리스트를 집계한다.
⑮ 부상, 가족과 가정의 위급상황, 수송수단과 같은 직원 문제를 고려한다.
⑯ 비상절차와 장비는 법의 규정을 지키도록 한다.
⑰ 음식이나 물, 의료서비스의 부족을 대비한다.
⑱ 기업위험과 생존을 관리하는데 도움이 되도록 보험사와 같이 협조한다.
⑲ 재난을 복구하는 동안 업무를 대체할 장소로 이동가능성을 연구한다.
⑳ 재난복구서비스 회사를 정한다.
㉑ 기업을 복구하는데 절대적으로 필요한 임무와 인력과 장비목록을 만든다.
㉒ 비상시나 복구 시에 도움이 되는 사람이나 조직의 전화번호부를 준비한다.
㉓ 비상과 재난복구계획을 작성하고 매년 개선을 위하여 검토한다.

4. 시설물의 안전성

건물 및 시설의 안전성을 보장하기 위해서는 건물 자체의 입지 조건, 내장 및 외장, 방재설비 등을 고려하여야 한다. 또한 건물 내부의 주요시설과 정보처리시설의 안정적인 운영을 위해 필요한 옥외 부대시설 등에 대한 적절한 보호대책도 고려한다.

1) 건 물

일반적으로 정보처리시설 등 주요시설이 있는 건물은 각종 재해 및 장애에 대비하여 충분한 조치가 강구되어야 한다. 즉, 재해 및 장애의 위험을 최소화하며 재난이 발생할 경우에 최단 시간에 복구할 수 있도록 대비하여야 한다. 건물에 대한 입지조건은 다음과 같은 사항을 만족하여야 한다.
① 견고한 지반에 위치해야 한다.
② 풍수해의 영향을 받지 않도록 한다.
③ 강력한 전자기에 의한 장애를 받지 않도록 한다.
④ 폭발이나 화재의 우려가 있는 위험물 저장시설에 인접한 지역을 피한다.

⑤ 염분이 많은 지역은 피한다.
⑥ 먼지, 부식성 가스, 유독성 가스에 의한 공기오염 지역은 피한다.

건물구조에 대한 고려사항으로는 다음과 같은 점을 들 수 있다.
① 내화 건축물 또는 간이 내화 건축물을 선택한다.
② 바닥 하중과 관련하여 필요한 내력구조를 지니도록 한다.
③ 건물에는 낙뢰 예방을 위한 피뢰침을 설치한다.
④ 피난 또는 소화활동에 필요한 통로를 확보한다.
⑤ 적절한 위치에 비상구를 설치한다.
⑥ 창에는 태양광선을 차단하고 자연재해의 피해를 방지하는 조치를 한다.

건물의 내장 및 외장에 대한 고려사항은 다음과 같다.
① 건물내장은 난연재를 사용한다.
② 건물의 외벽, 지붕은 충분한 방수처리를 한다.
③ 건물외장은 물리적 충격에 견딜 수 있는 강도를 갖도록 한다.

건물의 방재설비에 대한 고려사항은 다음과 같다.
① 건물의 주위에는 충분한 밝기를 갖는 조명 설비를 설치한다.
② 불법침입 등에 대비하여 방범설비를 한다.
③ 자동화재경보 설비를 설치한다.
④ 소화설비를 설치한다.

2) 건물 내 주요시설

건물 내 주요시설인 전산실, 통신실, 데이터 보관실, 전원실, 공조실 등은 각종 중요 기기 및 장비들이 위치하고 있는 곳이다. 따라서 각종 재해 및 장애에 대해 충분한 대비와 안전조치를 통해 안정적인 전원공급이 가능하도록 한다. 이러한 주요 시설에 대한 안전성을 위하여 위치 및 배치, 구조 내장 및 외장, 내부설비 등이 고려되어야 한다. 건물 내 주요시설에 대한 위치 및 배치에 대한 고려사항은 다음과 같다.

① 건축물 내에서 진동, 침수, 가연성 또는 부식성 가스, 증기, 염분 등으로부터 영향을 받지 않는 위치에 설치한다.

② 불특정 다수인이 출입하는 장소로부터 격리한다.
③ 건물 자체의 보호기능을 이용할 수 있는 위치에 설치한다.
④ 제3자의 침입 우려가 적은 장소에 설치한다.

건물 내 주요시설에 대한 구조 조건은 다음과 같다.
① 재해 발생 시 대피 및 보수를 위해 필요한 공간을 확보한다.
② 창문은 개폐 및 분리가 안 되도록 한다.
③ 적절한 위치에 비상구를 설치한다.

건물 내 주요시설의 내장 및 외장에 대한 조건은 다음과 같다.
① 방수처리를 한다.
② 내장재는 불연재 또는 난연재를 사용하나, 석면 등의 재료는 피한다.
③ 정전기 및 전자기의 영향이 없도록 조치를 취한다.

주요시설에 대한 내부 설비조건은 다음과 같다.
① 자동화재 경보기를 설치한다.
② 화재진압 시에 장비에 피해를 주지 않는 자동소화설비를 설치한다.
③ 화재에 대비한 출입구에 방화문을 설치하고 자동개폐장치를 설치한다.
④ 정전에 대비한 별도의 전원공급장치를 설치한다.
⑤ 온도와 습도 조절을 위한 공조설비를 설치한다.

3) 출입통제

시설물보호의 목적은 불법적인 침입을 제지하고 직원, 방문객 및 일반인이 지정된 출입구를 사용하도록 유도하는 것이다. 출입통제는 출입자를 확인하고 필요할 경우에 출입을 금지하거나 자산의 이동을 파악하기 위한 것이다.

출입자를 선별하는 방법은 출입증을 교부하여 보안요원의 확인 하에 출입하도로 하는 방법과 허가된 자에게만 출입할 수 있는 인식표를 발급하여 출입하게 하는 방법 등이 있다. 일반적으로 보안요원에 의한 출입자 확인이 가장 좋은 방법이나 비용이 많이 들고, 형식적인 업무수행으로 인한 취약점을 내포하고 있으며, 인식표에 의한 통제방법은 인식표의 분실, 비밀번호의 누출 등에 의한 부정 출입의 위험이 있다. 따라서 가능하면 출입구를 줄이고, 출입문에 개인 식별장치를 부착하여 통제하며, 이를 CCTV 등을 통해 지속적으로 확인 및 관리하는 것이 효과적이다.

모든 출입구는 가능한 물리적으로 또는 몰래 출입하려는 자를 제지할 수 있는 충분한 기능을 가져야 하므로 출입문과 부대시설에 대한 보강이 필요하다. 가능하다면 내구성 있는 자물쇠, 강화합판 및 프레임, 특수 경첩, 강화유리 등을 사용하는 것을 권장한다. 더불어 중요한 출입문이 열렸을 경우에는 경보가 발생하는 시스템을 설치하여 보안요원이 즉시 대처할 수 있도록 하는 대응책을 수립한다.

4) 보안서비스의 활용

물리적 보호조치, 장애물 설치 및 침입탐지기 등의 방법에는 궁극적으로 사람이 개입된다. 따라서 보안서비스가 필요하면 외부 보안서비스 업체와 계약하거나 자체 보안팀을 활용하는 방법이 있으나, 여러 가지 운영상의 장점 때문에 외부 보안서비스업체를 활용하는 것이 추세이다.

일차적으로 보안요원은 로비, 출입문, 창고시설, 통로입구 또는 통제구역 등에 고정 배치될 수 있으며, 다음과 같은 업무를 수행한다.

① 출입자의 신분과 서명을 확인하다.
② 방문자에게 출입 표찰을 발급하고 회수한다.
③ 불법 침입이나 화재 등을 감시하고 적절한 조치를 취한다.
④ 건물 내·외부로 이동하는 물자관리 및 자산 반출입에 대한 규정을 시행한다.
⑤ 건물별로 적용되는 규정이나 규칙을 시행한다.
⑥ 등기를 포함한 우편물을 접수한다.

보안요원을 가장 효과적으로 운영하려면 보안요원 개개인의 임무가 명확해야 하며 잘 훈련되어 있어야 한다. 보안요원은 특정한 순찰경로를 순찰하거나 불규칙적인 방법으로 순찰을 실시하는데 순찰자의 주요한 임무는 다음과 같다.

① 문, 창문 및 기타 출입구 등이 지정된 시간동안 확실히 잠겨 있는지를 확인한다.
② 긴급한 화재위험, 사업장 외부에 위치하고 있는 장비나 물품 또는 비상구가 열려 있는지에 대한 확인을 한다.
③ 소화기, 소화 호스 및 자동 스프링클러 시스템 등의 상태를 점검한다.
④ 파일, 금고 및 출입통제구역 등이 안전한지 점검한다.

⑤ 수상한 사람이나 행동, 이상한 냄새의 유출 또는 기타의 비정상적인 상태를 파악한다.

순찰활동이 효과적으로 수행되기 위해서는 적절한 관리가 필수적이다. 이것은 항상 동일한 시간에 동일한 업무를 수행하다보면 매너리즘에 빠지기 쉬우며, 근무 시간에 정신이 잠들어 있기 때문이다. 따라서 보안요원에게 정해진 시간에 다양한 방법으로 이상 유무를 보고하게 하고, 휴대용 무전기를 지급하여 항상 교신이 가능한 상태를 유지하도록 한다. 정해진 인원의 보안요원을 운영하는 경우 보안책임자는 보안요원이 매일 근무를 시작하기 전에 전임자에게 필요한 전달 사항을 받고 있는지와 핵심시설을 보호하기 위한 훈련을 실시하고 정확하게 대응하는지에 대한 여부를 테스트하는 것도 중요하다.

5. 방화 프로세스

화재에 대응하기 위한 준비과정에는 보안관리자, 보호대상이 되는 자산관리자, 지역 소방대장 또는 지역의 화재조사관의 협력과 더불어 안전분야와 위험관리분야의 전문가의 참여가 필요하다.

자산관리책임은 화재대응능력에 대한 첫 번째 임무로 이행되어야 한다. 소방관서에서는 기업의 화재대응지침이 소방법규에 적합한지에 대하여 검토하고 적절한 지침을 제공한다. 기업에서 화재에 관한 재난관리지침을 만들고자 할 경우에는 화재위험을 어떻게 파악하고 화재위험요소에 대한 점검의 실시, 소화 장비의 운영, 비상탈출의 운영 등에 관하여 해당 지역 소방관서의 도움을 받을 수 있다.

재난상황에서는 자산관리자와 같이 보안관리자도 소유주의 관심을 대표한다. 자산관리자와 보안관리자는 소유주의 이익을 대표하는 업무로 고용되었으므로 재난시에는 해당 업무분야에서 기업자산을 보호하고 유지하는 업무를 성실하게 수행할 것을 보장하여야 한다.

화재에 대비한 준비에서는 시설물의 화재감지와 진압시스템에 대한 고려가 우선된다. 만약 현대식 건물인 경우에는 화재시스템은 수동식 장비, 이온 감지기, 스프링클러, 경보기, 소화기, 스피커, 압력팬, 소방관용 전화, 비상전원을 조합하여 구성된다.

1) 화재감시원

자산관리자의 책임범위 안에서 최고의 임무는 화재감시원 프로그램이다.[21] 대체적으로 이런 유형의 프로그램은 층의 크기와 구성에 따라 1개 층 당 1명이나 그 이상의 화재감시원을 지정하고 감시원은 지정된 초기와 그 후에 주기적으로 훈련을 받는다. 초기 훈련에서는 소화기 취급방법에 대한 기법과 심폐소생술(CPR)의 시행과 응급처치, 제세동기와 산소호흡장비의 작동, 혈인성 병원균(blood-borne pathogen)의 감염위험의 방지에 관한 훈련이 실시된다. 주기적으로 실시되는 훈련에서는 초기훈련과정을 반복하면서 최근 관심주제에 관한 보충적인 지식을 습득한다. 주기적으로 실시하는 소방훈련은 인근 소방서와 함께 실제상황을 가정하여 실시한다.

일반적으로 화재감시원은 거의 지원자로 구성하나 드물게 약간의 보상을 지급하기도 한다. 프로그램에서 원하는 업무를 수행하기 위해서는 체력적인 민첩성, 근력 그리고 근무일정이 실제로 화재가 발생하였을 경우에 현장에 상주가 가능한 경우가 되어야 화재감시원으로 지명될 수 있다. 화재감시원의 관리자는 훈련과 연습기간에 반드시 참가할 수 있도록 협력하여야 한다. 화재감시원의 임무는 다음의 내용을 포함한다.

① 화재예방, 위험요소의 감소, 화재보고방법, 탈출방법, 탈출 후 집합장소에 관한 개별적인 책임에 관하여 동료들을 교육시킨다.
② 매일 해당 층의 검사를 통하여 화재와 위험요소를 예방, 보고, 교정하는 역할을 수행한다.
③ 비상탈출을 하는 동안에 동료들이 탈출하는 방향과 통로를 유도하는 훈련을 실시하고 건물에는 아무도 남아있지 않는 것을 확인한다.
④ 응급처치가 필요한 사람에게 도움을 준다.
⑤ 피난 사다리, 화재경보기, 피난 루트가 어디인지 숙지한다.
⑥ 게시판이나 눈에 잘 보이는 장소에 비상탈출경로를 부착한다.
⑦ 화재 시에 화재대피 계단 아래와 엘리베이터에서 떨어진 구역에 조력자의 명단을 게시한다.
⑧ 신입사원에게 비상시에 어떻게 행동해야 하는지에 대하여 설명한다.
⑨ 비상탈출 후에 즉시 인원확인이 가능하도록 현재 각층에 근무하는 인력의 명단을 유지한다.

---

21) John J. Fay, *Model Security Policies, Plans, and Procedures* (Boston: BH, 1999), p. 150.

⑩ 천식이나 임신과 같은 의학적인 보호가 필요한 사람을 파악하고, 대피 중에 조력자를 사전에 지정한다.

⑪ 화재에 대한 위험요소(과부하, 부주의한 조리기구 사용, 피난통로에 방치된 물건 등)에 대하여 주의를 준다.

〈전기화재를 방지하기 위한 검사〉

아래의 지침은 전기화재를 방지하기 위한 검사시행에서 체크리스트로 사용될 수 있다. 검사관은 아래의 사항을 보장하여야 한다.

① 개별 제품에 부착되어 있는 인증표나 포장을 확인하고 인증표가 공신력 있는 기관에서 발행된 것임을 확인한다. 더불어 해당 인증표가 부착된 제품은 현재 산업안전기준에 부합하는 것이어야 한다. 연장코드에는 플러그 가까이에 영구적인 인증표가 부착되었는지를 확인하고, 멀티박스와 서지보호기도 확인해 보아야 한다.

② 전기코드, 멀티박스, 서지보호기는 한쪽 면이 다른 쪽 면보다 약간 넓은 플러그를 사용하거나 3갈래로 나누어진 포크형태의 플러그를 사용한다.

③ 에어컨, 이동식 전열기나 냉각장치는 특별히 내구성이 강한 연장선을 사용한다.

④ 건물외부에서 사용하는 연장선은 상당한 외부충격에도 피복이 벗어지지 않는 특별 디자인된 유형을 사용한다.

⑤ 전기플러그는 완전히 접속한 상태로 사용한다.

⑥ 연장선은 장판이나 다른 물체 아래에 놓지 않는다.

⑦ 연장선은 과부하에 걸리지 않도록 한다.

⑧ 연장선은 전기기구가 뒤집어진 상태로 하여 매달리게 사용해서는 안 된다.

⑨ 연장선이 뜨거운 느낌이 들면 교체한다.

⑩ 연장선이 피복이 벗어지거나 낡은 경우에는 교체한다.

⑪ 연장선은 단지 필요한 경우에 한시적인 용도로만 사용한다.

화재경보가 울릴 경우에 화재감시인은 불이 가장 쉽게 발생하는 장소인 커피룸과 복사실부터 시작하여 신속하게 전층의 화재상태를 살펴본다. 화재원을 찾는 과정에 화염이나 연기를 발견하게 되면, 감시원은 수동으로 화재경보기를 잡아당겨서 화재발생을 방재실에 통보하는 것이 감지기에 의한 경보보다 조기에 화재에 대한 대응을 가능하게 한다. 이러한 2중의 보고시스템은 화재감지 패널에 소리와 시각적인 점등으로 나타나고 경보는 보안통제실에도 통지된다. 동시에 화재감지장비는 자동적으로 신호를 소방서에 통지한다. 그러면 자산관리자의 지시나 자동적으로 비상탈출에 대한 안내방송이 모든 건물에 방송되고 이 안내에 따라 구성원들은 신속하게 비상대피 한다.

한편, 화재감시인은 화재경보기를 작동한 다음 신속하게 소방서에 화재에 대하여 알려준다. 이러한 이유는 소방서가 단지 하나의 화재발생신호를 접수하는 것보다 중복되어 신고가 접수되는 것을 선호하기 때문이다. 신고를 마친 다음에는 불꽃과 연기가 퍼지기 전에 비상탈출통로를 확인하고, 해당 층의 모든 구성원이 탈출한 다음 상황에 대하여 지시와 통제가 이루어지는 보안센터에 알린다.

마지막 탈출자가 계단으로 내려간 다음에는 남아있는 사람이 없는가에 대하여 최종적으로 화장실, 회의실, 닫힌 사무실 등을 확인한 다음 자신도 안전하게 건물에서 멀리 떨어진 사전에 지정된 안전한 공간으로 합류한다. 반면에, 화재감시인이 건물을 조사하였으나 화재상황이 발견되지 않은 경우에는 이러한 사실을 보안센터에 알리고 화재진압팀이 오기를 기다린다. 화재진압팀이 재차 건물의 화재여부를 조사한 다음에도 화재상황에 대한 어떠한 조짐도 발견되지 않은 경우에는 보안센터에 이러한 상황을 알리면, 자산관리자는 경보해제에 대한 사항을 모두에게 안내방송으로 알려준다.

2) 화재진압팀

자산관리자는 화재진압팀을 조직하고 감독하는 업무를 수행한다. 화재진압팀의 구성원은 주로 건물 엔지니어로 구성되고 보안요원에 의해 충원되기도 한다. 진압팀의 임무는 화재보고상황에 대하여 실제적으로 화재가 발생하였는지에 대한 신속한 확인을 진행하는 것이다. 오늘날 이러한 보고체계는 거의 전자적인 신호 장치에 의해서 진행된다.

화재가 확인되면, 진압팀은 소화기를 가지고 화재를 진압하거나 필요한 경우에는 소화전을 사용한다. 이때 사전에 특정한 온도에서 작동하도록 조작된 스프링클러가 자동적으로 작동하게 될 것이다. 만약 화재가 발생하지 않는 것으로 확인된다면, 오경보가 원인이라는 추정이 가능하다. 가끔 연기감지기는 너무 민감하므로 먼지를 연기로 오인하여 경보를 발하기도 한다.

화재진압팀은 구성원에게 상황에 대하여 알려주는 안내방송시스템을 이용할 수 있는 자산관리자에게 사실확인 결과를 보고한다. 안내방송을 할 시간에 전자적 화재감시시스템은 화재가능성에 대하여 구성원에게 경보를 발한 상태이므로 정확한 상황진행에 대하여 구성원에게 알려준다. 실제적으로 화재가 발생하지 않는 것이 확인되면 모든 구성원은 다시 정상적인 업무에 돌아오고, 화재가 확인되면 대피가 실시되어야 한다.

비상탈출이 결정되면 화재진압팀의 첫 번째 목표는 구성원의 생명을 보호하는 것으로 이를 위해서 불을 신속하게 진화하거나 탈출하는데 불길이 번지지 못하도록 불길을 차단한다. 더불어 화재감시인을 도와서 구성원이 탈출하는데 도움을 제공하며, 응급처치와 부상자나 자력으로 계단을 내려갈 수 없는 사람들을 도와주는 역할을 한다.

화재발생이 확인되면 시설물 방화관리자는 댐퍼시스템과 팬을 작동시켜서 건물 내의 연기를 밖으로 빼내고 강제적으로 외부의 공기를 계단통로로 불어넣어 연기가 계단실로 들어오는 것을 차단한다.

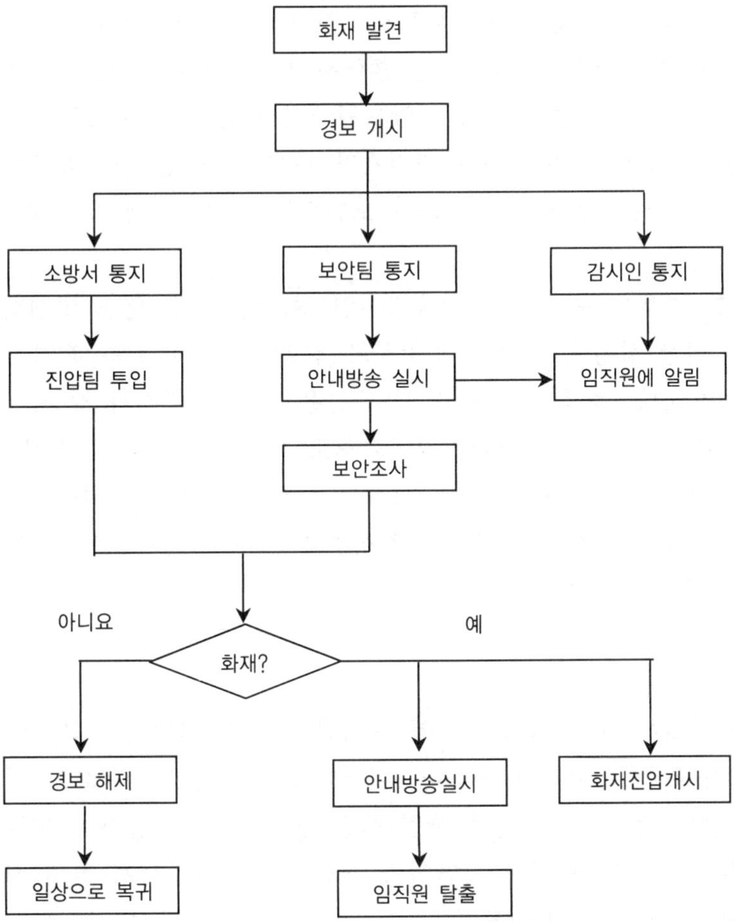

〈그림 5-2〉 화재경보신호의 개시

3) 보안요원

화재진압팀의 구성원과 화재감시인의 활동은 보안요원에 의해서 보완되고, 여기에서 보안팀장이 주도적인 역할을 한다. 보안팀장은 훈련과 실전을 통하여 보안요원의 주요한 업무는 화재위험을 감지하고 대처하는 지침에 대한 절차의 확립, 화재상황에 대한 보고, 모니터링과 화재감지장비의 경보에 대한 대응, 화재감시인과 화재진압팀의 업무협조, 소방차와 장비가 화재현장에 진입하는데 방해되지 않도록 주변정리, 지시와 통제를 목적으로 무전기와 통신장비를 가동시키는 역할을 한다.

효과적인 화재대응역량은 24시간 실무자가 현장에 상주하는 것과 신뢰도가 높은 감지장비와 통신장비의 가용성에 좌우되므로, 현장에 24시간 상주하면서 화재발생 시 적절한 대응 업무를 수행하기 위해서는 훈련된 보안요원이 적절하다. 이러한 계획에 따라서 화재경보신호가 인접 구역의 보안요원에게 전달되고, 때때로 화재감시인이 부재중이거나 가장 인근에 위치한 방화관리자가 너무 멀리 떨어져 있어서 신속하게 대응하기가 어려운 경우가 발생하므로 즉시 보안요원은 화재발생 유무에 대하여 확인하는 과정이 필요하다.

화재가 발생할 경우에 보안요원, 화재감시인, 화재를 가장 먼저 발견한 사람이 신속하고 정확하게 현장 상황에 대하여 소방서로 전화신고를 하도록 훈련 프로그램을 구성하는 것이 중요하다. 소방서에 신고 시 내용은 기업의 명칭과 장소, 인근도로와 주소, 화재발생장소가 정확하게 어디인지, 화재로 인하여 사람이 건물내부에 갇혀있는지, 몇 명의 사상자가 발생하였는지에 대하여 신고한다. 또한 전화 거는 사람은 소방서에 자신의 이름을 알려주고 당사자의 전화번호로 다시 전화통화가 가능하도록 전화기를 통화가능상태로 유지한다.

4) 구성원

화재발생 시에 업무수행지침과 화재를 예방하기 위한 개별적인 책임에 관해 구성원들을 교육시키기 위한 준비가 필요하다. 이러한 교육과정의 일환으로 전 구성원이 참여하는 소방훈련은 적어도 6개월에 한번 씩은 실시한다. 구성원에 대한 가장 효과가 있는 교육방법은 화재감시인이 소집단이나 개별적으로 간단하게 화재 시에 필요한 행동요령에 대하여 전달하는 것이다.

모든 구성원은 6개월에 최소한 한번은 이러한 교육을 전체적으로 실시하고 신입사원 교육기간 동안에 실시하는 것이 상당한 효과가 있다. 교육내용으로는 경보장치의 작동방법, 감지기의 위치, 비상탈출경로, 비상탈출을 위하여 승강기를 사용하고자 하는 시도 또는 규정위반에 관한 내용, 탈출 후 집합장소의 위치, 비상계단의 위치, 경보발생의 절차단계와 탈출순서에 대한 내용에 중점을 둔다.

제3절 보험관리

리스크를 관리하는 한 가지 수단에는 리스크를 다른 부분을 전가시키는 것이다. 이러한 전가시키는 방법 중에 하나인 보험은 보험가입자에서 보험회사로 리스크를 전가시키는 것이며, 보험회사는 가입자에게 정해진 보험약관에 따라 예상하지 않는 사고가 발생 시 경제적인 손실부분을 보상하여 준다. 물론 계속적으로 규정된 보험료를 납부하여 보험약관이 유효하게 유지되고 있는 상태여야 한다.

보험의 상업적 측면은 18세기가 되어서야 완전히 발달했지만, 보험업의 개념 자체는 이미 기원전 18세기 기록에서도 찾아볼 수 있다. 기원전 18세기 경 만들어진 함무라비 법전에 '선박저당계약'에 관해서만 282개 조항이 할애되어 있다. 선박저당계약이란 선주가 항해자금 조달을 위해 배를 저당 잡히고 대출을 받는 것이다. 이러한 보험의 본질은 다수의 보험가입자가 리스크를 공유하는 것이다. 재해의 성격상 누구에게 불행한 경우가 닥칠지도 모르는 상황에서 이를 미리 통제한다는 것은 사실상 불가능하다. 따라서 이런 재난들이 보험제도에 대한 완벽한 환경을 제공했다.[22)]

이와 같은 이유로 아직도 많은 관리자들은 예상하지 못한 비즈니스 손실에 대한 가장 효과적인 방법이 보험이라고 생각하고 있으며, 많은 조직에서 포괄적인 보안프로그램의 대신으로 보험을 활용하고 있으나 이러한 태도는 2가지 측면에서 잘못되어 있다.

첫째, 대부분의 모든 재난보험회사들은 범죄보험계약에 의한 손실에 의해서 상당한 어려움을 겪고 있으므로, 대부분의 보험회사는 이러한 트렌드에 대응하기 위하여 급진적인 조치를 취하고 있다. 보험회사는 보험가입자의 증가된 범죄행위 때문에 보험

22) Against the Gods/리스크, Peter L. Bernstein/안성환, 김성우 옮김, 2008, 한국경제신문사, p. 153.

금 지급증가로 인한 손실의 어려움을 벗어나기 위해서 보험증서를 새롭게 갱신하는 것을 거절하거나 기존의 보험계약을 취소하거나, 보험적용범위의 제한을 설정하고, 상품이나 재산의 현금가치가 높다 하더라도 보험적용범위를 제한하거나 범죄 발생율이 높은 지역이나 높은 위험성이 있는 기업의 비즈니스를 배제 혹은 보험료율을 증가시키는 조치를 시행하고 있다.

둘째, 발생하는 모든 범죄손실에 대응하여 보험으로 보증하는 것은 실제적으로 불가능하다. 고도로 치열한 경쟁시장에서 기업들의 숨막히는 경쟁에 의한 기업 간의 방해와 고객신뢰의 상실, 기업의 도덕성 상실에 따른 숨겨진 손실은 즉각적인 파국은 모면하더라도 매우 심각하여 어떤 기업들이라도 시장에서 순식간에 사라지게 하거나 결코 치명적인 손실을 복구하지 못한다.

따라서 보험은 결코 보안프로그램을 대신하지 못한다. 수많은 사례에서 자산은 최소한의 구체적인 보험약관을 넘어선 부분은 합리적인 보안절차의 수립에 의한 전문가의 활동을 통해서 소유주의 손실을 최소화하는 것이 최상의 자산보호 방법이다. 더불어 전체적인 측면에서 보험가입자가 보험을 가입하면 가입자는 범죄자의 기소나 체포에 대한 관심이 줄어들기 때문에, 이러한 태도는 범죄확산에 일조하는 방향으로 영향을 미친다.

이러한 태도는 결과적으로 보험료를 상승시키는 원동력이 되고 보험가입자의 부담은 더욱 가중되는 악순환을 계속하여야 한다. 따라서 현명한 보험사는 기업이 적절한 보안대책과 보안에 대한 투자를 하지 않으면 결코 보험가입을 승인하지 않으려는 방향으로 보험정책을 수정하여야 할 것이다.

결국 보험료율(insurance rate)은 다양한 원인에 의한 모든 비즈니스와 산업에서의 전체적인 손실의 경험치를 반영하여 정기적으로 갱신된 보험통계표를 근거로 결정된다.

간단하게 보험이란 보험계약에 의하여 운이 좋은 여러 가입자들의 간접적인 도움으로 손실을 경험한 불행한 소수의 보험가입자에게 작은 비용으로 큰 보상을 지급한다. 이러한 기능을 보험회사가 적절하게 수행하기 위하여 더 많은 보험가입자를 필요로 한다. 이것이 리스크를 공유하게 만든다. 그러나 보험가입자가 스스로 적절한 리스크에 대한 관리를 하지 않으면, 결국 이러한 손실은 보험가입자 모두의 부담으로 귀결하게 된다.

보험산업의 기술적인 측면에서는 보안 전문가, 리스크관리자는 물론이거니와 통계학자·경제학자·재정분석가·기술자·법률가·의사 기타 여러 가지 분야도 포함한다. 보험회사들은 조심스럽게 보험료를 결정하며, 신중하게 계약을 입안하고, 보험회사의 정관을 확립하고(예를 들어, 보험회사가 위험을 받아들이거나 거부한다) 신중하게 보험상품을 시장에 출시한다.

대부분의 기업에서 위험예방개념을 적용하기 위해서 〈그림 5-3〉의 그림과 같이 자산관리담당 임원을 중심으로 다양한 기능을 수행하는 부서들이 여기에 참여한다. 여기에는 보안요원과 조사업무를 포함하는 보안업무의 일반적인 요소에 화재보호, 산업안전, 감사, 보험관리업무가 속한다.[23)]

기업의 다양한 자산에 관한 보호·관리를 위해서는 개별적인 리스크분야의 관리에 필요한 독특한 자격요건이 요구되므로 전문분야별로 분리되어 관리하는 것이 효과적이다. 오늘날 대부분의 기업에서는 전문적인 관리기법을 활용하고 최고경영진에서 전체적인 업무를 조정하는 역할을 수행한다.

현대사회에서의 보험 기능은 매우 세분화되고 여러 가지 요인이 복합된 복합체의 성격을 가지고 있으므로, 해당분야의 전문지식에 의지하지 않고는 비용효과에 대한 판단을 내리기가 어렵다.

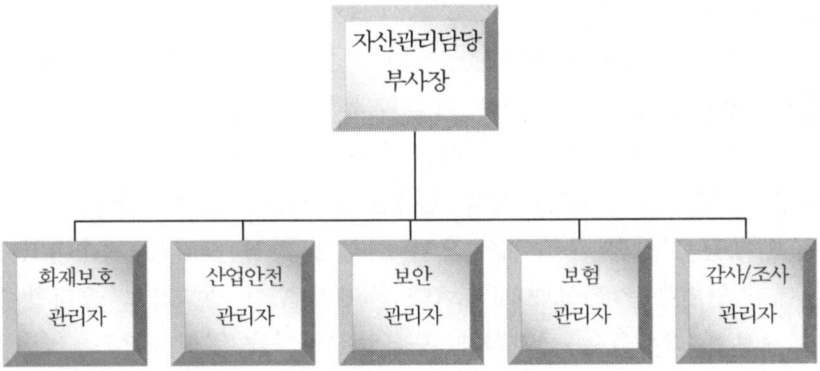

〈그림 5-3〉 자산관리조직

보험료는 2가지 주요한 변수에 의지하는데, 지급청구의 빈도와 각 지급청구의 비용

23) Protection of Assets Manual Ⅱ, ASIS, p. 17-4.

이 변수이다. 따라서 보험회사에서 주기적으로 보험료를 검토할 때는 가장 최근의 '손실경험'을 바탕으로 한다.

보험산업은 2개의 강력한 단체의 통제를 받는데 보험회사간의 경쟁과 정부의 규정이다. 보험사간의 경쟁은 가장 좋은 여건으로 구입할 수 있는 보험적용 범위와 보험료를 비교하게 된다. 정부와 사법부에서의 정부의 규제적인 권한은 적절하게 보험가입자들이 보상을 받을 수 있도록 하기 위하여, 각 보험이 가입자에게 지급 가능한 상황을 보장하는 책임이 있다. 더욱이 보험료가 과도하거나 불공정하게 차이가 나서도 안 된다.

1. 보안과 보험산업의 역사

보안이나 손실예방에서의 사전 예방적인 투자는 미국보험 산업에서 유래한다. 미국에서 남북전쟁 전에는 보안활동의 이점에 대해 관심이 적었다. 예를 들어, 화재보험 비즈니스에서 경영자들은 화재가 발생하는 것은 일반적으로 보험업무에 좋은 것으로 보았다. 이 경우에 보험료는 과거 손실경험을 근거로 하여 보험가입자들에 의해 보험료가 납부되며 보험금은 해당 보험약관에 해당하는 고객들에게 지급되었고, 더불어 보험회사는 적절한 이익이 기대되었다.[24)]

그러나 계속적으로 엄청난 화재가 발생하여 손실이 발생할 경우에는 보험료가 치솟았으며 화재보험업무의 변화된 환경은 보험회사와 고객 모두에게 고통을 주었다. 보험회사의 경영진은 손실을 보전하기 위해 보험료를 올렸고 고객들은 치솟는 보험료에 불만을 터트렸다. 당시에는 도시지역에 밀집한 목재건축(심지어 목재 굴뚝)이 유행함으로써 많은 화재를 감당할 수가 없었으며 심각한 화재 재앙은 계속되었다. 따라서 남북전쟁 후에 보안업무는 손실과 보험료를 줄이기 위한 방법으로 중대한 계기를 마련하였다. 화재보험 회사들은 국가화재 보험업위원회를 결성하였고, 공학자들의 연구를 바탕으로 조사, 연구, 교육을 시행함으로써 보안발전에 기여하였다. 1965년에 이 위원회는 미국보험협회(AIA)에 통합되었고, AIA의 활동은 미국 건축물 규정의 개발에 관한 것과 화재손실을 줄이기 위한 많은 자치단체에 의해 채택될 모델 규정을 만들었다.

24) 최선태, 기업손실예방론, 백산출판사, 2005, pp. 50~51.

오늘날 모든 보험회사의 경영진들과 기업은 리스크관리에서 보안 활동을 필수적인 업무로 본다. 많은 보험회사들이 그들 자신과 고객들에게 도움을 주기 위해서 보안 평가부서를 운영하고 있으며, 고객들이 보험약관에 명시된 보안조치를 성실히 이행하는 경우에는 보험료의 상당액을 줄여주는 기법을 활용한다. 따라서 보험가입자인 고객들은 보험료를 줄이기 위해서 보안활동에 관해서 더 많은 관심을 가지게 되었으며, 오늘날 대부분의 사업에서 경영진은 보안 전략들(예, 재난관리나 화재예방)을 기업의 이익과 직결되는 기능으로 여기고 사전 예방활동에 대한 상당한 투자를 아끼지 않고 있다.

이러한 리스크관리 전략들은 일반적인 보안업무와 함께 보안부서에 의해 관리되고, 그 결과 보안업무의 역할이 획기적으로 확대되었다. 오늘날 화재예방과 산업안전과 같은 분야에서의 보안기능의 확대는 보안보다는 손실예방이나 자산보호와 같은 좀 더 폭넓은 용어의 사용을 유도하는 계기가 되였다.

더 나아가 오늘날 선진국의 보안실무자들은 손실예방이나 손실관리라는 용어의 사용보다는 리스크관리나 자산관리라는 용어의 사용이 증가하는 추세이다. 기존의 용어는 재난이 발생할 경우에 손실을 최소화하는 것과 관련이 있다. 이것은 리스크(risk)에 대한 사전준비나 예방의 의미보다는, 위기(crisis)가 발생할 경우에 위기에서 어떻게 대처하느냐에 중점을 둔 수동적인 의미이다.

예를 들어 교통사고 다발지역에 신호등을 설치할 경우에 대체적으로 교통신호가 차량의 속도를 줄이게 하므로 심각한 교통사고는 줄어들 것이므로, 많은 교통체증과 사고가 발생하는 교차로에 신호등과 유도요원을 배치함으로써 사고를 예방할 수 있을 것이다. 이것은 교통사고가 발생할 경우에 어떻게 신속하고 효과적으로 대처함으로써 생명과 자산의 손실을 최소화하느냐의 관점과는 약간의 차이가 있다.

2. 범죄보험과 보증보험

범죄 손실에 대한 일반적인 보험과 보증보험의 종류는, 임직원 절도와 같은 부정행위, 수표사기, 납치와 유괴, 네트워크 보안, 작업장 폭력, 업무 중 절도, 임금대장의 위변조, 영수증의 위조, 금고안의 증권손실, 사무실 절도, 금품강요, 고객자산에 대한 책무, 이송 중 약관에 정한 구역에서 현금과 증권의 손실, 서류위조, 부정행위에 의한 자금인출, 컴퓨터 부정행위, 현금인출과 위조지폐사기, 사용카드사기, 약정된 수사비용 손실의 보호 등이 있다.

여기에 채무불이행으로 인한 기업체의 신용을 보증해 주는 신용보험(credit insurance), 계약자의 계약의무 이행을 보증해 주는 이행보증보험(surety bond), 그리고 직원의 개인적 실수나 비행으로 발생할 수 있는 재정적 손해에 대한 보증인 신원보증보험(fidelity bond)이 있으며, 최근에 다양한 형태의 보증보험 상품이 출시되고 있다. 일반적으로 보증(bond)도 보증보험으로 불리기 때문에 일반적인 보험과 같다고 생각하는 경향이 있다. 물론 보증보험도 보험과 유사한 성격이 있어 손해보험 영역의 보험으로 분류된다. 우리나라와 외국의 경우에 보증이 보험의 영역으로 취급되지만 보증과 보험은 분명히 여러 가지 차이점이 존재한다. 그러면 무엇이 보험과 보증의 차이점인가?

① **목적의 차이**: 우선 보증은 어떤 행위로 야기된 손실을 지급할 것을 보증해준다는 의미로 발생손실에 대한 보상을 목적으로 하는 보험과는 차이가 있다. 구체적으로는 보험계약이 보험계약자와 보험회사 간의 계약인데 비해, 보증은 보증보험회사와 보험계약자 그리고 피보험자 간의 계약으로 당사자가 언제나 셋으로 구성된다. 예를 들어, 건설공사의 이행보증보험의 경우 건설공사 발주자는 건설공사가 계약기간 내에 완공되지 못할 경우에 재정적인 손해를 본다. 이때 임대료 손해를 입을 가능성이 있다. 따라서 발주자(피보험자)는 자신에게 발생할 수도 있는 재정적인 손해를 건설회사(보험계약자)에게 담보하도록 요구하게 되고, 건설회사는 그와 같은 재정적 손해를 보증보험(보증보험사)에 가입함으로써 문제를 해결할 수 있다. 만약 건설공사가 계약기간 내에 완성되지 못한 경우에 보증보험회사는 발주자가 입은 손해를 보상하게 된다.

② **보험료 성격의 차이**: 두 번째 차이점은 보험계약자가 지불하는 보험료의 차이이다. 즉, 일반적 보험료는 발생손실에 대한 기대비용(= 발생확률 x 예상손실)을 의미하는데 반해 보증 보험료는 단순히 보험계약자(건설회사)의 신용을 대체하는 수수료의 의미를 가진다. 그 이유는 보증보험의 경우 이론적으로 손실 발생가능성을 인정하지 않기 때문이다.

③ **보험회사의 구상권 차이**: 셋째, 위와 같은 보험료의 성격 차이로 인해, 발생 보험손실에 대한 구상권의 유무가 결정된다. 즉, 보험의 경우 보험회사는 피보험자에게 지급한 손실보상에 대해 구상권이 인정되지 않는다. 예를 들어, 자동차 사고의 경우 피보험자가 손해배상책임이 있는 제3자의 손실을 보상하고 그 손해를 피보험자에게 구상하지 못하는 것과 같다. 그러나 보증의 경우 과실이 있는

보험계약자(건설회사)에게 구상권이 존재한다는 것이다. 즉, 보증사고가 발생한 경우 피보험자(발주자)에게 손해를 보상하고 보험계약자에게 이미 지급한 손해에 대해 구상을 한다는 것이다.

④ **담보 손실특성 차이:** 마지막으로 보험이 대상으로 하는 손실은 계약자가 통제할 수 없는 우연하고도 고의적이 없는 손실을 담보하는데 반해, 보증의 경우 보증회사가 보험계약자의 성실성, 정직성, 이행능력을 보증하는데 이러한 특성은 일반적으로 보험계약자의 통제 하에 놓여 있다는 것이다. 즉, 보증보험의 리스크는 보험계약자가 스스로 통제할 수 있는 리스크가 대부분이라는 것이다.

결론적으로 보증은 만약 어떤 채권자가 저당 잡힌 사람(채무자)으로부터 손실이 발생하면 한쪽 편(보증인)이 다른 편(채권자)에게 배상을 하겠다고 동의하는 법적인 약속이다. 그러나 일반적으로 보험계약에는 양 당사자만이 필요한 반면, 보증계약에는 세편의 당사자가 필요하다. 보증에서 담보보증은 채권자에게 보상한 후에 주 채무자로부터 구상할 수 있는 법적 권한이 있다. 또 다른 차이는 보험은 보증보다 취소가 더 쉽다. 피보험자는 보험료의 미납이나 보험회사에 통보에 의하여 쉽게 해지할 수 있다. 피보험자에 의한 보험계약의 파기나 보험료의 미납은 가입을 취소하는 것으로 보험회사에서 종종 있는 사유이며 책임을 회피하기 위한 보험회사의 법적 대비수단이다. 그것에 반하여 담보보증에서는 계약의 파기나 주 채무자에 의해 발생한 사기라 할지라도 수익자에게 책임이 있다.

일반적으로 신용보증보험은 피보험자를 위하여 부정직에 의한 리스크를 보장하기 위하여 보증보험사에 의하여 직원들의 정직성에 대하여 조사하는 것이 요구된다. 만약 보증보험에 가입한 직원들이 신뢰관계를 위반하였다면, 보험회사(보증보험사)가 고용주에게 약관에 따라 배상한다. 신용보증보험은 ① 사람이나 직원에 따라 특정하게 보증된 개인적인 것, ② 직원들의 모든 종류의 손실을 보호하는 "백지(blanket) 보증"과 같이 2가지가 있다.

담보보증조험은 본질적으로 어떤 기간 동안에 특정한 활동을 수행하다가 약관에 명시된 조항이 실패했을 때 보상하는 계약이다. 일반적인 담보보증보험의 하나는 건설계약 보증보험이다. 이것은 건설과 관련된 계약자가 건설계약에서 명기한 업무를 무사히 마쳤을 경우에 보험약관의 의무나 부담에서 자유스럽게 된다.

오늘날 선진국에서는 다양한 종류의 담보보증보험이 사법체제에 활용된다. 담보보증보험은 법원에 의하여 다른 사람의 자산을 신뢰성 있게 관리하도록 지명된 사람을 보증한다. 또한 소송보증보험은 피고나 원고에 의한 특정한 이행을 보증한다.

3. 가택침입과 납치

가택침입 · 강도 · 절도의 정의를 정확하게 이해하는 것이 보험계약을 연구할 때 중요하다. 업무와 관련하여 타당한 가택침입 보험청구는 무력 침입에 의한 배타적인 업무에서 자산의 불법적인 강탈을 필요로 한다. 그러므로 강제적인 침입의 흔적을 보여주는 가시적인 표시가 없을 경우에는 가택침입보험이 적용되지 않는다. 강도는 협박이나 무력을 이용하여 다른 사람의 자산을 불법적으로 강탈하는 것을 의미한다. 따라서 무력을 사용하지 않거나 협박이 없을 경우에는 강도는 성립되지 않는다. 절도는 광범위한 가택침입이나 강도를 포함하여 타인의 자산을 훔쳐가는 모든 범죄를 포함하는 포괄적인 의미이다. 이러한 범죄로부터 발생한 손실에 대한 보험의 적용은 제한적이고 특정한 적용에서부터 포괄적인 적용까지 다양하다. 이러한 보험의 예를 들면 다음과 같다.

가택침입에 대한 보험(A safe burglary policy)은 금고나 금고실의 강제적인 침입에 의하여 자산이 강탈되어 손실이 발생한 경우와 관련된 자산 손실도 적용된다. 이 보험의 보상을 위해서는 강제적인 침입의 증거가 필요하다. 따라서 만일 피해자가 용기(container)를 열도록 강요되었다면, 보험적용을 위하여 추가적으로 절도보험에 가입하여야 한다. 그리고 그 용기 밖에 있었던 자산의 절도는 보험적용에서 배제된다.

노출되어 진열된 상품절도 보험(Mercantile open stock burglary policy)은 금고에 보관된 자산뿐만 아니라 상점 선반에 보관된 것에도 적용된다. 이 보험은 상품 손실(피해)과 장비 그리고 보안요원 근무시간 후의 절도까지도 적용된다.

상점주를 위한 절도와 강도보험은 소규모 소매업종을 위한 종합보험이다. 이것은 7가지 리스크인 ① 금고의 도난, ② 전시된 상품의 도난, ③ 강도나 가택침입으로 인한 장비나 가구, 상품, 증권, 현금의 손상, ④ 주거지나 야간 은행 보관소에서의 증권이나 현금 절도, ⑤ 영내 구역 밖에서의 강도, ⑥ 영내 구역 안에서의 강도, ⑦ 영내 구역에 강제로 침투한 유괴에 적용된다.

다양한 비즈니스에 관한 범죄 보험에서 하나의 일반적인 형식은 3-D 보험이다. 이 3가지는 포괄적으로 부정직함(dishonesty) · 파괴(destruction) · 소멸(disappearance)을 의미하며, 이것이 광범위하게 적용되는 보험은 다음의 5가지 부분을 포함한다. ① 직원의 부정직에 대한 보증, ② 절도, 가택 침입이나 약관에 명시된 영역 내에서의 재산과 증권이나 현금의 유실, ③ 명시된 영역 밖에서의 현금이나 증권의 유실, ④ 수표위조, ⑤ 채권 위조와 같은 5가지 부분의 적용 중에 회사는 모두를 선택하거나 하나만을 선택할 수 있으며, 각각의 선택 부분 적용 금액을 더할 수 있다.

컴퓨터 사기에 대한 범죄보험은 오늘날의 컴퓨터의 광범위한 사용에 따라 기업의 특히 중요한 선택 중에 하나이다. 이 보험은 현금이나 증권 혹은 다른 자산들이 컴퓨터를 이용한 부정한 거래에 의한 절도로 기인한 손실에 적용한다.

이러한 보험의 유용성에도 불구하고 자산에 대한 범죄는 보험금액이 보험가액[25]보다 가장 적은 리스크 중의 하나이다. 자산범죄 보험의 견적금액은 일반적인 범죄에서 보증된 자산손실의 10% 이하이다. 따라서 자산범죄 보험은 리스크를 수용하는 것이 범죄리스크의 대부분을 커버하는 방법이다.

또 다른 형태의 범죄보험은 강탈이나 납치에 의하여 지급된 몸값으로 발생한 손실에 적용한다. 1970년대에 미국의 가정이나 국제 유괴나 테러리즘의 급증이 이러한 형태의 보험을 필요로 하게 되었다. 미국 은행이나 회사들의 해외의 주재하는 중역들은 이런 보험의 적용에 특별히 관심을 가진다. 이러한 보험은 중역들이나, 그들의 가족, 약탈자들에게 전달되는 몸값, 협상중인 회사의 무관심과 같은 영역들에 보험이 적용된다.

4. 화재보험

역사적으로 화재보험은 미국에서 최초로 발달된 보험 중의 하나이다. 여러 해 동안 화재보험은 화재위험에 대하여 사회 안정성을 돕는 중요한 역할을 하였다. 그러나 1873년 이전에는 화재보험 약관은 표준화 되지 않았으므로 각 보험회사는 개별적으로 보험약관을 개발하였다. 따라서 약관의 적용에서 누락되거나, 약관의 해석의 차이에서 발생한 오해, 보험회사와 계약자간의 갈등으로 인하여 많은 문제가 되었다. 이러한 개별화된 약관과 그로 인한 결과로 생기는 애매모호함은 미국 매사추세츠 주에서 1873년에 표준약관을 정립하는 계기가 되었으며, 7년 후에 이 표준약관은 모든 주의 보험

---

25) 보험가액(insurable value)은 화재보험의 경우, 주택·건물·공장·창고 등이 손실되었을 때 보험계약자가 입게 되는 손해액의 한도가 이에 해당하며, 자동차보험이나 기계보험의 경우 자동차나 기계의 시가가 보험가액이다. 보험은 실제 손해를 보상하는 것이 원칙이므로 부당한 이득을 전제로 하는 것은 아니다. 보험가액을 한도로 보험회사가 지급할 보험금의 한도(보험금액)를 약정하며, 만일 보험금액이 보험가액보다 높으면 초과보험이 되어 그 초과액은 무효가 되고, 동가액이면 전부보험이 되며, 보험금액이 보험가액보다 낮으면 일부보험이 되어, 가입비례에 따라 보상하는 것을 원칙으로 한다.

회사에 강제적으로 적용되게 되었다. 오늘날에는 소수의 주에서 작은 변수를 제외하고는 화재보험회사의 문구는 거의 유사하다. 그러나 최근에 이러한 표준 화재보험약관은 광범위하게 적용되는 보험이 증가함에 따라서 그 중요성은 감소되었다.

보험료의 처리절차에 대한 이해가 화재예방에 대한 투자에 대한 결과임을 보여주기 위하여 관련 지식을 가진 리스크관리자와 보안관리자에게 제공된다. 화재 보험료에 영향을 주는 요소는 해당 사업장과 지역의 화재경보능력, 소방서, 화재발생 시 한 번에 재산상의 손실을 최소화하기 위한 급수장치의 출력을 포함한다. 이러한 모든 요소를 산정한 결과로 1급은 최고의 진압능력을 가지고 있음을 나타내고 10급은 거의 진압능력이 없음을 나타낸다. 따라서 각 지역이 이러한 화재진압능력을 향상시키기 위한 조치 전략에 대해 보험사의 확신과 스프링클러 장치를 설치하는 것은 투자에 대한 보답을 가져올 것이다.

5. 보험적용범위

보험증권(insurance policy)[26]은 보험계약의 성립을 증명하는 문서로 보험적용범위의 토대가 된다. 화재보험계약에서 보험계약의 구성요소를 예를 보면, 모두(冒頭) 페이지, 보험동의조항, 보험의 상태, 형식(개정이나 승인으로도 불림)으로 구성된다. 모두 페이지는 보험 가입자의 이름, 적용될 재산의 위치, 보험금액, 보험료를 보여준다. 보험동의 조항에는 보험회사와 보험가입자가 동의하는 것이 구체적으로 무엇인가에 대한 요약서이며, 무엇에 대하여 각각이 동의하는가를 보여준다. 보험약관에 필수적으로 기재되어야 할 사항은, ① 보험자가 보험금을 지급해야 할 사유, ② 보험계약 무효의 원인, ③ 보험업자의 면책 사유로, 여기에는 보험증권의 적용범위와 한계에 관한 조건과 같이 여러 가지 원인에 기인한 보험무효나 약관에서 제외되는 리스크들과 같은 주제를 포함한다. 형식은 기본적인 화재보험에서 상세하게 기술하지 않는 정확한 상황에 대한 정의, 한계, 배제 등을 포함한다.

많은 보험계약과 약관이 표준화되어 있으나 보장범위가 상이하기 때문에 개별적인 약관은 보험을 가입할 경우에 주의 깊게 읽어보아야 하나, 너무 장황한 내용들이 기록되므로 사고가 발생하지 전까지는 구체적인 보험약관에 대해서 알지 못하는 경우도

26) 보험 증권은 보험종목·보험금액·보험기간·보험금을 지급받을 자의 주소와 성명 등이 기재된 본문과 보험계약의 내용을 기재한 약관으로 구성된다.

많다. 따라서 이러한 구체적인 약관은 특정 필요성에 대한 맞춤보험에 도움을 주며, 추가적인 리스크에 구체적으로 적용하고, 적용범위를 상세히 명기하므로 상호간의 오해의 소지를 줄이는 역할을 한다.

보험약관에 대한 규제로, 보험회사의 일방적인 작성 및 일반 보험계약자가 그 내용을 충분히 이해하기 어려워 보험계약자에게 불이익을 초래할 가능성이 있으므로 보험계약자 보호를 위하여 사전에 감독당국으로부터 규제를 받고 있다. 보험사업을 영위할 때에는 사업허가 기초서류로 보험약관을 금융감독위원회에 제출해야 하며, 보험약관의 내용을 변경할 경우 금융감독원의 인가가 필요하다.

더불어 보험약관의 교부·설명의무로, 보험회사의 계약 전 의무로 보험계약을 체결할 때 보험 계약자에게 약관을 교부하고 중요한 내용을 설명해야 한다. 약관의 중요한 내용은 보험종류에 따라 다르지만 일반적으로 보험료와 그 지급방법, 보험자의 책임개시일, 보험사고의 내용, 보험계약의 해지사유 또는 보험자의 면책사유 등 계약당사자의 권리·의무와 밀접한 관련이 있는 사항을 포함한다.

제 6 장 BIA와 BCP

제1절 비즈니스 영향분석

제2절 비즈니스 연속성기획

제6장 BIA와 BCP

제1절 비즈니스 영향분석

미래의 위험과 불확실성은 지속적으로 성장하고자하는 기업과 사회의 장밋빛 전망을 어둡게 할 수 있다. 21세기 개방경제환경에서의 기업의 생존전략은 경영과정에서 발생할 수 있는 불확실성과 위기상황에서 어떻게 전략적인 접근을 통하여 기업 손실을 최소화하면서 파국에 이르지 않고 일상적인 업무상황으로 신속하게 복귀하느냐에 달려있다.

2014년 1월 16일 세계경제포럼(WEF)이 'Global Risks 2014'를 발표하였다. 여기에는 향후 세계경제에 영향 미칠 위험요인으로 경제, 환경, 지정학, 사회, 기술 등 5개 분야에 걸쳐 총 31개를 선정하였는데, 상위 10개 요인 중 '주요국가의 재정위기'가 1위로 뽑혔으며, 이외 ② 구조적인 고실업, ③ 물 위기, ④ 심각한 소득 불균형, ⑤ 기후변화에 적응 실패, ⑥ 심각한 기후 변화, ⑦ 글로벌 거버넌스의 실패, ⑧ 식량 위기, ⑨ 주요 금융 메커니즘/기관의 실패, ⑩ 심각한 정치 · 사회불안 순으로 구성되었다.[1)]

세계경제포럼(WEF)는 개별적인 위험 요인 외에도 장기적으로 글로벌 시스템 위험을 위협할 수 있는 3대 복합 위험요인을 제시하였다.

첫째, 증가하는 다극세계의 불안정(Instabilities in Increasingly Multipolar World)으로 강대국의 영향력 축소와 더불어 대형 신흥국의 부상으로 세계가 다극세계로 옮겨가는 가운데 각 개별 국가들이 자국내 문제들로 인해 단기적이고 국내적인 이슈에 더 관심을 기울임에 따라 글로벌 전체 시스템적으로 중요한 건강관리, 금융, 에너지 등의 국가간 공조가 차질을 빚게 된다.

WEF는 향후 예상되는 잠재 위협으로 ① 신흥국 불안(성장 한계, 사회불안), ② 국

1) WEF Global Risks Report 2014, Ninth Edition.

가간 마찰(상업적, 정치적 이익), ③ 소규모 분쟁 확산, ④ 글로벌 차원이 아닌 역내 이해관계 집중을 제시하고, 이러한 위협이 글로벌 공조를 약화시키고 시스템 위험을 증가시킨다고 지적하였다. 이런 상황은 ① 지정학(글로벌 거버넌스 실패, 국가간 분쟁, 부패 등), ② 사회(정치/사회 불안), ③ 소득 불균형, ④ 기술(사이버공격), ⑤ 경제(재정위기) 등의 위험이 복합적으로 연계되어 있다고 한다.

둘째, 잃어버린 세대(Generation Lost)는 '디지털 원주민(디지털 기술에 익숙한 세대)'으로 불리는 현 젊은 세대들이 구세대가 과거에 경험하지 못한 경제위기, 고실업을 겪으면서 기존 세대와 단절되고 있어 개별국 및 글로벌 전체적으로 위험요인이 커지고 있다고 지적하고, 이들 세대를 아우르지 못할 경우 사회불안의 불씨가 될 수 있으며, 장래 글로벌 경제 기여 및 시스템 위험 해결의 역할을 담당하지 못해 사회적 손실도 확대될 것이라 예상하였다. 이러한 상황은 ① 지정학(글로벌 거버넌스 실패), ② 사회(정치/사회 불안, 소득불균형), ③ 경제(재정위기, 구조적인 고실업) 등의 위험이 복합적으로 연계되어 있다고 한다.

셋째, 디지털 붕괴(Digital Disintegration)로 최근까지 전세계 사이버공간은 수많은 사이버공격에 비교적 잘 유지되고 있으나 최근의 추세인 모든 사물의 인터넷화, 디지털 기기들의 연계 강화, 향상되는 사이버 공격기술 등으로 글로벌 시스템 위험이 취약해지고 있다고 지적하고 있다. 세계적으로 사이버공격이 만연하고 정부와 국제기구의 대응력이 무너지면서 일반 사람들이 인터넷 등 디지털 자체를 극도로 회피하게 될 경우 '사이버겟돈(Cybrgeddon)'이 발생할 것을 우려하고 있다. 이러한 상황은 ① 지정학(글로벌 거버넌스 실패, 테러 공격, 조직범죄/불법거래), ② 기술(사이버공격, 대규모 데이터 사기/절도), ③ 중요 정보인프라 파괴 등의 위험이 복합적으로 연계되어 있다.

상기와 같은 3대 복합 위험요인에 대한 WEF는 글로벌 리스크에 대한 대응을 위해 우선 이해관계자간의 신뢰와 장기적인 사고를 기반으로 글로벌 전체적인 협력이 필요하다고 지적한다. 또한, 정부가 아닌 개별 기업 입장에서도 글로벌 리스크에 대한 적극적인 준비를 권고하고, 기업 입장에서의 글로벌 리스크에 대응하기 위한 전략을 제시하고 기업들은 ① 관리가능한 위험에 대한 대응, ② 관리불가능한 위험에 따른 피해 최소화를 위한 준비, ③ 위험이 발생하지 않을 것이라는 안이한 인식 탈피 등을 권고하고, 특히 기업 관리자들의 경우 발생 가능성이 낮지만 파급력이 큰 위험에 대해서도 자신의 임기 중에는 발생하지 않을 것이라는 NIMTOF(not in my term of office) 마인드로 경영에 임해 실제 위험 발생시 심각한 타격을 받을 수 있다는 점을 경고하고, 이에 따라 기업들은 초기위험 파악부터 평가, 대응전략 구상 및 실행에 이르는 프로세스를 사전에 구축하고 주요 위험관리 방안은 ① 위험축소 사전조치(방재시설), ② 책임체제 구축(직원 인센티브), ③ 공급 체인 분산, ④ 저수익/고위험 사업회피, ⑤ 위험 이전(보험 분산), ⑥ 위험 보전(충당금), ⑦ 조기경보시스템(사전위험감지팀 운영), ⑧ 시뮬레이션 실시, ⑨ 백업 시설 구축 등의 다양한 형태의 위험관리 방안을 모색하도록 권고하였다.

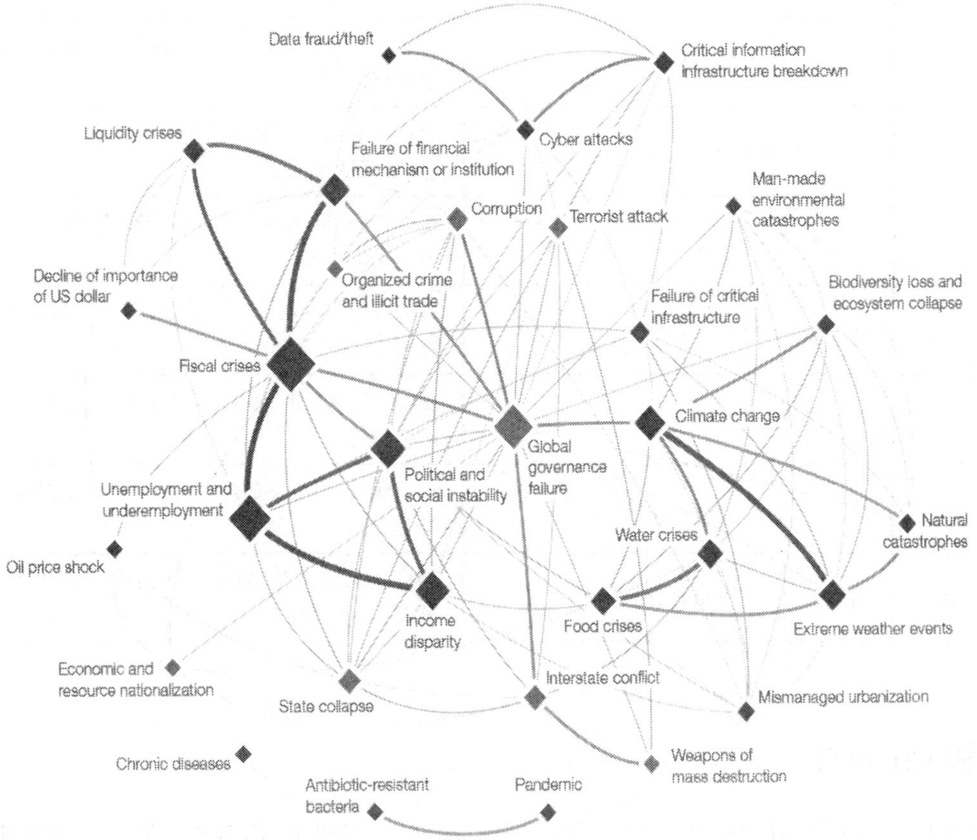

〈그림 6-1〉 2014 Global Risks 상호연계지도

〈표 6-1〉 상위 10대 주요 글로벌 리스크의 내용

구분	주요위험	주요내용
1	주요국 재정위기	과도한 부채로 인한 금리상승, 재정위기 등
2	구조적인 고실업	높은 수준의 구조적 고실업 및 능력보다 낮은 고용
3	물 위기	질적·양적 물 공급의 급감과 자원집약 시스템의 경쟁 고조
4	심각한 소득 불균형	부자·빈자 간 소득격차 확대로 사회불안과 경제개발 저해
5	기후변화에의 적응 실패	인구보호 실패 및 기후변화에 영향받는 기업의 지원 실패
6	심각한 기후 변화	심각한 기후 상황과 재해지역 확대로 인프라, 환경 피해
7	글로벌 거버넌스의 실패	자국이익 우선으로 글로벌 제도나 합의 마련에 실패
8	식량위기	질적·양적으로 충분한 식량에의 접근이 어려운 상황
9	주요 금융 메커니즘/기관 실패	시스템적으로 중요한 금융회사나 통화제도가 붕괴
10	심각한 정치/사회불안	군사행동/급진적 외교/무역정책으로 정치·사회 불안 야기

1. BIA의 목적

비즈니스영향분석(BIA)은 여러 가지 재해나 재난 그리고 위협에 따르는 영향에 대하여 경영진들의 이해를 돕고 이를 근거로 MTD(Maximum Tolerable Downtime)를 계산하여 기업 내의 사업단위의 중요도와 의존도에 따라 우선순위를 계산하는 것이다. 각 사업부문은 BCP의 개발, 테스트 및 유지보수에 나름대로 참여를 하지만 실제로 초기에 임직원들과 광범위한 상호작용이 일어나는 것도 BIA 단계라 할 수 있으므로, BCP의 실질적인 성공여부는 BIA로부터 시작 된다고 해도 과언이 아니다.

우리나라 기업의 보안조직에서 BIA을 다루기에는 세계적 경쟁력을 가진 기업을 제외하곤 전문성의 미흡함을 인정하지 않을 수 없지만 이제는 모든 기업들이 국경 없는 경쟁을 치루는 상황에서 결코 경쟁국이나 경쟁기업은 우리기업에게 보안업무의 전문성 한계를 탓할 여유를 허락지 않는다.

BIA는 재해 발생 시 각 업무에 미치는 영향 및 피해액을 산정하고 업무별 중요도에 따른 복구 우선순위를 선정해 재해복구 시스템의 용량 산정 및 복구절차 수립의 기초자료를 개발하며, 재해 발생 및 정상적인 업무가 중단된 경우에 비즈니스 조직에 잠재적으로 미치는 영향과 정량적 피해 규모를 규명함으로써, 현재 비즈니스 측면에서 재해 위험에 노출되어 있는 관련 정보를 제공한다. 이와 같이 BIA는 사업에 대한 생존 자침서처럼 직접 수입을 창출하는 업무뿐만 아니라 회사의 일상적 운영에서 성패를 좌우할 수 있는 중요한 사업영역을 선정하는데 도움을 준다. 또한, BIA는 취약성 평가, 위험관리, 사고대응 같은 다른 보안기능을 추진하는 것을 도울 수도 있다. 따라서 전략적 계획과 운영을 통해 BIA가 기업 생존을 보장하는 효과적인 안내서가 될 것이다.

이미 개방경제체제 하에서는 모든 기업이 글로벌 위험에 노출되어 있으므로 잠재된 위험을 어떻게 관리하고 위기를 효과적으로 극복하느냐가 기업연속성에 필수요소가 되었으며, 이에 따라 BIA는 기업보안관리에서 핵심 업무 중의 하나로 자리매김하고 있다.

기업은 서비스와 제품을 생산·공급하는 업무를 공동으로 수행하는 개별적인 비즈니스 단위들의 조합으로 구성되므로 기업의 모든 업무들이 정상적으로 작동하는 것이 중요한 반면에 그 중에서 더 핵심적이고 시간이 많이 필요한 부분이 있다. 따라서 대부분의 기업의 경우에는 모든 비즈니스 공정이 보안침해로부터 동시에 복구되어야 하는 경우는 거의 없다. 그러므로 BIA가 소기의 목적을 달성하기 위해서는 ① 비즈니스 업무와 영향을 미치는 기술, 토대, 적용, ② 시간에 따른 잠재적 금융혼란과 운용영향, ③ 상호의존성, ④ 관련법규와 제도, ⑤ 위험과 실패의 단일원인, ⑥ 핵심기록과 문서자료, ⑦ 제품과 서비스의 외적 재원, ⑧ 부서별 복구요건에 대하여 사전에 명확하게 규명하여야 한다.

위와 같은 분석을 바탕으로 BCP를 적용하게 되면, 이것의 토대가 되는 BIA의 중요성은 어떤 기업체에서 BIA가 적용되기 전에는 며칠에 불과하던 최대허용시간(Maximum Outage Tolerance)[2]이 적용 후에는 몇 주로 연장되기도 하여 기업이 난관에서 생존능력을 높이는 역할을 한다.

기업이 재난발생 후에 생존하기 위해서는 재난 이후에 부족한 재원을 최대한 활용하여 가장 비용효과적인 복구전략을 시행하고, 기업의 가장 핵심적인 분야에 대한 회복과 단기간에 회복이 가능한 업무에 초점을 두어 복구 작업을 진행하여야 한다.

BIA의 목표는 여러 공급원과 지원조직들이 어떻게 운영되고 상호작용하는지 기업들이 구체적으로 인식하는 것이다. 이러한 상호연관성을 알면 어떤 비즈니스 분야가 가장 크게 영향을 받을 것인지, 한 분야의 실패가 다른 분야의 실패를 어떻게 야기할 수 있는지에 대해 기업들이 더 정확하게 이해할 수 있다.

따라서 BIA는 경영진의 판단에 도움을 주며 비즈니스 연속성을 계획하는 실무자에게는 어떤 업무가 조직을 계속적으로 유지하는데 가장 핵심적인 요소인가를 판단하는 근거를 제공하며 효과적인 복구기획의 중요업무와 가장 비용효과적인 복구전략을 선정하는 업무의 재정적인 근거를 경영진에게 제시하여 상호의존성을 규명하도록 한다. 또한 업무중단 최대허용시간과 RTO(복구시간목표)[3]는 사전에 지정된 최우선적인 복구분야의 분석결과를 근거로 하여 수립된다. 그러면 경영진은 어떻게 이러한 기능들을 복구하기 위하여 재원을 우선적으로 배분할 것인가를 이해하게 된다.

더불어 BIA는 어떤 조직의 위험이 어느 정도인가에 대한 이해를 통하여 위험을 추정, 전환, 완화시키기 위하여 핵심 업무의 최대허용시간과 정상적인 업무로 복귀하기 위한 복구의 우선순위와 투입인원을 결정한다.

또한 BIA실무자인 보안관리자와 비즈니스 연속성기획자의 공통적인 질문으로 만약 우리 기업이 해당 프로그램을 적용하는 경우에 보험회사로부터 할인되는 보험료는 얼마나 되는가이다. 이에 대한 대답은 최대예상손실액과 비교하여 대체적으로 많지 않으나 만약 적절한 프로그램이 적용된다면 손실은 상당히 줄어들게 될 것이다. 이와 같이 위험분석과 비즈니스 영향분석은 잠재적인 손실을 정량화하고 구체화함으로써

---

2) MTD(Maximum Tolerable Downtime)라고도 하며, 비즈니스 시스템이나 업무가 중지되기 전까지 허용되는 최대시간을 의미하고, 국내에서는 현재 중요업무의 경우 2시간 정도로 MOT를 결정하는 것이 보통이다.

3) RTO(Recovery Time Objective)는 사업 목표를 초과하여 영향을 미치기 이전 시점까지의 최고 허용 중단시간을 의미하며 재해선포 이후 시스템, 어플리케이션, 또는 업무기능이 반드시 복구되어야 하는 기간을 의미한다.

상당한 보험비용을 줄이게 되며, 이에 따라 위험관리자에게 위험을 과장하거나 과소평가하는 잘못을 방지하게 한다.

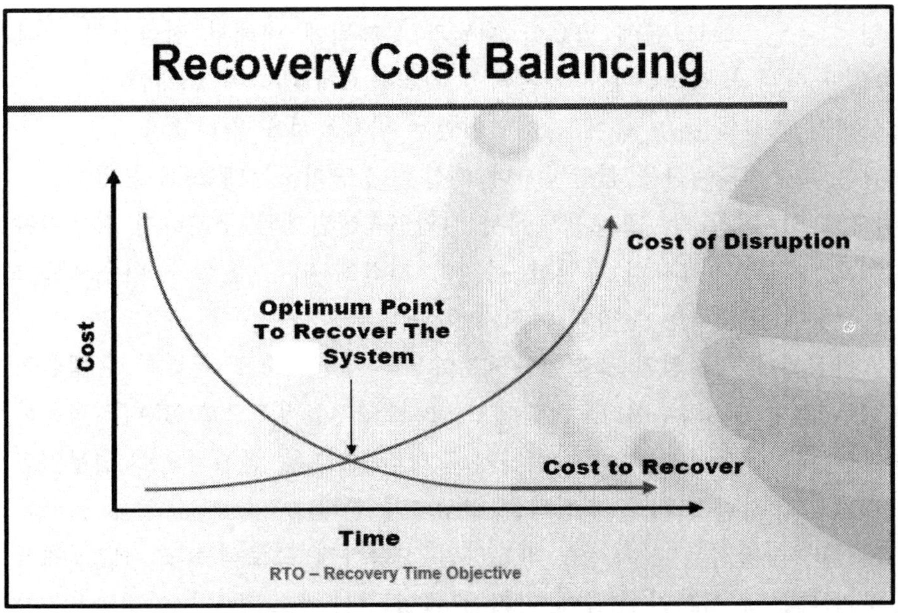

〈그림 6-2〉 RTO vs. Cost to Recover

BIA는 경영자에게 미래의 비즈니스 이슈에 관하여 적시에 판단하는 것을 가능하게 하며 기업에게 신속한 복구보다는 피해를 최소화하는데 중점을 둔다. 일반적으로 직관을 토대로 한 BIA계획은 효과적인 복구를 수행하는데 세부적으로 중요한 사항을 누락하거나 너무 일반화된 내용으로 채워지기도 한다.

그러나 포괄적인 분석방법도 때때로 상호의존적이고 기업운영에 정통한 지식일지라도 최대허용시간이 명확하지 않는 경우도 있다. 이러한 한계는 영향의 관점을 ① 서비스의 목적, ② 재정상태와 현금흐름, ③ 규제의 문제점과 계약의 문제점, ④ 시장점유율과 경쟁의 문제점과 같은 관점으로 보면 성취될 것이다.

더불어 BIA는 다음과 같은 점에 따라 추진한다.

① 조직의 생존을 위해서 핵심적인 공정과 컴퓨터 이용을 규정한다.

② 개별 사업단위 자체만으로 독립되어 운영되지 않으므로 전체적인 운영과 관련된

개별적인 비즈니스 단위에 대한 가치를 확립한다.

③ 조직의 핵심적인 자원구성과 분포를 규정한다.

④ 최고경영진으로부터 복구과정에 대한 지원을 얻는다.

⑤ 운영 가능한 프로그램에 필요한 재원과 문제점에 대해서 경영진의 인식을 제고 할 뿐만 아니라 경영진에게 기본적인 기획구조에 대하여 소개한다.

⑥ 통상적인 조직의 운영 중에 잠재되어있는 비효율성을 밝혀낸다.

⑦ 적절한 복구계획예산을 할당받거나 예산을 정당화하는데 도움을 준다.

극단적으로 BIA기획자는 프로젝트에서 기업연속성단계와 구분하여 다루어야 한다는 주장도 있으나, BIA기획자의 유일한 목적이 시간에 따른 손실을 비용으로 보여주는 것이라는 주장에 대해서는 논쟁의 여지가 있다.

이러한 관점에서 재정적인 충격이 큰 분야부터 우선적으로 분류하고 핵심적인 부분을 규정하는 것이 BIA업무이다. 그럼에도 불구하고 실질적으로 BIA를 적용하는 과정에서 상당한 어려움과 불이익이 동반되기도 하나, BIA는 전체적으로 업무연속성 프로젝트에서 관심과 지원 그리고 추진력을 발생하게 한다.

그러나 이러한 장점은 기획자가 가능하면 신속하게 프로젝트 초기단계에서 마무리 지어야 하기 때문에 시간의 흐름에 따라서 줄어든다.

연속성기획과정의 다른 요소로부터 영향력분석을 분리시키는 것은 종종 불필요한 시간과 비용을 유발하거나 프로젝트의 마무리를 방해하는 요소로 귀결되기도 한다. 따라서 재난 발생 시 대응시간은 실제보다 더 중요하므로, 핵심요소를 규정하거나 영향분석을 시행하기 위한 한 번의 회의에서 조정하는 것은 어렵고, 복구전략과 필요한 재원에 대한 반복적인 논의가 필요하다.

만약 기안자가 탑다운 방식으로 접근하거나 중간 관리자가 하부단계의 준비, 대응, 복구에 대한 문제점을 점검할 수 있으면 대규모 조직에서는 이러한 사항은 큰문제거리가 아니나 대부분의 조직정보의 최고 공급원은 거의 하부단계이나, BIA기획자가 이러한 사람을 개별적으로 만날 수 있는 기회는 거의 없다.

결과적으로 기획자는 준비과정, 위험요소의 규명, BIA 모임 부분에 필요한 재원을 포함한 전반적인 분야에 대하여 의문을 가지게 된다. 그러므로 핵심 업무와 실패에 대한 단일요소의 규명 그리고 복구전략의 시발점의 선정은 이러한 경우에 논의되어야 한다.

여러 가지 가능들에 대해서 우선순위를 매기는데 있어서 주의하여야 할 점은 최대

허용시간과 더불어 조직기능의 상호연관성을 고려하는 것이 가장 중요한 요소이다. 또한 비즈니스영향에 관한 정보는 비용효과분석을 근거로 복구전략을 적용하여야 한다는 점이다. 재난상황에서 복구지침 혹은 단계를 이행하기 전에 어떤 복구전략을 활용할 것인가를 정하는 것은 매우 중요한 과정이다. 왜냐하면 상황에 따라서는 복구전략의 선정을 정책적으로 변경하거나 기업의 전략계획조차도 변화가 필요한 경우가 발생하기 때문이다. 이런 경우에 경영진이 재난의 영향, 해결책, 그리고 비용이 불확실한 상황에서 전체적인 상황을 판단하고 최선의 결정을 내리기는 어렵다.

2. 위험분석과 BIA

우리는 종종 BIA를 위험분석이라고 생각한다. 게다가 소수의 비즈니스 연속성 기안자는 위험분석이 단순히 물리적 자산에 중점을 두는 반면에 BIA는 비즈니스 공정에 중점을 두는 것이라고 생각하기도 한다. 그러나 엄밀하게 비교하면 이러한 생각은 잘못된 것이다.

BIA는 전체 기업운영 또는 어떤 직무분야의 혼란에 대한 영향을 평가하는 수단에선 위험분석의 부분집합이라고 할 수 있으나, 기업업무 중에서 '자산가치'나 다양한 시간대에 혼란의 치명성에 초점을 둔다.

BIA 공정에서 종종 모든 위험가치를 금전으로 산정하려는 시도는 결과적으로 모든 위험을 금전으로 산정할 수 없다는 결론에 도달한다. 그러나 BIA 문서를 작성함으로 재난 시 예상 피해액의 산정은 위험관리활동의 정밀성과 신뢰성을 강화하여 실제 금전가치로 보여줌으로 비즈니스 파트너에게 위험에 대해서 더 효과적인 의사전달을 가능하게 한다.

일부 위험관리 활동들은 하부시스템으로 위험이 전달되는 타협적 시스템들로 의해 야기되는 도미노 효과가 제한되나, BIA에서는 이런 상호작용을 문서화함으로써, 구체적으로 상호 연관성을 파악할 수 있고, 주어진 애플리케이션에 대한 전체적 위험 프로파일에 위험관리활동이 포함되도록 한다. 그러나 혼란의 원인 또는 재난발생의 개연성에 대한 상세한 이해는 영향분석을 실시할 단계에서는 상대적으로 중요하게 고려하지 않거나 기안자에게는 실제경험의 중요성은 고려대상이 아니므로 BIA는 위험요소의 규명에는 상대적으로 관심이 적다.

예를 들어, 지진이 발생하여 복구에 필요한 대규모 장비를 이동하는 것이 불가능한 경우, 부상자를 이동하기 위해서 필요한 시간, 사건상황에 대한 경찰조사, 사업장에서 살인이 발생한 경우에 사체에 대한 이동과 같은 모든 위험요소를 목록화하는 것은 복구전략을 선정하는 경우의 특별요소의 필요성, 환경과 상황에 대한 이해에 도움을 주므로 운용과정에는 매우 유용하나, 이것이 시간의 경과에 따른 주관적 손실이나 재정에 대한 이해에는 거의 도움을 주지 못한다. 더불어 최대허용시간은 혼란의 원인과는 별개의 문제이다.

BIA의 목표는 기획목적을 위해서 개별 위험요소의 치명성을 서열화하는 것이 아니라, 시간의 경과에 따라서 비즈니스 기능과 손실에 따른 영향과 상호의존성을 규명하는데 도움을 주며, 복구 우선순위를 정하는 것이다. 따라서 BIA를 시작하고 관리하는 접근법은 위험분석과정과 매우 유사하다. 즉, 회사가 직면하고 있는 위협 및 위험의 정의, 주요업무를 담당하던 직원이 회사를 그만두었을 때 그 업무를 누가 이어받아야 할 지, 또한 그 공백기 동안 업무연속성을 유지할 수 있도록 규범화하는 작업, 재난이 발생했을 경우 각 직원이 취해야 할 행동지침, 모의 훈련 범위 등 구체적인 부분까지 규정해 비즈니스 연속성을 최상으로 유지할 수 있도록 하는 것이다.

이러한 업무는 최고경영진이 책임을 지고 하향식(top-down)으로 접근하는 것이 가장 신속하고 정확한 결과를 얻을 수 있으므로, 경영진은 반드시 BIA업무를 조직의 하부직원에게 위임하지 말고 직접 시행하여야 한다. 만약 영향에 관한 데이터를 수집하는 과정에서 이러한 경영진의 의사결정은 BCP 공정이 어려움에 빠지거나 실행과정에 저항이 심할 경우에 상호관계를 정립하는데 유용하게 활용될 것이다.

위험분석은 상당히 독립적이나 상대적으로 고립적인 업무인 반면에 BIA는 최고경영진과 하향식 관계이므로 경영진과 추가적인 상호작용을 필요로 한다. 회사의 핵심구성원으로 경영자의 BCP에 대한 인식의 향상과 교류의 증가는 기안자와 보안관리자에게 필요하다. 그러나 만약 기안자와 보안관리자의 직급이 낮은 경우에는 경영진과의 직접적인 접촉이 어렵고 최고경영진의 관심을 끌 수 있는 기회도 예외적인 경우에만 가능하므로, 최고경영진이 해당부서의 가치를 인식하기 어렵다는 한계에 봉착한다.

BIA 제안의 수용가능성 측면에서 컨설턴트나 상향식에 의하여 개발된 데이터가 경영진에 제안되는 경우에는 종종 회의적인 반응에 부딪치게 되므로 더 철저하게 검사되어야 한다. 따라서 기안자나 컨설턴트는 기업의 재정상태에 대하여 정확하게 이해하지 않으면, 최고경영진의 핵심적인 질문에 대응하기가 어렵게 된다. 반면에 하향식 방식을 이용하여 분석하게 되면 경영진이 스스로 준비한 데이터에 의거하여 그들 스스로의 질문에 답변을 하는 방식이므로 상향식 제안보다는 수용가능성이 높다.

복구계획단계에서 프로젝트를 추진하기 위해서는 최고경영진과의 협력관계를 구축하여 경영진의 지원을 이끌어 내는 것이 필요하다. 따라서 경영진의 지원이 없이는 연속성계획 프로젝트는 난항에 부딪치게 되거나, 이 계획이 받아들이기까지 상당한 시간이 소요되기 때문에 관련 정보를 수정하여야 한다. 여기에서 BIA 기안자의 전문성이 필요하고 논리적으로 경영자의 지원을 이끌어 낼 수 있는 설득력을 가진 보고서를 제안하여야 한다.

리스크 매트릭스 접근법은 너무 간단하므로 만약 분석결과가 재정적인 조건에 부합하지 않는다면 최고경영진에게는 거의 설득력이 없으며, 이 접근법은 통계상의 개연성도 명확하지 않고 가끔은 비관적인 상태가 되기도 하므로 만약 통계자료가 사용된다면 간편하고 정확해야 한다. BIA 혹은 다른 방법을 활용할 경우에도 반드시 재정적인 데이터를 근거로 하여야 한다.

3. BIA 방법론

일반적으로 방법이라는 용어는 지식을 추구하기 위해 사용되는 자세하면서도 논리적인 질서정연한 계획이나 절차를 의미하며, 방법론은 복잡한 현상을 규명하고 새로운 구성을 정의하며 변수들 사이의 관계를 도출하거나 현상에 대한 이해를 성취하기 위해 수행할 가능한 계획을 검토하는 것을 의미한다. 방법론의 내용을 구성하는 주요 구성요소로는 다음과 같은 것들이 있다.

① **작업절차** : 프로젝트 수행 시 이루어지는 작업단계의 체계
② **작업방법** : 각 단계별로 해야 할 일들의 구체적인 설명
③ **산출물** : 단계별로 만들어야 할 산출물의 목록과 작성방법이나 양식
④ **기법** : 각 단계별로 작업 수행 시에 소요되는 기술 또는 기법의 설명
⑤ **관리** : 프로젝트 관리자의 입장에서 수행해야 할 작업
⑥ **도구** : 상황에 따른 필요한 도구와 그 적용방법

BIA를 수행하는 방법에는 여러 가지가 존재하므로, 만약 BIA가 체계적인 방법으로 시행된다면 전체적인 BCP의 성공을 보장할 수 있다. 따라서 어떤 방법이 사용되든 간에 기안자가 분석과정에서 공통적으로 직면하는 어려움을 피하기 위해서는 반드시 특정한 단계의 완성도를 높여야 한다.

BIA의 주요 구성요소는 ① 프로젝트 기획, ② 자료수집, ③ 자료 분석, ④ 데이터 제시, ⑤ 재분석으로 구성되고, BIA개발의 프로젝트를 기획하기 위한 초기단계는 ① 경영진의 결정, ② 분석범위의 규정, ③ 참가자의 결정, ④ 데이터 수집방법의 결정, ⑤ 인터뷰의 조정과 질문서의 배포에 관한 사항을 포함한다.

앞에서 언급하였듯이 BCP공정의 성패는 최고경영진의 의지가 가장 큰 요인이다. 그러나 이러한 경영진 지원의 대부분은 기업이 손실발생으로 인하여 서비스나 제품의 생산에 심각한 차질을 발생할 것을 인식하고 난 다음에 이루어진다. 따라서 경영진의 인식을 새롭게 하기 위해서는 BIA를 통하여 기업의 전체적인 모든 잠재적 손실요인을 제시하여야 한다. 이러한 BIA 기법이 최고경영진의 지원을 이끌어내는 원동력이다.

그러면 어디서부터 시작할 것인가, 기안자가 CEO 또는 영향력 있는 이사회 구성원의 측근인 경우에는 그들의 지원을 얻는데 별로 어려움이 없으나 대부분의 BIA기안자는 조직에서의 위상이 이에 미치지 못한다. 따라서 BIA공정을 시작하려면 기안자는 사전에 프로젝트에 대하여 최고경영진의 승인과 지원을 얻어야한다. 일반적으로 기업에서의 이러한 역할은 최고재무관리자(CFO)가 수행하고, 포괄적인 재무감사를 통하여 복구계획의 미흡함에 대한 관심을 증대시킨다. 이에 따라 CFO는 조직의 잠재적인 재무영향에 대한 감각적인 이해를 통하여 쉽게 프로젝트의 중요성에 대하여 인식하게 된다. 더불어 특정 기업의 문서에 대한 법적인 보호책임을 가진 담당자의 이해도 중요하다. 대체적으로 CFO는 기안자가 프로젝트를 수행하는 과정에서 자료를 수집하고 분석하는 업무를 지원하는데 상당히 적극적이지만, 만약 기안자가 다른 관리자로부터 재무 관련 데이터를 수집하는데 어려움에 봉착한다면, CFO 자신의 지식에 근거하여 '임의대로' 분석하기도 한다.

BIA 과정에서 엄청난 양의 재무 관련 데이터를 검토하여야하기 때문에 기안자는 반드시 CFO와 밀접한 관계를 유지하여야 한다. 분석결과는 반드시 경영진에게 수용할 만한 결과로 제시되어야 하고 모든 구성원들이 분석결과에 대하여 조직의 실제적인 영향력을 나타내는 것이라는 인식을 갖게 하여야 할 것이다. 최종보고서의 작성에 참가한 CFO는 재정적인 면에서 보고서 내용이 어떻게 구성되어야 하는지에 대하여 예리한 통찰력을 제공하여야 한다.

또한 CFO는 CEO와 다른 경영진에게 프로젝트의 필요성에 대하여 설득할 수 있어야 하며, 이것이 탑다운 방식의 장점이지만 경영진은 자신의 업무를 하부 조직에 위임하지 않아야한다. 이와 같이 경영진에서 분석을 시작하는 것은 데이터의 정확성을 보장하게 되고, 특정 부서의 관리자들이 자신의 부서나 업무의 중요성을 과장하여 보고하는 경향을 방지하게 된다. 반면에 대체적으로 하부 직급의 관리자들은 조직 전체의 목표에서 자신들의 업무에서 발생하는 손실의 전반적인 영향에 대한 거시적인 시각이 부족하다.

오늘날 기업의 재정상태는 매우 빠르게 변화하기 때문에 불과 3개월 전의 상황에 관한 데이터가 지금은 유용성의 문제가 있을 수 있으므로 가능하면 BIA는 최대한 짧은 시간 내에 마무리하는 것이 가장 정확한 결과를 얻을 수 있다. 더불어 면담과 분석의 도움을 얻기 위해서 외부 전문가의 의견을 구하는 것이 해당 프로젝트의 범위가 광범위한 경우에는 업무의 정당성을 확보하는데 도움이 될 것이다. 복구계획공정의 관심과 추진력은 시간이 지남에 따라서 점차 줄어들게 되므로 최고경영진이 모든 연구과정에 참여하여 협력하도록 사전에 준비한다. 여기에 참가한 최고경영진 또는 프로젝트 후원자는 진행 중인 프로젝트의 중요성에 대하여 모든 관련 구성원에게 공식적으로 전파하고 프로젝트 책임자를 구성원에게 소개하는 역할을 한다.

프로젝트의 기획과정에서는 분석범위와 프로젝트를 수행하는데 필요한 시간, 예상되는 결과의 유형, 누가 참가할 것인가에 대해서도 최고경영진의 동의가 필요하다. 더불어 진행 중인 국가기관의 점검과 같이 다양한 업무에 관한 파악을 위해서는 가능하면 다양한 구성원이 참여하는 것이 프로젝트의 완성도를 높이게 할 것이다.

일반적으로 분석범위는 비즈니스 연속성계획 프로젝트에 반영하나 경영진이나 기획자는 개별분야, 사업장과 장소의 범위를 조절할 수 있다. 그러나 많은 기안자들이 잘못 착각하는 것 중에 하나가 그들이 생각하는 비즈니스의 핵심적인 분야만을 분석하려고 시도하는 것으로, BIA의 주요한 목적은 무엇이 핵심적인 분야인가를 분석을 통하여 결과물로 도출하는 것이다.

처음 분석과정에 CFO와 후원자가 참여를 고려하고 있는 구성원과 특히 개별적인 업무에서 가장 높은 직위에 있는 관리자와의 면담을 실시한다. 이때 참가자의 직위가 이사나 부사장과 같이 일관성을 유지하도록 하고, 이 경우에는 조직도를 참조하여 인터뷰 대상이 조직에서 가장 적절한 직위에 위치하는가를 확인하고 인터뷰 일정을 조정한다.

연속성기획에 있어서 많은 기안자들은 기획그룹, 기안자와 경영진 인사에게 반드시 질문지를 통하여 해당 조직이 어떤 재난으로 어려움을 겪을 것인가를 결정하여야 한다고 주장하는 이유는 이러한 방법이 경영진의 지원과 효과적인 기획과정을 진행하는 가장 효과적이고 유일한 방법이라고 생각하기 때문이다. 이러한 방법은 실제적으로 영향력 분석에 주어진 시간이 부족하거나 다양한 분야가 참여하는 대기업의 경우에는 유용하다.

이러한 과정을 수행하기 위해서는 기업경영활동에 따라 발생할 수 있는 잠재적인 재정영향에 관한 공식적인 리스트를 준비하고, 프로젝트 후원자와의 모임을 통하여 질문지와 가정(if)의 유형을 검토한다. 여기에서 후원자는 발생가능한 모든 영향과 위험을 리스트에 추가하고 기업에서 사용하는 용어와 질문지의 용어가 일치되도록 하는 것이 참가자의 이해의 혼란과 데이터의 불일치를 방지한다.

다음은 수집된 데이터를 어떻게 관리하는 것이 최선인가를 결정하고, 데이터는 인터뷰, 질문지 2가지 모두를 사용하여 수집한다. 질문지는 직접 관리자에게 위임하여 배포하는 것이 효과적이며, 질문지는 상향식으로 BIA 계획에 필요한 정보를 수집하는 가장 최선의 방법이다.

모든 참가자에게는 영향분석의 목표에 대하여 간략하게 설명하고 그들에게 정보를 수집할 수 있는 기회를 제공한 다음 인터뷰 일정을 조정한다. 대체적으로 관리자들은 그들의 업무에서 재정과 운용에 관한 영향의 관점에서만 생각하므로 복구전략을 논의하는 것은 어려운 과정이며, 특히 자신이 전략을 선정하는 책임을 지게 된다고 믿는 경우에는 프로젝트의 진행을 어렵게 할 수도 있다. 이러한 생각은 관리자들에게 프로젝트를 시작하기 전에 정신적으로 압박감을 주거나 소극적인 자세를 취하게 만들므로, 이러한 문제점을 방지하기 위해서는 인터뷰를 시작하기 전에 프로젝트의 목적과 기대에 대하여 명확하게 관리자에게 설명하고 이해시킨다.

CFO와 더불어 프로젝트 진행과정에서 중요한 사람이 위험관리자이며, 보험약관의 요구사항을 검토하기 위해서 보험관리자와의 면담을 통하여 보험약관에서 배제되는 재난과 재산이 무엇인가에 대해서 확인한다. 여기에서 우발적인 비즈니스의 중단에 따른 법적보장기간에 대하여 확인하고 배상시간의 지연에 대하여 산정한다.

다음으로, 물리적 자산가치를 산정하고 해당 자산을 대체하는데 걸리는 시간을 확인한다. 이러한 물리적 자산들의 가치산정은 보험배상에 위임함으로 고려하지 않는 경우가 가끔 있을 수 있으나, 비록 배상액에 대한 분석을 통하여 재정적인 영향을 감소시키지는 못하지만, 대체비용과 가치하락의 차이는 도출해낼 수 있으므로, 보험약관의 배상여부에 상관없이 대체비용, 가치하락, 현재가치에 대하여 산정하는 것은 중요하다. 더불어 보유한 현금에 대한 이자손실 또는 일시적인 융자, 대체자산, 손상된 자산을 새롭게 구매한 다음 보험사로부터 배상금을 받기까지 걸리는 시간 동안에 지불되는 추가적인 비용도 모두 계산되어야 한다.

비록 과거에는 상식적이었던 개별적인 컴퓨터 시스템과 애플리케이션보다 핵심적인 비즈니스 업무들을 복구하는데 집중하는 것이 더 효과적이고, 이와 같은 핵심적인 업무에는 '핵심업무(mission-critical)[4]' 프로세스, 장비와 애플리케이션을 포함한다. 여기에서 극히 중요한 사항은 이러한 IT시스템의 업무들뿐만 아니라 회사 내의 다른 핵심적인 통신시스템의 기능이 상실할 경우의 영향에 대해 결정하기 위하여 정보시스템 담당책임자와 논의한다.

BIA 프로젝트가 마무리되면 기업들은 어떤 공정이 회사의 연속성유지를 위해 가장 중요한지 알게 된다. 이를 통해 조직들은 재난대비 투자에서 우선순위를 정하고 연속성 활동을 조정하고 가장 중요한 시스템이 중단되지 않도록 비상조치를 이행할 수 있다.

4. 데이터 수집

1) 목 적

BIA의 실시를 위해 이용할 수 있는 많은 방법론과 최종 문서를 구성하기 위한 다양한 방법들이 있지만, 효과적인 BIA는 포맷보다 콘텐츠와 더 관련이 있다. BIA는 조직 내 비즈니스와 지원업무, 해당 업무들에 대한 간략한 설명, 중요 시스템과 중요 시스템 유지에 관련된 자원들의 목록, 조사된 기업업무들 간의 지원관계, 상호의존성과 연관성을 종합한 카탈로그를 포함해야 한다. 이러한 상세한 데이터를 수집하는 것은 번거롭지만 중요한 과정이다.

대부분의 BIA는 관리자에게 그들이 책임분야에 관한 구체적인 내용을 직접 질문하는 것으로 시작되거나, 영업 관리자, 마케팅 담당이사, 업무 분야별 담당이사에게 업무에 관계된 정보나 그들이 관리하는 전체적인 업무내용을 묻는 질문서를 보내는 것

4) 24시간 365일 쉬지 않고 수행되어야 하는 핵심 작업 또는 그러한 작업 수행에 필요한 컴퓨터 시스템을 가리키는 표현으로 미국 NASA에서 쓰기 시작하였다. 기업의 핵심 시스템은 작업 중단이나 오류, 방해가 발생하는 것만으로도 큰 금전적 손실과 기업 이미지 훼손을 불러일으킬 수 있다는 점에서, 작업 중지시의 피해를 최소한으로 줄이는 각종 기능을 제공하는 견고하고 안정된 지원 구조의 확보가 꼭 필요하다.

으로 시작한다.

이 질문서들은 인터뷰를 통해 정보를 수집하는 것보다 업무방해가 적으므로 자주 사용된다. 더불어 핵심 관리자들의 답변에서 드러나지 않는 내용 또는 공급업체나 신뢰할 수 있는 파트너에 의해 회사 외에서 수행되는 업무들 같은 '숨겨진' 과정을 밝히는 데 도움이 되는 관계들을 알아내는 데 사용되는데, 외주 지원업무인 지원 데스크나 유지보수를 제공하는 공급업체로부터 관련 정보를 찾을 수 있다. 이런 업무들은 실제적으로 기업운영에 중요하지만 공급업체의 특성상, 예산이 명확하지 않고 이 사실을 알고 있는 직원이 거의 없다. 앞에서 밝혀지지 않은 활동들이 BIA 활동에서는 추가되어야 하며, 이 내용이 밝혀짐으로 조사할 영역은 더 많아진다. 정보수집이 끝날 시기에 해당 업무의 모든 기능에 관한 포괄적인 카탈로그와 어떻게 그것들이 상호작용하는 가에 관한 구체적인 로드맵이 만들어진다. 추가적으로 이 관계들을 문서로 만들고 과정변화에 따라서 갱신이 이루어지도록 해야 한다.

더불어 업무공정이 어떻게 서로 연계되어 있는가를 문서화하기 위해서는 재무정보를 수집하는 것이 중요하다. 이러한 재무정보에 대한 접근을 통하여 잠재적인 손실액, 개별적인 업무단위가 중단될 경우에 생산성과 기회비용을 예상할 수 있게 한다. 관리자들은 자신이 담당하는 시스템의 기본적인 이윤과 손실에 관한 정보를 가지고 있으나, BIA 기안자가 궁극적으로 알고자 하는 내용은 업무중단에 따른 전체적인 비용이므로 필요한 추가적인 데이터를 수집하여야 할 것이다.

그 다음 좀 더 구체적인 회사의 재무 프로파일을 작성하는데 도움이 되도록 회사의 여러 분야들을 포함시킨다. 예를 들어, 감사부서는 특정 공정이 가동 중지될 경우 초래될 수 있는 벌금 또는 형벌에 대한 정보를 제공하고, 법무부서는 고객에게 서비스를 제공할 수 없을 경우 연장된 기간 동안 부담해야 할 계약상 정해진 수수료를 알려주고 재무정보는 주요 비즈니스 공정들이 중단될 때의 영향을 금액으로 알 수 있도록 추가적인 부가정보를 수집할 수 있게 한다.

이와 같이 확실한 데이터를 수집하기 위해서는 현재의 모든 비즈니스 업무와 운용에 관하여 검토하여야 한다. 기안자가 제한된 핵심적인 업무에 관한 데이터만을 수집하는 것은 수집된 데이터를 분석하여 어떤 것이 핵심적인 업무인가를 판단하는 것이 목적이므로 처음부터 핵심적인 업무에 관한 데이터만을 수집하는 것은 잘못된 절차이다. 따라서 수집된 데이터를 분석하기 전에 어떤 것이 핵심적인 업무, 운용, 공정인가에 대하여 지정하는 것은 직감적인 판단에 불과하다. 그러므로 잠재적으로 인정된 허용시간 또는 정지시간에 대한 직감적인 판단은 복구상황에서 불필요한 손실과 기안의 중복을 초래하거나 복구전략에 추가적인 비용을 더하는 결과를 낳게 한다.

분석에 필요한 데이터는 해당 부서장과의 인터뷰를 통하여 획득하는 것이 최선의 방법으로, 이러한 접근방식은 구성원에게 단순하게 질문지에 답을 하게하는 것보다 훨씬 더 효과적으로 구성원들의 도움을 유도하는 방식이다. 이러한 인터뷰 과정에서 관리자는 실무자에게 질문을 할 수 있을 것이고 이러한 대화를 통하여 기대했던 것보다 BIA에 관해서 더 좋은 이해를 하게 된다.

기안자나 관리자 모두 인터뷰 시간이 부족하여 핵심적인 문제에 대한 의견이 누락되는 것을 원치 않으므로 관리자와의 인터뷰는 엄격한 재정(예산)과 그에 따른 영향에 관한 질문으로 시작하는 것이 좋다. 만약 기안자가 이러한 주제를 다루기에 충분한 시간조정을 하지 못한다면, 형식적인 인터뷰를 무리하게 시도하기보다는 다음 기회로 미루는 것이 현명하다. 비록 이러한 인터뷰 방식이 하향식 데이터 수집 절차이지만, 차기 인터뷰는 하위 관리자에게 구체적인 영향에 대하여 확인하는 전략을 개발한다.

인터뷰를 진행하는 동안에 고려해야 하는 사항은 ① 어떻게 해당부서와 전체 조직의 임무를 일치시키는가, ② 해당부서의 주요한 서비스의 목적은 무엇인가, ③ 해당부서의 프로세스와 연관업무는 무엇인가 등이 있다.

2) 지 침

또한 비즈니스영향 분석가는 아래와 같은 지침을 관리자에게 제공한다.

① 서비스나 운용이 30일간 중단되는 경우의 업무의 최대 손실을 추정한다. 30일간의 기간은 허용시간에 맞추어 조정이 가능하나, 모든 비즈니스 부서의 평가는 계속되어야 한다. 업무나 손실에 의해 발생하는 월간, 연간, 비즈니스 사이클 혹은 생산일정 별로 최대 가능손실을 추정하나 업무평가에서 손실이 중복되지 않도록 주의한다.

② 발생한 최대손실은 첫날, 둘째 날, 셋째 날, 넷째 날, 다섯째 날, 2주, 3주, 4주 중에서 어디에 할당되어야 하는지 결정한다. 여기에 주어진 시간은 특정한 환경과 CFO와의 상의를 거쳐 어떤 방식이 가장 계산하기 쉬운가에 따라 조정이 가능하다.

③ 어떤 직무가 중단되었을 경우에 해당 부서의 추가적인 비용의 최대손실 뿐만 아니라 구체적인 시간에 따른 상세한 내역이 어느 정도인지 추정한다. 추가적인

비용에는 업무가 중단되어 할일이 없는 직원의 인건비, 잔무를 처리하기 위해서 지불된 인건비, 장비임대료, 외부서비스비용, 운송비 등을 포함한다.

④ 업무중단에 따라 이행되지 못한 계약 또는 의무규정의 영향에 대하여 목록을 작성한다. 여기에는 회사가 지불한 비용과 과태료, 손실된 로열티가 해당한다.

⑤ 업무중단에 따라 회사의 현금흐름은 어떤 영향을 받았는가에 대해서 표시한다.

⑥ 고정 고객이나 영업권의 손실정도와 기업이미지의 손상은 어느 정도인가?

기안자들은 질문에 대한 답변을 하는 참가자들이 방어적인 자세가 되지 않도록 주의하고, 질문형식이 관리자들에게 기업에서 자신의 업무를 정당화하는 원인을 제공하여서도 안된다. 따라서 조직에서 귀하의 업무가 얼마나 가치 있는가라고 묻는 대신에 ① 만약 귀하가 수행하는 업무가 중단된다면 조직에 어떠한 영향을 미치게 되는가? ② 해당 업무의 영향은 시간에 따라서 어떻게 변화하는가? ③ 해당 업무의 손실은 조직 내의 다른 업무에 어떤 영향을 미치는가와 같은 형식으로 질문하는 것이 적절하다.

BIA 기안자와 소프트웨어 개발자 중에는 영향분석을 마무리하는 최선의 방법을 참가자에게 적절한 질문지를 배포하는 방법이라고 생각한다. 그러나 가능하면 질문지를 사용하는 방법을 지양하고 개별적인 업무들이 전체적인 관점에서 어떻게 작동하는지와 상호의존관계가 성립되는지에 대하여 이해해야 한다.

일반적으로 관리자들은 민감한 재정상태와 다른 영향에 관한 정보를 문서로 밝히기를 꺼리므로 적절한 답변을 얻기 위해서는 상당한 시간이 필요하다. 따라서 일대일 면담을 통하여 공정에 대하여 관리자의 이해를 증진시키고, 전략과 재원의 필요성에 대한 관리자의 생각을 도출해내는 것이 더욱 중요하다. 그러므로 질문지로부터 얻어진 재정정보를 토대로 한 간단한 분석만으로는 정확한 데이터 분석에서 중요한 기안자나 분석관의 주관적인 정보를 놓치게 된다.

인터뷰 도중에 분석관은 약간의 예외적인 경우를 제외하고는 질문지에 있는 질문을 할 수 있으며, 인터뷰가 끝난 다음에 관리자에게 질문지의 인쇄물이나 전자문서를 제공하는 것도 관리자의 호의를 유도하기도 한다.

이러한 질문내용의 대부분은 시판되는 BIA와 BCP 소프트웨어 프로그램을 이용하여 이러한 과정을 수행할 수 있다. 관리자는 디스켓에 있는 질문에 체크를 한 다음 분석관에게 해당 소프트웨어를 전달하면 질문에 대한 답은 끝난다. 만약 질문지가 인터뷰 과정없이 사용된다면, 간략히 수령자에게 프로젝트의 중요성과 목적에 대하여 설명하여야 한다. 그러나 일반적으로 수령자는 모든 질문에 답하는 경우가 많지 않으므로 질문지는 객관성을 유지하는 것이 중요하다.

질문지에는 비즈니스 과정의 상호작용 방식을 문서화하는 것 외에도 비즈니스 재무정보를 수집하는 것이 중요하다. 재무정보에 접근하게 되면 잠재적 수입손실과 생산성 비용, 개별사업단위에서 가동 중지에 따른 기회비용을 예측할 수 있게 된다. 이를 통해 경영자들이 시스템에 대해 기본적인 손익정보를 얻을 가능성도 있지만, 궁극적으로 전체적인 가동중지에 따른 비용을 알고자하기 때문에 추가적 자료를 수집할 필요가 있다.

3) 내 용

다음 질문은 비즈니스 영향에 관한 인터뷰 과정에서 질의하는 질문지의 항목에 공통적으로 포함되는 내용으로 해당 내용은 분석관에게 효과적인 분석과 업무연속성계획을 위한 정보수집과정에서 시간활용을 극대화하도록 한다.

① 귀하의 부서와 단위 그리고 주요 업무는 무엇입니까? 해당업무와 재난복구과정에서 반드시 해당 부서에서 수행하여야 하는 업무를 개괄적으로 기록하시오.

② 귀하의 부서와 단위 그리고 주요한 업무서비스가 중단된 경우에 기업전반에 걸쳐 영향을 미치지 않는 기간은 얼마나 되는가?

③ 해당 기능들을 복구하기 위해서 필요한 업무는 무엇인가?

④ 만약 복구업무가 다양한 업무들이 산재된 경우에 얼마나 많은 복구팀이 해당 업무를 수행하는데 필요한가?

⑤ 누가 팀리더나 업무를 대신 수행할 사람을 선발하는가?

⑥ 해당 업무수행불능으로 인하여 내·외부 고객이나 다른 비즈니스 활동에 어떤 영향을 미치는가? 고객들에게 영향을 미치기 전까지의 시간과 영향의 범위에 대하여 기록하시오.

⑦ 해당 업무가 원활하게 작동하기 위해서는 기업의 어떤 다른 부서나 업무가 영향을 미치며, 관련 업무나 부서가 중단될 경우엔 귀하의 업무에는 어떤 영향을 미치는가? 지역적인 재난은 해당부서의 서비스나 제품의 운송에 어떠한 영향을 미치는가?

⑧ 만약 현재 공급업체의 보급이 중단된다면 필요한 서비스, 제품 또는 원재료는 무엇인가?

⑨ 해당 업무가 직접적으로 청구서 발송과 수집 그리고 예산의 집행과 관련되어 있다면 구체적으로 기술하시오.

⑩ 핵심적인 재원에 대하여 비상시를 대비한 공급업체와의 사전조율이나 계약이 존재하는가?

⑪ 만약 핵심 업무를 수행하는 임직원이 현장에 접근할 수 없다면 기업의 어느 장소에서 해당 업무를 수행할 수 있는가? 유사한 기능을 가진 다른 기업체에서 해당업무를 수행할 수 있다면 임시적인 재원은 누가 제공하는가? 당사자의 이름, 장소, 사무실 위치를 기술하시오.

⑫ 장·단기 혹은 영구적인 재난복구팀의 운용에 필요한 공간을 구체적으로 명시하고, 특별 배치도를 첨부하시오.

⑬ 귀하 부서의 계속적인 운용을 위하여 필요한 컴퓨터 지원시스템은 무엇인가? 해당 지원시스템의 가용성이 파괴되었을 경우에 기업에 부정적인 영향을 미치기까지의 최대시간은 어느 정도인가? 어떤 자원이 필요한지에 대하여 우선순위를 정하고, 해당 시스템은 정보시스템부서 또는 해당 부서에서 직접 유지보수가 가능한가?

⑭ 복구계획에 대한 시험은 핵심적인 공급업체와 동일 장소에서 시행되었으며, 해당업체의 복구시간은 귀하의 요구에 부합한가?

⑮ 귀하의 부서나 단위에서 가장 핵심적인 업무는 무엇인가? 만약 귀하 부서의 업무중단이 발생할 경우에 복구가 먼저인가, 아니면 대체장소나 원래장소에 재구축하는 것이 우선인가?

5. 사례연구

질문) 다음의 질문 사례는 기안자가 영향분석에 관한 유용한 정보를 얻기 위하여 제시한 것이다.

1) 수입원

첫째, 만약 귀하의 부서나 업무가 조직에서 수익을 발생한다면 수입원은 무엇인가? ① 제품판매(제품목록을 기록), ② 서비스 제공, ③ 할인 또는 수수료, ④ 투자이익, ⑤ 정확한 시간에 대한 인센티브 또는 정해진 시간보다 앞선 완성, ⑥ 정부기관인 경우 세금, ⑦ 라이선스와 사용료, ⑧ 유지보수 비용, ⑨ 기타

2) 재정영향

둘째, 만약 귀하의 부서업무나 기능이 손상된다면 어떤 유형의 재정적인 영향과 추가적인 손실은 무엇인가? ① 배달지연으로 인한 주문의 취소, ② 비용지불의 지연으로 인한 페널티, ③ 법적인 요구조건에 위반한 서류제출과 벌금, ④ 빌린 자금의 이자, ⑤ 업무가 중지됨으로써 지급된 임금, ⑥ 계약의무의 지연과 중요 모임에 불참, ⑦ 기타

3) 총손실의 산정

셋째, 만약 귀하부서업무나 기능이 30일 동안 서비스가 중단된다면 각각의 제품이나 아이템의 총손실은 얼마나 되며, 가장 부정적인 영향을 미치는 기간 동안에 발생한 손실은 어느 정도 되는가? 예를 들어, 12월 달에 크리스마스 제품의 판매로 최대판매액을 기록할 경우에 12월 달에 발생할 수 있는 손실구성의 최대항목은 크리스마스 제품의 판매액이 되고, 7월 달에 업무중단이 발생한 경우에는 수영복 판매액이 최대 손실구성제품이 될 것이다. 따라서 이 2가지 제품(혹은 다른 제품을 추가)을 합하여 손실기간이 30일에 달한다.

해당 사업장은 각각의 업무중단이 발생한 날짜별로 최대손실과 최소손실의 누적액의 목록을 작성한다. 만약 해당 사업장이 소매점인 경우에는 일간판매액을 1주일 단위로 기록하고, 계속된 업무중단을 주단위로 계산해서 기록한다. 일반적인 복구시간은 주간, 월간 단위로 생각하지만, 은행과 같은 특수한 기관에서의 업무중단에 따른 영향력은 불과 몇 시간 또는 하루 사이에 극적으로 증가한다. 따라서 이러한 기관은 30일 후반부가 아니라 전반부에 업무가 중단되게 되므로 반드시 손실액을 하루 단위가 아니라 시간 단위로 계산하여야 한다.

이 과정은 테이블 포맷을 활용하여 해당 계산을 목록화하고 스프레드시트나 데이터베이스 프로그램에 입력하고 통계를 종합한다.

4) 추가비용

넷째, 비즈니스 업무에서 기대된 혹은 제안된 복구전략을 시행하기 위하여 필요한 추가적인 비용의 유형은 무엇인가? 이러한 비용에는 ① 운송비, ② 대체장소의 임대료, ③ 계약서비스, ④ 비상수요, ⑤ 임직원의 임시적인 재배치, ⑥ 업무차질을 보강

하기 위한 임시직원의 활용, ⑦ 장비임대료, ⑧ 추가 보급품, ⑨ 기타 등이 포함된다.

〈표 6-2〉 BIA 투입 테이블의 사례 (단위, 백만 원)

	첫 날		둘째 날		셋째 날		넷째 날	
손실가능액	최소	최대	최소	최대	최소	최대	최소	최대
판매 손실	0	0	5	5	7.5	10	10	20
주문취소	0	0	10	10	25	30	75	100
	다섯째 날		2주		3주		4주	
손실가능액	최소	최대	최소	최대	최소	최대	최소	최대
판매 손실	20	30	75	125	350	500	750	950
주문취소	100	250	450	750	750	750	750	750

〈표 6-2〉과 같이 시간에 따라 추가적으로 투입되는 비용의 최대와 최소액을 결정하고 리스트에 표시한다.

5) 업무 사이클

다섯째, 공정이나 생산품의 사이클 특히 핵심적인 주, 월, 연, 또는 비즈니스 사이클은 언제인가? 다시 말해서 업무중단이 발생할 수 있는 가장 취약한 시기는 언제인가? 해당 정보는 재난에 필요한 복구계획을 개정하거나 수정하는 전략을 수립하는 경영진에게 매우 유용하게 활용될 것이다. 따라서 해당 리스트는 의사결정자에게 가장 많은 재원이 필요한 곳이 어디인가를 재조정하거나 우선순위의 변화를 가능하도록 한다.

일반적으로 핵심적인 시간은 연말이나 매 분기의 마지막에 중요한 생산과 관련된 사건이 대부분이다. 예로서, 장난감 제조업체가 크리스마스 시즌이 다가오기 전에 9월과 10월, 11월에 핵심적인 업무중단시간이 언제인가를 목록화한다. 이 경우 질문지를 통하여 설문에서 응답자에게는 자유로운 형식으로 답변을 할 수 있도록 허용되며, 더불어 질문지와 BIA 소프트웨어 프로그램은 개별적인 달을 선정할 수 있도록 허용된다. 비록 이러한 월별로 설문을 실시하는 것이 분석에는 충분하지만, 복구목적에 핵심을 두기에는 미흡한 점이 많다. 따라서 위에서 지적한바와 같이 금융기관과 같은 경우에는 월별로 업무중단에 관한 복구계획을 수립하는 것이 불가능하므로 나중에 이러한 정보를 연속성계획의 매트릭스로 구성한다.

6) 비즈니스 영향

여섯째, 해당 비즈니스 업무 상실로 기인한 다른 비즈니스의 영향은 어떤 것이 있는가? 고객서비스 또는 기술적 지원의 감소, 기업이미지의 하락, 미래의 비즈니스 손실로 발생한 재정적인 손실을 수치화하는 것이 가능하다면 추정하고 수치화한다. 그러나 어떤 영향은 수치화하기에는 너무 주관적이며 직접적으로 재정적인 관점에서 기술하는데 한계가 있다. 그러나 이러한 영향은 기업의 생존력에 핵심적인 결과로 귀결되므로 관련된 모든 데이터는 분석과정에 포함되어야 한다. 따라서 응답자에게 어떤 영향이 있는가를 질문할 경우에는 ① 경쟁우위와 시장점유율의 감소, ② 주주의 신뢰도 하락, ③ 채무의 증가, ④ 임직원 사기하락, ⑤ 현금흐름의 어려움, ⑥ 대외 이미지와 신뢰추락, ⑦ 고객지원의 하락, ⑧ 계약상의 파급효과, ⑨ 규정의 위반과 파급효과, ⑩ 핵심인력의 손실에 관한 내용을 포함한다.

7) 심각성 산정

일곱째, 해당 비즈니스 업무가 손실되었을 경우에 앞에서 언급했던 심각성은 어느 정도인가? 만약 업무중단이 발생하였다면 예상되는 가장 최악의 상황에 대하여 이에 대한 잠재된 심각성을 5단계로 구분하여 표시하며, 업무나 조직에 미치는 최소한의 영향은 1로 표기하고 가장 치명적인 상황은 5로 표기한다. 상황에 따라서는 더 세분화하여 1부터 10까지 표시하거나 평가하기가 애매한 경우는 구체적으로 명기한다.

구체적으로 각 단계에 대한 정의를 아래와 같이 구분하기도 한다.

① 1=Minor, 업무나 운영에 거의 영향이 없거나 쉽게 조정이 가능한 경우로 최소 혹은 영향이 없음이라고 표시한다.

② 2=Somewhat critical, 아직까지는 쉽사리 조정이 가능하나 약간의 이미지 하락과 업무에 대한 서비스가 추가되거나 요구사항에 부합하는 역량이 필요하다.

③ 3=Moderate, 대부분의 모든 업무나 기능에 대한 요구사항이 하락하는 경우로 적절한 대응이 필요한 단계이다.

④ 4=Serious, 업무나 기능을 지속하기에 매우 곤란한 상황으로 업무가 심각한 타격을 받은 경우이다.

⑤ 5=Severe, 업무나 기능이 모두 중지되어서 업무 진행이 불가능한 경우로 치명적인 상황을 말한다.

이와 같이 위험한 상태의 분류는 표기하는 방법에 따라 다양하나 대체적으로 영향에 대한 심각성을 수치로 표기하는 것이 일반적이다. 이러한 표기방법은 업무중단에 따른 조직에 대한 심각성을 나타내므로 경영진에게 핵심 업무의 손실에 따른 일련의 과정을 구체적으로 보여주는 역할을 한다. 이러한 심각성 등급은 개별 업무의 영향유형을 조합하여 기업전체에 대한 영향유형으로 통합된다. 이것은 매트릭스나 테이블 형식으로도 보고되나 도표로 나타내는 것이 가장 이해하기가 쉽다.

8) 복귀시간

여덟째, 업무중단이나 손실을 복구하고 지연된 업무를 정상적인 운용 상태로 복귀하는데 걸리는 시간은 얼마나 되는가? 해당 질문에 대한 답변은 특정한 개별분야마다의 추가적인 복구비용을 계산하는 것으로 중복되는 불필요한 과정으로 치부되기도 하나, 업무중단에 따른 최대허용시간과 복구시간목표를 결정하는데 도움이 된다. 그러므로 합리적인 최대허용시간에 근거하여 정상상태로 복귀하는데 필요한 시간을 추정하는 것과 정상적인 운용에 대한 고려는 동시에 이루어진다.

이러한 질문에 대한 답변자에게는 폭넓은 선택의 기회가 주어지고 가능성에 대한 범위도 대단히 크다. 어떤 특정한 업무를 예를 들면, 정상상태로 복귀하는데 단지 몇 시간이 소요되는 반면에, 다른 업무는 수년이 필요하기도 하므로 이러한 경우에는 적절한 백업절차에 대하여 논의되어야 한다.

9) 필요 재원

아홉째, 해당업무가 조직에서 수용할 수 있는 최소한의 기준에 맞추어 복구하는데 필요한 단기 그리고 장기적인 재원은 어떤 것이 있는가? 이는 분석가에게 업무중단 최대허용시간과 상호의존성을 고려한 조직의 핵심적인 시스템과 장비에 대한 검토기회를 제공하려는 의도이다. 인터뷰 이후에 응답자는 재원표나 질문지에 필요한 재원이 어떤 것이 있는지 구체적으로 기록한다. 이와 같은 질문과 더불어 시스템의 위험한 상태, 필요장비, 애플리케이션 허용시간, 의존성 등도 복구 시의 핵심 업무와 복구의 우선순위를 정하는데 활용된다. 여기에서 유의하여야할 사항은 소프트웨어 애플리케이션과 시스템은 BIA목적을 위한 핵심적인 업무가 아니며 단지 핵심 업무를 지원하는 역할을 한다. 만약 서버나 애플리케이션의 업무가 중단된다면 이것의 영향은 핵심 업무를 지원하는 기능의 손실이므로, 이러한 요소들은 손실을 산정하는 과정에서 중복되어 계산되지 않도록 주의해야 한다.

10) 대체시간

열 번째, 상기에 언급한 장비와 시스템을 설치하거나 대체하는데 걸리는 시간은 얼마나 되는가? 이번 질문은 복구전략을 선정하는데 있어서 결정적으로 영향을 미치게 된다. 하이테크장비는 설치와 대체에 일반적으로 6개월 이상이 걸리기도 한다. 만약 장비가 신속하게 대체된다 하더라도, 정상적인 업무를 수행하도록 적절한 환경과 부수적인 지원시스템을 구비하는 데는 추가적인 시간이 소요될 것이다.

6. 질문지 형식

복구전략의 수행에 요구되는 재원선정의 최고의 방법은 개별기업에 적합한 전략을 선정한 다음에 후속상황에 대한 계속적인 고려가 가장 이상적이다. 그러나 대부분의 경우에는 인터뷰 이후에 질문지가 배포되고 응답자는 주요하게 논의된 전략을 토대로 하여 해당 업무를 복구하는데 필요한 장·단기 재원에 대하여 기록하게 되며, 다음의 항목으로부터 필요한 재원들이 선정된다. ① 직원과 컨설턴트, ② 내·외부 접촉자, ③ 고객, ④ 소프트웨어와 애플리케이션, ⑤ 장비, ⑥ 기본서식과 보급품, ⑦ 핵심 기록물, ⑧ 기타

1) 임직원

일반적으로 재난발생 이후 초기복구단계에서 모든 임직원의 협력이 필요한 경우는 거의 없다. 그러나 재난발생 후의 공간과 재원의 가용성은 제한되어 있으므로 해당 복구팀에 배정된 직원들의 이름, 직위, 주소, 접속 가능한 전화번호를 유지한다. 여기에는 긴급 상황 시 실제적으로 필요한 가정과 사무실 그리고 휴대폰의 전화번호와 팩스, 이메일 리스트를 동일한 형식으로 만들어 보관한다.

재난복구가 진행되는 동안에 개별적으로 접속이 가능한 연락처를 다음 〈표 6-3〉과 같이 유지한다.

〈표 6-3〉 임직원 양식

구 분			연락처			기타	
이 름	직 책	주 소	가 정	직 장	휴대폰	중요사항	호출자
조원영						1	
이호선						2	
박진영						3	
정선종						4	
박영립						5	

- 1=첫날 24시간 이내에 필요한 사람
- 2=24시 이후부터 72시까지 필요한 사람
- 3=3일부터 5일까지 필요한 사람
- 4=상황에 따라 대기자로서 필요한 사람

2) 내 · 외부 협력자

조직의 내 · 외부에 상관없이 협력업체, 판매업체, 컨설턴트 또는 관계조직의 이름, 전화, 주소 기록을 유지 · 복구하고, 보급품의 대체, 장비, 원재료, 기술적인 지원을 요청할 필요가 있을 경우에 연락한다. 이러한 리스트는 완전해야 하나 간결할수록 좋다. 여기서 반드시 명심해야 할 사항은 여러분이 준비한 수많은 연락처가 재난발생 후에 무용지물이 될 수 있다는 것이다. 따라서 개별적으로 접속할 수 있는 서비스의 유형을 간단하게 기술하고 계좌번호, 비밀번호, 다른 유형의 권한이 요구되는 리스트를 만든다. 만약 접속자가 판매업체 소속이라면 이 사람의 이름도 기록한다. 이러한 접속재원에는 다음 〈표 6-4〉의 내용이 포함된다.

〈표 6-4〉 내 · 외부 접속자 양식

판매자	이 름	대 표	주 소	대표전화	직통전화	항 목	계좌번호	비밀번호

(배관공, 전공, 지진 또는 구조 공학자, 청소관리, 경비서비스, 음식제공서비스, 급여처리, 핫 사이트 제공, 이동식 세면장, 보험브로커, 은행관리자, 규제기관, 보도기관, 장비/시스템 공급업체 등)

3) 고객과 소프트웨어

조직 내·외부에 접촉하여야 할 다양한 고객리스트가 존재하더라도 해당 부서에서 재난상황에 대해서 알려야할 필요가 있는 특정한 고객만을 분리하여 주요한 업무지연 요인과 정상적인 상태로 복귀가 예상되는 일시에 대하여 알려준다. 만약 해당 사업장이 지역에서 발생한 재난의 영향을 받지 않았다면 필요한 고객에게 업무를 계속한다는 내용을 알려준다.

복구상황에선 업무단위나 팀별로 사용하고 있는 모든 소프트웨어 애플리케이션의 목록이 필요하다. 애플리케이션과 운영시스템의 버전번호와 이름 목록과 복구과정 중 어떤 시기(예를 들어, 초기 2~4시간, 2일간, 2주간)에 필요한 것인가도 기록한다.

〈표 6-5〉 소프트웨어 샘플

명 칭	버 전	일련번호	복사필요	소 스	요청기일	운영환경

4) 장 비

재난발생 이후에 해당 부서에서 필요한 업무를 수행하는데 핵심적인 장비의 목록을 정한다. 여기에는 데스크탑 또는 개인컴퓨터(가능하다면, 컴퓨터 구성과 하드웨어 요구조건, RAM용량, 하드디스크, CPU속도, 특별 부속품 등을 정한다), 단말기, 프린터, 팩스, 계산기, 전화, 모뎀, 테이블, 의자, 납땜인두기, 현미경, 삽 등의 장비목록도 필요하다. 여기에는 모델번호와 일반적으로 5일 이내에 필요한 수량과 장기적으로 필요한 수량을 기록하고 장비를 대체하는데 걸리는 시간을 예측한다.

〈표 6-6〉 장비 샘플

장비명	모델	구성	단기조건	장기조건	준비기간	구성환경

5) 문서형식과 보급품

모든 장·단기 업무중단 기간에 비즈니스를 수행하는데 필요한 문서형식(예를 들어, 편지지 윗부분의 인쇄문구, 바우처, 디스켓, 특별 공문서 양식 등)과 보급품의 목록이 필요하다. 종이, 펜, 스탬프 등 일상적으로 사용하는 사무용품과 여기에 음식물, 유리제품, 선적상자, 원재료 등은 항상 필요하다. 따라서 해당 보급품은 여분을 보유하거나 항상 사용할 수 있도록 관리한다.

〈표 6-7〉 문서형식과 보급품의 샘플

문서명	모델	장소	단기조건	장기조건	준비시간	현재수량

6) 핵심 기록물

해당 부서에 관리하고 있는 예를 들어, 미수금 계정, 건축물의 평면도, 기업의 회의록, 기술지침서, 재난복구계획 등 핵심 기록물과 보고서를 목록화하고 기록물은 반드시 정상적인 운용을 위하여 관리자에게 보낸다. 목록에는 해당 기록물이 어디에 보관되고 회사 내 어떤 장소에 위치하고 있는지 그리고 어떤 유형의 매체(종이, 컴퓨터, 하드디스크 등)로 구성되었는지가 명시된다. 만약 해당 기록물이 원거리, 관련 기관에 보관중이라면 해당 기업과 장소를 확인하여야 한다.

〈표 6-8〉 핵심 기록물 샘플

명 칭	매체 유형	내부 장소	외부 장소	형태나 수량

7. 데이터 분석과 제안

1) 데이터 분석

인터뷰와 질문지를 통하여 얻어진 정보는 프로젝트의 범위와 목표를 기준으로 분석된다. 데이터는 모든 비즈니스 업무를 조합하여 기획자와 경영진에게 조직의 계속적인 운용에 필요한 핵심요소가 무엇인지를 결정하도록 하고 이러한 업무들이 어떤 다른 요소들과 관련되어 있는지를 보여준다. 여기서 분석된 핵심 업무들의 최대허용시간이 결정되고 개별적인 비즈니스 업무와 컴퓨터 애플리케이션과 같은 지원 시스템의 복구우선순위가 부여된다. 이러한 결론을 도출할 경우에 기안자는 반드시 다음과 같은 지침을 준수하도록 한다.

최대허용시간과 핵심기능에 대한 판단은 수치적인 데이터 한 가지만으로 결정하지 않는다. 왜냐하면 분석하는 동안에 이러한 수치는 쉽게 변경될 수 있으므로 어느 시기에 A제품이 최고의 수입을 올리는 경우에는 복구비용도 최고로 높게 산출될 것이므로, 경영진은 A제품보다는 복구비용이 낮은 B제품의 복구를 우선으로 결정할 것이다. 그러나 대부분의 사례에서 이러한 수치적인 데이터는 너무 쉽게 의사결정에 영향을 미치므로, 기안자들은 반드시 사전에 이러한 데이터의 확인과정을 반드시 거친다.

여기에서 주의하여야 할 점은 영향에 대한 계산은 반드시 한번만 하여야 하며, 중복으로 계산되지 않았는가에 대해서 확인과정을 거친다. 특히 대기업의 경우에는 쉽게 상호의존적인 업무단위로 인하여 손실을 중복적으로 계산함으로써 전체적인 영향력이 배가되는 결과를 낳기도 한다.

보험금청구 최고액은 예상할 수 있는 반면에 상환액이 실제적으로 지불되어야 할 경우나 신체상해에 대한 청구액이 얼마나 되는지는 예상하기가 훨씬 어렵기 때문에 손실금액으로부터 보험보상범위[5]나 예정 상환청구권을 공제하지 않아야 한다. 이것은 복구상황이 진행되면서 지역적 재난에 대한 보고의 지연 또는 피해의 확산이 진행되면서 보험사와 작업량이 가중된 클레임부서의 문서상 최대손실액이 시시각각 변화하기 때문에 일반적으로 클레임은 한꺼번에 청구되지 않는다. 그러나 중소기업은 업무중단에 따른 현금흐름의 중지되는 경우 기업존립이 위협받기 때문에, 신속한 상환이 이루어지지 않는다면 치명적인 결과를 낳게 될 것이다. 만약 예정된 상환금액에 따라 손실액이 조정될 경우에 해당 위험에 대한 적절한 경고의 의미는 사라지게 된다.

공정전반에 대한 검증과정을 통하여 데이터의 신뢰성을 유지하는 것은 매우 중요하므로 인터뷰나 질문지를 통하여 수집된 데이터는 분석된 다음 업무단위의 관리자와 CFO가 함께 검증한다. 검증 결과에 따라 운영시스템의 핵심공정 처리시간과 보통 처리시간 모두의 최대 허용시간을 확정한 다음 복구계획의 리스트에 포함한다.

2) 데이터 제안서

BIA는 연속성기획 프로그램이나 프로그램의 예산을 확보하기 위하여 경영진의 지원이 있어야 하기 때문에 최종적으로 결과물은 최고경영진에게 제출된다. 이러한 제안과정은 BIA에서 가장 중요한 단계로 제안이 받아들여진다면 기안자는 프로젝트를 수행하는데 필요한 정책과 재정적 지원을 받게 된다. 그러나 제안이 거부된다면, 기안자는 그 동안의 많은 시간을 낭비한 결과가 될 것이다.

따라서 제안을 하는 분석가는 반드시 신뢰성 있는 데이터를 근거로 경영진에게 설득력 있는 제안서를 제출하여야 한다. 앞에서 언급했듯이 하향식 접근방식은 제안의 수용에 좋은 결과를 가져온다. 만약 이러한 방식이 적용된다면 기안자는 분석결과에 대한 수용과정에서 거의 아무런 문제점이 없다. 그러나 결과물에 대한 제안서를 제출할 경우에는 수치의 정확성을 보장하여야 하고 의사결정자의 혼돈을 야기하는 장황한 설명은 지양하고 간단명료한 것이 최선이다.

일반적으로 최고경영진에게 제안할 경우에는 사용하는 여러 가지 매트릭스, 도표, 통계는 보는 사람에게 혼동을 일으키고 지루한 느낌을 주며, 또한 배경으로 첨부되는 재난상황에 관한 참혹한 사진과 자연현상을 포함한 슬라이드의 경우도 혼동을 야기하

---

5) 보험보상범위(insurance coverage)는 보험사고로 말미암은 경제적 수요에 대해서 보험급부에 의하여 보호하는 것을 말한다. 미리 예상되는 위험에 의한 경제적 수요금액에 근접한 액수를 보험가입금액으로 하여 보험계약을 체결하면 그 만큼 보험 보호율이 높아진다.

거나 선명한 특정 장면만을 기억하게 만든다. 따라서 핵심 업무의 재무적인 데이터와의 연관관계를 나타내는 그래프나 차트를 활용하여 간단하게 보여주는 것이 가장 효과적이다. 그리고 개연성의 관점에서 사건이 현재 발생할 가능성이 없다하더라도 사건의 발생가능성을 있는 그대로 기술하여야 한다.

예를 들어, 국립지진관측소에서 상당히 큰 규모의 지진이 특정 지역에 10년 안에 발생할 개연성이 85%라고 예상하였다면, 보고서에는 '기업의 전략적인 계획기간(10년 계획) 동안에 지진이 발생할 것이라고 믿는다고' 명확히 기술한다.

〈표 6-9〉 BIA 생존지침[6)]

구 분	내 용
가독성	BIA의 순수 데이터 정보에서 구체적인 정보를 신속하게 찾아내는 것은 빨리 찾기를 용이하게 하는 방법이 없으면 어렵다. 따라서 주제별 색인 또는 상세한 목차를 제공하는 것이 독자가 내용을 빨리 찾을 수 있거나, BIA 이용을 포기하는 것의 차이를 결정할 수 있다.
유지보수성	문서는 그 속에 포함된 정보가 현재 사용이 가능할 경우에만 유용하므로, 문서가 주기적으로 개정되거나 다른 활동으로부터 새로운 정보를 받아들이도록 하거나, 문서 포맷 자체가 업데이트를 촉진할 수 있어야 한다. MS워드나 엑셀로 작성된 소프트카피 문서가 PDF나 비지오(Visio) 같이 수정을 위해서 특별한 도구를 요구하거나 참고로 병합되는 문서를 필요로 하는 종이인쇄물, 파일 포맷보다는 반복적인 개정이 훨씬 더 용이하다.
포괄성	중요서버에 관련된 IP주소, 업무를 지원하는데 사용되는 소프트웨어 패키지 같은 BIA에 포함된 자료가 많으면 많을수록 그 문서는 더 오랫동안 유용하다. 만약 데이터에 대해 권위 있는 출처가 있다면 미래의 개정을 원활하게 하고 독자들에게 가장 정확한 정보원에 접근할 수 있는 선택권을 부여하기 위해서 그 출처를 명기하는 것이 좋다. 예를 들어, BIA에 서버 관리자의 연락정보가 포함되어 있다면 그의 가장 최근에 개정된 상세한 연락처를 찾을 수 있도록 기업 디렉터리로 링크하는 것이 도움이 된다.

업무관계자에게 배포할 보고서에는 관련 데이터, 개별적 업무나 부서의 영향, 조직

6) Ed Moyle, Business Survival 101: How to Perform a Business Impact Analysis, Information Security Magazine, Issue: Nov 2006.

의 복합적인 영향에 관한 내용을 포함한다. 보고서에선 단지 주요 업무의 영향과 조직전체의 영향에 관해서만 논의하지 않으며, 여러 가지 업무의 상호의존성에 대한 이해와 보고서에서 언급한 여러 가지 요소들과의 연관관계의 중요성을 인식하게 할 것이다. 더불어 제안과정에서 기안자가 업무를 수행하는 핵심적인 이유와 기업의 판단에 대한 기대와 분석결과가 무엇을 의미하는가에 대한 개요를 명확하게 제시한다.

마지막으로 BIA는 일회성 분석이 아니라 복구계획에 관한 정보는 반드시 정기적으로 갱신되고 복구계획에 관한 기본전략구조는 연례적으로 검토되어야 한다. 이것은 기업의 비즈니스 전략의 변경과 구조변화에 따라 조직의 영향도 변화하는 것이 합리적이므로, 비즈니스영향분석은 이러한 변화를 규명하는데 도움을 줄 것이다.

BIA를 작성할 경우에 서식 작성, 데이터의 구성과 기업의 정보목록 등 선택해야 할 많은 방법들이 있으나 문서작성 시 〈표 6-9〉 BIA 생존지침을 유념하면 작성 후 활용이 용이하고 유지관리에 도움이 된다.

제2절 비즈니스 연속성기획

1. BCP 계획

비즈니스 연속성기획(BCP)은 전문가에 따라서 여러 가지 의미로 정의하고 있으나 각자의 전문적인 배경을 반영하므로 약간의 차이는 존재한다.

비즈니스 연속성기획(Continuity planning)[7]과 비상대책(Contingency plan)[8]을 통합하려는 시도가 있었으나 이 2가지 의미에는 상당한 차이가 있다.

기획은 일반적으로 어떤 일에 새로운 것을 제시하고 만들 때 이루어지며, 목적하는

---

7) 기획은 최적의 수단으로 목적을 달성할 수 있도록 미래의 활동을 예정하고 준비하는 일련의 정책결정의 준비과정을 말한다.

8) Planning을 기획으로 Plan을 계획으로 일반적으로 번역하나 때때로 혼용되기도 한다. 다만, 기획은 계획을 세워 가는 활동과 과정을 가르치는데 중점을 두는 포괄적이며 계속적인 개념으로 사용되는 반면, 계획은 보다 구체적이고 개별적인 개념으로 이해될 수 있다.

바를 효율적으로 이루고자 하기 위한 사전 행동을 의미하는 반면에, 계획은 어떠한 일에 대한 하나하나의 세부적인 방침이나 단계를 짜는 것으로 기획보다는 축소된 의미의 사전행동 방식이다. 그러므로 계획은 기획을 하기 위한 세부단계의 단위 요소로도 볼 수 있다.

BCP는 조직의 핵심적인 기능을 규명하고 이러한 기능으로 제공된 서비스의 손실이나 업무중단에 따른 영향을 최소화하기 위한 전략을 개발하는 공정을 의미하거나, 조직이 미리 정의한 최소 수준의 운영을 보장할 수 있도록, 사전에 위험을 방지하고 고객서비스 및 기업 핵심업무의 연속성을 유지함으로써 기업가치를 극대화하는 과정으로 정의할 수 있다.

이와 같이 BCP는 관리적, 기술적, 물리적인 요소에서 발생하는 사고 또는 비상사태로 인해 업무상의 일부 또는 전체체계가 마비, 업무의 연속성에 장애가 발생하는 것을 방지하고 만약 발생했을 경우 정해진 프로세스에 따라 효과적으로 비즈니스를 재개할 수 있는 일련의 과정을 의미한다. 이를 위해 예방, 억제, 탐지, 복구, 재개와 관련된 관리적, 기술적, 물리적 체계 구축이 필요하다. 가트너가 정의한 BCP는 재해복구계획에 업무재개계획, 업무복구계획, 비상계획이 합쳐진 것을 의미한다.[9]

1) 계획의 필요성

대체적으로 연속성기획에 대한 책임은 위험관리자, CFO, 데이터센터 관리자에게 있으나, 그럼에도 불구하고 보안관리자의 계획개발자로서 역할은 계속적으로 증가하고 있다. 보안관리자는 자산보호의 경험, 위험을 완화시키고 확인하는 과정에서의 참여, 비상대응업무가 복구과정에서 논리적인 대응을 가능하게 한다. 모든 관리진이 효과적으로 업무를 수행하기 위한 역량으로써 보안관리자와 같은 특성이 요구되며, 이 특성이 모든 복구과정의 성공요소에 포함된다.

미국의 경우에는 기업회계의 투명성 강화 및 투자자 보호를 위한 사베인-옥슬리 법안, GLB(금융정보보호법), FCPA(해외부패방지법) 및 HIPAA[10] 규정의 시행 등 해당 업무에 대해서 엄격한 법적인 규제가 적용되는 금융기관과 특정 산업분야에는 기록물의 보존을 의무화하고 있는데, 이와 같은 형태의 비즈니스를 원활하게 수행하기 위해

9) Ed Moyle, op. cit.

10) Health Insurance Portability and Accountability Act of 1996, 개인 건강보험과 관련된 개인정보의 유출을 금지하는 법이다.

서는 연속성계획을 수립하고 수행하는 것이 이러한 의무사항을 충족시키는 선행조건이 될 것이다.

비록 연속성계획이 직접적으로는 단지 은행과 금융기관에만 적용되지만, 수탁자책임의 기준으로는 모든 조직에 통용되게 될 것이다. 따라서 비록 규제적인 요구사항이 존재하지 않는 경우라 할지라도 연속성계획을 유지하는 것은 현대기업 비즈니스의 상식적인 요소라고 할 수 있다.

업무중단이 발생하게 되면, 업무중단 시간동안의 비용, 재가동하는 비용, 분실된 데이터, 현금흐름의 중단은 해당 조직의 복구능력을 넘어서 많은 조직에 심각한 타격을 줄 것이다. 예를 들어, 해당 기업이 정상적으로 운영되지 못한 경우를 손실액으로 환산하면, 소매업과 운송기업은 시간당 평균 1억 원, 하이테크 제조업은 시간당 2억 원, 금융중계업은 시간당 50억 원이 넘는 손실이 발생하게 된다. 더불어 여기에는 엄청난 양의 데이터 복구비용도 포함되어야 할 것이다.

〈표 6-10〉 복구시간과 비용 샘플

주요 업무	복구시간(단위, 일)	시간 당 비용(만원)
판매/마케팅	19	2,000
회계	21	2,200
엔지니어링	42	12,400

현대기업에서 재난발생에 대비한 연속성기획이 없다면 해당 기업은 경쟁우위, 우수한 직원과 미래의 연구기회를 상실하게 되고, 고객감소와 기업 이미지의 실추를 경험하게 될 것이다. 과거의 통계에 의하면 35~50%의 기업이 주요한 재난 이후에 결코 이전의 기업 활동으로 복구하지 못하였음을 보여준다. 연속성기획이 필요한 여러 가지 주요한 이유로는 ① 재무감사의 요구사항의 충족, ② 시장점유율의 상실방지, ③ 경쟁우위의 유지, ④ 재정책임, ⑤ 주주책임, ⑥ 핵심인력의 유지, ⑦ 연구 손실의 방지, ⑧ 고객신뢰의 유지, ⑨ 공동체 전반의 경제적인 복구의 지원, ⑩ 재난 이후에 신속하고 질서 있는 복구의 지원, ⑪ 기업의 경제적인 손실 최소화 등을 포함한다.

2) BCP의 구성요소

현대조직에서의 BCP는 기존 DRP(Disaster Recovery Planning) 등에서 중점적으로 고려되어 왔던 IT 시스템에 관한 영역뿐만 아니라, 사람, 사무실 공간, 중요한 문서와 같은 다른 물리적인 자산을 포함하여 순수 비즈니스 영역까지 포괄함으로 조직 전반의 재난관리를 다루는 계획으로 BCP는 재난에 대비한 사전계획을 포함한 전 준비과정에 해당하며, 구체적으로는 재난 발생시의 손실에 대한 분석을 통해 사전 문제점을 제거하며, 복구전략을 정형화 및 체계화하고 테스트, 유지보수 프로그램을 도입하는 일련의 공정을 말한다.

이러한 연속되는 과정의 특성 때문에 BCP는 전사 차원에서 기업의 정책, 관련 규정을 토대로 수립되며, 기업의 중요 서비스나 활동을 보호하는 기능을 가지며, 핵심 업무와 주요 자원의 이용이 불가능하게 되는 '최악의 상황'을 가정하고 수립하는 것이 바람직하며, 최소자원과 용량의 산정 시에는 재해 복구뿐 아니라 비상운영 상태를 고려한다.

〈표 6-11〉 BCM의 구성요소

	재난복구	비즈니스 복구	비즈니스 재개	비상기획
목 표	핵심 애플리케이션	핵심 비즈니스 프로세스	비즈니스 프로세스 업무 전반	외부의 사건
초 점	사이트 또는 구성요소의 재해	사이트의 정전	애플리케이션 중단	내부 변화에 영향을 미치는 외부 사건
산출물	재해복구 계획	비즈니스 복구계획	대체업무 계획	비즈니스 비상계획
사 건	데이터센터 화재, 주요업무 서버 장애	빌딩의 정전	신용카드 승인 시스템 다운	주 공급자의 문제로 선적 실패
해결책	다른 장소에 복구 사이트 구축	복구 사이트에 다른 전기 공급업체 구축	수작업	25% 백업, 대체 공급자 선정
위기관리				

3) BCP의 기초

2001년 9월 11일 뉴욕 무역센터에 대한 테러리스트의 공격은 BCM에 관한 경영진의 인식을 제고하는 전환점이 되었는데, DRP(재난복구기획)에서 BCP로의 이동에서 중요한 변화는 IT서비스는 비즈니스 공정에서 필요한 여러 가지 필수적인 요소 중의 하나에 불과하다는 인식의 변화이다. 따라서 조직이 재난으로부터 효과적으로 복구하기 위해서는 IT, 임직원, 핵심시설과 특별장비를 포함한 모든 핵심 재원에 대한 기획과 위험경감대책이 필요하다. 그러므로 비즈니스 연속성관리(BCM)의 준비를 위해서는 기업최고경영진의 관심과 기업의 재정 신뢰도와 평판을 유지하는 것이 핵심적이다.

BCM은 ① 재난복구, ② 비즈니스 복구, ③ 비즈니스 재개, ④ 연속성기획, ⑤ 위기관리, 5가지로 구성되고 위기관리의 구성은 사건의 관리, 임직원의 보호, 비즈니스 장애 유형을 고려하여 비즈니스의 신뢰도를 유지하는데 초점을 둔다. 따라서 실시간으로 비즈니스가 진행되는 기업이라도 BCM의 5가지 요소는 변하지 않는다. 그러나 업무중단에 따른 기업 이미지와 공정이 계속되어야 외부 서비스 제공자의 신뢰도가 증가하기 때문에 기업연속성과 위기관리계획은 더욱 중요하다. 또한 RPO(업무 중단 시 데이터 손실이 예상되는 시간)와 RTO(재해 복구시간 목표)는 최대한 단축되어야 하고 실시간으로 서비스가 제공되도록 한다.

RPO(Recovery Point Objectives)는 백업, 저널 또는 트랜잭션[11] 기록이 사용될 때까지 복구가 가능한 한계시간으로 조직에서 수용할 수 있는 데이터의 손실정도를 의미한다. 만약 재난이 발생할 경우에 대부분의 기업에서는 24시간 이내에 복구하는 것을 원칙으로 하나 더욱 엄격한 RPO를 적용하는 기업에서는 트랜잭션 손실을 감소시키기 위하여 전자적으로 저널 트랜잭션을 최소화한다.

① 매일 백업할 경우에는 재해 발생 시 최대 24시간의 데이터 손실이 있을 수 있으며, 이때 RTO는 24시간이 된다.

② DB 로그 전달의 경우에는 시간 단위로 복원이 가능하므로 1시간 단위로 받으면 RTO는 1시간이 되지만 복원에 시간이 많이 걸리므로 비효율적이다.

11) 상점에서의 고객의 주문이나 판매, 은행에서의 예금주의 입금이나 출금과 같은 하나의 외부 거래를 기록하기 위해 컴퓨터 시스템 내부에서 완료되어야 하는 일련의 처리 동작을 말한다.

③ 스토리지 기반의 DR 솔루션은 동기화 방식에 따라 RPO를 제로까지 수렴하는 것이 가능하다.

RTO는 업무 중단 시 비즈니스 재가동까지 소요되는 시간으로 얼마나 빨리 시스템, 서비스와 공정이 정상운영 상태로 애플리케이션과 데이터가 복구되고 해당 애플리케이션에 최종 사용자가 접속할 수 있도록 하는데 있다.

① 재해 발생 시점부터 6시간 안에 비즈니스 가동이 가능하다면 RTO는 6시간이 된다.

② DB 백업을 테이프로 받아 원격지에 소산하는 경우 원격지에서 가져오는 시간도 고려해야 한다.

③ 시스템이 구축되어 있지 않다면 최대 2개월까지도 소요 될 수 있다.

4) BCM의 발전

BCM은 그 동안 상당한 발전이 진행되었다. 1990년 초반에 BCM은 IT재난복구 뿐만 아니라 자연재해와 핵심 업무의 장애에 대비하여 별도의 데이터센터에 72시간 안에 복구할 수 있도록 하는 IT 재해복구를 의미했다.[12] 1990년 중반에는 비즈니스 프로세스의 보호와 고객지원센터와 같은 복구계획이 개발되었다. 1990년 후반에 기업들이 비즈니스 프로세스 리엔지니어링을 수행하고, Y2K에 대비하기 위하여 비즈니스 프로세스를 점검하여 보니, 72시간 이내에 복구하는 그들의 전통적인 계획의 미흡함을 발견하였다. 따라서 기업들은 4~24시간 이내에 모든 업무가 복구되도록 재해복구에 대한 지출을 획기적으로 증가시켰다.

그러나 기업의 운영형태가 전자상거래와 실시간으로 비즈니스가 일어나는 기업으로 진화하면서 또 다른 불연속성이 BCM에 영향을 주었다. 실시간으로 비즈니스가 진행되는 많은 기업은 4~24시간의 사이트 장애는 기업에 수습할 수 없는 손실을 야기하며, 그 결과로 많은 기업들이 BCM을 도입하고, 비즈니스 프로세스, 애플리케이션, 24×7 가용성을 보장하도록 하는 기술 아키텍처 설계에 반영하게 되었다. 더욱이 실시간으로 비즈니스를 진행하는 기업의 위험은 더욱 증가되어 필수적으로 BCP는 새로운 시나리오에 역점을 두었으며 BCP는 다수의 기업공정과 통합되게 되었다.

12) Roberta J. Witty, Management Update: A Business Continuity Management Program is Critical, Garter Research, 16 July 2003.

9·11 테러리스트의 공격은 물리적 자산의 완전파괴와 인명손실을 포함한 BCP 시나리오 기획의 확장[13]을 촉진시켰으며, 미국정부와 규제기관은 2001년 9·11 테러와 2002년 Enron과 MCI WorldCom의 파산으로 인하여 전사적 위험관리를 지향하여 기업운영에 비즈니스 연속성을 포함하는 규정을 제정하였다.

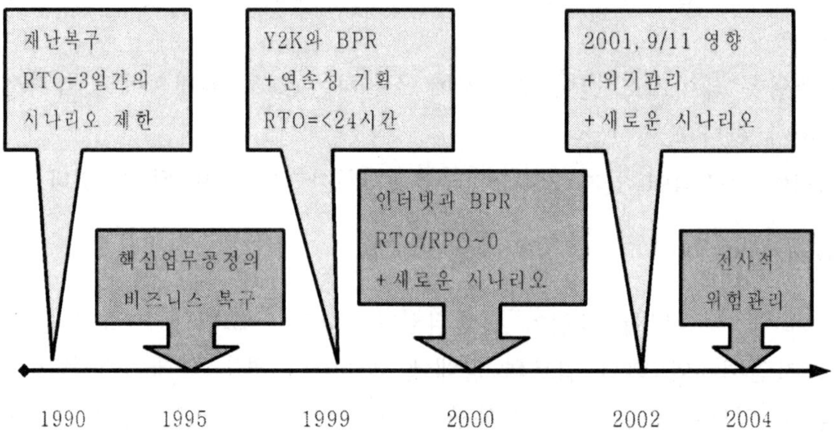

용어) BPR: Business Process Re-engineering, Y2K: Year 2000
RPO: Recovery Point Objective, RTO: Recovery Time Objective

〈그림 6-3〉 BCM의 진화

5) BCP 4단계 방법론

어떤 방법론이든 방법론은 ① 여러 번에 걸쳐 검증되고, ② 실용적이고, ③ 이해하기 쉽고, ④ 그 조직을 지배하는 문화에 적합한 방법이어야 성공적으로 활용되고 장기간 사용할 수 있다.[14] 특히 BCP 방법론은 위의 4가지 특징과 더불어 감독기관의 요구에 따라 요구사항을 충족시킬 수 있게 준비되어 있어야 한다.

---

13) 9·11테러 한가운데 있던 모건스탠리는 본사 건물이 붕괴되었음에도 24시간 내에 회사의 거의 모든 기능이 정상으로 돌아올 만큼 완벽에 가까운 위기관리시스템(BCP)을 구축해 놓았기에 천재지변과 같은 상황에서도 기업을 굳건하게 유지될 수 있었다.

14) 김정일 외, BCP 구축전략, KFI미디어, 2005, p. 45.

(1) 첫째, 프로젝트의 범위 설정 및 기획 단계, 이 단계는 BCP의 첫 번째 단계로 BCP를 업무의 어느 단계까지 적용할 것이며 계획에 필요한 요소들이 무엇인지를 발견하고 계획하는 단계이다. 특히 이 단계에서는 기업의 많은 다양한 사업부문의 책임과 권한을 정의하기도 한다. 이때 이러한 작업을 수행하는데 필요한 조직이 BCP위원회와 경영진간의 관리위원회이다. 이 관리위원회는 이 단계에서의 모든 행위에 대하여 궁극적인 책임이 있다.

(2) 둘째, 비즈니스 영향평가 단계로, BIA의 목적은 사업 중단 사태가 발생하였을 경우 기업에 미칠 수 있는 질적, 양적, 재정적 영향도를 파악하는데 그 목적이 있다. 또한 그 영향도를 기초로 하여 다음과 같은 것들을 실시하여야 한다. ① 중요사업의 우선순위 파악, ② 다운타임(Downtime) 평가, ③ 자원의 요구사항을 파악한다. 또한 BIA는 필요한 평가 자료를 수집하는 1단계, 취약점을 평가하는 2단계, 수집된 정보를 분석하는 3단계, 결과를 문서화하는 4단계로 진행한다.

(3) 셋째, 비즈니스 연속성계획 개발 단계에서는 BIA에서 모아진 정보를 토대로 사업단위의 기능을 지원하기 위한 복구절차를 개발하고 복구전략을 수립한다. 이 단계에서는 크게 2가지 스텝으로 이루어지는데, 1단계는 사업의 계속성 전략을 수립하고 정의하며, 2단계는 사업의 계속성 전략을 문서화한다.

(4) 넷째, 계획 승인 및 시행 단계로, 이 단계에서는 사업연속성계획이 실제 수행된다. 물론 여기서 수행이라고 함은 실재 재난의 복구 절차가 수행되는 것이 아니라 재난상황을 가정하고 복구 절차를 수행하는 것이다.

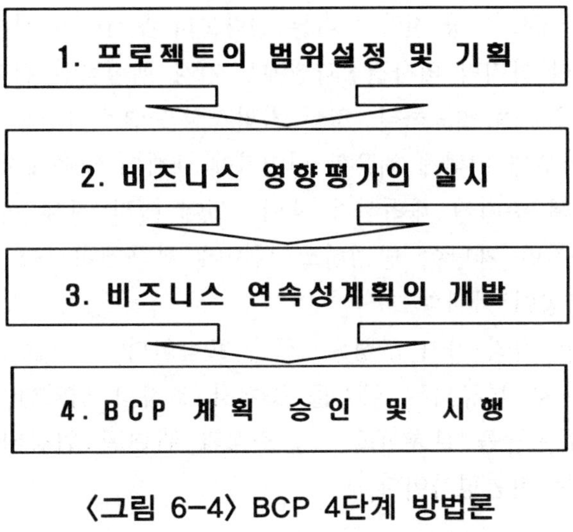

〈그림 6-4〉 BCP 4단계 방법론

6) BCP의 구성요소

대부분 BCP의 상식적인 전략은 백업시스템, 절차, 장비와 같은 대체시설을 포함하며, 이것은 해당 조직에서 수용할 수 있는 최소 수준의 운영 상태로 복구가 가능하여야 한다. 재난복구기획은 실제적으로 BCP의 동의어로 사용되기도 하나, 이 용어는 데이터센터의 산물이다. 복구기획은 단지 통신과 데이터센터의 중요성만을 강조하는 반면에 BCP는 모든 핵심적인 기능 또는 조직의 비즈니스 단위를 아우르는 복구기획을 의미한다.

비즈니스 연속성계획은 재난 또는 업무중지 전후 그리고 과정에서의 연속적인 행동의 포괄적인 성명서를 말한다. 연속성계획은 최악의 경우를 대비한 시나리오로 디자인되나 좀 더 상식적인 정전 또는 서버고장이나 화재와 같은 지역적인 비상사태에 중점을 두고 유연성 있게 적용하여야 한다.

비록 이러한 행동지침은 전략적으로 적용하기 위하여 핵심적인 기능을 복구하도록 디자인되어 세부적으로 언급되어 있지만, 좀 더 유연성 있는 지침이 훨씬 효과적이다. 왜냐하면 실제적으로 정해진 계획을 모든 유형의 연속성에 적용하는 것은 비현실적이며, 각각의 재난은 고유한 특성을 지니므로 정해진 계획을 통합하여 조정하는 능력이 반드시 요구된다.

비록 복구계획이 중요할지라도 복구를 위한 기획과정이 가장 중요하다. 이 2가지의 구별이 복구계획의 기안자와 최종 사용자에게 가끔 혼동되기도 한다. 복구기획과정에선 핵심기능의 확인, 핵심기능을 복구하기 위한 전략적인 디자인의 개발 이면에 대한 분석과 사고, 왜 특별한 상황에서 특정 전략이 다른 전략보다 우선하여 선정되었는지에 대한 지식이 필요하다. 이러한 마지막 의사결정과정에서 가장 핵심적인 지식은 특정상황에 준비된 계획을 적용하기 위하여 필요하다. 또한 기획과정은 훈련과정으로서 참가자는 반드시 우발상황이 발생할 경우에 어떻게 대응할 것인가에 대하여 익숙해져야 한다.

물론 재난에 대비해 준비된 계획서가 재난발생에 따라 잔재 속에 묻히지 않는다는 행운을 가정해야 하지만 재난이 발생하고 나서야 복구계획서를 뒤적이는 것은 결코 효과적인 재난복구방법이 아니다.

BCP는 아래와 같은 여러 가지 구성요소들을 포함한다.

① 재해 및 재난으로 분류되는 위기들 중에서 조직의 취약한 부분에 영향을 미칠 수 있는 위험요소들을 분류하고, 그 조직과 관련된 위험의 발생빈도와 영향의 크기를 예상하는 위험평가이다.

② 비즈니스 프로세스를 상실 했을 때 손실규모를 평가하는 비즈니스 영향 분석이다.
③ 위험을 최소화 할 수 있는 전략을 수립하고, 최선의 대안을 준비하며, 예방시스템을 구축하는 위험관리이다.
④ 안전과 보안은 주로 인적, 물적 자원의 안전성과 보안문제를 취급한다.
⑤ 재해 및 재난 발생으로 인한 대응, 복구, 계획 그리고 훈련 계획을 세우는 연속성계획이다.
⑥ 재해, 재난으로 인한 인적, 물적 자원 긴급 조치와 비즈니스 프로세스를 복구하는 대응/복구 단계이다.
⑦ 위기전달방식으로 조직 내·외부에 위기상황을 알림으로써 적극적으로 위기상황을 대처하는 것이다.
⑧ 평상시 상시운영계획에 따라 훈련과 모의 실전을 한 다음, 그 내용을 평가하고 상시운영계획을 수정·보완하는 훈련이다.
⑨ 경험했던 재해, 재난 혹은 다른 위기 사례를 통하여 BCP역할을 평가하고 피드백 하는 조직학습이다.

〈기업연속성에 관한 CEO의 선언문〉

● BCP의 목적

BCP는 기업에 영향을 미치는 재난발생 직후에 기업의 핵심 업무의 운영을 신속하게 복귀할 수 있도록 촉진하기 위해서 제안된다. BCP는 이미 사업장에서 시행하고 있는 연속성계획(화재예방계획, 폭발물대응계획, 기상이변계획)을 보완하는 후속계획으로 적용되며, 이러한 계획들이 종료되는 시점에 이어서 시행된다.

BCP는 기업에 핵심적인 정보(첨단 소프트웨어, 컴퓨터기술, 통신 등)에 대한 고려를 우선적으로 한다. 재난이 발생하는 경우에 컴퓨터 프로그램과 통신서비스가 심각한 영향을 받게 됨으로 차례로 핵심적인 기업기능에 심각한 타격을 미칠 것이다. 이러한 이유에서 CIO는 해당 BCP를 개발하고 목적이 달성되도록 보장하는 책임을 진다.

핵심 업무의 관리자는 해당 부서에서 절차를 개발하는 책임을 진다.
① 핵심 업무의 손실정도에 대하여 평가한다.
② 주요 인사에게 알린다.
③ 핵심 업무를 복구하는데 필요한 재원을 배치한다.

이러한 절차에서의 핵심은 관리자마다 매우 다양하나, 사명 선언, 업무범위, 의사결정 책임, 핵심임무의 지정, 필요한 재원, 재난 이후에 구성원과 교신할 수 있는 과정, 재난을 알려야 할 인사, 복구팀의 구성, 복구 우선순위, 업무의 상호관계, 업무흐름도, 의사결정도, 훈련에 관한 내용이 포함된다. 해당 절차는 개별적으로 BCP에 첨부되고 관리자는 필요할 경우에 항상 사용이 가능한 상태로 유지한다.

● 가 정

① 핵폭발과 같은 특수한 재난의 경우는 피해정도는 심각하나 BCP의 영역에는 포함되지 않는다.

② 본사에 영향을 미치는 재난은 대형화재, 지진, 폭탄, 시민소요, 노동쟁의 보다는 태풍에 수반하는 강풍이나 호우일 가능성이 높다.

③ 재난이 발생한 다음 본사의 업무가 정상적인 상황으로 복귀하는데 걸리는 시간은 적어도 2일에서 최대 30일을 초과하지 않는다.

④ 임시 업무공간, 장비, 데이터, 보급품, 공급업체는 재난이 발생한지 48시간 이내에 핵심 업무가 가능하도록 준비되어야 한다. 이러한 가정은 태풍과 같이 동일 지역의 모든 사업장이 피해의 대상이 된 경우에는 이러한 필수적인 재원의 보급과 수요에 문제가 발생하므로 사전에 이러한 상황을 가정하여 IT와 건물관리에 필요한 핵심 보급품을 확보하여야 한다.

⑤ BCP수행에 필수적인 사람은 항상 재난상황에서 사업장에 상주하여야 한다. 그럼에도 불구하고 임직원의 가족이 공동체 전체가 재난의 영향권에 들어갈 경우에는 가족을 보호해야 하기 때문에 사업장의 복구 진행이 지연될 수도 있다.

● 목 표

① 가장 핵심적인 업무는 2일 이내에 복구시킨다.

② 대부분의 핵심 업무는 일주일 이내에 복구시킨다.

③ 모든 업무기능을 30일 이내에 복구시킨다.

● **비즈니스 연속성 팀의 구성**

비즈니스 연속성 팀은 ① 정보기술, ② 부동산, ③ 구매, ④ 인사, ⑤ 대외업무, ⑥ 보안부서가 핵심이 되어 구성된다.

7) 성공적인 BCP의 수립

BCM의 성공의 토대는 〈그림 6-4〉와 같이 최고경영진의 지원과 참여뿐만 아니라 BCP가 기업의 모든 프로젝트와 변화관리공정의 전반에 기업문화로 스며들어야 한다. 따라서 필요조건 단계에서 BIA는 기업이 직면한 위험분야가 무엇이고 어떤 비즈니스 프로세스가 가장 중요한가에 의거하여 위험관리와 복구투자의 우선순위를 결정한다. 그리고 비즈니스 중단에 따른 직·간접적인 영향은 RPO와 RTO의 필요한 결과에 따른 시간에 의해 평가된다. 그런 다음 위험분석에서는 프로젝트의 디자인 단계에서 위험완화가 가능한 기업의 취약성을 규명한다.

설계와 디자인 단계에서는 복구전략과 복구프로세스가 개발된다. 그러나 복구비용이 프로젝트 예산을 초과한 경우에는 기업은 반드시 투자의 정당성을 다시 검토하거나 필요조건을 변경하여야 할 것이다. 따라서 공정 운영에 관한 책임은 시스템을 구축하는 과정에서 구체적인 계획과 절차를 만드는 것이므로, 복구공정은 반드시 초기 필요조건에 부합하는 가를 보장하기 위하여 시행하기 전에 테스트를 실시한다. 그런 다음 공정은 모든 비즈니스 프로세스나 시스템의 변경이 발생할 경우마다 즉시 재검토를 실시하여 계획의 현재성을 유지한다. 그런 다음 행동계획으로 기업은 BCP를 공식화하고 정책과 통제 그리고 보고체제를 확립하기 위한 조직을 동시에 출범시킨다.

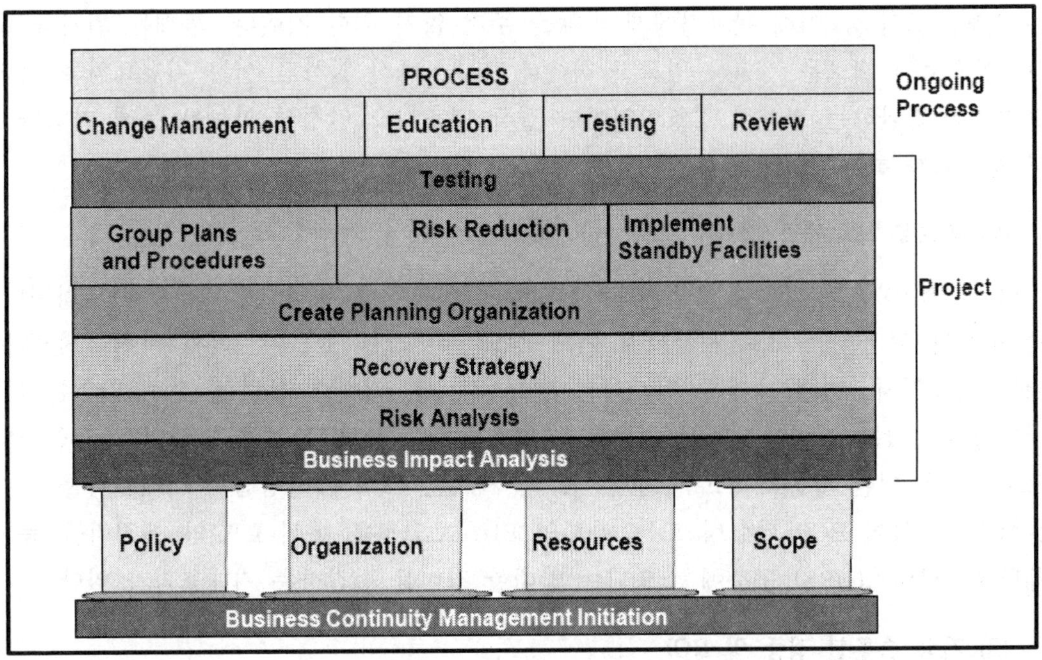

〈그림 6-5〉 BCP의 수립

구성원의 안전과 기업의 평판을 유지하는 것은 위기관리 과정에서 핵심적인 사항이므로, 기업의 재난복구의 역량을 평가할 경우에 위기관리는 BCM의 핵심활동으로 대두된다. 따라서 기업이 BCP 시나리오를 계속적으로 확장하다보면 '복구(recovery)'의 의미는 단순히 재난복구의 의미보다는 그 이상의 의미가 있음을 알게 될 것이다.

8) BCP 기대효과

(1) 고객신뢰도, 대외신임도 증대

BCP 구축을 통해 조직 또는 기업은 대내적으로는 BCP 가치제고를 통해 기업문화, 의식변화, 변화관리, 전사적 위험관리의 필요성 인식 및 가동, IT와 비즈니스간의 이해증대 등을 기대할 수 있으며, 대외적으로 BCP를 통한 고객신뢰도, 대외신임도 증대 및 안정적인 성장을 확인할 수 있다. 이와 같이 어떤 조직이든 BCP를 구축하는 공통된 목적은 2가지다. 첫째는 조직의 목표를 안정적으로 달성할 수 있도록 지원해 주는 역할이다. 외부의 위협으로부터 조직의 자산을 보호하고 직·간접적으로 관련되어 있는 사회, 고객 등 이해 관계자에게 피해를 주지 않기 위한 것이다. 둘째는 위기를 잘 관리함으로써 새로운 기회를 얻고자 하는데 있다. 다시 말하면 이는 위험요인을 기회요인으로 전환하는 전략적 경영영역이며 결국 비즈니스 안정성 확보를 통해 기업가치를 높이고자 하는 적극적인 목적이다.

(2) 새로운 프로세스 정립

비즈니스 영향분석은 매 2년 마다 실시함으로써 기존 경영보고서들과 차별화된다. 즉 조직이 고객을 상대로 지금까지 어느 정도 서비스를 했으며, 현재 서비스 능력은 어느 정도인지, 미래 세대를 위해서는 어느 정도의 서비스 능력을 갖추고 있는지를 평가할 수 있는 것이다. 모든 업무를 서비스의 개념으로 분석하고 서비스 제공자의 프로세스에 대한 일종의 프로세스 감사로서 새로운 프로세스 정립의 기대효과를 가져온다.[15] 더불어 BCP 컨설팅 또는 자체의 BIA 보고서를 통해 RTO의 재정리를 통한 재난복구서비스(DRS) 구축에 소요되는 방대한 경비를 절감하는 기대효과가 있다.

(3) 기술 솔루션 검증 및 ROI

BCP 컨설팅 또는 자체의 BIA 보고서를 통해 RTO의 재정리하면 DRS 구축의 방대한 경비를 절감하는 기대효과가 있다. IT 백업센터가 이미 구축되어 있을 경우에는 기술 및 능력에 대한 검증을 할 수 있는 기회이다.

15) 김정일 외, 전게서, pp. 41~42.

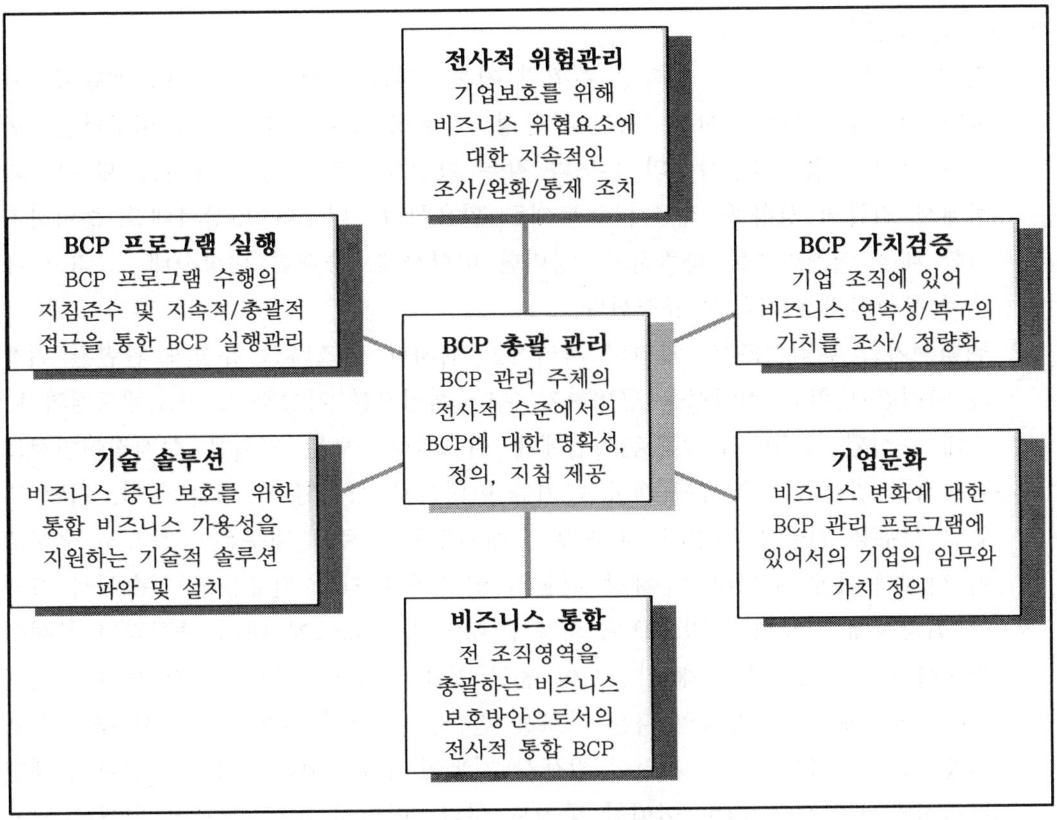

〈그림 6-6〉 BCP 기대효과

2. 연속성 계획

공식적으로 연속성 계획은 우선 임직원을 보호하고, 조직의 핵심 업무기능, 정보시스템, 재난상황의 경우에 환경, 비즈니스 방해요인에 관한 처리과정과 절차를 확립한다. 따라서 프로젝트팀은 비상사태의 구체적인 유형과 재난에 대하여 논의하고 임직원과 경영진 그리고 구체적인 대응과 복구업무를 수행할 조직에 의한 재난의 완화, 준비, 대응책에 관하여 중점적으로 다룬다.

이러한 계획에는 기본적인 지침, 방향, 책임, 정책정보가 포함되어야 하고 관련 법령을 고려하여 프로젝트팀은 문서로 경영진과 임직원이 함께 계획을 개발, 유지하도록 결론을 내리고, 연속성 계획을 개발·준비하는 과정에는 반드시 다음의 고려사항

과 요소를 포함한다.[16)]

① **가정:** 기본적인 가정은 연속성 기획의 기본원칙을 확립하기 위하여 개발되어야 한다. 가정은 사건의 시간, 사건의 유형, 가용성 재원, 건물점유, 비상탈출, 현장에 갇힌 사람, 기후상태와 온도와 같은 환경요인과 관련된 계획을 세우는 과정에서 최악의 상황을 가정하는 토대로 활용한다. 더구나 비상사태를 준비하기 위한 대응 매개변수를 확립하고, 경미한 비상사태, 중대한 비상사태, 그리고 재난이 무엇인지 명확하게 규정한다.

② **위험평가와 취약성분석:** 기업의 지리적인 위치나 비즈니스 유형과 관련된 위험과 알려진 명확한 취약성을 규명하기 위한 책임자를 지정하고, 프로젝트팀과 나중에 구성된 조직에서 위기관리팀에게 권고한다. 모든 기획은 실제적이면서도 잠재적인 위험과 취약성에 대한 이해를 바탕으로 성취된다. 예를 들어, 어떤 기업의 사무용 건물은 건립된 지 매우 오래되었고 재료가 대부분이 목재로 구성되어 화재에 매우 취약하고, 해당 건물의 인근에 위치한 건물들도 연속해서 화재에 취약성에 노출되어 있으므로 화재에 대한 위험요소에 대해 중점적인 분석이 필요하다. 이것은 곧 화재 가능성이 높고 화재에 대한 취약성 역시 높다는 의미이다. 반면에 같은 기업의 다른 사무용 건물은 지진의 영향에 취약한 구조이나, 해당 지역은 역사적으로 지진이 발생한 기록이 없고 해당 지역에 지진이 발생할 지리적인 개연성에 대한 어떠한 증거도 없다. 따라서 해당 건물의 위험은 낮으므로 지진에 대비 대비는 크게 고려하지 않아도 된다. 또한 프로젝트팀의 위험평가와 취약성분석에는 기업과 핵심적인 관계에 있는 조직의 정책과 절차를 포함한다. 이것은 연속성 기획과정에서 공급업체와 고객들을 포함한다는 의미이다. 아무리 해당 기업에서 연속성기획이 잘 준비되어있다 하더라도 핵심적인 공급업체나 많은 주요 공급업체가 다양한 잠재적인 연속성에 대하여 준비되어 있지 않으면 해당 업체의 업무중단이 다른 업체의 복구에 악영향을 주게 될 것이다. 그러므로 핵심적인 공급업체도 연속성 기획과정에 통합되어야 한다.

③ **위험요소의 유형:** 개별적인 기획에 따른 모든 유형의 위험요소가 실제적으로 모두 발생하는 것은 아니며 또한 발생을 바라고 준비하는 것도 아니다. 유사한 형태끼리 위험요소를 분류하는 것은 동일한 형태의 위험요소에 대하여 집중적인

---

16) Gerald L. Kovacich/Edward P. Halibozek, The Manager's Handbook for Corporate Security, BH, 2002, pp. 292~294.

분석이 가능하도록 한다. 실제적으로 많은 위험요소들이 유사한 연속과정을 거쳐 비슷한 손실의 결과로 귀결되므로, 위험요소를 유형별로 분류하는 것은 효과적이다. 대부분의 기업이 직면한 상식적인 위험요소는 의료 비상사태, 화재, 폭발위협, 강풍, 전원차단, 홍수, 태풍, 폭설과 혹한, 위험물질, 항공기 충돌, 시민소요, 지진, 테러 위협과 공격, 직장폭력, 폭발물 등이다.

④ **핵심공정의 확인**: 다음 공정으로 프로젝트팀은 모든 핵심적인 공정을 반드시 확인되어야 한다. 이러한 프로세스는 반드시 기업의 생산성과 생존력의 중요도와 위험도에 따라 순위를 정한다. 복구과정은 다시 재개될 경우에 핵심공정에 초점을 맞추고 최소 수용 가능한 수준에서 운영을 재개한다. 본질적으로 이 공정에선 비즈니스 운영의 주요한 방해요인을 규명하여 재개하는 것이 공정의 첫 번째이다. 그러나 업무를 재개하는데 실패할 경우에는 해당 기업의 경쟁력과 시장점유율의 상실을 포함하여 엄청난 손실가능성이 나타나게 된다.

⑤ BIA: 비즈니스 영향분석은 반드시 기업의 비즈니스 공정방해의 결과로 인한 재정과 운용의 영향에 대한 정확한 결정을 근거로 하여야 한다. 더불어 모든 핵심요소의 상호의존성, 핵심공정이 서로 의존하고 있는 여러 가지 공정과 활동은 연속성 기획공정의 한 부분으로 기획범위에 대하여 결정하기 위한 평가가 반드시 실시되어야 한다.

⑥ **재난에 대한 대응**: 누가 재난에 대하여 대응하고, 어떤 것이 필요한가에 대하여 정확하게 확립하는 과정은 프로젝트팀이 고려할 핵심적인 분야이다. 재난대응공정의 참가자 모두는 반드시 그들이 달성하여야 할 업무가 무엇인지에 대하여 이해하여야 하므로, 이러한 기대치는 명확하게 규정되고 문서로 정리한다. 재난시에 어떻게 대응해야 하는지에 대한 모든 구성원의 지침과 개인과 집단의 책임이 무엇인지에 대해서도 반드시 문서화되고 개인에게 배포한다. 더불어 부서단위에서의 재난계획의 개발을 포함하여 조직의 책임도 확립한다. 건물의 비상탈출과 신호장비는 정확하게 규정되어서 실제 비상상황에서 어떻게 행동해야 하는지 혼동되거나 불확실하게 되는 경우가 발생하지 않도록 확인한다.

⑦ **돌발 상황과 위기관리**: 프로젝트팀은 돌발 상황을 단계적으로 개선시키는 방안을 결정하고, 위기관리팀은 위기를 관리하는 책임을 수행한다. 따라서 연속성 계획에서 어떻게 해당 공정이 진행되고, 누가 무슨 책임을 수행하는지에 대하여 명확하게 지정한다. 실제적인 재난상황에서는 위기관리업무에 참가하거나

돌발 상황을 관리하여야 하지만, 사전에 위기관리팀의 일원으로서 지정되고 훈련되지 않으면 실제상황에서 아무런 역할도 수행하지 못한다. 또한 돌발 상황에 대한 관리규약이 잘 규정되어 있지 않으면, 실제상황에서의 혼란의 발생은 필연적이다.

⑧ **돌발 상황과 사고분석:** 재난이 발생하여 기업의 비즈니스 프로세스의 방해와 중단이 생길 경우에 기업의 보안부서가 상황에 대한 대응과 관리에 대한 책임을 지므로 보안부서에서 돌발 상황과 사고에 대하여 분석한다. 이러한 분석을 통하여 직접적인 손실의 범위와 후속적인 추가손실의 잠재성에 대하여 결정한 다음 손실경감을 위하여 적절한 부서에 통지하고 지원업무를 개시한다.

⑨ **비즈니스 재개계획:** 프로젝트팀은 2개 부분으로 나누어서 한 팀은 지정된 핵심공정의 복구를 촉진하기 위한 공정을 계획하고 다른 한 팀은 비즈니스 공정이 중단된 경우 비즈니스 재개업무를 수행하는 결정을 내린 다음, 한 팀은 단기간에 비즈니스 복구에 중점을 두고 다른 팀은 장기적으로 비즈니스 재개에 중점을 둔다. 이러한 공정에는 핵심공정, 기반시설, 정보시스템의 복구에 대한 우선순위를 결정하는 것을 포함한다.

⑩ **재난 이후의 평가:** 선행된 재난에 대한 평가는 계획과 비교하여 잘된 점과 잘못된 점을 결정하고, 현재 계획의 개선할 부분을 발굴하는 것도 공정과정에 포함된다. 실제상황은 새로운 것을 배울 수 있는 기회를 제공하며, 또한 실제상황에서 재난에 어떻게 대응할 것인가를 배우는 것만큼 좋은 기회는 없으나, 불행하게도 이러한 값비싼 경험은 많은 손실이 발생하고서야 배울 수 있는 기회를 제공한다.

3. 기획수립

BCP에 포함된 기본적인 단계는 간단하지만, 이행과정은 복잡하고 상당한 시간을 필요로 한다. 조직의 핵심적인 업무는 규정된 다음 조직에서의 중요성과 또 다른 핵심적인 요소와의 상호의존성에 따라 서열화한다.

연속성기획은 조직에서 수용 가능한 최소한의 수준에서의 핵심 업무의 복구를 위한 비용효과적인 전략으로 평가되어야 한다. 그런 다음 한번 복구전략이 선정되었을 경우에는 최적의 운용을 보장하도록 개발된 다음 테스트하고 계획을 유지하기 위한 준비를 확립한다.

이러한 일정이 시행되기 전에 업무중단이나 복구과정을 지연시키는 원인이 되는 물리적, 절차적 위험요소를 규명하는 과정이 중요하다. 만일 연속성기획을 동일 기업의 여러 사업장에서 수행할 경우, 기안자는 개별 사업장을 방문하여 이러한 위험요소에 대하여 검사를 수행한다. 이러한 검사를 통하여 핵심적인 시스템에서 실패의 단일요인을 규명하고, 비즈니스 영향 혹은 위험분석에 따라 규명된 위험결과를 완화시키기 위한 권고사항을 결정한다.

다음은 조직에서 재난이나 비상사태가 발생할 상황에 대응하기 위한 준비를 철저히 하여야 한다. 비상사태에 대한 조직대응의 목표에서 가장 우선시하는 것은 직원, 방문객과 공동체의 건강과 안전을 보장하는 것이고, 다음이 가능한 가장 신속하게 혼란상황을 안정시킴으로써 조직의 손실을 최소화하는 것이다. 이 같은 대응계획을 세우는 것은 복구에 대한 계획수립과는 다른 의미이나, 2가지 계획은 혼란에 대한 대응상황에서 복구 단계로 자연스럽게 전환하기 위해서 통합 운영되어야 한다.

재난과 비상사태가 안정성을 회복하게 되면 신속하게 복구계획을 수행한다. 비상사태에 대한 대응과 재난복구 과정에서 사용되는 용어는 각 단계별로 구분되어 사용되지만 가장 중요한 점은 모든 참가자가 용어에 대하여 잘 이해하고 있어야 하므로 일상적인 용어를 사용하는 것이 바람직하다. 초기의 재난복구 과정에는 단기 전략은 가장 신속한 방법으로 생산과 서비스를 재개하는 단계에 적용된다. 예를 들어, 초기 단계에서의 단기 전략으로는 핫 사이트(hot site)[17]로 이동하고 근처시설로 제품을 이동시킨다. 그 다음으로 장기 전략으로 복구와 재개 단계에서의 해당 기업은 일상 상태로 목표와 서비스, 생산수준을 복구한다. 예를 들어, 이 단계에서는 제품라인의 대체, 대체장비의 설치와 테스트가 이루어지며, 새로운 시설의 구축과정도 여기에 포함된다.

4. 프로젝트의 관리

만약 BCP프로젝트가 적절하게 관리되지 않으면, 추진력을 상실하고 참가자들이 프로젝트의 완성에 주저하게 되며, 이러한 참가자의 부정적인 자세는 BCP자체가 유명무실해지거나 문서로만 존재하게 만든다. 또한 기업의 정보와 전략적인 임무는 신속하게 변화하기 때문에 한번 시작한 프로젝트에서 치명적인 지연사유가 발생할 경우에

17) 동일한 장비와 시스템이 갖추어진 분리된 건물이나 사무실로 비상사태에 사용하기 위하여 최단 시간 내에 데이터 유실없이 복구할 수 있도록 이중화하는 방식이다.

는 비즈니스 연속성계획이 완성되기도 전에 이미 구식이 된다.

프로젝트의 관리에는 BCP책임자가 임명되어야 하고, 경영진과 외부 서비스나 공급업체, 직원 그리고 규제기관과의 협력관계의 유지가 필요하며, 일정을 수립하는 능력과 재원, 시간 그리고 사람을 관리하는 것이 프로젝트의 성공적인 결과를 가져오게 한다. BCP는 제원에 관한 계속적인 정보의 유지와 계획을 개발하는데 활용된 기본전략을 재검토하여 지속하는 프로젝트로서, 반드시 최신의 자료로 관리되며 결코 한순간 결론지어진 일시적인 프로젝트가 아니어야 한다.

넓은 의미로 다음의 조치들이 효과적인 계획과 실행을 만들어내는 요소이다. ① 기획 코디네이터를 지명한다, ② 경영진의 지원과 재원을 획득한다, ③ 범위와 기획방법론을 정의한다, ④ 위험규명과 검사를 실시한다, ⑤ 핵심 업무를 규정한다, ⑥ 복구전략을 개발한다, ⑦ 복구팀을 구성한다, ⑧ BIA을 실시한다, ⑨ 재원정보를 수집한다, ⑩ 계획을 문서화한다, ⑪ 팀복구지침을 개발한다, ⑫ 계획을 훈련한다, ⑬ 복구팀을 훈련시킨다, ⑭ 계획을 유지한다.

이와 같이 BCP 구축 자체보다 더 중요한 것은 시스템을 어떻게 운영하느냐에 달려있으므로 구축되어 있는 시스템을 원활하게 운영할 수 있는 능력이야 말로 BCP의 핵심이다. BCP 수행력의 성패는 구성원의 학습에 좌우된다. 아무리 완벽한 시스템을 구축했다 하더라도 모든 시스템을 운영하고 관리하며 검증해 나가는 것이 바로 훈련된 사람이기 때문이다. 사람이 학습의 주체이며, 학습은 사람을 변화시키는 역할을 한다. 위기상황에서 나타나는 행동은 바로 개인, 팀, 조직이 평소 위기에 대해 얼마나 학습되어 있느냐에 따라 많은 차이를 보인다. 위기관리에 있어서 학습된 위기조직이란 위기적 임기응변이 가능한 조직이나 구성원의 의미와 연결된다. 한 번도 발생되지 않았던 예기치 못한 위기에 대해서도 학습을 통해 배양된 위기적 사고에 의하여 가장 합리적으로 대응할 수 있기 때문이다.

1) 코디네이터와 경영진의 지원

조직 내의 한사람을 기획 관리자, 코디네이터, 혹은 리더로 지명한다. 지명된 사람은 프로젝트의 관리와 재난의 결과에 따른 복구노력을 조정하거나 이끄는 역할을 수행하게 되고 코디네이터는 계획의 활성화에 대한 주요한 책임을 수행한다. 따라서 코디네이터는 프로젝트 관리능력과 조직에 대한 해박한 이해력과 세부적인 지침을 제공하는 좋은 품성을 지닌 경영진에서 맡는 것이 이상적이다.

지명자는 위험관리, 컴퓨터와 통신시스템에 대한 포괄적인 지식을 필요로 하지는 않지만 이에 대한 배경지식은 업무를 수행하는 데는 도움이 될 것이다.

프로젝트를 원활하게 진행하기 위해서는 경영진의 지원과 재원의 확보가 필수적이고, 모든 BCP 추진과정에서 경영진의 지원 없이는 기획에 대한 노력과 프로젝트는 성공하기 어렵다. 경영진의 이러한 지원은 모든 직급의 관리자와의 원활한 의사소통을 가능하게 만든다. 일반적으로 구성원들은 비즈니스 연속성계획이 중요한 프로젝트라는 것에는 대부분이 동의하지만, 만약 프로젝트의 참가자가 구체적인 시간의 제한이나 업무수행에 책임을 지고 있지 않는다면 대부분의 경우 자신의 업무를 우선하여 수행한다. 따라서 모든 참가자에게 구체적인 목표와 목적을 제시하고 정해진 시간에 마무리하도록 책임을 부여한다.

참가자들에게는 상위관리자들의 지원과 독려가 항상 도움이 되는 반면에, 주어진 업무를 정해진 시간 안에 수행하기 위해서는 긍정적인 태도와 동기 부여된 참가자에 의해서 만 좋은 결과가 얻어진다.

프로젝트의 추진력이 최고경영진의 지원이 없는 상황에서는 조직의 핵심적인 업무의 전부나 일부가 중단될 경우의 잠재적인 영향력에 대한 BIA의 결과를 최고경영진에게 보여주어야 한다. 대부분의 경영진의 지원은 이러한 잠재적인 결과를 구체적으로 제시할 경우에 이끌어낼 수 있다. 따라서 BIA을 수행하기 전에 구체적인 프로젝트의 범위를 먼저 확정한다.

2) 적용범위와 기획방법

BCP 프로젝트에 착수할 경우, 사전에 추진범위와 방법론에 대하여 규정하지 않으면 전 세계적으로 사업장이 분포한 거대기업의 경우에는 업무를 원활하게 수행하는 것은 불가능하게 된다. 따라서 긍정적인 결과를 도출하기 위해서는 사전에 개별적인 부서, 사업장, 건물, 최대한 세부적인 항목까지도 프로젝트의 범위를 구체화한다. 성공적인 BCP 프로젝트는 조직의 모든 개별적인 분야의 프로젝트 성과의 결과로써 전체적인 추진력을 더하게 된다.

프로젝트를 언제 시작하여야 하는가는 순전히 조직의 위험정도에 좌우된다. 따라서 위험 또는 BIA는 기안자에게 어디에 주안점을 두어야 하는지에 대한 방향제시를 하고, 분석결과에 따라 상호의존성의 규명과 전략을 수립한 다음 확정된 프로젝트의 범위보다 더 폭넓게 준비한다. 해당 프로젝트의 범위에 따라 특정 지역에 위치한 제조업체의 복구계획을 개발하게 되지만, 최선의 전략으론 다른 사업장으로 관리적 업무와 금융 컴퓨팅을 이관하거나 또 다른 사업장에 제조공정을 이관하는 것을 포함한다. 프로젝트를 관리하는 방법에는 ① 업무단위와 부서별로 기준을 정하고, ② 위원회를 조직하고 운영하며, ③ 내부발전을 촉진하고, ④ 템플릿 계획을 활용하는 것과 같이 다양한 방법들이 있다.

현대사회의 지속가능한 성장을 바라는 대규모 조직에서는 반드시 기업연속성기획의 정책과 절차를 개발·시행되어야 한다. 대기업인 경우에는 다양한 장소에 사업장이 분포하고 비즈니스 업무도 사업장마다 상이함으로 프로젝트의 범위는 산별 사업장과 부서에서 기획책임자를 임명한 다음, 이들의 의견을 수렴하여 개별사업장의 업무범위를 포함하여 기준을 정하여야 한다. 그런 다음 기획지침과 방법 그리고 템플릿이 개발한 다음 배포된다. 그리고 기업의 기안자는 프로젝트의 예상에 따라 책임자를 훈련시키고, 진행에 대한 선도자로서의 역할, 계획적용에 도움을 주는 등 프로젝트 전반을 관리한다. 이러한 방법이 활용될 경우에 일반적으로 2년 정도의 공정을 진행하기 위해서는 기업전체의 계획은 신속하게 개발되어야 한다.

프로젝트의 최상의 성공 토대는 기업의 BCP기안자가 기본계획을 문서화하고 개별부서가 오직 자신들의 업무에 대한 기획에만 집중할 수 있도록 분위기를 조성하는데 달려있다.

기업경영진이나 개별 부서장으로 구성된 기획운영위원회는 많은 사업형태에서 사업영향력과 전략 선정에 대하여 논의하고 개별적인 업무를 관리하는 관리자에게 계획의 문서화를 지정한다. 여기에서 BCP기안자는 위원회와 업무부서, 외부 컨설턴트의 역할을 조정한다. 대부분 이러한 방법을 적용하는데서 발생하는 변동요인은 사업단위별로 적용하고, 위원회에서는 핵심 업무와 전략을 규명하고 구체화한다. 운영위원회는 조직과 기안자가 연속성기획에 관한 원리와 전략에 대한 전반적인 인식이 부족하거나 개별 업무부서에서 프로젝트의 필요성과 운영에 대한 이해가 부족할 경우에 이러한 한계를 극복하도록 최선의 도움을 주어야한다.

대부분의 위원회가 효과적인 연속성계획이 수립될 수 있도록 최상의 지침을 제공하여야 함에도 불구하고 기본적인 문제는 위원회의 접근방식에서 발생한다. 종종 위원회는 의사결정을 지연하기도 하며, 기업정책과 관리상의 이슈에 대한 장황한 토론은 진행과정의 효과를 떨어뜨리기도 한다.

따라서 최고의 기획방법은 기안자가 프로젝트의 촉진자 역할을 동시에 수행하는 것으로 기안자는 해당 프로젝트를 모든 참가자에게 명확하게 전달하는 역할과 사람을 어떻게 관리하는가에 대한 기법에 능숙하여 개별적인 업무부서가 자신의 부서계획을 개발할 수 있는 상황을 조성하여 전사적 BCP를 다함께 수행할 수 있도록 도움을 주는 매개자 역할을 수행한다.

개별적인 업무부서와 복구팀은 반드시 자신이 수행해야 하는 계획분야에 대한 책임의식과 내용에 대하여 익숙해져야 한다. 여기에서 촉진자로서 역할을 수행하면서 동시에 개별 관리자 또는 업무단위리더의 기술적인 지식과 경험을 그들 자신의 계획을 수립하는데 도움이 되는 지침을 제공해야 하고, 전체적인 기획구조와 조화를 이루면서 형식과 방향이 연속성을 유지하도록 안내자로서의 역할을 한다.

BCP컨설턴트가 어떤 기업의 연속성계획을 단기간에 개발해서 제공하고, 해당 조직에서는 단순히 공란에 숫자만 채워놓으면 된다고 약속하는 경우에는 해당 조직은 제공된 연속성 계획에서 거의 도움을 받지 못할 것이다. 왜냐하면 BCP수행의 개별적인 책임과 BCP내용에 대한 어떠한 약속이나 익숙함과는 거의 관련성이 없으며, 이러한 약속은 컨설턴트의 계획이지 해당 기업의 계획은 아니기 때문이다. 따라서 컨설턴트는 가장 효과적인 전략이 무엇인가에 대해서 조언해주는 역할과 업무수행을 원활하게 하는 촉진자로서의 역할과 자세가 효과적으로 계획을 수행하는데 도움이 된다.

안이하게 다른 조직에서 사용한 템플릿을 활용하는 것은 해당 기업의 지역적인 상황과 필요성에 부합하지 않으면 아무런 의미가 없으므로 상당한 주의를 요하며, 템플릿에선 재난 이후에 BCP가 효과를 거두기 위하여 계획대로 진행하기 위한 훈련의 필요성에 대한 아무런 문제제기도 하지 않는다.

한번 범위와 방법론이 결정되었으면, 공정 참가자 중에서 관리자를 선발한다. 이러한 절차 이행은 BIA에 참가한 그룹과 동일하며 대부분의 경우 관리자는 해당 업무나 부서장을 맡게 된다. 그리고 다음의 내용을 토론하기 위해서 최소한 1시간 정도의 면담일정을 조정한다.

① 업무영향, ② 핵심업무, ③ 복구전략, ④ 관리자의 기대치와 필요성, ⑤ 질문지와 재원 양식, ⑥ 어떻게 정상상태에서 기능이 작동하고 생산품과 서비스가 제공되는가? ⑦ 상호의존성- 예를 들어, 어디에서 원재료가 제공되며 누가 해당 업무에 대한 생산을 담당하는가? 일반적인 생산라인은 원재료 업체로부터 재료가 공급되고 이것은 생산품의 수량을 보장한다. 따라서 원재료 업체가 업무중단에서 복구되지 않는다면, 연쇄적으로 제품생산은 차질을 빚게 된다. 또한 특정 소프트웨어 애플리케이션이 공

정 중에 정지된 경우에 여기에 의존하고 있는 다른 애플리케이션도 정지되거나 부정확한 결과를 발생한다.

아울러 다음과 같은 업무를 수행하는 실무자와의 논의는 2~3일간의 일정조정이 필요하다. ① MIS와 LAN관리자, ② 인사관리, ③ 법무담당, ④ 시설관리, ⑤ 경영진 또는 공장장, ⑥ 생산 공정과 운영담당, ⑦ 재무담당, ⑧ 통신담당, ⑨ 위험과 보험관리자, ⑩ 보안과 안전관리자, ⑪ 기타 관련 중요업무 담당자

BCP 회의 주재자는 회의가 있기 전에 참가자에게 기안자를 소개하는 편지나 메모를 보내서 사전에 참가자에게 자신에 대해 알리는 것이 필요하며, 메모에는 모임에 대한 간단한 개요에 대해서 소개하면 참가자가 사전에 해당 업무에 대해서 생각하고 준비하는 여유를 갖게 될 것이다.

3) 위험규명과 검사의 이행

BCP공정에서 더 많은 위험요소를 규명하고 사전에 치명성을 완화시키면 시킬수록, 재난의 심각성은 감소하고 복구시간은 빨라지게 된다. 그러므로 건물, 사업장 그리고 직원들의 부상위험, 장비와 시설의 손괴, 재료와 재원 그리고 서비스공급의 차단과 같은 어떠한 공동체의 위험요소라도 검사를 실시한다. 이러한 위험요소를 찾아내기 위해서는 행동계획을 통한 기법을 습득하는 것이 유용하므로, 행동계획과 같이 인과관계를 활용한 사고를 통하여 권고사항을 제안하는 것이 위험요소의 영향력을 완화시킨다.

예를 들어, 대규모 지진의 일반적인 영향에는 ① 구조물의 손괴, ② 외상후 스트레스 장애(Post Traumatic Stress Disorder), ③ 유틸리티의 손실, ④ 운송장애, ⑤ 제품과 서비스가격의 폭등, ⑥ 인력관리의 어려움, ⑦ 정부서비스의 마비와 폭증, ⑧ 구조물과 잔해에 매몰된 희생자, ⑨ 시설물, 병상과 의료서비스의 부족, ⑩ 일상 업무의 장애, ⑪ 음식물 구입곤란, ⑫ 계속되는 화재, ⑬ 질병 확산, ⑭ 제품과 원재료의 파괴와 손상, ⑮ 주문취소, ⑯ 핵심기록물의 손실 등의 내용이 포함한다.

홍수 발생으로 인한 영향에 관해선 문헌적인 검토를 통해 침전물, 곰팡이, 뱀에 물린 상처 등을 관리해야 할 필요성은 명확하나, 경험상의 한계는 위험물질이 누출되거나 독점공정의 실패로 인한 결과를 미리 예상하여 인쇄물로 활용하는 것은 불가능하다. 그러나 반드시 고려해야 할 행동계획은 기안자에게 재난후의 상황을 예상하는데 도움을 준다.

다음은 사장이나 공장장 혹은 이와 유사한 직무를 수행하는 사람에게 어떻게 하면

비상사태, 업무중단, 재난과 같은 파국상황을 방지할 수 있는가에 대한 핵심적인 질문이다. 이러한 질문에는 귀하의 조직은 비상시 탈출절차에 대해 익숙합니까, 비상시 응급조치, 음식물의 공급은 충분하게 확보되었습니까, 핵심시스템이나 장비는 정전에 대비한 보조전원과 연결되어있습니까, 컴퓨터파일을 정기적으로 원격지에 백업되고 있습니까, 등을 들 수 있다.

5. 복구전략의 개발

BCP공정의 핵심은 개별 비즈니스의 핵심적인 기능을 유지하기 위한 최고의 복구전략을 선정하는 것으로, 이것이 BCP기안자나 컨설턴트가 해당 조직에 기여할 수 있는 최상의 가치이다.

대부분의 주요한 전략계획은 대체장소에 업무단위의 하나 또는 그 이상의 주요한 기능을 이동시키는 것을 포함하므로, 이 과정이 신속하고 명확하게 진행되는 것이 이상적이다. 최상의 전략적인 선택은 특히 중앙전산실 컴퓨터, 서버, 통신장비와 같은 기술적인 기능을 복구하기 위해서 사용되는 까다롭고 수많은 요인들에 의해 변경이 가능하므로 쉽지 않다. 따라서 만약 기안자가 기술적인 지식이 부족하거나 조직내부에 전문가가 없을 경우에는 해당 분야에 전문지식을 보유한 컨설턴트의 자문을 구해야 한다. 많은 복구전략은 큰 비용을 수반하므로 해결책이 또 다른 문제를 야기하지 않도록 하는 것이 중요하며 이것은 복구전략이 반드시 비용 효과적이어야 한다는 것이다.

이러한 방법을 찾는 과정으로 관리자와의 면담을 진행하는 동안 그들이 단기간에 운영을 가능하도록 생각하고 있는 방법과 더불어 관리자가 해당 방법을 수행하는데 필요하다고 기대하는 기간은 어느 정도인지도 논의한다. 그러나 해당 공정은 장기간의 업무중단을 염두에 두고 진행해야 된다는 것을 상기한다. 대부분의 해당업무의 관리자는 업무중단이 발생하는 유형이나 원인에 대해서도 알고 있으므로 그러면 과거에 업무중단이 발생할 경우에 어떻게 복구조치를 하였는가와, 그런 다음 복구 필요성과 요구조건을 토대로 하여 가장 실행가능하고 최고의 결과를 얻을 수 있는 전략을 선택한다.

개별적인 전략에 대한 비용효과분석에는 BIA과정에서 수집된 정보를 활용하여 진행한다. 만약 어떤 기능의 중단에 따른 손실이 업무중단 이후 10일 동안에 1억 원에 달하고, 해당 기능을 하루 만에 정상적으로 복구하는데 3억 원이 투자되어야 한다면 상식적으로 잘못된 선택이므로, 만약 최소한의 부분적인 운영이 가능하도록 8일 내에 복구가 가능한 더 비용이 적게 드는 전략이 있다면 후자를 선택한다. 일단 전략에 대한 분석이 완료되면 최상의 복구전략을 선정하게 된다.

복구전략은 단일 업무단위나 기능에서도 다양한 면이 있고, 복구에 필요한 행동은 원상태로 돌아가는데 필요한 조건과는 차이가 있다. 만약 업무가 대체장소로 이관되었을 경우에는 어떤 부분은 새롭고 영구적인 장소에 재이관할 필요성이 있다. 이러한 전략들을 개발할 경우에도 먼저 비용문제 때문에 기안자의 창의력과 조직의 전략지침이 제한되나 선정된 전략을 신뢰성 있게 이행하는 것도 중요하다. 만약 서부 기술지원 센터의 복구전략에 대한 지원요청이 동부센터로 이관되었을 경우에는 ① 전화장비는 추가적인 전화수요를 감당할 수 있는 용량으로 증설되어야 하고, ② 동부지원센터 직원들이 제품에 대해 잘 알 수 있도록 서부센터에서 지원하고, ③ 시간대역의 차이에 대비하고, ④ 동부센터에는 추가적인 근무자가 필요하며, ⑤ 실무지침서와 문서가 필요하다.

아래의 내용은 기안자가 핵심적인 기능, 데이터와 장비를 복구하는데 선정할 수 있는 몇 가지 전략이다. ① 수동기법으로 전환, ② 대체 전원, ③ 대체 통신수단, ④ 대체 처리장소, ⑤ 제3자 제조, ⑥ 경쟁업체에서 재료구입, ⑦ 기록물관리, ⑧ 시설 복구물품과 복원, 물론 이것이 전부는 아니므로 만약 어떤 상황에 어울리는 최적의 전략이 있다면 기안자에 의해 개별적으로 연구되어야 하고, 위험요소의 검사 또는 BIA 과정에서는 해당 전략의 범위에 대한 고려와 이미 동일한 전략이 중복되어 시행되지 않았는가에 대하여 검토하여야 한다.

1) 수동기법으로 전환

일반적으로 현대화된 조직에선 대부분의 업무가 자동화된 시스템에 의하여 업무를 수행하고 있다. 따라서 자동화된 시스템의 가동이 중지될 경우의 업무수행은 자동화되기 전의 시스템에서 사용된 수동적인 방법으로 전환되지 않으면 모든 비즈니스 공정은 중단되어야 한다.

예를 들어, 컴퓨터를 활용하여 제고조사를 통한 아이템 현황을 연산하는 시스템을 운영하는 창고형 매장에서는 고객들이 비용을 지불한 다음 보고서를 회계부서로 송부한다. 그런데 해당 컴퓨터 시스템의 가동이 중지되는 경우에는 담당자가 3장의 주문서에 직접 기록한 다음에 복사본을 직접 창고매장, 제고통제실, 회계부서에 보내야 한다. 그런 다음 다시 컴퓨터 시스템이 복구된 경우에 직원이 수작업으로 진행되었던 서류를 다시 컴퓨터 시스템에 입력한다.

그러나 어떤 기업은 조직의 높은 이직률 때문에 이러한 작업을 원활하게 수행할 수 있는 임직원은 적고, 새로운 수작업기법이 개발되면 복구팀은 새로운 사용법을 학습해야 하는 경우가 발생한다. 따라서 많은 하이테크 기업은 제품을 생산하는데 수작업 기법을 사용할 수 없으므로 업무차질이 불가피한 경우가 발생한다.

2) 대체전원

재난의 많은 원인이 전원의 요동이나 급격한 상승과 하락에 기인한다. 이러한 유틸리티는 민감한 컴퓨터 시스템, 학술연구, 생산 장비에 손상과 파괴를 야기하며, 중요한 데이터 파일을 못 쓰게 만든다. 만약 예고 없이 전원이 나간다면 진행 중인 작업의 손실가능성은 크다. 그러나 오늘날 대부분의 기기들이 전기에 의존하고 있으므로 광범위한 영역에 거친 정전의 가능성은 전력수요의 증가에 따라 증가하고 있다.

이러한 위험에 대비한 가장 상식적이고 최소한의 비용이 드는 경감대책은 개별적인 핵심장비에 UPS[18]를 설치하는 것이다. UPS는 기본적으로 심각한 전원의 요동으로부터 안정된 전류를 공급하게 하는 장비이다. 또한 배터리는 완전히 전원공급이 중단되는 경우에 백업발전기가 충전되거나 혹은 장비가 데이터를 저장하거나 정상적인 종료의 수행이 가능할 때까지 해당 업무의 계속적인 진행을 가능하도록 한다. 그러나 민감한 하이텍크 장비는 만약 이러한 정상적인 절차를 통하지 않으면 기기에 손상을 입게 된다.

정전이 발생할 경우에는 모든 업무가 심각한 영향을 미치게 되므로 다른 시설망을 통한 여분의 전원을 확보하는 것을 고려하여야 한다. 이러한 대책으로 번개, 소요나 사보타지에 의한 전력선의 절단과 같은 지역적인 상황으로 인한 정전은 불가피하므로, 서로 다른 지역과 다른 방향에서 전력이 공급되도록 한다.

또 다른 일반전인 대책은 연료공급시스템에 의하여 전기 공급이 재게 되기 전까지

18) 상용 전원에서 발생 가능한 전원 장애를 극복하여 양질의 안정된 교류 전력을 공급하는 장치로 무정전 전원공급장치(Uninterruptible Power System)라고도 한다. 일반전원 또는 예비전원 등을 사용할 때 전압 변동, 주파수 변동, 순간 정전, 과도 전압 등으로 인한 전원 이상을 방지하고 항상 안정된 전원을 공급하여 주는 장치이다.

핵심시스템을 가동하기 위한 백업 발전기를 설치하는 방법으로, 이 경우에는 만약 정전이 발생하고 해당지역 주유소가 영업을 하지 않을 경우가 있으므로 여분의 연료를 확보하고 있어야 한다. 이때 사용하는 발전기는 디젤, 천연가스, 혹은 가솔린으로 가동되므로 이러한 연료공급원이 서로 다른 루트를 통하여 공급되도록 사전에 준비한다. 트레일러에 장착된 소형발전기는 임대하여 사업장에 필요시 사용할 수 있으므로 이러한 방법을 활용한다면 건물 외부에 다른 장비를 설치할 필요없이 신속하게 설치가 가능하므로 편리하다. 이러한 장비는 배전반에 단단하게 접속하여야 하고 간단하게 건물의 플러그에 접속함으로써 연결시간을 절약한다. 이러한 장비의 가용성 유지를 위해서는 전원공급원과 발전기는 정기적으로 테스트를 실시한다.

3) 통신장비

대부분의 현대조직은 음성과 데이터 전송을 통한 의사전달수단에 크게 의존하고 있으므로 오늘날 사회나 기업의 통신수단이 마비된다면 거의 모든 업무는 정지될 것이다. 오늘날 통신장비의 고장, 소프트웨어의 사소한 결함, 케이블의 절단, 해커, 케이블 보관소와 중앙교신소의 화재는 통신기능을 마비시키는 다양한 원인 중의 하나이다.

통신사는 자신의 네트워크의 신뢰성을 보장하기 위해서 엄청난 양의 재원을 투자하고 있으나, 재난이 발생한 후에 통신시스템은 가장 먼저 영향을 받는다. 재난이 발생할 경우에 정상적으로 장비가 운용되는 경우에도 폭증하는 통신수요 때문에 전화 네트워크는 과부하가 걸리게 되고 결국은 통신시스템의 다운이나 업무중단으로 이어진다. 이러한 문제는 조직 내부적인 원인으로도 발생하는데, 기업에서 특정한 행사를 개최하기 위해서 광범위하게 광고를 실시한 경우에 개최행사에 대한 문의사항의 폭주로 인하여 스위치보드의 용량에 과부하가 걸려 통신이 마비되기도 한다.

통신시스템의 손상을 완화하거나 신속하게 복구하기 위한 전략으로는 ① 통신서비스와 대체계약, ② 우회회로와 팩스, ③ 경로지정의 분산, ④ 무선전화기 활용, ⑤ 위성시스템, ⑥ 핫/콜드 사이트, ⑦ 제3자 콜센터 운영을 포함한다.

통신장비가 작동하지 않거나 손상을 입게 되는 경우에는 해당 장비를 신속하게 대체하는 것이 필요하나 통신이 없이는 이러한 문제점을 내부적으로 해결하지 않는 한 방법이 없으므로, 재발주, 배송 그리고 새로운 시스템을 설치하기까지는 시간이 필요하다. 대부분의 통신장비 공급업체는 추가적인 비용으로 24시간 비상시 장비 대체계약을 제공하나, 해당 계약은 매년 새롭게 갱신되어야 한다.

만약 통신시스템의 손상으로 인한 영향이 심각하거나 카탈로그 판매와 같이 시간에 좌우되는 업무일 경우에는 해당 조직은 통신시스템에 대하여 핫/콜드 사이트를 활용하는 것을 고려하여야 한다. 콜드 사이트는 비즈니스 복구서비스라고 부르며, 분리된 건물이나 사무실에 장비를 설치하지는 않으나 업무를 수행할 수 있는 최소한의 인원이 활동하기에 충분한 공간이 준비되어야 한다. 컴퓨터시스템에 활용하는 핫/콜드 사이트와 유사하게 여기에는 가입, 셋업, 공표, 그리고 사용수수료가 포함된다. 지금의 콜센터는 회사가 핫 사이트를 셋업하기까지 운영자가 고객의 문의사항에 대한 응답과 메시지를 전송하는 역할을 수행하며, 해당 사업장이 재난에 직면한 경우에는 최소 15분 이내에 이러한 전환과정이 이루어져야 한다.

오늘날에는 대부분의 시스템이 정전에 대비한 회로로 구성되며 해당 사업장의 메인 전화교환장비인 폰스위치를 우회시켜서 직접적으로 외부라인으로 접속하도록 하는 장비를 장착하고 있으므로, 필요할 경우에 언제나 사용이 가능하도록 전화교환장비의 용량, 회로의 설치장소가 사전에 확정되어야 한다. 만약 팩스서버를 사용하지 않는 경우에는 팩시밀리에 사용하는 전화선을 음성과 데이터통신을 위해서 사용하기도 한다.

음성과 데이터는 지상케이블과 지하케이블, 마이크로웨이브, 위성과 같은 다양한 형태를 통하여 세상으로 전달된다. 아주 흔한 통신시스템의 단절은 공사 진행자가 도랑을 굴착하다가 케이블을 절단하는 경우, 산사태와 교량붕괴는 대부분이 케이블 단절로 이어진다. 이러한 통신단절에 대비하기 위해서 통신케이블을 다양한 경로로 분산시켜서 이용하는 것이 하나의 통신케이블이 마비될 경우에 대체케이블을 활용하여 업무중단을 방지하는 방법이 될 것이다. 그러나 여기에서의 실제적인 경로분산의 의미는 조직의 배선이 바로 인접하여 지하에 매설된 서로 다른 파이프를 사용하는 것을 의미할 뿐이므로, 조직의 주케이블과 보조케이블이 서로 다른 통신서비스를 이용할 경우에도 이러한 취약성은 상존한다.

1989년에 로마 프리에타(Loma Prieta)[19] 지진이 샌프란시스코 해안을 강타한 다음, 비상사태와 복구활동을 위하여 무선통신에 대한 관심이 증가하였다. 무선통신은 지하에 케이블을 매설하는 것을 최소화하고 풍부한 셀 안테나를 설치하여 시스템의

---

19) 1989.10.17, 샌프란시스코 남쪽 75㎞의 로마 프리에타(Loma Prieta)에서 발생한 7.1의 강진으로 3천여명의 인명피해(사망 62명, 부상 3천여명) 및 14,000여명의 이재민, 건물 손상 116,882채 등 총 83억달러 재산손실을 야기하였다.

안정성을 향상시켰으므로, 오늘날 대부분의 사람들은 재난과정이나 재난 후에 무선통신을 사용하는 것이 가능하리라고 믿고 있다.

디지털 무선전화의 스위치는 데이터전송과 이동 인터넷접속을 무선전화 시스템을 통하여 가능하게 하므로 조직의 복구필요성에서 수용할 수 있는 전략이다. 그럼에도 불구하고 기안자가 이러한 전략을 활용하는 것에 주의를 요하는 것은 지상에 토대를 둔 시스템은 재난상황이 아닐 경우에도 사용자의 증가로 인하여 네트워크의 정체현상이 빚어지기도 한다. 이러한 현상은 이미 거대도시에서 발생하고 있으므로 신뢰도를 향상시키기 위해서는 가능한 경우에 해당 사업장에 2가지의 서로 다른 서비스를 활용하여야 한다.

마이크로파는 주파수가 높으므로 많은 양의 정보를 보낼 수 있어서 다중통신이나 텔레비전방송 중계와 캠퍼스, 도시, 넓은 지역을 가로질러 통신하는데 이용되고 케이블 절단에 관한 위험성이 거의 없기 때문에 음성과 데이터통신 모두에 사용한다. 그러나 경로분산의 수단으로 마이크로파를 활용할 경우에 설치된 전송탑은 악의적 의도를 가진 파괴행위에 취약하고 강풍이나 지진에 의해 발생하는 광전력 손실 등 비용이 상당히 증가하는 반면에, 손쉽게 통신이 어려운 지역에 설치가 가능하고 광대역[20]용량을 제공하는 장점이 있다.

위성을 이용한 전송은 주통신 혹은 경로분산이나 백업 통신채널 등 다양한 용도로 활용한다. 위성전송의 무선트랜스미터는 해당 사업장과의 연결을 가능하게 하고 통신을 신속하게 재개하므로 특히 연속성기획에 유용하다. 재난 후에 통화량의 증가에 의한 어려움은 있으나 실패율이 낮으며 대역폭과 보안이 뛰어나므로, 무선전화기는 오늘날 셀 안테나로 위성을 활용하고 있다.

양방향 무전기는 2개 또는 그 이상의 지점에서 전파를 사용하여 메시지를 주고받는 방식으로 대학이나 사업장 구내와 같이 서로 인접한 지역에서 많이 사용하는 통신수단이다. 특별히 다른 네트워크를 사용하지 않으므로 비용이 적게 들며 물리적인 손상에 강한 반면에 보안의 취약성과 대역폭과 거리의 제한이 한계점이다.

---

20) band-width는 통신에서 정보를 전송할 수 있는 능력, 즉 최대전송속도를 말한다. 대역폭이 높으면 더 많은 사용자를 수용할 수 있고 사용자는 더 많은 데이터를 송수신할 수 있으므로 BCP전략에서 중요한 고려요소이다. 정보의 전송속도는 bps(bit per second)라는 단위를 사용하는데 예를 들어, 초당 100bps이면 초당 100비트의 데이터를 전송할 수 있는 것을 말한다. 현재 전화국의 교환기 등의 대역폭은 64Kbps이다.

제3자 콜센터와 응답서비스의 활용은 재난이 발생한 다음 고객지원과 주문의 폭주에 대비하여 콜센터의 활용여부를 결정한다. 해당 사업장의 구성원이 증가된 통신수요를 수용할 수 있는가에 대하여 조사한 다음 해당 제품과 기업업무에 익숙한 직원을 콜센터로 보내서 직원을 교육시키거나 직접 도움을 제공하는 역할을 할 것인가를 결정한다.

6. 대체장소와 데이터 복구

현대기업은 실제적으로 조직의 모든 업무를 디지털데이터 시스템에 의존한다. 그러나 일반적으로 이러한 의존 범위는 서버의 고장, 주요 데이터베이스의 훼손, 업무용 파일에 접근거부가 발생하기 전까지는 현실화되지 않으나 기업의 업무처리 기능들이 점차적으로 자동화되고 종이가 사용되지 않은 업무환경으로 변하면서 복합한 장비와 환경 또는 연결성이 파괴될 경우에 간단히 모든 기능이 정지된다. 따라서 비록 소규모 조직이라 할지라도 데이터의 운용을 복구하기 위한 대책이 필요하다. 특히 만약 플랫폼(메일플레임과 서버와 같은 사용된 장비의 유형), 펌웨어(운영시스템), 애플리케이션(사용자 프로그램), 연결성(데스크탑 시스템은 서버와 메임 플레임과 연결)이 통합되지 않는 경우에는 장비는 반드시 수리되거나 대체, 배열과 설치, 연결성이 재정립되거나 재구축되어야 한다. 이러한 전략은 해당조직의 다른 부분과 구별되는 네트워크나 데이터센터를 유지하는 경우에는 훨씬 더 복잡해진다. 따라서 BCP 기안자는 복구의 우선순위와 전략을 결정하기 위하여 데이터센터의 관리자와 매우 긴밀하게 업무를 진행하여야 한다. 상식적인 데이터센터의 전략은 다음과 같은 내용을 포함한다.

〈표 6-12〉 재난복구서비스의 종류

구 분	특 징	설 명
Mirror Site	즉시 복구 가능	주 전산센터와 동일한 백업센터를 두어 평상시에 실시간으로 데이터를 백업하여 주 전산센터에 재해가 발생하면 즉시 업무를 대행하게 하는 백업시스템

Hot Site	수 시간 내 복구	주 전산센터와 동일한 하드웨어, 소프트웨어 및 기타 부대장비 등을 갖추어 놓고 재해 시 최단시간 내에 대체가능한 상태를 유지하는 백업시스템
Warm Site	구축비용 절감 핫 사이트로 전환가능	주 전산센터의 재해 복구용 장비를 백업센터에 설치하여 주요 업무에 대한 복구만을 하는 백업체제 장비의 추가도입으로 핫 사이트로 전환이 가능
Cold Site	최소관리/ 구축비용	기계실, 전원시설, 통신설비, 공조시설, 온도 조절시스템 등을 갖추어 놓고, 주 전산센터 재해 시 하드웨어와 소프트웨어를 설치하여 시스템을 가동하는 백업시스템
Mobile Site	기동성 제공	준비된 장비를 트레일러 등으로 이동이 가능한 사이트
Reciprocal/Mutual Agreement	비용절감	사전에 협의된 두 조직 간에 상호 백업 센터의 역할을 함, 이상적이지만 신뢰성이 떨어짐
Hybrids	유동성 제공	위에서 열거된 백업방법을 혼용하여 사용함

1) 대체계약

데스크탑 컴퓨터로 가득찬 건물의 붕괴는 단지 장비와 진행 중인 작업, 컴퓨터에 들어있는 데이터의 손실뿐만 아니라, 컴퓨터의 구매, 배달, 셋업, 제설정과 재장착이 필요하기 때문에 복구가 상당히 지연된다. 한번 컴퓨터가 설정되고 네트워크 서버에 연결되면, 애플리케이션의 재설정은 어느 정도 자동적으로 완성된다. 그러나 이러한 과정이 순조롭게 진행된다고 하여도 재설정까지는 상당한 시간이 필요하다. 만약 장비의 손실이 지역적 재난의 결과로 발생한 것이라면, 해당 지역에 있는 기업들은 장비를 대체하기 위하여 대기업과 함께 경쟁하여야 한다. 이러한 배달과 설치의 지연을 방지하기 위하여 기업은 사전에 컴퓨터 제조업체와 24시간 이내에 다량의 설정된 컴퓨터를 해당 기업체에 우선으로 하여 공급하는 계약을 체결하고, 이러한 계약은 서버 수리와 대체에도 동일하게 적용한다. 해당기업의 환경에 맞춘 애플리케이션이 공급업체에 의해서 선적하기 전에 이러한 방법으로 설정하면 해당기업은 상당한 시간과 재원을 절약할 수 있다.

동일한 네트워크에 물려있는 서버들은 용량을 초과하여 서버가 다운된 경우에 서버를 복구하기 위하여 핵심기능에 대한 서비스를 요청하여야 할 경우를 대비하여 어떤 조직들은 사전에 최소한의 여분의 서버를 준비한다. 그러나 이러한 전략은 상당한 비용이 소요된다.

2) 핫 사이트

앞에서 설명한 바와 같이 핫 사이트는 대체 복구 장소에 컴퓨터, 서버, 메인플레임, 그리고 하드웨어와 통신과 관련된 장비를 사전에 준비하는 것이다. 핫 사이트 공급업체는 이러한 서비스를 먼저 신청한 사람에게 먼저 제공하는 것을 기본으로 한다. 전형적으로 핫 사이트는 제한된 숫자의 워크스테이션과 데이터와 음성 교신장치의 인프라와 일시적으로 임직원을 재배치하는 권한을 포함한다. 해당조직에서는 핫 사이트 공급업체에게 예약금을 지급하고 핫 사이트가 필요한 경우에 다른 핫 사이트를 사용하고자 하는 신청자보다 먼저 시스템과 공간을 확보할 수 있도록 하기 위해서 재난상황을 선언하고 추가적으로 선언(declaration)[21]비용을 지불한다.

기업에서는 최신의 백업데이터 테이프(대체 사이트에 차량으로 수송하거나 전자적으로 이동)를 가지고 프로그램을 보조 기억장치에서 주기억장치로 적재한 다음 신속하게 핫 사이트에서 운영을 재개한다. 일반적으로 핫 사이트 사용요금은 사용하는 날짜에 비례하여 하루 단위로 부과하며, 복구계획은 핫 사이트 운영에 관한 상세한 단계별 지침을 이관하고 사이트에서 업무를 수행하는 직원명단을 준비하여야 하며, 대부분의 핫 사이트 공급업체는 해당 기업의 이관계획을 지원할 자원을 확보하고 있다.

3) 웜 사이트

핫 사이트와 콜드 사이트의 절충안이다. 핫 사이트처럼 웜 사이트도 전원이나 HVAC와 컴퓨터 등이 갖추어진 컴퓨터 설비이지만 애플리케이션은 설치되어 있지 않다. 파일과 프린터 서버는 있을 수도 있지만 전체 워크스테이션은 설치되거나 구성되

---

21) 고객들이 대체 사이트를 사용하는 경우에 초기에 부과하는 비용으로써, 해당 사이트를 언제나 사용가능하도록 운영하는 소유자에게 지불한다.

어 있지 않으므로 보통 주문과 설치에 오랜 시간이 소요되는 외부 통신선과 기타 데이터는 사전에 준비된다. 이러한 유형의 사이트에서 원격 프로세싱을 활성화시키기 위해 워크스테이션이 신속하게 배달되어야 하며, 애플리케이션과 데이터가 백업 미디어로부터 복구되어야 한다.

웜 사이트의 장점은 핫 사이트와는 반대로 비용 면에서 핫 사이트보다 훨씬 경제적이며, 위치 선정에 있어서 웜 사이트가 그다지 광범위하지 않은 통제와 구성을 요구하기 때문에 사이트 선정 시 더 유연성이 있고, 핫 사이트의 유지보수보다 관리 자원 낭비가 적다.

4) 콜드 사이트

만약 메인시스템이 가동을 중단된다면 신속하게 정상적인 운영이 가능하도록 조직 내부에 복제시스템을 설치하고 시험프로그램이나 비핵심적 프로세스를 시험하는데 활용한다. 상업적 핫 사이트의 서비스는 제한되어 있으므로 지역적 재난이 발생하게 되면 쉽게 포화상태가 되므로, 재난복구를 위해 대체시스템과 장소도 없이 사업장을 떠나야하는 상황이 발생할 수도 있으나 이러한 복제시스템의 비용을 정당화하는 관리자는 거의 없다. 따라서 재난지역으로부터 떨어져서 내부적인 핫 사이트가 존재한다면 이러한 재난에 효과적으로 대처할 수 있을 것이다.

이것과 관련되어 고려되는 콜드 사이트는 재해 발생을 대비하여 일시적인 공정처리가 가능하도록 평상시 주기적으로 주요 데이터를 백업해 보관하거나 소산해 두고 재해 발생 시에 시스템 운용을 재개할 수 있도록 컴퓨터 하드웨어, 전원 및 배전설비, 통신설비와 집기정도를 갖춘 물리적인 빈공간이나 임대공간을 말한다. 콜드 사이트는 사전에 즉시 가동되도록 하는 어떠한 준비도 하지 않으므로 명확히 비용측면에서 장점이나 실제 재난 발생 시에 셋업 하는데 시간이 소요되므로 실제적인 해결책은 아니다.

5) 반사 데이터와 원격 저널링

컴퓨터시스템이 파괴될 경우에 데이터의 손실은 피할 수가 없다. 컴퓨터시스템과 시설은 순서대로 업무를 수행하도록 프로그램 되어 있으나, 폭발위협 또는 시스템이 설치된 층이 아닌 다른 층이나 인근 건물의 화재로 인하여 데이터나 컴퓨터시스템에 대한 접근이 제한되는 경우에는 가장 최근의 백업데이터에 접근이 어렵게 되므로 시스템의 데이터도 사용할 수 없게 된다.

기업에서는 이러한 데이터처리의 지연에 대하여 용인할 수 가 없으므로 자동적으로 데이터를 백업하고 대체 사이트를 전송하는 데이터 복구전략을 활용할 수 있다. 데이터의 위험한 상태에 따라 백업데이터를 특정 시간간격을 두고 한꺼번에 전송될 때까지 저장하는 방식인 일괄형식이나 정보를 원거리 컴퓨터에 전송·저장하는 방식인 원격 저널링은 대체 사이트로 보내는 트랜잭션의 병렬 프로세싱을 가리킨다. 이것은 대체 사이트가 항상 완전하게 운영되도록 하며 장애방지 상황이 발생하지 않도록 강화시켜준다.

대부분의 서버장비에서 데이터의 저장은 쌍으로 존재하는 디스크 드라이브에 똑같이 저장되어 하나의 디스크 드라이브가 장애를 일으키더라도 다른 하나의 디스크 드라이브를 사용하여 작업을 수행하도록 시스템을 구축한다.

6) 정책과 절차

오늘날 대부분의 데이터와 관련된 재난의 원인은 장비의 문제나 자연재해에 기인하는 것이 아니라 사람에 의한 것이다. 따라서 데이터 시스템에 대한 정책과 절차는 복구가 순조롭고 효과적으로 진행되는 것을 보장하여야 하고 데이터 백업정책은 명확하게 이런 관점에서 출발하여야 하지만, 만약 고객이 서버에 데이터를 저장하지 않는다면 백업정책은 완전히 효과적으로 운영되기가 힘들다. 대부분이 고객/서버 구조[22]는 데이터를 저장하기 위하여 부분적으로 사용자의 C 드라이브와 서버 두 영역에 접속이 가능하도록 허용한다.

비록 사용자의 컴퓨터가 가동하는 중에는 프로그램이 사용자의 로컬 드라이브에 백업되어 있지만 이러한 방식은 시간을 소모하는 운영방식으로 필요한 파일을 백업해야 한다. 이러한 번거로움을 피하기 위해, 모든 사용자는 데이터 파일을 서버에 저장한다. 이 경우 개인이 사용하는 소프트웨어의 불법적인 설치와 인터넷으로부터의 다운로드는 엄격하게 금지하는 정책이 컴퓨터 바이러스로부터의 피해를 방지하게 할 것이다.

---

22) 구내 정보 통신망(LAN) 등 망상에서 하나의 프로세스를 클라이언트와 서버에 나누는 분산 처리 방식을 말한다. 클라이언트 쪽에서 요구하면 서버에서 그것에 대해 프로세스하여 응답하고, 프로세스를 의뢰하는 장치나 컴퓨터 또는 프로그램을 클라이언트라고 하며, 의뢰받은 프로세스를 실행, 응답하는 쪽을 서버라고 한다.

7) 데이터 백업

대부분의 조직은 1~2일 정도의 짧은 기간 동안의 데이터 손실이나 생산 공정 중인 소량의 미완성 제품의 손실을 복구하기 위한 시간은 감당할 수 있다. 이러한 조직에서 데이터를 처리하는 주요한 방법은 매일 밤에 마그네틱테이프에 자료를 백업한다. 이러한 방법은 기업에서 백업에 관한 정책이 수립되지 않은 경우에도 대부분의 기업에서 적용하는 방법으로 자료를 보관하고 있으나 개별 기업의 데이터 백업정책에는 ① 증분 백업[23], ② 매주 전체 백업, ③ 월간 파일보관, ④ 연간 파일보관 방식을 반드시 포함한다.

이상적인 컴퓨터 백업 테이프의 보관방식은 원격지에 특별히 제작된 저장시설인 금고나 안전한 매체보관소로 매일 이관하는 것이다. 이러한 원격지 보관시설은 ① 상당한 수준의 시설보안, ② 허가목록의 갱신과 강력한 집행, ③ 시설물의 적절한 화재예방 대책의 수립, ④ 건축물의 구조적인 안전성, ⑤ 적절한 시간 내에 테이프와 지침서의 활용을 보장하기 위해서 매년 감사를 실시하여야 한다.

상기와 같은 것을 보장하기 어려울 경우에는 테이프를 분리된 건물의 내화 캐비닛에 보관하도록 하고, 비상탈출 시에는 담당자가 테이프를 가지고 탈출을 하는 것이 테이프의 안전함을 보장한다. 더 정확하게는 최소한 주간단위로 백업 테이프는 원격지로 보내지고 이전의 테이프는 회수하여 재활용한다.

7. 제3자 제조

1995년 1월 17일 고베지진에 따라 미국과 일본의 많은 기업들이 원재료와 부품의 공급처가 재난지역에 있었으므로 직접적인 영향을 받았다. 따라서 해당 부품의 공급이 불가능하자 여기에 의존해온 기업들의 생산량은 급감하게 되고, 대체공급처를 찾아서 상승된 가격으로 새로운 주문을 발주하였으나 주문의 폭주로 인하여 배달지연을 수반하였다.

---

23) 전체 백업 또는 증분 백업이 수행된 후 변경된 사항을 선택적으로 백업하는 방식으로, 전체 백업보다 백업 데이터양이 적고 백업 소요 시간이 짧다는 장점이 있으나 전체 백업에 종속적이라는 단점이 있다. 증분 백업이 많을수록 복구에 오랜 시간이 소요되므로 최소한 일 주일에 1회 이상 전체 백업을 수행하는 것이 좋다.

이에 대한 해결책은 단일 공급처에 의존하는 부품을 규명하고 이러한 문제가 발생하기 전에 대체 공급처를 확보해야 하며, 만약 사업장의 제조라인이 재고 비용을 최소화하기 위해 입하된 재료를 곧바로 제품의 생산에 투입하는 상품 관리 방식(JIT)으로 가동되고, 재난이나 업무연속성의 중단에 의한 생산지연을 방지하기 위해서 충분한 수량의 원재료를 창고에 확보・유지한다. 더불어 몇몇 업체는 해당 지역의 원재료를 공급하는 사업업체를 스스로 자가 보유함으로써 재난 시 원재료의 보급지연에 대비하기도 한다. 또 다른 고려사항은 제조장비나 시설, 노동쟁의, 혹독한 기후상황, 자연재해로 인한 손실에 관한 대비로 사전에 손실발생에 대비하여 제조라인을 해당 기업의 다른 장소로 이동하는 것에 대한 전체적인 개요를 마련한다. 그러나 이러한 대안마련이 어려운 경우에는 해당기업의 제품을 한시적으로 공급받기 위하여 계약생산업체와 계약을 채결한다.

최근에는 업무환경이 점차적으로 데이터 지향적으로 변화함에 따라 공장과 같은 생산 현장 전체를 가상현실로 구축해서 생산 프로세스를 사전에 실험한 다음 이상적인 생산 시스템을 설계할 수 있으므로, 조직의 백업계획도 가상생산체제[24)]를 포함하는 방법도 고려한다. 또 하나 원재료를 경쟁사로부터 구매하는 것에 대한 고려사항으로 기업이 시장점유율을 유지하기 위한 방법으로 기업은 완제품을 경쟁사에서 구매한 다음 자신의 브랜드를 부착하여 재포장하는 방식을 활용하기도 한다.

8. 기록물 관리

많은 기업들에서 재난 이후에 업무기록물을 복구할 수 없기 때문에 주요한 손실의 원인이 된다. 선진국에서 시행되고 있는 BCP에 영향을 미치는 대부분의 규정은 기록물의 보존과 복구에 관한 내용이므로, BCP의 주요한 핵심이 핵심기록물의 보존과 복구에 맞추어져야 하는 것은 명확하다.

오늘날 대부분의 보험사에서는 고객, 수취계정, 미래에 판매할 자산목록표의 심각한 손상, 현금흐름, 보험배상에 관한 기록물들을 '중요문서'로 취급하고 있다. 일부 국가에선 기업기록물 보호의 실패가 경영진에 대한 형사적인 제재로 이어지기도 한다.

기록물의 핵심은 기업 운영에 계속적으로 영향을 미치거나 미래의 어느 정도까지

24) 가상생산체제(virtual manufacturing system)는 컴퓨터상에 가상의 생산 시스템을 구축하고 생산 시뮬레이션에 의해서 실제로 제조공정을 다양하게 실험한 뒤 실제 제작하는 시스템이다.

영향을 주는가에 따라서 중요성의 등급이 결정된다. 일반적인 기업에서는 기록물의 등급을 재난 이후의 필요성에 따라 핵심기록물과 중요기록물로 나누기도 하고 개별기업의 등급기준에 따라서 최소 2단계에서 최대 5단계까지 구분한다. 핵심기록물은 기업 운영에 절대적으로 필요하므로 보존되거나 복구되어야 하는 자료인 반면에 중요기록물은 기업운영을 어렵게 하거나 생산을 지연시키는 역할을 하는 자료를 의미한다.

〈표 6-13〉 중요 기록물의 사례

지급계정, 수취계정, 감사보고서, 실험노트, 임상실험결과, 보안자료, BCP, 규정 정책자료, 은행저축 데이터, 자산목록, 특허장과 독점판매권, 법인설립 허가증, 보험증서, 재고목록, 차용증서, 법적서류, 제조공정 데이터, 임원회의 회의록, 수신 문서, 특허와 저작권, 공인 허가서, 임금대장과 개인 데이터, 연금 데이터, 정책 교본, 설립규약과 법인의 정관, 계약서, 고객명단, 채무증서와 채권, 공학기술 데이터, 전반적인 회계원부, 구매주문서, 건물과 각층 설계도, 지급영수증, 판매 데이터, 주주목록, 주식 이동기록, 세금기록, 서비스 기록과 지침서, 기계장비류, 사회보장 영수증, 통계와 운영업무 데이터, 주식증명서, 협상서류, 증서와 권리증.

한번 기록물이 분류되면, 만약 새로운 기록물이 만들어지기 어려운 경우에는 기록물의 손상을 방지하기 위한 다양한 대책들이 선정된다. 보관되는 정보매체의 유형과 시간에 따른 보존상태는 복구전략에 영향을 미친다. 오늘날에는 대부분의 기록물을 해당 사업장에 전자문서형태로 보관되므로, 최소한 화재에 강한 보관 장소에 격리되어 잠금장치가 되어야 한다. 특히 가장 핵심적인 자료는 사진형태로 복사되어 시설물과 원거리에 위치한 장소의 문서보관서에 보관한다. 데이터 보관장소는 항상 보안, 화재안전, 신속한 검색에 관한 감사가 실시되고 물품보관회사에 의해서 환경적인 통제가 적용된다.

조직내부에서 원거리에 보관된 기록의 복사, 문서 추적과 신속한 검색이 가능하도록 하나 보관 장소가 내부인 경우에는 보안상의 문제가 생긴다. 대부분의 기록물은 마이크로필름 카드로 복사되고, 기술의 발달은 파일이나 프로그램의 내부를 검색하여 필요한 항목을 찾는 과정을 단축시키고 저장 공간을 크게 축소시켰으며, 오늘날 대부분의 기록물은 디스켓, 마그네틱테이프, 디스크팩, CD, DVD, 광학디스크와 같은 전자적으로 저장되고, 보관 장소인 전자적인 보관시설에 직접 전송되고 통신시스템을 통하여 복구장소로 재전송이 가능하다. 한번 핵심기록물로 규정되면, 기록물의 일상적인 백업을 보장하기 위한 정책과 절차를 시행하는 것이 중요하다. 그러나 공급업체나 고객 혹은 규제기관으로부터 쉽게 다시 구할 수 있는 데이터는 백업할 필요는 없으며, 한번 손실되면 복구가 어렵거나 시간이 많이 소요되는 자료를 주기적인 재분류 과정을 거쳐서 백업데이터로 규정한다.

9. 시설물의 복원

일반적인 복구전략은 재난이 발생하기 전에 조직에서 대체공정처리와 제조시설을 규정하고, 시설물 운영에 관한 핵심적인 재원의 신속한 이동을 가능하게 하는 것이 재난 발생시 조직을 일정 수준의 서비스를 제공하는 상태로 복귀가 가능하도록 만든다. 복원의 목표는 조직이 재난 이전의 상태나 조직에서 전략적으로 정해진 상태로 복구하는 것을 의미하나 임시적인 시설물에서 이러한 상황을 유지하는 것이 어렵다.

재난이 발생한 경우에 손상된 시설물은 반드시 재건축, 재배치 혹은 수리되어져야 하나, 조직의 연속적인 재건축이나 재배치에 대한 결정은 재난의 후속결과에 따라서 경영진이 핵심적으로 다루어야 하는 이슈이다. BCP 기안자는 사전에 준비되지 않는 상황에서 이러한 공간을 확보해야하는 불가피한 상황이 발생하면 적절한 공간은 없고 가격은 폭등하게 되므로, 사전에 경영진과 이러한 가능성에 대해서 논의하고 새로운 시설물을 찾기 위하여 적절한 동의와 재원을 조정한다.

대부분의 조직은 해당 건물이 구조적으로 안전할 경우에 재난 후에도 원 시설물에서 업무복구를 진행할 수 있으므로, 시설물은 반드시 신속하게 정리되고 사람이 생활할 수 있는 상태로 복구한다. 예를 들어 화재가 발생한 이후에는 장비에 영향을 미치는 열과 검댕에 의한 손상이 발생하고, 화재가 진압된 다음에도 연기는 치명적으로 민감한 전자부품의 성능을 약화시킨다. 화재진압을 위해 작동한 스프링클러와 소방호수에서 분사된 물은 각종 기록물의 가용성을 손상시키고 유해한 곰팡이를 발생시키는 환경을 만든다. 따라서 화재가 진압된 다음에는 특별장비와 기술을 총동원하여 건물의 건조와 습기제거를 실시한다.

재난이 발생한 후 복원서비스를 제공하는 기업과의 계약을 통하여 ① 재활용이 가능한 물품의 수거와 잔해의 제거, ② 전자장비의 청소와 수리, ③ 검댕 제거, ④ 습기제거와 건조, ⑤ 기록물의 건조와 복구, ⑥ 재건축(페인팅, 배관, 미장, 벽돌쌓기 등),

⑦ 물기제거와 습기통제를 전문으로 하는 업체를 활용한다. 핵심기록물에 대한 안전한 복구, 홍수나 스프링클러 물에 대한 손상의 예방, 지붕의 붕괴를 방지하는 업무에는 특별 전문가와 장비가 필요하게 될 것이다.

재난상황에 대한 대비가 발달한 선진국에서의 복원서비스를 전문으로 하는 회사들은 특별한 유형의 손상에 대하여 전문적인 경험과 장비를 구비하고, 대부분의 기업들이 자체적으로 복구가 힘든 업무를 수행한다. 일반적인 복구서비스는 화재가 진압된 다음에 시설물의 청소와 재건축이 가능하나, 복구과정에서 재난에 의해서 발생한 유독가스로 인한 피해에 대해서 주의하여야 한다.

손상된 장비를 수리하는 경우에는 매우 많은 비용이 소모되고, 특히 손상된 장비가 독특한 특징이 있는 경우에는 대체비용이 증가하게 된다. 일반적인 보험약관에는 손상된 장비에 대한 전체적인 대체비용을 포함하지 않는다. 장비의 오염물 제거를 전문으로 하는 기업 자료에 의하면, 손상된 장비와 시설을 복구하는 것이 장비를 대체하는 것보다 비용의 75%까지를 절약할 수 있고, 대체하는데 걸리는 시간은 수개월이 소요되나 복구는 수 주 내에 끝마칠 수 있는 것으로 나타났다.

대부분의 복구회사들은 추가적인 비용을 청구하지 않으면서 고객사의 재고자산을 파악하고 원거리 건축계획을 수립하고 있으므로, 이러한 서비스를 활용하면 복구과정을 단축시키고 경영진은 다른 복구에 관한 문제에 업무역량을 집중할 수 있다.

예를 들어, 지구촌 대부분의 지역에서 발생할 가능성이 있으나 특히 지진에 취약한 지역에서는 복구과정에서 수행할 주요한 업무 중에 하나가 건물에 금이 간 부분을 매우는 것이다. 심리적인 치료의 중요한 부분은 정상적인 업무환경으로 복귀하는 것이므로 직원들이 해당 사업장에서 금이 간 건물의 벽을 볼 때마다 재난상황에 대한 참혹한 기억을 떠올리게 되므로 기업은 복구회사에 가능하면 신속하게 이러한 재난을 연상시키는 잔재 제거를 요청하는 것이 좋다. 하지만 간과하기 쉬운 분야 중에 하나가 심각한 재난을 경험한 사람들에게 나타나는 외상 후 스트레스 장애(PTSD)와 같은 심리적인 치료에 대한 관심이다.

제 7 장 교육과정과 발전연구

제1절 보안교육 프로그램

제2절 산업보안 발전연구

제7장 교육과정과 발전연구

근자에 우리나라 고등교육기관이 '실업자 양성소'라는 비아냥거림을 들을 정도로 취업난이 심화되어 시장에서 원하는 인력을 양성하는 것이 오늘날 실용교육·훈련기관의 존립이유가 될 것이므로 보안교육·훈련과정도 사회적인 수요에 따라 변화는 것이 자연스러운 현상이다. 그러나 아무리 수요가 존재하더라도 전문 인력을 양성하는 데는 상당한 시간이 필요하고, 특히 교육·훈련을 담당할 교수요원과 적절한 교육프로그램이 없다면 단지 교육기관이 설립되어 운영한다고 하여 해결되지 않는다.[1]

세계화시대의 조직자산의 효과적인 보호는 조직의 지속적인 성장과 안정성 유지에 필수적인 요소이고, 해당 조직의 자산보호의 일차적인 책임은 개별적인 조직에게 있으며, 이러한 역할의 핵심에는 보안전문가가 있다. 예를 들어, 세계 각국에 진출한 다국적기업자산을 특정 국가가 나서서 보호하는 데에는 한계가 있으며, 지분구조와 경영권의 다각화에 따라 기업의 소속국가의 개념도 점차 모호해지고 있으므로 개별사업장에 적합한 보안프로그램을 구성하고 운영하는 역할이 기업환경 변화에 따른 조직의 안정성유지의 핵심이며 조직자산보호의 일차적인 책임은 개별적인 조직체에 있다.[2]

일찍이 세계를 상대로 기업경영을 한 서구의 다국적기업들은 이러한 기업자산보호의 중요성을 직시하고 오래전부터 기업자산보호 업무를 수행하는 산업보안조직의 전문화와 보안전문가를 양성하였으며, 특히 2001년 9·11테러 이후에는 대부분의 다국적기업은 CSO를 축으로 한 통합화된 보안조직과 시스템화된 운영을 토대로 경영조직에서 BCP구축을 기업경영의 필수업무로 적용하고 있다. 이에 반하여 우리나라의 미디어는 산업보안의 문제를 산업기술유출방지가 전부인 것처럼 다루며 기술유출의 문제점을 접근하는 방식도 실제 인식과는 차이가 있다.

보안사건이 발생할 때마다 매스컴에 반복되는 일반론적인 대책으로는 빈발하는 보

1) 최선태, 기업안전관리업무의 전문화에 관한 연구, 한국체대 박사논문, 2005, p. 233~236.
2) 최선태, 한국산업보안교육 프로그램의 정립에 관한 연구, 2010. 한국경호경비학회지 제25호.

안사건을 방지할 수 없다. 더불어 피해액 위주의 보안사건(특히 산업기술유출보도)의 보도는 기업경영자나 구성원의 인식을 바꿀 수 없다. 경영자는 왜 보안에 대한 투자를 해야 하는가? 얼마나 투자해야 하는가? 누가 집행하고, 어디에 투자해야 하는가에 대한 개별기업의 고유특성에 대한 합리적인 데이터가 없으면 결코 보안에 대한 투자는 기업경영에 도움이 되지 않는 소모성 비용이라는 인식을 바꿀 수가 없다.

더욱 근본적인 문제는 이러한 보안투자의 필요성에 대하여 합리적인 분석이 가능한 산업보안전문가가 특정 분야에 한정되어 있을 뿐만 아니라, 전문적인 보안교육기관은 존재하지도 않는다는데 앞으로 더욱 심각성을 더하고 있다. 이것이 증가하는 보안사건에 대하여 기업의 실제적인 대책으로 연결되지 않고 매스컴의 일시적인 이슈로서 머물게 되는 한계이다.

우리나라에 산업전반에 대한 보안체계를 수립하고 운영의 효율성을 판단할 수 있는 전문가가 부족한 원인은 산업화과정에서의 성장위주의 기업경영과 교육과정의 부재를 들 수 있다. 따라서 현재의 형사사법기관이나 유사기관에서의 경력을 바탕으로 대기업이나 다국적기업에서의 보안관리자로서 업무를 수행하는 실무자의 전문성도 한계가 있다. 그러나 산업보안전문가를 양성하는 전문교육기관의 필요성과 교육과정에 대한 연구나 논의는 일천하다.

일반적으로 산업보안선진국인 미국에서의 보안교육분야는 학부과정에서는 형사사법분야에 속하나 대학원과정에서는 경영학의 한 분야로 분류된다. 그러나 지금의 우리나라 대학의 교육과정에서 보안분야 와의 연관성은 정보보호, 경찰행정, 경영정보, 소방과 경호, 산업안전 관련학과가 이와 유사한 정도이나 각각이 개별분야에 한정된 편향적이며 국부적인 교육과정으로는 결코 산업전반의 리스크관리와 같은 전반적인 조직의 안정성제고업무를 수행할 수 있는 전문가를 양성할 수 없다.

경영자가 다양한 기업의 보안리스크를 효과적으로 관리하기 위한 보안활동에 대한 투자를 위해서는 기업에 얼마만큼의 위협요소가 존재하는지에 대한 구체화된 데이터를 제시하여야 경영자의 투자를 이끌어낼 수 있다. 이러한 구체적인 데이터는 전문적인 보안진단을 바탕으로 한 기업체의 위험관리수준에 대한 평가를 바탕으로 하여야 한다. 내부인에 의한 임기응변식의 비전문적인 대응책은 결코 자기조직의 취약점과 외부 위협요소에 대한 공정한 평가를 기대하기가 어렵다.

이러한 보안진단과정에서 주의하여야 할 사항이 기술적인 대응과 물리적인 대책의 한계에서 벗어나야 한다는 것이다. 기업기밀유출과 같은 보안리스크도 기술적인 부분과 시설물에 대한 보호조치가 통합된 상태에서 해당 조직에 적합한 보안정책을 수립하고 보안전문가에 의한 지속적인 관리와 운영이 가장 중요한 부분이며, 환경과 조직의 변화에 따라 유연하게 계속적인 합리적인 투자를 바탕으로 시행착오를 바로잡는 관리과정이다.

오늘날 다국적기업에서의 보안업무는 조직 전체의 비즈니스 프로세스의 안정성을 제고하는 업무를 수행하므로 이에 필요한 통합적 전문성을 배양하는데 대부분의 보안교육프로그램이 구성되는데 반하여, 우리나라의 보안교육과정은 아직도 정보보안, 인사보안, 문서보안, 시설보안과 같이 단편적이고 부분적인 보호기법에 대한 교육에서 벗어나지 못하고 있다.

더군다나 조직의 생존전략 측면에서 보안교육의 핵심요소인 조직의 보안정책의 수립과 조직 전반에 대한 리스크분석, 경쟁사 전략분석 등 전략적 보안교육에 대한 프로그램은 어디에도 없다. 이러한 미시적인 보안교육으로는 우리나라 기업이나 조직에서 보안업무는 항상 기능적인 보조업무에 불과하므로 그만큼 조직의 안정성에 기여하기 어렵고, 보안업무가 기업경영에 핵심적으로 기여한다는 정당성도 확보하기가 어렵다.

이러한 관점의 연장선상에서 외국의 다국적기업은 보안업무가 기업의 안정성과 수익에 기여하는바가 크므로 계속적으로 기업전략차원에서 보안조직의 전문화와 투자가 확대되는 반면에 우리나라 기업은 아직도 보안업무는 기업의 수익을 감소시키는 소모적인 기능이라는 안이한 인식이 지배적이다. 우리의 시대착오적인 보안에 대한 인식의 변화를 위해서는 보안교육과 보안업무도 개별 조직의 모든 잠재된 리스크와 취약성분석에 대한 방법론에 대한 교육이 선행되어야 하고, 이에 대한 효과적인 대응책의 수립이 가능하도록 통합적 보안교육프로그램 개발이 선행되어야 한다.

예를 들어 현재는 가시적인 리스크와 직접적인 손실이 발생하지 않지만, 시장 환경의 변화에 따른 조직에 잠재된 위험요소의 발생개연성을 분석하여 미래의 손실에 대비한 투자를 이끌어 내거나, 불가피한 사고가 발생할 경우에 그 파장을 최소화하기 위한 비상계획 프로그램의 개발을 수립할 수 있도록 보안실무자들을 위한 교육의 전문성이 요구되는 시기이다. 더불어 오늘날 보안선진국에서는 보안의 목표를 물리적 보안과 정보보안의 통합을 의미하는 온오프라인의 컨버전스를 효과적으로 달성하는데 몰두하는 반면에, 오늘날 우리나라 보안교육의 대부분은 온라인에 치우쳐있으며, 이러한 기술보안(IT)에 대한 교육도 실제적으로는 기능적인 방법론에서 벗어나지 못하는 것이 현실적인 한계이다.

그러나 불확실성이 증가하고 있는 오늘날 보안의 글로벌 스탠더드는 우리나라 기업과 같이 온라인보안에 있는 것이 아니라 온오프라인의 조화에 있다는 것을 알아야 한다. 특히, 우리나라 기업경영자들이 명심해야 할 점은 경쟁사의 보안역량이 강화되면 적극적 보안활동이 활성화됨에 따라 자사의 취약성은 커지게 되고, 이에 비례하여 기업경영의 불안정성은 증가함으로 산업보안업무의 전문화는 기업경쟁력과 직결된다는 것이다.

선진국의 보안교육 프로그램의 구성을 볼 때 이미 세계적인 다국적기업의 경우에는 그동안의 소극적·방어적인 보안기능에서 시장변화에 대한 정보를 능동적으로 획득하고, 경쟁사와의 시장경쟁에서 우위를 확보하려는 전략으로 적극적·공격적인 산업정보전의 개념으로 보안업무가 전환되고 있음을 알 수 있다. 산업정보전에서는 기업의 전략적 차원의 보안활동이 필요하며 시장의 불안정성과 혼란의 원인이 경쟁사의 어떤 의도된 기획에 따라 시장을 교란시킴으로써 이익을 얻으려는 숨겨진 전략이 무엇인가를 분석하는 것도 포함될 것이다.

보안전문가양성은 우리나라 보안산업의 편향성을 지양하고 사회와 기업에서 요구하는 보안전문가를 양성하는 것이 전문가 양성 교육과정의 목표가 되어야 할 것이다. 우리가 안전하다는 생각하는 느낌과 실제로 안전한 정도는 인간의 인지판단의 한계로 인하여 항상 일치하는 것은 아니므로, 이미 선진국에서의 산업보안교육과정은 보안관리를 중심으로 경영학과 행동경제학, 응용심리학과 형사사법, 여러 공학분야를 포함한 대표적인 융합학문분야로서 발전하고 있다. ASIS International 교육프로그램위원회에서는 보안분야에서 직업을 찾는 학생들은 보안관리, 컴퓨터공학, 전자공학, 경영관리, 법률, 경찰학, 인사관리, 정보관리 과정을 학습해야 한다고 제시하였다.[3)]

제1절 보안교육 프로그램

1. 보안실무자 교육 프로그램

보호무역에 오랫동안 의존하던 폐쇄적인 경제시스템과 다르게 열린 자유무역시대의

3) Career Opportunities in Security and Loss Prevention(Washington, D. C.: ASIS International), 2005. p. 1.

기업 비즈니스 활동에서의 보안과 자산보호 분야는 업무수행에서 뛰어난 전문성이 필요한 시기가 도래하였다. 특히 다국적기업의 납치나 테러에 대비한 구성원의 생명보호와 핵심기술과 노하우를 보호하고자 하는 기업에서 보안업무의 중요성이 대두되면서 실무자의 전문성은 보안프로그램의 질을 좌우하는 중요한 요인이 되었다. 따라서 기업의 보안실무자의 교육적인 배경과 경험은 기업보안 프로그램의 전반에 영향을 미치고 나아가서는 기업의 안정성에도 상당한 역할을 수행한다.

오늘날의 비즈니스 환경에서 보호 장벽이란 없을 정도로 대부분이 개방됨으로써 기업 간, 국가 간의 경쟁은 더욱 치열해졌고, 이에 따라 기업의 구성원, 정보, 물리적 자산을 보호하는 업무는 결코 단순하지 않으며 오히려 너무 복잡하다. 따라서 이러한 업무를 효과적으로 수행하기 위해서는 보안전문가는 다음과 같은 핵심적인 자질이 요구되게 되었다.[4]

① 기술진보와 컴퓨터에 관한 전문지식
② 문서와 대화를 통한 능숙한 의사소통 능력
③ 기업의 비즈니스 트렌드에 대한 완벽한 이해
④ 글로벌 비즈니스 환경에 대한 이해
⑤ 대학수준의 보안과 관련된 학문(형사사법, 사회학, 정보통신, 인간관계)의 이론적인 지식과 경험
⑥ 특정한 상황과 사물에 대한 뛰어난 분석력
⑦ 새로운 프로젝트 팀을 리드할 수 있는 역량
⑧ 다양한 역할과 책임에 대한 도전과 열정
⑨ 비즈니스에 관한 국제적인 경험
⑩ 이질적인 문화와 언어에 대한 이해와 경험

그러나 아쉽게도 아직 우리나라에는 정보기술(IT)에 대한 보안 교육과정에 대한 프로그램은 다양하게 분포하고 있으나, 보안정책이나 산업보안 전반에 대한 교육 프로그램은 상당히 미흡한 상황이 지속되고 있다.

이러한 내실 있는 교육과정이 없다보니, 소수의 필요에 따른 지엽적인 보안교육이 전반적인 보안교육인양 호도되고 있는 것이 오늘날 우리나라 보안교육의 현실이다.

---

4) Gerald Kovacich/Edward Halibozek, *The Manager's Handbook for Corporate Security: Establishing and Managing a Successful Assets Protection Program*, First Edition, 2003, pp. 68~69.

다음에 제안된 과정은 기업이나 조직의 보안실무자를 위한 단기 교육과정과 다양한 세미나 분야를 소개한 것이다.

1) 보안요원을 위한 세미나(보안요원이나 조사원)[5]

① 방화현장의 조사기법의 강의나 세미나
② 구성원의 배경조사 강의나 세미나
③ 폭발물의 위협에 대한 강의나 세미나
④ 공공기관(경찰이나 소방 또는 검찰)과의 협력에 관한 세미나
⑤ 구성원의 보안관리 강의나 세미나
⑥ 화재나 산업안전 강의나 세미나
⑦ 소화기 사용 훈련에 대한 강의
⑧ 응급처지와 준(準)의료 활동에 대한 세미나
⑨ 내부 절도조사기법의 강의
⑩ 면담기법의 세미나
⑪ 법률과 보안관리 역할에 대한 강의
⑫ 문서작성과 보고서 작성 과정
⑬ 보안순찰에 대한 세미나
⑭ 시설물 보안관리 강의나 세미나
⑮ 조사를 위한 준비활동과 범죄현장 보존 강의나 세미나
⑯ 보안관리 서비스를 위한 공공관계에 대한 강의나 세미나
⑰ 보안관리 기법과 절차 강의
⑱ 좀도둑 예방에 대한 세미나
⑲ 감시기법에 대한 세미나
⑳ 시민소요대응에 관한 세미나

2) 보안관리자를 위한 강의와 세미나

① 환경적 디자인을 통한 범죄예방(CPTED)
② 재난과 비상기획
③ 위험관리와 평가

5) Russell L. Bintliff, *Corporate and Industrial Security*, 1992. pp. 578~580.

④ 보안취약성분석과 대응
⑤ 폭발물 위협 관리방법
⑥ 보안조사와 감사
⑦ BIA와 BCP
⑧ 위기관리와 요인보호
⑨ 보안관리와 행정
⑩ 시설보안과 감사

2. CSO 교육과정

1) 프로그램의 개요[6)]

현대 조직이 직면한 보안리스크는 지금까지 경험했던 것보다 훨씬 증가하였으나, 아직 증가된 위협요인에 대하여 현실적인 인식부족으로 조직예산에 적절하게 반영하지 못하고 있다. 그러면 보안관리자나 보안최고책임자(C-suite)에게 기업에서의 현재 보안전략은 어떤 상황인가? 어떻게 보안에 대한 투자를 효과적으로 이끌어 낼 것인가? 개별적인 조직에서 보안과 비즈니스 프로세스의 균형은 어떻게 이루어지는가?

이에 대하여 보안최고책임자(CSO)를 위하여 세계적인 비즈니스 스쿨의 하나인 Wharton/ASIS 프로그램이 '보안업무의 효용성'이란 주제로 핵심적인 비즈니스에 관한 지식을 제공한다. 이 2주간의 인증과정은 세계최고의 Wharton's MBA 프로그램의 교수진에 의해서 진행된다. 이 프로그램에서는 경영과 전략적 관점을 확장하기 위한 비즈니스의 핵심개념을 포함하고, 비즈니스 감각과 경영상의 어려움을 극복하는 역량을 강화시킨다. 더불어 보안업무에 대한 결정의 최종적인 영향에 관한 의사소통과 조직의 다른 리더와 더 효과적으로 업무를 수행할 수 있도록 도움을 줄 것이다.

2) Wharton 접근법: 교육을 통한 효과

이 프로그램은 Wharton 교수진의 통찰력과 현재 연구를 통하여 구성된 것으로, 토

6) Wharton/ASIS Program for Security Executives: Making the Business Case for Security는 미산업보안협회와 University of Pennsylvania(Wharton School)가 공동으로 진행하는 2주간의 최고보안관리자(CSO)를 대상으로 한 인증 프로그램이다. 더불어 ASIS는 IE Business School/ ASIS Effective Management for Security Professionals, AMU/ASIS Business Essentials for the Security Executive 프로그램을 제공하고 있다.

론의 주제와 사례는 최고보안관리자가 직면하고 있는 가장 핵심적인 문제에 중점을 두었다. 이 프로그램의 디자인은 ASIS International의 산업분야 전문가와 Wharton 교수진의 긴밀한 협력의 결과로 이 프로그램은 개별 사업장의 업무에 바로 적용이 가능한 비즈니스 지식을 제공할 것이다.

또한 이 프로그램의 디자인은 강의실에서 배운 아이디어를 현장에 직접 적용하는데 중점을 두었다. 첫 번째 주의 구성은 2번째 주와 약 1달간의 간격을 두고 구성되었으며, 이 기간 동안에 참가자들은 계속적으로 안전한 웹사이트를 통하여 다른 참가자나 교수진과 상호 교류를 한다. 이러한 과정은 참가자에게 테스트를 통하여 더 심층적인 학습을 가능하게 하고 2번째 주 강의에 참가하기 전에 현업에서 새로운 지식을 적용하도록 하기 위함이다.

이 프로그램을 마치게 되면 참가자는 다음과 같은 내용을 배우게 된다.

① 최고경영진(C-suite)과 조직전반의 보안에 관한 전략적 비즈니스 사례를 제시하는 것을 가능하게 하는 비즈니스 언어를 개발한다.
② 현재의 연구와 베스트 프랙티스(best practice)에 기초한 재정, 마케팅, 관리와 전략과 같은 핵심적인 비즈니스 분야의 지식을 습득한다.
③ 운영과 재정적 결정이 어떻게 전략과 마케팅 결과에 영향을 미치는 가를 이해하게 된다.
④ 가치 지향적(value driven) 의사결정법을 활용하여 다양한 관리적인 문제에 접근하는 기법을 학습한다.
⑤ 전략의 시행에 따라 조직문화에 어떠한 영향을 미치는가를 이해하게 된다.
⑥ 효과적으로 변화와 갈등을 관리하는 방법을 학습한다.

3) 핵심 강의 주제

① 전략적 사고(전략적 체제, 생각하는 조직, 전략의 이행)
② 리더십(의사결정과 리더십)
③ 인사관리(전략적 관점, 인간의 영향력)
④ 협상기법(경영자 협상 워크숍)
⑤ 재정관리(재정과 전략과의 연관성, 업무수행의 재정적인 측정, 가치 지향적 의사결정)
⑥ 마케팅기초(시장의 세분화, 마케팅계획의 개발)

위와 같이 보안선진국에서는 보안요원과 보안관리자를 위한 교육 프로그램은 물론 이거니와 이제는 최고경영진(C-suite)으로서 최고보안관리자(CSO)를 위한 보안프로그램의 운영도 상당히 보편적이며, 보안을 기업경영의 핵심 업무의 하나로 판단하고, 다양한 경영전략 측면에서 접근한 프로그램이 시행되고 있으나, 아쉽게도 한국의 보안정책이나 보안실무자를 양성하는 교육기관에서는 상기와 같은 현대기업이나 조직의 생존에 필수적인 보안교육 프로그램을 제공하지 못하고 있다.

3. 보안교육과정의 트렌드

오늘날 다국적기업에서의 보안업무는 조직 전체의 비즈니스 프로세스의 안정성을 제고하는 업무를 수행하므로 이에 필요한 통합적 전문성을 배양하는데 대부분의 교육 프로그램이 구성되어 있다.

조직의 생존전략 측면에서 보안교육의 핵심요소인 조직의 보안정책의 수립과 조직 전반에 대한 리스크분석, 경쟁사 전략분석 등 전략적 보안교육에 대한 프로그램은 어디에도 없다. 이러한 미시적인 보안교육으로는 한국기업이나 조직에서 보안업무는 항상 기능적인 보조업무에 불과하므로 그만큼 조직의 안정성에 기여하기 어렵고, 보안업무가 기업경영에 핵심적으로 기여한다는 정당성도 확보하기가 어렵다.

이러한 관점은 외국의 다국적기업은 보안업무가 기업의 안정성과 수익에 기여하는바가 크므로 계속적으로 조직의 전문화와 투자가 확대되는 반면에 한국기업은 아직도 보안업무는 기업의 수익을 감소시키는 소모적인 기능이라는 안이한 인식이 지배적이다.

우리의 시대착오적인 보안에 대한 인식의 변화를 위해서는 보안교육과 보안업무도 개별 조직의 모든 잠재된 리스크와 취약성분석에 대한 방법론에 대한 교육이 선행되어야 하고, 이에 대한 효과적인 대응책의 수립이 가능하도록 통합적 보안교육프로그램 개발이 선행되어야 한다.

과거의 전쟁은 무력을 바탕으로 한 영토의 점령함으로써 승리하였고 근현대 전쟁사의 이면에는 전쟁 비즈니스를 통한 전리품을 챙기려는 기업의 은밀한 거래가 뒷받침되었듯이, 다국적기업의 세계화를 기치로 내세운 21세기의 경제전쟁시대의 시장경쟁은 자본을 바탕으로 한 시장을 점령함으로써 승리자가 될 수 있다. 이러한 의미에서 자본의 이동이 자유로워진 개방경제환경에서의 기업보안업무의 전문성을 향상시키기 위한 보안교육 프로그램의 중요성은 다시 강조하여도 새삼스럽지 않다.

〈표 7-1〉은 영국의 보안실무자 교육 프로그램으로 세부적인 교육내용에 대하여 살펴보기로 한다.

〈표 7-1〉 보안실무자 교육과정[7)]

교육과정	보안관리(핵심과정)	보안관리(발전과정)	보안관리(전략과정)
교육기간	10일	10일	10일
교육내용	① 보안리스크관리 ② 보안운영관리 ③ 보안정책과 절차 ④ 보안 디자인 ⑤ 수사 개론 ⑥ 보안조사 개론 ⑦ 물리적/전자적 보안 ⑧ 출입통제 관리 ⑨ 범죄와 직원 감시 ⑩ 금지약물 통제 ⑪ 폭발물 통제 ⑫ 보안요원의 선발과 배치 ⑬ 리더십과 동기부여 ⑭ 정보보안과 TSCM ⑮ IT보안 ⑯ 위기상황의 보호 ⑰ 위기관리 ⑱ 프로젝트 수행	① 보안위험관리의 개발 ② 업무 통합형 보안운영관리 ③ 보안기술과 평가 ④ 사업장 범죄예방 ⑤ 부정행위 관리 ⑥ 직업윤리 ⑦ 수사관리 ⑧ 포렌식 ⑨ 운송과 배송보안 ⑩ 테러리즘에 대한 기업의 대응 ⑪ 기업업무 출장 시 보안관리 ⑫ 정보보안관리 ⑬ IT보안관리 ⑭ 보안과 위기관리 훈련	① 기업위험관리 ② 핵심 비즈니스 기술 ③ 변화관리 ④ 비즈니스 재정/예산 ⑤ 전략기획과 비즈니스 리더십 ⑥ 기업보안의 전략적 비전의 개발 ⑦ 보안업무의 정당성 ⑧ 납치위험의 관리 ⑨ 테러리즘의 경향 ⑩ 산업스파이와 정보유출의 조사 ⑪ IT보안의 미래 ⑫ 기업연속성기획 ⑬ 사기위험의 관리 ⑭ 제품의 훼손과 강탈 ⑮ 전략적 보안관리 훈련
교육비용	5,982파운드(숙박)	5,982파운드(숙박)	5,982파운드(숙박)

7) http://www.arc-tc.com/, 2014년 교육 프로그램으로, 보안관리과정 1~3을 마치면 80학점을 취득하고 영국 런던에 위치한 미들섹스대학교에서 일년과정으로 100학점을 취득하고 논문을 통과하면 기업보안관리에 대한 전문과정으로 석사학위를 취득하게 된다.

4. 보안실무자 핵심과정

1) 보안리스크분석

이 강좌의 목적은 교육생에게 보안리스크관리의 기초를 제시하고, 보안리스크분석과 보안리스크처리, 사업장에서의 이러한 과정을 활용하기 위해서 필요한 도구와 지식에 대하여 지도한다.

〈학습을 통한 효과〉

① 보안리스크 관리과정의 주요 단계에 대하여 설명한다.
② 조직운영에서 보안리스크관리의 긍정적인 영향에 대하여 설명한다.
③ 적절한 상황에서 정량적·정성적 보안리스크분석을 적용한다.
④ 자산의 주요한 분류방법에 대하여 정한다.
⑤ 보안리스크 분석공정에 대하여 설명한다.
⑥ 리스크수준을 평가하는 2가지 방법에 대하여 설명한다.
⑦ 조직에 긍정적인 영향과 부정적인 영향을 미치는 4가지 요소에 대하여 정한다.
⑧ 리스크를 다루는 5가지 방법에 대하여 설명한다.
⑨ 직접적인 손실과 간접적인 손실의 차이를 설명한다.
⑩ 가상 상황에서 보안리스크분석의 활용법을 보여준다.

2) 보안 디자인

이 강좌의 목적은 보안과 관련된 보호대책의 디자인과 위험분석을 통한 핵심적인 보호디자인의 필요성과 도구를 수강생에게 제공한다.

〈학습을 통한 효과〉

① 보안시스템의 4가지 구성요소에 대하여 설명한다.
② 위험분석을 통한 보안시스템의 필요성을 결정한다.
③ 보안 디자인의 주요한 원리에 대하여 설명한다.
④ 주도적인 보안환경의 4가지 구성요소의 사례를 보여준다.
⑤ 통합보안시스템에서 개별적인 요소들이 어떻게 상호 작용을 하는지 설명한다.
⑥ 다층 보안의 개념과 최소한 2가지의 상이한 환경상황에 관하여 설명한다.
⑦ 업무를 통한 성공적인 통합보안의 방법에 관하여 규정한다.
⑧ 경영진에게 보안계획의 효과에 대하여 제시한다.

⑨ 범죄예방과 제지를 위한 보안대책의 범위를 선정한다.

⑩ 보안 디자인 연습을 통하여 국제적인 보안 디자인의 최고 사례의 활용에 대하여 제시한다.

3) 보안운영관리

이 강좌를 통하여 보안관리자의 업무에서 기업보안에 관련된 특별요소를 수행하는데 필요한 도구와 기법을 수강생에게 제시한다.

〈학습을 통한 효과〉

① 보안관리자의 주요한 역할을 목록화한다.

② 조직의 성공적인 운영에 기여하는 보안부서의 비용효과적인 역할에 대하여 제시한다.

③ 유능한 보안관리자의 4가지 특징과 보안업무의 4가지 잘못된 기능을 제시한다.

④ 최고경영진과 이사회에 직접적인 보고라인 확립의 중요성에 대하여 설명한다.

⑤ 4가지 단계의 정책과 절차의 구조에 대하여 설명한다.

⑥ 보안정책과 절차의 차이점과 연관성에 대하여 설명한다.

⑦ 좋은 보안절차의 4가지 특징에 대하여 설명한다.

⑧ 능동적인 보안의 개념과 목적, 사례에 대하여 설명한다.

⑨ 무엇이 효과적인 목표관리를 수립하고 어떻게 보안부서는 기업목표에 기여하게 되는가를 설명한다.

⑩ 내・외부 보안 서비스수준계약서[8]를 이용하는 이유와 개별적인 사례를 설명한다.

4) 경계구역보안

이 과정의 목표는 사업장이나 건물 경계선의 보호에 적용하는 보호대책의 계획, 디자인과 평가를 위한 지침과 정보를 제공한다.

〈학습을 통한 효과〉

① 사업장의 경계구역의 효과적인 보호를 위한 5가지 방법과 3단계 접근통제에 관하여 사례를 들어 설명한다.

8) SLA(Service Level Agreement)는 서비스 수혜자가 대상 서비스에 대하여 정의하고 서비스 수혜자가 해야 될 일과 서비스 공급자에게 기대하는 일에 대하여 명확하게 기술하고 그것을 평가할 측정기준에 대하여 기술한 계약서이다.

② 경계구역보호의 최적화에 관한 방정식에 관하여 설명한다.
③ 최상의 투자선택을 위한 적절한 경계구역을 설정한다.
④ 가상 상황에서 가장 비용효과적인 경계구역 침입감지설비의 설치방법에 대해서 디자인한다.
⑤ 어떻게 침입감지시스템이 관리되는지, 필요한 경우 시스템이 사업장 외부에 설치할 수 있는지에 대하여 설명한다.

5) 건물보안과 디자인

이 과정을 통하여 시설물의 설계단계에서부터 적용되는 건물보호대책의 계획, 보안 디자인과 평가를 위한 지침과 정보를 제공한다.

〈학습을 통한 효과〉

① 건물에 불법적으로 출입하는 5가지 방법에 대하여 설명한다.
② 사업장 운영 중의 불법적인 출입과 휴무 중의 불법적인 침입과의 차이점을 사례로 들어 설명하고 출입통제의 최선의 방안을 설명한다.
③ 건물 외부를 보호하기 위한 디자인의 3가지 중요 기준을 설명한다.
④ 창문의 보호와 경보 4가지 방법에 대하여 제시한다.
⑤ 외부 출입문을 보호하기 위한 4가지 방법을 제시한다.
⑥ 노후하고 위험수준이 낮은 건물의 보호와 신축된 위험수준이 높은 건물의 문제점과 차이에 대하여 설명한다.
⑦ 외벽과 외부 공간 그리고 경보시스템 설치장소의 차이에 대하여 제시한다.
⑧ 건물 침입감지시스템 감지기의 3가지 유형의 운영원리에 대하여 설명한다.
⑨ 가상 상황에서 건축시설물과 운영을 보호하기 위한 비용효과적인 시스템을 디자인한다.

6) CCTV

이 과정에서는 시중에서 판매되고 있는 다양한 CCTV제품의 차이에 대하여 평가하고, 가격과 위험수준에 상응하는 판단을 가능하게 하고, 효과적인 CCTV 모니터링 운영에 관한 절차를 확립하게 한다.

〈학습을 통한 효과〉

① 아날로그와 디지털 CCTV를 설치할 경우에 고려할 핵심요소에 관하여 설명한다.

② 디지털 CCTV 시스템의 작동법과 영상 촬영, 압축, 전송과 저장, 재생과 작동원리에 대하여 이해한다.
③ 기술요원과의 협력을 통한 가장 적절하고 비용효과적인 이미지 전송수단의 결정에 관하여 이해한다.
④ 디지털 기술의 활용에 따른 장단점에 대하여 설명한다.
⑤ 사업장 내·외부의 가상 상황에 따른 비용효과적인 CCTV시스템의 디자인과 모형 카메라를 구체적인 사례에 적용한다.
⑥ 가장 비용효과적인 공급업체의 선정에 관하여 설명한다.
⑦ 최상의 위험감소효과와 투자대비효과를 거두기 위한 CCTV 선택범위에 관하여 정립한다.
⑧ 기본적인 CCTV 통제실의 특성에 관하여 기술한다.
⑨ 가상환경에서 CCTV 시스템을 디자인한다.

7) 보안조사

이 과정의 목표는 학습자에게 보안조사의 계획과 시행, 사실 확인과 결과보고에 필요한 정보와 지침을 제공한다.

〈학습을 통한 효과〉
① 보안조사와 검토 및 감사의 차이점에 대하여 설명한다.
② 보안조사의 목적에 대하여 기술한다.
③ 보안조사를 수행하기 위한 가장 적합하고 비용효과적인 방법을 선정한다.
④ 동료평가의 장점에 대하여 설명한다.
⑤ 보안조사의 주요한 단계에 대하여 기록한다.
⑥ 선행조사업무의 핵심에 대하여 설명한다.
⑦ 가상 상황에서 보안조사를 실시한다.
⑧ 조사보고서의 후속 처리에 대하여 설명한다.
⑨ 가상 상황에서 조사결과를 경영위원회에 제안한다.

8) 출입통제와 확인

이 과정의 목표는 적절한 출입관리시스템의 디자인과 시행, 효과적인 운영을 관리하기 위함이다.

〈학습을 통한 효과〉

① 출입관리의 4가지 목표에 대하여 설명한다.

② 허가되지 않는 출입을 방지하기 위한 4가지 기법에 대해 설명한다.

③ 불법적인 자산이동을 방지하기 위한 4가지 기법에 대해 설명한다.

④ 보호구역 안으로 반입이 금지된 품목의 효과적인 통제기법 3가지를 설명한다.

⑤ 임직원, 협력업체와 방문자를 위한 출입통제시스템을 디자인하는데 필요한 조건에 대하여 설명한다.

⑥ 영상출입통제시스템을 디자인하고 적용할 경우에 고려할 5가지 요소에 대하여 설명한다.

⑦ 전기적 출입통제시스템의 기능에 대하여 약술한다.

⑧ 생체인식시스템의 3가지 유형의 운영원리에 대하여 설명한다.

⑨ 보안구역 출입자의 신원확인을 하는 3가지 이유를 설명한다.

⑩ 가상환경에서 출입관리시스템을 디자인한다.

⑪ 일반적인 키 통제시스템을 설명한다.

⑫ 가상환경에서 신원확인절차를 디자인한다.

9) 범죄와 직원의 모니터링

이 과정에서는 절도나 부정행위를 포함한 상식적인 내부범죄에 대응하기 위하여 일반적으로 인정된 범죄예방전략과 어떻게 시행할 것인가에 대한 기초적인 인식에 대하여 학습하는 것을 목표로 한다.

〈학습을 통한 효과〉

① 해당 조직에서 직면한 주요한 보안위협요소와 재원에 관한 우선순위를 규정한다.

② 탐욕적인 범죄의 주요한 동기요인에 대하여 설명한다.

③ 횡령과 부패를 포함한 사업장에서 일반적으로 발생하는 5가지 유형의 범죄에 대하여 기술한다.

④ 보안관리업무의 주요한 3가지 범죄예방전략의 연관성에 대하여 제시한다.

⑤ 임직원 부정행위의 주요한 유형에 대하여 설명한다.

⑥ 가상 상황에서 부정행위 위험을 감소시키기 위한 최상의 통제방법의 범위와 방법을 적용한다.

⑦ 부정행위를 감지하는데 도움이 되는 최상의 업무처리 대응책을 기술한다.

⑧ 다양한 분야의 정보를 통한 위험성에 대응하거나 관리하기 위한 방법을 기술한다.
⑨ 공식적인 임직원 비밀보고시스템에서 요구하는 주요사항에 대해 기술한다.
⑩ 법적으로 허용되는 경우에, 내부범죄를 감지하기 위한 은밀한 감시시스템의 활용범위에 대하여 기술한다.

10) 증거보존과 수사

이 과정을 통하여 학습자들은 기초적인 수사업무를 수행할 수 있는 최상의 업무처리와 관련된 지식을 습득한다.

〈학습을 통한 효과〉

① 최상의 업무처리로 국제적인 표준 용어와 관련하여 다양한 증거유형을 규정, 분류, 정의한다.
② 증거와 정보 그리고 분석정보의 차이에 대하여 설명한다.
③ 최상의 업무처리 관행에 따른 증거의 보존과 보호, 기초적인 범죄현장의 처리과정에 대하여 기술한다.
④ 비즈니스 관리자의 조언을 경청하고, 적절한 조사전략, 범죄의 범주, 수단과 결과에 대하여 조언한다.
⑤ 최고경영진에게 언제 어떻게 외부 전문가가 참가하는가에 대하여 조언을 제공한다.
⑥ 예산, 구성원, 질문조사의 매개변수와 요약보고서 작성법을 포함한 기초적인 내부수사를 관리하고 순차적으로 처리하는 방법을 학습한다.
⑦ 표준질문지를 활용하여 기업환경에 가장 적절한 유형과 방법으로 목격자·혐의자와의 면담을 실시한다.
⑧ 대화하는데 필요한 가장 기본적인 요구사항과 면담기록의 방법에 대하여 설명한다.
⑨ 비밀수사관과 정보원을 활용하는 경우 필요한 각자의 기초적인 고려사항에 대하여 설명한다.
⑩ 외부 관계기관이나 내부 경영진에게 증거보전과 수사의 제한점을 설명하기 위한 사례를 준비한다.

11) 인사관리와 리더십

이 과정에서는 보안업무와 특별히 관련되어 있는 인사관리와 리더십의 전반적인 기능을 구체화하는 과정을 습득한다.

〈학습을 통한 효과〉

① 리더십의 원리와 입사지원서의 구체적인 내용에 대하여 검토한다.
② 자기소개서와 직무내용설명서의 주요한 구성요소의 중요성에 대하여 설명한다.
③ 배경조사의 진행과정에 대하여 설명한다.
④ 2가지 동기부여이론에 대하여 설명하고 이론이 실제적으로 어떻게 적용되는가에 대하여 예를 든다.
⑤ 징계의 정의와 규정에 의거한 징계를 어떻게 적용하는 가에 대한 최상의 사례를 든다.
⑥ 가상 상황에서 보안부서의 필요인력에 대하여 산출한다.
⑦ 모임을 이끌어나가는데 고려할 5가지 요소를 설명한다.
⑧ 가상 상황에서 최고경영진에 보안업무의 제안 설명을 실시한다.

12) IT(컴퓨터) 보안

이 과정에서는 기업의 IT보안관리 프로그램을 향상시키기 위한 필요한 기술과 지식을 습득하는 것을 목표로 한다.

〈학습을 통한 효과〉

① 보안관리자의 IT보안과의 연관성에 대하여 설명한다.
② ISO 17799의 기본적인 구성과 요구사항에 대하여 설명한다.
③ 부적절한 보호조치에 의하여 영향을 받는 주요 IT자산에 대하여 규정한다.
④ 컴퓨터시스템에 대한 4가지 주요한 위협요인에 대하여 설명한다.
⑤ 부적절한 IT보안 프로그램이 조직에 미치는 잠재적인 위협요인에 대하여 기술한다.
⑥ 엔드투엔드(End-to-End)[9]보안의 개념에 대하여 설명한다.
⑦ 물리적 위협과 가상위협의 차이를 구분한다.
⑧ 가상위협의 4가지 유형에 대하여 설명한다.

---

9) 전송 과정에서 중간 노드가 복호화나 프로토콜 변경 없이 적용되는 종단간 보안기법으로 암호화된 데이터는 망을 통과하면서 변경되지 않고 수신지 단말기나 주 컴퓨터로 들어간다. 이 방법은 망 링크나 교환기에서 받을 수 있는 공격에 대해 안전하지만 패킷 헤더가 암호화되지 않은 채로 전송되기 때문에 트래픽 패턴이 노출될 수 있는 문제점이 있다.

⑨ 인터넷 남용의 3가지 유형과 파급결과에 대하여 설명한다.
⑩ IT시스템에 적용할 수 있는 사전예방대책을 크게 4가지로 분류하고 어떻게 적용하는가를 설명한다.
⑪ 포괄적인 IT보안대책과 절차문서의 주요 구성요소에 대하여 설명한다.
⑫ 노트북컴퓨터의 보호에 사용되는 4가지 구체적인 대응책에 관하여 설명한다.
⑬ 공동 관심사를 규명하기 위하여 IT보안요원과의 정기적인 회의와 연락통로의 프로그램을 확립한다.

13) 인명보호와 요인보안

이 과정의 목표는 출장업무를 수행하는 임직원, 국외 근무자와 그 가족을 포함한 중요요인에 대한 생명을 보호하기 위한 관리기법에 대하여 학습한다.

〈학습을 통한 효과〉
① 조직에서 위험에 노출된 핵심인사에 대하여 규명한다.
② 구성원에게 어떤 환경적인 위험이 증가하였는가에 대하여 규명한다.
③ 핵심인사의 주요 위협요소가 무엇인가 규명한다.
④ 증가된 위험상황에 처한 사람을 규명하고 위험요인을 완화시킨다.
⑤ 임직원이 활동하는 모든 지역의 위험상황을 연구한다.
⑥ 개별조직에 적합한 인명보호방법의 범위를 선정한다.
⑦ 국가보안위험에 대한 개요를 도출하고 임직원에게 전달한다.
⑧ 기업임직원의 여행에 관한 위험관리정책의 핵심요소를 정한다.

14) 위기관리

이 과정을 통하여 개별적인 사업장에 존재하는 불확실성에 대한 규명과 기업위기관리 메커니즘을 효과적으로 정립할 수 있도록 한다.

〈학습을 통한 효과〉
① 위험관리와 위기관리와의 관계에 대하여 설명한다.
② 위기관리와 관련된 보안관리자의 역할을 설명한다.
③ 위기관리의 4가지 주요지침을 제시한다.
④ 불확실성, 위험, 위기와 재난관리를 구분한다.
⑤ 조직경영진과 구성원에게 위기관리시스템을 소개할 경우에 필요한 과정에 대하

여 기술한다.
⑥ 위기관리팀의 구조에 대하여 설명한다.
⑦ 위기관리센터에 필요한 요소에 대하여 설명한다.
⑧ 성공적인 BCP을 달성하기 위한 과정과 필요조건을 설명한다.
⑨ 위기 상황에서 원활한 내·외부 통신의 중요성을 설명한다.
⑩ 위기 중에 대중매체를 다루는 과정에 대하여 설명한다.
⑪ 가상 상황에서 위기관리에 포함된 공정을 재현한다.

15) 정보보안

이 과정을 통하여 학습자는 기업정보보안 프로그램의 구성과 수행의 핵심적인 역할을 하기 위하여 필요한 지식과 기술을 습득한다.

〈학습을 통한 효과〉
① 정보보안과 IT보안을 구분한다.
② 산업스파이의 분류를 규정한다.
③ 구체적인 정보가치를 정하기 위한 기준영역을 활용한다.
④ 정보의 주요한 유형을 규명한다.
⑤ 핵심 위협요소와 위험한 정보원(原)을 규명한다.
⑥ 정보브로커의 활동에 대하여 분석한다.
⑦ 정보보안의 기본원리에 의거하여 중요정보를 구분하고 보호한다.
⑧ 영업비밀, 재산적 정보, 지식재산, 저작권, 등록상표와 특허권을 구분한다.
⑨ 의심이 가는 정보누설자를 다루는 선택영역을 평가한다.

16) 기술적 감시대책

이 과정에서는 조직의 일반적인 환경과 특별한 경우에 기술적인 도청위험을 감소시키기 위하여 필요한 지식과 기술을 학습한다.

〈학습을 통한 효과〉
① 정부나 비정부조직에 의하여 전화, 팩스, 이메일이 어떻게 도청되는지에 대하여 설명한다.
② 산업스파이가 열린 공간에서 음성데이터를 수집하는 5가지 방법에 대하여 설명한다.

③ 도청에 일반적으로 사용되는 간단한 장비에 대하여 규명한다.
④ 기업환경에서 사용되는 도청장비의 범위에 관하여 설명한다.
⑤ 도청과 기록장비를 어떻게 제거하는가에 대하여 설명한다.
⑥ 도청장비를 어떻게 발견하는가에 대하여 설명한다.
⑦ 가정집과 외부에서 TSCM 장비의 선택에 대하여 결정한다.
⑧ 특별행사를 위한 TSCM 보안계획을 작성한다.

17) 폭발물과 폭발장치

이 과정에서는 즉석에서 제작되는 폭발장치의 주요유형의 특징과 기능에 대한 인식과 이에 대처하기 위한 대응책을 수립한다.

〈학습을 통한 효과〉

① 테러리스트가 최초로 접하는 즉석폭발장치의 보급에 대하여 제시한다.
② 대부분의 즉석폭발장치의 6가지 핵심구성요소에 대하여 규정한다.
③ 즉석폭발장치(IED)의 주요한 유형에 대하여 설명한다.
④ 고성능 폭탄과 저성능 폭탄의 차이를 설명한다.
⑤ 구조물 인근에서의 폭발특성에 대하여 설명한다.
⑥ IED의 폭발시키는 주요한 수단에 대하여 설명한다.
⑦ 우편 IED에 관한 핵심적인 대응책을 시행한다.
⑧ 직접 배달된 IED에 관한 핵심적인 대응책을 시행한다.
⑨ 대형 차량에 장착된 IED에 관한 핵심적인 대응책을 시행한다.
⑩ 즉석에서 발화하는 장치에 대한 핵심적인 대응책을 시행한다.
⑪ 다양한 IED의 시나리오에 대한 최소한의 대피거리를 측정한다.
⑫ 안전한 대피를 위한 적절한 집합장소를 선정・관리한다.
⑬ 자살차량공격에 대비한 완화시키는 대응책을 규명한다.

18) 금지약물 관리

이 과정에서는 조직의 금지약물 프로그램을 보안측면에서 관리하는데 필요한 지식과 기술에 대하여 학습한다.

〈학습을 통한 효과〉

① 기업에서 금지약물의 남용이 임직원에 미치는 영향을 설명한다.

② 기업에서 관심을 기울려야 할 남용되는 금지약물을 규명하고, 종류별로 분류한다.
③ 사업장에서 발견된 금지약물에 대한 취급과 처리절차에 관하여 설명한다.
④ 금지약물을 소지하고 있는 임직원과 협력업체 직원에 대한 처리절차에 대하여 설명한다.
⑤ 금지약물을 사용하는 직원을 발견하기 위한 3가지 방법을 설명한다.
⑥ 기업에 적용되는 금지약물 프로그램을 시작하는데 필요한 주요한 절차에 대하여 도출한다.

5. 대학(원) 교육과정

대학교육은 사회의 변화와 밀접한 관계를 가지고 발전·변화하여야 하며, 질적·양적으로 시대의 변화와 사회적 구조 특성에 영향을 받으므로 대학교육에서 교육과정의 중요성은 더욱 강조되어야 한다.

최근에 대학에서도 보안전문가의 사회적인 수요에 부응하기 위하여 보안교육 프로그램의 필요성을 인식하게 됨에 따라서 형사사법분야에 속하는 경찰행정이나 IT보안분야에 해당하는 정보보호와 관련된 전공분야와는 별도로 경호업무에 집중된 보안교육분야에서 다양한 학위 프로그램이 한국의 대학(교)에서 90년대 중반부터 시작되어 이제는 60여개가 넘는 고등교육기관에 개설되어 있으나 각각이 매우 상이한 교육과정으로 운영되고 있다.

더구나 상당수의 대학은 초기부터 경호학과를 체육이나 레저 관련학과의 소속으로 운영되고 있으므로 새롭게 등장한 전문화된 보안서비스를 제공하기 위한 전문 인력의 양성에는 상당한 한계점을 노출하고 있다. 이와 같은 경호 관련학과의 교육과정의 문제점은 체육 분야와 경호업무가 연관성이 높다는 사회적 인식과 경호업무 자체가 신체적 활동 중심으로 이루어진다는 미디어를 통한 그릇된 편견이 자리하고 있으나 선진국 어느 나라도 신체활동을 바탕으로 한 경호원 양성에 정규학위과정은 없다.[10)]

한편 보안선진국인 유럽이나 미국에서는 수많은 보안교육기관이 운영되고 있는데 이 중에서 가장 주목할 만한 사례로는 미국산업보안협회(ASIS)와 웹스터 대학교가 합

10) 미국에서 경호원의 양성은 단기(3~6개월)과정으로 경호원 훈련 프로그램의 목적은 전문적인 경호원으로서의 직업을 얻는데 목적이 있으며, 또한 요인보호 운전사, 산업보안관리, 안내서비스, 호텔이나 카지노 보안관리, 산업보안과 민간부동산보호도 포함된다.

작하여 개발한 대학원 과정으로 미국에서나 외국에서도 온라인으로 수강이 가능하다. 미국 웹스터대학교와 ASIS International재단은 보안관리분야에서의 관리자를 위해서 2가지의 대학원 프로그램을 운영하고 있다. 이 프로그램의 주요한 장점은 ASIS 회원들은 그들 업무를 계속하는 가운데 여기에서 요구하는 과정을 마칠 수 있다는 점이다.

〈표 7-2〉 미국 경호원 교육프로그램11)

원거리 교과 과정	시 간	합숙과정	시 간
경호의 원리	50	경호의 원리	31
테러리즘과 폭력의 유형	50	근접경호	45
응급조치	50	방어사격 기법	35
스토킹과 위험한 인간행동	50	비무장 방어기법	15
폭발물의 조사와 규명	50	폭발물의 조사와 규명	8
방어사격의 기초	50	응급조치	6
인간정보의 수집	50	전자적인 보호	4
전자적인 보호	50	스토킹과 위험한 인간행동	6
요인경호 운전	50		
총 시간	450	총 시간	150

ASIS 재단은 38,000명의 ASIS 회원들을 위한 가치 있는 전문성 개발의 기회로써 이 프로그램을 후원하며, 이 과정을 마친 학생들은 보안관리분야의 인문학석사(MA)나 보안관리를 전공으로 하는 경영학석사(MBA) 학위를 받는다. 여기에서는 보안관리를 전공으로 하거나 중점과정으로 한 과정은 보안관리, 보안관리에서의 법적·인종적 문제, 보안행정과 경영, 기업자산보호, 비상기획, 정보시스템보안, 행동과학 문제, 보안관리의 종합적인 연구를 반드시 포함해야 하고, 인문학 석사과정은 학기당 36시간이

11) 1980년에 미국 콜로라도에서 설립된 Executive Security International(ESI)에서 시행하고 있는 경호원교육 프로그램이다. 이 과정은 이론과 실무를 결합한 경호원 훈련교육과정을 통합하여 450시간의 원거리 교육과 15일간의 합숙훈련으로 구성되어 있다. 이 프로그램은 의뢰인 보호의 원칙하에 특히 국제적인 경호전문가, 민간경찰 그리고 군사요원의 훈련에 중점을 두고 있다.

필요하고 경영학 석사과정은 학기당 48시간이 필요하다. 〈표 7-3〉은 2015년 개설예정인 우리나라 대학의 산업보안학과[12]의 교육과정이고, 〈표 7-4〉는 미국대학의 보안 교육과정이다.

〈표 7-3〉 중앙대학교 경영경제대학 산업보안학과

	1학기	2학기
1학년	경영학, 산업보안학, 비즈니스 정보시스템, 커뮤니케이션	산업보안과 윤리, IT 인프라 보안, 산업보안 법제도, 디자인적 사고 방법론
2학년	통계학, 산업보안 관리, 산업보안 범죄, SW프로그래밍	보안 경제학, 개인정보 활용 및 보호, 인적자원 보안, 전자정보 보안기술, 시큐어 코딩
3학년	산업보안 거버넌스, 산업보안 심리, 사이버 침해 및 대응, 산업보안 시스템 운영 및 활용	사업연속성관리, 산업보안 조사 및 포렌식, 산업재산법, 시스템 보안설계 및 관리
4학년	인턴십, 보안 데이터 분석, 산업 테러 및 기반시설 보호	최신 IT 보안, 융합보안과 창업, 산업보안 세미나

산업보안선진국은 이미 30여 년 전부터 미국과 영국을 시작으로 대학원 교육과정에서의 보안교육은 주요한 매니지먼트 분야로 다루어지고 있으며, 오늘날 대부분의 경제선진국을 포함하여 우리나라와 경쟁하거나 밀접하게 관련된 호주, 싱가포르 등의 국가에서도 이미 다양한 산업보안관리 교육과정이 개설되어 전문가를 양성하고 있는데 반하여, 우리나라의 보안교육과정은 지엽적으로 방범 및 경호경비, 정보보호에 대한 교육과정에 국한되어 산업보안을 통합적으로 매니지먼트 분야로 다루는 과정은 미흡하다.

다음의 〈표 7-5〉은 산업보안 선진국인 미국과 영국의 산업보안을 전공으로 하는 MBA 혹은 경영대학원 산업보안 교육과정에서 운영 중인 프로그램과 한국의 산업보안 대학원과정을 비교한 것이다. 산업보안관리 MBA나 대학원 과정을 비교하면, 미국과 영국의 산업보안과정이 일관적으로 경영전략과 같은 조직전체의 보안리스크를 효과적으로 다루기 위하여 교육 프로그램이 구성된 반면에 한국도 유사한 교육과정으로 구성되었으나, 세부적인 전공교육과정은 융합보안에 교육과정이 집중된 것을 알 수 있다.

12) 2014년 한세대학교가 인문사회학부에 산업보안학과를 개설하였으나 교육과정은 공개되어 있지 않다.

〈표 7-4〉 미국대학 보안교육과정[13)]

Department of Security, 전학년 교육과정	
① 보안 개론 (Introduction to Security) ② 비정상적 행동의 심리 (Psychology of Abnormal Behavior) ③ 소매점 보안 (Retail Security) ④ 시설보안 (Effective Physical Security) ⑤ 위험성이 높은 순찰에서의 생존전략 (Surviving High Risk Patrol) ⑥ 직장폭력 (Work Place Violence) ⑦ 형사사법 개론 (Introduction to Criminal Justice) ⑧ 전략적 생존전략 (Survival Strategy) ⑨ 경찰의 통신기법 (Police Communications) ⑩ 범죄수사 실무 (Practical Criminal Investigation) ⑪ 보안요원 훈련 (Protection Officer Training) ⑫ 아동 유괴 (Child Abductions) ⑬ 병원 보안 (Hospital Security) ⑭ 전문적 조사기법 (Professional Investigation Techniques) ⑮ 심층연구 (Deep Cover - DEA) ⑯ 주거지의 절도 (Residential Burglary) ⑰ 경호 개론 (Introduction to Executive Protection) ⑱ 폭동 통제 (Riot Control)	① 컴퓨터보안 (Computer Security) ② 산업보안 (Industrial Security) ③ 화물보안 (Cargo Security) ④ 학교보안 (School Security) ⑤ 업무용 건물보안 (Office Building Security) ⑥ 심문기법 (Interrogation Techniques) ⑦ 테러에 대한 대응 (Counteraction to Terrorism) ⑧ 호텔보안 (Hotel Security) ⑨ 보안관리 (Effective Security Management) ⑩ 교관 개발훈련 (Instructor Development Training) ⑪ 민간보안업무에서의 형사소송법 (Criminal Law Procedure for Private Security) ⑫ 캠퍼스 공공안전 (Campus Public Safety and Security) ⑬ 테러리즘 (Terrorism) ⑭ 소기업의 범죄예방 (Small Business Crime Prevention) ⑮ 전자상거래보안 (Security for e-Commerce) ⑯ 위기 시 협상기법 (Crisis Negotiations)

13) St. John's Univ. Department of Security

〈표 7-5〉 국가별 산업보안 MBA(대학원) 교육과정의 비교

국가	미 국	영 국	한 국
학교	Webster University security MBA	Cranfield University security MBA	중앙대학교 일반대학원 융합보안학과 산업보안 전공
커리큘럼	① Security Management Legal and Ethical ② Issues in Security Security ③ Administration and Management ④ Business Assets Protection ⑤ Business Intelligence ⑥ Emergency Planning ⑦ Information Systems Security ⑧ Behavioral Issues ⑨ Proprietary Information ⑩ Investigation Management ⑪ Integrated Studies in Security Management ⑫ Terrorism and Extremist Activity	① Corporate strategy ② Organization behaviour ③ Security concepts and models ④ Criminology and the law ⑤ Corporate finance/project management ⑥ Risk management ⑦ Contingency planning /business continuity ⑧ Retail and commercial security ⑨ Information security ⑩ Security systems ⑪ Counter-terrorism and national security ⑫ Aviation and maritime security ⑬ Investigations	〈공통과목〉 ① 융합보안학 ② 보안법률과 정책 ③ 보안컨설팅 ④ 보안관리체계 ⑤ IT인프라 보안 ⑥ 보안디자인과 커뮤니케이션 ⑦ 연구조사방법론 〈전공과목〉 ① 산업융합 보안세미나 ② 공급망 보안 ③ 산업테러 및 기반시설 보안 ④ 산업보안 조사 및 분석 ⑤ 물리적 경호경비 ⑥ 보안 거버넌스 ⑦ 보안범죄 심리학 ⑧ 조직관리와 보안문화

(출처; 각 대학 홈페이지)

산업보안 대학원 과정은 대학과정에서 형사사법, 정보관리, 범죄심리학과 사회학, 산업안전과 소방 분야의 전공을 바탕으로 대학원 과정에서 보안관리자로서 전문과정을 학습하는 것이 바람직하다. 현대국가와 기업경쟁력을 제고하기 위해서는 전략적

사고를 가진 보안전문가의 양성이 필수적이므로, 예시로 대학(원)의 산업보안 교육과정에서 학습해야 하는 프로그램에 대하여 제시하였다.

〈필수과목〉

① 산업보안정책(Industrial Security Administration)
② 보안관리(Advanced Security Management)
③ 기업자산보호(Business Assets Protection)
④ 산업보안관련법(Legal Issues in Security Management)
⑤ 위험관리(Risk Management/Emergency Planning)
⑥ 시설보안(Effective Physical Security)
⑦ 정보시스템보안(Information Systems Security)
⑧ 범죄수사(Criminal Investigation)

〈선택과목〉

① 범죄학(Criminology/Behavioral Issues)
② 테러리즘(Terrorism and Extremist Activity)

1) 산업보안정책(Industrial Security Administration)

이 과목의 학습 목표는 첫째, 9·11테러 이후의 변화된 기업보안환경과 위험관리의 중요성과 더불어 오늘날 글로벌 비즈니스 사회에서의 이슈와 보안정책과 절차를 수립할 수 있도록 한다. 둘째, 학습자들은 보안정책관리의 원리를 적용하는 방법을 숙지하고, 인사관리, 경영관리, 보안기획, 조직 리더십과 의사전달기법 그리고 채용과 훈련에 관하여 중점적으로 고찰한다. 셋째, 보안선진국과 세계적인 다국적기업의 산업보안정책에 대한 고찰과 트렌드에 대하여 연구한다.

〈학습을 통한 효과〉

① 학습자들은 이 과정을 통한 지식을 적용하여 보안부서를 조직하고 적절한 구성인력을 선발하고 새로운 보안조직구성의 트렌드에 대하여 학습한다.
② 산업보안의 개관, 산업보안조직과 구성원, 내부취약성과 외부위협과 다양한 위험요소의 통제, 산업보안기술의 발전과 운영, 보안조직의 운영과 이론을 학습한다.
③ 학습자들은 경영원리를 적용하여 보안부서의 운영을 정당화할 수 있는 능력을

배양한다. 경영원리와 토론을 통하여 자신이 속한 조직의 보안부서 운영에 응용할 수 있는 능력을 배양한다.

④ 비즈니스 관점에서 보안부서의 운영에 관한 기획, 지침, 통제와 예산을 경영원리에 적용하고 위기관리를 통한 보안활동을 구체화할 수 있어야 한다.

⑤ 학습자들은 비즈니스와 조직 보안관리에 사용되는 주요한 용어의 정의와 현실, 개념, 원리 그리고 보안과 관련된 여러 가지 이론을 이해하고 설명할 수 있어야 한다.

⑥ 학습자들은 단순한 보안업무에서 부터 매우 복잡한 실제적인 보안업무상황을 분석하여 비즈니스와 조직보안관리 분야에서의 이론과 원리, 실제와 개념, 그리고 주요한 용어를 현장에 적용할 수 있도록 한다.

⑦ 개별적인 보안훈련으로 습득한 절차와 방법을 복잡한 조직업무에서 실제적인 조직의 문제점을 해결하는데 적용할 수 있도록 조직 보안관리의 해결책을 창의적으로 수립하고 적용방법을 습득한다.

⑧ 자신이 속한 조직의 보안정책의 취약성을 분석하고 가상의 경쟁국가나 경쟁기업의 산업보안정책과 활동에 대하여 공개된 자료 분석을 통하여 효과적인 대응책을 수립할 수 있도록 한다.

⑨ 업무수행에서 이론을 토대로 한 기준과 표준에만 의존하지 않고 정량적, 정성적 측정방법에 의하여 효과적으로 문제의 창의적인 해결책을 도출할 수 있도록 한다.

⑩ 학습자들은 경험을 통하여 습득된 기량과 판단능력 등 방법론적인 능력을 활용하여 보안모델의 제시와 창의적이고 통합된 지적자산을 확장할 수 있는 역량을 키우게 된다.

2) 보안관리(Advanced Security Management)

이 과목의 학습 목표는 첫째, 다양한 산업분야의 비즈니스 활동과 조직의 보안관리의 원리와 현대 조직에서의 주요한 이슈를 고찰하는 것을 목적으로 한다. 학습자는 개인, 시설물과 정보 등 다양한 구체화된 위험요소를 여러 보안측면에서 학습한다. 둘째, 손실예방의 원리와 자산보호의 원리에 관하여 학습하고, 다양한 위험상황에 대한 분석과 사례연구 그리고 여러 가지 손실원인에 대한 대책을 구체화한다. 셋째, 조직경영관리의 원리, 행동동기와 기업윤리, 위험분석 및 위험관리 대응책의 선정, 인사 및 재정 관리에 관하여 이해한다.

〈학습을 통한 효과〉

① 산업분야의 비즈니스 활동과 조직 보안관리 분야에서 활용되는 이론과 원리, 개념과 현상 그리고 중요한 용어에 대하여 숙지하고 설명할 수 있어야 한다.

② 민간, 정부 그리고 군사조직과 비즈니스와 관련된 보안 방법론과 필요성 사이의 관계를 설명하거나 명확히 제시할 수 있어야 한다.

③ 사람, 정보, 시설물들이 모든 도전과 위협으로부터 보안과 자신의 역할에서 어떻게 관련 지식을 적용하는지 설명할 수 있어야 한다.

④ 사례연구를 통하여 새로운 상황에 대한 적용능력을 갖추고 보안관리상황에 대한 연구를 통한 적절한 상황분석과 활용을 하여야 한다.

⑤ 논리적으로 체계화된 보고서의 작성과 적절한 상황준비능력을 갖추어야 한다. 더불어 이러한 결과로 작성된 보고서는 상급자나 관련자에게 적절하게 의사전달의 통로 역할을 하여야 한다.

⑥ 기업보안프로그램의 구성 원리에 대하여 이해하고 해당조직에 가장 적절한 보안프로그램을 체계화할 수 있는 전문성을 배양한다.

⑦ 적극적 보안활동에 대한 개념과 이에 대한 대응책을 수립하기 위한 보안프로그램의 개발과 적용에 대한 이해를 높인다.

⑧ 기업의 연속성유지활동의 필수요소인 BIA와 BCP의 기본개념과 운영방법에 대한 활용법을 학습한다.

⑨ 위험관리의 토대가 대는 취약성분석에 대한 방법론을 학습함으로써 다양한 조직에 공통적으로 적용되는 취약성분석도구를 이해하고 리스크 매트릭스 분석을 통하여 위험관리의 명확한 근거가 되는 데이터를 산출할 수 있도록 한다.

⑩ 조직의 보호대책에 대한 거시적인 디자인과 자산의 안정성 향상을 위한 보안디자인의 주요 구성 원리에 대하여 이해한다.

3) 기업자산보호(Business Assets Protection)

이 과목의 학습 목표는 학습자들에게 기업자산의 보호에 필요한 여러 가지 보안지식과 보호기법을 제시한다. 이에 따른 보안기획공정과 위험분석연구, 보안프로그램과 대응책의 개발을 위하여 보안조사와 재정계획과 효과적인 의사결정에 관하여 연구한다.

〈학습을 통한 효과〉

① 자산보호의 복잡함을 명확하게 구체화하여 설명할 수 있어야 한다.
② 비즈니스 자산보호에 관련된 위험에 관하여 명확하게 분석한다.
③ 재정계획과 의사결정을 포함한 위험분석과 보안조사를 수행한다.
④ 자산보호에 관련된 법적인 이슈에 관하여 정리한다.
⑤ 자산보호와 비상관리운용간의 상호관계에 대하여 명확히 한다.
⑥ 산업보안업무를 수행하는 과정에서 발생할 수 있는 고용주의 제3자에 대한 배상책임에 대하여 학습한다.
⑦ 일상의 보안관리업무에서 경험하게 되는 다양한 실제상황에서 보안관리자의 결정적인 판단과 해결책을 배양한다.
⑧ 비즈니스와 조직 보안관리의 분야에서 활용할 수 있는 주요한 용어, 현상, 개념과 원리를 학습하게 된다.
⑨ 간단한 문제에서 상당히 복잡한 보안상황까지를 적절하게 분석하여 비즈니스와 조직보안관리 현장에서 적용하도록 주요 용어의 개념과 원리, 이론과 현상을 정리한다.
⑩ 비즈니스 자산보호의 개별적인 보안원리로부터 도출된 절차와 방법도구를 활용하여 실제적인 조직문제를 단순한 상황에서부터 복잡한 실제적인 비즈니스 상황에서의 조직 보안관리의 해결책으로써 창의적으로 구상하고 적용하게 한다.
⑪ 보안업무수행과 관련된 이론을 토대로 한 기준과 표준에 근거하기 보다는 정량적, 정성적 측정방법에 의하여 효과적으로 해결책을 도출할 수 있도록 한다.
⑫ 학습자들은 경험을 통하여 습득된 기량과 판단능력을 방법론적인 능력을 활용하여 보안모델을 창의적이고 통합된 지적자산으로 확장할 수 있는 역량을 키우며 실무에서 활용하게 된다.

4) 산업보안관련법(Legal Issues in Security Management)

이 과목의 학습 목표는 첫째, 비즈니스와 조직 보안관리 전문가들이 반드시 숙지하여야 할 중요한 산업보안과 관련된 법률을 다루게 된다. 둘째, 학습자들은 관련 법률을 검토하고 개인이나 조직이 준수하여야 할 의무와 권리, 조직에서 보안실무자들의 법적인 책임과 반드시 이행하여야 할 내용에 대하여 학습한다.

〈학습을 통한 효과〉

① 기업이나 다양한 조직과 관련된 주요 법률에 대하여 설명할 수 있어야 한다.
② 민·형사 사법시스템의 전반적인 사항과 상호간의 차이점을 이해한다.
③ 민간 보안업무의 활동을 통하여 야기되는 손해배상책임과 관련된 법률에 관한 이해와 더불어 조직업무와의 관련성에 대하여 설명한다.
④ 민간 보안업무활동에 적용되는 헌법상의 기본조항에 대한 이해를 증진한다.
⑤ 민간 보안업무와 관련이 있는 민사관계법의 기본적인 이해를 증진한다.
⑥ 소유주에게 영향을 미치는 고용주와 종업원간의 기본적인 관계설정에 대한 이해를 증진한다.
⑦ 주요 산업보안 관련법의 이해와 각자가 준수하여야 할 기본사항에 대하여 설명한다.
⑧ 위험상황을 관리하기 위한 보호조치로서 보안관리자에게 실제적으로 허용되는 법률상의 한계에 대한 이해를 증진한다.
⑨ 민간보안업무를 수행하는 과정에서 고용주가 제3자에게 업무상 책임을 야기하는 상황에 대한 구체적인 사례를 연구한다.
⑩ 보안조직을 운영하는 과정에서 일상적으로 발생할 수 있는 실제적인 상황에서 관리자의 판단이 결정적으로 중요한 해결책으로 적용되는 사례를 학습한다.
⑪ 비즈니스와 조직의 보안관리업무에 적용되는 주요한 용어, 현상, 개념, 원리와 이론에 대한 이해와 응용력을 기른다.
⑫ 단순한 업무에서 부터 상대적으로 복잡한 보안상황을 분석하기 위한 비즈니스와 조직 보안관리분야의 이론과 원리, 개념, 현상 그리고 주요한 용어에 대한 응용력을 기른다.
⑬ 복잡한 비즈니스와 조직 보안관리의 해결책으로 창의적인 계획과 시행절차나 방법을 개별적인 사례연구를 통하여 도출해 내도록 유도한다.
⑭ 이론에 기초한 업무수행 기준에 의지하기 보다는 결과를 정성적, 정량적인 해결책을 적용하여 효과적으로 도출하도록 한다.
⑮ 학습자들이 보안모델을 창의적이고 종합적으로 이해하는 능력을 배양하기 위한 방법론적인 능력과 경험을 토대로 한 개념 습득과 판단을 가능하게 하여 실무에 활용한다.

5) 위험관리(Risk Management/Emergency Planning)

이 과정의 학습 목표는 인위적 혹은 자연적으로 발생하는 다양한 위험과 위기상황에 대한 대응과 분석, 현상규명에 대하여 보안관리자로서 역할에 대하여 학습한다. 또한 학습자는 폭동, 시위, 제품손상, 업무중단, 테러리즘 그리고 자연재해의 전개과정과 재난의 결과나 위협에 대하여 연구한다.

〈학습을 통한 효과〉

① 현대사회의 국가나 기업에서 발생 가능한 다양한 종류의 위기 양상에 대하여 규정한다.

② 기업집단, 지방정부 또는 국가에 적용되는 위험과 위기관리의 개념에 대하여 이해한다.

③ 위기상황 이후에 핵심적인 비즈니스 운영을 신속하게 재개하고, 치명적인 사태를 완화시키며, 원활하게 위기관리가 진행되도록 하기 위한 구체적인 행동에 관한 위기관리개념을 습득한다.

④ 산업과 정부기관의 위기 시 위기관리개념을 구체적으로 규정하고 평가하며 어떻게 적용하는가를 가능하게 한다.

⑤ 조직의 운영에서 예상하지 못한 잠재된 위험에 적용하기 위한 우발상황에 대한 기획 프로세스를 학습한다.

⑥ 위기상황의 발생 이후에 핵심적인 비즈니스의 정상적인 운영을 도모하거나, 상황의 완화 및 최소한의 조직운영을 유지하기 위한 필요한 조치와 위기관리 개념을 습득한다.

⑦ 미국의 9·11 테러와 같은 대규모 테러리즘의 발생 이후에 반드시 국가나 보안관리자가 위기의 준비·대응·관리·완화시키기 위하여 수행해야 할 핵심적인 변화에 대하여 명확하게 정리한다. 더불어 학습자들은 비즈니스와 조직 보안관리 분야에서 적용되는 이론이나 원리, 주요한 용어, 현상과 개념을 이해하게 된다.

⑧ 실제적인 산업보안업무에서 적용되는 보안상황의 개념과 이론, 현상과 주요 용어에 대한 이해를 촉진한다.

⑨ 위기관리나 비상기획의 개별적인 보안훈련에서 도출된 실제적인 조직문제에 적용되는 핵심적인 절차와 방법에 대한 상대적으로 복잡한 업무나 조직적인 보안관리의 해결책을 창의적으로 도출하고 적용하도록 유도한다.

⑩ 이론에 바탕을 둔 업무수행의 기준이나 표준보다는 실제업무에서의 결과물을 정성적, 정량적인 해결책을 적용함으로써 효과를 평가하도록 한다.
⑪ 학습자들은 경험을 통한 습득된 기량과 판단능력을 방법론적인 능력을 활용하여 보안모델의 창의적이고 통합된 지적자산을 확장할 수 있는 역량을 키우며 실무에서 활용하게 된다.

6) 시설보안(Effective Physical Security)

시설보안의 학습 목표는 첫째, 현대산업사회의 보안업무의 기술적인 발전이 물리적 보안업무와 통합되는 과정에서 물리적・기술적 보안업무의 효과적인 통합을 어떻게 이룰 것인가를 도출해낸다. 둘째, 통합과정에서 자칫 물리적인 토대가 허약한 첨단보안시스템의 가용성의 문제점 분석과 현대 보안시스템의 한계와 문제점을 알아본다. 더불어 가장 기본적인 물리적인 대책이 필요한 시설물의 보안기준과 적용에 대하여 알아본다.

〈학습을 통한 효과〉
① 물리적 보안확인 프로세스에 대하여 이해한다.
② 직원과 방문자의 통제, 경보시스템 운영과 관리, 보안시설의 디자인과 장벽의 설치기준, 시설보안계획, 안전순찰과 무기관리, 입・반출 물품의 통제에 관하여 이해한다.
③ 보호장벽과 보호조명에 대한 기준과 적용에 대하여 이해한다.
④ 자물쇠, 출입문, 유리창의 기준과 각각의 장단점에 대하여 이해한다.
⑤ CCTV 시스템의 적용과 운영에 대하여 이해한다.
⑥ 자동정보화시스템의 물리적 보안기준과 적용에 대하여 이해한다.
⑦ 보안요원의 운영과 훈련에 대한 이해와 교육 프로그램을 개발한다.
⑧ 시설물의 위협요소, 취약성, 치명성에 대한 이해와 적용한다.
⑨ 정형화된 체크리스트의 도출과 활용방법에 대해 응용한다.
⑩ 제시된 체크리트를 활용하여 실제적인 현장점검을 실시한 다음 대응책을 도출하고 그 대응책의 효과에 대하여 논의한다.
⑪ 정형화된 체크리스트에 의하여 확인되지는 않으나 조직에 상당한 영향을 미치는 상황발견에 대하여 논의하고 실제상황에 적용하는 과정을 학습한다.

⑫ 기업이나 조직에 적용되는 다양한 시설보안시스템의 통합화를 통한 가장 효율적인 배치와 운영방법에 대하여 비용편익분석을 통한 극대화된 효과를 도출한다.

7) 정보시스템보안(Information Systems Security)

이 과목의 학습 목표는 네트워크 컴퓨터에 대한 관리방안과 더불어 정보보안과 데이터처리 시설, 데이터의 절취, 정보기술의 불법적인 사용, 컴퓨터 바이러스, 정보보호방법에 관한 관리방안을 학습한다. 더불어 이 과정에서는 정보보호에 관한 법률과 프라이버시에 관한 주요 이슈, 보안기획에 관하여 다루게 된다.

〈학습을 통한 효과〉

① 정보시스템보안에 적용되는 유용성, 기밀성, 무결성의 개념 정립과 이해
② 보안정책에 적용되는 인증, 권한 부여, 허가의 개념과 이해
③ 네트워크 컴퓨터와 의사전달 장치에 적용되는 보호이론과 전략의 이해
④ 정보시스템환경을 보호하기 위한 관리적인 역할의 이해
⑤ 네트워킹, 운영시스템과 데이터 저장에 적용하는 암호학의 학습
⑥ 안전한 업무환경을 이루기 위한 기술적 통제와 장치에 대한 이해
⑦ 안전한 업무환경을 이루기 위한 관리적 통제의 이해
⑧ 보안정책이론, 적용 그리고 최적의 사례와 개념의 이해
⑨ 네트워크 컴퓨터, 네트워크 장비 그리고 조직의 업무수행에서의 위기평가
⑩ 응용 시스템의 개발, 네트워크 하부구조와 시설물을 포함한 보안 모델
⑪ 재난기획과 재난복구모델의 개념과 이해를 높인다.
⑫ 프라이버시에 관한 주요한 이슈와 관련 법률을 이해한다.
⑬ 정보시스템보안에 대한 선행학습이 없는 학습자를 위하여 비즈니스와 조직적인 보안관리활동에 적용되는 정보시스템보안의 주요한 용어, 현상, 개념과 원리에 대하여 설명하고 이해한다.
⑭ 아주 단순한 문제로부터 상당히 복잡한 보안상황을 적절하게 분석하여 비즈니스와 조직보안관리 현장에서 적용하도록 주요 용어의 개념과 원리, 이론과 현상을 정리한다.
⑮ 정보시스템보안의 개별적인 보안훈련으로부터 도출된 실제적인 조직문제에 적용되는 구조적인 절차와 방법에 대한 상대적으로 복잡한 업무나 조직적인 보안관

리의 해결책을 창의적으로 도출하고 적용하도록 유도한다.

⑯ 이론에 바탕을 둔 업무수행의 기준이나 표준보다는 실제의 업무에서의 결과물을 정성적, 정량적인 해결책으로 효과를 평가하도록 한다.

⑰ 학습자들은 경험을 통한 습득된 기량과 판단능력을 방법론적인 능력을 활용하여 보안모델의 창의적이고 통합된 지적능력을 확장할 수 있는 역량을 키우며 실무에서 활용하게 된다.

8) 범죄수사(Criminal Investigation)

이 과목의 학습 목표는 첫째, 다양한 조직에서 산업보안업무를 수행하거나 문제점을 발견하기 위해서는 구체적인 증거와 인과관계의 확정이 중요한 과정이다. 둘째, 이러한 조직내부의 문제를 공조직에 의뢰하여 조직내부의 문제점을 노출시키는 위험이 있으므로, 현대조직의 추세는 대부분이 내부에 범죄 대응조직을 운영하면서 조직의 문제점을 발견하여 자체적인 해결책을 강구하는 것이 추세이다. 이러한 업무조직의 구성과 운영에 대하여 알아본다.

〈학습을 통한 효과〉

① 범죄수사와 수사학의 발전과정에 대한 이해
② 범죄수사의 법의 적용과 범죄수사의 진행과정의 이해
③ 수사관, 수사과정 그리고 범죄현장의 보전방법
④ 범죄의 물리적 증거와 현장기록물의 보존과 보고서 작성
⑤ 인터뷰와 신문의 차이와 적용방법
⑥ 추가 조사의 진행과 범죄증거의 확인
⑦ 부상자나 사망자에 대한 조사 등 인간에 대한 범죄
⑧ 섹스와 관련된 공격성이나 어린이들에 대한 범죄
⑨ 절도에 관한 범죄, 재산범죄
⑩ 강도에 관한 범죄, 차량절도와 관련된 범죄
⑪ 컴퓨터 범죄, 지식인 범죄와 사기
⑫ 방화와 폭발물 그리고 환경범죄
⑬ 금지약물, 테러리즘 그리고 대테러리즘
⑭ 범죄인식, 통제, 그리고 금지약물의 통제
⑮ 소송과정에서의 목격자로서 수사관의 역할

9) 범죄학(Criminology/Behavioral Issues)

이 과목의 학습 목표는 첫째, 범죄 과정에서는 인간행동에 관한 역사적, 현대적 조망에 초점을 둔다. 둘째, 위험을 발생하는 행동분야에서의 행동이론, 금지약물의 범람, 폭력, 이데올로기와 유사한 현시대의 이슈들을 연구한다.

〈학습을 통한 효과〉

① 범죄에 대한 다양한 정의와 현대적 의미
② 범죄학의 주요이론에 관한 정의
③ 청소년과 성인범죄에 관련된 주요 범죄학 이론에 대한 설명과 이론에 대한 명확한 규정
④ 범죄행위의 개인적인 요소에 대한 특성의 설명과 규정
⑤ 조직 내에 포함된 특정한 집단과 개인의 범죄위협의 유형에 대한 설명과 규정
⑥ 범죄자의 재활과 치료에 관하여 구체적인 사례를 들어 이해하게 한다.
⑦ 보안관리업무에서 범죄행동의 문제점을 해결하기 위한 범죄학 이론을 평가, 통합, 분석, 적용하는 능력을 배양한다.
⑧ 범죄학에 대한 선행학습이 없는 학습자를 위하여 비즈니스와 조직적인 보안관리 활동에 적용되는 범죄학의 주요한 용어, 현상, 개념과 원리에 대하여 설명하고 이해한다.
⑨ 단순 업무에서 부터 상당히 복잡한 보안상황을 분석하기 위한 조직적 보안 관리와 실제적인 기업업무활동에 적용되는 주요한 용어와 현상, 개념과 원리 등을 적용한다.
⑩ 보안관리분야의 행위의 문제점에 대한 개별적인 보안훈련을 통하여 도출된 실제적인 조직문제에 적용되는 구조적인 절차와 방법에 대하여 상대적으로 복잡한 업무나 조직적인 보안관리의 해결책을 창의적으로 도출하고 적용하도록 유도한다.
⑪ 이론에 바탕을 둔 업무수행의 기준이나 표준보다는 실제의 업무에서의 결과물을 정성적, 정량적인 해결책으로 효과를 평가하도록 한다.
⑫ 학습자들은 경험을 통한 습득된 기량과 판단능력을 방법론적인 능력을 활용하여 보안모델의 창의적으로 통합된 지적능력을 확장할 수 있는 역량을 키우며 실무에서 활용하게 된다.

10) 테러리즘(Terrorism and Extremist Activity)

이 과목의 학습 목표는 첫째, 테러리스트와 급진주의자 단체의 목표물의 흐름과 동기에 대한 이해가 선행되어야 하고, 보안관리자들이 잠재적인 위협요소에 대한 구체적인 평가가 가능하다면, 조직구성원과 여러 가지 핵심자산을 보호하기위한 적절한 대책을 개발한다.

둘째, 학습자들은 정치적 폭력의 형태로서 테러리즘과 이것이 보안관리에 미치는 영향에 대하여 토론하고, 이러한 사례연구를 통하여 급진적 종교 원리주의자로부터 환경론자에 이르기까지 급진적인 관심집단에 대하여 토론하고 해결책을 도출한다. 더불어 사례연구나 특별 활동을 통하여 테러리즘의 현상에 대한 이해와 적절한 대응책을 적용할 수 있도록 한다.

〈학습을 통한 효과〉

① 무정부주의자, 국수주의자, 급진주의 운동 등 테러리스트 조직의 역사적인 배경에 대하여 설명한다.
② 21세기 초기의 역사적 사건에 내포된 테러리즘에 대한 규정
③ 현시대에 사용되는 테러리스트의 다양한 전략에 대하여 논하고 주요한 내용을 정리한다.
④ 오늘날 국제정세의 변화에 따른 테러리스트의 정부와 산업시설에 대한 특정한 목표물의 변화에 대응하기 위한 준비는 어떻게 하는가?
⑤ 종말론에 대한 정의와 현대 테러리스트의 철학에 어떻게 반영되는가?
⑥ 일반적인 범죄와 테러리스트 활동과의 차이점과 유사점은 무엇인가.
⑦ 국가에 의해서 사용되는 비대칭적 전쟁과 테러리스트의 행동과의 차이점은 무엇인가?
⑧ 자살폭탄전술 이면의 주요한 동기는 무엇인가?
⑨ 대테러활동과 시민사회, 공권력이나 법으로 테러리즘을 막을 수 있는 한계와 강력한 법은 어느 정도로 대테러대책에 효과적인가?
⑩ 내부규율(Internal Discipline)의 개념에 대하여 구체적으로 기술한다.
⑪ 정치적으로 동기화된 테러리스트의 행동과 종교적 신념에 의한 테러리스트의 차이점은 무엇인가?

⑫ 다양한 테러리스트 조직들의 자금원이 무엇인지를 규정한다.
⑬ 다양한 테러리스트 조직의 조직체계를 구도화한다.
⑭ 알카에다와 헤즈볼라를 비교하여 차이점을 도출한다.
⑮ 전형적인 자살폭탄공격의 사회경제적 유형분석과 행동에 대하여 기술한다.
⑯ 현재 국가나 세계적으로 적용되는 대테러리즘에 대한 노력을 평가한다.

제2절 산업보안 발전연구

아브라함 메즈로우(Abraham H. Maslow)의 주장처럼 인간이 살아가는데 필수적인 생리적 욕구 다음으로 인간의 삶에 중요한 요소는 안전에 대한 욕구로서 살아있는 생명체인 인간이 불안정성에 대한 두려움을 극복하고서 살고자 하는 욕망을 세상의 어느 것하고도 대체가 불가능한 생명체가 가진 생존의 본능이며, 이러한 불안정성에 대한 두려움은 죽음에 대한 공포와 더불어 인간이 느끼는 공포 중에 어느 것보다도 우선한다.[14)]

태곳적부터 인간은 본능적으로 동물의 위협이나 자연환경의 변화에 대한 두려움으로부터 안전을 도모하고 좀 더 편안한 생활환경을 유지하려고 끊임없는 노력을 경주하여왔다. 이러한 노력의 결과로서 인간의 삶은 점차적으로 예상 가능한 안전한 상황을 만들었고, 이러한 의미의 보안은 현대인의 삶의 질을 결정하는 매우 중요한 요소 중의 하나가 되었다.

21세기 세계화에 따른 개방경제환경은 모든 산업분야의 자산보호에 관한 관심을 증폭시키는 중요한 계기가 되었으나 우리나라는 지금까지 산업자산의 보호를 국가에 대부분 의존하여온 관행으로 아직까지 산업자산보호에 관한 전문적인 지식이나 조직을 갖춘 기업은 많지 않다. 따라서 본 연구에서는 이러한 우리나라 산업보안의 문제점과 발전방안에 관한 방안을 제시하고자 한다.

산업혁명 이후 인간은 자연을 정복하며 물질문명을 발전시켜 왔지만, 이제 산업사

14) 최선태, 한국산업보안학회 창립총회(2007.1.31) 및 학술세미나 발표자료

회는 스스로 통제할 수 없는 위협을 생산하고 정당화한다. 독일의 사회학자 울리히 벡(Urich Beck)은 이런 현대사회를 '위험사회(risk society)'라고 지칭하고 과학과 기술이 발전하면서 세계가 작동하는 방식뿐 아니라 그것이 지닌 위험에 대한 우리의 지식도 확장된다고 믿었으며, 반성적 사유를 통한 '성찰적 근대화'를 촉구하였다. 곧 무엇이 위험하고 얼마나 위험한가, 위험을 야기한 원인 규명에서부터 위험을 해결하기 위한 방안의 모색에 이르기까지 전문지식과 정보, 그리고 전문가 집단의 판단 능력이 결정적으로 중요해지고 있다는 것이다.

정보화 사회라는 21세기 세계는 첨단기술경쟁이라는 경제전쟁에서 살아남으려는 국가 간·기업 간 각축전이 치열하게 전개되고 있다. 더불어 WTO체제의 확산과 국가 간 FTA체결의 가속화는 더 이상 보호무역으로 자국의 산업을 보호하고 생존하려는 보호무역전략의 수정을 불가피하게 만들었다. 즉, 개방정책과 더불어 자국의 경쟁력을 유지하는 것이 21세기 경제전쟁시대의 생존전략이 되었다. 이에 따라 국가는 자국의 자산을 보호하는 것이 기업의 경쟁력을 유지하는 주요한 업무가 되었으며, 각 산업주체들도 조직의 자산보호를 어떻게 효과적으로 수행하느냐가 핵심적인 업무 중의 하나가 되었다.

1. 산업보안 개론

산업화시대를 지나 정보화시대라는 21세기에 살고 있는 우리는 다국적기업의 이익을 대변하는 WTO경제체제로의 편입에 따라 치열한 생존경쟁과 서열경쟁의 장에 서있으나 이에 대한 우리의 자세는 수동적이며 방어적이다.

과거 우리의 보안업무는 대륙법계국가의 특징인 국가의 고유영역이라는 인식이 지배적이었으며, 지난 냉전시대의 국가 간의 경쟁 또한 군사력을 바탕으로 한 지배였다고 할 수 있다. 그러나 현대국가의 경쟁은 기업을 근간으로 한 경제적인 지배가 더욱 효과적인 방법 중의 하나가 되었다. 따라서 오늘날 기업 간의 경쟁을 경제 전쟁이라고 부르는 것도 크게 틀린 말은 아니다. 이러한 경제전쟁시대의 전사는 기업가이며, 기업은 필수적으로 기업자산에 대한 효과적인 보호체제를 필요로 한다. 과거 군대와 경찰이 국민과 시민의 안전을 책임지는 파수대의 역할을 하였다면, 현재는 산업보안 전문가가 새롭게 등장하여 산업자산을 보호하고 산업의 안정성을 확보·유지하는 보안관 역할을 수행하고 있다.

1) 산업보안의 정의

인문학적 의미의 보안(security)이란 인간의 탐욕과 미래의 불확실성에 대한 두려움과 공포에 대한 해방이다. 우리가 일반적으로 보안을 중요한 기밀에 대한 보호로 막연하게 인식하고 있는 것은 그 동안 보안을 학문적으로 접근하려는 노력이 부족하였다는 반증이다.[15)]

시큐리티[16)]의 실질적인 의미는 어떤 보호하고자 하는 객체를 보호 또는 보존하는 행위가 아니라, "누군가에 의해서 의도되거나 인위적으로 조작된 불안전성이나 위험으로부터 상대적으로 예상가능한 안전한 상태나 상황"을 의미한다. 따라서 산업보안의 의미도 "모든 산업 활동에서 발생하는 불안정성이나 위험요소로부터 구성원과 산업자산의 안전함을 유지하는 활동"이라고 정의하여야 할 것이다.

산업보안이란 용어가 일반인에게 회자되기 시작한 것은 2003년 국정원 산업기밀보호센터가 설립된 시기이다. 국가정보원에서 산업기술보호의 중요성을 깨닫고 국가차원에서 산업기술을 보호하기 위하여 오래전부터 산업기술보호활동을 진행해 오다가, 참여정부에 들어와 산업기밀보호센터를 설립하고 초기에는 주로 대기업들을 대상으로 산업기술보호에 대한 홍보와 교육을 실시하였고 이제는 중소기업까지 확대되면서 일반인들에게도 산업기술보호가 낯익은 용어가 되었다.

문제는 대부분의 산업현장에서 빈번하게 사용되는 보안에 대한 정의가 없다보니 산업기술보호(industrial technology protection)와 산업보안을 일반적으로 혼용하는 경향이 최근에 두드러지고 있다는 것이다. 현재 국정원 산업기밀보호센터도 산업보안과 산업기밀보호 용어를 혼용하여 사용하고 있다. 이것은 산업기술보호에 대한 명확한 정의가 부족하고 더불어 산업보안에 대한 구체적인 직능에 대하여 알지 못하는 상황에서 벌어지는 현상이다.

최근 들어 국가적으로 산업보안분야에서 관심을 기울이고 있는 분야인 산업기술유출방지업무에 대한 접근은 산업보안의 전체적인 측면에서 접근하여야 한다. 그러나 산업기술유출방지를 산업보안과 동의어처럼 혼용하는 것은 IT보안을 정보보안

15) 최선태, 산업보안 전문자격제도에 관한 연구, 2010, 한국경찰학회보 제 26호.
16) 세계최대의 보안전문가의 모임인 미국산업보안협회(ASIS)에서는 시큐리티에 관한 정의를 '사람, 자산 그리고 정보의 보호에 관한 업무'라고 정관에 명시하고 있으며, 여기에는 "자산보호", "화재와 안전", "범죄예방과 통제", "형사사법"의 의미를 포함하거나 동의어로 사용된다고 규정하고 있다.

(information security)이라고 칭하는 것과 같은 혼란을 초래할 것이다.

산업보안(industrial security)의 사전적 정의는 '손실이나 손상으로부터 산업시설, 자원, 공공시설, 재료, 기밀정보를 보호하는 것을 핵심으로 하는 국내보안부분을 말한다.'[17] 그러나 아직까지 보편적으로 인정되는 산업보안에 대한 학문적인 정의는 없으나, 실제로 산업보안협회를 최초로 설립한 미국의 산업보안협회는 시큐리티에 대한 정의를 '사람, 자산 그리고 정보의 보호에 관한 업무'라고 정관에 명시하고 있으며, 여기에는 '자산보호, 화재와 안전, 범죄예방과 통제, 형사사법'의 의미를 포함하거나 동의어로 사용된다고 규정하고 있는 반면에 산업보안에 대해서는 구체적으로 정의하지 않았으나 위원회 조직을 보면 산업보안의 범위를 알 수 있다. 따라서 산업보안이란 산업자산에 대한 보안, 즉 산업 활동을 하는 모든 구성원, 시설물과 같은 유형 자산, 정보를 포함한 무형자산 그리고 서비스와 프로세스에 대한 보호와 안전성을 유지하는 모든 활동, 또는 산업자산의 안정성을 제고하는 제반 활동을 산업보안이라고 정의할 수 한다. 실제적으로 글로벌 산업보안을 선도하는 미국에서도 산업보안에서 다루어지는 업무범위의 포괄성 때문에 산업보안이란 용어의 사용은 많지 않으며, 기업보안(Business Security)이나 조직보안(Organizational Security)이란 용어의 사용이 일반적이다.

이와 같이 산업기술보호와 산업보안의 의미는 엄격하게 구분되고 실제적으로 업무영역이나 전문적인 연구 분야에서도 차이가 있다. 쉽게 말해 산업기술보호는 산업보안의 다양한 영역 중에 하나에 불과하지 산업보안과 산업기술보호가 혼용해서 사용될 용어는 아니다.

전 세계 산업보안의 흐름을 선도하고 있는 미산업보안협회(ASIS)의 조직구성을 보면 28개 전문위원회 중에서 우리가 산업기밀보호라고 하는 재산적 정보보안은 다수의 위원회 중에서 하나에 불과하고 오늘날 산업보안을 기업보안, 사이버보안, 국가보안으로 대별하고 있다. 미국과 한국과의 다양한 차이점을 인정하더라도 ASIS는 1955년 조직되어 세계최대의 민간보안조직으로 성장한 것과 비교하여 우리나라의 산업보안조직이나 기능이 얼마나 미시적이고 지엽적인 한계를 노정하고 있는지를 쉽게 인식할 수 있다.

17) McGraw-Hill Dictionary of Scientific & Technical Terms, 6E, 2003. (Farlex, 2012). http://encyclopedia2.thefreedictionary.com/industrial+security

미국은 왜 산업보안을 이렇게 다양성과 통합성을 함께 추구하면서 연구와 발전을 추구하는지에 대해서 생각해 보아야 우리가 어느 정도의 보안 전문성에 대한 투자가 필요한지의 역할모델을 개발하는데 도움이 될 것이다. 따라서 각 나라와 기업에 적합한 보안조직과 기능은 다양한 개별적인 고유한 특성을 반영하여야 하나, 글로벌 기업을 지향하는 기업은 어떠한 방법론이 최선의 선택인가에 대하여 더 이상 자신만의 결정을 할 수 없으며, 글로벌 시장이라는 거시적인 관점에서의 접근이 요구되는 시대에 들어섰다. 그러면 과연 우리기업은 보안에 대한 어떤 패러다임을 가지고 있으며, 어떤 것이 최적의 선택인가에 대하여 전략적인 접근이 필요한 시기이다.

2) 산업보안의 시대적합성

시대환경의 급격한 변화는 미래에 대한 상당한 대비와 학습을 하지 않는 조직이나 개인은 변화의 소용돌이 속에 빠져 헤어 나오기 어려운 상황을 조성하였으며, 생물계에서의 적자생존이란 가장 강한 종이거나 가장 지능이 뛰어난 종이 아닌, 변화에 가장 잘 적응하는 종이라고 한다. 유사하게 기업도 기업환경과 시장의 변화에 대응하는 역량에 기업의 미래가 달려있다. 따라서 유능한 관리자는 항상 비즈니스와 밀접하게 관련된 변화에 대하여 계속적으로 주시하여야 한다.

지금도 갈팡질팡 혼란을 계속하고 있는 우리의 교육 프로그램도 더 이상 과거의 주어진 문제풀이과정과 같은 정해진 답을 얻는 지식 습득과정은 실제로 변화의 소용돌이에서는 장애물이거나 쓸모가 없어진 과거의 유산이므로 과감하게 벗어나야 한다.

어느 분야와 마찬가지로 뛰어난 보안전문가도 선발, 훈련, 재교육의 과정을 계속해야 한다. 좋은 인재를 원하는 기업은 최고의 전문가들이 계속해서 변화된 환경 속에서 자신의 전문성을 배양하고 발휘할 수 있는 환경을 제공하고 그들에게 매력적이고 흥미로운 도전을 계속하도록 자극하고 적절한 여건을 제공한다. 여기에는 가장 기본적인 경쟁력 있는 급여가 보장되어야 하며, 이러한 환경에서 전문성과 개인적인 성장의 발판을 제공하는 기회와 적절한 훈련을 통한 지속적인 성장을 제공하여야 한다.

모든 조직에서 보안전문가에게 요구하는 것은 '자산보호'이므로 보안업무를 수행하는 전문가에게 특히 중요한 특징은 신뢰성이다. 이러한 신뢰도가 업무의 척도인 직무에서 신뢰도의 손상은 업무수행에 중대한 영향을 미치게 될 것이다. 시대가 변하여도 인간의 생명과 자산에 대한 중요성은 어떤 무엇보다도 주요한 가치이므로, 보안전문가의 업무에서 사람, 물리적 자산과 정보의 보호업무는 중요성은 계속 증가하고 있다.

보안활동의 결과는 기업의 연속성을 유지하고 기업의 전반적인 비즈니스의 수행과 성공에 기여하게 된다. 따라서 보안전문가는 반드시 신뢰할 수 있고, 업무수행력이 뛰어나며 보호업무를 원활하게 제공할 수 있는 능력을 갖추어야 한다. 이러한 업무를 수행하려면 우선 기본적인 보안원리와 개념에 대한 이해가 전재되어야 할 것이다.

보안의 기본원칙인 보호활동은 보호객체를 구속하는 울타리가 아니라 인간에게 활동의 자유와 열린 공간을 제공한다. 보안활동을 통하여 자유스러움을 제공하기 위해서는 보안전문가는 항상 배우고 새로운 상황에 대한 문제해결기법을 연구해야 한다. 이러한 학습이 보안의 목적을 달성하고 그들 자신의 자유스러움을 성취하게 할 것이다. 이러한 노력을 등한시할 경우에 자연스럽게 업무효율성과 효과성에 대한 의문이 제기되고 기업에서 보안업무의 필요성은 줄어들게 되고, 결국은 보안실무자의 설자리가 좁아지게 되고 보안업무의 전문성에 대한 학습을 멈추는 순간 보안업무는 조직에 기여하지 못하는 과거의 단순 업무로 되돌아가게 될 것이다.

보안업무는 생산과정과 생산을 위한 디자인에 참여하지는 않으나 이러한 기업의 비즈니스 활동이 어떠한 방해요소 없이 원활하게 진행될 수 있도록 지원하는 업무를 수행하므로 생산이나 마케팅 등 다른 어떤 업무활동과 동일한 가치로써 기업에 기여함으로 계속적인 훈련과 최신의 기량을 유지하는 과정은 중요하다. 또한 다른 업무와 비교하여 경쟁력 있는 보상을 하는 것은 뛰어난 전문성을 가진 보안실무자가 다른 기업으로 옮겨가는 것을 방지하는 일차적인 예방책이 될 것이다.

3) 보안의 컨버전스

산업분야의 중요용어의 혼용에서 보이듯이 산업보안업무를 산업기술유출 방지에만 중점을 둘 경우에는 온라인(IT)보호가 산업보안업무에서 핵심적인 부분을 차지하는 것처럼 보이며, 온라인보호가 산업기술유출 방지대책의 전부인 것처럼 취급하는 것이 우리나라 산업보안의 현실이다.

그러나 오늘날 산업보안의 글로벌 트렌드는 물리적 보안과 기술적 보안의 융합을 어떻게 성취하는가에 달려있다. 예로서, 많은 산업현장과 도시에 기하급수적으로 설치가 증가하고 있는 CCTV와 같은 다양한 보안장비들이 가시적인 보안수준을 제고하는 것처럼 보이지만 허가된 출입자나 사용자에게는 크게 효과가 없다. 산업보안조직의 컨버전스(convergence)는 현대기업 보안관리의 중요 트렌드이다. 컨버전스는 과학과 수학분야로부터 기원된 용어로 다양한 배경을 가지고 있다. 옥스퍼드 영어사전에 의하면 컨버전스란 용어를 처음으로 사용한 것은 18세기 초에 활동했던 영국인 과학자 윌리엄 더햄(William Derham)이다. 그는 소리의 속도를 최초로 측정한 과학자로 1713년 저술한 물리신학(Physico-Theology)에서 '빛의 수렴(convergence)과 발산(divergence)'에 대해 언급하고 있다.

이후 컨버전스란 용어는 대류의 흐름과 다윈의 진화생물학에 이르기까지 확대 사용되게 되었다. 생물학에서는 계통도 다르고 생태계도 다른 생물들이 서로 유사한 특성을 보이면서 진화하는 현상을 수렴진화(convergent evolution)라고 불렀다. 20세기 중반까지 이 용어는 또한 미국과 소련 체제의 융합과 같은 정치학 분야에 사용되었으며 국가경제의 글로벌 경제로의 융합과 같은 경제학 분야에도 사용되었다.

저널리즘 영역에 있어서 컨버전스란 단어의 의미는 AOL과 타임워너의 합병과 같은 기업전략을 지칭하기도 하고, VOD나 인터랙티브 TV와 같은 기술적 융합을 의미하기도 하며, 심지어는 현장에서 문자와 오디오·비디오가 가득한 자료들을 담고 돌아온 백팩 저널리스트(Backpack Journalist)와 같은 직업을 지칭하기도 한다. 동일한 단어를 이렇게 미디어업계, 기술, 그리고 저널리즘의 관점에서 접근하다 보니 컨버전스란 용어는 매우 혼란스럽다.

오늘날 서로 밀접하게 연결된 글로벌 운영환경에서 컨버전스의 용어 없이는 기술과 비즈니스 개발을 추구하는 것은 거의 불가능하다. 컨버전스란 용어가 풍부하고 다양한 의미로 사용됨에 따라 다른 분야에서는 전문용어가 되어 동일한 용어를 다른 의미로 사용하기도 한다. 이러한 컨버전스가 오늘날에는 비즈니스 기업의 보안직능에서 사용되기 시작하였다. 만약에 우리가 보안분야의 변화에 대하여 명확하게 생각하여야 한다면 실무자들은 반드시 서로 다른 의미와 함의에 대하여 이해하여야 한다.

컨버전스가 비즈니스 환경에서 사용되는 경우에 여러 단위들이 모여서 경쟁우위를 창출하는 연결과정을 의미하는 것으로 종래와는 다른 비즈니스 요소라는 의미가 되었다. 기업의 관점에서 보안에 대한 관심이 증가함에 따라 조직 전체가 직면하고 있는 리스크를 들여다보는 새로운 방법이 필요하게 되었다. 다시 말하면, 통합을 강조하는 혁신적인 접근법으로 특히 전략적인 계획수립 측면에서 계속적이고 전체적인 방법을 적용하여 비즈니스 리스크의 통합을 유도하여야 한다. 과거에는 비즈니스의 고유한 리스크관리는 최고경영진(C-suite)의 개별적인 역할에 포함되어있는 기능이었다. 이러한 전통적인 접근법은 서로 분리하여 개별적인 리스크로 다루거나 리스크에 대한 책임이 개인 혹은 작은 팀에 한정되었다. 따라서 단일한 리스크를 관리하는 것이 명확한 업무가 되었고, 이러한 업무를 잘 수행하는 것은 하나의 독자적인 영역에만 중점을 두고 리스크를 다루는 것을 의미하였다. 그러나 이러한 순차적 접근법의 문제점은 많은 비즈니스 리스크의 상호의존성을 무시할 뿐만 아니라 기업의 전체적인 리스크에 대한 재정상황의 증가를 부차적인 것으로 여기도록 하였다.

따라서 순차적인 접근방법의 한계와 투자의 차선책의 문제를 다루기 위하여 리스크 문제에 대한 새로운 사고방식이 요구된다. 이러한 새로운 사고는 해당 문제에 대하여 다양한 이해당사자가 다함께 참여하여 긴밀하고 포괄적으로 리스크분석과 관리에 착수한다. 이 연구의 주요한 목적은 어떻게 앞서가는 조직들이 다양한 요소들과 화합하는 가와 공통의 목적을 지향할 수 있도록 유도하는가에 대하여 이해하려는 것이다.

2. 기업보안의 뉴패러다임

1) 기업보안관리의 필요성

글로벌 경제환경에서의 기업보안관리업무의 중요성에 대한 인식과 기업가치를 효율적으로 보호하기 위한 보안관리의 효율성을 제고시키는 방안을 강구하는 것이 기업보안조직의 목적이다.

오늘날 비즈니스 세계는 계속 복잡성이 증가하고 있으며, 비즈니스의 글로벌화는 기업구조와 수명에 변화를 요구하고, 전통시장의 포화상태는 기업에게 더 많은 위험성이 있는 시장개척을 수용하도록 강요하며, 지식경제로의 전환은 비즈니스 세계의 '영역'의 중요성을 잠식하고 있다. 이와 동시에 이러한 트렌드에 적응해야하는 기업의 보안리스크의 크기는 확대되고 기업통제는 점차적으로 어려워지고 있다.

이와 같이 복잡다기하고 다양한 직능과 조직의 구조적인 문제점이 혼재되어 발생하는 보안리스크에 대한 지금까지의 단순인력에 의한 물리적 대응방식이나 몇몇 소수의 보안전문가에 의한 미시적(micro)인 방어적 대응으로는 한계가 있으므로 조직의 경쟁우위를 확보하기 위한 거시적(macro) 정책으로써 새로운 동력원의 관점으로 접근하지 않으면 환경변화에 따른 비즈니스 불안정성에 대한 명쾌한 해결책을 도출하기가 어렵다.

이러한 변화에 대한 기업의 대응은 과거의 직능적 조직과 지식기반의 조직에서 매트릭스 구조로 이동하고 있다. 매트릭스 구조는 '명령체계 단일화의 원칙' 즉 한 사람의 직원에게는 오직 한 사람의 상사가 있을 뿐이라는 원칙을 벗어나 2개 이상의 직권

계열을 갖는다. 매트릭스 조직은 고도의 전문기술을 요하는 대형 프로젝트 관련 사업에서 흔히 볼 수 있으며, 조직 형태 상 자칫 혼란을 야기할 수도 있기 때문에 21세기 보안기능에는 융통성과 전문성을 갖춘 직원을 필요로 한다.

매트릭스 구조의 기업은 구체적인 비즈니스 문제를 해결하기 위하여 다양한 기술과 전문가로 구성된 자체적인 팀을 조직하고 권한을 해당 팀에 위임하고 효과적인 관리는 공식적인 채널에 의존하기 보다는 신뢰성 있는 네트워크를 통한 기존의 조직에 구애받지 않고 업무를 진행함으로 이들의 업무수행력에 의존하게 된다.

2001년 세계의 경제심장부로 불리던 미국 뉴욕에서 발생한 9·11테러는 여러 가지로 기업에 영향을 미쳤다. 실제적으로 9·11테러는 기업보안에 대한 경영자의 사고가 획기적으로 변하게 되는 전환점이 된 사건이다. 기업보안에 대한 9·11테러의 영향에 관한 위원회보고서에 따르면 대부분의 경영자들은 처음으로 보안업무가 기업경영관리구조 전반에 광범위하게 산재되어 있으면서, 보안기능이 고도로 분산되어 보안리스크에 대한 책임추적성과 업무협력의 어려움에 대하여 놀라움을 나타냈다. 이에 대한 결과로 그룹의 보안부서를 제외한 많은 기업에서 그룹전체의 보안업무의 협력과 리더십의 구심점을 아우르는 부서를 조직하였다.

이 사건을 계기로 기업들은 보안조직, 기업의 연속성과 위기관리계획, 소방훈련과 대피절차로부터 훈련교본과 지침서 그리고 구성원과의 교신에 관한 모든 내용을 개정하였다. 2005년 7월 영국런던에서 발생한 폭발사건에서 배운 중요한 교훈 중에 하나가 구성원과의 교신의 중요성에 대한 것이다. 이와 동시에 모든 기업에서 정도의 차이는 있으나 기업의 보안리스크가 점차적으로 복잡해짐에 따라 기업자산을 보호하는 특별한 전문성을 가진 인력에 의한 체계화된 조직의 필요성에 대하여 부정하는 경영자는 없다.

〈표 7-6〉와 같이 그 동안 기업경영진이 관심을 가진 기업리스크는 전략적, 정치·법률적, 재정, 기획, 보험, 안전에 대한 리스크가 대부분을 차지하였으나, 글로벌기업에서는 보안리스크가 기업경영진이 관리하여야 할 중요한 기업리스크에 포함되었다.

기업의 효율성을 제일로 여기는 미국이나 선진국의 기업에서는 계속적으로 보안에 대한 전문성을 계속 요구하고 있으며, 기업환경의 차이로 수치적 비교는 어려우나 보안투자가 우리나라 기업보다도 적게는 3~4배에서 많게는 10배나 많다. 이에 반하여 우리나라 기업이나 정부의 보안정책이나 투자의 대상은 정보보호나 산업기밀유출과 같이 IT보안과 영업비밀보호가 주요한 기업보안의 관심사이다.

〈표 7-6〉 기업리스크 VS. 기업보안리스크[18]

기업리스크(사례)	기업보안리스크(사례)
현금흐름의 지속가능성, 채무관리, 잘못된 사고방식, 과도한 프로젝트, 환률 변화, 기업의 지배구조, 제품생산의 실패, 경기침체, 과도한 경쟁 등	절도, 비즈니스 출장의 안전성, 납치와 유괴, 악의적인 제품손괴, 위조, 부정행위, 정보누설, 테러리즘, 이익갈등 등

우리 기업들이 기업의 안정성에 필수적인 이러한 보안에 투자를 줄이는 근시안이 단기적으로 비용절감으로 치부될 수는 있지만, 궁극적으로 기업의 엄청난 손실을 야기하고 언젠가는 이에 대한 대가를 치러야 하는 것이 리스크관리의 원리이며, 파국은 시기의 문제이지 리스크관리에 실패하면 기업이 파국에 이르는 지름길이 된다는 것을 알아야 한다.

보험산업의 기본이 리스크관리이다. 그러나 아쉽게도 기업경영방침이나 기업이 직면한 모든 리스크가 보험약관에 적용되지는 않는다. 급변하는 현대기업에서 다양한 리스크에 대한 대비나 투자가 없다면 기업의 현재는 있을 수 있으나 미래는 보장할 수 없다.

2) 글로벌기업의 보안트랜드

오늘날 기업의 보안조직의 구성과 규모는 조직의 다양한 특성에 의해서 결정된다. 특히 조직의 구체적인 보안업무의 필요성, 고유의 고려사항과 취약성이 보안조직의 규모를 결정짓는데 가장 주요한 요소이고 조직의 구조와 역할에 기여하는 정도와 보안업무의 가치에 대한 경영진의 인식이 또 하나의 결정적인 요소가 될 것이다. 더불어 기업구조조정과 같은 경제적인 트렌드의 변화는 보안업무의 역할에 영향을 미친다.

특히 오늘날과 같은 치열한 기업 간의 경쟁 속에서의 기업조직의 효율성에 대한 경영진의 관심은 절대적이므로, 증가된 위협요소와 리스크에 대하여 좀 더 적은 비용으로 좀 더 많은 성과를 기대하는 것은 보안조직에도 예외가 아니다. 오히려 이러한 구

18) ARC Training(2007: 9-10)

조조정의 과정에서 보안조직의 효율성이나 전문성에 대한 인식에 의구심이 들 경우에는 보안조직은 일차적인 구조조정 대상으로 선택되기도 한다. 따라서 오늘날의 보안업무는 그 동안의 규모와 인력위주의 보안활동에서 첨단보안기기를 활용한 뛰어난 보안조직운영을 통하여 조직에 기여하는 바를 항상 객관적으로 제시하는 역량이 필요한 시기이다. 이러한 추세는 이미 오래전부터 선진국의 보안조직의 운영에 관한 MBA과정이 다양하게 제공되어 기업의 어떤 조직보다도 생산성과 업무의 효율성이 높은 활동으로 전이되고 있다.

일반적으로 GDP의 3분의 1을 담당하고, 세계무역의 3분의 2를 수행하는 다국적기업과 같은 거대기업의 보안조직은 뛰어난 보안전문가로 구성된 독립된 조직으로 운영되는 것이 보편적인 추세이다. 이것은 보안활동이 다른 조직에 예속되어 있는 경우에 조직의 부정적인 활동에 대한 객관성을 담보하기 어렵고 타 조직의 방해에 의해서 업무의 공정성에 심각한 우려가 발생하는 것을 방지하기 위한 방침이다. 이러한 독립된 보안조직에서는 기업보안정책의 이행확인, 손실예방활동, 기업연속성기획, 부정행위감사, 산업안전, 소방, 기업윤리규정의 이행여부 확인 등을 포괄적으로 다루게 된다.

비즈니스 환경의 변화에 따라 기업보안관리의 주요한 관심도 전략적으로 변화를 계속하고 있다. 2004년 MORI 결과에 따르면 97%의 응답자가 보안이 그들의 관심사항이라고 응답하였고, 응답자의 50%는 매우 큰 관심사항이라고 응답하였다.[19] 더불어 응답자의 82%는 보안에 5년 전보다 더 많은 투자를 하며, 57%는 앞으로 5년간 더 많은 투자를 보안에 할 것이라고 응답하였다. 이러한 결과로 볼 때 현대기업들은 보안업무가 전반적인 비즈니스의 관심사항에 대하여 기여하고 있음을 인정하고 있는 것처럼 보인다. 아래의 〈표 7-7〉와 같이 구체적인 항목에 대한 조사결과는 효과적인 보안관리가 다양한 기업의 핵심적인 목표에 기여하고 있는 것에 대한 응답이다.

이 조사에서는 투자자의 중요한 고려사항으로 기업보안역량에 대한 관심이 획기적으로 증가하고 있음을 보여주고 있다. 투자자의 87%는 만약 어떤 기업이 보안사고를 신속하고 효과적으로 다루지 못한다면 기업에 대한 투자자의 인식이 변하게 될 것이라고 응답하였다. 또한 61%는 보안사고가 발생하는 경우에 기업브랜드와 평판에 영향을 미치게 될 것이며, 50%는 주가에 유사한 영향을 미치는 반면에, 단지 과반에 미치지 못하는 45%는 고객충성도(Customer Loyalty)에 영향을 미치게 될 것이라고 생각

19) Business Security Survey 2004.

했다. 위와 같은 기업의 다양한 가치를 보호하기 위해서는 기업의 경쟁력에 부합하는 최상의 보안전문가를 채용하고 전문성을 유지하며 다른 어떤 부서의 업무와 마찬가지로 글로벌 비즈니스 트렌드에 부합하는 역량을 가진 인재를 선발하고 이에 상응하는 보상을 하여야 한다.

〈표 7-7〉 기업보안관리의 중요 영향력에 대한 관심도[20]

항목과 영향력	최고의 영향	약간의 영향	영향력 없음	평가 불가
기업 브랜드와 평판의 보호	74	18	7	1
구성원의 안전성 보장	69	26	5	0
구성원의 채용/유지 보장	26	52	22	0
지적재산의 보호	44	41	14	1
고객신뢰의 유지	79	14	6	1
주주신뢰의 유지	70	23	5	2
생산과 운영의 연속성	80	15	4	1

3) 기업가치의 보호

보안프로그램을 일반적인 상품이나 서비스의 경우처럼 투자대비효과(ROI)에 분석을 가지고 기업주나 조직을 설득하거나 판매하지 않는 것이 오랫동안 보안업무가 가지고 있는 문제점으로 지적되었다. 이러한 관행은 아마 보안업무가 상업적인 관점으로 효율성의 대상으로 인식하게 된 것은 기업에서의 보안활동이 전문화되면서부터이고, 오래전부터 보안업무는 국가가 국민에게 제공하는 공공재의 기능을 하였기 때문에 비용편익분석의 대상이 아니었다.

그러면 보안서비스도 기업의 여러 가지 상품이나 서비스처럼 판매나 효율성을 증가시키는 것이 가능한가? 보안업무에 오래된 경험법칙과 같은 공식에 의해 매출을 올리거나 지출을 감소시킬 수 있는 방법이 존재하는가? 그러나 기업의 구매책임자의 오래된 경험법칙을 엄격하게 적용한다면 보안은 편익이 아니라 비용으로 여기게 될 것이

20) Briggs & Edwards(2006: 27)

다. 이에 대하여 기술의 진보에 따라 정보기술보안에 대한 가치를 보여주려는 시도가 보안전문가에 의해 제안되었다.

보안의 가치를 측정하기 위한 흥미로운 접근법은 Bruce Larson에 의해서 시도되었는데, 그는 American Water의 보안책임자이다. CSO Online에 2006년 발표한 기고문에서 Larson은 "가치보호"에 대하여 제안하였는데, 여기에서 Larson은 보안업무가 단지 비즈니스의 낭비적인 요소를 방지하는데 불과하다는 고전적인 사고방식의 문제점을 극복하기 위하여 그는 새로운 방법론을 제시하였다. 대부분의 기업 활동이 추구하듯이 기업의 주요한 목적이 기업의 수입을 증가시키고 효율성을 증가시키는데 목적을 둔다면 보안업무 자체는 이러한 두 가지 목적을 달성하는데 직접적인 목표가 아니므로, 보안활동의 가치를 강조하기 위하여 반드시 다른 방법을 찾아야 한다. 가치보호에 대하여 Larson은 보안활동에 기업에서 시간과 자금을 투입하는 것은 지속적인 기업성장을 유지하고 새로운 성장의 뿌리를 내리게 하기 위함이다. 여기에서 Larson은 가치보호 매트릭스를 어떻게 활용하는지에 대하여 설명하고 있다. 이러한 Larson의 가치보호(value protection) 매트릭스는 다음과 같다.[21]

VP=(N−E)/N (VP: 가치보호), (N: 통상적인 운영비용), (E: 이벤트 영향력)

Larson의 가치보호 매트릭스에 대해서 American Water의 운영담당부사장인 Steve Schmitt는 Larson의 방정식은 단지 대부분의 보안부서에서 추구하는 '적절한 보안업무의 창출'을 의미하기 보다는 최고경영진이 원하는 '보안업무의 가치를 증명하는 것'이라고 지적하였다. 이러한 방법은 리스크에 대하여 기업가와 파트너에게 더 명확하게 이해하게 하였으며 리스크를 축소시키는 더 향상된 방법을 제시하였다. Larson의 매트릭스에서 이상적으로는 예기치 않게 발생하는 이벤트 영향력(event impact)의 값이 0이면 최상이나, 실제적으로 예상치 않는 사건이 발생하지 않는 것은 단순히 이상적인 가정에 불과하다. 그러나 보안부서는 가치보호가 1에 접근할 수 있도록 노력하여야 한다. 이러한 접근방법에는 이벤트 영향력을 감소시키는 방법과 통

21) http://www.csoonline.com/article/2120656/metrics-budgets/security-value-made-visible.html, Value made visible, Scott Berinato, 2006. (2014. 10. 3. 접속)

상적인 운영비용을 증가시키는 방법이 있다.

그러나 여기에서 통상적인 운영비용 N에 대한 선택권은 항상 보안부서에 있는 것이 아니며, 실제적으로 선택권이 주어진다 하더라도 보안부서 스스로가 곤란한 상황을 자초하는 결과를 가져올 수도 있다. 극단적으로 통상적인 운영비용의 축소는 보안팀의 운영자인 보안요원의 해고로 연결될 수도 있다. 따라서 결과적으로 이벤트 영향력 E를 추가적인 비용의 증가 없이 축소하는 방법을 찾는 것이 기업주가 가장 바라는 가장 효율적인 방법이 될 것이다.

4) 부정행위 조사

기업의 경쟁력은 건실한 기업문화에서 출발한다. 위기에 강한 기업은 기업구성원이 기업정책을 신뢰하고 정책의 적용에 공정하고 엄격하여야 한다. 다양한 구성원들이 모여 있는 다국적기업이 이러한 보편적인 기업정책의 적용에서 취약점을 노출하게 되면 기업의 안정성은 크게 흔들리게 될 것이다.

현대기업경영의 화두 중의 하나가 윤리경영이다. 세계적인 규모의 기업이 기업내부의 부패행위로 붕괴되어가는 모습을 우리는 빈번하게 접하게 된다. 다국적기업에서는 이러한 부정행위를 방지하는 업무가 보안업무의 핵심이다.

아래의 업무는 모든 기업들이 공통적으로 수행해야 한다는 강제성은 없지만 이미 30년전에 경쟁력 있는 다국적기업의 기본적인 보안부서의 업무이다.[22] 여기에 추가적으로 업종에 따라서 새로운 업무가 더해지기도 하며, 이러한 조정은 기업의 특성에 따라 좌우될 것이다.

① 기업의 재산, 장비, 보급품, 제품과 모든 재산에 대한 범죄 행위를 한 모든 사람에 대한 체포와 고소
② 시설물에 대한 물리적 통제의 설계와 시행
③ 신분인식을 위한 배지 프로그램의 실시와 관리감독
④ 신입사원 입사전후의 구성원의 신분조사와 적격심사
⑤ 기밀로 분류된 서류와 정보의 관리 통제
⑥ 법집행 기관(경찰, 검찰, 소방)관의 관계의 유지

---

22) Charles A. Sennewald, *Effective Security Management*, BH, 1985, p. 36.

⑦ 기업영업비밀의 관리에 대한 관리감독
⑧ 시설물에 대한 구성원과 방문자의 관리
⑨ 주차상황의 보호와 차량출입, 주차관리의 운영
⑩ 안전요원의 운영으로 범죄의 예방과 감소, 기업재산에 대한 순찰과 같은 활동을 통한 높은 가시도(일반인과 구별되는 복장)의 유지
⑪ 기업의 잠금장치와 키 통제 프로그램의 운영
⑫ 보안 교육과 훈련 실시
⑬ 구성원에 대한 공격이나 기업 이윤감소와 기업구내에서 발생한 모든 범죄행위에 대한 조사의 실시(종업원의 부정행위조사)
⑭ 요인보호 프로그램의 관리감독
⑮ 잠재적 공급업체, 기업 인수 후보기업에 대한 금융 안정성의 조사(기업 실사 업무)
⑯ 폭동, 자연재해, 파업 중에 필요한 특별 보호조치에 대한 준비와 조정 기능
⑰ 보안/손실예방의 취약성의 조사와 대책수립
⑱ 전문적인 컨설팅 서비스, 거짓말 탐지기 서비스, 무장 차량서비스, 특정 조사서비스, 경비서비스, 비밀조사요원, 구매서비스, 기록물의 파기와 같은 외부 보안서비스의 운영과 계약의 실시
⑲ 필요시 긴급 가이드와 호위 서비스의 제공
⑳ 모든 보안에 관련된 문제에 대하여 경영진에게 조언자로의 역할

이에 반하여 한국기업의 보안부서의 업무영역에는 구성원의 부정행위(fraud)에 대한 조사 및 기업정책과 절차의 이행여부확인에 관한 권한이 없거나 감사업무로 착각하는 기업이 대부분이다. 이것은 외국계 다국적기업들의 보안부서의 핵심적인 업무 중에 하나가 구성원의 부정행위방지업무와 구체적인 비즈니스 절차의 이행여부의 확인에 속하는 것과 비교하면 한국기업에서의 보안부서의 위상이나 업무활동은 단순 경비수준에 머물러 있음을 알 수 있다.

그러나 기술유출의 대부분이 내부인과 관련되어 있듯이 모든 구성원에게 공통적으로 적용되는 기업보안에 대한 구체적인 프로세스의 준수여부를 확인하는 것이 기술유출을 방지하는 첫걸음이 될 것이다. 아래의 〈표 7-8〉는 부정행위조사업무와 회계감사와의 차이를 보여준다.

〈표 7-8〉 감사와 조사의 비교[23)]

	회계감사	부정행위조사
시 기	반복적 그리고 정기적으로 실시	부정행위조사는 의심되는 상황 발생시
범 위	회계감사의 범위는 재무자료 전반	의심되는 특정한 부분에 대한 자료실사
목 적	회계감사결과를 의견으로 제시	부정행위여부를 조사하고 원인을 규명
결 과	감사결과로 과거의 오류가 회복되지 않음	부정행위조사로 부정행위자의 책임여부를 규명하고 손실을 복구함
방 법	회계감사기법	부정행위조사기법
가 정	회계감사는 전문적인 의구심을 가지고 실시	부정행위조사는 책임자에게 책임을 묻게 되므로 증거확보가 중요

부정행위조사업무의 중요성은 대부분의 기술유출은 전·현직 종업원에 대한 경쟁사의 스카우트나 매수에 의한 것이므로 내부자의 기술(정보)보안 의식을 높이고 유출 시도를 막을 수 있는 내부 프로그램을 구축하는 게 외부로부터의 침입을 막는 것보다 우선시돼야 한다.

국제투명성기구(TI)의 '2011 부패인식지수(CPI)'을 살펴보면, 한국은 10점 만점에 5.4점으로 부패인식지수가 3년 연속 하락하여 OECD국가 34개국 중 27위를 차지한 것에서 보이듯 우리나라의 청렴성지수는 OECD국가들 중에서도 최하위에 맴돌고 있는 것을 고려하면 우리나라 국민들이나 기업의 구성원들이 경제활동에서 특별히 청렴한 것도 아닌데 보안업무부서에서 이러한 조사업무를 수행하지 않는 것은 상당한 아이러니가 아닐 수 없다. 이것은 동서양의 의식구조가 기업에도 영향을 미치기 때문으로 생각된다.

사막의 종교를 배경으로 한 죄와 벌의 서양문화는[24)] 부정행위자에 대한 고발과 엄벌에 처하는 것을 당연시 하는 반면에 명예와 부끄러움의 동양문화는 구성원의 부정행위에 대하여 상대적으로 관대하며, 내부고발자에 대한 보호제도도 허술하다. 그러나 기업에서 명확한 비즈니스 프로세스가 모든 구성원에게 공정하게 적용되지 않는다면, 상당수의 구성원은 언제든지 부정행위를 행할 가능성이 있다. 이것이 우리나라 기업

23) 성태경, 전게서, p. 20.
24) Ruth Benedith, *The Chrysanthemum and The Sword*, 1946.

에서 보안부서의 핵심 업무로써 구성원의 부정행위조사권한의 부여와 적절한 관리통제를 하여야하는 이유이다.

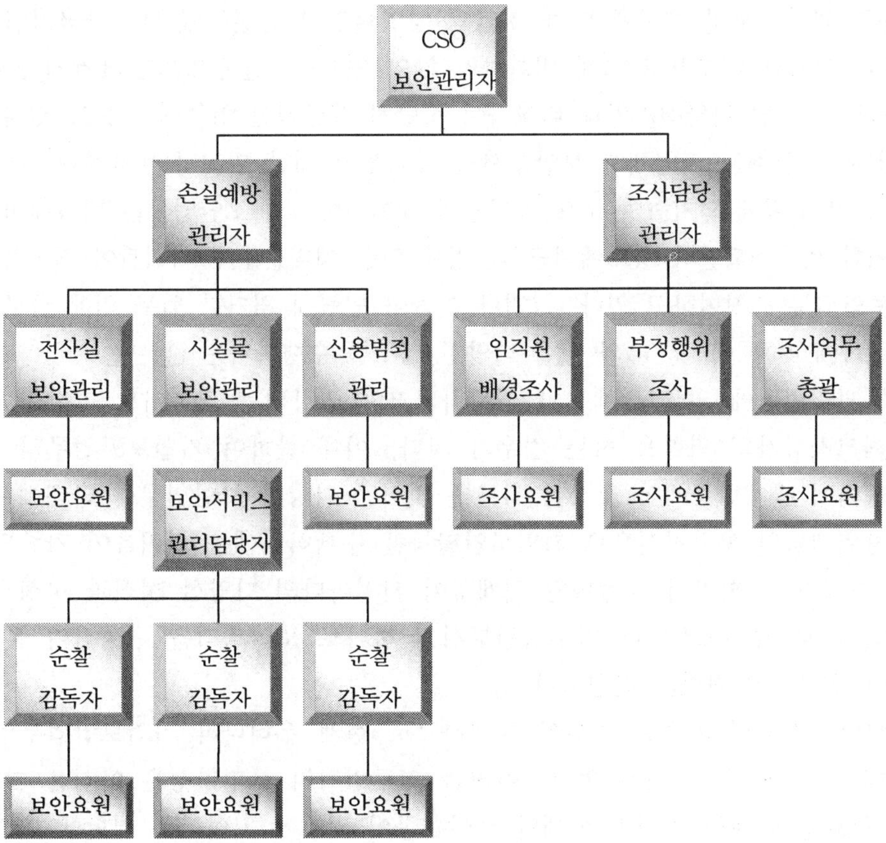

〈그림 7-1〉 기업의 보안부서 조직도[25)]

〈그림 7-1〉에서 보듯이 다국적기업의 보안조직과 업무에서 부정행위를 조사하는 업무는 보안업무의 핵심적인 영역에 속한다. 구성원의 입사지원서에 기록내용에 대한 검증과 보안절차의 이행여부에 대한 확인, 부정행위자의 증거수집과 기업의 이미지에 불이익이 될 수 있는 상품서비스에 대한 확인 등 대부분의 기업 비즈니스의 안정성에 대한 확인 업무를 수행한다.

25) Charles A. Sennewald, op. cit., p. 28 재구성.

5) 기업보안직무의 확대

세계화와 과학기술의 발전에 따라 기업의 영업환경이 급변하였으나 한국기업에서의 보안업무는 과거와 비교하여 크게 변화하지 않고 있으며, 한국기업과 세계시장에서 경쟁하고 있는 글로벌 다국적기업과 비교하여 상당히 제한적인 영역에 머물고 있다. 이러한 보안직무의 한계는 기업에서 보안부서의 중요성에 대한 인식과 비례한다. 우리나라의 경우 관련 법령에 의거하여 주요 공기업과 대기업에서의 보안업무는 비상대비자원관리법에 의한 비상계획관과 향토예비군설치법에 의한 예비군부대 지휘관이 직·간접적으로 기업보안업무에 참여하고 있다. 그러나 이들이 법령에 의거한 업무 외에 글로벌보안환경의 변화에 따른 〈표 7-9〉와 같은 다양한 업무를 수행하지는 않는다.

그러나 관련법령에 의하여 채용이 의무화되거나 권장되는 경우이므로 사실상 기업보안의 최고책임자의 역할을 하는 경우가 많다. 이에 반하여 기업보안업무의 복잡성은 가속화되어 관계법령에서 규정된 직무를 벗어난 다양한 보안업무를 군대에서 습득한 국가방위개념의 보안지식으로 기업보안활동을 수행하기에는 어려움이 가중되고 있는 것이 현실이다. 따라서 정형화된 체계없이 기업마다의 다양한 형식과 구성으로 필요에 따라 주로 총무조직이나 업무지원부서의 하나로 보안조직을 구성하여 운영하고 있는 것이 우리나라 기업의 현실이다.

개별적으로 기업의 고유한 특성이 존재하므로 현재 우리나라 기업보안업무의 직무범위에 대한 구체적인 합의는 없다. 이러한 직무범위의 불명확성은 아직은 기업보안에 대한 중요성에 대한 인식의 한계와 보안활동이 기업에 기여하는 역할에 대한 제한으로 귀결된다. 이러한 직무범위의 한계의 근간에는 보안실무자의 전문성의 한계에서도 기인하게 된다. 실제적으로 다국적기업의 아시아지사나 한국지사에서 글로벌보안기준에 부합하는 업무를 부여하는 경우에도 한국의 보안실무자의 업무수행력의 한계를 드러내는 경우가 많다.

〈표 7-9〉는 글로벌 시장을 장악하고 있는 다국적기업의 보안직능을 나타낸다. 오늘날 모든 한국기업이 제한된 보안직능을 수행하는 것은 아니지만 대체적인 한국기업의 보안직능에는 산업기술과 정보유출의 방지, 출입통제와 절도방지, 시설보안시스템의 운용과 유지, 정보기술(IT)보안관리에 중점을 두어 다국적기업과 비교하여 명백한 편향성과 한계가 존재한다. 한국기업에서의 이러한 보안관리직능의 한계가 보안실무자의 전문성의 한계로 이어지고 기업에서의 위상이나 대우가 외국계 다국적기업과는

비교하기가 힘들 정도로 열악한 상황으로 이어지고 있다. 현대기업에서의 보안직능이 현실적으로 확대되어야 함에도 불구하고 경영자의 의식, 한국기업의 지배구조, 경영기법과 연관성이 있으므로 한국기업에서의 보안직능의 확대를 가로막고 있다.

〈표 7-9〉 다국적기업의 보안직능[26)]

보안조직의 직능
① 보안리스크관리를 위한 보안전략기획(기업경영전략과 일치)
② 보안시스템관리(침입감지시스템, 대응시스템, 출입통제시스템, CCTV)
③ 요인보호와 비즈니스 출장보안기획
④ 내부자 절도의 조사업무
⑤ 채용 전 적격심사와 구성원의 규정이행
⑥ 사기행위와 같은 지식인 범죄
⑦ IT보안과 컴퓨터범죄(IT부서와의 협력유지)
⑧ 침해, 절도, 사업장 침입과 점거, 집단항의와 행동
⑨ 약물과 알코올남용
⑩ 범죄손실을 포함한 자산범죄
⑪ 사보타지와 방화
⑫ 납치와 테러리즘(악의적 폭파위협 전화)
⑬ 금품강요와 이익갈등과 같은 비윤리적 행위
⑭ 산업스파이와 정보유출 방지
⑮ M&A 대상 기업에 대한 실사
⑯ 공급라인을 통한 절도와 제품의 전용 방지
⑰ 악의적 제품손상과 제품위조
⑱ 정치적 불안정성에 대한 분석
⑲ 조직범죄와 부패(특히 고위직)

6) CSO 체제의 구축

보안리스크의 발생에 따른 기업연속성과 수익에 대한 손실이 확대됨에 따라 이에 대한 대응도 기업경영차원의 주요 기능으로 보안리스크에 대한 관심이 증대되었다.

26) ARC Training(2005: 11) 편집

2001년 9·11테러 이후에 기업의 보안을 책임지는 경영진에 속하는 최고보안책임자(CSO, Chief Security Officer)가 주목받고 있는데, 글로벌 기업에서의 CSO는 경영진, 관리자, 구성원의 보호, 시설자산과 정보자산의 보호를 보장하기 위한 활동, 보안조직의 운용, 사업장 보안의 적용과 조정을 하부 관리자를 통하여 수행하고 대부분의 CSO는 재무, 시설, 네트워크/정보기술, 구성원에 대한 위험에 대한 모든 안전성을 보장하며, 정보수집과 리스크의 평가, 사고에 대한 대응에 대하여 국내·외 모든 보안기능들을 관리한다[27]. 따라서 오늘날 CSO는 기업의 비즈니스 과정에서 발생하는 재무범죄의 손실, 문서위조, 사람에 대한 범죄, 사보타지, 위협, 비상사태, 불법적인 행위, 기업자산과 환경에 대한 범죄에 대응하기 위한 최상의 서비스를 개발하고 제공한다. CSO란 기업보안을 위한 정책수립은 물론 기술적 대책과 법률적 대응까지 총괄하는 최고보안책임자로서 CSO는 기업전반의 보안정책의 수립·실행·관리·교육과 법률적 대응에 이르기까지 기업보안에 대한 전반적인 책임을 맡는다.

〈표 7-6〉에서와 같이 기업리스크에서 보안리스크가 차지하는 중요성이 강조됨으로 글로벌기업에서 리스크관리 문화를 새로 만들고 지속적으로 발전시키는 일을 수행하는 직책이 CSO이다. 2001년 9·11테러 이후에 그 동안의 개별적인 보안업무의 한계를 인식하고 통합적인 보안업무의 중요성을 느낀 미국기업들은 CSO 채용을 늘리고 있으며, CSO가 빠른 속도로 미국 기업들의 최고경영진의 구성원으로 주요 의사 결정권자가 되고 있으며, CEO에게 없어서는 안 될 동반자가 되고 있다.

기업구조에서 보안조직이 어디에 위치하든 간에 CSO는 반드시 경영진에 직접적인 보고라인과 만남이 가능하여야 한다. 2001년 Harvard Business Review에서는 이상적으로 CSO가 독립성을 보장받기 위하여 최고경영자나 최고운영책임자에게 보고할 수 있어야 한다고 하였다.

오늘날 다국적기업의 CSO는 대부분이 부사장급이며, 33%는 CEO에게 직접 보고하는 직속된 독립조직이다. 미국에서 2007년에 조사된 자료에 따르면 기업이나 조직체의 보안 정책의 입안과 이사회에 참석할 수 있는 권한을 가진 최고보안책임자(Security Executive)의 연봉 평균은 322,181 달러였다. 미국기업의 최고보안책임자는 평균적으로 20년 이상의 경력과 석·박사학위(M.S. or Ph. D)를 가졌거나 학사학위 소지자는 25년 이상의 경력자 있었으며, 미산업보안협회(ASIS) 공인 보안자격증인

27) ASIS, op. cit., 2008: 8.

CPP 자격을 갖는 것을 개인들이나 기업에 의해 선호되었다.

2007년 Foushe Group의 조사에서 CSO가 기업의 모든 네트워크와 정보보호시스템에 대한 안전성을 보장하는 책임을 갖고 있느냐에 대한 질문에 대하여 그렇다는 응답은 26%에 불과하고, 74%는 네트워크와 정보보호시스템의 안전성에 대한 책임은 IT부서의 업무로써 분류하고 있는 것으로 조사되었는데, 이것은 보안기능의 효율적인 운영을 위하여 온오프라인의 융합과정이 꾸준히 진행되고 있으나, 모든 네트워크와 정보보호시스템에 대한 안전성의 보장은 CSO의 핵심적인 업무에 속하지는 않는다는 의미이다.

한편, 다국적기업의 CISO는 급변하는 국제경제와 산업에 대한 거시적 안목과 감각, 비즈니스 트렌드에 대한 분석력이 필수적이다. 지금까지의 보안실무자는 정보기술(IT)에 대한 한정된 전문지식으로 마치 조직 전반에 대한 보안업무를 수행하려 하였는데 반하여 오늘날 산업분야에서 필요로 하는 CISO는 정보기술에 대한 기본 지식과 더불어 거시경제와 산업분야에 대한 안목과 감각, 정보수집과 위험분석, 의사전달력까지 겸비해야 하고 기업의 최고 보안책임자로서 기업 비즈니스 안정성을 제고하는 업무를 수행하여야 한다.

지금까지 기업들은 보안을 기술적인 문제로 인식했으나, 현재 보안은 경영활동의 주요한 업무의 일부로 다뤄지고 있으며, 현대기업에서의 보안은 기술적인 문제로 한정되지 않는다. 즉, 보안은 조직위험의 정도를 어떻게 관리하느냐의 관점에서 불확실성이 상존하는 현대기업경영에서 중요성이 배가 되고 있으나, 아직까지 우리나라에선 대부분의 기업들이 최고정보관리자(CIO)가 CSO를 겸하거나, 보안관련 전문전담부서조차 설치돼 있지 않은 경우도 허다하다. 그리고 보안담당자가 있더라도 대부분 정보보호부서에 속한 팀장이나 과장의 직책을 갖고 있기 때문에 기업의 거시적 보안정책을 제안하고 결정에 참여할 수 있는 권한은 거의 없다. 그러나 현대기업경영은 변화에 어떻게 대응하고, 신속하게 변화에 대한 정보를 수집하고 분석함으로써 기업의 진로를 결정하는 정보수집력과 분석력이 뛰어난 기업만이 생존할 수 있다.

급변하는 글로벌 환경에서 살아남으려면, 재난관리, 보안관리, 정보관리 등으로 산재된 기업의 조직과 운영이 CSO체제를 중심으로 보안조직과 활동을 통합하여, 비즈니스에 관한 정보가 통합되어 조직내부에 원활하게 흐르게 될 때, 기업의 생존과 안정성은 향상될 것이다.

(1) CSO의 핵심적인 성공요인[28)]

① 실질적이고 창의적인 보안 해결책을 통한 경쟁우위를 유지할 수 있는 역량
② 조직 내·외부의 압력에 대응하여 원칙을 유지할 수 있는 청렴성과 역량
③ 고도의 분석기법, 관리경험, 경영진과의 좋은 관계 유지
④ 전략적 기획에서의 정성적인 경험과 경영진으로서의 정책개발
⑤ 조직방침에서 내·외부 트렌드의 중요성과 변화하는 상황에 신속하게 적응·평가하여 조직의 업무를 조력·예측하고, 영향력을 미치는 역량
⑥ 혁신적이고 비즈니스 지향적인 대응책과 권고된 행동방향에 대한 의사소통의 효율성
⑦ 성취에 대한 열정과 성공적인 직원개발을 선도하는 역할

(2) CSO의 핵심적인 임무

CSO의 핵심적인 임무는 ① 보안전략개발, ② 정보수집과 위험평가, ③ 미래의 위기상황에 대한 대비, ④ 사고예방, ⑤ 구성원, 핵심 업무, 정보 그리고 평판에 대한 안전성유지, ⑥ 사고에 대한 대응과 관리 그리고 복구, ⑦ 투자자와의 관계, 공공기관과의 업무, 정부기관과의 관계에서 조정자의 역할로써 구체적으로 다음의 업무를 수행한다.

㈀ 경영진과 협력하여 조직의 위험을 경감시키고, 조직운영의 연속성을 유지하며, 조직의 보호대책에 대한 효과적인 전략개발을 관리한다.
㈁ 조직전반에 걸쳐 위험을 감소시키고, 사고에 대응하며, 정보, 금융, 물리적, 인적, 그리고 평판과 위험에 대한 책임과 손실가능성을 제한하기 위하여 보안 공정, 실행, 정책의 규정과 개발, 적용과 기업안전성을 유지하기 위하여 국내·외 임직원을 감독한다.
㈂ 지적재산을 포함한 조직의 모든 자산을 보호하기 위하여 창의적인 보안 관리기법과 최신의 기술적인 해결책을 연구하고 적용한다. 또한 적절한 보안 기준을 확립하고 관련된 위험을 통제한다.
㈃ 국내·외 법집행기관의 상급관리자 들, 국내·외 보안 기관과 정보기관, 민간부문의 동료들과의 유기적인 관계를 유지한다.

28) Chief Security Officer Guideline, ASIS 2001.

(ㅁ) 인력과 장비의 최적의 사용을 보장하고 물리적 재산과 정보재산, 경영진과 관리자, 임직원과 고객, 주주와 방문객들의 안전을 보장하기 위해서 부서 관리자를 통하여 사업장 보안, 운영과 활동을 조정하고 적용한다.

(3) CSO의 주요한 기술과 능력

CSO는 다음 사항을 성취하기 위한 능력과 기술을 필요로 한다.

① 경영진과 이사회 그리고 운영위원회와의 원활한 의사소통과 관계를 유지한다.
② 조직의 비즈니스 목적과 전략적인 지침에 대한 명확한 이해를 바탕으로 조직의 목적과 보안 필요성을 어떻게 조화시킬 것인가를 판단한다. 이것은 글로벌 비즈니스와 개별적인 비즈니스 보안 프로그램에 대한 비전을 확립하는 능력과 보안 프로그램의 적용과 계속적인 발전을 위한 지원을 유지하는 능력을 의미한다.
③ 경제적, 지정학적, 조직의 디자인과 기술의 영역에서의 변화의 영향, 그리고 이러한 요인들이 조직과 관련된 잠재적인 위협과 위험을 미치는가에 대하여 분석 · 평가한다.
④ 조직의 위험과 위협에 대한 평가에서 전통적인 방법과 선도적인 시나리오 계획기법의 사용을 조화롭게 촉진한다.
⑤ 조직전체를 통하여 핵심요인과 어떻게 성공적으로 업무관계를 개발하고 정보를 교환할 것인가를 이해한다.
⑥ 조직문화에서 내 · 외부 정보원과의 교류를 통한 조직체의 학습과 지식을 증진한다.
⑦ 정치적 상황에 의해서 고무되지는 않으나 정치적 상황에 대하여 기민하게 대응한다.
⑧ 금융, 임직원 또는 고객의 계획이나 권고의 의미에 대한 평가의 필요성을 이해한다.
⑨ 계획수립과 자금지출에 관하여 핵심적인 경영진으로서 기능을 수행한다.
⑩ 조직문화와 비즈니스에 적합한 보안의식을 조직전체에 조성한다.

(4) CSO에 필요한 성격적 특성

① 필요시 전술적으로 행동하는 역량을 가진 전략적인 지침
② 매트릭스 관리환경에서 성공적으로 증명된 기법
③ 개념적으로 뛰어나고 비판적인 사고기법

④ 높은 도덕성과 청렴성, ⑤ 정서적인 안전성
⑥ 뛰어난 협상가/촉진자/여론 주도자, ⑦ 공정관리원리에 관한 완벽한 이해
⑧ 조직의 모든 직급의 사람과의 교류할 수 있는 역량과 부서나 조직경영에 관한 이슈에 관한 민감도, ⑨ 변화를 선도하는 사람, ⑩ 글로벌한 시야와 다문화에 대한 이해와 접근, ⑪ 필요시 세부사항에 역량집중

7) 보안실무자의 다양화

지난 수십 년 동안 기업보안은 보호와 손실예방에 중점을 둔 '방어적인' 접근법에 의해서 지배되어 왔다. 따라서 보안책임자는 비즈니스 기능을 더 효과적으로 수행하는데 도움을 주는 활동보다는 언제나 비즈니스 활동을 제지하는 '출입구에서의 보안요원'의 모습으로 비쳐졌다. 지금까지 한국기업에서의 보안업무에 대한 전문성은 보안선진국과 유사하게 대부분 군이나 경찰과 같은 보안업무와 유사한 조직의 경력을 바탕으로 기업에서 보안직능을 수행하는 것이 일반적인 보안실무자 전문성의 바탕이 되었다.

The Conference Board의 조사에 의하면 아직까지도 미국에서의 기업보안분야는 과거 경찰이었거나 보안 관련 경력자들에 의하여 거의 대부분의 실무자들이 구성되었다.[29] 이 조사에 의하면 보안실무자의 거의 3/4은 전통적인 보안분야 경력자였는데, 이중 31%는 경찰, 19%는 정보기관, 21%는 군대 경력자였으나, 오늘날 기업보안기능에서 다양성이 필수적으로 요구되는 아래와 같은 상당한 이유가 존재한다.

첫째로, 보안에 대한 전략적 중요성에 대한 인식이 증가함으로서, 이러한 결과로 보안부서는 과거보다 더 상위직급에서 운영되어야 할 필요성이 제기된다. 이러한 필요성을 충족시키기 위해서는 전체적으로 새로운 기법인 리더십의 부여, 의사소통, 과거의 경력이나 전술적 지식 이상의 활동과 네트워킹 지식이 필요하게 된다. 전략적 사고자와 전술적 사고자 사이의 구분은 보안과 비즈니스를 효과적으로 제휴하려는 기업의 가장 중요한 요소 중의 하나이다.

둘째로, 매트릭스 조직에서는 경찰이나 군 경력자의 배경을 가진 사람들과는 대조되는 경영과 리더십에 대한 특별한 접근법이 요구된다. 과거 유형의 조직은 명령과 통제관리 형태로서 상대적으로 확실성의 정도가 높은 수준의 지시를 조직의 상층부에서 내려지고 즉시 아래로 전달되는 형태인 반면에, 오늘날 기업환경에서 보안부서의

29) The Conference Board, 2003.

영향력은 보안부서의 능력을 기업전반의 모든 개개인이나 팀들과 협력하거나 협조하도록 설득하는데 균형을 유지하여야 한다. 이러한 공정은 보안전문가와 비전문가 사이의 대화로 기업업무수행에 필수적이다. 또한 이러한 이해증진은 기업보안직능이 '고객중심'을 대표하는 것으로 더욱 중요한 의미를 가진다.

셋째, 전통적인 보안기능은 비즈니스 공정을 '어렵게 만드는 업무'로써 인식되는 분야의 접근방법과 결합되어 있었다. 공식적인 보안훈련은 리스크를 꺼리는 경향이 있는 반면에, 오늘날 비즈니스는 경쟁업체에 앞서거나, 새로운 시장을 개척하거나 이윤을 극대화하기 위하여 계산된 리스크를 수용할 필요성이 있다.

넷째, 기업보안직능은 정해진 규정에 의한 해결책보다는 창의적인 사고를 가진 사람, 혁신적이고 고정된 틀을 벗어나 생각하는 사람들을 필요로 한다. 경찰, 응급의료서비스와 비상기획부서와 같은 보안관련 직업에 대한 연구에서 전통적인 보안분야에서의 '장기간' 경험은 기업에서 요구하는 보안사고에 대한 혁신적인 대응을 저해하는 요소가 된다. 그러나 오늘날의 보안책임자는 계속적으로 독립적인 사고력, 가정과 행동양식 그리고 혁신에 도전하는 의지와 같은 것들의 품성을 평가하여 팀의 가치를 극대화하려한다. 따라서 '어느 부서와 마찬가지로 보안직능에서도 한계를 넘어서려고 노력하거나 계속적으로 주어진 업무에 도전하는 사람들을 필요로 한다.'

다섯째, 보안업무에서도 '인적요인'의 가치에 대한 인식이 증대되고 있다. 실무에서 많은 보안전문가들은 일반적으로 감정의 영향력, 인간행동에 대한 인식과 공포를 포함한 인간 역동성 요소의 실패에 대응하여 보안사고와 응급상황을 다루는 방법을 훈련한다. 감정지수는 효과적인 협력관계의 형성에서 핵심적인 요소이지만, 보안과 위험관리에서 인적요소는 기술적인 보안기술에 비하여 일반적으로 중요성이 간과되어 왔다.

보안과 리스크 전문가는 비이성적인 방법으로 어떻게 리스크가 사회적으로 형성되었는가에 대하여 정확한 인식을 필요로 하며, 구성원의 이성에 상관없이 구성원의 인지편향과 같이 공포와 관심사항에 대하여 민감하여 대응하여야 한다. 다시 말하면 기업은 효과 없는 대책에 비용을 낭비하지 않아야 하듯이, 구성원의 감정적 불안정성에 중점을 두어, 물리적 안정감의 중요성만큼이나 반드시 구성원의 감정적 안정감을 평가하여야 한다.

3. 시설보안디자인

1) 시설보안의 개념

미군야전보안교범(US Army Field Security Manual)의 시설보안이란 인명을 보호하기 위하여 디자인된 물리적 조치로써 장비, 설비, 물질 그리고 문서에 허가 없이 접근하는 것을 방지하고 스파이, 사보타지와 절도를 방지하기 위한 보호대책을 의미한다.

시설보안(physical security)이라고 하면 물리적 보안분야를 의미하고, 시설보안은 보안의 가장 전통적인 영역이며 자산보호의 가장 기본적인 형태이다. 아무리 보안환경이 변화하고 첨단기술이 접목된다고 하더라도 인간이 생활하는 공간에 대한 시설보안의 중요성은 결코 간과되어서는 안 된다.

일반적으로 산업보안 선진국인 미국에서의 시설보안은 관리적인 보안업무를 수행하는 보안직능 이외에 순찰이나 입초근무를 수행하는 인력보안 영역까지도 시설보안업무에 포함시킨다. 따라서 보안조직의 운영비 중에서 시설보안이 차지하는 비중은 절대적이다. 이러한 물리적인 통제를 통하여 경계구역, 사업장, 시설물, 건물을 보호하고 조직에 속하는 모든 물리적인 자산을 보호하는 임무를 수행한다. 물리적 보안은 허가되지 않는 출입, 위험요소, 자산의 파괴를 방지하기 위한 심층적인 시설보안대책을 활용하는 공정을 적용하므로, 필수적으로 손실이나 위험요소로부터 자산, 공장, 시설물, 건물, 사무실과 모든 기업자산을 보호하는 업무를 수행하여야 한다.

포괄적인 보안계획은 일반적으로 3가지로 구성된다. 첫째, 일반적으로 시설보안은 접근방법을 통제하기 위한 유형적인 대응책을 디자인하고 운영상의 방해요인을 예방하기 위한 시스템이다. 둘째, 개인에 대한 안전조치는 업무를 수행하는 임직원이 업무수행에 대한 방해 없이 업무를 수행할 수 있도록 보장하기 위한 일련의 운영방법(a set of practices)이다.

셋째, 정보보안은 조직의 운영과 성장을 보증하도록 생산된 정보와 여러 가지 영업비밀인 고객명단과 마케팅계획, 재무통계와 다양한 형태의 재산적 정보의 보호를 다룬다.

이와 같은 3가지 요소들은 서로 밀접하게 연관되어 있으며 보호되어야 할 시설물이나 조직의 유형에 따라 보호정도는 다양하다.

포괄적인 보안프로그램에서 시설보안의 구성요소는 대체적으로 다음의 5가지 구성요소로 첫째, 정책과 절차로 보안목표에 대한 선언서와 목표를 달성하는데 필요한 수단에 대하여 규정한다. 둘째, 인적구성으로 시스템을 시행·관리하기 위한 실무자를 의미한다. 셋째, 방벽으로 출입통제장치와 구조물을 말한다. 넷째, 장비로 감지, 경보, 교신과 통제시스템, 여기에는 하드웨어와 소프트웨어 모두를 포함한다. 다섯째, 기록물로 과거의 기록과 사고보고서, 출입통제에 대한 각종 기록, 업무처리 기록부 등으로 구성된다.

2) 심층보호

시설보안 프로그램의 주요한 목표는 목표물에 대한 접근을 통제하거나 어렵게 하여 지연시키는 것이다. 여기에서 사용되는 방벽(barriers)의 개념은 이러한 목표를 달성하기 위하여 〈그림 7-2〉와 같이 구성된다.[30] 이러한 방벽에는 일반적으로 중심부로 접근할수록 점차적으로 보안수준이 강화되는 동심테두리(concentric layer)로 구성된다. 각각의 층은 가능한 최대한 침입자의 침입을 지연시키는 역할을 수행하게 된다. 따라서 시설보안계획이 적절하게 수립된 경우에는 각각의 층에 의한 지연된 시간의 합은 침입자의 시도를 무력화하거나 보안시스템을 통제하는데 도움을 제공하게 된다. 그러므로 물리적 통제는 시설물 배치의 핵심적인 부분이 되어야 하고 이러한 시스템으로부터 최대한의 장점을 얻기 위해서는 전체적인 보안프로그램과 통합이 이루어져야 한다.

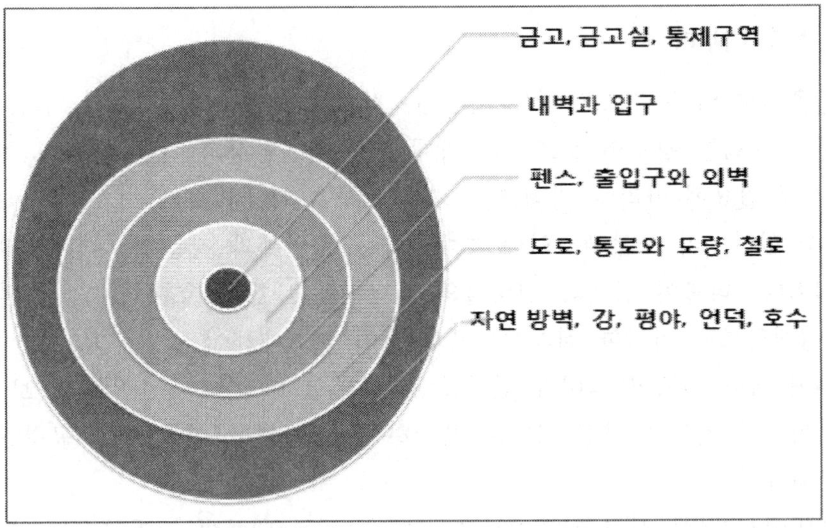

〈그림 7-2〉 보안의 계층도

30) Timothy J. Walsh, Protection of Assets, Volume Ⅲ, 1994, The Merritt Company, p. 19-2, 편집

외곽의 보호테두리는 시설물을 둘러싸고 있는 모든 자연적인 방벽이나 시설물의 대지 경계선(property line)에서 설정된다. 가운데 테두리는 구조물의 외부에 설정하고 건물의 내부에는 내부테두리가 설정된다. 어떤 시설물에서는 전체적인 대지구역이 대지 경계선과 동일한 구조로 되어있어서 외부의 대지 경계선이 구분되지 않으므로 대지 경계선이 대지구역을 표시한다. 대신에 이러한 경우에 시설물에 대한 접근통제는 중간 보호 테두리나 구조물이 위치하고 있는 장소의 외부에서 시작되어야 한다. 각각의 보호 테두리의 역할과 개념은 다음과 같다.

(1) 외부 보호 테두리

물리적인 통제는 담장이나 다른 방벽을 설치하는 것으로 구성하고 보안조명, 신호기, 경보기도 포함한다. 이 지점에서 통제는 일반적으로 경계선의 규정, 사람들이 출입하는 통행로, 차량의 접근지점을 지정하는 방법을 개괄적으로 디자인한다. 이러한 디자인을 통하여 침입자, 시위자가 경계선을 가로질러 진입하는 것을 방지하도록 한다. 또한 호기심으로 시설물에 접근하려는 사람들에게 경계선의 의미를 정확하게 전달할 수 있도록 표시하고 이러한 알림사항에 대하여 위반하는 경우에는 불이익을 당한다는 것을 잘 알 수 있도록 하여 이를 위반하는 사람들이 없도록 하는 역할을 한다.

(2) 중간 보호 테두리

사업장 건물 외부의 중간보호 테두리는 대체적으로 보안조명, 경보기, 잠금장치, 출입문과 창문에 강력한 강도의 보조 금속막대, 신호기, 담장과 같은 방벽의 형태로 구성된다. 여기에 필요에 따라 추가적으로 외부의 보호 테두리보다 더 보강된 보호대책을 보강할 수 있다. 이 부분에서의 보호대책에는 출입문과 창문에 대한 물리적인 통제가 필수적이다. 더불어 방벽과 건축물의 외벽면에 대한 보호대책이 간과되는 경우가 많으나 실제적으로 이러한 취약성으로 인하여 보호대책이 잘 운영되지만 눈에 잘 보이는 부분에 대한 대책이 의미가 없어질 경우가 있다. 따라서 사업장의 보호대책은 보호객체를 하나의 지붕을 가진 상자로 생각하고, 바닥과 사면에 대한 균형있는 보호대책이 요구된다.

이러한 측면에서 항상 시설물의 지붕을 통한 침투에 대하여 고려하여야 하므로, 침입자가 채광창, 승강기 기계실, 환기구를 통하여 내부로 침투할 경우에는 침입 동선에 경보장치가 설치되거나 외부적인 침투를 어렵게 하는 보호장비가 설치되어야 한다.

더불어 맨홀, 하수구와 같은 지하통로를 이용한 침투는 의외로 대비에 소홀하므로 특히 침입자가 지하공간을 통하여 이동할 수 있는 충분한 공간이 있는 통로에 대한 점검과 이에 대비한 다양한 대응책도 강구되어야 한다.

(3) 내부 보호 테두리

대체적으로 내부 테두리에는 중간이나 외부 테두리보다 더 강화된 보호대책이 수립된다. 침입자가 외부와 중간 테두리를 통과하였다 하더라도 아직 목표물이 어디에 있는지 알지 못하기 때문에 먼저 이러한 장소에 대한 구체적인 계획수립이 중요하다. 일반적으로 물리적 통제에는 창문과 출입문에 보강된 창살, 잠금장치, 방벽, 신호·경보기, 보안조명, 금고, 금고실, 통제구역이나 내부공간이 내부보호 테두리에 속하는 보호대책들에 포함된다.

내부 테두리에는 가치 있는 연구시설과 생산데이터, 장비와 공정, 현금과 유가증권, 조직의 각종 핵심적인 기록물들을 보관하고 있기 때문에 상당한 노력을 기울려 보호대책이 수립되어야 한다. 이 경우에 보호수준은 내부에 보관된 자료의 가치에 비례하여 결정되어야 하며 이러한 과정을 리스크평가라 한다. 특히 중요한 연구시설에는 특별히 강화된 방벽, 다양한 종류의 경보장치, 조합잠금장치가 부착된 튼튼한 문, 출입에 필요한 서명의 요구, CCTV와 금고가 필요할 것이다. 더불어 잠금장치가 된 공간에 현금저장용 금고에는 제한된 수량의 현금만을 보관하도록 하여 적절한 보호관리가 되도록 한다.

3) 보안디자인의 원리

(1) 환경적으로 안전한 시설물 설계

새로운 시설물을 설계할 때 시설물의 안전성을 위하여 보안디자이너와 보안전문가의 협조가 필수적하며 여기에 지역 경찰과 소방 공무원의 협조도 중요하나 지금까지는 대부분 이러한 다양한 변수들에 대하여 간과되어 왔다[31].

보안디자인은 시설물 설계에 관한 다양한 전문적인 의견과 관점들의 수렴과정을 통하여 손실의 기회를 줄여서 시설물의 가치와 안전성을 향상시킬 것이다. 더욱이 실제로 시설물이 건축되기 전에 방호계획이 실시되면 차후에 시설물에 추가적인 보안대책

31) 최선태, 기업보안핸드북, 2008, p. 241.

을 추가할 필요가 없어질 것이다. 그러나 아직까지 우리나라에서 시설물을 설계할 때 보안대책을 설계에 반영하는 경우는 거의 없었으나, 아산신도시와 수도권에 위치한 신도시 설계에 CPTED개념을 시범적으로 적용하였다. 이와 같이 기존 건물의 대부분이 구조적인 취약성으로 인하여 침입자가 쉽게 침입할 수 있으나 이러한 설계자체의 취약성은 물리적인 자물쇠와 감시카메라와 같은 안전대책으로서는 한계를 가지고 있으며 특히, 오늘날과 같이 공조기가 일반화되기 전까지는 건물의 적정한 환기를 위해서 많은 창문을 필요로 했으므로 이러한 개구부는 침입자에게는 더없이 좋은 기회를 제공하였다.

오늘날 대부분의 시설물도 불법침입 시 여러 가지 문제점을 가지고 있다. 예를 들면, 매달려 있는 천장 타일은 천정과 바닥면 사이에 상당한 공간이 존재하므로 침입자가 쉽게 타일을 밀치고 천장사이 공간을 통하여 침입할 수 있으므로 타일 위의 공간은 한 사람이 기어서 같은 층의 다른 공간으로 이동할 수 있게 하는 침입통로가 된다. 또한 이웃하고 있는 건물의 지붕을 통한 침입은 오래된 건물이나 새로운 건물이나 마찬가지로 동일한 취약점이다. 이러한 많은 취약점은 적절한 시설보호대책에 의해 보완이 이루어지고, 지붕으로 통하는 개구부에는 자물쇠나 경보기가 설치되어야 한다.

시설보안의 중요성이 대두됨에 따라 지난 40년 동안 미국 건축가들에겐 시설물의 기획단계에서 범죄예방 설계와 역할의 중요성이 증가하였고 환경적인 안전설계에 주차장이나 통행로의 자연적·전자적인 감시를 포함하여, 자연스럽게 거주자의 시계(視界)를 향상시키는 방법으로 창문이나 조경, 밝은 조명, 기타 여러 건축적인 설계는 범죄예방 능력을 증진시켰다. 더불어 울창한 수풀과 같은 은신처는 침입자가 몸을 숨길 장소를 없애기 위해서 잘 정리되어야 하고, 바둑판식 도로는 침입자가 쉽게 도주하는 것을 방지하기 위해 통행차단을 위한 방호물을 이용하여 막힌 길의 개념으로 바꾸어야 한다.

1960년대 말부터 1970내 초 사이에 뉴먼교수(Oscar Newman)는 건축적인 설계와 범죄예방의 상관관계에 대한 혁신적인 연구를 시행하였으며 방어적 공간이란 개념을 만들어냈다. 뉴먼은 100개가 넘는 건축물 설계를 연구하였으며 설계적인 요소가 범죄를 방지한다는 것을 규명하였다. 예를 들면 뉴먼은 거주지의 창문을 통한 감시의 기회를 증가시키는 방법을 선호하였으며, 이러한 이웃을 통한 감시가 거주자나 이웃들의 안전에 영향을 준다고 인식하였다. 방어적인 공간의 가장 중요한 요소는 범죄에 대한 공포를 줄이기 위하여 거주자들이 사용하는 공공의 공간배치를 변경하는 설계를 하는 것으로, 이것은 엄청난 기대효과를 갖게 하였다. 뉴먼교수는 공공건물의 물리적인 설계의 모습이 거주자의 범죄에 의한 희생율과 그들의 안전에 대한 인식에 영향을 준다는 것을 알았다.

이러한 환경적인 설계를 통한 범죄 예방(CPTED)은 거주자에게는 지역의 모습과 설계를 통해 관심을 이끌어내고, 이웃과의 빈번한 접촉을 가져오며, 더 나아가 지역의 환경개선을 이끌어내고 범죄의 통제와 감소를 위한 주민의 참여를 가능케 할 수 있다. 반대로 범죄자에게는 지역의 물리적인 환경개선과 관심을 통해 합법적인 거주자에 의한 노출위험의 증가와 감시수준의 증가, 그리고 범죄감소에 있어서의 지역사회의 관심증가에 대한 인상을 느끼게 되어 범죄 실행을 억제하여 공공건축물뿐만 아니라 업무용·산업용·관공서·수송시스템·학교 등 모든 시설물에 적용이 가능하다. 더불어 새로운 시설물을 계획할 때 보안디자인의 중요한 요소로 화재나 사고예방에 관한 산업안전의 중요성을 간과하지 말아야 한다.

(2) 보안리스크와 균형유지

보안은 연속되는 공정관리이므로 다음과 같은 원칙이 유지되어야 한다.

첫째, 보안은 반드시 리스크와 균형을 유지하여야 한다. 따라서 보안시스템이 디자인되기 전에 전체적인 리스크분석이 시행되어야 한다. 이러한 결과물은 해당 자산에 잠재된 리스크에 대하여 결정하고, 자산에 어떤 위협요소가 있는지, 해당 위협요소가 실재로 구현될 가능성은 얼마나 되고, 발생할 경우에 비즈니스에 어떤 영향력이 있는지를 구체화할 수 있게 된다. 이러한 리스크분석의 결과로 대부분의 조직에서는 그동안 중요하지 않는 자산이 과잉보호되거나 중요한 자산이 잘못된 방법으로 보호되고 있는 것을 발견하게 된다. 따라서 보안전문가에 의한 리스크분석은 보안시스템을 디자인하기 전에 반드시 선행되어야 한다.[32)]

둘째, 가장 강력한 시설장벽은 목표물에 근접하여 설치한다. 우리는 가끔 경계시설의 펜스강도를 과신하는 경우가 있다. 일반적으로 외부장벽에 많이 사용되는 유형인 면도칼 같이 날카로운 모양으로 된 2.4미터 체인링크(Chain link)펜스는 단지 30초 정도의 침입을 연장시키는 역할밖에 하지 못한다. 더군다나 경계시설은 매우 광범위한 영역을 보호하고 있으므로 비용효과적인 관점에서 분석되어야 한다. 이러한 비용

32) ARC Training, security management stage Ⅰ(core skills), Principles of Security Design, pp. 22~27.

효과적인 방법 중에 하나가 경계시설의 강도를 강화하기보다는 보호구역의 범위를 축소하여 귀중품을 금고에 보관하는 것이 더 향상된 보안대책이 될 것이다.

셋째, 최상의 경보시스템은 가장 먼저 경보를 울린다. 일반적으로 우리가 경보시스템을 설치하는 주요한 이유는 침입자가 목표물에 접근하는 시간을 지연시켜 경보가 울린 다음에 보안요원이 최대한 신속하게 침입자를 제지하거나 무력화하게 하는 시간을 확보하게 만드는 것이다. 그러나 여기에서 중요하게 고려하여야 할 것은 빠른 경보를 위하여 침입감지시스템을 목표물에서 너무 멀리 설치하는 경우에는 설치 범위가 넓어지게 되어 설치비용이 증가하고 침입경보를 받고 출동하는 대응팀이 침입자의 위치를 파악하기가 어렵게 된다. 따라서 침입감지시스템은 외부장벽에 가장 근접하게 위치한 곳에 설치하는 것이 적절하다.

넷째, 비용과 편익은 반드시 균형을 맞추어야 한다. '비용으로써 보안'이라는 용어는 비즈니스 환경에서는 난센스이다. 비즈니스 환경에서의 보안은 공공법집행 조직의 '어떤 희생을 치루더라도' 범죄를 방지해야하는 것과 같은 책임을 가지지는 않는다. 비즈니스에서의 주요한 보안의 관심은 반드시 조직의 자산을 보호하는 것이나, 이러한 자산을 보호하고자 하는 비용이 손실비용을 초과하는 경우에는 이러한 보안대책은 의미가 없으므로, 더 비용이 적게 드는 대안을 찾아야 한다. 이러한 원리는 모든 이윤을 추구하는 기업의 보안대책에 적용된다.

다섯째, 보안대책은 반드시 인간활동의 자유의 개념을 고려한다. 이러한 개념은 어느 나라에서 적용되든, 어떤 법적인 규제가 따르든 간에 기업보안운영을 할 경우에는 인간의 기본적인 권리 혹은 도덕성은 논쟁의 대상이 아니다. 어떤 보안대책이 통상적인 업무활동을 방해하는 경우에는 사람들은 이러한 방해물을 우회하는 방법을 찾게 되는 것은 매우 명확한 사실이다. 특히 특정한 보안지침이나 IT보안절차가 인간의 기본적인 특성들은 고려하지 않고 획일적으로 적용되는 경우에 이러한 상황이 발생한다. 그러나 일단 한번 이러한 상황이 발생하게 되면, 보안부서에서는 이러한 상황을 발견하기 어려우므로 매우 심각한 보안취약성이 노출되게 된다.

여섯째, 모든 보안시스템은 경고의 의미를 내포한다. 대부분의 전문적인 범죄자는 학습에 의하여 눈에 보이는 보안대책의 효과에 대하여 정확한 평가를 한다. 그러므로 보안대책들은 약간 과장되거나 속임수의 수단을 포함하여 보안시스템을 운영되는 것이 좋다.

(3) 보안시스템의 통합

보안시스템은 다음과 같은 다양한 요소들의 조합에 의해서 이루어진다.

첫째, 최고의 보안시스템은 물리적, 전자적, 인적 그리고 절차적 대책들이 가장 적절하게 조화가 이루어져야 한다. 이러한 여러 가지 대책들의 조화의 내용은 비용과 편익의 상황에 관한 설명과 밀접한 관련이 있다. 우리는 때때로 어떤 보안대책에 필요한 절차가 타이트하게 적용될 경우에 전자감지장비에 막대한 금액을 투입하는 것이 의미 없다는 것을 알게 된다. 반대로 인건비가 높은 나라의 경우에는 많은 인력의 순찰요원을 유지하는 것보다는 대응역할을 수행하는 인력을 최적으로 활용하고, 대신에 전자감지장치를 활용하는 것이 효과적이다.

둘째, 보안의 허점은 목표물의 존재가 노출될 경우에 시작된다. 대부분의 경우 보안장비가 존재한다는 것은 인근에 중요한 목표물이 있다는 것을 의미한다. 예를 들어, 현금운송용 차량에는 내부에 다량의 현금이 들어있다는 것을 의미한다. 또한 눈에 잘 띠지 않는 평범한 사람일지라도 주변에 검은 양복과 선글라스를 낀 사람들에 의해 호위되는 상황은 그 사람을 갑자기 중요한 사람으로 인식하게 만든다. 또한 새로운 전산장비를 구매하는 경우에는 장비뿐만 아니라 포장용기도 절대로 외부에 방치되어 사람들이 이러한 장비가 구매되어 내부에 설치된다는 생각을 갖지 않도록 해야 한다.

셋째, 보안대책은 보안취약점이 발생할 경우 즉시 발견이 가능하도록 설계한다. 우리는 가끔 보안시스템의 실패 상황을 너무 늦게 발견하기도 한다. 이것은 특히 내부인에 의한 부정행위나 산업스파이가 발생하는 경우가 여기에 해당된다. 이러한 2가지 범죄행위의 경우는 범죄자가 실제로 해당 목표물의 담당자인 경우가 대부분으로 매우 뛰어난 범행기법을 보여주거나, 대부분이 내부자이므로 상당기간 동안 발견되지 않은 상태로 방치되어 결국에는 해당 조직이 파국적인 상황에 이르기도 한다.

넷째, 보호대상물은 반드시 자체적으로 보호되어야 한다. 보안대책들은 본질적으로 이러한 대책을 무력화시키려는 사람에게는 잠재적인 목표물이 된다. 보안업무를 수행하고 있는 보안요원은 구성원이나 대중의 공격에 노출되기 쉬운 위치에 있거나 CCTV 장비는 반달리즘의 목표가 되기 쉽고 경보시스템은 침입자에 의해 무력화된다. 따라서 보안시스템을 디자인할 경우에는 보안대책 자체가 일정정도의 내구력을 보유하는 것은 필수적이다.

다섯째, 필요성의 원리를 적용한다. 일반적으로 대부분의 경계구역은 모든 사람들이 별다른 제한 없이 대부분의 장소에 접근이 가능하다. 이러한 잘못된 보안관행들은 모든 구성원이 건강에 위협이 되는 장소나 위험물질이 있는 장소에 접근하는 것을 제지하지 않는 경우와 마찬가지이다. 따라서 이러한 경우에는 명확한 절차를 적용하여 지정된 특정구역에는 구성원이 접근하지 못하게 하고 특정한 장소는 허가를 득한 요원만이 출입이 가능하도록 하고 출입 시에도 출입기록을 유지하며, 가능하다면 내부출입통제시스템이나 관리자가 직접 관리하도록 한다.

여섯째, 보안은 모든 실행 가능한 대책들의 총량이다. 보안대책들은 서로 따로 떨어져서 작동하지 않으므로 구역의 모든 시스템이 완전하게 서로 결합하여 작동하도록 구성한다. 이러한 시스템은 여러 가지 보호대책들이 서로 겹쳐지게 디자인하여야 한다. 그러나 좋은 경보시스템의 효율성도 경보가 발생하는 경우의 대응역량 뿐만 아니라 대응팀의 대응절차에 의해서 급격하게 무력화될 수 있다.

4) 보안시스템 설치환경

새로운 보안시스템을 디자인 할 경우에는 언제나 해당 보안시스템이 적용되는 다양한 환경요인에 대하여 주의를 기울려야 한다. 따라서 어떤 조직이든 보안대책을 선정하는 경우에 고려될 물리적, 경제적, 기술적, 사회적, 정치적, 법적, 운영적인 환경, 핵심자산에 대한 심층적인 보호대책의 필요성들이 사전에 검토할 기본적인 요소들이다.

개별 유형의 보안시스템은 전체적인 시스템디자인에서 구체적인 기능을 수행하도록 구성된다. 디자이너가 최종적인 결과로써 고려하여야 할 실패요인으로는 반응이 없는 시스템, 비효과적인 시스템, 수용하기 어려운 오경비율과 귀찮은 경보의 발생 등이 있다. 이러한 기초적인 디자인에서 개별적으로 고려하여야 할 요인은 다음과 같은 보안환경을 전체적으로 검토한 다음 세부적인 디자인에 반영하여야 할 것이다.

(1) 물리적 환경

우선 보안관리자는 최신의 전자보안시스템의 여러 가지 사양 중에서 최적의 제품을 선정할 수 있도록 디자이너에게 다양한 상품을 제시함으로써 소유자나 사용자가 수용할 수 있는 최상의 결과를 얻을 수 있도록 한다. 특히 센서와 CCTV는 개별 제품의 기술력이 업무수행의 저하나 과도한 귀찮은 경보를 발생하는 원인이 되므로 구체적인 환경적인 변수와 적용에 따른 요구조건을 신중하게 고려한 다음 선정한다. 더불어, 실제적인 시스템의 운영비용은 낮은 감지율과 평가에 대한 수용정도와 관련되어 있으므로 이러한 잘못된 적용으로 인한 수리비용과 구형장비의 한계와 같은 숨겨진 추가비용은 시스템에 대한 소유주의 신뢰를 잃게 하는 원인이 된다. 한편 보안시스템 디자이너는 전자장비의 운영에 악영향을 미치는 다양한 물리적인 환경변수에 관한 문서자료를 수집하여 실제적인 고려사항에 대한 주의 깊은 분석을 선행하여야 한다.

이때 필수적으로 확인하여야 할 외부적인 물리적 보안환경에는 바람과 온도, 안개와 주변의 무성한 나뭇잎, 염분, 강우와 저수량, 펜스 구조물의 상태, 지하 유틸리티의 위치 등 구체적으로 운영에 제한요소로써 센서와 기술의 적용에 영향을 주는 환경적인 영향요소를 모두 고려한다. 또한 내부에서는 내부센서의 설치위치와 선정에는 반드시 난방, 통기, 공기 조절장치의 위치, 열원, 임시조명, 진동, 움직이는 기계, 먼지, 습기와 습도에 대하여 고려한다. 더불어 CCTV의 위치와 정렬은 반드시 햇빛의 눈부심과 보안조명의 충분한 배분, 온도, 바람, 모니터링 위치에 대하여 고려한다.

보안디자인을 하는 경우에 가장 핵심적인 고려요소는 전체적인 시스템을 운영함에 있어서 앞에서 언급한 다양한 환경적인 요인으로 인하여 발생할 수 있는 모든 잠재적인 악영향에 대하여 구체적으로 규명하기 위하여 시스템디자인 단계에서의 분석이 디자인 초기과정의 필수요소이다. 그런 다음 중요한 디자인 단계는 가장 적절한 기술수준의 제품의 선정과 환경적인 요인을 개량하기 위한 조치를 통하여 이러한 디자인을 수행하는데 제안요인을 반영하는 과정이다.

물리적인 환경에서 디자이너가 고려하여야 할 또 다른 요소는 환경적인 디자인을 통한 보안통제의 개념이다. 이 개념은 범죄행위에 이용되는 물리적인 환경요소를 제거하기 위한 시설물과 사업장 디자인개념을 활용하고 물리적인 환경에 의하여 보호조치를 향상시키기 위한 검토를 포함한다. 환경적인 디자인 전략은 보행로의 위치를 활용한 자연스러운 출입통제, 불안전한 구역을 제거함으로써 자연스러운 감시상황의 향상, 개선된 보안조명시설의 활용을 포함하게 된다. 환경적인 디자인 개념에는 개별적인 영역성, 효과적인 공간의 활용, 자연환경의 효과적인 조정을 통하여 잠재적인 위협요인을 방지하기 위함이다.

(2) 경제적인 환경

모든 보안활동은 보안에 투자된 비용으로 최대한의 안전을 확보하는 것을 목표로 한다. 따라서 조직의 경제적인 상황에는 사업장과 국가적인 환경에서의 금융목표와 기업전체의 경제적인 현상 모두를 포함한다. 예를 들어, 한국의 어떤 통신기업의 지역사업장에서 1년에 2~3회의 원인을 알 수 없는 기지국 통신기기의 파손사고가 발생한 경우에, 이에 대한 대책으로서 서울본사의 보안관리자는 해당 사업장에 현재의 벽돌형 담장을 보강하기 위해서 체인링크펜스를 추가적으로 설치하고자 경영진에게 보안예산을 신청하였다.

이에 따라 현재 해당 사업장의 부지 50M X 50M의 보안을 강화하기 위한 경계구역 침입감지시스템과 CCTV와 더불어 가시철선을 상단에 부착한 체인링크펜스의 외곽경계시설물의 설치가격이 5천만 원을 초과할 것이라고 예상된 경우, 해당 사업장의 연간 매출액이 200억 원이고 순이익이 5%인 경우에 해당 사업장의 경제적인 관점에서 체인링크펜스를 설치하는 것이 적절한가에 대한 판단은 보안시스템의 효과와 투입비용을 경제적인 요소를 포함한 다양한 관점에서 평가하여야 한다.

(3) 운영적인 환경

보안시스템디자이너로써 보안시스템의 운영면에서 건축과 공학적인 측면에서의 제한요소는 크게 물리적인 요인과 소유자의 요구 2가지가 있다. 앞에서 언급한 예와 같이 사업장의 경계구역은 반드시 현장에서의 독특한 제한요소, 재산의 가용성과 용도에 적합하도록 하여야 한다. 소유자의 요구에는 핵심적인 업무운영의 구획화, 장소와 출입통제를 위한 출입구의 디자인, 장애인 출입구의 위치 등이 포함된다. 사업장의 소유자들은 자신들의 안전과 효율성을 포함한 자신만의 독특한 업무운영을 유지하기 위하여 다양한 업무수행의 기준을 적용하기 위한 보안시스템을 요구한다.

이러한 개별적인 독특한 요구조건에 의하여 구체적인 보안시스템의 해결책들이 선정되거나 거부된다. 대체적으로 특정한 기술제품에 대한 거부는 보안시스템의 운영환경이나 통상적인 조직의 운영환경을 방해할 잠재성에 대한 우려의 결과로 효과적으로 보안시스템을 운영하기 어려운 경우이다. 이러한 상황에 대한 구체적인 예는 주출입구의 출입통제장비의 거부나 제조환경에서 CCTV 평가의 거부를 포함한다.

(4) 사회적인 환경

오늘날 세계화의 진전에 따라 과거의 자급자족경제에 의존하던 자급형 경제시스템은 점차적으로 다국적기업을 앞세운 대량생산과 발달된 유통시스템에 제압되어 오히려 더욱 심한 빈부격차를 만들어 내고 있다, 이러한 빈부격차의 심화는 사회보장제도가 미숙한 저개발국의 경제시스템을 위태롭게 하고 사회불안의 원인이 되고 있다. 범죄의 주요한 원동력은 가난과 빈곤이라는 여러 가지 실증적인 연구가 존재한다. 이와 더불어 가진 자에 대한 못 가진 자들의 상대적인 박탈감과 경쟁에서 탈락한 집단의 열등감과 증오심은 사회안전망과 기업 비즈니스 활동에 가장 큰 리스크로 자리하고 있다.

또한 정부조직에서도 가난과 부패수준이 범죄와의 상관관계는 매우 높게 나타나고 있다. 이에 관한 자세한 자료는 국제투명성기구 홈페이지에 공개된다.[33] 그러나 인간은 너무 다양하게 존재하기 때문에 단순하게 정직한 부류와 부정직한 부류로 이분화하는 것은 도움이 되지 않으며, 범죄의 원인으로서 인간은 도덕심과 매우 다양한 상황과 상황요소에 의해서 통제된다.

(5) 심층적인 보호조치

조직의 목표나 대체가치의 관점과 자산의 중요도에 따라서 보안디자이너는 보호가 필요한 자산의 보호대책을 통합하기 위한 일련의 조치를 수립한다. 보호단계를 구성하는 전략은 심층적인(In-depth) 보호를 위한 디자인공정이다. 이러한 보안대책을 몇 가지 층으로 나누는 목적은 침입자가 핵심적인 목표점에 도달하는데 점차적으로 어렵게 함으로써, 침입 후 발각되지 않고 도주하지 못하게 하기위한 조치이다. 이러한 심층적인 보호조치는 또한 침입자가 목표로 하는 자산에 도달하는 시간을 지연시키고, 자산에 도달하기 전에 이러한 위협요인을 무력화시키거나 대응조치가 가능하도록 하는 시간을 확보하기 위함이다.

디자인공정을 통하여 해당 사업장이나 시설물에 가장 적합한 기술을 선정하고 적용하는 것은 효과적인 심층적 보호대책의 구성에 핵심요소이므로 반드시 원하는 감지형태를 통하여 침입자의 감지능력을 최대화하도록 한다. 취약성분석을 통한 잘 디자인된 보안시스템은 실제적으로 자산으로부터 최대한 원격지점에서 침입시도를 감지하고 침입자가 자산에 접근하는 여러 지점에서 감지되도록 시스템을 구성한다. 침입자를 감지하기 위한 지점은 구역감지와 라인감지 형태로 구성된다. 전체적인 시스템은 여러 가지 라인감지와 구역감지를 혼용하여 핵심자산의 보호상황을 최대화한다. 따라서 디자이너는 보안조직의 신속한 대응을 보장하기 위하여 구성원이 인식하고 있는 필요한 보호수준의 정도에 따라 시스템의 구성과 설치를 위한 보호구역의 개소를 결정한다. 또한 보안시스템의 방어조치와 보안조직의 역량을 무력화 할 수 있는 침입자의 시도에 대비한 다양한 가능성에 대한 고려도 필수적이다.

---

33) http://www.transparency.org/.

5) 시스템통합 프로세스

(1) 보안디자인 프로세스

보안디자인과 시스템통합효과의 핵심은 보호목표에 대한 위협요인의 본질을 파악하는 것으로 손실의 파급효과는 대안이 없는 소규모 기업의 경우에 중급수준의 위협요인으로도 핵심 비즈니스 자산이 위태롭게 되는 경우 기업이 파국에 이르기도 한다.

현대사회에서의 보안관리자는 역동적인 위협요인과 잠재적인 파국적 손실에 대응하기 위한 최대의 방어수단으로 신중하면서도 효과적인 건축시공, 기술적, 물리적 그리고 운영적인 요소들을 능동적이고 신속하게 시스템으로 통합함으로써 핵심자산보호에 대한 안정성을 증대시키는 역할을 수행하여야 한다. 효과적인 디자인과 통합프로세스는 보안관리자가 효과적으로 위협요인에 대응하고 실제적으로 리스크나 손실로 인한 파급효과를 줄이는 핵심적인 역할을 한다. 이러한 효과적인 디자인 해결책에 도달하기 위하여 보안관리자가 자신의 보안문제점을 전반적으로 파악할 수 있도록 프로세스는 통합적·포괄적이어야 한다.

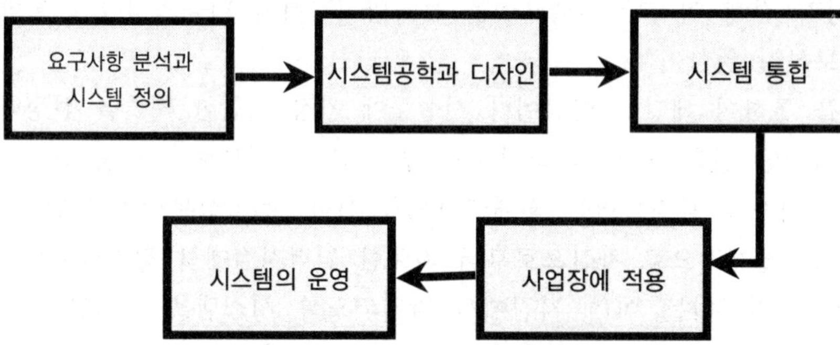

〈그림 7-3〉 보안디자인 프로세스

디자인의 핵심요소는 초기계획에 부합하도록 시스템의 구성요소와 세부사항을 순서대로 배열하는 것을 구체적으로 구현해내는 것이며, 보안 혹은 다른 기능이든 상관없이 모든 사례에서 시스템은 구체적인 목적을 위하여 디자인된다. 보안디자인의 경우에 계획은 규명된 위협요소를 토대로 하여 이에 대한 취약성을 통제하거나 축소하기 위하여 통일된 시스템에 다양한 물리적인 요소, 인적요인과 절차를 통합하거나 선정하는 것을 의미한다.

대체적으로 공학적인 디자인에는 연구와 보고, 기초적인 디자인, 최종 디자인, 제안과 협상, 시공 그리고 운영의 6단계의 프로젝트 과정이 포함된다. 이러한 공학적인 단계에서 보안관리자는 건축가 그리고 엔지니어와 긴밀한 관계를 유지하면서 공학적인 디자인의 기능뿐만 아니라 유·무형 요소의 통합의 결과 손실위협에 대응하기 위한 보호시스템의 디자인을 포함한 프로세스의 목적을 성취하기 위한 조정의 필요성이 요구된다.

대부분의 공정에서 통합의 핵심은 따로 분리되어 운영되는 개별적인 부분을 한 군데로 모아서 하나의 완전한 운영체로 만드는 것이다. 따라서 보안관리자에게 시스템 통합은 사후 대응보다는 사전 대응의 자산보호 방법을 만들어내는 것으로 보안장비, 시설과 인력, 그리고 절차를 유기적으로 융합하는 기법이다. 통합공정의 최종적인 결과는 전체적으로 통합된 보안시스템은 위기상황에서 역동적인 위협요소와 리스크에 효과적으로 대응함과 동시에 통상적인 상황에서 알아차릴 수 없을 만큼의 미세한 기능을 계속적으로 수행하여야 한다. 위협요소와 리스크에 대응하기 위한 다양한 보안과 관련된 요소의 결과가 디자인인 반면에, 통합은 효과적인 자산보호를 위한 일상의 전략과 실제적인 업무의 촉매제역할을 수행한다.

보안시스템의 디자인과 통합은 해당 공정을 통하여 추구하는 목표에 대한 분석과 구체적인 개념정의를 토대로 시작되고, 시설물과 사업장의 보호계획은 항상 개별적인 자산에 대해 가장 적합한 대응책의 규명과 핵심자산에 대하여 필요한 보호대책이 무엇인가를 토대로 한다. 따라서 디자이너와 보안관리자는 보안시스템의 구성요소인 물리적인 장벽, 전자적인 하드웨어, 보안요원과 절차가 상호 유기적으로 작용할 수 있도록 통합된 하부시스템의 보호계획을 설정하고 디자인 계획을 구성하는 것이 필요하다.

보안디자인을 구성하는 시스템의 개념은 개별적인 자산, 시설과 공통으로 경계구역을 공유하고 있는 시설물의 집합을 효과적으로 관리하기 위하여 통합된 시스템을 통하여 형성된다. 기업에서 보안부서에 주어지는 다양한 임무를 수행하기 위한 보호대책과 자원들의 통합에는 고정된 환경상태는 포함하지 않는다. 왜냐하면 위협요소는 일반적으로 보호대책이 필요한 개별 자산이나 시설물에 대하여 역동적으로 작용하며, 전체적으로 통합된 시스템 개념에는 반드시 다양한 시나리오를 예상하고, 시스템의 용장성은 치명성을 토대로 하며, 최상의 달성 가능한 보호디자인을 통한 해결책을 성취하기 위해서 가능한 모든 자원의 집중관리를 필요로 하기 때문이다.

이러한 과정을 거쳐 최종적으로 승인된 개념을 토대로 공학적인 시스템과 디자인 단계는 예비단계에서 최종 디자인까지 단계별 디자인 단계를 거쳐 통합적으로 최종시스템에 제공하며, 최종결과는 완전한 시스템에 대한 해결책을 제시하게 된다. 이러한 통합기능은 최종 디자인 단계에서 디자인 검토과정으로 이어지므로 사전에 언급된 요구조건에 근거하여 통합솔루션은 보안관리자에 의해서 공식적으로 검토되어야 한다.

통합단계는 보안관리자가 사전에 요청한 모든 요구사항이 통합 디자인 솔루션에 반영되었는가를 확인하는 과정으로 시스템통합 프로세스에서 가장 중요한 단계이다. 또한 하드웨어가 구매되고 난 다음 시공이 시작되기 전에 더욱 중요한 것은 디자인 솔루션의 인증이다. 따라서 한번 인증이 되고나면 해당 시스템은 사용자에 의해서 최종적인 운영과 시행의 최종 단계의 준비가 되었다는 의미이다. 그러므로 시스템의 효율성에 대한 재검토는 위협요소의 역동성과 변화된 임무에 근거하여 시행하고 계속적으로 최초의 요구사항 단계에 반영하도록 한다.

이러한 보호대책에는 반드시 통합적인 관점에서 해당 사업장의 개별적인 특성과 전체적인 시설물과 자산보호대책의 분포를 고려한다. 예를 들어, 선정된 건축물의 보호장벽이 침입자를 지연시킬 수 있는 성능은 이와 관련된 감지기와 출입통제의 하부시스템의 구성요소에 대한 디자이너의 선택에 의해 조정된다. 이러한 경우에는 위협요소 시나리오에 가장 적합한 감지기를 선택하고 지연된 시간동안에 충분히 대응팀이 출동하는 것과 연관된 보호 장벽의 지연성능에 대하여 측정하여야 한다. 따라서 대응팀의 가용성과 운영능력은 대응팀의 최상의 선발과 구성 그리고 다양한 보호대책의 배치가 핵심적인 요소이다. 예로서, 디자이너는 침입자의 감지 가능성을 최대화하기 위하여 최신의 기술을 활용하여 극초단파와 적외선 감지기와 같은 구체적인 기술의 조합에 중점을 둔다. 이러한 방식에 따라 보안디자이너는 완전한 통합 시설보안시스템을 구축하기 위한 여러 가지 보호대책을 선정하고 서로 조화롭게 보호대책을 구성하기 위하여 사업장에 가장 적합한 방식을 선택할 수 있다.

개별적인 보호대책을 평가할 경우에 대응책들은 핵심적인 자산을 완벽하게 보호하는 방법은 거의 없으나, 자산보호를 위한 통합적인 접근법을 활용하여 보호대책들의 서로 다른 장점들이 조합하게 되면, 시설물과 해당 사업장에 적합한 구체적인 대책들의 조합을 신중하게 선정할 수 있을 것이다. 디자이너의 개별적인 결정과 성능, 신뢰도, 유지가능성, 비용, 취약성의 감소 가능성을 종합적으로 검토하여 최상의 보호대책을 선정한다.

모든 시스템디자이너의 기본적인 기능은 다양한 구성요소와 하부시스템의 신중한 선정과 통합을 통하여 완전한 시스템 디자인을 구성하는 것이다. 따라서 모든 경우에 사업장마다 개별적으로 독특하게 인식된 위협요소에 따른 자산보호대책의 구성의 선정과 균형, 그리고 의도된 결과를 달성하는 것이 디자인통합의 핵심이다.

(2) 보안시스템 통합

최근 인건비 상승과 빌딩자동화에 따라 대부분의 자동제어시스템의 통합화가 가속화되고 있고, 건물의 방제실에 소방 설비, 가스제어, 보안시스템이 동일한 공간에 배치되는 것이 일반화되었다. 시스템 통합은 사업장이나 시설물 각각의 분야에 산재된 보안업무와 관련된 모든 보안기능을 하나의 시스템으로 인식하고 보안관리자가 종합적으로 운영·통제하는 것을 말한다.[34] 일반적으로 빌딩의 라이프 사이클을 건축 후 약 5~6십년이라 할 때, 라이프 사이클 비용을 분석해 보면 건축에 드는 비용과 운영비용으로 구분됨을 알 수 있으며, 이러한 비용의 비율은 통계적으로 건축에 드는 비용이 약 17%, 운영비용이 약 83% 정도로 나타난다.[35]

시스템디자인과 통합은 보안관리자와 보안설계자에 의해 이루어지며 완성된 공정으로 제시된다. 비록 통합기능이 공정의 모든 단계에 공통으로 적용되기도 하나 디자인과 실제적인 운용사이의 주요한 단계가 시스템통합 과정이다. 이전 단계인 공학적인 시스템디자인 단계를 마친 다음에 보안관리자와 디자이너는 디자인된 시스템에 대하여 주의 깊게 검토한 다음 핵심적인 통합공정에 대한 결과물로 선택된 보호대책과 구성요소가 전체적인 시스템의 효율성을 달성하기 위해서 운영상의 최적상황을 달성하는데 필요한 요소가 무엇인가를 도출한다.

통합공정은 많은 비용이 들어가는 실제적인 시공과 운영 단계 이전에 정당하게 인정된 요구조건과 제한요소에 따라 검토의 중요성을 부각하여 공학적인 디자인의 균형감을 강조하기 위한 중요한 하나의 단계로 취급되어야 한다. 실제로 통합단계에서는 디자인공정의 중요한 단계로 공식적으로 세부적인 최종 디자인을 검토하고 평가한다.

그러나 실무에서는 아직도 시스템통합 단계를 주요한 디자인 단계의 하나로 인식하지 못하는 경우가 있는데, 시스템통합은 최종디자인과 시행 과정에 보안관리자가 사전에 확립된 요구조건에 의거하여 시스템디자인을 검증하는 매우 중요한 공정이다.

---

34) Timothy J. Walsh, Protection of Assets, Volume Ⅲ, 19-134.

35) 일본능률협회 자료, 통합 시큐리티 디자인 방법과 사례, 에스원, 1997:122 재인용.

이러한 관점에서 보안관리자는 사전에 결정된 위협요소와 취약성, 보안운영에 관한 보안관리자의 개념, 경제적 요인 등 여러 가지 제한 사유, 조직운영, 전체적인 시스템에 대한 요구조건을 근거로 하여 완성된 최종적인 시스템디자인 솔루션의 적합성을 검토한다.

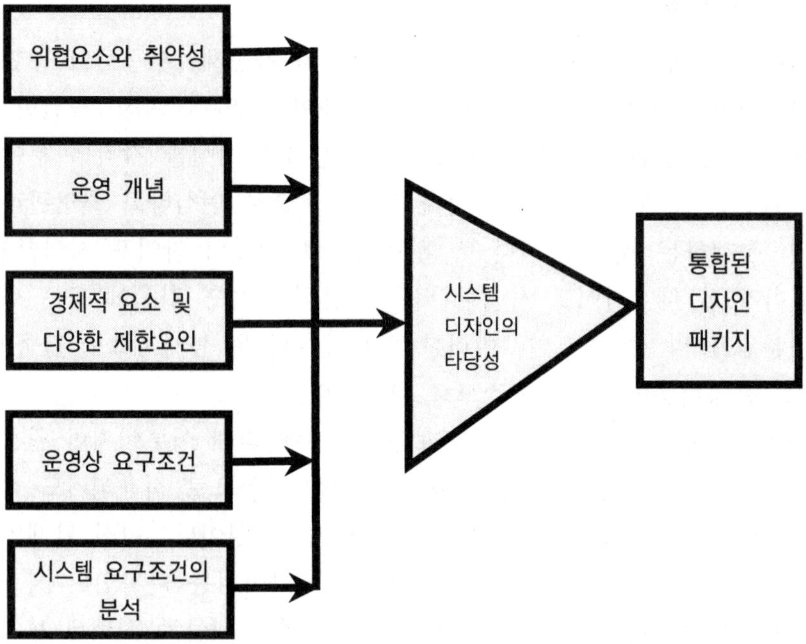

〈그림 7-4〉 시스템통합 프로세스

통합 단계에서는 자산보호를 위한 통합공정을 만들어 내기 위한 인적 요인과 절차적 요인과 더불어 다양한 하부시스템의 요소인 물리적인 장벽, 감지기, 데이터 전송기기, 통제기, CCTV 등을 통합하기 위하여 이전의 디자인공정의 주요한 목적을 확정한다. 이러한 통합과정에서 이와 관련된 구성요소와 더불어 개별적인 하부시스템은 취약성의 감소와 전체적인 시스템의 보호효과에 대한 기여정도에 대하여 보안관리자와 디자이너에 의해서 평가되어야 한다. 이러한 개별적인 측정치는 비용과 편익의 관점에서 언제나 가역관계(trade-off)가 발생한다. 이와 같은 하부시스템의 통합은 개별적인 자산보호결정에 적절한 선택의 최적점(optimal point)을 의미하는 것으로 최종적인 디자인에 반영된다. 공학적 디자인단계의 최종적인 결과는 다양한 하부시스템과 관련된 높은 신뢰도와 확실성을 가진 결합체로서 복합적인 부정적인 환경에 적절하게 대응하는 요소들로 구성된 완전하게 통합된 보안시스템으로 구현되게 될 것이다.

(3) 보안시스템의 구현

보안시스템의 구현단계에는 시설물의 준비, 하드웨어의 구비, 시스템의 설치, 시험가동과 평가, 시스템운영자의 교육훈련, 전체적인 구성요소 프로세스에 대한 관리체계의 확립과 지원시스템의 유지를 포함한다. 궁극적인 시스템성능의 관점에서 이 단계에서의 초기설계에 부합하는 완성도는 시스템이 성공적으로 구현되었다고 말할 수 있으므로, 이 단계가 전반적인 시스템의 성공적인 운영을 결정하는 최종적인 시스템의 결과물이다.

시스템구현에선 보안시스템 디자이너가 원하는 결과를 얻기 위한 손실관리가 가능하도록 하는 것이 이 단계의 핵심이다. 따라서 프로젝트의 통제는 시스템의 품질관리를 보장하기 위한 디자인의 상세명세서를 준수하여 시운전하는 과정을 필요로 한다. 이러한 시스템이 구현된 사업장의 엄격한 품질관리는 성공적인 시스템결과물을 얻기 위한 필수적인 사항이다. 그러므로 디자이너가 사업장 점검을 실시하는 경우에 디자인 초기 요구사항과 부합하는지에 대하여 확인하고 핵심적으로 구현된 구성요소들의 작동상태에 대하여 주의깊게 점검하는 과정이 이 단계의 핵심이다. 따라서 디자이너는 반드시 세부적으로 설치된 케이블 연결부품 등 모든 장비와 장치에 대한 완벽한 지식을 가지고 있어야 하며, 장비와 부품이 사용되고 있는 조건과 환경에 적합하고 디자인 명세서에 부합하는가를 보장하여야 한다. 더불어 품질을 검증하는 해당 컨설턴트에게는 기술적인 디자인에 관한 요구사항에 부합하는 감시체제의 준수에 관한 책임과 공정초기에 확정된 요구사항과 목적에 시스템이 부합하지 않으면 해당 프로젝트를 중단시킬 수 있는 권한이 주어져야 한다.

많은 보안시스템의 완성도가 미흡한 원인에는 초기 디자인 단계보다는 시공과정에서의 공사시방서에 의거한 엄격한 관리·감독의 허술함에서 기인한다. 실제적으로 기축 건축물의 경우에는 수십억 원이 넘는 보안시스템의 구축과정에서 해당 보안시스템에 대한 전문지식을 가진 전문 감리원에 의하여 보안시스템의 시공감리를 실시하여야 하나, 신축 건축물이 아닌 경우에는 보안시스템 시공감리에 대한 규정이 이행되지 않으므로, 실제적으로 시공업체가 자체적으로 형식적인 감리를 실시하고 있는 것이 현실이다. 실제로 보안시스템의 시공에 대한 관련 법규는 정보통신공사업법 시행령 제2

조 ②에 규정된 정보통신공사업법에 규정한 공사의 종류로 정보설비공사 중 정보제어·보안설비공사 항목에 CCTV설비, 경비보안설비에 포함될 수도 있으나 실제적으로 경비보안설비에 대한 구체적인 언급이 없고 기축 시설물의 경우에는 이에 대한 규정을 강제적으로 적용되기가 어려운 것이 현실이다.

따라서 시스템구현 단계에서의 현장시스템의 점검과 성능테스트는 외부 전문가나 전문업체를 통하여 엄격하게 확인하여야 한다. 시스템 테스트 결과는 개별 테스트 단계의 마지막에 준비되어 반드시 테스트기관에 의해 모든 내용이 기록되고 사용자의 보안업무를 총괄하는 대표자에 의해 검증·확인되어야 한다. 마찬가지로 시공도와 더불어 여러 가지 공학적인 제출물은 명세서와 업무약정서에 근거하여 수용가능성 여부를 판단하기 위해 필요하다. 마지막으로 설치된 시스템의 공식적인 승인은 사용자가 모든 품질관리 조항에 대하여 만족한다고 확인한 다음 이루어 져야한다. 더불어 이 단계에서 설치된 시스템에 대한 운영자, 유지보수요원, 감독자에 대한 훈련 일정이 결정되어진다.

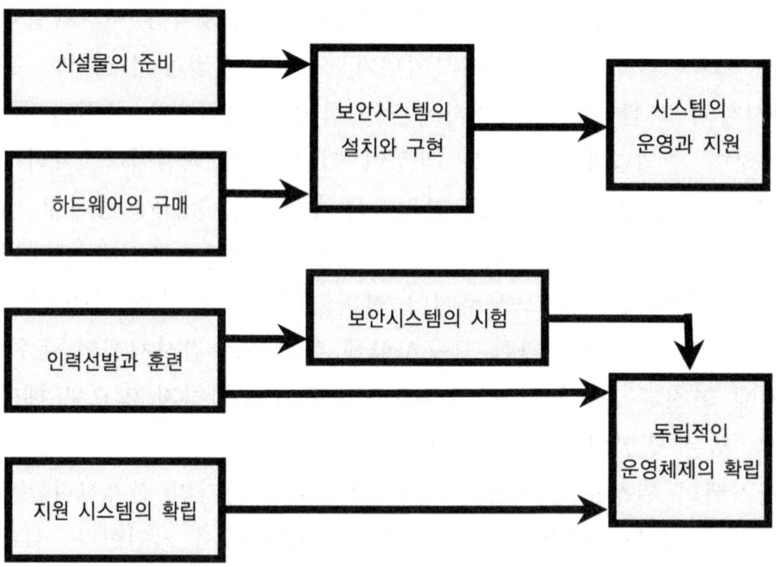

〈그림 7-5〉 시스템구현 프로세스

4. 산업보안 전문자격제도

현대사회에서 산업보안의 중요성은 누구나 인정하고 있는 현대사회의 핵심적인 부분이다. 그러나 기업이나 연구소에서의 산업보안의 실태를 보면 산업보안의 중요성에 비하여 이에 대한 인식과 대응책은 너무 안이하다. 이러한 이유는 여러 가지에서 기인될 것이나 조직체의 산업자산을 보호할 전문가의 부족에서 기인하는 것이 가장 주요한 원인 중의 하나이다.

산업보안 선진국인 유럽이나 미국에서는 여러 가지 산업보안전문가에 대한 자격증이 존재하고 대부분의 조직에서 이러한 전문 인력의 확보에 중점을 두고 있다.

이러한 추세에 따라 우리나라 기업들도 이러한 산업보안 관리체제를 도입하고 있으나 산업보안 전반의 트렌드에 대한 이해는 상당히 부족한 것이 현실이다. 글로벌 산업보안 트렌드는 온오프라인의 통합을 지향하는 방향인 반면에 우리나라는 온라인 보안에 중점을 두는 것이 우려되는 현실이다. 세계화·정보화 시대에 선진국은 급속한 기술발전과 경제·사회적 변화에 대응하기 위해서는 평생학습 체제를 구축하여 경쟁력을 갖춘 질 높은 인력을 양성 관리하여야 한다는 전제 하에 학생은 물론 일반 성인의 직업능력을 체계적으로 평가하는 자격제도를 발전시키고 있다.

자격제도의 효용성은 고등교육기관인 대학이 사회의 변화의 추세에 적응하는 능력보다는 자격제도를 통하여 전문 인력의 배출을 독려하는 것이 변화에 적응하는 한 방법이 될 것이다. 그러나 그 동안의 한국에서의 보안 분야의 자격제도는 전문적인 영역의 발전이라고 하기에는 부족한 제한된 부분에 한정되어 시행되어왔다.

우리나라 IT산업의 발전은 정보보호에 국한된 정보보호전문가[36] 시험이 실시되어왔고, 제한적인 시설보안과 특수경비 분야라고 할 수 있는 경비서비스 업무에는 경비지도사 제도가 시행되고 있으나, 산업전반의 안전성을 확보하고 관리하는 보안 전반에 대한 영역을 어우르는 자격제도는 보안 업무영역을 전체적으로 교육하고 통합하여 관리하는 어떠한 조직이나 기관이 없는 것과 마찬가지로 존재하지 않고 있다.

21세기 열린 시대의 새로운 경쟁의 장에서는 달라진 생존논리에 적응할 줄 알아야 한다. 그 동안의 국내기업과의 경쟁에서의 우위는 이제는 더 이상 아무런 의미가 없다. 현대의 국가 간, 기업 간의 경제 전쟁이라는 의미는 경쟁이라는 생존의 전쟁에서 뒤쳐지면 경제주권의 종속이라는 의미로서 절박한 생존권의 문제이다. 지금까지 보안

36) 2013년부터 정보보안 분야의 국가기술자격인 정보보안기사/정보보안산업기사 자격검정 실시됨으로서 민간자격이었던 정보보호전문가(SIS, Specialist for Information Security) 시험은 폐지되었다.

분야의 국제자격증 〈표 7-10〉으로 인정된 보안 분야의 자격을 보면 IT보안과 감사, 재난복구와 기업연속성, 기업자산보호, 하이테크 범죄의 조사, 컴퓨터 포렌식스와 같은 매우 다양하고 산업보안 전반을 어우르는 자격이 있음을 보여주고 있다.

기본적으로 글로벌 비즈니스에서 산업보안전문가들이 숙지하여야 할 내용은 ① 기업손실예방론, ② 산업보안정책론, ③ BIA와 BCP, ④ 범죄예방론, ⑤ 시스템경비론, ⑥ 컴퓨터(IT) 보안, ⑦ 위험관리와 운영보안, ⑧ 재난관리와 비상기획, ⑨ 시설보안론, ⑩ 정보보호론 등의 분야를 포함하여야 할 것이다.

이와 같이 앞으로 시행될 한국의 보안전문가를 선발·양성하기 위한 자격은 현재까지의 기술적분야인 IT분야에 편향된 자격이거나 제한적인 시설물 보안에 한정된 것이 아닌, 미산업보안협회에서 실시하는 기업전반의 보안 업무를 담당할 수 있는 전문가를 선발하는 CPP제도와 같은 자격의 시행을 적극적으로 고려해야 할 것이다.

〈표 7-10〉 보안 관련 국제자격증

자격증의 종류	자격증 이름	인증기관
Electronic Security	CISSP(Certificate Information System Security Professional)	$(ISC)^2$
	SSCP(Systems Security Certified Practitioner)	$(ISC)^2$
IT Auditor	CISA(Certified Information Systems Auditor)	ICASA & ICASF
Disaster Recovery / Business Continuity Planning	BS 7799 심사원	BSI 인증원
	CBCP(Certified Business Continuity Professional)	Disaster Recovery Institute
Corporate Security	CPP (Certified Protection Professional)	ASIS
Corporate Physical Security	PSP(Physical Security Professional)	ASIS
Investigator	PCI(Professional Certified Investigator)	ASIS
Computer Forensics (Cyber-Investigator)	CCFT (Certified Computer Forensic Technician)	High-Tech Crime Network

우리나라의 기업이나 대학에서도 재난복구와 기업연속성기획, 컴퓨터 포렌식스와 컴퓨터 범죄수사, 기업자산보호, 위험관리와 비상기획과 같은 현대 기업경영에서 가장 중요하고 첨단 보안의 핵심적인 분야에 보안전문가가 특히 부족하므로 정부·학계·산업계가 협력하여 적극적인 인재양성에 힘써야 할 것이다. 2005년 미산업보안협회(ASIS)에서 조사한 바에 의하면 미국의 매출 천억 달러 이상의 기업의 최고보안책임자 중에서 보안분야의 자격증 소지는 49%이고 이중에서 70%는 CPP자격증, 12%는 CFE자격, 4%는 CISSP 등 정보보안 분야의 자격증을 소지한 것으로 나타났다. 이와 같이 ASIS CPP자격은 자격시행 30여년이 지난 오늘날 만3천 명 이상이 합격하였고, 현직에서 6천 이상이 활동하면서 미국기업이나 정부기관 뿐만 아니라 전 세계로 진출한 미국의 다국적 기업을 바탕으로 산업보안분야의 최고의 인지도를 가진 자격증으로 인정되었다.

1) CPP(Certified Protection Professional)

ASIS International에서 1977년부터 시행하는 시험인 CPP제도는 보안 전문가를 선발하려는 시험으로 응시자는 첫째, 경력 및 학력이 고졸 이하인 경우 9년의 보안 경력, 학사학위 소지자인 경우 7년의 보안 경력을 갖추어야 하며, 보안 경력 중 최소한 3년 이상은 보안 분야의 책임자로서의 경력이 있어야 한다.[37] 그리고 둘째, 필기시험의 합격(CPP)을 요구하고 있다. 더불어 ASIS에서는 최근에 2가지 분야의 추가적인 전문자격제도인 시설보안전문가(Physical Security Professional)와 공인조사전문가(Professional Certified Investigator)를 신설하여 운영하고 있다. CPP 자격시험의 구체적인 시험의 내용은 다음과 같다.

① 물리적 보안(Physical Security)분야는 종업원과 방문자의 통제, 경보, 장벽, 시

37) ① 경력은 각자가 개인적으로 보안이나 손실예방업무(security or loss prevention)에 전일 근무하거나 주요한 업무로써 종사하는 것을 말한다.
② 일반적으로 책임 임무(Responsible Charge)란 감독적 위치에서 개인의 책임에 의 해 실시되는 것을 말하며, 특정한 방법이나 기술로써 상급자로부터 지시에 의존함이 없이 목표를 성공적으로 달성하기 위한 판단을 하는 자를 말한다. 또한, 만약 지원자의 직위가 독립된 판단이나 행동에 대한 책임을 포함하여 특정되어 있다면 감독적 위치를 가지고 있을 필요가 없다. 또한 책임 업무가 감독자의 책임에 근거를 두고 있지 않다면, 책임업무로써의 자격을 보안 계획 관리나 업무에서 명확하게 보여주어야 한다. 따라서 일반적으로 순찰요원이나 이와 유사한 직위와 같은 것은 여기에 포함되지 않는다.
③ 보안업무(Security Function)는 자산의 보호(protection of assets)를 말한다.

설계획, 안전순찰과 무기, 화물의 통제, 기계적, 전기적, 전자적 장비와 장치, 주변 경계, 출입구와 로비보호, 보안조명, 보안조사, 주차, 교통통제, 교신, 운송보안

② 조사(Investigations)분야는 조사재원, 조사방법, 조사보고 및 결과, 조사유형

③ 손실 예방(Loss Prevention)분야는 위험의 측정, 대응조치, 대응정책

④ 외부와의 관계(Liaison)분야는 연방정부, 주정부, 지방정부의 업무연계성

⑤ 비상계획(Emergency Planning)분야는 실행, 계획의 개발, 비상상황의 형태 들

⑥ 보안관리(Security Management)분야는 대응책의 선택, 재정관리, 관리체재, 보안기획, 조직, 지도 및 연락방법의 관리, 취약성 평가, 손실예방, 관계, 자산의 낭비.

⑦ 기밀정보의 보호(Protection of Sensitive Information)분야는 통제, 인식, 민감도

⑧ 약물의 남용(Substance Abuse)분야는 인식과 남용자의 배제, 예방계획, 해결책

⑨ 개인 보안(Personnel Security)분야는 고용의 선택과 보유 기준, 정보평가, 선별기술, 안전 경고 계획들, 징계적인 조치

⑩ 미국과 캐나다의 시험 지원자들은 그들을 대표하는 나라의 법률적 측면(Legal Aspects)에 관해 추가적인 25문항의 질문에 답해야 하므로 그들은 총 225문항의 시험문제가 요구된다. 여기에서는 행정부와 관리기관의 요구사항, 시민의 책임, 불법행위 들, 시민의 권리와 공정한 고용, 계약 시 고려할 사항, 범죄들, 형법상 절차들과 형사상의 조직, 정당한 법의 절차와 헌법상 소추의 면책 등이 포함된다.

우리나라는 2007년부터 시행된 산업기술의 유출방지 및 보호에 관한 법률에 의거하여 설립된 한국산업기술보호협회는 동법 제16조 제4항에 따라 첨단산업기술의 유출방지 및 보호를 위한 민간 전문인력을 육성·활용하기 위해 민간자격시험을 시행중이다. 우리나라의 산업보안관리사와 미국의 CPP시험의 내용을 비교해 보면, 산업보안관리사 시험의 기본적인 목적이 산업기술을 보호하기 위한 것으로 CPP자격이 조직의 전반적인 보안리스크에 대한 대응능력을 테스트하고 있는 것에 비하면 산업보안관리사[38] 시험은 조직의 보안리스크 중에서 일부분인 기술유출방지에 관한 전문지식을 배양하는데 치중하고 있는 것으로 보인다. 이것은 우리나라의 보안자격증의 문제점이자,

38) 저자의 견해로는 '산업보안관리사'보다는 '산업기술보호사'가 자격증 명칭으로 적합하다.

대부분의 우리나라 조직에서 산업보안을 바라보는 현실을 반영한 것이다. 즉, 산업보안은 기술유출보호나 기술적인 보안대책을 중심으로 이루어지고 있고, 이러한 경향은 앞으로도 계속될 것으로 보이나 산업보안을 산업기술유출방지와 동일시하면서 발생하는 문제이다.

〈표 7-11〉 산업보안관리사 시험과목

시험과목	세부과목	출제범위
1과목 관리적 보안	보안관계법	- 산업기술유출방지법, 산업보안관계법
	관리적 보안	- 산업보안일반, 산업기술보호지침
2과목 물리적 보안	시설보안	- 시설경비, 경비시스템, 핵심인력보호
	통신보안	- 감청, 보안장비
3과목 기술적 보안	정보보호일반	- 정보보호 일반
	기술적 보안	- 시스템보안, 네트워크 보안, 어플리케이션 보안
4과목 보안사고대응	업무지속성계획	- 업무지속성 관리모델, 업무지속성 추진절차
	보안사고대응	- 보안사고대응, 증거조사론
5과목 보안지식경영	보안지식	- 지식재산, 기술이전과 사업화
	보안경영	- 인적자원관리와 조직관리, 성과관리

2) CFE(Certified Fraud Examiners)

우리나라 기업에서 종업원의 부정행위로 인한 기업손실에 대한 통계는 없으나 미국의 부정조사협회(ACFE)에서 발간한 "ACFE 2002 국가보고서"에 의하면 미국 기업들은 70억 달러 이상의 손실을 보았다고 주장하고 있다. CFE의 조사에 의하면 미국 기업들은 2002년도에 총수익의 6% 정도를 직무와 관련된 사기와 직권남용에 의하여 손실을 보았으며, 이것은 미국 국내총생산과 비교해 보면 6천억 달러 또는 직원 1인당 4,500달러에 해당한다.

현재 공인부정행위조사자(CFE) 자격은 각종 부정 및 사기의 예방, 적발, 조사하는 공인된 전문가로, 주로 회계사, 감사인, 준법감시인, 법조인, 공무원, 교수, 수사 및 조사기관 중견요원들로 구성된다. 자격은 일정 요건 (점수제에 의하여 50점) 이상을 갖춘 전문가가 CFE 자격시험을 합격할 경우 인증한다. 다음은 CFE협회에서 제시하는 자격 조건이다.

- 도덕성을 갖춘 사람
- 일정한 수준 이상의 교육과 경험을 갖춘 사람 (특정학위는 필요 없음)
- 최소한 2년 이상의 직·간접적인 Fraud의 적발과 방지에 관련된 경력
- 준회원에 가입한 자
- CFE 자격시험을 통과한 자 혹은 자격시험면제를 인정받은 자
- 매년 직무연수를 수료(CPE)하고 연회비를 납부
- CFE협회의 내규와 직업윤리규정을 준수

CFE협회에서 인정하는 경력 해당 분야는 다음과 같다.

- 회계 및 감사: 공인회계사, 공인정보시스템감사사, 공인내부감사사 등
- 범죄학 및 사회학: 사기와 화이트칼라 범죄/사회학에 관한 연구자나 교육 전문가
- Fraud 조사: 경찰, 형사, 변호사 등 사기범죄 사건 조사 경험자 등
- 손실 방지: 보안 전문가, 보안 컨설턴트 등
- 법: 검찰, 변호사 등

만약 위의 어느 곳에도 해당되지 않으나, 응시자의 업무가 부정행위(Fraud)의 조사, 적발, 방지에 관련 된 것이라면, 해당 경력을 상세하게 검토하여 경력으로 인정된다. CFE 자격시험은 4가지 분야인데(Fraudulent Financial Transactions, Legal Elements of Fraud, Fraud Investigation, Criminology and Ethics), 각 분야별로 125문제, 총 500문제가 출제되며, 각 분야별로 75점 이상을 획득하여야 시험에 합격한다. 시험은 2년 내에 3번의 기회가 주어지며, 실패한 분야만 재시험을 치르면 된다. 시험시간을 각 분야별 2.5시간, 총 10시간이다. 자격을 유지하기 위해서는 모든 CFE는 협회나 각종 교육 프로그램을 통하여 매년 CPE 20학점을 얻어야 자격이 유지된다.

다음의 경우에 해당하는 경우에는 10점의 CFE 자격점수가 부여된다.

1년간의 공식적인 대학교육 (예를 들어, 학사학위는 40점)

공인된 자격(CPA, CIA, CPP)이거나 공인회계사, 변호사, 공인세무사, 변리사 등 사회에서 일반적으로 전문성이 인정되어야 한다.

박사학위 혹은 동등한 학력 (Ph. D, JD) 5점은 다음에게 주어진다.

1년간의 Fraud에 관련된 분야에서 일한 경력 혹은 동등한 경력으로 회계, 감사, 범죄-수사 관련업무, 부정-사기 관련업무, 부정-사기 관련법 업무만 해당한다. 그리고 석사학위 혹은 동등학력자 인정된다.

3) 정보보안 자격증

정보보호와 관련된 자격증은 글로벌 IT기업에서 자체적으로 시행하고 있는 여러 가지 자격증을 포함하여 매우 다양하게 시행되고 있다. 대표적으로 국제공인 정보시스템보안전문가(CISSP)는 정보보안전문가 자격증 개발에 관심 있는 국제 조직들이 1988년에 컨소시엄(ISSA, CSI, DPMA, SIG-CS, CIPS, IFIP) 형태로 설립한 국제정보시스템 보안자격협회(ISC²: International Information Systems Security Certification Consortium)에서 운영하는 자격으로 우리나라에서만 2천명이 넘는 자격증 소지자를 배출하였다. 또한 국제공인정보시스템 감사사(CISA; Certified Information Systems Auditor)는 IT 감사·통제 분야의 전문가로 매년 미국 정보시스템감사통제협회가 주관하는 자격시험을 통과하고, 또 정보시스템 감사통제 분야에서 5년 이상 근무한 경력이 있는 지원자만 자격증을 취득할 수 있다. 그러나 이러한 정보보호 자격증의 실효성에 대해서는 의문이다.

전자신문의 기사에 의하면 대학가에서 취업 준비를 위해 국제공인정보시스템감사사(CISA)·정보시스템보안전문가(CISSP) 등 정보보호 관련 자격증 취득 열기가 뜨겁지만 정작 실무에선 쓸모가 없는 '장롱 자격증'으로 전락했다.[39] 국제공인정보시스템감사사(CISA) 누적 합격자는 9699명인 데 비해 실제 자격증 유지자는 2903명으로 29.9%에 불과한 것으로 파악됐다. 합격자 10명 중 7명은 자격증을 딴 이후 관련 업무를 종사하지 않으며, 심지어 자격증 소지 필요성을 느끼지 못해 자격증 유지를 포기한 것으로 알려졌다. CISSP도 CISA와 이와 비슷한 상황이다.

이러한 현상에는 취업수단으로 자격증을 취득하였다가 쉽게 관련 분야에 취업을 하지 못할 경우, CISSP의 경우 자격증을 유지하기 위해서 매년 지불하는 상당액의 비용과 3년간 보안관련 교육(CPE)을 120시간 이수해야 하여야 한다. 또한 120시간 중 80시간은 정보보안 활동과 직결되어 있어야 하며, 나머지 40시간은 포괄적인 전문성 향상을 위한 활동들로 이루어져야 한다.

우리나라의 자격증은 한번 발급되면 거의 주기적인 갱신이나 보수교육 같은 시스템이 없는 반면에, 정보보호에 관한 자격증은 보호기법이나 제도변화가 매우 크기 때문에 자격증 소지자의 이에 대한 관련 지식의 현재성을 확인하는 것은 자격증 소지자에게 많은 장점을 가져다주나, 우리나라 자격취득자의 경우에는 결국 취업과 연결되지 않는 자격증은 유지비용에 대한 의미가 퇴색하게 된다.

---

39) 전자신문:2010.03.10.

5. 결 론

21세기는 글로벌 경제전쟁 시대다. 세계 각국은 자국의 인적·물적 자산을 비롯한 산업기술을 보호하기 위해서 국가차원의 대책을 수립하여 시행하고 있다. 늦게나마 우리나라도 2006년 10월 27일 '산업기술의 유출방지 및 보호에 관한 법률'을 공포하고, 2007년 4월 28일부터 시행되었으나, 법령의 애매모호함으로 인하여 시행초기의 법적용에 상당한 진통을 겪고 있다.[40] 이 법안의 미흡한 점은 없진 않지만 국가가 산업기밀보호활동에 대한 지원을 법적근거에 의하여 수행할 수 있는 기본 토대가 마련되었으므로 정부의 거시적이고 실천적인 산업보안정책의 수립과 합리적인 운영에 기대가 크다.

그러나 법안의 통과과정에서의 지루한 논쟁의 쟁점이 되었던 국가의 산업보안활동에 따른 기업경영권에 대한 간섭우려를 불식할 수 있는 운영의 묘는 더욱 중요할 것이다. 이것은 법을 근거로 한 적극적인 관계기관의 산업기술유출방지 활동이 자칫 기업의 경영권에 대한 간섭으로 비칠 염려는 얼마든지 상존하고 있으므로 지혜로운 접근이 필요하다. 이러한 법안운영의 초기의 미숙함과 기업의 우려를 불실시키기 위해서는 기업의 적극적인 보안에 대한 패러다임의 변화와 보안활동의 강화가 대안이 될 것이다.

아울러, 산업보안에 대한 명확한 개념정의 없이 산업기술보호업무가 산업보안업무의 전부인양 인식되는 것도 경계되어야 할 중요한 부분이다. 산업기술보호는 산업보안업무의 일부분이지 동의어가 되어서는 안 되며, 특히 기업의 산업보안활동을 산업기술보호로 폄하되는 미시적인 시각의 한계는 조속히 극복되어야할 요소이다. 단적인 예로, 개방경제환경의 새로운 위협요소로 치안이 불안전한 세계시장에 나가있는 기업들이 임직원에 대한 안전을 확보하지 못한다면 누구에게 애사심을 기대하겠는가? 치

---

40) 헌법재판소는 2013년 7월 25일 재판관 전원일치의 의견으로, 구 산업기술의 유출방지 및 보호에 관한 법률(2006. 10. 27. 법률 제8062호로 제정되고, 2011. 7. 25. 법률 제10962호로 개정되기 전의 것) 제36조 제2항 중 제14조 제1호 가운데 '부정한 방법에 의한 산업기술 취득행위'에 관한 부분이 헌법에 위반된다는 결정을 선고하였다. 심판대상조항이 범죄구성요건에 해당하는 산업기술의 요건 중 하나로 규정한 '관계 중앙행정기관의 장이 법령에 따라 지정 또는 고시, 공고한 기술' 부분은 그 문언만으로는 도저히 그에 해당하는 법령이 무엇인지 그리고 그 지정 또는 고시, 공고의 주체가 누구인지를 구체적으로 확정할 수 없고, 그 지정 또는 고시·공고의 대상이나 여기에 산업기술유출방지법에 따른 국가핵심기술의 지정이 포함되는지 여부도 애매모호하여, 죄형법정주의의 명확성원칙에 위배된다고 판단하였다.

안이 확보되지 않는 오지에서 근무 중 납치되어 몸값의 흥정대상이 된 사건은 어떻게 대비할 것인가?

이와 같이 새로운 위협요인에 효과적으로 대처하고, 우리나라의 산업보안분야가 발전하기 위해서는 산학연의 협력이 중요하다. 즉 산업분야에서는 산업보안의 중요성에 대한 인식을 새롭게 하고 기업에서의 보안업무에 대한 투자를 적극적으로 하여야 할 것이며, 대학에서는 내실 있는 산업보안전문가 양성과정을 개설하여 시장이나 기업이 필요로 하는 산업보안전문가를 양성하여야 할 것이다.

다행스럽게 근자에 몇몇 대학을 시작으로 산업보안에 관한 교육과정이 개설되어 운영되거나 개설을 준비 중이다. 이에 대한 기대는 크지만 초기 교육프로그램의 부실과 프로그램의 정립과정의 혼란과 시행착오는 전문가들의 열린 토론과 합의로서 극복되어야 할 것이다.

더불어 보안관련 연구기관에서는 보안에 대한 투자의 당위성을 논리적으로 제시하고 우리사회의 편안함과 안정성을 제고하기 위해서 필요한 주요한 분야의 정책을 개발하여 적극적으로 정부정책에 반영할 수 있도록 하여야 우리나라 기업과 사회의 안정성의 제고와 더불어 국민의 삶의 질이 향상될 것이다.

인류사를 통하여 인간의 삶의 목표는 여러 가지가 있겠지만 인류보편의 목표는 자유와 행복의 추구이며, 오늘날에는 삶의 질이라는 표현으로 사용되고 있다.

기업보안에 대한 투자의 정당성은 무엇인가? 여기에서 전문성의 문제와 기업경영에서의 투자의 우선순위가 결정되게 된다. 우리가 경쟁력 있는 기술력이나 서비스를 제공하여 기업이윤을 창출하고 세계시장에서 많은 수익을 획득하는 것이 기업의 목표이며, 이러한 기업이윤은 우리나라 구성원의 삶의 질의 근간이 되는 재화를 창출하게 된다.

경쟁력이 있다는 것은 경쟁자가 있다는 것이며, 대부분의 경쟁자들이 경쟁력 있는 기업의 노하우를 배우려고 최선을 다한다는 것은 당연한 이치이다. 따라서 경쟁력을 유지하기 위해서는 끊임 없이 기술혁신에 매진하면서, 자신의 경쟁력을 유지하기 위한 보호대책도 경쟁력 유지에 적절하게 적용되어야 한다.

이것이 기업경영의 원리이며, 기업경쟁력을 유지하거나 향상시키기 위한 필수조건이다. 우리가 누리고 있는 삶의 편안함은 불안정성이라는 복병을 잘 통제하지 않으면 언제든지 우리의 손에서 멀어져 갈 수 있는 매우 취약한 요소이다. 이러한 불안정성을 다루는 기법과 전문성이 보안이며, 현대인이 지불하여야 할 삶의 필수적인 비용이

된 것이다.

21세기 치열한 경쟁사회에서 인간이 만들어낸 불안정성을 관리하여 좀 더 예상가능하고 편안한 생활환경을 조성하는 전문가가 보안 분야의 실무자들이 하여야 할 역할이며 전문성이 될 것이다.

현대사회의 수많은 위험요소인 불안전성은 파국에 도달하기 전에는 인식하기 힘들거나 가끔은 무시되기도 한다. 따라서 우리주변에 잠재된 불안정성을 찾아내고 수치화 또는 계량화하는 업무는 현대인의 삶에 매우 중요하다. 현대과학기술문명은 현대인에게 편리함과 더불어 불안정성이라는 선물을 동시에 주었으므로, 편리함에 도취되어 잠재된 불안정성에 대하여 잊게 된다면 우리의 삶의 편안함은 결코 길지 않을 것이다. 이러한 산업사회의 불안정성을 발견하고 통제하는 산업보안전문가가 현대사회에 필요한 이유가 여기에 있다. 국가보위와 국민의 안위는 군대와 경찰력에 의해서 유지되지만, 정보화 사회에서 필연적으로 발생하는 다양한 위험과 손실에 대한 대응과 관리에는 이에 부합하는 전문가가 필요하다.

보안(security)에 대한 인식과 투자는 실제적으로 불안정한 상황과 상황에 대한 개인적인 인식 모두를 의미하고 일반적으로 보안에 대한 대책이나 투자는 이 2가지 상황에서 자신에게 가장 유리한 방향(heuristics)으로 판단하고 행동하게 된다.

본래 수백만 년 동안 진화된 인간의 원시뇌가 본능적으로 위험에 대하여 그렇게 반응하는 것이다. 곧 보안은 인간의 기본적인 욕구인 불안전하지 않는 상태, 즉 안전성에 대한 욕구에 대한 반응으로 극히 개인적이며 즉흥적이다. 곧 개인이 안전하다고 느끼면 현실적으로 자신이 불안전한 상황에 노출되어있더라도 손실이 발생하기 전까지는 실제적으로 안전하다. 그러므로 개인과 전문가가 느끼는 위험에 대한 인식은 현실적인 불안정성과의 괴리가 적을수록 좋으나, 이러한 개인적인 인식이나 느낌은 개인이나 집단의 특수한 상황에 따라 오랫동안 형성된 문화적인 인식이므로 보안에 대한 인간의 심리는 결코 이성적이거나 합리적이지 않다.

결국은 자신이 처한 상황에 따라 위험을 받아들이는 방법이나 선택은 모두 상이하다. 기업가는 위험을 최대한 수용하면서 수익을 창출하지만, 기업에 소속된 근로자의 위험에 대한 인식과 개인적인 판단은 개별적이다.

오늘날 현대인에게 보안이나 위험에 대한 인식과 판단은 개인적인 문제이나 실제적으론 공동체 모두의 문제이고 공공제의 성격을 가진 경우가 증가하고 있다. 기업에서도 보안에 관한 의식과 투자도 개별기업의 문제이나 실제적으론 모든 구성원과 연관된 조직전체의 문제이다. 심리학자인 폴 슬로빅(Paul Slovic)[41]에 의하면 인간은 인생의 위험과 불확실성을 이해하고 해결하는데 도움을 받기 위해 '위험'이라는 개념을 개발했다. 이 위험은 실제로 존재하지만 '실제 위험'이나 '객관적 위험' 같은 것은 없다.[42] 그러나 합리성 여부와 관계없이 미지의 두려움은 개별적이지만 모두를 고통스럽게 만들므로 결국은 위험과 보안을 바라보는 개인과 집단의 인지편향에 대한 문제로 접근하여야 할 것이다.

70억 명이 넘는 인구가 살고 있는 지구촌에서 21세기가 안고 있는 다양한 산업분야의 위협요소에 대한 효과적인 대응은 시대의 통찰력을 가진 산업보안전문가의 활동들이 동시대를 살고 있는 우리들에게 안전과 편안함이라는 선물을 제공할 것이므로 시대에 부합하는 교육과정의 정립과 전략적 사고를 가진 역량 있는 보안전문가의 성장을 기대해본다.

---

41) 미국 오리건대학교 심리학과 교수로 위험인식(Risk perception)에 대한 이론연구 전문가이며 The Perception of Risk (Earthscan Risk in Society, 2000)의 저자이다.

42) 대니얼 카너먼/이진원 옮김, 생각에 대한 생각, 김영사, p. 204, 2011.

부 록

1. 기업보안정책과 절차
2. 시설보안진단 체크리스트
3. 절도/사기/횡령의 징후
4. 화물보안 체크리스트
5. 비상계획 프로그램

부록 1 한국기업(주) 보안정책과 절차

정책번호: 한국기업(주) 제 00호
작성자: 보안최고책임자
승인자: 대표이사(이사회)
작성일: 2010년 2월 28일
개정일: 2015년 7월 21일

사명선언서

한국기업(주)은 항상 구성원과 고객의 생명을 제일로 생각하며, 기업자산을 효과적으로 보호하기 위하여 보안부서를 운영하며, 보안부서는 기업의 생산 활동에 의해 발생하는 구성원의 책임을 제한하고 직원과 직원의 개인정보, 기업자산, 기업운영과 기업의 재산적 정보를 악의적인 의도를 가진 침입자나 범죄행위로부터 보호하기 위한 보안 프로그램과 절차를 고안하고 기준을 적용함으로써 기업경영을 지원한다.

한국기업(주) 보안담당 관리자는 기업의 주요한 활동인 글로벌 오일과 가스운영과 화학제품에 관한 모든 특정한 보안책임과 책임추적성을 관리한다.

보안 부서에 의하여 지원된 각 경영부서는 기업 보안 프로그램을 적용하고 유지하며, 해당 부서장은 담당 부서에서 발생하는 보안관련 사고에 대하여 전반적인 책임을 진다. 보안 목적을 위하여 수집·유지되고 있는 구성원들에 관한 모든 정보는 기업정보관리지침에 따른다.

Ⅰ. 보안정책

1. 책 임

1) 직원의 책임

모든 직원은 기업 보안정책과 절차 그리고 규정을 준수하여야 한다. 그리고 모든 직원은 여기에서 규정한 전반적이고 특정한 보안임무를 효과적으로 수행하기위한 책임을 진다.

2) 경영진의 책임

경영진은 다음의 각각의 보안 수준을 유지하여야 한다.

① 규정된 보안정책, 절차, 규정을 준수한다.

② 모든 직원을 보호하는 조치를 한다.

③ 안전한 상태의 유지와 신체적인 손상과 기업자산의 손실예방활동을 지원하고, 직원에게 손상이 발생하거나 업무수행의 방해를 포함한 기업활동을 방해하는 모든 불법적인 행위를 방지한다.

④ 시위나 기업활동의 방해와 같은 원치 않는 활동을 통제·관리한다.

⑤ 기업시설물의 침범과 방해와 관련된 위협요인의 결과인 위험을 합리적으로 관리할 수 있는 인력, 물적 지원을 한다.

2. 보안정책개발

1) 프로그램의 목적

보안 프로그램의 주요한 목적은 기업의 잠재적인 위협요인과 위험의 충격을 최소화하거나 제거하기 위하여 기업의 위험을 평가하고 규명하는 것이다.

2) 보안부서

기업 보안부서는 기업의 모든 비즈니스 활동과 관련된 국내·외 사업장에서의 기업의 위험과 위협요인을 감시하고 평가를 시행하며, 경영진에게 이에 대한 적절한 대응조치를 권고하는 업무를 행한다.

3) 사업장상황의 유형분석

기업 보안부서는 위험분석목적을 위해서 국제적인 업무와 관련된 사업장의 유형을 분석하고, 이러한 유형분석에 다음의 내용을 포함하나 언급된 내용에 국한되지는 않는다.

① 기업 비즈니스와 관련된 종합적인 위험
② 정치적인 불안전성
③ 범죄와 테러리스트의 활동
④ 시민의 불안전성(인종, 노동, 치안)

3. 일반규칙

1) 직 원

한국기업(주) 직원들은 기업과 관련된 위험 또는 잠재적 위협요인에 대한 직·간접적인 모든 내용을 구체적으로 경영진이나 사업장 보안부서나 기업 보안부서에 서면보고하여야 한다.

2) 경영진

경영진은 기업 보안부서에 보고된 위험이나 실제적, 잠재적 위협에 대한 보고에 대해서 보고를 받은 즉시, 투명하게 처리해야할 책임이 있다.

① 만약 구성원이 업무 중에 부상을 당하였다면 이에 대한 처리는 공인된 의사의 지시를 따라서 처리되어야 한다.
② 업무와 관련된 자격증, 교육, 허가가 없는 직원들은 기물, 시설물, 전기기구를 사용할 수 없다. 미성년자의 경우에는 관리자의 감독 없이 시설물을 작동할 수 없다.
③ 특정한 형태의 작업을 수행하는데 있어서 필요한 안전장비는 그 작업을 수행하는 동안에만 사용되어야 한다.
④ 사업장의 출입이 금지된 구역이나 기밀로 분류되지 않는 회사의 중요한 자료에 대한 접근을 금한다.

⑤ 안전장치없이 직원들이 어떠한 기구도 이동시키거나 작동하여서는 안 된다.
⑥ 사업장내로 어떠한 위험한 도구나 장치를 허가 없이 반입하여서는 안 된다.
⑦ 기업의 목적에 부합하지 않는 행동은 불성실한 업무로 간주된다.

4. 특별규정 (부정행위 등)

다음에 언급한 사항은 징계사유가 되며 해고에 이를 수도 있다.

① 보안정책과 절차의 위반
② 기밀로 분류된 회사내부기밀의 유출
③ 기밀로 분류되지 않는 중요기밀의 유출
④ 보고되지 않은 공급업체와의 모임
⑤ 업무시간 중에 근무 장소의 무단이탈
⑥ 사업장에서의 사기, 절도
⑦ 회사물품을 회사업무 이외의 용도로 소지, 사용, 휴대
⑧ 부정직/불성실
⑨ 회사기록물의 위·변조
⑩ 사내에서 총기나 위험한 흉기를 소지하거나 사용
⑪ 사내 음주행위, 약물복용금지 규정 위반
⑫ 싸움이나 폭행과 협박
⑬ 정도가 심한 희롱이나 부적절한 행위
⑭ 회사 윤리규정을 위반한 경우

Ⅱ. 보안절차

1. 보안감사

1) 의 무

기업 보안부서는 협력기업이나 기업운영과 밀접하게 관련된 합작기업의 관심사항을

포함하여 최소한 1년에 한번은 보안감사를 실시한다.

2) 목 적

보안 감사에는 ① 비즈니스 과정에서 발생하는 모든 특정한 보안 문제들을 규명하고, ② 비즈니스 안정성과 현황을 향상시키기 위한 권고사항을 채택하며, ③ 현재 운영중인 보안 프로그램을 평가하고, ④ 기업 보안정책과 절차 그리고 규정에 대한 구성원의 준수사항을 평가한다.

3) 권고사항

보안 권고사항은 다음의 내용을 고려하여야 한다.

① 비용효과성, ② 위협요인과 위험과 관련된 실용성, ③ 보안 상태를 훼손함이 없이 기업운영과의 적합성을 고려한다.

4) 보고사항

① 기업 보안부서는 감사결과에 따라서 즉시 사업장 경영진과 주요한 보안 권고사항에 대하여 논의한다.
② 기업 보안부서는 감사결과를 30일 이내에 사업장 경영진이나 CEO에게 최종보고서를 제출한다.

5) 적 용

CEO나 사업장 경영진은 승인된 보안부서의 권고사항을 적용하기 위한 주요한 책임을 진다. 그리고 기업 보안부서는 승인된 보안 권고사항의 적용을 감시하고, 필요한 도움과 조언을 제공한다.

2. 구성원의 보호

1) 보호의 책임

① **구성원:** 구성원들은 그들 자신과 소속직원의 안전에 대한 주요한 책임을 진다. 사업장의 모든 위험한 상황에 대한 인식이나 상황이 존재하는 장소에서의 종업원이나 소속직원은 사업장 경영진이나 보안부서와 상의하여야 한다. 높은 위험

성이 있는 장소에서 근무하는 종업원들은 담당이사, 기업 보안부서, 사업장 보안부서 또는 사업장 경영진에 의하여 제공된 개인 보안 지침들을 반드시 따라야 한다.

② **경영진:** 경영진은 높은 위험성이 있는 사업장에서 근무하는 종업원 개개인이나 소속직원에게 위협요인에 상응한 적절한 보호조치를 제공할 책임을 진다.

③ **기업 보안부서:** 기업 보안부서는 위험이 높은 사업장의 종업원과 소속직원의 효과적인 보호를 위하여 경영진에게 보호대책에 대한 조언을 제공하고 보안 프로그램을 개발하는 책임을 진다.

2) 위험성이 높은 사업장

위험성이 높은 사업장이란 국가의 치안이 상대적으로 안정되어 있는 서유럽, 미국, 일본, 그리고 첨부한 몇몇 국가를 제외한 한국기업(주)이 진출해 있는 국가를 말한다.

3) 보안 상황설명

해당 사업장에 위치한 보안부서를 포함한 기업의 모든 보안부서는 위험성이 높은 사업장을 방문하는 종업원에게 개인보안에 관한 구체적인 상황설명과 비상시의 행동과 대응요령에 대한 지침을 제공한다.

4) 특별 보안 조치

안전성의 제공: 종업원의 가족을 포함한 모든 종업원은 기업과 관련된 업무수행과 관련하여 증가되는 납치와 테러의 위험에 노출될 수 있으므로, 인사와 보안 서비스 담당 부사장의 승인과 기업 보안부서의 권고를 근거로 기업보안예산을 투자하여 특별 보안조치를 제공한다.

5) 위험구역 종업원

사업장 경영진은 높은 위험에 노출된 종업원과 관련자의 신분을 규명하고 이들에게 필요한 조력에 대한 책임을 지고 해당 사업장의 리스크와 관련된 평가와 권고에 대하여 기업 보안부서의 특별 보안 조치들의 요구를 지원할 책임을 진다.

6) 상호협력

기업 보안부서는 특별 보안 대책의 고안과 적용조치의 효율성을 달성하기 위하여 기업 내·외부의 관련부서와 협력한다.

3. 불법행위

1) 보고절차

종업원: 종업원들은 기업의 이익에 가장 큰 영향을 미치는 불법적, 허가되지 않는 활동이나 사건을 사업장 경영진이나 사업장 보안부서에 사건에 대한 내용을 인지하자마자 가능한 보고수단을 통하여 반드시 보고하여야 한다.

보고요구조건에 대한 모든 설명은 명확하고 상세한 것이 좋으나, 이러한 기준에 적합한 사고유형이나 상황이나 상태를 모두 열거하기는 어렵기 때문에, 보고 시 요구조건은 허가되지 않은 행동, 비윤리적 또는 범죄행위에 관련된 것이 주요한 사항이다.

보안 문제에 관한 조직의 민감성 때문에 모든 종업원들은 본사나 사업장 보안부서와 직접적인 교신을 할 수 있는 권리를 가진다.

2) 사업장 경영진/사업장 보안부서

사고나 활동 그리고 개선조치에 대한 정확한 기술과 더불어 날짜, 시간, 장소를 포함한 보고서는 적시에 기업 보안부서에 제출되어져야 한다. 따라서 아무리 사소한 사고라도 잘 정리되어서 월간보고와 함께 제출한다.

3) 조사책임

① **사업장 경영진:** 사업장 경영진의 책임 하에 기초적인 상황에 대하여 조사하고, 허가되지 않은 활동이나 의심되는 불법행위에 대하여 예비적으로 조사한다. 그러나 예비조사가 추후 상세조사에 악영향을 끼칠 어떤 가능성이라도 존재할 경우에는 예비조사는 사업장 보안부서나 기업 보안부서의 결정 하에 연기된다.

② **보안부서:** 기업 보안 담당이사는 적절한 조사수행을 보장하기 위한 책임을 지고 사고보고서를 운영담담 선임부사장에게 보고한다.

③ **내부감사부서:** 사장 또는 재정담당부사장은 기업에 영향을 미치는 어떤 의심스

런 불법행동이나 허가되지 않는 사항이 발견될 경우에 내부감사부서가 조사에 참가하도록 지시한다.

4) 고소나 징계조치

절차: 만약 예비조사나 질문을 통하여 기업과 관련된 심각한 허가되지 않거나 비윤리적 혹은 범죄행위에 관련된 직원, 공급업체, 고객, 계약업체 또는 합작업체가 있다면, 사전에 기업내부의 검토에 의해서 당사자나 기업에 대하여 고소나 징계조치가 취해져야 한다. 기업내부의 검토는 선임부사장, 인사담당 부사장, 보안담당 이사가 맡아서 수행한다.

4. 신분인식(ID) 카드

범위: 기업은 모든 정규직, 임시직과 계약직 그리고 연수대상자에게 신분인식 카드를 발급한다. 처음 발급과 재발급 기간은 3년을 넘지 않도록 한다. 자동출입통제 시스템이 설치된 시설물에는 출입통제와 신분인식카드가 통합되어 운영된다.

① **카드 디자인:** 모든 기업신분인식 카드는 기업구매운영부서와 기업보안부서에 의해 개발된 표준디자인을 따른다.

② **카드 종류:** 각각의 카드는 정규직, 임시직, 계약직 또는 연수생과 같은 적절한 직원 부류에 따라서 다르게 발급된다.

③ **사진:** 사진은 모자를 쓰지 않고 가장 잘 알아볼 수 있는 모습을 보여주어야 한다. 따라서 사진은 선명하고 정면에서 얼굴 전면을 보여준다. 따라서 의학적으로 필요한 경우가 아니면 검은 안경 착용은 허용되지 않는다.

④ **장비:** 신분증 발급에 필요한 장비와 재료의 공급은 카드디자인과 더불어 구매운영부서에 의해서 조정된다.

⑤ **카드의 분실, 절도나 손상에 대한 보고:** 구성원들은 기업 신분확인카드의 분실, 절도 또는 손상이 발생 시 지체 없이 보고한다.

⑥ **재고통제:** 인쇄되지 않은 카드는 사전에 카드 일련번호가 인쇄된다. 기업 구매관리부서와 발행시설은 관리기록을 활용하여 효과적으로 신분인식카드의 재고통제를 실시한다.

5. 출입통제

적 용: 경영진은 기업, 자회사와 지방사무실 뿐만 아니라 모든 운영 시설물에서의 사람이나 차량, 장비와 재료의 효과적인 출입통제에 관한 절차를 개발·시행하여야 한다. 이러한 출입통제 절차의 목적은 종업원을 보호하고 기업의 업무상 배상책임을 줄이며, 자산손실을 통제하고, 기업체에서 발생하는 범죄를 예방하고 비상사태의 경우에 일정한 구역에 있는 현재 인력에 대한 현황기록을 제공한다.

1) 절차 지침

통제기록이나 자동출입통제시스템이 통합되어 적용되는 장소의 기록을 유지하기 위한 목적으로 사용한다. 이러한 기록은 다음의 정보를 포함하여야 한다. ① 날짜, ② 출입시간, ③ 출입자 성명과 회사명, ④ 운전면허번호, ⑤ 출입 목적, ⑥ 직원(업무일정, 귀사, 시각, 기타), ⑧ 선적 배달, ⑨ 선적 하역, ⑩ 방문자 이름, ⑪ 유지보수 기타

사업장 경영진은 다음과 관련된 발행지침을 준비하여야 한다.

① 인력, 차량, 장비 그리고 재료에 관한 기업시설에 출입하는 모든 이동에 관한 기록에 대한 지침.
② 시설물에 출입이 허용된 사람에 대한 분류
③ 기업 신분확인 카드의 생산, 비즈니스 카드, 방문자의 종업원의 확인과 같은 신분확인에 관한 절차.
④ 현장 방문자의 직원에 의한 에스코트
⑤ 신분(사원)증의 착용
⑥ 법규에 의하여 정부/경찰관에 의한 시설물 출입에 대한 절차는 사업장 또는 기업법률부서의 사전 승인을 반드시 받은 다음에 이러한 절차를 시행한다.

2) 열쇠통제시스템

시설관리자책임: 각 시설관리자는 관리책임보장과 열쇠와 자물쇠의 전반적인 책임을 가진 열쇠관리감독자를 지정한다.

3) 열쇠관리감독자의 책임

① 다음의 내용을 포함하는 열쇠등록부를 유지한다.

가) 열쇠가 발행된 장소의 건물이나 출입구

나) 열쇠가 발급되었거나 복구된 사람에 대한 신분확인

다) 마스터키의 숫자와 장소

라) 복제키의 숫자와 장소

마) 공백키의 숫자와 장소

② 여분의 키가 잠금 장치된 캐비닛에 보관된 것을 보장하여야 한다.

③ 중요장소에 대한 시건 상황을 보장하기 위해서 열쇠에 접근이 가능하였던 전직 직원이 고용관계가 종료되자마자 또는 분실이나 절도의 발생 시 열쇠를 변경하거나 다시 열쇠장치를 설치한다.

④ 전 사업장 구성원에게 열쇠통제지침을 제공한다.

⑤ 열쇠의 재생산이나 복제요청을 승인한다.

⑥ 최소한의 마스터키가 발급되도록 제한한다.

6. 시설보안 기준

① **목적:** 기업시설물에 대한 보안 기준을 확립하기 위하여 회사 종업원과 공공의 안전대책, 기업책임의 제한, 불법적인 활동으로부터 회사자산을 보호하고 적용되는 회사규정에 순응함을 보장하기 위하여 시설물 보안 기준을 정한다.

② **적용:** 경영진과 사업장 보안부서는 물리적 보안 기준의 적용에 대한 책임을 진다.

1) 사업장 보호기준

적용: 선임경영진과 여기에서 언급한 기준에 대한 대안이 제시되지 않는 경우를 제외하고는 핵심원재료(원유)와 관련된 모든 경계구역, 산업용 화학물질 또는 전문 화학물질 운영시설물은 적절한 물리적 장벽이나 펜스의 조합 또는 펜스에 의해서 보호되어야 한다. 국제적으로 높은 위험성이 있는 사업장에서의 기업시설물의 경계구역 보호기준은 사업장 경영진과 보안부서에 의해서 확립된 사례별로 개발되어야 하고, 기업 보안부서의 지침과 권고에 따른다. 그러나 특별한 경우를 제외하고는 다음 기준에 따른다.

2) 장벽(경계시설) 기준

체인링크 펜스시설은 비용 효과적이고 시각적인 효과 때문에 다음의 기준이 권고된다.

① 가시철사는 5×5CM, 9(3.7MM)게이지를 넘는 그물망으로 구성된 적어도 2.4M 이상의 3가닥으로 구성되어 최상부에서 시설물 외부 쪽으로 45° 기울려져 설치되어야 한다.

② 펜스의 기둥은 콘크리트에 단단하게 고정되어야 하고 기둥간의 간격은 10(2.5M) 피트 이상이 되어서는 안 되고, 기초는 바닥면에서 5CM 이내에 단단한 토대가 있어야 한다.

③ 가시거리 확보를 위해서 펜스 양측으로 4M 이내에는 아무런 장애물이 없어야 한다.

④ 경계구역의 안전을 위해서 형성된 영구 구조물에 인접한 펜스는 최소한 3M 이상이 되어야 한다.

3) 경계구역 출입구

경계구역 출입구에는 다음의 내용을 포함한다.

① 빈번하게 사용하지 않거나 감시체제를 운영하지 않는 부분에는 매우 강력한 잠금장치가 설치되어야 한다. 이중문이나 화재탈출구에는 보강된 보안장비를 설치한다.

② 개인이나 차량이 시설물로 출입하는 경우에는 적절하게 신원확인이 가능하도록 충분한 조명이 설치되어야 한다.

③ 출입규정에 대한 안내문을 모두가 잘 볼 수 있는 장소에 설치한다.

④ 외부경첩이나 외부 문들에는 떼어낼 수 없는 경첩핀을 부착한다.

4) 창문과 개구부

사용빈도가 많지 않거나 시설물에서 멀리 떨어져 있는 외부시설에 설치된 창문은 강철망이나 창문보호강관이 덧댄 상태로 유지되어야 한다.

외부 시설에 있는 창문이나 다른 시설물은 내부에 잠금장치가 설치되어야 한다. 위험요인에 따라서 환기구, 채광창, 지붕 닥트나 사람의 출입이 가능한 크기의 개구부에는 내부 잠금장치나 안전망, 안전봉이 설치되어야 한다.

5) 경보장치

위험도가 높은 시설물에 24시간 동안 직원이 상주하지 않는 경우나, 보안요원이 배치되지 않을 경우에는 중앙통제실과 교신이 가능한 경보시스템이 설치되어야 한다. 기업 보안부서는 외부 경비서비스회사와 계약하기 전에 시설물의 경보장치의 필요성에 대한 진단을 실시하고 보호시스템의 필요성에 대한 적절한 조언을 실시한다.

6) 폐쇄회로

오디오 설비를 갖춘 폐쇄회로장치는 시설물의 운영을 강화하거나 여러 물리적인 보호조치를 강화시키는데 효과적이다. 그러나 설치와 유지보수의 비용 때문에 사용에는 선별이 요구된다. 따라서 기업 보안부서에서 설치 전에 필요성과 설치위치에 대한 진단을 실시하여 우선순위를 정하여 사업장 시설관리자에게 조언한다.

7) 표지판

'사유시설물-출입금지'와 같은 표식의 신호나 유사한 의미의 표지판은 통상적으로 접근이 가능한 운영 중인 회사 시설물의 모든 펜스의 구석부분이나 대규모 시설물의 경계구역 펜스를 따라서 잘 보이는 주요한 위치에 설치된다.

8) 보호조명

효과적인 보호조명은 침입자를 감지하고 야간 비상시의 시설물관리와 허가되지 않는 침입을 방지하고 침입자의 의도를 봉쇄하기 위해서 기업시설물의 모든 보안 시스템과 통합되어 운영되어야 한다.

7. 경계구역 보호기준

적용범위: 다음의 보안 기준은 '경계구역 보호기준'에 포함되어 오일 & 가스 생산시설에 적용된다.

1) 'A' 등급 시설

시가지로부터 경계구역이 800미터 이내에 위치한 오일과 가스 생산시설이 여기에 해당한다. 이러한 구역에는 새로운 도심사업장, 인근마을, 여름 캠핑장, 복합도시, 통제되지 않는 도시개발사업장, 공공시설이나 위락장과 사업장 운영담당 경영진의 의견이나 생산시설이 아이들을 포함한 어떤 위험에 노출되었다고 판단되는 경우가 여기에 해당한다.

① **분류** 1: 가스를 대표적으로 취급하는 공장, 배터리, 연결부분이나 유정은 펌프부분을 장착하고 있어야 한다. 더불어 각 시설물은 경계보호기준을 포함하여 펜스기준에 맞추어 보호되어야 한다.

② **분류** 2: 잠재적으로 위험한 장비를 보유하고 운영 중인 오일 & 가스 생산 건물이 여기에 해당하며, 알려진 위험물 배출구와 예상되는 위험이나 침입자에 의한 피해 그리고 기업의 계속되는 책임을 포함한다. 각각의 건물에 사람이 상주하지 않을 경우에는 불법적인 침입을 방지하기 위해서 경계구역보호기준을 포함한 펜스기준에 따라서 시설물을 보호하고, 출입문의 자물쇠, 건물의 개구부와 창문 그리고 환기구 등은 보호창살을 설치하여 허가되지 않은 침입을 방지하는 조치를 하여야 한다.

2) 'B' 등급 시설

원유를 채굴하는 유정시설과 예비 축전지, 'A'시설 이외에 영역밖에 위치한 생산시설이 여기에 포함된다.

① **분류** 1: 자동 단속펌프기구가 설치된 유정의 요구기준: 각각의 유정은 '경계구역보호기준'에 의거하여 펜스로써 보호된다.

② **분류** 2: 모든 다른 생산시설의 요구기준: 각각의 생산시설은 최소한 4가닥 이상의 가시철선과 1.25 미터 이상의 높이로 둘러싸여지고 출입물이 설치되어야 한다.

8. 보안요원

1) 계 약

보안서비스의 계약여부는 보안부서와 해당 사업장 경영진의 결정에 따르고, 보안서비스의 계약지침은 해당 사업장이나 본사 법무부서에 의해서 작성된 양식에 의거한다.

안전요원지침: 보안담당 경영진은 안전요원지침의 개발과 적용에 대한 책임을 진다.

① 보안서비스 운영에 관한 일반적인 지침을 기준으로 확립한다.

② 사업장 지침에는 안전요원의 임무와 행동이 요구되는 순찰코스에 대하여 기술한다.

③ 특별지침은 비상대응과 위협, 노동자의 불안전성과 같은 상황에 대한 것을 포함한다.

④ 통상적인 보고라인과 비상 시 보고라인에 대한 절차를 정한다.

⑤ 모든 보안요원은 매년 총기사용에 관한 자격조건을 갱신해야 한다.

2) 총기의 사용

보안요원은 다음의 사항을 제외하고는 일반적인 업무수행 중에는 총기를 휴대하지 않는다.

① 기업 보안담당 임원으로부터의 원칙적인 허락이 있는 경우

② 기업 보안담당 임원에 의해서 총기훈련에 대한 수준이 인정된 경우

9. 폭발물 위협

1) 사업장별 비상계획

경영진은 폭발물 위협에 대하여 기업연속성계획을 포함한 사업장별 비상계획을 책임진다. 폭발물 위협이 발생하면 다양한 유형의 비상 상황 중에 하나이므로 폭발물 위협에 대한 정책과 절차가 통합되어 최대한 화재대피와 같은 다른 비상상황의 계획과 부합되도록 한다.

2) 수 색

만약 폭발물 위협이 사실로 밝혀지면, 경영진은 지역경찰이나 사업장 보안부서와 상의한다. 기업 보안부서는 사전에 계획된 절차에 따라서 수색을 실시한다. 기업시설물에서의 대피에 관한 모든 결정은 사업장 경영진에 의해 판단된다.

폭발물을 무력화하거나 제거하는 동안에 지역경찰은 사전에 정해진 절차에 따라서 구역 내의 사람들의 의심되는 소지품이나 장치들을 사전에 조사한다. 그러나 경찰관들은 기업내부의 시설물에 대한 구조와 시설물에 대하여 알지 못하기 때문에 기업보안부서의

협조 없이는 의심스러운 물건을 찾기가 어려우므로 상호협조가 필수적이다. 대피로는 대피가 시작되기 전에 유도요원에 의해서 안내되도록 한다.

3) 주 의

수색원들은 의심스런 물건이나 봉투를 덮거나 만지거나 이동시키지 않도록 주의한다. 폭발물 수색 중에는 휴대용무전기의 전파로 폭파장치가 점화될 수 있으므로 휴대용 무전기의 사용은 금지된다. 또한 의심스런 물체는 반드시 경찰에 의해서 해체되거나 이동하도록 한다.

4) 의심스런 소포/우편물

경영진은 배달된 우편물과 소포를 배분하거나 개봉하는 업무를 취급하는 부서원에게 의심스런 소포나 위협·협박하는 내용의 문서를 다루고 인식하는 훈련을 시킨다.

5) 훈련계획의 개발

기업 보안부서는 직원들에게 폭발위협에 대응하는 계획의 개발과 대응훈련을 지원하는 프로그램을 개발하고 실시한다.

Ⅲ. 보안감사 체크리스트

1. 기업의 보안정책(문서화, 경영자의 서명)은 기업 손실이나 위험요인에 대하여 구성원, 기업자산 그리고 생산 공정을 보호하는데 역점을 두고 있는가?
2. 보안 정책은 기업의 위험요인(절도, 기업정보의 위협과 손실, 종업원과 방문자의 공격, 폭발위협, 방화, 시민소요, 비윤리적 기업관행, 음주와 약물남용)을 예방하거나 완화시키는 지침을 제공하는가?
3. 보안 정책은(모든 구성원에게 문서로 전달되었는가? 대외비로 기업 구성원만이 알도록 공지되었는가? 신입사원 오리엔테이션 동안에 교육되는가? 그룹 미팅 동안에 토론되는가? 기업지침서에 포함되는가? 경영진과 직원 훈련 프로그램에 포함되는가?)
4. 경영진은 보안정책을 어떠한 방법으로(주기적인 문서, 정기적인 안전순찰, 보안

프로그램의 감사에 참여) 지원하는가?

5. 보안 프로그램에는 경영진의 업무수행을 위한 문서화된 기준이 있는가?
6. 보안 프로그램의 기준은 모든 경영진에게 전달되었는가?
7. 보안 최고관리자는 직접 경영자에게 업무보고를 하는가?
8. 기업 보안예산은 독립되어 운영되고 경영자 이외에는 관여하지 못하도록 독자성을 인정되는가?
9. 보안 프로그램 지침서에 보안 지침과 절차가 규정되어있는가?
10. 기업의 연간 보안 프로그램의 목표는 문서화되어 갱신되는가?
11. 문서화된 보안 프로그램의 목표개발에 몇 퍼센트(%)의 관리자가 참여하였는가?
12. 확정된 프로그램의 목표 중에서 어느 정도를 성취할 것인가?
13. 보안 프로그램을 조정하기 위하여 문서로 특정한 사람을 지정하였는가?
14. 지정된 사람은 보안 프로그램 문제에 관해서 직접적으로 최고경영진에 보고가 가능한가?
15. 보안에 대한 책임이 관리자의 업무지침에 문서화되어있는가?
16. 관리자의 업무수행에 관한 검토를 포함한 보안 기준이 이행되는가?
17. 기업의 보안 프로그램의 지원을 위하여 정기적으로 지역 법집행기관(검찰, 경찰, 소방 등)과의 접촉을 가지는가?
18. 기업의 비밀업무를 맡도록 선발된 사람은 업무적합성과 신뢰성에 대한 평가를 하였는가?
19. 업무적절성과 확인과정은 형사기록, 신용확인, 교육, 고용관계, 인간관계와 평판, 운전면허와 운전기록, 전문적인 자격증, 개인 신상기록을 포함하는가?
20. 보안 프로그램에 대한 오리엔테이션과 적용과정에 따른 훈련을 몇 퍼센트(%)의 경영진, 관리자, 사원이 받았는가?
21. 관리진의 오리엔테이션과 유도훈련은 지정된 1달 이내에 모두 마쳤는가?
22. 몇 퍼센트의 관리자들이 공식적인 보안 기초훈련과정에 참가하였는가?
23. 공식적인 보안 기초훈련과정에서는 문서화된 자료가 활용되었는가?
24. 관리자들은 최소한 1년에 한번은 공식적인 기초훈련과정에 참석하도록 의무화되어있는가?
25. 몇 퍼센트의 관리자들이 최신 훈련에 참석하였는가?
26. 몇 퍼센트의 종업원들이 보안 프로그램기준의 오리엔테이션과 도입훈련을 받았

는가?

27. 오리엔테이션의 내용은 문서화되어 있는가?
28. 보안표준의 지식을 강화하기위하여 적절한 장소에 보안의식에 관한 문구나 표지를 부착하였는가?
29. 몇 퍼센트의 종업원들이 공식적인 훈련을 통하여 자신들이 수행하여야 할 임무에 대한 특정한 보안 직무를 부여받았는가?
30. 몇 퍼센트의 계약자들이 공식적인 훈련을 통하여 자신들이 수행하여야 할 임무에 대한 특정한 보안직무를 부여받았는가?
31. 보안훈련에 훈련 지침서는 사용되는가?
32. 보안훈련참여를 입증하고 이러한 훈련이 필요한 직원들을 확인할 기록을 유지하는가?
33. 보안조치, 시스템, 장치의 필요성을 고려한 현장조사는 실시되었는가?
34. 현장조사에서는 ① 경계선과 장벽, ② 문과 창문 그리고 개구부의 보호, ③ 보안경보시스템, ④ 감시카메라, ⑤ 보안등, ⑥ 자물쇠와 열쇠 관리, ⑦ 보안신호, ⑧ 금고, 금고실과 저장장소, ⑨ 중요한 시설의 보호, ⑩ 통신시설, ⑪ 출입통제, ⑫ 안전요원, ⑬ 컴퓨터보호, ⑭ 정보보호, ⑮ 비상사태의 준비 등이 포함되었는가?
35. 이번 감사에 의하여 점검된 사항에서 몇 퍼센트가 의도와 부합하였는가?
36. 가장 최근에 보안 필요성을 검토하거나 최신자료로 갱신한 것을 언제인가?
37. 보안 대책으로 인력과 차량의 이동과 출입을 통제하는 방법은 무엇인가?
38. 방문자, 공급업체, 서비스와 배달인력은 통제되는 인력의 부류에 포함되는가?
39. 직원, 방문자, 공급업체, 계약자, 서비스와 배달자의 차량은 통제되는 차량의 부류에 포함되는가?
40. 건물, 차량 그리고 저장소의 열쇠복제는 통제되는가?
41. 보안절차들은 효과적으로 다음 사항들을 중점적으로 다루고 있는가? ① 기밀정보가 만들어지는 과정, ② 기밀정보의 관리, ③ 기밀정보의 배포, ④ 기밀정보의 전달, ⑤ 기밀정보의 복제, ⑥ 기밀정보의 저장, ⑦ 기밀정보의 해지, ⑧ 기밀정보의 파기.
42. 효과적으로 책상을 깨끗하게 정리하는가?
43. 모든 종업원들은 기밀정보를 열람할 경우에 기밀정보보호 약정서에 서명하게

하는가?

44. 모든 계약자들은 기밀정보를 열람할 경우에 기밀정보보호 약정서에 서명하게 하는가?
45. 연설문, 신문보도, 발표문, 기술논문 등 모든 공개된 정보에 대하여 사전에 기밀성과 상표권보호를 위하여 검토 후에 공개되는가?
46. 기밀로 분류된 정부업무나 기밀계약에 관련된 업무는 없는가?
47. 금융당국에 의해 권한 위임에 관한 문서화된 서류가 존재하는가?
48. 위임장은 동일한 권한을 가진 사람에 의해 서명되었는가?
49. 위임권한은 현존하고 통상적으로 수행되는가?
50. 모든 자산의 회사 내 반출입에 관한 절차가 수립되어 있고, 특히 주요한 자산에 대해서는 2중의 확인절차를 거쳐서 자산이동이 이루어지도록 관리하는가?
51. 현금을 다루는 책임을 가진 직원들의 개개인의 책임추적성을 유지하기 위하여 적절한 통제와 문서화된 절차가 있는가?
52. 승인, 구매, 검수 그리고 지급기능들은 서로 분리되어 있는가?
53. 부스러기와 여분의 재료들의 처리를 위한 절차가 수립되어 있는가?
54. 판매자와 공급업체의 포함한 감사조항이 계약에 포함되어 있는가?
55. 언제 마지막 재정감사가 실시되었는가?
56. 보안손실을 규명하기 위한 기록 확인과 재고조사, 결산은 얼마나 자주 실시되는가?
57. 보안손실과 사고는 신속하게 사실확인과 조사가 실시되고 결과가 보고되는가?
58. 추가적인 실행이 필요로 한 손실사건보고서는 검토되는가?
59. 완전한 범죄수사와 악의적인 보안손실과 사건에 다음과 같은 사항이 포함된 경우에 보안 프로그램이 적용되는가? ① 현금과 유통증권, ② 금융계좌의 불일치, ③ 장비와 재료의 부족, ④ 소모품과 재고의 감소, ⑤ 혼란에 따른 생산 감소, ⑥ 생산손실과 절도, ⑦ 생상품의 강탈 또는 훼손, ⑧ 컴퓨터 절도, ⑨ 기타 보안 손실
60. 보안사고 조사보고서가 중요문서 파일로 보관되는가?
61. 최소 2년 동안은 사건조사보고서가 사용 중인 파일에 보관되는가?
62. 교정활동을 위한 조사요약보고서와 보고서의 복사본이 적절한 시설물의 관리자에게 전달되는가?

63. 정보와 교정활동을 위한 조사요약보고서와 보고서의 복사본이 경영진 등 적절한 책임자에게 전달되는가?
64. 보안기준이 잘 준수되는가를 확인하기 위하여 현장관리자에 의해 시설과 운영에 대한 조사가 얼마나 자주 실시되는가?
65. 보안 조사활동의 지침으로 체크리스트가 사용되는가?
66. 보안 조사활동결과가 문서로 경영진에 전달되는가?
67. 조사보고서의 복사본은 추가적인 조치로 영향력 있는 감독자에게 책임이 주어지는가?
68. 개선조치를 보장하기 위한 추가적인 문서화된 절차가 시행되었는가?
69. 문제점을 개선하기 위한 조치와 함께 조사보고서의 복사본이 경영진의 지원으로 적절한 관리자에게 제공되는가?
70. 전사적 비상계획조정자가 문서로 지정되어 있는가?
71. 보안 요구조건에 모든 비상계획을 포함되는가?
72. 최소한 연간 1번씩 비상대응계획이 검토되는가?
73. 비상계획에는 ① 사망과 중상, ② 납치, ③ 강탈, ④ 폭발위협, ⑤ 제품 오염, ⑥ 소요, ⑦ 시민혼란, ⑧ 경보와 통제시스템의 실패, ⑨ 자연재앙, ⑩ 화재와 폭발, ⑪ 위험물질의 누출에 대하여 역점을 두어 다루고 있는가?
74. 기업의 비상계획은 지역 법집행기관, 소방서, 보안회사, 비상대응기관과 조정되어 있는가?
75. 직원들의 비상시 대응훈련과 업무수행 테스트가 얼마나 자주 실시되는가?
76. 조직의 전문적인 지식을 배양하기 위한 보안 간행물을 구독하는가?
77. 보안 기사나 문서화된 자료들은 최소한 분기에 1번씩 관리자들의 지식을 향상시키기 위해서 전달되는가?
78. 감독자와 관리자를 지원하기 위한 보안기준 시행에 관한 문서화된 지침이 존재하는가?
79. 보안프로그램의 효율성을 측정하기 위한 주요한 영역의 핵심적인 보안 지침에 대한 평가가 얼마나 종종 실시되는가?
80. 이러한 보안 프로그램에 대한 평가결과가 경영진에게 보고되는가?
81. 시설물 내에서 사용되는 보안 프로그램의 개선 방법은 무엇인가?
82. 시설물 내에서 사용되는 보안 촉진방법은 비밀스럽게 시설물 내에 부착되는가?

83. 이러한 보안 촉진방법에는 ① 게시판에 포스터 부착, ② 뛰어난 보안 행동을 보여준 직원에 대한 포상, ③ 직원미팅에서의 발표, ④ 기업 이메일 시스템에 공지와 같은 내용을 포함하는가?
84. 기업의 문서화된 정책이나 방침은 모두 새로운 주제의 개발이나 건설 그리고 개선 프로젝트의 디자인단계에서 검토되고 수용되는가?
85. 경영진에 결과가 보고되는 보안설계정책이나 보안 프로그램에 대한 순응정도에 대하여 공정하게 판단하기 위하여 제3자에 의해 실시된 보안설계정책에 대한 순응확인기록의 빈도는 얼마나 되는가?

부록 2 시설보안진단 체크리스트

보안정책일반

1. 회사에는 명확한 보안정책과 절차가 문서로 존재하는가?
2. 보안정책에는 기업과 경영진의 책임이 명기되었는가?
3. 보안정책에는 모든 관리자의 책임이 명기되었는가?
4. 보안정책에는 모든 구성원의 책임이 명기되었는가?
5. 경영자는 보안정책에 대하여 엄격한 상벌을 적용하는가?
6. 보안업무를 총괄하는 독립적인 부서장이 존재하는가?
7. 보안부서의 업무와 예산은 독립되어 운영되는가?
8. 보안진단은 주기적으로 실시되고 결과는 경영자에게 직접 보고되는가?
9. 보안책임자는 경영진(CEO, COO)과의 직접적인 보고라인이 있는가?
10. 보안부서장(CSO)은 이사회에 참석할 권한이 주어지는가?
11. 물리적(시설)보안과 기술적 보안업무는 통합되거나 상호 밀접한 업무연관성을 유지하는가?
12. 보안정책과 절차를 위반한 사람에 대한 명확한 징계절차가 수립되어 있는가?
13. 보안교육은 매월 정기적으로 실시되며, 결과가 경영진에게 보고되는가?
14. 보안교육에는 주기적으로 외부 보안전문가를 초청하는가?
15. 기업의 테이터센터는 분리되어 통제구역으로 관리되는가?
16. 기업 외부로 디지털자료의 이동은 엄격하게 통제되는가?
17. 경영진을 포함하여 모든 구성원은 보안규정의 통제를 받는가?
18. 구성원은 자신의 보안책임에 대하여 숙지하고 있는가?
19. 구성원의 보안활동은 인사고과에 반영되는가?
20. 청렴성관리부서는 상시 운영되고 핫라인이 존재하는가?
21. 구성원의 부정행위에 대하여 보안부서에서 조사하는가?
22. 신입사원 입사전후의 적격심사와 퇴직자관리는 엄격하게 시행되는가?

23. 주기적으로 구성원들의 비상훈련이 실시되는가?
24. 구성원들은 비상시에 자신의 임무에 대하여 알고있는가?
25. 구성원의 통제구역에 대한 접근제한과 방문객의 안내절차는 모두가 알고있는가?

Ⅰ. 사업장 보안업무

1. 문서로 사업장의 보안관리자와 보안부서의 업무가 명확하게 지정되어 있는가?
2. 문서로 다양한 직급의 보안요원(부서, 지점 등)이 지정되어 있는가?
3. 해당 사업장에서 보안관리자와 보안요원은 다양한 직분과 기능 그리고 책임에 대하여 인식하고 있는가?
4. 현재 각각의 보안 계획에 따라 사업장과 비즈니스 활동은 운영하고 있으며, 해당 계획의 날짜는 구체적인가?
5. 사업장의 보안부서는 보안규정(국가보안규정, 산업보안규정 및 지침서 등)과 참조사항에 대하여 반영하고 있으며 현재자료를 관리하는가?
6. 사업장 보안계획에는 화재, 폭발위협, 위기와 혼란, 사보타지, 폭발사고, 자연재해, 불법노사분규 등과 같은 예상치 않는 분야를 포함하는가?
7. 폭발사고나 위협에 대비한 계획에는 다음의 내용을 포함하고 있는가?
   ① 사업장에서 폭발사고 발생을 줄이기 위한 예방대책은 무엇인가?
   ② 위험평가절차나 위협을 처리하기 위한 지침을 포함하는가?
   ③ 구성원의 안전이나 대피절차에 대한 정책이 포함되는가?
   ④ 폭발물의 수색절차가 보안규정으로 존재하는가?
   ⑤ 필요한 전문가(경찰, 폭발물 처리반)의 도움을 요청하는 절차는 수립되었는가?
   ⑥ 만약 폭발물이나 폭발물 의심물질이 사업장에서 발견되었을 경우에 도움을 요청하는 절차는 있는가?
   ⑦ 폭발발생 시에 대피나 처리절차는 있는가?
8. 구성원들의 신원확인검사에 대한 보안요원의 신원확인절차가 구체적으로 명기되어있는가? 만약 명시되어 있다면 절차는 언제 검토되고 갱신되는가?
9. 사업장에 반출·입되는 물품검사 프로그램은 운영되는가? 이 프로그램은 모든 물품을 검사하는가, 아니면 무작위로 검사하는가? 현재의 운영방식에 의해 적발한 가장 최근 사례는 언제인가? 지난 1년 동안 물품검사의 빈도는 얼마는 되는가?

10. 사업장과 비즈니스 과정에서 사업장의 전복계획이나 산업스파이 방지를 포함하는 다양한 보안 프로그램을 활용하고 있는가?
11. 사업장의 모든 구성원은 자신의 임무에 대하여 주기적으로 전달받는가?
12. 보안관리자와 보안요원은 해당 사업장에 최소 1년에 한번 정도는 보안진단을 실시하는가?
13. 필요한 경우에 사업장 정보와 자산을 보호하기 위하여, 업무제한이나 배제, 통제구역을 지정할 수 있는가?
14. 업무제한이나 배제, 통제구역 지정을 위한 기초적인 보안 대책들은 실제적으로 효과가 있는가?
15. 사업장에서 기초적인 보안 대책기준에 적합하다 할지라도 특수 구역에서의 이러한 보안 대책의 부족한 점을 보완하기 위한 조치는 실행되는가?
16. 보안대책들은 다음 내역을 보호하는데 실제적으로 효과적인가?
① 전원공급 장치와 전송시설
② 통신센터와 장비
③ 보안요원의 무기와 탄약
17. 문서로 자물쇠와 열쇠 관리인이 지정되어 있는가?
18. 자물쇠와 열쇠관리 프로그램에는 다음 내용을 포함하는가?
① 열쇠관리 기록부
② 관리인이 변경된 경우에 열쇠의 재고조사
③ 마스터키에 대한 통제
④ 복제 장비와 예비키의 통제
19. 소각·폐기할 기밀문서를 넣는 자루(burn bag) 보관소는 항상 잠긴 상태로 보안요원의 감시가 유지되거나 경보시스템이 설치된 장소로 유지되는가?
20. 번백을 파기하기 위해서 이동할 경우나 파기장소에는 신원이 확인된 최소한 2명의 보안요원이 동행하는가?
21. 복사실은 기밀자료의 복사를 허용되는가의 여부와는 상관없이, 복사실에서 보호조치가 되어있지 않은 기밀자료들에 대하여 매일 확인되는가?
22. 유지보수요원들에 의한 쓰레기분리의 제한이 있는가?
23. 기밀로 분류되지 않은 쓰레기 처리는 통상 얼마정도 되는가?
24. 보안용기의 조합번호는 적어도 1년에 한번은 변경되는가?
25. 보안용기의 조합번호는 보안 구역 내에서 정비·보수 되는가?

26. 사업장 업무에 필요한 보호수준에 적합하도록 보안팀의 역량과 조직구성이 이루어졌는가?
27. 모든 보안요원은 문서와 관리되는 제품을 취급할 수 있을 정도로 최상의 신원확인절차를 실시한 다음 업무에 투입되는가?
28. 감독자는 최소한 1번의 근무교대에 1번 이상을 위치, 순찰, 활동에 관하여 확인하는가? 이러한 일정은 일정한 시간을 정하지 않고 불규칙적으로 실시하는가?

Ⅱ. 화재예방

1. 현재 사업장에는 화재예방계획이 수립되어 있는가?
2. 현재의 계획은 언제 갱신된 것인가?
3. 사업장내에 소방부서가 설치되어 있거나, 소방서가 10분 이내의 거리에 위치하는가?
4. 소방서에서 화재 시 대응시간은 어느 정도인가?
5. 화재 시 대응계획에는 대피절차에 대한 내용이 잘 보이는 장소에 게시되어 있는가?
6. 모든 화재 피난구는 잘 보이는 장소에 표시되어 있는가?
7. 비상구 표시는 깨끗한 상태로 유지되는가?
8. 모든 대피로는 장애물 없이 정리되어 있는가?
9. 사업장 건물내부나 근처에 인화성 쓰레기가 적재되어 있지는 않는가?
10. 모든 구성원들은 사업장내의 화재위험에 대하여 인식하고 있는가?
11. 사업장에는 화재경보시스템이 설치되어 있는가?
12. 화재경보장치는 모든 통로와 다중이 모이는 장소에 위치하는가?
13. 화재경보시스템이 마지막으로 시험 작동한 시기는 언제인가?
14. 위험을 감지하기 위해서 정기적으로 화재예방조치는 얼마나 자주 실시되는가?
15. 조사가 실시되는 도중에 특별한 위험한 상황이나 물질은 발견되었는가?
16. 발견된 위험한 상황은 어떻게 조치되었는가?
17. 화재호스, 소화기, 펌프와 같은 화재진압장비와 구급품은 즉시 사용이 가능하도록 준비되어 있는가?
18. 어떤 유형의 화재진압장비가 유용하게 사용할 수 있는가?

19. 각각의 소화기 근처에서 근무하는 근로자는 소화기의 위치와 사용법을 잘 숙지하고 있는가?
20. 소화기는 언제 마지막으로 시험되거나 검사되었는가?
21. 사업장에선 종종 화재훈련을 실시되며, 가장 최근에 실시된 경우는 언제인가?
22. 소방훈련 시 발생한 문제점은 무엇이며, 대응책은 강구되었는가?
23. 소화요원은 주 스프링클러 밸브의 위치를 알고 있는가?
24. 밸브통제장치, 파이프, 스프링클러 헤드는 가용상태를 유지하고 있는가?
25. 얼마나 자주 화재시스템에 관한 시설들은 점검되는가?
26. 소화전은 쉽게 접근이 가능하고 항상 유용한 상태를 유지하는가?
27. 인화성물질이 적재된 장소에서는 금연정책이 엄격하게 적용되는가?
28. 저장소에는 폭발성가스나 물질이 저장되어있지 않는가?
29. 위험물질 보관 장소는 눈이 띄게 표시가 되어있는가?
30. 사업장에 사진인화실이 존재하는가?
31. 이 구역은 화재에 얼마나 취약한가?
32. 소방호스는 화재 시 사용가능하도록 부식되거나 훼손되는 곳이 없는지 점검하였는가?
33. 소방호스에 대한 점검은 지난 1년 이내에 실시되었는가?

Ⅲ. 신분인식표

1. 통제구역 내에서 모든 사람들의 신원을 확인하기 위해서 사용되는 통행증이나 신원인식시스템을 운영하는가?
2. 신원확인용 매체는 원하는 보안수준을 제공하는가?
3. 다음에 열거한 내용을 포함한 문서화된 지침이 존재하는가?
   ① 배지나 통행증서의 암호화 또는 인쇄된 내용물에 대한 보호
   ② 다양한 구역에서 요구하는 특별한 통제조치에 대한 지침
   ③ 신분확인 매체 발행의 통제
   ④ 다양한 신분확인증에 대한 구체적인 내용과 소지자의 권한과 제한사항
   ⑤ 종업원과 방문자 모두에게 적용되는 개별 지역을 출입 시에 신분확인 기법과 적용

⑥ 언제, 어디서, 어떻게 배지를 착용하는지에 대한 자세한 내용
⑦ 신분확인 매체가 손상되거나 분실된 경우의 후속 절차
⑧ 배지의 실효나 복구에 관한 절차

4. 내부인 중에서도 보안구역의 출입이 매우 적거나 영구적인 신분확인증이나 통행증을 발급받지 않은 경우에는 방문자와 같이 방문자용 배지나 통행증을 발급하는가?
5. 개인 신분증에 대한 감독과 통제시스템이 모든 수준에서 적절하게 수행되는가?
6. 엄격한 책임추적절차에 의해서 배지와 일련번호는 기록·통제되는가?
7. 분실된 배지는 다른 일련번호의 배지로 대체되는가?
8. 영구적인 배지를 분실한 개인에게는 임시배지를 발급하기 위한 절차가 확립되어 있는가?
9. 임시배지를 발급하는 기준과 확인은 누가 실시하는가?
10. 보안요원은 통제소에 분실된 배지의 리스트를 기록하는가?
11. 배지 디자인과 외양은 보안요원이나 다른 사람들이 쉽게 인식하거나 착용자의 출입권한과 제한을 확실하게 구별할 수 있도록 되어있는가?
12. 고용관계나 임무의 종료 시에 신분증 회수를 보장하는 절차는 적용되는가?
13. 보안구역에서 근무하는 계약직 직원에게 발급된 특정한 배지는 활용되는가?
14. 개인 신분증과 통제시스템의 발행과 운영의 모든 단계는 보안요원의 통제와 감시 하에서 운영되는가?
15. 단체나 다중이 사업장을 방문하는 경우의 효과적인 방문자 안내절차가 수립되어 있는가?
16. 보안구역에서 방문자의 이동에 관하여 적용되는 통제수단은 무엇인가?
17. 보안구역에서 방문자는 항상 신분확인증이 잘 보이도록 패용하는가?
18. 모든 방문객이 보안구역을 떠나는 시간에 신분확인증을 반납하고, 시간을 기록하는가?
19. 방문객이 나중에 방문증을 반납하는 경우가 허용되는가?
20. 보안요원이나 다른 통제요원은 방문객의 통제를 위해서 보안의 중요성에 따라 서로 다른 구역에 위치하는가?
21. 방문객의 기록은 누가 어느 정도의 기간 동안 유지·보관하는가?
22. 물품 공급업체, 거래업체, 공공서비스업무, 특별 장비 서비스요원과 같은 특별한 목적을 가진 방문객에게는 다른 방문객과 구별되는 배지가 발급되는가?

23. 사업장에서는 통행증/배지 교환시스템이 활용되는가?
24. 활용된다면, 착용자의 사진이 신분인식표에 부착되었는가?
25. 보안요원은 통행증/배지의 소지자와 비교하고 또한 통행증/배지는 교환되는가?
26. 동일한 일자에 시설물을 출입을 할 경우에도 반드시 출입 시마다 통행증/배지를 교환하고 확인하는가?
27. 각각의 배지와 통행증에 대한 결산절차는 실시되는가?
28. 보안요원에 의하여 순찰업무의 시작과 마무리에 실시한 재고확인에 대한 절차는 실시되는가?
29. 사용되지 않는 방문자용 배지와 통행증은 어떤 형태로 보호되는가?
30. 일일 업무마감에 시설물이나 특정지역에서 방문증이 확인되지 않는 방문객을 확인하는 절차를 운영하는가?
31. 상기의 경우 어떠한 방법으로 시설물에서 방문자의 신분을 확인하는가?
32. 방문자는 어떤 입구를 통하여 출입하고, 몇 개의 입구가 개방되며, 어떻게 통제되는가?
33. 방문자에게는 출입 시에 동일한 입구를 이용하게 하는가?
34. 사업장의 입구에는 방문자가 지켜야할 안내사항에 대하여 게시되는가?
35. 방문자를 위한 동행이나 안내절차는 이행되는가?
36. 동행요원이나 안내원은 몇 명이며, 어떻게 활용되는가?
37. 사업장은 방문자의 인원에 맞게 시설이 갖추어져 있는가?
38. 안내원은 방문자가 사업장을 떠날 때까지 방문자를 관리하는가?
39. 안내원은 방문자에게 허가되지 않는 구역을 인식하도록 하는가?
40. 사업장에서 어떻게 안내원을 확인할 수 있는가?
41. 안내원은 방문자가 머무르는 동안 계속 안내 업무를 수행하는가?
42. 방문자를 안내하는 도중에 방문자의 안내 업무를 중단할 경우에 어떠한 조치가 시행되는가?
43. 안내 업무는 분야와 방문자에 따라 다르게 시행되는가?
44. 만나고자 하는 구성원에게 어떻게 방문자의 방문을 통지하는가?
45. 보안요원은 어떻게 방문자의 방문허가 여부를 확인하는가?
46. 방문기록부에는 방문자와 안내원 모두의 내역을 기록하는가?
47. 어느 정도 기간까지 방문기록은 유지되는가?
48. 안내원은 방문자를 사업장을 떠날 때까지 안내하지 못할 경우에 어떠한 조치가 취해지는가?

49. 방문자가 안내원과 따로 떨어질 경우에 어떠한 조치가 취해지는가?
50. 특별 배지가 중요요인(VIP)을 위해서 활용되는가?
51. 공급업체, 공무원, 서비스업체를 위한 특별히 구별되는 배지가 사용되는가?
52. 상기 업무의 방문자는 다른 방문자와 같은 방법으로 통제되는가? 아니면 다른 절차가 적용되는가?
53. 정규직 직원들의 배지의 유효기간은 몇 년인가?
54. 직원들 중에서 외모가 현저하게 변화된 경우에는 배지 사진을 변경하는 것에 대한 확인절차가 존재하는가?
55. 다양한 업무가 통합된 사업장에서 사용되는 배지를 변경 또는 재생산하는 것에 대한 장애요인은 무엇인가?
56. 특별 지정된 구역의 출입, 이동과 같은 업무에 배지를 통합하여 활용하는 특정한 암호시스템은 존재하는가?
57. 사업장에서 전자적으로 이동을 확인할 수 있는 자동 신분인식시스템을 활용하지는 않는가?
58. 만약 활동된다면, 배지의 불시점검을 통하여 배지소지자의 신원을 확인하고 있는가?

Ⅳ. 침입감지시스템

1. 어떤 종류의 침입감지시스템을 활용하는가?
2. 침입감지시스템이 필요하거나 사용되는 장소에는 최소한 다음사항을 충족시키는가?
   ① 모든 경계선 출입문에는 자석감지기가 설치되어 있는가?
   ② 감지기는 창문과 공기배출구에 부착되어 있는가?
   ③ 감지기는 단단한 구조물 부위에 부착되었는가?
   ④ 침입감지시스템의 신호는 중앙통제실에서 감지하고 즉시 보안요원의 대응이 이루어지는가?
   ⑤ 모든 감지장비, 도어, 서랍, 이동 가능한 패널은 잠금장치나 고정장치 그리고 댐퍼스위치와 함께 보호되는가?
   ⑥ 정원공급장치는 퓨즈나 회로차단기의 과부하에 대하여 보호되는가?

⑦ 전원공급장치는 일시적인 전원 급상승에 대하여 보호되는가?
⑧ 위험을 방지하기 위해서 위험상황에 대하여 규명되고 통제되는가?
⑨ 침입감지시스템의 부품은 전자기적인 방해나 전자기적 적합성의 요구조건을 충족하는가?

3. 침입감지시스템은 적절하게 훈련된 보안 대응팀에 의해서 지원되는가?
4. 평상시에도 분주한 구역이나 구조물의 경보시스템이 접근모드로 맞추어 놓는가?
5. 경보시스템은 작동 전에 테스트를 하는가?
6. 경보시스템은 방수이고, 주기적으로 검사되는가?
7. 정전에 대비하여 전원은 독립되어 있거나 대체가 가능한가?
8. 전원이 차단될 경우에 자동적으로 지정된 비상전원이 작동하는가?
9. 침입감지시스템은 숙련되고 적절하게 신원이 확인된 서비스요원에 의해서 정비되는가?
10. 서비스계약의 정비와 검사는 얼마나 자주 실시하도록 하였는가?
11. 실제적으로 정비와 검사는 어느 정도 실시되었으며, 기록은 유지되는가?
12. 비상시 정비요원은 지정되어 있는가?
13. 테스트를 실시하는 경우, 시스템의 적절성과 경보신호에 대한 대응의 신속성을 점검하는가?
14. 수신된 모든 경보신호는 시간, 날짜, 장소, 대응, 경보의 원인에 대하여 기록하고, 얼마동안 기록은 유지되는가?
15. 감독자는 항상 경보 기록을 검토하는가?
16. 오경보의 빈도는 얼마나 되고, 이러한 빈도를 줄이기 위해서 취해진 조치는 무엇인가?

V. 열쇠관리시스템

1. 사업장에 활용되는 모든 열쇠에 대한 열쇠관리자는 지정되어 있는가?
2. 모든 건물과 출입구의 자물쇠와 열쇠에 대한 감독과 통제는 이루어지는가?
3. 모든 열쇠는 확실한 필요성이 있는 허가된 사람에게만 발급하는가?
4. 출입이 통제된 지역이나 지정된 특정분야의 모든 열쇠는 항상 제거되는가?
5. 열쇠발급의 기준은 정립되어 있는가?

6. 발급된 모든 열쇠는 적절한 기록부에 기록되는가?
7. 열쇠 소지자가 부재중일 경우(휴가나 이직 등)에 반납되는가?
8. 잠금장치의 보안에 문제가 발생할 경우에는 자물쇠는 변경되는가?
9. 적어도 1년에 한번 이상은 잠금장치에 대하여 육안검사를 실시하는가?
10. 열쇠 복제에 대하여 허용한 종업원이 있는가?
11. 열쇠 복제는 보안요원에 의해서 사업장내에서 실시되는가?
12. 열쇠 복제는 언제, 어디서, 누가, 어떻게 복제하는가?
13. 복제된 열쇠는 원래의 열쇠와 같은 보호수준이 유지되는가?
14. 모든 열쇠를 보관하는 열쇠 캐비닛이나 잠금장치가 된 보관함이 있는가?
15. 마스터키와 중요한 열쇠는 다른 열쇠와 분리하여 안전한 보관소에 보관하는가? 마스터키와 중요열쇠는 절대로 동일한 장소에 보관하지 않아야 한다.
16. 시설물의 건축이나 실제적인 변화가 있을 경우에, 시공자는 개인적으로 혹은 마스터키로 시설물의 출입이 가능한가, 이 경우에 어떤 통제수단이 있는가?
17. 발행된 모든 열쇠 개수와 소지자에 대한 현재의 기록은 유지되는가?
18. 이 기록이 열쇠로 들어갈 수 있는 건물과 출입구를 알려주는가?
19. 보안 부서에서 사전에 열쇠의 암호나 일련번호를 지정하는가?
20. 상기의 경우, 어느 수준의 보호대책이 적용되는가?
21. 보안감독자에 의해서 개별적인 공간, 특정한 마스터키, 대체 마스터키가 관리되는가?
22. 이러한 열쇠들은 잠금장치가 된 안전한 보관함에 보관되는가?
23. 열쇠보관함에는 감독자 외에 또 다른 사람의 출입이 가능한가?
24. 특정 열쇠는 감독자의 통제 하에 매일 확인이 되거나 보안초소에서 관리하는가?
25. 모든 열쇠는 보안요원의 통제 하에 검사되고 업무교대시마다 확인되는가?
26. 열쇠의 절도나 손실이 발생한 경우에 신속하게 관리자에게 보고하고 필요하다면 조사를 실시하는가?
27. 분실된 열쇠가 사용되었던 자물쇠는 즉시 교체되는가?
28. 사용되지 않는 출입문의 열쇠는 감독자의 관리 하에 안전한 보관함에 보관되는가?
29. 맹꽁이자물쇠(패드락)는 연간 또는 반년에 한번 교환되는가?
30. 모든 출입구의 자물쇠, 패드락 그리고 조합 패드락은 쉽게 관리하도록 번호가 정해지는가?

31. 자물쇠 제조업체의 일련번호나 암호는 지워졌는가?
32. 개방된 문이나 펜스에 사용되는 자물쇠의 허가되지 않는 제거를 방지하기위한 효과적인 대책은 무엇인가?
33. 매우 중요한 분야에 적용되는 엄격히 통제되는 잠금장치는 매우 열기 어려운 열쇠 실린더를 활용하는가?

Ⅵ. 보호조명

1. 시설물의 경계구역이나 보안구역의 담장은 적절한 조명이 설치되었는가?
2. 보호조명의 조도는 요구되는 적절한 기준에 부합하는가?
3. 램프의 조명은 직접 하방으로 향하거나 보안요원으로부터 떨어져 투사되는가?
4. 빛은 펜스의 내·외부를 모두 비추는가? 어느 것이 적절한가?
5. 경계구역의 조명이 관찰을 목적으로 사용할 경우에 보안요원이 위치하고 있는 구역이 상대적으로 어둡게 설치되었는가?
6. 어두워지기 전에 조명의 적절한 작동상태에 대하여 확인하였는가?
7. 조명의 수리와 작동하지 않은 조명등의 교체는 신속하게 이루어지는가?
8. 통행량이 많은 정문이나 침입가능성이 높은 지점에는 추가적인 조명을 설치하였는가?
9. 출입구의 보안요원초소는 적절한 조도를 유지하는가?
10. 조명의 전원은 어떻게 보호되는가?
11. 조명시스템은 신뢰할 만한 전원으로부터 전기를 공급받는가?
12. 조명시스템은 신뢰할 만한 보조전원을 설치하였는가?
13. 보호조명시스템은 사용 중인 조명이나 전원시스템과 독립되어 있는가?
14. 비상보호조명이나 예비설비가 준비되어 있는가?
15. 필요한 경우에 비상조명장비는 신속하게 작동되는가?
16. 예비, 비상조명장비는 얼마나 종종 시험되는가? 가장 최근의 시험에서 모든 비상조명장비는 신속하게 작동되었으며, 문제점은 무엇인가?
17. 적절한 작동을 보장하기 위해서 주기적으로 절연테스트가 실시되는가?
18. 절연시험에서는 병렬회로가 사용되는가?
19. 보호조명시스템은 비상시에 신속하게 수리가 가능하도록 디자인되고 장소가 표시되는가?

20. 시험에는 다용도 회로시험기가 이용되는가?
21. 보호조명을 위한 절연시험이 적절하게 시행되는가?
22. 쉽게 훼손되지 않는 도관을 사용하는가?
23. 절연설비는 지표면 위 또는 아래로 설치되어있는가?
24. 지표면위에 설치된 경우에는 훼손을 방지하기 위한 조치는 충분한가?
25. 스위치와 통제장치는 적절한 위치에서 통제되고 보호되는가?
26. 이러한 장치는 날씨변화에 대한 대비를 하였는가?
27. 통제장치에는 보안요원이 쉽게 접근할 수 있는가?
28. 통제장치는 경계구역 외부에서 접근할 수 없는 위치에 있는가?
29. 보호조명을 통제하기 위한 스위치는 시설물의 중심부에 위치하는가?
30. 비상시의 유지보수요원은 지정되어 있는가?
31. 보안요원의 내부 순찰로를 따라서 적절한 조명이 설치되어 있는가?
32. 특히 출입구와 내부 중요구역과 통제구역 시설물에는 개별적으로 비상조명시스템이 설치되어 있는가?
33. 최소한 매월 1번 이상의 테스트를 시행하는가?
34. 비상조명시스템의 축전지는 계속적으로 충전되는 축전지로 작동되는가?
35. 상기와 같지 않다면, 언제 축전지 충전수준을 마지막으로 확인하였는가?
36. 특별 보호구역의 비상조명시스템은 적절한가?
37. 조명시스템은 다른 영역을 보호하기 위하여 확장되는가?
38. 만약 상기와 같다면, 어떤 영역인가?
39. 보호조명은 두 조명사이의 빛이 비추지 않는 공간 맹지(blind)를 없애기 위해서 겹쳐서 설치되고 항상 밝은 상태를 유지하는가?

Ⅶ. 경계구역 보호

1. 시설물의 경계구역과 접근이 통제된 모든 구역은 펜스나 다른 물리적인 장벽으로 경계가 설정되어 있는가?
2. 물리적 장벽의 유형과 높이 그리고 일반적인 특성에 대한 설명과 현황을 명확하게 파악할 수 있는 사진이 첨부된 현황판은 준비되어 있는가?
3. 경계구역의 물리적인 장벽은 손상되거나 유용성이 훼손되지는 않았는가?

4. 경계구역 담장보다 더 향상된 보호수준을 제공하는 다른 방호벽은 있는가? 만약 있다면, 특징과 한계를 보여주는 도표는 준비되어 있는가?
5. 경계구역 장벽으로 펜스가 사용된다면, 보안장벽으로 최소한의 요구조건에 부합하는가?
   ① 펜스의 유형은 체인링크로 구성되었는가?
   ② 9게이지 혹은 그보다 더 무거운 철사로 구성되었는가?
   ③ 그물망의 구멍은 5CM가 넘지 않는가?
   ④ 상단과 하단에는 가시철사로 마무리되어 있는가?
   ⑤ 펜스의 기초는 견고한 바닥에서 2인치 이내에 고정되어 있는가?
   ⑥ 탑가드는 밖으로 45도 각도로 가시철사로 설치되었는가?
   ⑦ 모든 구역(외부로 돌출된 구조물 등)은 적절한 담장높이를 유지하는가?
6. 벽돌로 된 장벽의 경우에는 안전성 유지에 필요한 최소한의 요건에 부합하는가?
7. 만약 건물의 벽이 담장역할을 겸하고 있다면, 경계구역 담장에 연결된 부분은 잠재적인 침입의 위험성은 없는가?
8. 만약 건물 벽이나 마루 그리고 지붕이 담장의 역할을 겸하고 있다면, 체인링크 펜스와 동등한 보호수준을 제공하는가?
9. 만약 그렇다면, 연결부분은 실제적인 담장의 높이가 유지되는가? 그리고 사용하지 않을 경우에는 모든 담장에 있는 출입구는 보안요원이 감시하거나 통제되는가?
10. 모든 개구부는 적절하게 보호되는가?
11. 보안요원은 장벽의 출입구와 장벽을 따라 걸으면서 번호, 장소, 물리적 특성 등 어떠한 취약점이 있는가를 목록화하여 점검하는가?
12. 장벽에 있는 게이트와 여러 출입구는 안전하고 효율적인 운영을 위한 적정수준보다 초과하여 허용되지는 않는가?
13. 모든 장벽 출입구는 안전한 잠금장치가 설치·운영되고 있는가?
14. 장벽의 모든 게이트는 장벽과 동등한 보호수준을 제공하는가?
15. 담장 출입구와 게이트는 사용하지 않은 경우에는 주기적으로 보안요원에 의해 점검되거나 잠금장치로 보호되는가?
16. 게이트의 잠금장치는 연차적으로 순환시키고, 마지막으로 순환하였던 시기는 언제인가?
17. 보안요원이 모든 경계구역 출입구 열쇠의 안전에 관한 책임을 지는가, 그렇지 않으면 누가 책임자인가?

18. 장벽 출입구의 열쇠가 설치요원이 아닌 다른 사람에게 발급되지는 않았는가?
19. 지난 보안검사 이후에 어떤 담장 게이트나 출입구가 사용되거나 폐쇄되었는지에 대하여 상세하게 기록하는가?
20. 통상적으로 사용하는 모든 보행자와 차량용 게이트와 다른 출입구는 효과적이고 적절하게 다음 사항을 보장하는 조명이 설치되어 있는가?
  ① 신원확인 배지의 조사와 개인의 신분확인이 가능한가?
  ② 차량내부의 조사가 가능한가?
  ③ 조명으로부터의 눈부심이 보안요원의 시야를 방해하지는 않는가?
  ④ 출입허용에 관한 절차를 유도하는 적절한 게시판이 잘 보이는 장소에 설치되었는가?
21. 주간에 담장으로 접근할 경우에 어디에서나 볼 수 있는 장소에 '출입금지' 신호표시가 부착되어 있는가?
22. 담장의 양쪽 면 모두를 시야를 가리지 않도록 장애물 등이 제거되는가?
23. 만약 이러한 시야의 확보가 어려울 경우에는 어떤 추가적인 보안대책이 적용되는가?
24. 차량은 담장에서 떨어져 정렬되어 주차가 허용되는가?
25. 보안요원은 경계구역을 불규칙적으로 순찰하는가?
26. 경계구역 담장은 보안요원에 의하여 얼마나 종종 확인되는가?
27. 경계구역의 취약점이 발견되며 즉시 조치되고 기록되는가?
28. 침입감지시스템에 의하여 보호되는 경계구역은 어디인가?
29. 시설물 기능의 재배치, 보안구역의 새로운 디자인, 물리적인 영역의 확장, 그리고 또 다른 요인은 추가적인 담장이나 경계조명의 설치를 필요로 하지 않는가?
30. 상기와 같다면, 어떠한 조치가 취해졌는가?

Ⅷ. 시설물 경계구역

1. 주요건물의 외장은 외부 침입자가 그림자 속에 숨는 것을 방지하기 위해서 지면으로부터 8~10피트 정도는 밝은 색 페인트를 사용하는가?
2. 건물주변은 침입자가 몸을 숨길 수 있는 관목과 같은 은폐물질을 제거하였는가?
3. 건물주변의 나무들은 침입자가 침입수단으로 사용할 수 있는 높이나 가지를 제

거하여 침입자가 이용하는 것을 방지하였는가?
4. 낮은 장소에 위치한 창문들은 잠금장치와 쇠창살을 설치하였는가?
5. 2~3층의 창문은 잠기고, 쇠창살이 설치되었는가?
6. 1~2층 창문에는 경보장치가 설치되었는가?
7. 저층 창문에 설치된 에어컨 시설물은 외부로부터 제거하지 못하도록 보호 장치가 설치되었는가?
8. 건물의 경계구역은 적절한 조명시설과 쓰레기 적제와 같은 방해물은 없는가?
9. 건물주변의 사다리, 긴 합판과 같은 물건들은 잠금장치가 있는 저장소에 보관되는가?
10. 보관 장소는 출입구와 떨어져 조명시설이 잘된 곳에 위치하는가?
11. 사용하지 않는 보관소는 보호조치가 되어 있는가?
12. 근무시간이 아닌 동안에 보관소는 보안요원에 의해서 순찰되고 빈도는 적절한가?
13. 보안요원의 순찰은 규정된 일정 또는 무작위로 시행되는가?
14. 문들은 내부 쪽 혹은 외부 쪽으로 개방되도록 되어있는가?
15. 외부 쪽으로 열리도록 되어 있는 문의 핀은 제거가 불가능하도록 용접되거나 다른 대책이 적용되었는가?
16. 창고는 보안요원의 확인 없이는 접근이 불가능하고, 보안요원의 시선 안에 위치하는가?
17. 창고는 로컬경보시스템이 설치되거나 주경보시스템에 연결되어 있는가?
18. 창고의 감시통제장치를 설치하기 위한 계획은 사전에 보호효과에 대하여 검토하였는가?
19. 창고의 자물쇠는 적어도 1년에 한번은 교환되는가?
20. 창고에 출입이 가능한 열쇠는 필수적인 사람에게만 사용이 허용되는가?
21. 얼마나 많은 창고열쇠가 분실되었으며, 원인은 규명되었는가?
22. 모든 외부 출입구는 견고한 구조물로 구성되었는가?
23. 모든 유리문에는 경보장치가 설치되고 출입구는 보안요원이나 특히 근무시간 이외에는 항상 감시 하에 운영되는가?
24. 보호되지 않는 유리문들은 스틸 바나 철망에 의해서 보호되거나 경보시스템을 부착하는가?
25. 모든 유리문은 내부에서 쉽게 돌려서 열 수 있는 구조대신에 2중 열쇠 실린더를 사용하는가?

26. 오버헤드 도어(위로 수평으로 밀어 올리는 차고 문 같은 문)는 전동식이나 슬라이드 볼트의 잠금장치를 이용하는가?
27. 슬라이드 볼트는 내·외부 슬라이드에 장착하는가?
28. 슬라이드가 외부에 설치될 경우에는 일반적인 방법으로는 잘 열리지 않는 자물쇠(pick-resistant)를 사용하는가?
29. 모든 외부의 문들은 잘 열리지 않는 자물쇠 실린더를 사용하는가?
30. 모든 외부의 문들은 데드볼트(dead bolt) 모양을 가지고 있는가?
31. 모든 외부 문들은 업무시간이 끝난 다음에 잠금 상태가 확인되는가?

Ⅸ. 보안관리자

1. 보안사고와 관련된 보고서 및 처리결과는 유형분석(profile)되어 보관되는가?
2. 보안부서의 직무분장은 명확하게 규정되어 있는가?
3. 보안관리자는 적어도 1년에 한번 이상은 기업체 전반에 대한 보안진단을 실시하고 그 결과를 경영자에게 보고하는가?
4. 보안관리자는 기업의 위기관리 프로그램에 대한 개정을 매년 실시하는가?
5. 보안부서는 기업체의 모든 구성원의 부정행위에 대한 조사권한을 가지고 있는가?
6. 보안부서는 정보기술(IT)과 회계부서에 대한 정기적인 조사를 실시하는가?
7. 보안관리자는 경영진회의에서 보안에 관련된 모든 문제에 대하여 주도적으로 업무를 수행하는가?
8. 보안관리자는 최고경영자에게 직속 보고라인을 유지하는가?
9. 보안관리자는 모든 구성원의 보안정책과 절차준수 여부에 관하여 관리·감독기능을 수행하는가?
10. 보안관리자는 구성원의 부정행위에 대하여 징계권고 권한을 행사하는가?
11. 보안관리자는 각 부서장에게 보안 관련 업무에 대한 업무협조 권한을 가지고 있는가?
12. 기업체의 파업과 같은 예상치 않은 재난에 대비한 재난관리 프로그램과 각자의 업무분장에 대하여 숙지하는가에 대하여 정기적인 훈련을 통하여 점검하는가?

X. 보안요원

1. 보안요원 채용시에 신분확인은 누가 실시하는가?
2. 보안요원은 업무에서 비상시나 재난계획의 적용에 관한 절차에 관하여 훈련이 되어 있는가?
3. 무장이 필요한 모든 보안요원은 지급된 무기를 취급할 자격을 가지고 있는가?
4. 모든 보안요원은 매년 무장에 관한 자격요건에 관해서 갱신하는가?
5. 모든 보안요원은 치명적인 상황에 대한 대처방안에 관해서 훈련을 받는가?
6. 보안요원의 무기는 비상시에 쉽게 사용이 가능하도록 유지하는가?
7. 보안팀의 활동에는 비상대응팀의 운영도 포함되는가?
8. 모든 보안요원들은 교대 시에 자신의 임무를 숙지하고 있는가?
9. 보안요원은 통제실과 직접교신이 가능한 통신시스템을 휴대하고 있는가?
10. 보안팀의 각각의 분야는 교신에 필요한 보조전원을 준비하는가?
11. 보안팀의 주요한 교신시스템은 무엇인가?
12. 교신시스템의 대체방법과 비상시 연력망은 무엇인가?
13. 무선교신은 어떤 방식인가? 적절한 교신절차가 실습되는가? 효과적이고 일상적인 암호가 사용되는가? 적절한 인증방법이 요구되는가? 장비는 적절하게 유지되는가?
14. 무기와 탄약의 필요사항에 대한 적절한 사용을 보장하기 위하여 보안요원과 감독자는 얼마나 자주 점검을 실시하는가?
15. 보안요원이 사용하는 탄약은 누가 관리하는가?
16. 주기적으로 보안초소는 점검되고 재확인하는가?
17. 보안요원에 대한 모든 감독책임은 보안책임자에게 귀속되는가?
18. 3교대의 업무에 대한 보안요원의 감독자는 항상 상주하는가?
19. 중앙통제센터에서는 보안요원에 대한 감독을 실시하는가?
20. 중앙통제센터는 통제장비와 침입감지시스템, 경보 그리고 교신장치를 관할하는가?
21. 지역 소방서와 경찰서와의 직접적인 연락망은 구축되어 있는가?
22. 사용하지 않은 총기는 잠금장치된 보관함에 보관되는가?
23. 보안요원의 훈련기준에 대한 상태를 점검하기 위하여 주기적인 시험이 실시되는가?
24. 보안요원에 대한 감독 상태는 적절한가?

25. 일반적 또는 특정한 명령과 지시는 적절하게 게시판에 게시되는가?
26. 보안요원은 통상적인 임무와 특별한 임무에 대하여 숙지하고 있는가?
27. 보안요원의 업무수행에 대한 적절성여부의 검토는 주기적으로 확인하는가?
28. 보안과 관련된 임무는 보안요원에 의해서 우선적으로 수행되는가?
29. 야간순찰 시에 보안요원은 각자가 손전등을 휴대하는가?
30. 보안요원의 업무보고서와 기록부는 다음의 방법으로 수행되는가?
   ① 휴대용 감시시계의 활용, ② 중앙감시 시계위치의 활용, ③ 전화의 활용, ④ 무전기활용 등
31. 보안요원의 임무, 초소의 위치, 순찰경로는 동일한 시간에 동일한 업무로 인한 형식적인 업무를 방지하기 위해서 주기적으로 변경되고 확인되는가?
32. 비상시에는 얼마나 많은 인력이 보안팀의 업무를 지원하는 것이 가능한가? 주간과 야간 그리고 주말과 휴일에 따라서 지원인력의 변화와 대응은?
33. 비상시에 얼마나 많은 경찰이나 소방인력이 현장에 도착할 수 있는가? (30분 이내, 1시간 이내, 2시간 이내)
34. 위험상황에 대한 조기경보와 같은 지원이나 정보를 제공받기 위해서 지역이나 국가기관과의 협력관계가 구축되어 있는가?
35. 보안구역 안에서 동일한 배지교환시스템이 활용된다면, 배지와 통행증 그리고 출입자는 비교되며, 출입 시의 배지와 통행증의 물리적인 교환, 배지와 통행증의 책임소재를 확인하는가?
36. 근무교대시의 처음과 마지막에 보안초소에서 모든 배지에 대한 책임이 인수인계되는가?
37. 분실되거나 원인불명의 배지에 대한 처리절차는 무엇인가?
38. 임시적인 용도로 배지 필요성이 생길 경우(대규모 방문객의 쇄도)에 추가적인 배지가 신속한 처리절차를 통해서 발급되는가?

XI. 유틸리티

1. 사업장에서 사용하는 전원은 어떠한 유형인가?
2. 전원은 사업장에 지상 또는 지하선로로 설치되어 있는가?
3. 전원케이블은 어디를 통과하여 설치되어 있는가?

4. 물리적인 훼손이나 사보타지로부터 전원케이블을 보호하기 위해서 취해진 조치는 무엇인가?
5. 최대전력 사용량에도 충분한 용량의 전력이 공급되는가?
6. 주요한 변압기가 설치되어 있는가?
7. 변압기는 사업장으로부터 어느 정도 떨어져 있는가?
8. 보조기기의 개별적인 보호조치는 무엇인가?
9. 누가 전원시스템에 대한 정비책임을 지는가?
10. 얼마나 자주 전원시스템은 일상 점검 · 확인되는가?
11. 전원시설은 시설물의 어디에 있으며, 어떻게 보호되고, 점검되는가?
12. 불법적인 사용이나 사보타지로부터 전원시스템을 보호하기 위해서 취해진 추가적인 조치는 무엇인가?
13. 비상전원은 무엇이고, 비상시 즉시 사용가능한 상태를 유지하는가?
14. 비상전원은 기업의 핵심업무를 유지하기에 충분하며, 누가 책임자인가?
15. 비상전원은 보호구역 내부에 위치하며, 어떤 보호대책이 필요한가?
16. 시설물 전체의 메인 전원스위치는 어디에 있으며, 누가 통제하고, 이것을 보호하기 위해서 어떠한 보호대책이 필요한가?
17. 시설물에 대한 수원은 무엇이고, 안전대책은 무엇인가?
18. 물이 저수조, 탱크로부터 공급된다면 저수용량과 수위, 압력, 상태는 어떠한가?
19. 시설물에 필요한 수량과 비교하여 적정하고 어떻게 보호되는가?
20. 펌프장은 어떻게 보호되고 종종 확인되는가?
21. 수원, 컨트롤밸브, 바이패스밸브는 어떻게 보호되는가?
22. 어떠한 방법으로 누가 수질을 측정하는가?
23. 비상식수원은 활용가능하며, 장소, 용량, 식수용도는 무엇인가?
24. 하수시스템의 유형은 무엇이고, 사업장의 목적에 부합하는가?
25. 하수시스템의 파이프를 경유한 시설물로의 접근을 방지하기위해서 어떤 보호조치가 적용되었는가?
26. 사업장 건물의 난방유형은 중앙난방식인가?
27. 난방장치는 어디에 위치하고 어떻게 보호되는가?
28. 난방시스템은 주기적으로 점검되고, 정비요원은 중요구역의 접근로를 주기적으로 정리하는가?
29. 사업장의 비상난방장치나 비상시스템은 무엇인가?

30. 난방시스템의 연료는 어디에서 구입하는가?
31. 연료 오염에 관해서 주기적으로 점검하는가?
32. 연료는 어떤 방식으로 어디에 보관하는가?
33. 개별난방이 이루어진다면, 어떤 화재방지대책이 적용되는가?

XII. 차량통제

1. 사업장에 진입하는 모든 차량들은 보안팀에서 지정한 위치에 주차하는가?
2. 승용차 소유자에게는 사업장에 주차가 허용된다는 문서화된 절차가 들어있는 등록증이 발급되는가?
3. 주차허가증은 보안요원에 의해서 쉽게 분리될 수 있는가?
4. 통행증에는 차량소유자의 구체적인 업무나 부서를 알려주는 내용이 들어있는가?
5. 차량통행증의 만기일은 일련번호순으로 정해지는가?
6. 차량통행증에 일련번호가 없을 경우에 사업장에서 발행한 식별 가능한 다른 방법이 적용되는가?
7. 주차장은 통행증에 따라 구분되어 주차되는가?
8. 보안팀에 의해서 기록·유지되는 주차관련 내용과 범위는 무엇인가?
9. 모든 차량등록기록부에는 각각의 차량과 밴이 속하는 모든 차량을 식별할 수 있는가?
10. 차량등록절차에는 자가용통행증에 개인이 차량을 매각하거나 이직에 대한 내용을 알 수 있도록 규정하고 있는가?
11. 공무차량의 운행증은 어떤 방법으로 점검하는가?
12. 방문용 차량에 대하여 임시통행증이 발급되는가?
13. 방문자 차량은 방문자를 위한 주차구역에 주차되도록 지정하는가?
14. 직원들의 자가용은 지정된 보안구역에 주차되도록 지정되는가?
15. 만약 지정되지 않았다면, 자가용은 중요 시설물에서 떨어져 주차되도록 유도하는가?
16. 개별적으로 주차장에 주차된 차량이 사업장을 출입할 경우에 반드시 보행자 게이트나 보안요원의 통제에 의해서 통과되도록 하는가?
17. 자가용의 출입 시에 종종 그리고 불시에 조사가 실시되는가?

18. 자가용은 보안구역 펜스 옆에 주차되도록 허용하는가?
19. 화물용 차량은 일반차량과 다른 출입절차가 적용되고 주차구역은 지정된 특정 구역에만 주차가 가능하도록 통제하는가?
20. 주차는 차량의 용도별(비상용 차량, 임원용, 안내원, 공급업체, 화물)에 따라 구역이나 출입절차가 다르게 적용되는가?

XIII. 서비스 요원의 관리

1. 미화요원은 누구의 관리에 의해서 사무실 청소업무를 수행하는가?
2. 미화업무 관리책임자는 청소시간동안 해당 지역에 상주하는가?
3. 청소시간에는 업무용 데스크는 크린정책이 지켜지는가?
4. 미화요원의 쓰레기 처리절차에 관한 규정은 존재하는가?
5. 미화요원을 확인할 수 있는 인식표와 통행증이 발급되는가?
6. 미화요원의 신규채용이나 교체시에 이력서를 보안팀에 제출하는가?
7. 감독자는 미화요원의 신원확인을 매일 실시하는가?
8. 서비스요원의 출입관리와 업무처리절차에 대한 규정은 존재하는가?
9. 서비스요원(A/S)의 업무는 제한된 구역에서만 수행되는가?
10. 서비스요원의 업무수행은 누가 관리하는가?
11. 서비스요원의 출입 시에는 특별 출입증이 발급되는가?
12. 서비스요원에 대한 신분확인은 어떻게 진행하는가?
13. 정기적으로 출입하는 서비스요원은 비밀보호규정에 서명하였는가?
14. 공무로 방문하는 출입자에 대한 신분확인절차에 대한 규정은 존재하는가?

부록 3 절도/사기/횡령의 징후

Ⅰ. 위험신호

1. 핵심 임직원이 과도하게 많은 개인적인 채무나 재정적인 손실로 어려움을 겪지는 않는가?
2. 핵심 임직원이 그의 일반적인 수입보다 과도한 지출로 가정에서 경제적인 어려움을 겪지는 않는가?
3. 핵심 임직원이 그의 수입과 걸맞지 않는 생활수준을 향유하지는 않는가?
4. 핵심 임직원이 과도하게 주식투자나 투기에 관여하지는 않는가?
5. 핵심 임직원이 과도하게 습관적인 도박에 탐닉하지는 않는가?
6. 핵심 임직원이 다른 사람과 관련되어 과도한 지출을 하지 않는가?
7. 핵심 임직원이 가족, 공동체, 사회적인 기대나 압력에 대하여 어울리지 않는 행동을 하지는 않는가?
8. 핵심 임직원이 알코올이나 약물을 과도하게 사용하지는 않는가?
9. 핵심 임직원이 직장 내에서 불공평한 취급을 당한다고 생각하지는 않는가?
10. 핵심 임직원이 회사정책과 상사에게 불만을 가지고 있지는 않는가?
11. 핵심 임직원이 그의 업무에서 과도하게 좌절하지는 않는가?
12. 핵심 임직원이 그의 회사와 동료집단의 과도한 기대와 압력으로 성공을 위해서는 윤리적인 것도 무시하지는 않는가?
13. 핵심 임직원이 그의 과도한 욕망이나 영화를 위해서 어떤 일에 모든 것을 투자하지는 않는가?

Ⅱ. 기업의 경영상황

1. 기업이 최근에 어떤 중요한 투자나 리스크가 높은 비즈니스에서 심각한 손실을 경험하지는 않았는가?
2. 기업이 불충분한 운영자금으로 어려움을 겪지는 않는가?
3. 기업의 과도한 채무로 기업의 안정성을 위협하는 상황은 없는가?
4. 기업이 낮은 신용과 높은 이자율로 기업의 신용을 얻기가 어려워지고 과도한 시세확장으로 현금소득보다 채무가 늘어나지는 않는가?
5. 기업이 매출액보다 비용이 늘어 수익의 압박이 상승하였는가?
6. 기업의 수익구조가 지속적으로 악화되지는 않았는가?
7. 기업의 신용도 하락으로 은행대출이 어렵지는 않는가?
8. 최근에 기업이 좋은 수익원을 발견하고 급격한 자금의 차입을 경험하지는 않았는가?
9. 기업경영진이 자신의 위상이나 명성을 유지하기 위해서 '일시적으로 어려운 기업상황'을 숨기는 것을 당연하다고 생각하지 않는가?
10. 기업이 눈에 보이지 않는 거액의 채무를 지고 있지는 않는가?
11. 기업이 과도하게 하나의 핵심제품이나 서비스, 소수의 고객 그리고 거래처에 의존하지는 않는가?
12. 기업이 적정수준보다 부족한 생산설비로 운영되고 있지는 않는가?
13. 기업이 과도한 노후설비나 재고누적으로 어려움을 겪지는 않는가?
14. 기업이 과도하게 긴 비즈니스 사이클로 인하여 이윤이나 현금흐름이 위협받지는 않는가?
15. 허가기관에서 기업운영에 상당한 위협요소가 되는 취소가 가능한 허가사항은 없는가?
16. 기업이 최근에 새로운 비즈니스나 생산라인을 확장하지는 않았는가?
17. 기업 주력분야의 산업경기가 기업에 악영향을 미치는 상황은 없는가?
18. 기업의 수입에 예상치 않은 어려움에 처하지는 않는가?
19. 환경변화로 기업의 생존에 위협이 될 정도로 과도한 경쟁에 직면하고 있지는 않는가?
20. 시장점유율의 축소로 기업이 미래의 판매량의 감소를 나타내는 판매재고가 늘어나지는 않는가?

21. 기업이 다른 기업과 인수합병의 압력에 노출되지는 않는가?
22. 기업에 상당한 불이익이 되는 중요한 세금조정이나 변경이 없었는가?
23. 기업이 주주와 경영진간의 중요한 소송을 경험하지는 않았는가?
24. 기업이 주식사장으로부터 거래가 중지되거나 거래목록에서 탈락되지는 않았는가?

Ⅲ. 부정행위의 기회

1. 중요인사가 기업 목표와 부합하지 않는 주요 공급업체나 인사와 비밀스런 유착관계를 맺고 있지는 않는가?
2. 기업은 부정행위자에 대한 규정이나 인사원칙에 대하여 직원들에게 정확하게 전달되었는가?
3. 직급에 관계없이 검증된 내부인과 보안부서장의 확인이 없이는 내부 핵심자료에 대한 접근은 통제되는가?
4. 기능과 직급에 따라 회사의 신뢰성 검증절차는 적절하게 적용되는가?
5. 기업의 중요인물이 해고되거나 퇴사와 같은 급격한 이직을 경험하였는가?
6. 기업의 중요인물이 연차휴가를 가지 않을 경우의 조치와 주기적인 순환보직규정을 실시하였는가?
7. 기업이 신입사원 채용 시에 직무신뢰도를 확인하기 위해 적절한 채용적격심사를 실시하는가?
8. 기업은 개인 신상기록과 부정행위나 징계조치에 대한 명확한 기록을 유지하는가?
9. 기업은 경영진의 개인적인 투자나 수입에 관한 내역을 유지하는가?
10. 기업은 부정직하거나 비윤리적인 경영을 하지는 않는가?
11. 기업경영이 소수 사람에 의해 좌우되지는 않는가?
12. 기업이 계속적으로 위기상황에서 운영되지는 않는가?
13. 기업은 회계기록과 같은 중요내용에 관심을 기울이는가?
14. 기업이 중요인물을 과신하여 전통적인 통제기법을 간과하지는 않는가?
15. 기업 내의 중요 인사 사이의 대인관계가 좋은가?
16. 기업이 비현실적인 생산활동에 대한 조치와 기대를 갖지는 않는가?
17. 기업의 업무수행에 부합하고 적절한 보상을 실시하는가?
18. 기업은 적절한 내부검증과 보안시스템을 유지하는가?

19. 기업은 부정행위를 방지하기 위한 적절한 교육·훈련 프로그램을 유지되는가?
20. 기업의 핵심업무에 대해서는 감사·보안부서 그리고 인사·법무부서가 교차로 확인하는가?

Ⅳ. 기업의 업무관행

1. 최근 기업의 중요업무에서 친족 간의 거래가 있지는 않았는가?
2. 사규에 의해 상기의 거래를 허용할 경우에, 친족 간의 거래도 반드시 회사의 거래지침에 의거하여 실시되고 공개되는가?
3. 기업은 주요한 자회사에 감사결과를 활용하거나 감사를 종종 교체하는가?
4. 기업이 감사의 검토가 필요한 데이터를 감사받기를 주저하지 않는가?
5. 기업은 서로 다른 몇 개의 법률회사에서 자문을 받으며 법률자문회사를 종종 변경하는가?
6. 기업은 몇 개의 서로 다른 은행과 거래하고, 어떤 은행도 기업의 전체적인 재정현황은 알지 못하도록 하는가?
7. 기업이 규제기관과 계속적으로 충돌하지는 않는가?
8. 기업이 불합리한 복잡한 비즈니스 구조를 가지므로, 이러한 복잡성은 많은 면에서 기업의 목적이나 의미를 혼탁하게 하지는 않는가?
9. 기업이 감사를 필요로 할 경우 효과적인 내부감사요원이 존재하는가?
10. 모든 비즈니스가 전산화된 기업에서 하드웨어, 소프트웨어, 전산요원 등에 대하여 엄격한 통제를 실시하는가?
11. 기업이 부적절한 내부통제시스템으로 운영되거나 현재 통제시스템의 적용에 어려움은 없는가?
12. 기업이 높은 위험을 감수(이미 많은 실패사례가 발생한 경우)해야 하는 업무영역은 없는가?
13. 기업 업무가 대부분 연말에 거래되거나 특이한 거래행위가 없는가?
14. 기업은 과도하게 자유스런 회계 관행을 가지고 있지는 않는가?
15. 기업은 부실한 회계기록을 유지하고 있지 않는가?
16. 기업회계부서의 부적절한 구성원에 대하여 보안부서의 불시 확인이 실시되는가?
17. 기업이 의심나는 거래사항을 공개하지 않거나 이상한 회계 관행을 실시하지는

않는가?

18. 기업의 모든 자산이동에 대해서는 보안부서의 확인과 책임추적성이 유지되는가?

Ⅴ. 요주의 인사

1. 상식적으로 낮은 도덕성을 가진 주요인사는 누구인가?
2. 주요인물이 업무에서 난관에 봉착 시 계속적으로 비윤리적이고 모순된 행위를 합리화하지는 않는가?
3. 주요인물이 '책략가'적인 성격으로 자신의 권한과 영향력의 과시, 사회적 지위와 거액의 금융거래에 흥미를 느끼지 않는가?
4. 주요인물이 정직성이 결여되지는 않았는가?
5. 주요인물과 중요업무를 수행하는 직원에 대한 청렴성은 매년 확인하는가?
6. 주요인물이 잦은 이직이나 인사, 정신건강 문제와 같은 불안정성은 없는가?
7. 주요인물이 개인적인 사욕으로 기업통제시스템을 무력화하지는 않는가?
8. 주요인물이 범죄나 신뢰도에 의심이 가는 배경은 없는가?
9. 주요인물의 신용도는 매분기마다 확인하고 문제점은 없는가?
10. 요주의 인물의 과거 실수의 기록이나 관련 사항들은 없는가?

Ⅵ. 부정행위자의 특성

1. 비정상적으로 조기에 출근하는 직원은 없는가?
2. 늦게까지 사무실에 머물러있는 직원은 누구인가?
3. 과도하게 자신의 체구보다 큰옷을 입고 다니는 직원은 없는가?
4. 창문 옆에 놓여있는 사다리와 상자들은 없는가?
5. 긴 휴식시간이나 티타임, 사적인 통화와 외출을 빈번하게 하는 직원은 없는가?
6. 관리자가 다가오는 것에 대하여 민감하게 반응하는 직원은 누구인가?
7. 컴퓨터기록의 삭제를 포함한 기록내용의 변화는 없었는가?
8. 직원이 아닌 외부인과 은밀하게 대화하는 직원은 있는가?
9. 업무에 대한 동료의 도움을 거절하는 직원은 있는가?

10. 자신의 휴가를 미루거나 거절하는 직원은 있는가?
11. 여러 번 휴가일정을 변경하는 직원은 있는가?
12. 빈번하게 개인적인 문제를 일으키는 직원은 있는가?
13. 자신보다 급여가 많은 동료의 수입에 분개하는 직원은 있는가?
14. 매우 열심히 특정한 자료만을 수집하는 직원은 있는가?
15. 최근에 자신에게 걸맞지 않은 비싼 물건을 구입하는 직원은 있는가?
16. 빈번하게 회사 규정을 지키지 않는 직원은 있는가?
17. 회사규정보다는 자신의 원칙만을 고수하는 직원은 있는가?
18. 빈번하게 거래처나 공급업체를 변경하는 직원은 있는가?
19. 다른 직원들에게 많은 빚을 지고 있는 직원은 있는가?
20. 직장에서 일밖에 모르는 유형의 직원은 있는가?
21. 적은 금액의 돈은 우습게 여기는 직원은 있는가?
22. 빈번하게 개인적인 전화가 오는 직원은 있는가?
23. 개인적인 전화를 다른 사람이 듣지 못하게 하는 직원은 있는가?
24. 청구서에 대한 고객의 불만이 많은 직원은 있는가?
25. 업무에 관한 통상적인 질문에도 민감한 직원은 있는가?
26. 특정한 문서들을 몰래 숨기는 직원은 있는가?
27. 뚜렷한 소명 없이 채권내역을 장부에서 지우는 행위는?
28. 회계장부에서의 수취항목의 감소된 경우는 있는가?
29. 원재료 구입은 증가하나 생산은 제자리인 경우는 있는가?
30. 동료직원보다 근무시간이 과도하게 많은 직원은 있는가?
31. 채권자가 항상 특정직원과의 거래만을 원하는 경우는 있는가?
32. 방문자가 사유를 밝히지 않고 특정직원을 방문하는 경우는 있는가?

Ⅶ. 자산관리시스템

1. 조직에는 재고관리시스템을 갖추고 있는가?
2. 실제적으로 주기적인 재고관리를 실시하는가?
3. 재고조사와 관련된 장비들은 공급업체와 관련된 사무실로부터 재고조사와 관련 없는 장소로 분리되어 있는가?

4. 화재, 절도, 횡령 그리고 여러 유형의 손실에 대하여 적절하게 대응하기 위해서 보험약관을 주기적으로 검토하는가?
5. 재고조사를 시행할 경우에 기업에서 사용 중에 재고목록을 나타내 특정한 청구 형식을 사용하는가?
6. 재고목록에 대한 책임은 신뢰할만한 직원들에게 주어졌는가?
7. 재고조사는 안전한 구역에서 실시되는가?
8. 재고조사 시에 접근통제는 실시되는가?
9. 재고조사 구역은 다른 부서와 구분되어 있는가?
10. 재고조사 구역은 파손이나 화재, 날씨, 오염과 같은 물리적인 손상에서 보호되는가?
11. 여분의 제품들은 즉시 판매되는가?
12. 여분의 제품들의 판매를 위해서 결산기록은 엄격하게 통제되고 관리되는가?
13. 잔여제품의 판매와 활용이 가능한 물품은 서로 분리된 부서와 구매, 생산이나 판매부서가 개입되지 않도록 관리되는가?
14. 유가증권은 잠금장치가 된 안전한 구역에 보관되는가?
15. 적어도 2명의 기업안전요원이 유가증권의 통합보관소를 관리하는가?
16. 경리부서는 유가증권, 은행권 그리고 다른 고가품의 보관에 관한 상세한 기록을 유지하는가?
17. 유가증권에 관한 기록은 갱신되어 유지되는가?
18. 만약 기업이 담보물을 보유하고 있다면 이것에 대한 면밀한 기록이 책임 있는 경영진에 의해서 유지되는가?
19. 담보물은 주기적으로 확인되는가?
20. 유가증권과 담보물을 일정하게 균형을 유지하는가?
21. 회사보유의 유가증권은 회사의 이름으로 적절하게 배서되었는가?
22. 리스, 모기지, 계약에 관한 중요한 비즈니스 서류는 금고에 안전하게 보관되는가?
23. 중요한 비즈니스 서류들은 책임 있는 임원이 보관하고 있는가?
24. 사소한 절도는 허용되거나 기업에서 감수한다는 분위기가 형성되는 것을 엄격하게 금지하는가?
25. 비록 손실액이 감소하더라도 계속적으로 사소한 손실도 용납되지 않는다는 것을 강조하는가?
26. 손상되거나 재고로 남은 제품의 가격인하는 최고경영진에 의해서 결정되는가?

27. 할인 판매된 상품이 판매된 상태대로 정상적인 가격으로 뒤돌아오거나 반품되는 것을 피하기 위해서 은밀하게 상품에 표시하는가?
28. 반품된 상품은 단지 확실한 영수증이 첨부된 경우에만 허용되는가?
29. 반품이나 반환에 관한 기업정책은 눈에 잘 보이는 곳에 공고되고 판매원에게도 교육을 시키는가?
30. 현금 환불은 감독자에 의해서 조정되는가?
31. 반품된 상품은 상태를 확인 후에 즉시 판매대에 다시 진열되는가?
32. 기업은 우편에 의한 수표환불에 관한 정책을 가지고 있는가?
33. 기업은 고객의 신용상태에 대한 정책을 가지고 있는가?

Ⅷ. 현금 지출

1. 기업의 모든 지급계정은 수표로 이루어진다는 정책을 가지고 있는가?
2. 모든 수표에는 일련번호가 기입되는가?
   ① 훼손되거나 무효화된 수표에 대한 계정을 운영하는가?
   ② 훼손되거나 무효화된 수표의 월간상황을 회수된 수표와 함께 서류철에 기록되는가?
3. 백지수표를 보관하기 위한 보안대책은 존재하는가?
   ① 현재 사용되는 수표책은 안전한 금고에 보관되는가?
   ② 주기적으로 수표책을 누락된 수표가 없는지 역으로 확인하는가?
   ③ 여분의 수표책은 사용 중인 것과 분리되어 안전하게 보관되는가?
4. 기업은 수표에 서명하는 절차가 확립되어 있는가?
   ① 명기된 수량을 초과한 것에 대해서는 두 사람의 서명이 요구되는가?
   ② 회사정책은 백지수표에 서명하는 것을 금지하고 있는가?
   ③ 모든 수표는 전동타자기나 수표발생기를 통하여 발행되는가?
   ④ 모든 수표는 공급업체에 서명되어 발송되기 전에, 책임 있는 직원이 해당 항목에 대한 내역이 지급되어도 된다는 것을 확인하는가?
   ⑤ 기업은 팩스를 통한 서명을 금지하고 있는가?
5. 기업은 우편을 통한 수표의 발송절차를 규정하고 있는가?
   ① 동일한 사람이 수표를 발송하거나 수표재고메일을 확인하는 업무를 수행하는

것을 금지하는가?

② 공급업체에서 수표를 수령할 경우에 수령확인을 요구한다는 내용을 각각의 수표에 첨부하여 발송되는가?

③ 수표는 직접 전달하는 것을 금지하는가?

6. 회사정책은 물품수령 전에 현금을 지급하는 것을 금지하고 있는가?
7. 회사정책은 발생된 수표를 현금으로 결제하는 것을 금지하는가?
8. 적정한 시간 내에 돈이 예금되지 않으면 해당수표는 무효가 된다는 조항을 수표에 표기되어 있는가?
9. 수표용지는 다른 것으로 대체가 불가능하도록 특수한 재질로 된 것을 사용하는가?
10. 은행잔고조정을 다루는 방법을 유지하는가?

① 잔고조정은 수표발행과 관련이 없는 직원에 의해서 수행되는가?

② 누가 은행잔고를 준비하는가?

11. 지급이 예정되지 않은 많은 액수의 수표를 처리하는 절차가 존재하는가?

① 책임 있는 경영진에 의해서 수행되는가?

② 이러한 절차가 수행되기 전에 경과시간에 대하여 규정한 정책이 있는가?

③ 공급업체에 왜 수표가 은행에 맡겨지지 않았는지 확인하는가?

12. 주기적으로 되돌아온 수표에 대한 조사시스템이 운영되는가?

① 생소한 공급업체에 대하여 확인하는가?

② 날짜와 금액의 변경여부를 확인하는가?

③ 변조되거나 부적절한 서명을 확인하는가?

④ 은행의 적절한 해지에 대하여 확인하는가?

13. 모든 영수증은 지급이 승인되는가?

① 수표를 발행하는 직원과 분리되어 업무가 수행되는가?

② 영수증을 근거로 회사에 서비스나 제품이 제공되었는가에 대하여 주의 깊게 확인하는가?

14. 수표에 쓰인 발행번호의 아이템과 송장번호를 확인하는가?

① 수표에는 '지급완료'나 '일부분 지급'과 같은 표시가 되어있는가?

② 만약 수표가 일부분만 지급되었다면, 대차대조표에는 수표에 대한 내용을 명확하게 기술하는가?

Ⅸ. 현금 항목

1. 회사에서는 주기적으로 각자가 관리하는 현금영수증을 확인하는가?
   ① 외부업체에 의해 업무가 수행되었다면 철저한 배경조사를 실시하는가?
   ② 공급업체는 보증보험에 가입되어있는가?
   ③ 회사에서는 한사람의 담당자가 관리할 수 있는 현금영수증의 최대한도를 규정하고 있는가?
2. 회사는 주기적으로 최초로 현금이 수령된 장소로부터 현금의 흐름에 관하여 도표로 나타내는가?
   ① 수표와 현금은 곧바로 사무실로 배송되는가?
   ② 만약 우체국으로 배송된다면 책임 있는 직원이 수령하는가?
   ③ 배달되는 우편물은 우체국에서 관리되는가?
   ④ 매일 수령되는 우편물에 대한 책임은 개인에게 있는가?
   ⑤ 지급기일이 도래하는 현금과 수표의 비율은 동일한가?
3. 거액의 현금과 유통증권은 사무실에서만 관리되는가?
   ① 사무실보안의 적절성에 대하여 고려하는가?
   ② 주기적으로 사무실 입·출입의 용이함에 대하여 관심을 기울이는가?
   ③ 현금을 다루는 사무실은 다른 시설물과 분리되어 보호되는가?
   ④ 사무실의 출입은 허가되지 않으면 금지되는가?
4. 우편물에 특히 현금이나 양도성 증권과 같은 것이 포함된 경우에는 책임있는 직원이 우편물을 개봉하는가?
   ① 현금을 다루는 직원은 보증보험에 가입하였고 완벽한 배경확인과 같은 중복된 (신분)확인과정을 거치는가?
   ② 도래하는 영수증은 1명 이상의 직원이 계산하는가?
   ③ 도래한 영수증은 계산된 다음 특별한 형식으로 분류되는가?
   ④ 또 다른 책임 있는 직원이 영수증의 정확성에 대하여 확인하는가?
   ⑤ 도래한 영수증의 최종책임은 최고경영진에게 위임되어 있는가?
   ⑥ 현금 계산에 관한 업무책임은 순환하는가?
   ⑦ 모든 현금의 지급은 영수증을 받은 즉시 행하는가?
5. 송금은 주사무실에서 실시하는가?
   ① 송금이 주사무실이 아닌 곳에서 실시되는 것은 금지되는가?

② 현장대리인이 우편물을 수집하는 것을 금지하는가?
③ 우편물의 수집경로를 다양화하는가?
④ 융통성 있는 수집시간을 활용하는가?

6. 고객 계좌에 개별적으로 모두 접근이 가능한 명단을 가지고 있는가?
7. 현금등록기를 사용한다면, 담당자를 신뢰할 수 있으며 담보가 설정되어 있고 마지막 교대자는 등록기를 명확하게 계산하는가?

① 책임 있는 직원이 등록기 열쇠를 보관하는가?
② 등록기는 수납원이 아닌 책임있는 직원이 정산하는가?
③ 수납원은 잘못된 판매에 대한 것을 금전등록기에 기록하는가?
④ 관리자는 취소된 판매에 대한 기록을 요청하는가?
⑤ 등록기는 자체 보관된 테이프 롤을 이용하여 영수증을 인쇄하는가?
⑥ 분리된 영수증은 판매원에 의해 기록되는가?
⑦ 영수증은 등록기에 의해 정당화되는가?
⑧ 고객은 항상 유용한 영수증을 수령하는가?
⑨ 초과되는 영수증을 제출하는 수납원에 대하여 긴급확인을 실시하는가?
⑩ 예고 없이 감독자에 의해서 주기적으로 등록기를 점검하는가?
⑪ 등록기를 확인하는 것은 특정하게 예정된 일정에 의해서 수행되는 것을 피하는가?

8. 현금등록기는 새로운 판매에 대한 기록이 되기 전에 완전하게 정리되는가?
9. 등록기가 수납원에 의해서 종결된 경우에 관리자에 의해서 모든 상황이 확인되고 난 다음 수납원은 각각의 종결상황에 대하여 영수증을 발행하는가?
10. 부족분은 기록되고 담당 수납원에 의해서 서명되는가?
11. 등록기의 부족분에 대한 제한은 있는가?
12. 부족분이나 과잉분에 대한 정책은 있는가?
13. 등록기 영수증에는 명확하게 상점 이름과 판매일자가 표시되어 있는가?
14. 등록기 주변은 상인이나 장애물을 제거하고 수납원이 명확하게 잘 보이도록 유지하는가?
15. 수납원과 고객과의 공모신호에 대하여 경계하는가?
16. 적시에 필요한 양을 구매할 경우에는 전문적인 대리 구매원이 업무를 수행하고 정확한 수량과, 구매수량이 많을 경우에는 기록하여 두는가?
17. 현금을 다루는 종업원은 주머니가 없는 유니폼을 지급하는가?

18. 등록기의 정확성에 대한 외관검사를 통하여 주기적으로 대리 구매업자의 물품을 다시 확인하여보는가?
19. 등록기에 있는 소액현금의 보관에 관한 정책을 가지고 있는가?
20. 보안시스템을 지사로 전송하게 될 경우, 등록기 현금보관소에 지연전송장치를 가지고 있는가?
21. 입금전표와 현금등록기 총계가 일치시키는가?
22. 만약 업무 중에 많은 현금흐름이 발생한다면, 하루에도 여러 번 예치하는가?
23. 예금전표는 3개가 한조로 발급되는가?
24. 예금전표는 1개는 소유하고 다른 2개는 은행으로 보내는가?
25. 예금사본전표는 다시 회사로 우송되는가?
26. 우송된 전표는 예금을 준비한 직원이 아닌 다른 책임 있는 직원에 의해 수령되는가?
27. 모든 수표에는 즉시 '단지 예금에만 사용'이라는 직인이 찍어지는가?
28. 판매영수증과 같이 표시되는 환수정책을 운영하는가?
29. 판매정책에 예외가 발생할 경우에는 관리자에 의해 허가되고 영수증에 기록되는가?

X. 임금대장

1. 입사지원자에 대해서는 철저하게 배경조사가 실시되는가?
2. 관리자는 지원자가 자신의 배경에 대한 데이터를 충분하게 제공하였는지에 대하여 관심을 가지는가?
3. 지원자의 이력서 내용의 차이를 실사하는가?
4. 직원채용과 이직에 대하여 확인하는 방법이나 절차가 운영되는가?
5. 상급 감독자는 업무보고서를 준비하는가?
6. 직원이 채용될 경우에 채용업무에 대한 정확한 지침이 되는 업무지침 설명서가 이용되는가?
7. 출・퇴근시간 기록용지나 업무보고서를 활용하여 임금대장이 준비되는가?
8. 확인업무와 임금대장 계산 기능은 서로 분리되어 운영되는가?
9. 임금대장은 상급자의 지시에 독립되고 다른 직장동료와 접촉하지 않으며 오직

담당 직원에 의해서 준비되는가?
10. 채용, 일시해고, 해고, 휴가, 병가, 인사이동에 관한 기록이 최신의 자료로 사본과 함께 유지되고 부서장에 의해서 확인되는가?
11. 배포되지 않는 임금명세서는 책임자의 책임 하에 작성되어 임금대장과 분리되어 보관되는가?
12. 경영진의 지시는 임금인상의 정당함을 인정하는 효과가 있는가?
13. 현금으로 임금이 지불된 경우에 직원은 수령영수증에 서명하는가?
14. 경영진이 잘 알고 있는 직원에 대해 예고 없이 주기적으로 임금명세서를 확인하는가?
15. 예고 없이 임금명세서가 배포될 경우에 관리자는 지급에 대하여 확인하는가?
16. 만약 어떤 직원이 임금명세서를 받을 수 없는 경우에 회사정책은 동료직원이 부재자를 대신하여 임금명세서를 받을 수 없도록 명시하고 있는가?

XI. 선적과 입금

1. 선적구역은 도로에서 적절하게 분리되어 있는가?
2. 선적부서는 책임 관리자가 존재하는가?
3. 모든 선적부서 직원은 보장보험에 가입되어 있는가?
4. 상품이 회사로 입고되면 모든 하역과정은 주의 깊게 감독되는가?
5. 상품은 물리적으로 수량이 파악되고 확인되는가?
6. 중요상품은 즉시 현장에서 확인되는가?
7. 외부로 출고되는 상품에 대한 포장은 항상 안전하고 적절히 유지되도록 확인하는가?
8. 모든 상품에 라벨은 안전하게 부착되는가?
9. 라벨은 선적과 관련이 없는 부서에 의해서 준비되는가?
10. 라벨은 주문 수량과 일치되는지 확인하는가?
11. 담당직원의 책임은 서명하는 형식을 사용하는가?
12. 화주가 화물에 이상이 없다고 확인한 다음 선적서류에 시간이 날인되고 서명되는가?
13. 만약 컴퓨터 프로그램이 사용된다면, 화물송장정보는 즉시 컴퓨터에 기록되는가?

14. 선적이 사업장에서 시작된다면 화물송장의 복사본은 다른 본사본과 분리되는가?
15. 선적량이 대규모라면 봉인된 화물컨테이너를 사용하는가?
16. 만약 봉인된 컨테이너를 사용하는 경우에 봉인번호는 화물송장에 기록되는가?
17. 포장이 느슨한 상자는 선적 전에 안전한 장소에 보관되는가?
18. 선적서류와 화물은 항상 같이 이동하는가?
19. 화물차량은 봉인되고 봉인번호는 기록되는가?
20. 화물운전자는 규정된 이동경로에서 이탈이 금지된다는 지시를 받는가?
21. 운전자는 허가되지 않은 승객을 태우는 행위가 금지된다는 것을 아는가?
22. 화물차량에 명확하게 화물에 대한 인식표지와 차량의 측면이나 정면에 번호가 표시되는가?
23. 화물이 확인될 경우에 확인자는 화물수량에 대하여 모르게 하는가?
24. 손상된 화물은 즉시 안전한 구역으로 이동되는가?
25. 반입된 물건이 일정한 시간동안 보관이 될 경우에 저장장소가 서류에 기입되거나 다른 적절한 방법으로 기록되는가?
26. 화물저장소의 내부구역과 외부구역은 물리적으로 분리되어 있는가?
27. 선적구역에서 사용하지 않는 화물의 출입문은 언제나 잠겨있는가?
28. 직원차량은 선적구역 근처에 주차되는 것을 금지하는가?
29. 화물 수탁자의 대리인이나 운전자의 신원은 적절하게 확인되는가?
30. 화물 수탁자의 운전자에 대하여 어떠한 의심이 갈 경우에는, 수탁자가 운전자의 신원을 확인하도록 선적요원에게 지시하는가?
31. 운전자와 운전면허증의 사진을 찍는 장비 사용이 가능한가?
32. 선적을 진행하기 위해서는 적어도 2명이 필요한데 1명은 저장소에서 물건을 반출하고, 다른 사람은 운전자로부터 배달영수증에 서명을 받은 후에 선적하는 것을 진행하는가?
33. 선적절차규정에는 선적감독자에게 선적절차를 감시하도록 지시하고, 항상 현장에 상주하도록 하는가?
34. 가급적이면 예고 없이 주기적으로 저장소에 대한 물리적인 재고조사를 실시하는가?

XII. 판 매

1. 모든 판매 송장은 순차적으로 번호가 매겨지는가?
2. 백지송장은 단지 허가된 사람만이 분배하는가?
3. 송장번호는 특정한 사람에게 지정되도록 기록되는가?
4. 배포되지 않은 송장은 안전한 장소에 보관되는가?
5. 만약 어느 백지송장이 분실되었을 경우에는 예고하지 않고 주기적인 감사를 실시하는가?
6. 기업 책임자가 가격표와 대비하여 송장가격을 확인하는가?
7. 선적서류와 대비하여 판매 송장을 확인하는가?
8. 화물이 선적된 다음에 선적서류들은 일상적으로 경리부서로 보내지는가?
9. 장외시장에서 현금판매가 되었을 경우에는 고객은 일련번호가 기입된 매상전표를 받는가?
10. 상기 거래에서 백지송장은 안전한 장소에 보관되는가?
11. 기업 송장에 관한 현금판매전표와 이와 유사한 분배절차는 안전하게 시행되는가?
12. 업무 중에 현금등록기가 사용될 경우에 '현금 항목'분야의 안전한 절차에 관한 개요가 적용되는가?
13. 기업업무가 대출(신용제공)이라면 회사정책은 각각의 새로운 고객의 신용확인을 하는 정책을 운영하는가?
14. 회사정책은 매년 최소한 3차례 이상 고객신용을 다시 확인하는가?
15. 기업은 고객이 제공한 신용정보에 의지하지 않고 기업자체에서 보유한 정보에 의해서 고객신용을 평가하는가?
16. 고객에 대한 감사로 신용, 할인, 환불 등을 제공하는가?
17. 신용에 대한 주기적인 감사가 실시되고 고객과 더불어 확인되는가?
18. 신용장은 순차적으로 번호가 기입되는가?
19. 경리부서는 모든 가격과 연체승인에 대하여 확인하는가?
20. 경리부서는 판매 송장과 함께 선적주문서를 확인하는가?
21. 경리부서는 수취계정 시산표를 월별로 종합 집계하는가?
22. 수취시산표의 부본은 신용관리부서로 보내지는가?
23. 종합장부통제계정과 영업수취계정장부는 월간 균형을 유지하는가?
24. 자산이나 기타 부속물품의 판매, 지급만기연장과 같은 기타 수취계정들은 영업

수취계정과는 별도로 분리되는가?
25. 수치계정은 정기적으로 정리되는가?
26. 정기적으로 정리된 수취계정은 신용부서로 전달되는가?
27. 악성채무에 관한 결손처분을 다루는 직원은 다른 회계기록에 접근하지 못하도록 하는가?
28. 직원이 고객과 만나게 된다면 고객은 자신의 채무가 결손처리 되었다는 사실을 확인할 수 있는가?
29. 악성채무가 상환될 경우에는 다른 직원에게 이 업무를 맡기는가?
30. 악성채무의 결손처리를 담당하는 직원에 의해 작성된 결손처리내역은 정리되어 기록되는가?
31. 선적이 시행된 다음 운송장은 고객에게 보내지는가?
32. 주요한 고객에게는 매월의 수취현황을 통보하는가?
33. 상기 상황은 수취현황을 준비한 직원이 아닌 다른 직원에 의해서 통지되는가?
34. 수취현황을 준비하고 보낸 직원이 아닌 다른 직원이 수취에 관한 모든 메일을 직접 확인하는가?
35. 수취계정 시산표에 대비하여 고객의 소요량을 확인되는가?
36. 수취계정에 대하여 독립적인 확인을 할 수 있는 권한을 가지는가?
37. 상기의 수취계정의 확인은 외부감사에 의해 실시되는가?
38. 상기의 외부감사는 예고 없이 실시되는가?
39. 고객에게는 외판원이 지급승인을 못하도록 하는 정책을 운영하는가?
40. 판매원에 의해서 물품이 배달된 경우에, 직접 배달물건에 대한 비용지불을 금지하는가?

XIII. 구 매

1. 구매주문은 일련번호가 매겨지는가?
2. 청구서는 일련번호가 매겨지는가?
3. 구매와 청구서 양식은 안전한 장소에 보관되는가?
4. 백지양식은 주기적으로 확인되고 수량화되는가?
5. 백지양식은 프린터에서 출력해서 수량 확인이 되는가?

6. 구매가격은 경쟁력이 있거나 경쟁가격에 좌우되는가?
7. 구매, 수령, 저장기능은 서로 다른 사람에 의해 관리되는가?
8. 구매요청에 대한 승인은 발주한 직원이 아닌 다른 책임자에 의하여 승인되는가?
9. 수령된 물품은 품질과 수량이 확인되는가?
10. 수량과 품질에 대한 확인은 구매부서와 관련이 없는 책임자에 의하여 실시되는가?
11. 도착한 물건과 비교하여 구매주문은 확인되는가?
12. 판매자의 운송장이 도착하면 구매주문과 수령된 보고서와 비교하여 확인되는가?
13. 모든 보고서가 확인된 다음, 다른 직원에게 재확인을 위해 전달되는가?
14. 최종직원에 의해 수표가 우송되고 구매부서 직원에게는 내용이 전달되지 않는가?
15. 운송장, 주문, 다른 관련 자료에는 수표가 발행되자마자 '지급됨'이라는 문구가 찍어지는가?
16. 모든 전표, 기록, 상황설명서에 대한 주기적인 심층조사를 통하여 지급이 2중으로 되지 않도록 주의하는가?
17. 청산결제방식 대차대조표는 주기적으로 공급업체를 위해서 확인되는가?
18. 대차대조표는 외부감사에 의해서 확인되는가?
19. 반품된 물품은 적절하게 관리되는가?
20. 회사상품을 구매한 직원이 있을 경우에는 이러한 구매실태는 엄격하게 감시되는가?
21. 만약 종업원이 공급업체로부터 물건을 구매할 경우에는 이러한 구매행위는 회사구매와 분리되어 엄격하게 감시되는가?
22. 공급업체 주문기능과 재고확인과정, 이에 따른 지급과정은 서로 분리되어 운영되는가?

부록 4 화물보안 체크리스트

Ⅰ. 정책과 절차

1. 모든 기업자산의 명확한 책임추적성(송장에 관리책임자 지정 및 사인)을 보장하는 확실한 프로세스가 수립되어 있는가?
2. 화물보관과 이동에 대한 기록들은 주기적인 감사를 받는가?
3. 광범위한 물리적인 재고조사가 주기적으로 실시되는가?
4. 재고조사는 이해관계가 없는 구성원들에 의해서 실시되는가?
5. 고정자산과 실제자산은 물리적으로 실사되는가?
6. 재고기록과 저장소카드는 보관되는가?
7. 저장소카드에 기록된 저장소의 저장수량은 입고된 기록을 통하여 입증할 수 있는가?
8. 해당 카드에 기록된 발생기록은 특정한 청구서에 첨부되는가?
9. 해당 카드에 재고기록은 기록되는가?
10. 과도한 사용손실이나 파손에 관한 보고서는 존재하는가?
11. 입고자산영수증관리에 대한 구체적이고 안전한 절차는 존재하는가?
12. 상품이나 원재료를 하역하거나 저장하는 현재 시스템에 구체적인 취약점은 없는가?
13. 운송자에게는 운송리스트나 선적증권을 발행하도록 하는가?
14. 선적수락전에 정확한 계산이 이루어지는가?
15. 청구서나 구매요구에 대하여 배송기록은 확인되는가?
16. 배송에 대한 승낙은 특정한 직원만이 하도록 제한되는가?
17. 좀도둑질과 제품손상을 방지하기 위하여 신중하게 선적은 이루어지는가?
18. 선적과 하역구역의 빈 보관함은 적절한 감사와 수량 확인을 위해 정리되어 적재 시에 확인되는가?
19. 허가되지 않는 사람은 사무실과 저장소의 출입이 통제되는가?
20. 물품저장소 출입이 가능한 현재 직원명단은 유지되는가?

21. 좀도둑에 대하여 공급업체는 적절하게 보호되는가?
22. 개방된 저장소는 적절한 보호대책이 제공되는가?
23. 개방된 저장소의 재료들은 적절하게 내부에 저장하고, 재료가 외부로 반출될 경우에 경계선에 일렬로 정렬하여 보안요원의 시야를 방해하지 않도록 하는가?
24. 직원의 제품분배장소는 적절한 잠금장치가 운영되는가?
25. 좀도둑을 방지하기 위한 파손된 케이스나 손상된 제품을 안전하게 보관하는 장소를 운영하는가?
26. 직원들이 작업공간에서 물품을 소지하고 출입하는 것을 허용하는가?
27. 직원들은 저장장소에서 감시되지 않는 차량을 이용하여 제품을 밖으로 반출하지 못하도록 저장소 근처에 주차를 금지하는 절차를 시행하는가?
28. 건물 안에 쓰레기 처리업체의 출입이 허용되는가?
29. 그렇다면 쓰레기 저장함은 회사자산이 숨겨지지 않았음을 확인하는 절차를 통하여 반출되는가?
30. 회사자산의 선적과 반출에 관한 특정한 절차가 시행되는가?
31. 현재 회사자산을 반출하고 선적하는데 어떠한 물리적인 취약점은 없는가?
32. 수령자가 회사자산에 관한 영수증을 요구하는가?
33. 모든 허가된 수령자를 위하여 서명된 카드가 사용되는가?
34. 선적을 위해 물건이 반출될 경우에 반출된 물건이 지정된 시설이나 고객에서 도착하였음을 확인하는 방법은 있는가?
35. 선적이나 배송은 배달을 맡은 운송업체에 의해서 수행되는가?
36. 저장소에서 회사자산에 대한 적절한 관리가 실시되는가?
37. 회사자산에 대한 책임소재는 정해져있는가?

Ⅱ. 제품저장소

1. 물리적인 펜스에 의하여 시설물의 경계구역은 명확하게 구분되어 있는가?
2. 펜스와 문이 사용된다면, 최소한의 규격에 부합하는가?
3. 탑가드는 가시철사와 외부로 45도 각도로 기울어져서 설치되어 있는가?
4. 펜스의 최소한의 높이는 8피트(2.4M) 이상이 되는가?
5. 경계 장벽 부분인 건물벽, 바닥, 지붕의 형태는 최소한 체인링크펜스에 의한 것

과 동등한 안전함을 제공하고, 모든 개구부는 적절하게 보호되는가?

6. 강이나 호수 그리고 다른 물의 형태로 구성된 경계 장벽 부분은 8피트 장벽이 제공하는 보호설비와 동등한 안전함을 제공하는가?
7. 하수나 공공시설 지하수로, 터널, 맨홀과 같은 개구부와 시설물로 출입이 가능한 측면 승강기는 적절하게 보호되는가?
8. 경계구역의 출입구의 숫자, 장소, 물리적인 특성이 목록화되어 있는가?
9. 경계선의 모든 출입문들은 경계·보호되며 항상 감시된 상태로 유지되는가?
10. 모든 경계선의 출입구는 잠금장치로 보호되고 사용하지 않은 경우에는 항상 잠겨져있는가?
11. 경계선을 구성하는 건축물의 형태나 벽돌장벽은 경계 장벽의 최소한의 규정에 부합하는가?
12. 사용하지 않는 게이트나 다른 경계선의 출입문은 종종 보안요원이나 관리자에 의해서 확인되는가?
13. 보안요원은 경계선 출입문열쇠 보호에 대하여 책임지는가?
14. 경계선 출입구의 열쇠가 시설물 근로자가 아닌 청소, 쓰레기 수거, 자동판매기 업체와 같은 사람들에게 제공되지는 않았는가?
15. 모든 정상적으로 사용되는 보행자와 자동차 출입문은 다음 사항을 적절하게 수행하는 것을 보장하는가?
   ① 개인 신분과 신분증명서를 조사하기에 적절한가?
   ② 출입구에 설치된 조명은 차량내부를 충분하게 식별하는가?
   ③ 불빛의 눈부심이 보안요원을 방해하지는 않는가?
16. 모든 주요 출입구에는 의심스러운 진입에 대한 경고조항이 표지판에 부착되는가?
17. 경계구역의 양측 면에 대형차량을 위한 정리된 구역(clear zone)을 유지하는가? 만약 이러한 상황에 부합하지 않는다면 어떤 보안대책이 시행되어야 하는가?
18. 자동차는 경계구역과 너무 가까이에 주차되는 것은 금지되는가?
19. 경계 장벽의 상태에 관해서 얼마나 자주 유지보수팀이 확인하는가?
20. 보안요원은 경계구역의 순찰을 실시하는가?
21. 경계구역에는 침입감지장치가 설치되는가?
22. 새로 설치되는 시설물에 추가적인 경계구역이나 경계조명의 필요성에 대한 검토를 하였는가?

Ⅲ. 조 명

1. 경계구역에 설치된 시설은 적절한 조명에 의해 보호되는가?
2. 불빛의 중심이 직접 아래 방향으로 전달되고 이것이 적절하게 보안요원과 시설물에서 떨어져 전달되는가?
3. 불빛은 펜스의 내·외부를 상세하게 비추는가?
4. 조명의 적절한 운영을 위해서 주기적으로 확인하고 작동하지 않은 조명은 즉시 교체되는가?
5. 전구가 고장 난 경우를 대비하여 불빛이 이중으로 비추도록 조정되는가?
6. 취약성이 있거나 중요한 장소에는 추가적인 조명이 설치되는가?
7. 출구의 보안요원실의 조명은 적절한가?
8. 보안요원의 관찰을 돕기 위해서 조명이 건물과 구조물의 하단을 집중해서 비추도록 조정되는가?
9. 시설물에는 보조전원을 확보하고 있는가?
10. 대체전원의 조명시스템은 공장전원이나 전력원과 독립적으로 운영되는가?
11. 전력공급장치는 적절하게 보호되는가?
12. 예비전원과 비상장비는 주기적으로 점검되는가?
13. 비상시의 장비들은 자동적으로 운영이 되도록 설계되었는가?
14. 적절한 운영을 보장하기 위해서 주기적으로 시험하고 문서로 확인하는가?
15. 다중회로 테스터기가 사용된다면 적절한 배열조정이 되는가?
16. 보호조명은 안전하게 설치되어 문서화되어 있는가?
   ① 부정 조작되기 어려운 도관으로 되어있는가?
   ② 지하에 설치되어 있는가?
   ③ 지상에 설치된 경우에는 손상에서 충분히 안전한가?
17. 스위치와 통제장치는 적절한 장소에 통제, 보호되는가?
   ① 방수와 손상방지대책이 있는가?
   ② 보안요원이 접근하기는 용이한가?
   ③ 경계 장벽 외부에서는 쉽게 접근할 수 없게 되어있는가?
18. 보호조명을 조절스위치는 중심부에 위치하고 취약성은 없는가?
19. 조명시스템 디자인과 장소는 비상시에 쉽게 수리가 가능하도록 되어있는가?
20. 보안요원을 위한 조명은 구역내부 루트를 따라서 설치되는가?
21. 저장소의 재료와 장비는 적절한 조명설비에 맞게 설치되어 있는가?
22. 경계구역에 물이 있을 경우에 조명은 다른 경계조명기준에 부합되는가?

Ⅳ. 경보장치

1. 경보장치는 주요시설물에 사용되는가?
2. 해당 시스템은 단지 시설물안의 경보상태에 대하여 작동하는가?
3. 중앙통제실의 신호는 시설물 외부에도 전파되는가?
4. 경보시스템은 보안요원과 본부에 연결되는가?
5. 시스템은 시설물 외부의 법집행기관에 전달되는가?
6. 시스템 자체의 본질적인 취약점은 없는가?
7. 시스템은 잘 훈련된 보안요원에 의해 운영되는가?
8. 경보발생시 대처요원이 경보발생장소에 도달하는 시간은 얼마나 되는가?
9. 경보시스템은 업무구역에서 업무시간 동안에는 작동을 정지시키는가?
10. 작동하지 않는 기간 이후에 작동하기 위해서 사전에 테스트를 하는가?
11. 정기적으로 시스템에 대한 점검을 실시하는가?
12. 오경보 발생빈도와 원인은 규명되었는가?
13. 시스템은 기후변화에 대한 내성이 있는가?
14. 주요시스템이 고장이 날 경우에 대체경보시스템의 사용이 가능한가?
15. 정전 시에 대체 또는 독립적인 전원 사용이 가능한가?
16. 비상전원은 자동적으로 비상시에 작동되도록 설계되어 있는가?
17. 경보시스템은 훈련된 요원에 의해서 적절하게 유지 · 보수되는가?
18. 경보시스템의 적절한 대응을 시험하기 위해서 주기적으로 시험이 실시되는가?
19. 모든 경보신호에 대한 기록은 시간, 날짜, 장소, 대응과 경보의 원인에 대한 기록이 유지되는가?

Ⅴ. 통 신

1. 보안업무용 교신시스템은 적절한가?
2. 현재 사용 중인 교신시스템은 어떤 종류인가?
   ① 전화 또는 상업용 교환시스템인가?
   ② 단지 보안요원만이 사용하도록 제한되는가?
   ③ 교환대는 적절하게 보호되는가?

④ 편리한 사용이 가능하도록 충분한 전화박스가 설치되었는가?
⑤ 개방된 선로, 터미널박스, 케이블은 손상, 낡음, 파괴, 도청을 방지하기 위해서 주기적으로 검사되는가?
⑥ 전화를 통하여 화물 이동에 관하여 대화하는 것을 대하여 주의를 주는가?
⑦ 적절한 무전기 사용절차에 대하여 훈련되었는가?
⑧ 효과적으로 일상적인 음어가 사용되는가?
⑨ 적절한 인증이 요구되는가?
⑩ 적절하게 장비는 유지되는가?
⑪ 메신저는 항상 가용상태를 유지하는가?
⑫ 텔레타이프는 항상 운영자가 사용이 가능한가?
⑬ 방송시설은 잘 작동되고 모두가 들을 수 있는가?
⑭ 모든 보안요원은 시각신호 방법에 대하여 알고 있는가?
⑮ 모두가 이러한 신호를 볼 수 있는가?

3. 사용 중인 모든 보안용 교신장비는 동시에 중요 포스트에 전달이 가능한가?
4. 사용 중인 장비는 신속하게 보안요원 통제본부에서도 교신이 가능한가?
5. 보안요원만이 사용이 가능한 복수의 교신시스템이 존재하는가?
6. 상기의 시스템 중에 하나는 대체가 가능하거나 독립적인 전원을 가지고 있는가?
7. 교신본부는 적절한 물리적인 보호대책이 제공되는가?

Ⅵ. 신분인식과 통제

1. 신분인식카드와 배지는 통제구역에서 모든 사람을 확인하기 위하여 사용되는가?
2. 신분인식 도구는 원하는 수준의 안전함을 달성하도록 디자인되어 있는가?
3. 신분인식과 통제시스템은 다음의 내용을 포함하는가?
① 배지나 통행증의 인쇄문구나 암호화수단의 보호
② 배지소지자의 통행을 허가하기 위한 다양한 영역을 구체적으로 지정
③ 신분인식 자료의 철저한 통제
④ 신분인식에 사용되는 자료의 명확한 설명과 기술
⑤ 배지소지자의 권한과 한계에 관한 명확한 설명
⑥ 언제, 어디서, 어떻게 배지를 착용하여야 하는지에 대한 명확한 설명

⑦ 배지나 통행증의 재발급에 대한 절차
⑧ 신분인식표가 손상되거나 분실된 경우에 절차의 준수

4. 만약 배지교환시스템이 어느 통제된 구역에서 활용된다면 이 시스템은 다음의 사항을 따르는가?
① 배지, 통행증 그리고 당사자를 직접 비교하는가?
② 일상적인 출입의 경우에도 통제된 구역에서 배지의 물리적 교환
③ 각각의 배지가 교환될 경우의 기록 유지
④ 업무시작과 종료 시에 보안요원에 의해 발행된 배지재고를 확인
⑤ 순찰업무 중 특정구역에서 신원이 확인되지 않는 사람의 위치확인
⑥ 사용되지 않는 배지의 보안유지
5. 특정 지역을 통과하는 경우에 특별 신분확인이 요구되는 통행자에게는 어떤 확인절차가 요구되는가?
6. 통제구역에 출입하기 위해서 사전에 규정된 기준은 다음의 배치기준에 따라 보완되는가?
① 최소한 한사람의 관리자나 보안부서의 대표자가 공정이 진행되는 모든 시간동안에 구역 내에 상주하여야 한다.
② 보안관리자가 통제구역에 들어가기 전에는 어떤 사람도 출입이 허용되어서는 안 된다.
③ 관리자나 보안관리자는 모두가 구역을 떠날 때까지 머물러야 한다.
7. 중요시설에 가끔씩 들어오는 사람은 그들에게는 정식의 인식표가 발급되지 않으며 방문자로서 방문자 배지나 특별 통행증을 발급하여야 한다.
8. 모든 근무자는 업무 중에 인식표를 외부에서 보일 수 있도록 착용하는가?
9. 통제지점에서 보안요원은 배지 착용자의 입·출입시의 모습을 비교하는가?
10. 엄격한 책임추적성의 절차로 배지현황은 기록되고 통제되는가?
11. 신분증의 확인에 의한 신분확인과 통제시스템이 계속적인 효율성을 보장하는가?
12. 분실된 배지가 새로운 번호로 발급되면 분실된 배지와의 구별이 가능한가?
13. 분실과 손상된 배지와 관련된 절차는 적절한가?
14. 임시적으로 사용가능한 배지가 사용되는가?
15. 분실된 배지의 목록이 보안요원의 통제지점에 비치되는가?
16. 배지의 디자인과 외형은 보안요원이나 다른 사람들이 쉽게 착용자의 권한과 한계를 인식할 수 있도록 되어있는가?

17. 현재 사용 중인 배지는 얼마 전에 발급되었는가?
18. 현재 절차는 구성원이 퇴직할 경우에 배지를 반환하는 것을 보장하는가?
19. 동일한 장소에서 근무하는 직원과 외부 업체의 직원과의 배지는 구별이 가능한가?
20. 보안요원의 감시 · 감독 하에 시스템이 운영되는가?
21. 효과적인 방문자 호위절차가 운영되는가?
22. 방문자는 시설물에 있는 동안에 인식표를 겉옷의 밖에 잘 보이게 착용하는가?
23. 방문자가 시설물을 떠날 경우에 반드시 인식표를 반납하여야하고 방문자의 기록 란에 시간 등이 기록 · 서명되는가?
24. 방문자가 시설물을 떠나면서 인식표를 반납하지 않을 경우에는 어떠한 절차가 시행되는가?
25. 상기 사항을 중앙접수대에서 보안요원의 감독 하에 수행되는가?
26. 방문자의 통제를 위해서 접수원이나 보안요원은 다른 장소에 위치하기도 하는가?
27. 방문자가 화물관리서류의 열람을 요구할 경우에 특별한 절차가 적용되는가?
28. 공급업체, 영업사원, 시설물 수리공, 특별 장비수리공과 같은 특별 방문자에게는 특히 구분이 가능한 방문증이 발급되는가?
29. 시설물 안에서 근무하는 다른 운송업체 직원들을 관리하기 위해서 신분확인서를 발급하는 대신에 관리 조치가 취해지는가?
30. 트럭운전자나 도우미에게 사용되는 신분확인시스템은 보안규정에 적합한가?
31. 보안관리자가 방문자 통제에 대한 모든 책임을 지는가?

Ⅶ. 화물과 재료의 통제

1. 화물과 재료의 통제에 관한 표준절차가 있는가?
2. 모든 보안요원은 화물통제조치에 익숙한가?
3. 주출입구에 금지사항과 통제절차에 관한 공지사항이 항상 공지되는가?
4. 직원과 방문자가 자신의 소지품을 보관하는 체크 룸은 운영되는가?
   ① 실시중인 접수시스템은 적절한가?
   ② 영수증이 발급되기 전에 소유자 앞에서 모든 화물을 확인되는가?
   ③ 체크 룸은 단지 권한 있는 사람만이 출입하도록 제한하는가?
   ④ 특정한 기한을 넘긴 제품에 대한 폐기절차는 확립되어 있는가?

5. 화물과 사람에 대한 불시점검은 실시되며 빈도와 규모는 어느 정도인가?
6. 어떤 감지장비가 활용되는가?
   ① X-레이와 다른 유사장비, ② 금속탐지기, ③ 효과를 평가하는 다른 장비
7. 시설물 자산이 외부로 반출될 경우에 권한을 가진 사람이 자산반출증에 서명하도록 하고 있는가?
8. 권한을 가진 관리자에 의해 서명된 자산반출증은 보안부서에서 반출증으로 인정되는가?
9. 자산반출증은 출구에서 보안요원에게 제출되는가?
10. 화물과 재료관리에 관한 특정한 원칙이 확립되어 있는가? 화물과 재료는 소유자에 대한 조사를 면제하고 통과되는가?
    ① 시간, 날짜, 소유자의 이름, 거래 중인 대리점과 같은 내용물에 대한 적절한 기록이 유지되는가?
    ② 자산반출증 준비와 발행이 엄격하게 통제되는가?
    ③ 통과 시 일련번호가 매겨지는가?
    ④ 유효한 관리자가 서명하는가?
    ⑤ 서명된 카드는 즉시 보안요원에게 제출되는가?
11. 신원이 확인된 안내인이 계속 업무를 수행하는가?
12. 허가되지 않은 품목이 입고되거나 출고되는 것을 방지하기 위해서 시설물 내에서는 특별한 복장을 착용하는가?
13. 다음과 같은 특별 차량의 수색이나 통제를 위해서 효과적인 절차가 적용되는가? ① 비상차량, ② 요인용 차량, ③ 특별안내 차량, ④ 공급업체 차량, ⑤ 수색하기가 어려운 물품을 적재한 차량
14. 화물이동관리에서 보안본부와 보안요원과의 밀접한 협조가 이루어지는가?
15. 신입 직원에게는 화물 관리와 보안대책에 관해서 적절한 지침이 주어지는가?

Ⅷ. 차량통제

1. 보안관리자에 의해 시설물에 정기적인 출입허가는 등록된 차량만이 가능한가?
2. 일반차량의 등록에 관한 정확한 절차가 확립되어 있는가?
3. 개인이나 회사차량이든 상관없이 시설물 출입이 빈번한 모든 차량에 대해서는 차량등록조건이 부과되는가?

4. 연간 또는 더욱 빈번하게 등록이 시행되는가?
5. 어떤 정보들이 등록요청서에 기재되는가?
6. 차량등록증과 운전면허증은 등록 시에 요구되는가?
7. 시설물 내에서 차량을 운행할 수 있는 허가부서의 사전요구사항으로 차량에 대한 기계적인 조사와 재정책임에 대한 증빙서가 요구되는가?
8. 차량등록은 등록연도에 대한 지정과 일련번호가 영구적으로 지정되는가?
9. 등록에는 다음과 같은 사항들이 기준으로 부과되는가?
   ① 처음 발행된 등록증은 다른 차량에서 사용되는 것을 금지한다.
   ② 분실된 등록증은 등록자의 비용으로 다시 발급한다.
   ③ 더 이상 출입이 필요 없는 차량의 등록증은 보안팀에 반납한다.
   ④ 금속택 또는 사용할 수 없는 등록증은 파기한다.
10. 보안관리자에 의해 유지되는 등록기록의 범위와 상태는 무엇인가?
11. 보안요원은 출입권한이 적절하게 발급된 사람에 의해서 차량이 운행되는가에 대하여 주기적으로 등록증을 확인하는가?
12. 시설물 구역으로 반입이나 반출된 상품이나 업무용 트럭의 이동에 대한 통제는 일정한 시스템에 의해서 진행되는가?
13. 운영구역 밖에 위치한 적재나 하역 플랫폼은 보안요원의 출입감시·통제 하에 운영되는가?
14. 모든 트럭이나 운송차량은 보안요원이 위치한 서비스구역을 통하여 출입하도록 관리되는가?
15. 만약 트럭이 직접적으로 운영구역으로 접근이 가능하다면, 트럭운전자와 차량의 내용물은 주의 깊게 조사되는가?
16. 출입구에서의 확인은 차량 모두에 대해서 실시되는가?
17. 트럭 등록부는 유지되는가?
18. 등록부는 시설물에 들어오고 나가는 모든 회사차량에 대하여 유지되는가?
19. 차량이 운영지역이나 통제구역으로 들어올 때 감시자가 배치되는가?
20. 허가되지 않는 상품이나 사람이 들어오지 못하도록 하고 트럭이나 다른 운송차량을 통하여 시설물을 나가지 못하도록 적재나 하역업무에 대한 감시가 이루어지는가?
21. 회사운행허가증은 검사되는가?
22. 방문차량을 위한 임시허가증은 발급되는가?
23. 차량이 통제구역에 주차되는 것이 허용되는가?

24. 방문차량에 대한 주차장이 제공되는가?
25. 내부주차구역은 중요시설물로부터 멀리 떨어져 있는가?
26. 운전자가 작업장 출입 시에 보행자 출입구를 통하여 출입하도록 내부주차장은 담장이 설치되어 있는가?
27. 방문자 차량을 위한 분리된 주차장이 제공되는가?
28. 내부주차장 보안요원의 감시범위는 어디까지인가?
29. 업무시간동안에 개인적으로 주차장에 들어가는 것을 통제하는가?
30. 자동차가 건물이나 시설물에 근접하여 주차되는 것은 화재위험이나 소방차의 진입을 방해하지는 않는가?
31. 자동차가 통제구역펜스 가까이에 주차되는 것을 허용하는가?
32. 주차시설은 필요성과 안정성 면에서 적절한가?

Ⅸ. 잠금장치 보안관리

1. 열쇠관리자는 지정되어 있는가?
2. 모든 건물과 출입구의 열쇠와 자물쇠는 열쇠관리자에 의해 통제되는가?
3. 열쇠관리자는 열쇠와 자물쇠의 발급과 교체에 대한 모든 책임을 지는가?
4. 열쇠의 발급은 단지 허가된 사람에 의해서 시행되는가?
5. 열쇠가 시설물 관계자 이외의 사람에게도 발급되는가?
6. 구역외부로 열쇠가 반출되는 것은 금지되는가?
7. 사용되지 않는 열쇠는 방화용 캐비닛에 안전하게 보관되는가?
8. 최근 기록은 다음 사항을 유지하고 있는가?
   ① 누구에게 열쇠가 발급되었는지에 대한 명확한 기록
   ② 열쇠가 발급된 시간과 반납된 시간
   ③ 어떤 열쇠가 건물과 출입구에 발급되었는지의 여부
   ④ 발급된 열쇠번호와 신원
   ⑤ 마스터키의 장소와 번호
   ⑥ 복제키의 장소와 번호
   ⑦ 열쇠를 보유하고 있는 장소와 번호
9. 현재 열쇠통제지침은 구성원 모두가 이해하고 있는가?
10. 분실되거나 절도된 열쇠는 즉시 교체되는가?

11. 열쇠관리지침이 올바르게 시행되는지를 확인하기 위해서 열쇠관리자는 종종 재고조사나 검사를 실시하는가?
12. 만약 마스터키가 사용되었다면, 사용에 대하여 당사자가 알지 못하도록 하는가?
13. 열쇠 분실이나 절도당한 경우에 열쇠관리자는 즉시 조사를 실시하는가?
14. 모든 열쇠의 복제나 재생산에 관해서는 열쇠관리자의 승인이 있어야 하는가?
15. 사용되지 않는 문이나 창고시설물은 봉인되어 관리되는가? 봉인상태에 대해서 보안요원이 주기적으로 확인하는가?
16. 적어도 반년에 한번은 열쇠의 운영상태를 순환시키는가?
17. 조합번호 열쇠의 재조업자 일련번호는 사용 시에 지워지는가?
18. 개방된 캐비닛, 출입구, 건물 자물쇠의 불법적인 제거를 방지하기 위한 효과적인 대책은 무엇인가?

부록 5 비상계획 프로그램

1. 조직의 핵심적인 업무를 수행하는 사무실을 사용하지 못할 경우에는 즉시 대체본부를 사용가능하도록 유지하는가?
2. 대체본부에는 주요한 데이터가 항상 업데이트되어 유지되는가?
3. 대체본부는 지역적으로 재난상황이 발생한 구역의 영향권에서 벗어나 있는 곳에 위치하는가?
4. 비상시 대응 프로그램은 즉시 적용 가능하도록 준비되어 있으며, 주기적으로 업데이트 되고 있는가?
5. 비상시 구성원 모두가 자신의 임무를 숙지하고 있는가?
6. 준비된 비상계획 프로그램에 의하여 주기적으로 대비훈련을 실시하는가?
7. 훈련에 따라 발견되는 문제점은 협의를 거쳐서 즉시 수정되는가?
8. 비상시 필요한 인력에 대한 비상연락망은 항상 최신의 것으로 업데이트 되는가?
9. 경찰이나 소방인력에 대한 비상연락망은 준비되는가?
10. 인근 경찰이나 소방인력이 비상시에 도착할 수 있는 최단시간은 확인되었는가?
11. 공공조직의 인력이 도착하기 전까지의 대응에 대한 시나리오는 존재하는가?
12. 자체 비상대응팀과 외주 인력과의 업무분장과 교신은 원활한가?
13. 협력이 가능한 공공기관의 인력구성에 대하여 확인하였는가?
14. 개인용 컴퓨터나 전원차단에 대한 명확한 규정이 정립되어 있는가?
15. 개인용 컴퓨터나 기업의 메인 컴퓨터를 가동하기 위해서는 철저한 비밀번호체계를 운영하는가?
16. 이러한 비밀번호체계의 운영에 대하여 주기적으로 점검하는가?
17. 사무용건물의 전원차단에 대한 결정은 누가 하는가?
18. 당직자는 이러한 결정에 대한 권한을 위임받았는가?

Ⅰ. 지침과 통제

비상계획과 체크리스트의 규정에는 다음의 내용을 포함한다.

1. 각각의 비상상황과 재난의 경우에 책임자를 명시하고 재난운영센터(EOC)의 위치를 명기하거나 지침과 통제를 전파하기 위한 현장 지휘소를 명기한다.
2. 비상탈출명령이 내려질 경우나 시설물이나 특정 장소로부터의 탈출필요성에 대하여 고려한다.
3. 비상탈출명령이 내려질 경우에 각자의 책임에 대하여 규정하고 어떻게 개인에게 전달되는가를 명기한다.
4. 주요한 재난운용센터가 기능을 수행하지 못할 경우에는 대체되는 재난운용센터를 지정한다.
5. 재난시의 재난운용센터의 운용에 관한 개별적인 임무에 관하여 지정한다.
6. 주요 직책의 업무연속성을 위해서 후임자를 지정한다.
7. 비상대응팀에 제공하기 위한 음식물, 음료수, 조명, 연료 등과 같은 필수품을 준비한다.
8. 비상대응팀이나 인력구성과 활동은 시기가 가장 중요하다.
9. 비상대응활동의 관리적·운영적 지원업무를 지정한다.
10. 지침과 통제관계, 지원통신시스템과 같은 비상기능에 관한 명확하고 간략한 대응지침의 요약이 필요하다.
11. 재난운용센터 구성원이 신속하게 업무를 수행하도록 보장한다.
12. 재난운용센터의 기능, 레이아웃, 운영의 개념, 구성원의 임무, 표식의 사용에 대하여 상세하게 규정하고, 재난운용센터가 24시간 이내에 완전한 준비태세를 갖추도록 상세과정을 정한다.
13. 재난상황 동안에 핵심인물이나 장비에 대한 대피계획을 세운다.
14. 핵심자산에 대한 통제절차를 적용한다.
15. 핵심 기록물에 대한 보안대책을 세운다.
16. 재난의 영향을 감시하고 특성에 대하여 보고한다.
17. 재난운용센터요원이나 대응팀에게 재난과 관련된 정보(재산피해, 화재상황 등)를 수집, 분석, 보고, 유지하기 위한 중앙통제센터는 운용한다.
18. 재난운용센터요원은 보고내용에 대하여 확인한다.

Ⅱ. 통신수단

1. 가스발전기 혹은 추가 전원을 사용하는 통신장비나 보조무선장비(고정식 또는 이동식)는 사용이 가능한가?
2. 재난운용센터와 대응팀, 원거리 회사, 사업장 운영 장소, 인근 기업, 지역 경찰이나 소방기관과의 통신수단에 대하여 명기하였는가?
3. 비상대응팀에는 양방향 통신수단이 준비되었는가?
4. 비상대응팀의 구성원은 교신시 용어에 대하여 이해하고 있으며 통신장비의 위치와 어떻게 효과적으로 사용하는지에 대하여 교육되었는가?
5. 빠른 시간 내에 통신요원의 호출은 가능한가?
6. 비상시에 추가적인 전화서비스는 가능한가?
7. 비상조직의 핵심 전화번호는 잘 정리되어 있는가?

Ⅲ. 감시와 경고

1. 시설물의 위험상황에 대한 공공기관이나 관련정보의 경보수집시스템이 구축되어 있는가?
2. 재난상황에 대하여 구성원들에게 경보전달시스템은 구축되어 있는가?
3. 구성원에게 경계경보전달에 사용되는 경보시스템(장치의 유형, 경보, 호출방식, 감지기, 구두)에 대하여 상술하였는가?
4. 주요시스템을 보완하기 위한 대체 경보수단은 무엇인가?
5. 부서나 개인의 책임과 활동절차가 상세하게 규정되었는가?
6. 현장재난상황을 신속하게 시설물 외부로 전달하는 방법은 무엇인가?
7. 근처 재난관리기관(소방, 경찰, 의료 등)에 도움요청에는 어느 정도 시간이 소요되는가?
8. 경보신호는 특정한 위협요소나 특정한 대응행동을 하도록 차별화되어 있는가?
9. 경보는 장애인이나 특정 언어를 사용하는 구성원에게는 어떻게 전달되는가?
10. 비상경보센터는 핵심임원에게 알림과 동시에 모든 경보장치를 가동하는가?
11. 비상상황 발생 시에 핵심임원에게 소집절차의 통지와 원거리 원조를 요청하였는가?
12. 비상경보시스템의 적절한 동작을 확인하기 위해서 일상적인 점검을 실시하는가?

Ⅳ. 시설물 폐쇄

1. 시설물 폐쇄에 대한 구체적인 규정이 마련되었는가?
2. 장비, 시설물, 공익설비에 대한 폐쇄조치 결정자는 정해졌는가?
3. 폐쇄조치를 시행하는 책임자는 지정하였는가? 가스나 식수와 같은 공익설비나 장비를 차단하거나 자동차단확인을 위한 특정 역할을 지정하였는가? 시설물의 폐쇄가 완료되면 비상경보센터에 보고절차가 확립되어 있는가?
4. 비상시 폐쇄조치에 대한 완전한 체크리스트가 존재하는가?
5. 재난상황 일람표는 모든 시설물의 폐쇄위치가 나타나는가?
6. 각종 주요 장비들의 작동절차와 폐쇄지침서를 컨트롤 패널, 밸브, 스위치 상단이나 근처에 부착되어 있는가?
7. 비상시 폐쇄절차를 수행하는 담당자를 훈련·지도하였는가?
8. 문과 창문을 폐쇄하는 담당자를 지정하고, 느슨한 장비를 고정하며, 장비와 보급품은 안전한 공간으로 이동하며, 창문과 문은 바리케이드를 친다.
9. 화재진압을 위하여 소방호수와 장비를 준비하는 담당자를 지정하였는가?
10. 조직 운영에 필수적인 도구나 장비, 기계 그리고 재료를 보호하기 위해서 담당자를 지정하였는가?
11. 상황이 허용한다면, 외부에 적재된 원재료들은 단단하게 고정하고 보호시설로 이동하거나 중요 항목들은 저장소 내부로 이동하여야 한다.
12. 재난기간동안에 자산손실을 최소화하기 위한 통제기법과 손실평가방법을 확립하였는가?
13. 부서관리자가 공공서비스와 장비를 폐쇄하는 절차를 시험하였는가?

Ⅴ. 탈출 시나리오

1. 어떤 상황에서 탈출이 결정되고 누구에 의해서 지시되는지에 대하여 구체적으로 명기되어 있는가?
2. 잠재적인 2차적인 재앙(고압선 주변에 거주할 경우에 고압선이 넘어질 경우, 지진에 의해서 송유관이 파괴될 경우, 화재 손상 등)을 피하기 위하여 다양한 위험요소에 대하여 적절한 대안을 강구하고 탈출절차를 개발한다.

3. 탈출지시에 개별적인 책임자를 지정하고 탈출업무를 수행하는 후임자를 지정한다.
4. 전반적인 탈출을 지시하기 전에 재난 확산을 방지하기 위한 시설물의 폐쇄를 완료하여 안전성이 확보되었는가를 확인한다.
5. 시설물에서 각각의 상황에 따른 신속한 탈출을 위하여 경보음과 통신시스템에 대하여 명기한다.
6. 만약 탈출 경보음이 작동하지 않을 경우에, 구조팀의 업무수행절차에 대하여 규정하였는가?
7. 건물이나 시설물에서 탈출경로에 대한 구체적인 도면이 마련되었는가?
8. 모든 임직원을 위한 2개의 선택 가능한 탈출로(필요할 경우에 화재 시 탈출구)가 기업전체 시설물에 걸쳐서 명확하게 표시되어 있는가?
9. 정전 시 탈출하는 동안의 적절한 조명확보를 위하여 보호조명이 계단과 통로에 설치되어 있는가?
10. 모든 구성원은 탈출경로와 절차를 잘 숙지하고 있는가?
11. 장애인의 탈출을 돕기 위한 절차는 수립되어 있는가?
12. 외국인 근로자와 같이 경보신호나 메시지를 알지 못하는 사람들을 위하여 그들이 이해할 수 있는 다른 신호체계를 개발하였는가?
13. 혹한과 폭우 또한 방사능 위험으로부터 안전한 공공시설이나 회사 내 보안구역이 확보되어 있는가?
14. 모든 구성원들의 탈출여부를 확인하는 보안요원이 배치되어 마지막까지 점검을 실시하도록 보장하고 있는가?
15. 시설물에 근무하는 모든 근로자의 탈출을 보장하는 체계화된 인원확인절차가 명기되었는가?
16. 인원확인절차에 따라서 실종된 구성원을 확인할 수 있는가?
17. 핵심 기록물을 안전한 구역으로 이동시키는 절차가 명기되었는가?
18. 비상시 이동하여야 할 핵심장비를 지정하고 어떻게 누가 이동할 것인지 지정하였는가?
19. 탈출이 시행된 이후에 현장 책임자로부터 정보당국이나 기업책임자에게 시설물 현황보고서를 제출하도록 되어있는가?
20. 모든 시설물은 주기적으로 탈출훈련이 실시되고 문제점은 즉시 토론되는가?
21. 비상상황을 가정하여 탈출계획은 업데이트되고 책임자의 이름과 직위를 명기하고 있는가?

Ⅵ. 보호구역

1. 회사 시설물 내에 보호구역을 지정하여 운영하는가?
2. 전반적인 이동형태와 준비된 방향신호에 따라 정해진 보호구역으로 질서 있게 이동하도록 유도되는가?
3. 기업 내 보호구역에는 음식물, 음료, 의약품과 같은 필요한 물품이 준비되어 있는가?
4. 보호구역을 관리하는 관리자와 지원요원이 지정되어 있는가?
5. 임직원에게 보호구역의 위치와 이동경로에 대한 지침서를 배부하였는가?
6. 보호구역의 운영에 관한 개인적인 책임에 대하여 지정하였는가?
7. 핵심 근로자가 기업의 필수업무를 수행할 수 있도록 안전한 작업공간을 제공하는가?
8. 모든 핵심 근로자의 보호구역은 공공기관과 긴밀하게 조정하여 유지되는가?
9. 재난상황이 안정되어 보호구역에서 벗어나게 되는 상황에 대하여 규정되어 있는가?

Ⅶ. 재난 서비스

1. 각각의 비상대응팀을 위한 호출 명단과 공지사항은 유지하는가?
2. 특정 위험과 관련된 위험물질을 다루는 작업자의 안전을 보장하기 위한 최선의 수단을 조언해주는 전문가를 지정하였는가?
3. 위험물질, 화학물질, 방사선 환경과 같은 위험한 업무를 수행하는 비상대응팀을 위한 보호의, 해독제, 적절한 장비와 도구는 준비하였는가?
4. 비상대응팀원들은 대응장비와 도구, 해독제, 보호의를 언제 어떻게 사용하는가에 대하여 잘 숙지하고 있는가?
5. 팀원들은 오염된 의복의 소각과 오염상황의 확인에 대한 절차를 수립하였는가?
6. 비상대응팀은 관련 기관들과 어떻게 비상시 업무를 조정하고 주어진 업무를 어떻게 수행하는가에 대한 표준 업무수행절차를 수립하였는가?
7. 외부의 다른 비상대응기관의 도움을 요청하기 위한 결정과 조력기관의 구성에 대한 세부적인 내역을 보유하고 있는가?

8. 예상계획(현장도면, 건물과 운동장의 지도 등)에는 공공시설물의 폐쇄장소, 소화전과 주공급원, 폭우 시 배수관, 담장, 출입문, 도시가스, 화학물질 파이프라인, 각 건물의 이름과 도로의 번호와 방향에 대한 구체적인 내용을 포함하는가?
9. 건물계획(각 건물의 층별 계획)은 공간의 레이아웃, 각 공간에 저장된 물질, 저장실과 저장물질의 성질에 대한 내용을 포함하는가?
10. 비상조직계획과 건물소개계획은 지역 소방소와 경찰서에 사본이 제공되었는가?
11. 재난에 의해서 부상당하거나 실종된 사람에 대한 정보는 가족에게 내용을 제공하는 업무를 관리하는가?
12. 재난 시 운영업무에 물자지원업무에 대한 구체적인 내용이 포함되어 있는가?
13. 재난운영업무에는 재난운용센터에 부상자와 손실 정도, 대피현황 등에 관한 정확한 정보를 보고하는가?
14. 재난 과정 중에 비상대응팀의 통제와 지침은 마련되어 있는가?
15. 각 비상대응팀의 대표자는 재난운용센터에 보고하고 의사결정자에게 조언하거나 팀 대응을 조정하는 업무를 수행하는 담당자를 지정하였는가?
16. 재난발생 중의 복구활동에 대한 지침은 마련되어 있는가?

Ⅷ. 건물 비상탈출

1. 각층에서 적어도 2개 이상의 탈출수단이 있는가?
2. 동일한 층에서 탈출구는 각각 분리되어 설치되었는가?
3. 탈출로는 막다른 길을 피하여 설치되었는가?
4. 탈출로에 대한 지시도는 부착되어 있는가?
5. 탈출로는 섬광전구나 잘 보이는 표시장치로 강조되어있는가?
6. 탈출구는 표시가 되어있거나 조명이 설치되었는가?
7. 탈출계단통은 비상등이 설치되어 있는가?
8. 탈출계단통은 장애물이 없는가?
9. 탈출계단통의 표면은 미끄러지지 않는 재질로 되어있는가?
10. 계단통의 배치는 장애인들이 탈출을 용이하도록 위치하는가?
11. 즉시 사용할 수 있는 구급장비나 보급품(들것이나 구급약품)은 준비되었는가?
12. 탈출계단통은 내화재로 시공되었는가?

13. 탈출계단통은 연기를 시며들지 않게 하는 환풍기가 설치되었는가?
14. 하나의 계단통은 다른 계단통과 교차되게 설치되어 있는가?
15. 각각의 층에는 절절한 인원의 관리자가 상주하는가?
16. 각층의 관리자는 비상탈출절차에 대하여 훈련되었는가?
17. 각층의 관리자는 적절한 장비(손전등이나 호각)를 갖추었는가?
18. 건물 이용자에게는 비상시 탈출절차에 대하여 교육되었는가?
19. 비상탈출훈련은 적어도 매 6개월마다 실시되는가?
20. 소방서 경보시스템은 적절하게 작동되고 인근에 위치하는가?
21. 각층의 사용자들은 방송시스템을 모두가 청취할 수 있는가?

Ⅸ. 보안통제센터

1. 중앙통제센터의 보조전원은 확보되었는가?
2. 중앙통제센터에 화재감시 패널이 위치하는가?
3. 중앙통제센터에 방송장비가 위치하는가?
4. 보안요원들은 중앙통제센터의 장비 운영에 대하여 훈련되어있는가?
5. 보안요원은 중앙통제센터의 장비를 매월 1회 이상 시험 가동하는가?
6. 보안요원은 매달 소화기를 점검하는가?
7. 중앙통제센터에는 즉시 사용가능한 구급품을 구비하고 있는가?
8. 보안요원은 비상탈출절차에 대하여 훈련되었는가?
9. 비상탈출절차는 현재 문서화되어 있는가?
10. 보안요원은 소방차 주차구역에 대한 규정을 통제하는가?
11. 보안요원은 도착한 구급차의 차량과 인력을 통제하는가?

Ⅹ. 자산관리장소

1. 자산관리자는 비상시 대응계획을 각층 관리자, 보안요원, 정비요원과 같이 협력이 가능하도록 항상 준비하는가?
2. 비상시 대응계획은 관할 소방서와 경찰서와 협조체제로 구축되어있는가?

3. 자산관리자는 건물거주자와 대응 팀의 특정 훈련을 위하여 계속적으로 보안인식 프로그램을 관리하는가?
4. 특정 훈련프로그램에는 화재예방, 비상탈출절차, 응급구조와 심폐소생술과 같은 초기대응 시 의료지원을 포함하는가?
5. 자산관리자는 소방관과 경찰관이 도착하기 전에 건물의 비상상황의 모든 통제를 관리하는가?
6. 정비담당 직원은 화재진압시스템과 환기시스템을 작동하고 폐쇄하기 위한 훈련을 실시하였는가?
7. 정비담당 직원은 주기적으로 화재감지기와 스프링클러 시스템, 저수탑장비 그리고 예비전원시스템을 점검하는가?
8. 정비담당 직원은 무전기로 중앙통제실과 교신이 가능한가?

XI. 비상서비스 항목

1) 보안서비스

① 재난중의 교통흐름에 대한 통제
② 안전시설로 대피나 시설물에서 탈출을 조력하는 업무
③ 특히 중요 재원에 대한 보호업무
④ 보안시설에서 질서유지
⑤ 파괴된 지역에서 기업자산의 보호업무
⑥ 재난 진행 중 재난구역에서 탈출업무의 수행
⑦ 보안요원의 사보타지 예방에 대한 훈련

2) 화재와 구난

① 재난 발생 시에 화재와 구난 팀과 장비를 배치
② 재난발생의 경우에 접근이 용이한 구역에 화재통제장비를 비치
③ 화재구난팀은 어떻게 구난장비를 사용하는가에 대하여 익숙할 것
④ 재난시 안전구역의 화재방지
⑤ 위험물질과 관련된 위험에 관하여 의사결정자에게 조언
⑥ 재난활동 시에 발생한 부상자의 구조

⑦ 재난구조 활동 시에 기술적 위험과 화재와 관련된 모든 위험의 재난서비스
⑧ 방사선물질의 감시에 대한 훈련

3) 건강과 의료

① 필요한 경우에 의료시설의 운송 업무를 조정하고 부상자의 신원확인과 기록, 응급처지의 관리, 부상자의 선별을 위한 재난부상센터의 설치와 선정
② 비상시에 재난의료지원의 확보
③ 재난 시에 필요한 의료보급품의 적절한 재고유지
④ 화학물질에 노출된 사람들의 비상조치와 화학물질에 감염된 부상자의 관리
⑤ 보충된 의료요원이나 임무가 부여된 요원들에 대한 응급조치훈련
⑥ 모든 안전시설물에서 건강과 의료조치
⑦ 안전한 상황에서 좋은 건강상태를 유지하기 위한 정보 프로그램의 개발

4) 기술적 대책

① 각종 시설물과 장비의 폐쇄조치절차를 확립하고 시험한다.
② 필요하다면 폐쇄조치와 사용하지 않는 기간 동안, 장비보호를 위한 사전예방조치를 시행한다.
③ 공공설비의 주요밸브, 스위치, 공급라인, 위험구역의 위치를 보여주는 도면을 준비한다.
④ 재난운영센터와 필수적인 생산라인에 대한 예비전원을 준비한다.
⑤ 불도저, 덤프트럭, 연료의 가용성과 위치, 공급원을 규명하여 재원리스트를 준비·유지하며, 재난대응복구활동을 지원한다.
⑥ 손실평가보고서를 작성한다.
⑦ 핵심 시설물과 공공시설물을 복구한다.
⑧ 재난 발생 후에 시설물과 서비스의 복구와 수선업무를 수행한다.
⑨ 재난활동 시 필요한 시설물에 대하여 위생서비스를 제공한다.
⑩ 음료, 소방, 오염제거와 위생활동을 위하여 시설물 폐쇄조치 이후에 적절한 물공급을 유지한다.

5) 재난정보

① 모든 종업원들이 재난신호에 대해서 이해하고, 재난 시 어떻게 행동해야 하는지

에 대한 전반적인 지침을 숙지하고, 재난관리센터와 안전구역이 어디이고 어떻게 가야하는지에 대하여 알 수 있도록 정보를 제공한다.

② 기업에서 발생가능한 모든 위험상황을 근거로 하여 구성원의 재난 시 지침서를 발행 · 배포한다.

③ 재난 시 정보와 지침을 게시판이나 건물의 잘 보이는 장소에 게시한다.

④ 재난 시에도 계속하여 자신의 업무를 수행해야 하는 모든 핵심적인 요원에게 요원들과 가족의 안전에 관한 특별지침과 같은 정보를 제공한다.

⑤ 감독업무를 하는 직원들을 위하여 정기적으로 예정된 모임의제에 재난대응활동에 관한 내용을 포함한다.

⑥ 감독관과 선임자가 정기적으로 동료들과의 모임에서 재난관리계획의 내용에 관하여 토의하도록 보장한다.

⑦ 모든 종업원이 신규로 입사할 경우에는 기업에서 재난관리계획과 대응역할에 대하여 숙지할 수 있도록 정기적인 교육을 실시한다.

⑧ 정기적으로 모든 재난대응팀의 구성원들은 구성원과 특정한 대응행동훈련과 보안대책에 관한 전반적인 훈련을 받을 수 있도록 일정을 정한다.

⑨ 재난 시에 정부기관과 교신하기 위한 정보담당임원을 지정한다.

⑩ 모든 수신된 정보의 진실성과 정확성을 검증하기 위한 확립된 절차를 수립한다.

⑪ 재난에 관한 루머를 통제 · 관리한다.

6) 경영관리와 물자지원

① 모든 기업부서에 지정된 재난책임에 대하여 문서화한다.

② 재난관리계획은 기업의 이사회와 경영자가 승인하고 공표한다.

③ 재난관리계획의 승인날짜를 명확히 한다.

④ 재난계획의 책임을 맡고 있는 부서나 개인을 지정하고 해당 실무자가 재난계획의 변경이나 개정이 필요한 경우, 준비, 조정, 출판, 배포의 업무를 수행한다.

⑤ 재난대비훈련을 통하여 문제점이 발견될 경우에는 조직구조나 기술적인 변화를 통하여 개정한다.

⑥ 재난 시 활용 가능한 자원상태에 관한 재고 리스트(조명, 구급용품, 의료품, 소방, 여러 가지 기초적인 재난대응 지원 장비 등)를 만들고 주기적으로 갱신한다.

⑦ 개인, 장비, 보급품과 같은 재난 시 필요한 추가적인 자원에 관한 상황을 파악한다.

⑧ 재난 시 효과적인 업무를 수행할 수 있도록 대응요원과 특별조직을 훈련시킨다.
⑨ 재난대응과 재난 시 운영에 관한 기능을 향상시키기 위하여 실제로 훈련을 실시한 다음에 개정이 필요한 계획이나 체크리스트 부분을 검토한다.

7) 복구계획

① 비즈니스 기능과 최대 허용된 가동중단시간의 민감도를 규명한다.
② 핵심적인 비즈니스부서와 지원부서를 규명한다.
③ 주기적으로 비즈니스 영향분석을 실시한다.
④ 최고경영진에 의해 인가된 정책성명서, 사시, 설립강령을 발표한다.
⑤ 허용된 최대 가동중단시간의 한도에서 중요기능을 재정립한다.
⑥ 핵심기능이 언제, 어디서, 어떻게 계속되는가에 대해서 정립한다.
⑦ 필요한 운영업무를 계속해야할 근무자를 지정한다.
⑧ 필요할 경우, 종업원들이 거주할 시설을 마련한다.
⑨ 원거리와 대체요원의 지원사업장 서비스와 제품보급에 필요한 교통수단을 확보한다.
⑩ 근로자에게 필요한 음식물과 식수 그리고 필요한 생필품을 제공한다.
⑪ 복구관리팀과 재난운용센터를 설립하여 운영한다.
⑫ 특별복구팀과 특수 업무를 수행하는 전문가를 선발한다.
⑬ 복구팀과 부서의 특수임무와 절차에 관하여 상세하게 명기한다.
⑭ 재난복구에 관한 데이터베이스를 구축한다.
⑮ 재난복구에 필요한 주요 보급품을 제때에 구하지 못할 경우에는 원거리에서 핵심보급품 목록을 작성하여 관리한다.
⑯ 백업이나 원거리 저장소를 포함한 핵심기록물 프로그램을 구축한다.
⑰ 재난복구 기간 동안에 최고경영진과의 연락관을 운영한다.
⑱ 대변인의 지정을 포함한 위기 시 통신수단과 절차를 확립한다.
⑲ 기업 내의 다양한 위기관리계획과 재난대응절차와의 연속성을 유지한다.
⑳ 복구절차와 파손된 기업자산의 사용에 관한 규정을 마련한다.
㉑ 재난상황에 관하여 신입직원의 오리엔테이션과 훈련을 실시한다.
㉒ 주기적으로 재난계획을 업데이트하는 절차를 마련한다.
㉓ 재난계획 프로그램의 보안과 배포 통제에 관한 절차를 마련한다.
㉔ 기업 전략기획의 한 부분으로 재난복구계획이 포함되고 새로운 제품과 서비스 개발절차를 마련한다.

8) 추가적인 고려사항

① 기업의 핵심적인 요원과 고객에 대한 전화번호부를 만들고, 사본을 핵심구성원에게 배포한다.

② 사무실에 음성메일시스템이 있다면, 직원에 대한 메시지를 기록한 원거리 번호를 하나 지정하고 모든 직원들에게 그 번호를 알려준다.

③ 재난발생 이후에 신속하게 업무에 복귀할 수 없는 경우에는 열쇠와 경보기 암호를 신뢰할 수 있는 동료에게 알려준다.

④ 정전이 발생할 경우에는 비상등이 들어올 수 있도록 설치한다.

⑤ 수시로 업무시간을 통하여 컴퓨터자료를 백업시키고, 백업데이터는 지역적으로 재난구역에서 원거리에 보관한다.

⑥ 보안담당자가 업무에서 이탈할 경우를 대비하여, 한 사람의 보안 코디네이터를 지정한다. 지정된 사람은 직원과 고객의 안전 그리고 비즈니스 자체의 보안에 대한 모든 결정을 하게 된다.

참고문헌

● 국내 및 번역서

김정일 외 2인, BCP 구축전략, FKI 미디어, 2005.

매일경제 세계지식포럼 사무국, 힘의 이동, 매일경제신문사, 2007.

성태경/이상규 외, 부정·사기에 대한 현황과 대책, 대성사, 2003.

최선태, 기업손실예방론, 산업보안실무, 백산출판사, 2005.

-----, 기업보안핸드북, 진영사, 2008.

-----, 21세기 산업보안론, 진영사, 2009.

-----, 기업보안관리론, 진영사, 2011.

Alvin Toffler/이계행 옮김, 권력이동, 한국경제신문사, 1990.

Bruce Schneier/채윤기 옮김, Secrets & Lies, 나노미디어, 2001.

Daniel Kahneman/이진원 옮김, 생각에 대한 생각, 김영사, 2011.

David Buss/홍승효 옮김, 이웃집 살인마, 사이언스 북스, 2006.

Fred W. Rustmann Jr./박제동 옮김, CIA주식회사, 수희재, 2004.

James Dale Davidson 외1/김만기 옮김, 대변혁, 동아출판사, 1993.

Jeremy Rifkin/이희재 옮김, 소유의 종말, 민음사, 2001.

John Perkins/김현정 옮김, 경제 저격수의 고백, 황금가지, 2004.

Klaus Schwab/장대환 감역, 21세기 예측, 매일경제신문사, 1996.

Larry Kahaner/한성호 옮김, 기업정보전쟁, 세종서적, 1998.

Lester C. Thurow/이근창 옮김, 세계경제전쟁, 고려원, 1992.

Noam Chomsky/지소철 옮김, 해적과 제왕, 황소걸음, 2004.

Peter F. Drucker/이재규 옮김, Next Society, 한국경제신문, 2002.

Phillip M, Childs/정형근 옮김, 세계경제전쟁, 고려원, 1994.

Reg Whitaker/이명균 옮김, 개인의 죽음, 생각의 나무, 2001.

Richard Conniff/이호준 옮김, 양복입은 원숭이, 랜덤하우스, 2006.

Richard Dawkins/이한음 옮김, 만들어진 신, 김영사, 2007.

Shimshon Bichler 외1/홍기빈 옮김, 권력자본론, 삼인, 2004.

William Blum/조용진 옮김, 미군과 CIA의 잊혀진 역사, 녹두, 2003.
William G. Parrett/양승우 옮김, 위기의 CEO, 중앙 books, 2008.
William V. Kennedy/권재상 옮김, 첩보전쟁, 자작나무, 1999.
Zbigniew Brzezinski/김명섭 역주, 거대한 체스판, 삼인, 2004.

• 연구논문

산업보안관리에 관한 뉴패러다임의 정립(한국경호경비학회지, 2014)
글로벌 비즈니스의 보안리스크 관리 방안에 관한 연구(한국경찰학회보, 2011)
보안디자인을 활용한 시설보안시스템 구축방안(한국경호경비연구, 2011)
기업보안과 비즈니스의 전략적 협력에 관한 연구(한국경호경비연구, 2011)
한국 산업보안교육 프로그램의 정립에 관한 연구 (한국경호경비연구, 2010)
산업보안 전문자격제도에 관한 연구 (한국경찰학회보, 2010)

• 외국서적

Alvin & Heidi Toffler, Revolutionary Wealth, 2006.
ARC Training, Security Management Stage 1~3, 2005.
ASIS, Trends in Proprietary Information Loss, Sep. 2002.
Bruce Schneier, Beyond Fear-Thinking Sensibly About Security in an Uncertain World, Springer-Verlag, 2003.
-------------, The Psychology of Security, January 18, 2008.
Carl A. Roper, Risk management for security professionals, BH, 1999.
-----------, Physical Security & The Inspection Process, BH, 1997,
Charles A. Sennewald, Effective Security Management, BH, 2011.
Charles A. Sennewald & John K. Tsukayama, The Process of Investigation: Concepts and Strategies for Investigation in the Private Sector, 2nd edition, BH, 2001.
Dan M. Chilcut, "Making Sense of Environmental Complice", Risk Management, November 1995.

Dennis DeConcini, "The Role of U. S. Intelligence in Promoting Economic Interests," Journal of International Affairs. vol. 48, no. 1, Summer 1994.

Department of the Army, Intelligence, Field Manual 2–0, May. 2004.

Douglas Landoll, The Security Risk Assessment Handbook: A Complete Guide for Performing Security Risk Assessments, Second Edition, CRC Press, May, 2011.

Elizabeth Endersheim, The Definitive Drucker, The McGraw–Hill, 2006.

Evan Wheeler, Security Risk Management: Building an Information Security Risk Management Program from the Ground Up, Syngress, May, 2011.

George D. Haddow and Jane A. Bullock, Introduction to Emergency Management, 2nd ed. BH, 2005.

Harvey S. Waxman, "Putting Workplace Violence in Perspective", Security Management, September 1995.

Jack L. Brock, Intellectual Property Industry and Agency Concerns over Intellectual Property Rights, May. 2002.

James F. Broder, CPP, Risk Analysis and The Security Survey, 4th ed. BH, 2012.

John J. Fay, Encyclopedia of Security Management–Techniques & Technology, BH, 2007.

John M. White, Security Risk Assessment: Managing Physical and Operational Security, BH, 2014.

John Nolan, Confidential, Business secrets, Getting theirs–keeping yours, Yardley–Chambers, second edition, 1999.

Julian Talbot & Miles Jakeman, Security Risk Management, body of knowledge, 2009.

Kenneth N. Myers, Business Continuity Strategies: Protecting Against Unplanned Disasters, 3rd Ed, Wiley, 2006.

Lawrence J. Fennelly, Handbook of Loss Prevention and Crime Prevention, 3rd ed. BH, 1999.

Mary Lynn Garcia, Vulnerability Assessment of Physical Protection Systems, Elsevier BH, 2006.

NICX, Annual Report to Congress on Foreign Economic Collection and Industrial Espionage–2002, Feb. 2003.

Paul Slovic, The Perception of Risk, Earthscan Publications Ltd, 2000.

Peter Pitorri, Counterespionage for American business, BH, 1998.

Philip P. Purpura, CPP, Security and Loss Prevention, BH, 2013.

Randall I. Atlas, 21st Century Security and CPTED: Designing for Critical Infrastructure Protection and Crime Prevention, Second Edition , CRC Press, 2013.

Richard A. Calalli, Managing for Enterprise Security, Carnegie Mellon University, Dec. 2004.

Richard H. Moore, "Private Security in the 21st Century: An Opinion", Journal of Security Administration 18, No. 1, 1995.

Richard Hefferman & Dan Swartwood, Tends in Intellectual Property Loss, ASIS, March 1995.

Robert King, "Employee Screening–Key for Today's Business", Security Concept, October 1996.

Robert J. Fisher/Gion Green, Introduction to Security, Eighth Ed, BH, 2008.

Russell L. Bintliff, The Complete Manual of Corporate and Industrial Security, Prentice–Hall, Inc. 1992.

Steven Fink, Sticky Fingers, Managing The Global Risk of Economic Espionage, Dearborn, 2002.

Thomas E. Cavanagh/Meredith Whiting, Corporate Security Management, Organization and Spending Since 9·11, 2003.

Timothy J. Walsh/Richard J. Healy, CPP, Protection of Assets Manual, ASIS International, Volume Ⅰ~Ⅳ, May 1997.

Thomas L. Norman CPP/PSP/CSC, Risk Analysis and Security Countermeasure Selection, CRC Press, 2009.

William C. Cunningham et al., Private Security Trends: 1970~2000, The Hallcrest Report Ⅱ, BH, 1990.

찾아보기

저자약력

■ 최선태(崔善泰)

現 한국기업보안연구소 소장(이학박사, CPP)
前 경남대학교 법정대학 경호비서학부 교수
서울과학종합대학원 산업보안 MBA 겸임교수
세종시 정부청사 물리적 방호 보안전문위원(행정자치부)
미산업보안협회(ASIS International) 공인보안전문가(CPP)

[저서]

기업보안관리론, 2011, 진영사
기업보안핸드북, 2009, 진영사
21세기 산업보안론, 2009, 진영사
기업보안관리전략, 2008, 인포더
기업손실예방론, 2005, 백산출판사
안전관리론, 2002, 백산출판사

[논문]

기업 안전관리 업무의 전문화에 관한 연구(박사학위, 2005)
민간경비산업의 자격제도에 관한 연구(석사학위, 2000)
글로벌 비즈니스의 보안리스크 관리 방안에 관한 연구(한국경찰학회보, 2011)
보안디자인을 활용한 시설보안시스템 구축방안(한국경호경비연구, 2011)
한국 산업보안교육 프로그램의 정립에 관한 연구 (한국경호경비연구, 2010)
산업보안 전문자격제도에 관한 연구 (한국경찰학회보, 2010)
IT기술 해외유출방지를 위한 개선방안 연구 (정보통신부, 2003)
과학기술정보 보호체제 강화방안연구 (과학기술부, 2002)
한국 산업보안 발전방안 외 다수